Klaus Henning
Joerg E. Staufenbiel

Berufsplanung für Ingenieure

mit Stellenangeboten
für Jungingenieure
und Informatiker
von über 90 Unternehmen

Klaus Henning
Joerg E. Staufenbiel (Hg.)
Berufsplanung für Ingenieure
Mit Stellenangeboten für Jungingenieure und Informatiker von über 90 Unternehmen.
13. Auflage 1997; Staufenbiel Institut für Studien- und Berufsplanung GmbH, Postfach 10 35 43,
50475 Köln, Telefon: 0221/912663-0, Telefax: 0221/912663-9, E-Mail: info@staufenbiel.de,
Internet: http://www.staufenbiel.de

Copyright © 1997 by Staufenbiel Institut für Studien- und Berufsplanung GmbH
Herausgeber: Joerg E. Staufenbiel
Verfasser: Klaus Henning

Redaktion: Dipl.-Ing. Heiko Christian; Birgit Giesen, Peter Jüde
Anzeigen-Service: Torsten Berner, Regina Gerteis, Michael Stephan, Martin Zünkeler
Satz und Layout: Katrin Panzer
Grafik: 2create, Andrea Linz
Druck: Schertgens Handels- und Vertriebsgesellschaft mbH

Bestellung: Erhältlich in Fachbuchhandlungen oder per Postkarte über den Herausgeber.
Preis: DM 24,80 (bei Versand zzgl. Porto und Versandkosten). Lieferung ins Ausland nur gegen Vorkasse.

Für die Richtigkeit der Angaben können Herausgeber und Verlag keine Gewähr übernehmen.
Redaktionsschluß: November 1997

ISBN: 3-922132-05-7

Hinweis: **Nachdruck von Beiträgen unter Quellenangabe nur mit schriftlicher Genehmigung des**
               Herausgebers gestattet.

Anmerkung: **Nur aus Gründen der Lesbarkeit wird bei den meisten geschlechtsspezifischen Bezeichnungen**
               die männliche Form gewählt.

Geleitwort zur 13. Auflage
„Berufsplanung für Ingenieure"

Prof. Dr.-Ing. Dr. h.c. mult.

Hans-Jürgen Warnecke

Präsident des Vereins Deutscher Ingenieure,
Düsseldorf

Wandel des Ingenieurberufsbildes

Gegen Ende unseres Jahrhunderts befinden wir uns in einer dritten Revolution, gekennzeichnet durch die zunehmende Dominanz von Informations- und Kommunikationstechnik sowie hochwertiger Dienstleistungen. Dieser Wandel vollzieht sich in einer historisch wohl beispiellosen Geschwindigkeit.

Deutschland ist, auch im globalen Maßstab, nach wie vor eines der stärksten Technologieländer. Sein Wohlstand basiert wesentlich auf seinem Außenhandel. Hieran haben unsere Ingenieure einen erheblichen Anteil, denn mehr als die Hälfte des Exportes nehmen Produkte ein, die von ihnen entwickelt wurden. Zudem tragen Ingenieure die Verantwortung für die gesamte Produktionstechnik und die hochkomplexe technische Infrastruktur unseres Landes. Die deutsche Wirtschaft hat durch Spitzentechnologien in wichtigen Wirtschaftszweigen wie Umwelttechnik, Maschinenbau, Chemie, Elektrotechnik und Kraftfahrzeugbau hohe Innovationsleistungen erbracht. Dabei agiert sie auf ihren Exportmärkten nahezu ausschließlich in Hochpreissegmenten. Ohne bestens ausgebildete und hochmotivierte Ingenieure gibt es deshalb keine Zukunft für Deutschland!

Im Bereich der technikintensiven Produkte wird Deutschland im weltweiten Wettbewerb durch alte und neue Konkurrenten - vor allem Südkorea, Thailand, Singapur und Israel - in immer stärkerem Wettbewerb herausgefordert. Diesen Herausforderungen begegnen die Unternehmen durch Neuorganisation der Arbeitsstrukturen, von stark gegliederten und hierarchischen Strukturen hin zu offenen, flexiblen und kundenorientierten Organisationssystemen, in denen die Hierarchien flacher, die Entscheidungszuständigkeiten in den operativen Ebenen wesentlich erweitert und die Arbeitsbereiche fach- und funktionsübergreifend gestaltet sind.

Wesentlicher Leitgedanke für diese wirtschaftliche Umstrukturierung ist die Erkenntnis, daß weniger die Technik- und Kapitalstrukturen als vielmehr die Personalstrukturen wesentliche Rationalisierungsreserven bergen. Hinzu treten neue Arbeitsfelder in sogenannten „virtuellen Unternehmen" und neue Formen der Selbständigkeit, in denen die Ingenieure häufiger als früher unternehmerisch agieren.

4

Ingenieurqualifikation im Wandel

Hierzu braucht Deutschland hervorragend ausgebildete und kreative Ingenieure, die für diese neuen Strukturen bestens ausgerüstet sind. Neben unabdingbarer und anerkannt guter Fachkompetenz der Ingenieure sind in Zukunft folgende Kenntnisse und Fähigkeiten zunehmend erwünscht:

○ Teamfähigkeit (die Befähigung und die Bereitschaft zu fachübergreifender Kooperation in Arbeitsteams und Entscheidungsgremien),

○ Methodenkompetenz (die Befähigung und die Bereitschaft zu systematischem und vernetztem Denken und Handeln)

○ Sozialkompetenz (die Integration sozialer, politischer, ökonomischer, ökologischer und ethischer Dimensionen ingenieurwissenschaftlichen Planens und Handelns bei der Entwicklung und Verwendung von Technik) sowie

○ Sprachkompetenz, Mobilität und Flexibilität (die Befähigung zum Leben in einem von Internationalisierung geprägten Berufs- und Arbeitsfeld).

Sicherlich wird die typische Grundqualifikation der Ingenieurtätigkeit auch in Zukunft, wenn auch in unterschiedlicher Ausprägung, weiterhin erforderlich bleiben. Mathematisch-naturwissenschaftliche Grundlagen sind unentbehrlich für das Verständnis der Technik und deren Nutzung. Eine möglichst breite technisch-wissenschaftliche Grundlage ist auch eine wichtige Voraussetzung für die fachliche Kommunikationsfähigkeit mit Ingenieuren und Naturwissenschaftlern aus anderen Fachgebieten.

Zunehmende Bedeutung erlangt jedoch die Vermittlung fachübergreifender Inhalte. Kenntnisse und Fähigkeiten sind vor allem unter zwei Aspekten bedeutsam:

○ Sie sollen die fachliche Qualifikation des angehenden Ingenieurs ergänzen und abrunden. Für komplexe Aufgaben ist technisches Wissen und Können allein unzureichend.

○ Sie sollen zu kreativen Problemlösungen, kooperativem Sozialverhalten mit Führungs- und Kommunikationskompetenz und ganzheitlicher Betrachtung bei einem technischen Projekt befähigen. Nur so ist verantwortliches, menschliches und umweltgerechtes Handeln als Ingenieur in Zukunft umzusetzen.

Darstellen des Berufsbildes in der Öffentlichkeit

An der Schwelle zum 21. Jahrhundert steht unser Land vor neuen Herausforderungen. Wir können sie meistern, wenn wir zu Veränderungen fähig sind und wenn wir auf Begabung und die Leistungsfähigkeit der Ingenieurinnen und Ingenieure setzen, sie fördern und fordern. Wir brauchen einen neuen Aufbruch, der mehr sein muß als die Überwindung von Strukturkrisen in Wirtschaft und Staat. Wenn dieser Aufbruch auch im Denken unser Land kulturell entwickelt, das Gemeinwesen vital macht und zu einer verantwortlichen Zukunftsgestaltung befähigt, dann kommt den Ingenieurwissenschaften insgesamt, wie jedem einzelnen Ingenieur, hierbei besondere Bedeutung und Verantwortung zu.

„Ingenium" bedeutet „Einfall" oder „Erfindung". Der schöpferische Gestaltungseinfall, die zündende Idee ist ein typisches Arbeitsmerkmal des Ingenieurs, der ein Problem zu lösen hat. Allerdings müssen in der Regel einer Idee zähe Arbeit und Fleiß folgen, wenn aus dieser Idee ein Produkt entstehen soll.

Das Überleben der Menschheit auf unserem Planeten Erde mit seinen begrenzten Rohstoffreserven wird nur mit der Weiterentwicklung der Technik gewährleistet. Nicht die technische Machbarkeit ist entscheidend, sondern der Nutzen für Mensch und Umwelt. Ingenieure leisten heute auf zahlreichen Arbeitsfeldern einen wichtigen Beitrag zur Steigerung der Produktivität, zur Schaffung neuer Arbeitsplätze, zur Verbesserung der Lebensqualität und zur Lösung globaler Probleme.

Der grundlegende Strukturwandel in Technik, Wirtschaft und Gesellschaft, ausgelöst einerseits durch neue wissenschaftliche Erkenntnisse, durch fortschreitende Internationalisierung der Märkte und Verschärfung des Wettbewerbs und andererseits durch steigendes Umweltbewußtsein, durch die teilweise kritische Einstellung der Gesellschaft zur Technik und die Ambivalenz der Technik selbst, stellt neue Anforderungen an die Qualifikation der Ingenieure.

Mit ihrem beruflichen Engagement tragen Ingenieure zur Lösung drängender Gegenwartsprobleme bei: Moderne Prozeßsteuerungen sorgen für Rohstoffeinsparungen, neue Prozeß- und Meßtechniken in der Kraftwerkstechnologie zur umweltfreundlichen, effizienten Energieumwandlung. Ob Abgaskatalysator und ABS im Auto oder globale Kommunikation über weltweite Netze – ohne den Erfindergeist von Ingenieuren wären diese Innovationen nicht möglich. Darüber hinaus erhöht High-Tech auch die Sicherheit – beispielsweise mit „intelligenten" Verkehrssteuerungssystemen. Und Fortschritte in der Medizintechnik, wie z.B. Telemedizin und minimal invasive Chirugie, helfen dabei, die medizinische Versorgung weiter zu verbessern.

Dazu sollten Ingenieure sich nicht nur durch Formeln und Zeichnungen, sondern auch durch Argumente verständlich machen können. Sie müssen für eine Technikaufgeschlossenheit eintreten. Darüber hinaus müssen sie permanent gesellschaftliche Gruppen einschließlich der Politik daran erinnern, daß Ingenieure als Erzeuger von Produktivität und Innovationen eine Schlüsselrolle für das Bestehen des Wirtschaftsstandorts Deutschland spielen. Hierzu dürfen die Ingenieure die Mitarbeit in den vorhandenen Gremien, d. h. Parlamenten, Parteien, Gerichten und anderen nicht scheuen, sondern müssen mitreden und überzeugen.

Ingenieure gestalten mit ihrem beruflichen Engagement die Zukunft von Umwelt und Gesellschaft aktiv mit. Dabei ist der Ingenieurberuf heute für Männer und Frauen gleichermaßen interessant.

Prof. Dr.-Ing. Dr. h.c. mult. Hans-Jürgen Warnecke   Düsseldorf, im November 1997

Ihre Problemstellung

Fragen Sie sich auch, wie Ihr Unternehmen die nächsten Markt-turbulenzen erfolgreich bewältigen kann?
Fragen Sie sich auch, was Sie noch alles tun müssen, damit Ihr Unternehmen endlich zu einer "lernenden Organisation" wird?

Unser Angebot

Wir integrieren Beratungs- und Qualifizierungsprozesse in Ihrem Unternehmen, damit Ihre
- Organisationsentwicklung (HDZ) und
- Softwareentwicklung (IMA)

auf dem modernsten Stand ist.

Das HDZ/IMA

ist ein Hochschulinstitut mit über 100 Mitarbeiter(n)/innen, in dem interdisziplinäre Teams praxisnah Forschungs- und Entwick-lungsprojekte zu den oben genannten Themen für Industrie, öffentliche Dienstleister und Hochschulen erarbeiten. Wir ko-operieren eng mit
Institut für Unternehmenskybernetik e.V., Mülheim
OSTO-Systemberatung GmbH, Aachen
MA&T Sell und Partner GmbH, Aachen und
Agiplan AG, Mülheim an der Ruhr

Ansprechpartner

Dr. Ingrid Isenhardt (stellvertr. Institutsleiterin), Tel. 0241-9666-48
Dr.-Ing. Bernd Lorscheider, Tel. 0241-9666-41
(Zentrale -0, Fax -22)
HDZ/IMA der RWTH Aachen
Dennewartstr. 27 (Technologiezentrum am Europaplatz)
52068 Aachen

Vorwort des Verfassers

Prof. Dr.-Ing. Klaus Henning,
Lehrstuhl Informatik im Maschinenbau (IMA) und
Leiter des Hochschuldidaktischen Zentrums (HDZ)
der RWTH Aachen

Die seit mehreren Jahren zu beobachtenden Veränderungen in den Ingenieur-Berufsfeldern halten an. Neue Branchen wie die Umwelttechnik, die Biotechnologie, die Multimedia- und Kommunikationstechnik und die Mikrosystemtechnik gewinnen weiter an Bedeutung. Informations- und Kommunikationstechnik rücken näher zusammen und dringen über das Internet zunehmend sowohl in kleine und mittlere Unternehmen als auch in den Bereich des Privatlebens vor. Über das Internet werden zahlreiche Dienstleistungen angeboten, über das Datennetz können Teams weltweit im virtuellen Unternehmen miteinander kooperieren. Den Chancen der weltweiten Vernetzung und deren Notwendigkeit in global agierenden Unternehmen stehen deshalb auch eine Reihe von Risiken, gerade in bezug auf Datensicherheit und Datenschutz gegenüber. Es ist keine Frage, daß die Technik mit hohem Aufwand weiterentwickelt werden muß, um die Überlebensfähigkeit technischer Zivilisation sicherzustellen, doch muß die Grundbedingung von Technik – nämlich dem Menschen zu dienen – noch stärker als bisher in den Mittelpunkt der Arbeit von Ingenieuren gestellt werden. Vor diesem Hintergrund verwundert es nicht, daß neben neuen Berufsfeldern für Ingenieure in Bereichen wie der Biotechnologie und der angewandten Informatik auch die Planung und Konzeption einer umwelt- und sozialverträglichen Technikgestaltung an Bedeutung gewonnen haben.

Eine weitere Herausforderung für Ingenieure bringt der aktuelle Strukturwandel in der Wirtschaft hin zu flacheren Unternehmenshierarchien mit sich. Zwar werden die Aufstiegsmöglichkeiten in den Betrieben verringert, aber gleichzeitig steigen die Anforderungen an die wirtschaftswissenschaftliche und kommunikative Kompetenz von Ingenieuren auf allen Ebenen.

Die Zukunft des Industriestandortes Deutschland hängt davon ab, inwieweit innovative Ideen entwickelt und umgesetzt werden können. Deshalb ruft das Bundesministerium für Wirtschaft auch Hochschulabsolventen dazu auf, sich in verstärktem Maße selbständig zu machen. Dabei sind in kleinen oder mittleren Unternehmen gesammelte Erfahrungen (Praxiserfahrungen) sehr hilfreich. Die vorliegende Auflage möchte daher das Augenmerk junger Ingenieure besonders auf diese Unternehmen richten.

Ich hoffe, mit dem vorliegenden Buch wieder allen angehenden sowie in der Praxis stehenden Ingenieuren eine Hilfestellung für die persönliche Berufsplanung in die Hand geben zu können. Ich danke all denen, die uns mit Informationen, Mitteln und wertvollen Anregungen versorgt haben und wünsche unserern Lesern eine persönlich zufriedenstellende Berufsentwicklung.

Aachen, im Oktober 1997   Klaus Henning

**Anmerkungen des Herausgebers zur
Studien- und Berufsplanung 1998**

Sehr geehrte Leserinnen und Leser,

die 13. Auflage dieser Publikation erscheint zu einem Zeitpunkt, der durch einen deutlichen Rückgang der Studienanfängerzahlen in den Ingenieurwissenschaften gekennzeichnet ist. Diese Entwicklung dürfte nicht zuletzt eine Folge der seit einigen Jahren schwierigen Situation auf dem Arbeitsmarkt für Ingenieure sein. Derzeit sind knapp 60.000 der Ingenieure, die mit etwa 900.000 Erwerbspersonen die größte Berufsgruppe darstellen, aufgrund der starken Abhängigkeit des Ingenieurbedarfs von den Konjunkturzyklen arbeitslos oder von Arbeitslosigkeit bedroht. Allerdings stellt sich die aktuelle Situation am Arbeitsmarkt nicht für alle Ingenieurgruppen gleich dar: So ist die Nachfrage nach Bauingenieuren und Architekten zwar rückläufig, doch läßt sich auf dem Arbeitsmarkt für Maschinenbauingenieure eine leichte Verbesserung beobachten, Ingenieure der Studienrichtungen Elektrotechnik, Wirtschaftsingenieurwesen und Informatiker verzeichnen aufgrund der gestiegenen Nachfrage sogar deutlich bessere Berufschancen. Insbesondere in kundenorientierten Bereichen wie Marketing, Vertrieb und Kundendienst ergeben sich vielfältige Beschäftigungsmöglichkeiten. Grundsätzlich ist festzuhalten, daß die Ingenieure nach wie vor zu den gefragtesten Kräften am Arbeitsmarkt zählen und auch in Zukunft voraussichtlich zählen werden.

Diese positive Grundstimmung bestätigt eine verlagseigene Firmenbefragung vom Herbst dieses Jahres auch für die Berufseinsteiger: Die Mehrheit der befragten Unternehmen rechnet mit einem steigenden (51,8%) oder doch zumindest gleichbleibenden Bedarf (46,4%) an technischen Nachwuchskräften. Für die nächsten fünf Jahre prognostizieren alle befragten Unternehmen einem gleichbleibenden (59,6%) oder steigenden Bedarf (40,3%) an Ingenieurabsolventen. Einige Unternehmen gehen sogar davon aus, den Bedarf auf dem deutschen Markt künftig nicht mehr decken zu können und orientieren sich im Ausland, insbesondere in Osteuropa, wo eine qualitativ gute Ingenieurausbildung existiert.

Stellensuchende sollten sich allerdings nicht nur einseitig auf Großunternehmen konzentrieren, denn gegenwärtig und zukünftig entstehen vor allem in den kleinen und mittleren Betrieben Arbeitsplätze. Schon 1996 kam der größte Teil der Stellenangebote für Maschinenbau- und Elektroingenieure von Ingenieurbüros und Kleinunternehmen. Vor diesem Hintergrund widmet sich das Schwerpunktthema der vorliegenden Publikation den „Berufschancen im Mittelstand".

Durch die Restrukturierung und den damit verbundenen Abbau von Hierarchieebenen in den Unternehmen haben sich auch für Ingenieure neue Laufbahnen und Aufgabenbereiche entwickelt. Neben den traditionellen Fach- und Führungskarrieren sind vor allem prozessorientierte Projektaufgaben immer häufiger anzutreffen. Die berufliche Laufbahn wird daher zukünftig weniger gradlinig verlaufen und ist von einem häufigen Job-Wechsel geprägt. Immer mehr kommt es darauf an, unternehmensinterne Prozesse zu integrieren und zu optimieren. Forschung und Entwicklung, Planung, Produktion, Marketing und Vertrieb müssen zusammenarbeiten und gemeinsam Lösungen erarbeiten.

Die besten Chancen auf dem Arbeitsmarkt haben derzeit diejenigen, die das Studium relativ zügig absolviert und gleichzeitig über den „eigenen Tellerrand" geschaut haben. Denn neben dem Spezialwissen in einzelnen Fächern gewinnen Doppel- und Breitenqualifikationen (betriebswirtschaftliche, juristische, fremdsprachliche Kompetenzen) immer mehr an Bedeutung. Das Denken in Zusammenhängen sowie die Berücksichtigung sozialer, politischer, ökologischer und ethischer Aspekte kennzeichnen das Umfeld der technischen Fach- und Führungskraft. Immer wichtiger werden schließlich auch „soft skills" wie Mobilität, Teamorientierung, Innovationsinteresse, kulturelle und mentale Flexibilität sowie generell die Bereitschaft zu lebenslangem Lernen. Auch der enge Kontakt zu Kunden und Lieferanten wird für Ingenieure immer wichtiger.

Ingenieurabsolventen haben dann eine gute Ausgangsposition, wenn sie frühzeitig in den Bewerbungsprozeß einsteigen und gleichzeitig konkrete berufliche Zielvorstellungen entwickeln. Praxiserfahrungen in Form von Praktika, Werkstudententätigkeiten oder praxisbezogenen Diplomarbeiten werden immer mehr als selbstverständlich vorausgesetzt. Ebenso stellen Sprachkenntnisse sowie in vielen Fällen auch ein Auslandssemester oder -praktikum einen Bewerbungsvorteil dar. Zur Unterstützung Ihres Berufsstarts haben wir in Ergänzung zu unserem Buchprogramm neue Medien und Dienstleistungen entwickelt. In besonderem möchten wir Sie auf die in Zusammenarbeit mit der F.A.Z. entwickelte CD-ROM „*Perspektiven* - Interaktive Berufsplanung für den Fach- und Führungsnachwuchs" und die Internet-Stellenbörse „http://www.perspektiven-online.de" aufmerksam machen. Die CD-ROM umfaßt neben einem interaktiven Bewerbungstraining eine Fülle von multimedialen Unternehmensportraits mit allen für Bewerber relevanten Informationen. Die Internet-Anbindung, die eine regelmäßige Aktualisierung der CD-ROM ermöglicht, informiert darüber hinaus über aktuelle Stellenangebote für Absolventen sowie Praxisangebote für Studierende. Auch der zusammen mit dem Institut für Psychologie der Universität München entwickelte TOP-Test kann Ihre Berufsplanung und Bewerbungsstrategie ein gutes Stück voranbringen.

Allen Leserinnen und Lesern der 13. Auflage wünsche ich einen erfolgreichen Studienabschluß und „Fortune" für den Berufsstart.

[Unterschrift]

Joerg E. Staufenbiel   Köln, im November 1997

Inhaltsverzeichnis

hard work
brain work
fun

Wir gehören als Management Consultants weltweit zu den ganz Großen. Unsere Methoden führen zu konkreten Ergebnissen, und unsere Teams sind fachlich kompetent für jede Art von Problemlösung. Strategien, Prozesse, Strukturen und Systeme sind unsere Themen. Durch unseren Einsatz werden unsere Klienten schneller, besser sowie kostengünstiger. Sie wachsen auf ihren Märkten und steigern ihren Gewinn und Wert.

Sie nehmen Herausforderungen an, erfüllen nicht nur, sondern übertreffen Erwartungen. Ihre Motivation ist ebenso hoch wie Ihr Energielevel. Daß Sie dabei hochintelligent und charakterstark sind, halten Sie ebensowenig für etwas Besonderes wie Ihre Top-Examina und Ihre breit gefächerten Interessen.

Kurz: Sie und wir passen zusammen. So gut, daß Sie diese Herausforderung annehmen und uns Ihre Bewerbungsunterlagen schicken.

Dr. Achim Schüller, Director Human Resources
A.T. Kearney GmbH • Jan-Wellem-Platz 3 • 40212 Düsseldorf • Tel. 0 211 / 13 77-691

An EDS Company

Sektion VI: Branchenreports 177

Sektion VII: Berufschancen im Mittelstand

Sektion VIII: Berufsbezogene Studien- und Examensplanung

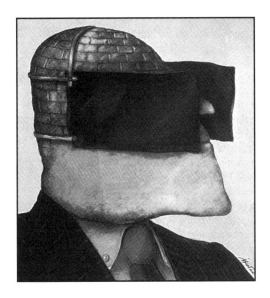

Innovation =

(Köpfchen + Intuition) x Zielstrebigkeit

■ Das heißt für uns: Neben dem Vertrieb von Erdgas und Wärme an Privatkunden, Gewerbe und Industrie fördern wir den Einsatz von Erdgas in Blockheizkraftwerken, in Brennstoffzellen und als Kraftstoff für Fahrzeuge. Darüber hinaus engagieren wir uns - mit wissenschaftlicher Unterstützung - im Bereich der Wasserstofftechnologie. Und da wir in Sachen „optimale Beratung" und „intelligente technische Lösungen" auch weiterhin entscheidende Akzente setzen wollen, sind alle Mitarbeiter in ihrer Kreativität und ihrem Einsatz gefordert. Wenn auch Sie sich in diesem Aufgabenfeld engagieren wollen und ein Prädikatsexamen im Bereich der Wirtschafts- bzw. Ingenieurwissenschaften abgelegt haben, dann schicken wir Ihnen gerne weitere Informationen.

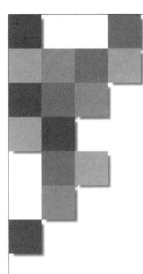

Inserentenverzeichnis

Neue
Chancen
Realisieren

Nobody does
IT better !

Picture by Allsport

Wollten Sie schon immer unter den Ersten sein?

In unserem Team kommen Sie an die Spitze des IT-Marktes!

Unsere Rangliste:

Weltweit:

Nummer 1 in Data Warehousing

Nummer 1 in hochverfügbarer,
offener Transaktionsverarbeitung

Nummer 1 bei SB-Systemen für
Banken und Sparkassen

Nummer 2 bei NT-Servern und
UNIX-Mid-Range-Servern

Nummer 2 bei POS-Terminals im
Einzelhandel

Ständige Weiterentwicklung unserer Lösungs-
technologien, Beratungsleistungen und Kundenorientierung basieren auf der Kompetenz
und dem Engagement unserer Mitarbeiter!

Die Spitzenstellung im Markt für "Information-
Technology" verdanken wir unseren 1300 Mitarbeitern in mehreren Geschäftsstellen und
Service Centern in Deutschland sowie den
weltweit 38.000 Kollegen in 130 Ländern.

Unsere Zukunftspläne sind ehrgeizig!
Ihre auch?

Dann sollten wir uns so schnell wie möglich
kennenlernen!

NCR GmbH
Human Resources, Gitte Müller
Ulmer Straße 160, 86156 Augsburg
e-mail: gitte.mueller@germany.ncr.com
http://www.ncr.com

Wichtiger Hinweis für unsere Leser
Die hier inserierenden Unternehmen haben bei ihrer Anzeigenschaltung berücksichtigt, daß die 13. Auflage von „Berufsplanung für Ingenieure" eine Laufzeit von einem Jahr hat (bis Winter 1998). Sie können sich daher ruhig bis Dezember 1998 unter Bezug auf dieses Buch bei den Unternehmen bewerben. Sicherlich haben die Firmen nicht zu jedem Zeitpunkt aktuellen Bedarf an Hochschulabsolventen, z.B. aufgrund von festen Einstellungsterminen. Wir empfehlen Ihnen daher, unter Bezugnahme auf die entsprechende Anzeige in dieser Auflage zunächst telefonischen Kontakt mit den Unternehmen aufzunehmen und anzufragen, zu welchem Zeitpunkt schriftliche Unterlagen eingereicht werden sollen. Unabhängig von den Stellenanzeigen finden Sie in Sektion XII (Firmen-Dokumentation) eine systematische Firmenübersicht, der Sie gezielte Informationen für Ihre Bewerbung entnehmen können (z.B. Einarbeitungsprogramme, Einstellungskriterien, Bewerbungsablauf, Bedarf an Ingenieuren, Ansprechpartner in der Personalabteilung etc).

WENN SIE HERAUSFORDERUNGEN ALS CHANCE SEHEN...

...dann sind Sie bei uns richtig.
Ein diversifizierter Konzern wie VEBA bietet eine große Vielfalt an Aufgaben und Tätigkeitsfeldern. Bei uns arbeiten Betriebswirte, Ingenieure, Juristen, Steuerfachleute, Informatiker, Chemiker, Geologen, Architekten – fast alle Studienrichtungen sind vertreten.

Während unsere Tochtergesellschaften für das operative Geschäft verantwortlich sind, ist die VEBA AG als Holding für die strategische Ausrichtung des Konzerns zuständig.

Zum VEBA-Konzern gehören: PREUSSEN-ELEKTRA, HÜLS, VEBA OEL, STINNES, RAAB KARCHER, VEBA IMMOBILIEN und O.TEL.O.

Unsere Broschüre „Chancen und Herausforderungen" informiert Sie über Einstiegs- und Entwicklungsmöglichkeiten im VEBA-Konzern und nennt Ihnen Ihre Ansprechpartner in den einzelnen Gesellschaften. Fordern Sie diese Broschüre jetzt an!

VEBA AG · Personalentwicklung
Bennigsenplatz 1 · 40474 Düsseldorf
Telefon: 02 11 / 45 79 - 3 29
Telefax: 02 11 / 45 79 - 6 26
Internet: www.veba.de
E-mail: info@veba.de

Sektion I: Erfahrungsberichte – Jungingenieure berichten aus der Praxis

Fünf junge Diplom-Ingenieure und Diplom-Ingenieurinnen berichten im folgenden über ihre persönlichen Erfahrungen in der Phase des Berufseinstiegs bzw. der Unternehmensgründung. Diese konkreten Praxiserfahrungen sollen die in den übrigen Kapiteln der vorliegenden Publikation notwendigerweise allgemein gehaltenen Aussagen illustrieren. Die einzelnen Berichte, die mit freundlicher Unterstützung der jeweiligen Unternehmen entstanden sind, decken bewußt die verschiedensten Branchen und Tätigkeitsfelder ab und veranschaulichen damit die Breite des Einsatzspektrums junger Ingenieure und Ingenieurinnen.

1. Training-on-the-job in der Automobilindustrie

Im ersten Erfahrungsbericht zeigt Georg Magel, der als Diplom-Wirtschaftsingenieur seit einem Jahr für die Adam Opel AG im Technischen Entwicklungszentrum (TEZ) - Finanz, Investitions-schätzungen tätig ist, wie ein Training-on-the-job aussehen kann. Anschaulich schildert seine Tätigkeit an einer Schnittstelle des Unternehmens, die sowohl technische als auch kaufmännische Kenntnisse erfordert.

Die Entwicklung eines Automobils erfordert heutzutage die Einbeziehung unterschiedlichster Teams im Unternehmen. Die Vielfältigkeit der Zielsetzungen wie höchste Kundenzufriedenheit, bestmögliche Umweltverträglichkeit und optimale Qualität unter Berücksichtigung der finanziellen Rahmenbedingungen verlangen nach einer Zusammenarbeit aller beteiligten Unternehmensbereiche von Anfang an. Designer, Ingenieure, Fertigungsplaner, Einkäufer, Marketingspezialisten und Finanzexperten arbeiten miteinander an den Automobilen von morgen.

Hierin liegt die Herausforderung bei einer Tätigkeit im Finanzwesen der Adam Opel AG. Neuentwicklungen, Modelländerungen, neue Fertigungsstätten oder Kapazitätserweiterungen in bestehenden Werken sind zunächst immer mit hohen Kosten verbunden. Entscheidungen können in diesem Zusammenhang nur getroffen werden, wenn alle Chancen und Risiken in finanzieller Hinsicht kalkuliert sind. Ein Team von Finanzexperten wird daher in den GM-weit standardisierten Entwicklungsprozeß, beginnend mit der Formulierung von strategischen Grundsätzen bis hin zum Produktionsanlauf eines neuen Modells, eingebunden und mit der kontinuierlichen Verfolgung aller relevanten Finanzdaten wie Produktkosten, Investment und Engineeringaufwand beauftragt.

Kosten ermitteln, analysieren und für unternehmerische Entscheidungen aufbereiten. So könnte man den Rahmen der täglichen Arbeit als Mitarbeiter der Abteilung Investitionsschätzungen innerhalb des Technischen Entwicklungzentrums (TEZ) – Finanz beschreiben. Um die hierfür notwendigen Vorgänge und Zusammenhänge in einem weltweit agierenden Unternehmen verstehen zu lernen, wird man als „Neueinsteiger" zunächst an die Seite eines erfahrenen Mitarbeiters gestellt und wächst mit der Aufgabe in das Projekt hinein. „Training-on-the-job" heißt also das Schlagwort, das die Einarbeitungsphase bei der Adam Opel AG umschreibt. Hierbei erhält man als Berufsanfänger die Gelegenheit, frühzeitig eigenverantwortlich tätig zu sein und schrittweise immer verantwortungsvollere Aufgaben zu übernehmen. Projektarbeit bedeutet gleichzeitig die Übernahme von Projektverantwortung. In einem bereichsübergreifenden Entwicklungsteam übernimmt man die Rolle des Ansprechpartners für alle investitionsbezogenen Problemstellungen.

Die eigentlichen Aufgaben etwa im Rahmen eines der vielen Carline-Projekte sind sehr unterschiedlich und beschränken sich keinesfalls nur auf die Anwendung finanzmathematischer Kenntnisse. So werden Kostenschätzungen veranlaßt mit dem Ziel, die erforderlichen Investitionen etwa für neue Preßwerkzeuge, Schweißroboter oder Lackiereinrichtungen in ihrer Höhe zu bewerten. Hierzu muß dem Fertigungsplaner der notwendige Input hinsichtlich der auszulegenden Kapazität und der zeitlichen Restriktionen zur Verfügung gestellt werden. Die Angaben insbesondere der Bereiche Manufacturing Engineering und Fertigungsmaterialeinkauf müssen daraufhin analysiert, die Ergebnisse konsolidiert und Zusammenfassungen erarbeitet werden. Dahinter verbirgt sich eine umfassende Detailarbeit, die Fähigkeit zur schnellen Anpassung an veränderte Entwicklungsalternativen und die Auseinandersetzung mit den Teamkollegen in einer Vielzahl von Besprechungen.

Die Präsentation und Offenlegung der Ergebnisse vor dem Management stellt einen weiteren Bestandteil der Arbeit, also der Anforderungen an den Mitarbeiter dar. Detailprobleme des Fertigungsplaners sowie übergeordnete finanzielle Vorgaben des Managements müssen verstanden und in Einklang gebracht werden. Verständnis für ökonomische Zusammenhänge ist hierbei ebenso wichtig wie ein profundes technisches Wissen. Zusätzlich verlangt die notwendige Zusammenarbeit mit Mitarbeitern verschiedenster Bereiche ein hohes Maß an Kontaktfreudigkeit und Teambereitschaft. Teamarbeit bedeutet zugleich Kommunikation und diese erfolgt nicht selten in englischer Sprache.

Die Bandbreite der sich dem Berufseinsteiger im Finanzbereich stellenden Aufgaben und Anforderungen läßt erkennen, daß über die in einem Studium primär erlernten Fähigkeiten und Fertigkeiten hinaus weitere Qualifikationen die Voraussetzungen für eine erfolgreiche Arbeit bilden. Hierbei wird man durch ein weitreichendes Weiterbildungsprogramm seitens der Adam Opel AG aktiv unterstützt. Sprachkurse, Weiterbildung der kommunikativen Fähigkeiten und speziell auf das Arbeitsgebiet zugeschnittene Fortbildungsmaßnahmen bilden eine gute Grundlage für die persönliche Entwicklung im Unternehmen. Dieser sind auch auf internationalem Gebiet keine Grenzen gesetzt. Stichworte wie „Globalisierung" oder etwa die Entwicklung von Fahrzeugen für die Weltmärkte beeinflussen die Aktivitäten im Finanzbereich des Technischen Entwicklungszentrums (TEZ) der Adam Opel AG.

Neben allen Voraussetzungen und Perspektiven darf jedoch ein wichtiger Motivationsfaktor auch für die tägliche Arbeit eines Finanzexperten nicht vergessen werden: Interesse und vor allem Spaß am Auto.

2. Direkteinstieg als Entwicklungsingenieur

Im zweiten Erfahrungsbericht schildert Michael Muth, wie er seinen Direkteinstieg als Entwicklungsingenieur „Zirkulatoren" bei Philips Semiconductors in Hamburg vor fünf Jahren durch ein praxisorientiertes Studium vorbereitete. Seine Erfahrungen verdeutlichen, wie wertvoll eine vorausgehende Berufsausbildung, eine Praktikanten- oder Werkstudententätigkeit oder auch eine praxisbezogene Diplomarbeit für den Berufseinstieg sein können.

Ich bin seit Mai 1992 in der Sensorsystementwicklung im Applikationslabor bei Philips Semiconductors in Hamburg tätig. Nach meiner Ausbildung zum Fernmeldeelektroniker habe ich an der Fachhochschule Hamburg Elektrotechnik mit den Schwerpunkten elektrische Maschinen und Regelungstechnik studiert.

Mein Einstieg bei Philips begann im Februar 1990 als Praktikant im Applikationslabor, wo ich an der Entwicklung von Sensor-Auswerteschaltungen mitgearbeitet habe. Dabei brachte mir meine Berufsausbildung unbedingt Vorteile, da mechanische und elektrische Aufbauten gleich wichtig sind. Aufgrund der Vielseitigkeit gefiel mir die Arbeit so gut, daß ich in den folgenden Semesterferien in diesem Bereich als Werkstudent weiterarbeitete und dann auch meine Diplomarbeit dort durchführte. Natürlich wollte ich auch gerne beruflich weiter im Bereich Sensoren arbeiten.

Die Lage auf dem Arbeitsmarkt war für Absolventen zum Zeitpunkt meines Abschlusses nicht sehr rosig und zunächst sah ich keine interessante Stelle bei Philips. Deshalb bewarb ich mich auch außerhalb und hatte bereits ein Angebot, als Philips mir eine Stelle im Bereich Bussysteme/IC-Entwicklung anbot - leider also nicht in meinem Wunschgebiet.

Trotzdem konnte ich auf etwas ungewöhnliche Weise meinen Wunsch realisieren: mein Bruder arbeitete nämlich ebenfalls im Bereich Sensoren, und er war gern bereit, in den Bereich Bussysteme zu wechseln. So konnte ich die Stelle meines Bruders übernehmen und damit genau in meinem Wunschbereich arbeiten. Nicht einmal das Türschild des Büros (M. Muth) mußte geändert werden....

Eine spezielle Einarbeitung war aufgrund meiner vorangegangenen Tätigkeiten in dieser Abteilung nicht nötig. Die Aufgaben waren mir bereits bekannt, so daß ich vom ersten Tage an in die laufenden Projekte einbezogen wurde. Meine spezifischen Sensorenkenntnisse hatte ich mir größtenteils schon während meiner studienbegleitenden Tätigkeiten und meiner Diplomarbeit erworben.

Seit Oktober 1992 bin ich verheiratet. Im Januar 1995 wurde unser Sohn Christopher geboren. Seitdem ist meine Frau im Erziehungsurlaub, um sich vollständig um unser Kind zu kümmern. Durch die überaus flexiblen Arbeitszeiten bei Philips ist es mir aber auch möglich, für das Kind dazusein, wenn meine Frau einmal keine Zeit hat (zum Beispiel wegen eines Arztbesuches).

Ich denke, daß man mit der Wahl seines Praktikumsplatzes durchaus eine Vorentscheidung für seinen Berufseinstieg trifft, die man nicht unterschätzen sollte. Insbesondere durch das gegenseitige „unverbindliche" Kennenlernen von Student und Unternehmen entstehen Vorteile auf beiden Seiten, denn man ist nicht ausschließlich auf das Bewerbungsgespräch angewiesen. Insofern bin ich nach wie vor froh über die Wahl meines Praktikumsplatzes.

3. Trainee im Rahmen eines internationalen Einarbeitungsprogramms

Im dritten Erfahrungsbericht berichtet Jochen Wolters über seinen Einstieg als Trainee im European Graduate Program bei Texas Instruments. Dabei wird deutlich, daß Auslandserfahrungen ein zunehmend wichtiges Kriterium bei der Auswahl von Nachwuchskräften darstellen und möglichst schon im Rahmen von Auslandssemestern und/oder -praktika erworben werden sollten.

Während meines Studiums an der RWTH Aachen hatte ich bereits einige erste Auslandskontakte geknüpft. Zum einen durch ein dreimonatiges Industriepraktikum in Amsterdam, zum anderen durch meine Mitarbeit beim Verein Deutscher Ingenieure und in der Association of European Young Engineers. Und zwar nicht etwa, um meine Bewerbungschancen vermeintlich zu verbessern, sondern schlicht aus Spaß an der Sache, was das Ganze um so interessanter machte, mein Studium jedoch etwas verzögerte.

Nachdem ich meine Diplomarbeit im Bereich Signalverarbeitung/Akustik Mitte 1996 fertiggestellt hatte, wollte ich mich aufgrund meiner Erfahrung direkt im Ausland bewerben, stieß dann jedoch auf das European Graduate Program von Texas Instruments. Nach der erfolgreichen Teilnahme an einem Assessment Center erhielt ich das Angebot, über Texas Instruments Deutschland an diesem Programm teilzunehmen.

Texas Instruments ist einer der größten Halbleiterhersteller der Welt und Marktführer bei Digitalen Signalprozessoren. Mit 32 Fertigungsstätten auf vier Kontinenten, allein fünf davon in Europa, kann man TI wahrlich als multinational bezeichnen. Um europäische Nachwuchsführungskräfte auf ihren Berufsweg in einem derart internationalen Unternehmen vorzubereiten, führte TI 1995 das European Graduate Program ein, an dem bisher 55 Studienabsolventen teilgenommen haben. Die derzeitigen Teilnehmer kommen aus Deutschland, Frankreich, Großbritannien und Italien, und absolvieren drei jeweils sechsmonatige Auslandseinsätze in unterschiedlichen Geschäftsbereichen von Texas Instruments. Ergänzt wird das Programm durch diverse Seminare und Workshops. Meine drei „Assignments" führten mich nach Sunbury bei London, Velizy bei Paris, und derzeit Avezzano, etwa 100 km von Rom entfernt.

In Sunbury arbeitete ich für Texas Instruments Software. Dieser Geschäftsbereich wurde zwar vor kurzem an Sterling Software verkauft, war aber vor dem Verkauf bereits Marktführer im Bereich Entwicklungswerkzeuge für Business-Software. Mit diesen recht komplexen Tools werden vollständige Geschäftsprozesse – beispielsweise das Reservierungssystem einer Fluggesellschaft oder das Abrechnungssystem eines Stromversorgungsunternehmens – in einem objektorientierten Modell nachgebildet und anschließend automatisch der Quellcode für das eigentliche Programm erzeugt. Zu meinen Aufgabe gehörte es, mit einigen dieser Tools eine Website mit Datenbankanbindung zu entwickeln, sowie einen internen Geschäftsprozess zu untersuchen und Vorschläge zu dessen Verbesserung zusammenzustellen.

In Velizy bei Paris befindet sich neben einem Sales-Office das „E-PIC", das European Product Information Center. Von diesem Call-Center aus bieten wir unseren Kunden technischen Support in Form von z.B. Datenbüchern, Anwendungsbeispielen und Produktmustern an, beantworten aber auch konkrete technische Fragen – und zwar in Deutsch, Englisch, Französisch, Italienisch, Niederländisch und Spanisch. Vier Monate „Front-Line Support" am Telefon ist einerseits eine Herausforderung an die eigenen Sprachkenntnisse – in meinem Fall Deutsch, Englisch, Niederländisch – und die persönliche technische Fachkompetenz. Man entwickelt andererseits durch den direkten Kontakt mit den Kunden auch ein Gefühl dafür, welche Produkte für die Kunden interessant sind, wo möglicherweise Probleme auftreten können etc.

Neben meinem Einsatz im E-PIC habe ich zudem an einer Marketingkampagne für Analog- und Logikbausteine mit unseren französischen Distributoren mitgewirkt, was eine vollkommen andere Arbeitsweise mit sich brachte. Statt auf Anfragen von Kunden zu reagieren, war nun Eigeninitiative gefragt. Zudem war es für mich als Ingenieur anfangs nicht ganz leicht, mich für trockene Wirtschaftsdaten wie Verkaufszahlen und Stückpreise zu begeistern. Jedoch änderte sich dies sehr schnell, nachdem mir mein Coach gezeigt hatte, wie man aus diesen Daten das Wesentliche herausfiltert, um Marktveränderungen zu erkennen und Trends aufzuspüren. Dies bedeutet also eine andere „Arbeitsrichtung" als bei Ingenieuranwendungen: statt von einem groben Konzept immer mehr ins Detail zu gehen, zaubert man aus den Details einen Gesamtüberblick.

Für das letzte Drittel meines Traineeprogrammes bin ich vor kurzem nach Avezzano gezogen, um in unserem Geschäftsbereich für Halbleiterspeicher als Product Marketing Engineer zu arbeiten. Auch dieser Einsatz bietet einen deutlichen Unterschied zu meinen Projekten in Sunbury und Velizy: Viele der Produkte, mit denen ich dort zu tun hatte, bieten besondere Eigenschaften oder Features, die sie von Konkurrenzprodukten abheben. Bei Speicherbausteinen – z.B. DRAM für Computerhauptspeicher – hingegen handelt es sich um echte „Commodities", also Standardprodukte, die sich kaum von vergleichbaren Produkten anderer Hersteller unterscheiden. Wichtigstes Merkmal ist hier schlicht der Preis. Man könnte auch sagen, daß diese Produkte mit Mehl oder Zucker, die Produkte in Sunbury und Velizy hingegen mit Pralinen oder Wein vergleichbar sind.

Welche Herausforderung mich nach dem Ende dieses dritten Assignments erwartet, steht noch nicht eindeutig fest. Ein Unternehmen wie TI mit mehr als 40.000 Mitarbeitern weltweit bietet jedoch genügend Perspektiven für einen interessanten Job. Möglich wäre beispielsweise eine Position im Bereich des strategischen technischen Marketings in Freising oder Nizza.

Die erlangten Einblicke in unsere Geschäftsbereiche sind nur eine Seite des Programms. Die andere ist das Kennenlernen von fremden Ländern und Leuten, um für den globalen Markt nicht nur die geographische, sondern auch die nötige geistige Mobilität zu fördern. Es ist manchmal überraschend, wie sehr sich die Lebens- und Arbeitsstile unserer europäischen Nachbarn trotz der geographischen Nähe unterscheiden. Das betrifft nicht nur offensichtliche Unterschiede wie den zwischen britischen Pubs und französischen Bistros, sondern auch Dinge, die zunächst verborgen sind. Spielt innerhalb eines Teams die Position in der Firmenhierarchie eine Rolle, oder wird das Team eher als eine „große Familie" gesehen? Ist minutengenaue Pünktlichkeit Usus, oder darf man dies etwas lockerer sehen? Wie reagiert man auf Fehler? Darf man seinen Gefühlen auch einmal freien Lauf lassen oder ist grundsätzlich diskrete Zurückhaltung angebracht?

Universitäten und Hochschulen werden nicht selten dafür gescholten, daß in den oftmals auf rein technische Inhalte ausgelegten Lehrplänen kein Platz dafür ist, bei den Studierenden ein Gespür oder Bewußtsein für derartige Unterschiede zu fördern. Es ist jedoch müßig, diesen Umstand zu beklagen, wenn es außerhalb der Hochschulen so viele Möglichkeiten gibt, über den Horizont von Formelwissen und Rechenkünsten hinauszuschauen: Engagement in technisch-wissenschaftlichen Vereinen und internationalen Studierendenorganisationen bieten reichlich Gelegenheit, sich auf die zunehmende Internationalisierung des Ingenieurberufes vorzubereiten. Ein Traineeprogramm wie das von TI bildet – den nötigen Einsatz und etwas Glück bei der Bewerbung vorausgesetzt – eine mögliche Krönung dieser Vorbereitung.

Zugegeben, alle sechs Monate umziehen, stets aufs neue „bei null" anfangen, ein liebgewonnenes Land wieder verlassen, sich von neuen Freunden verabschieden, sich immer wieder in andere Jobs einarbeiten – ganz einfach ist das nicht. Die Belohnung hierfür ist jedoch unbezahlbar: eine vielseitige und gründliche Vorbereitung auf die Arbeit in einem wirklich internationalen Team. Daß man mit diesem Lebensstil so ganz nebenbei auch noch Spaß haben, freundschaftliche Kontakte knüpfen und faszinierende Erlebnisse über nationale Grenzen hinweg sammeln kann, stört da auch nicht weiter...

4. Berufseinstieg als Vertriebsingenieurin

Im vierten Erfahrungsbericht beschreibt die Diplom-Ingenieurin der Elektrotechnik Corinna Volkers ihren Berufseinstieg als Vertriebsingenieurin bei der Adtranz, ABB Daimler-Benz Transportation (Deutschland) GmbH. Sie macht deutlich, wie wichtig es ist, nicht nur fachliches Know-how zu erwerben, sondern auch über den eigenen Tellerrand hinauszuschauen und die eigene Persönlichkeit zu entwickeln.

Obwohl mich als Jugendliche viele verschiedene Bereiche (Medizin, Landschaftsplanung, Alternative Energien) faszinierten, wählte ich Mathematik und Physik als Leistungskurse. Außerdem war ich sprachbegeistert. Meine Fähigkeiten in und mein Spaß an der Mathematik überzeugten mich dann, daß ich ein Studium der Elektrotechnik, das gute Berufschancen versprach, bewältigen konnte. Ich habe eigentlich eine handwerkliche Begabung, aber mit technischen Dingen tue ich mich wohl mangels Übung sehr schwer. Glücklicherweise benötigt man die „Technikfaszination" und das Basteln mit der Technik überhaupt nicht, um als Ingenieur erfolgreich zu sein. Die eher theoretische Ausrichtung des Studiums, das an der Universität hauptsächlich aus mathematischen Aufgaben bestand, hat mir zu einem schnellen Abschluß verholfen.

Während meines Studiums konnte ich neben den vorgeschriebenen Praktika auch Erfahrungen in verschiedenen Studentenjobs sammeln, u.a. in der Erwachsenenbildung oder durch mein Engagement beim VDE. Meine zweijährige ehrenamtliche Tätigkeit als bundesweite Sprecherin des Jungmitgliederausschusses des VDEs machten mir klar, daß die Fähigkeiten eines Ingenieurs nicht auf die technische Kompetenz reduziert werden dürfen. Um Ideen und Projekte umzusetzen, müssen immer mehrere Menschen zusammenarbeiten, die alle unterschiedliche Vorstellungen und persönliche Befindlichkeiten besitzen und die größtenteils motiviert werden müssen. Ohne den großen Druck, den man bei „Millionenprojekten" im Beruf hat, konnte ich vielseitige Erfahrungen sammeln, die im Beruf wichtig sind, an der Uni aber nicht vermittelt werden. Ich leitete z.B. Sitzungen, führte Korrespondenz und organisierte die Aktenablage.

Schon in meiner Diplomarbeit bei ABB Henschel in Mannheim (heute Adtranz) beschäftigte ich mich mit der Elektrik einer Straßenbahn. Als überzeugte Benutzerin öffentlicher Verkehrsmittel freute ich mich über die Möglichkeit, 1993 im Vertrieb für Nahverkehrsfahrzeuge bei der AEG Schienenfahrzeuge in Berlin (heute Adtranz) anzufangen.

Bei der Erstellung von Angeboten für die U-Bahn Stockholm, für Straßenbahnen in London oder für eine vollautomatische Bahn in Kopenhagen konnte ich mit vielen interessanten Menschen zusammenarbeiten und meine Sprachkenntnisse einsetzen, vor allem Englisch als Geschäftssprache, aber auch ein wenig Schwedisch zum Smalltalk beim Geschäftsessen. Dabei hatte ich die Möglichkeit, sofort voll in den verschiedenen Projekten mitzuarbeiten.

Der große Praxisschock blieb glücklicherweise aufgrund meiner Erfahrung während des Studiums aus, außerdem konnte ich durch die enge Zusammenarbeit mit meinen Chef sehr schnell die notwendigen Dinge erlernen. Auch die Kollegen waren immer gerne bereit, mir bei den verschiedenen Aufgaben zu helfen. Nach über vier Jahren im Beruf bin ich mittlerweile häufig diejenige, die gefragt wird, und es ist ein gutes Gefühl, zu merken, wieviel man durch Offenheit und Teamgeist erreichen kann.

Durch die vielen Umstrukturierungen im Unternehmen habe ich auch bemerkt, daß es in Deutschland schwierig ist, neue Managementstrukturen zu schaffen, da z.b. das Stehen in einem „Kästchen" in der Organisationsstruktur für viele eine sehr große Bedeutung hat. Die Kollegen aus England oder Skandinavien, die ich kennenlernte, haben einen viel lockeren Umgang mit Hierarchien und Autorität als die Deutschen.

Zur Zeit arbeite ich als Teilprojektleiterin im Projekt Metro Athen und bin dabei, mit Hilfe von Projektmanagement und den Neuen Medien zur Informationsverarbeitung (Datenbanken, Mails über Internet, usw.) die Erstellung der Kundendokumentation für die Wartung der Fahrzeugkomponenten zu organisieren.

Für meine Aufgaben benötige ich weniger Fachwissen aus dem Studium, sondern viel mehr technisches und vor allem menschliches Verständnis. Ich muß in der Lage sein, komplexe Aufgaben zu strukturieren, Lösungswege aufzuzeigen und diese hartnäckig umzusetzen. Ich lerne ständig neue Dinge, vor allem aus dem Bereich der Betriebswirtschaft und des Maschinenbaus.

Ich arbeite selbständig, bin häufig unterwegs und arbeite in einem netten Team, was sehr dazu beiträgt, sich für die Bearbeitung dieses schwierigen Projekts zu motivieren.

Die Kraft für diesen manchmal sehr anstrengenden Beruf hole ich aus meinem Privatleben. Durch meine Familie und interessante Hobbys finde ich einen guten Ausgleich, so daß es mir nicht schwerfällt, mich immer wieder neu zu motivieren. Ich kann nur jedem raten, sich ein „zweites Standbein" im Leben zu suchen, sonst ist die Gefahr groß, nach ein paar Jahren aus dem Gleichgewicht zu geraten.

Ich bin froh, einen für Frauen immer noch außergewöhnlichen Weg eingeschlagen zu haben. Die vorhergesagten großen Schwierigkeiten haben sich bisher nur als unbedeutende Ereignisse gezeigt und sollten keine Frau davon abhalten, einen „technischen" Beruf zu ergreifen.

5. Der Ingenieur als Existenzgründer und Unternehmer

Im letzten Erfahrungsbericht berichtet Harald Balzer von seinen Erfahrungen, die er als Existenz-
gründer und Unternehmer mit der harald balzer projekt ag (hbp) sammeln konnte. Er macht deut-
lich, daß eine Unternehmensgründung im unmittelbaren Anschluß an das Studium häufig weniger
sinnvoll ist. Vielmehr sollten junge Unternehmer bereits über einige Berufserfahrung verfügen
und die Selbständigkeit intensiv vorbereiten.

Selbständigkeit war über viele Jahre für Ingenieure und Hochschulabsolventen allenfalls ein Randthema. In Zeiten boomender Konjunktur war nur eine verschwindende Minderheit bereit, zugunsten vermeintlich riskanter Alleingänge auf die weitgehend vorgezeichnete Karriere in einem großen oder mittleren Unternehmen zu verzichten. Derartige lineare Planungen des Berufslebens gehören allerdings der Vergangenheit an, andere Optionen rücken zunehmend ins Blickfeld. Die wachsende Unsicherheit im Handlungsumfeld der Unternehmen trägt sicherlich mit dazu bei, daß die Gründung eines eigenen Unternehmens für viele Hochschulabgänger wieder interessant wird. Aber: der Pfad in die Selbständigkeit, vom ehemaligen Studenten mit druckfrischem Diplom zum wettbewerbsfähigen Unternehmer, ist weit und steinig. Anhand dieses Erfahrungsberichtes soll exemplarisch aufgezeigt werden, wie der Weg verlaufen kann, was beim Aufbau eines Unternehmens zu beachten ist und wo die hauptsächlichen Fallstricke liegen. Geschildert aus der Praxis eines erfolgreichen Unternehmers.

Bill Gates ist eine Ausnahme. Diesen Satz sollte sich jeder werdende Jungunternehmer einrahmen und über den Schreibtisch hängen. Das heißt, daß ein derart explosionsartiges Wachstum, ein derartiger, weltumspannender Erfolg ungefähr so gut planbar ist wie ein Lottogewinn. Erfolg ist auch eine Nummer kleiner noch schön – und vor allem realistischer erreichbar. „Erreichbar" heißt allerdings in keinem Fall „leicht", denn eine Unternehmensgründung ist kein „Gang durch Wiesen". Geduld, Stehvermögen und harte Arbeit sind und bleiben die Begleiterscheinungen jeder Unternehmensgründung. Doch starten wir am Anfang mit der Frage, an welcher Stelle der Weg in die Selbständigkeit beginnt.

Werden Unternehmer geboren oder gemacht? Diese Frage ist nicht eindeutig zu beantworten. Sicher ist, daß „Unternehmer aus Verlegenheit" kaum erfolgreich sein werden. Je früher man sich mit dem Gedanken vertraut macht, ein Unternehmen zu gründen, desto besser, denn zur Selbständigkeit gehört eine mentale Grundeinstellung, die sich von der „Beamtenmentalität", wie sie auch für viele Management-Posten typisch ist, deutlich unterscheidet. Nennen wir diese Grundeinstellung einfach Gestaltungswillen und beobachten wir, wann sich dieser Wille äußert: in meinem Fall traten die Symptome bereits während des Studiums auf. Die freiberufliche Tätigkeit an einem ingenieurwissenschaftlich orientierten Fraunhofer-Institut waren erster sichtbarer Ausdruck der Ansteckung mit dem Virus der Selbständigkeit. Diese freiberufliche Tätigkeit mündete zunächst in ein Anstellungsverhältnis als Industrieforscher im Bereich Unternehmensplanung und -steuerung – eine Planabweichung? Nein, sondern der erste wichtige Hinweis: Kalkulieren Sie eine Lehrzeit ein (das Studium ist in dieser Hinsicht leider zumeist wertlos, weil es ausschließlich fachliche Qualifikation vermittelt) und versuchen Sie während dieser Zeit, dem eiskalten Wind des freien Marktes nicht ungeschützt ausgesetzt zu sein. Dabei muß allerdings darauf geachtet werden, daß die Struktur der Tätigkeit Sinn macht. Bei mir war dies in nahezu idealer Weise der Fall, da die Projektleitung bei betrieblichen Organisationsprojekten ein breites Wissensspektrum abdeckte, viele Handlungsspielräume ließ und bereits mit erheblicher Verantwortung verbunden war. In der Industrie bekommt jeder Neuling kostenlos Crash-Kurse in Projektmanagement und menschlichem (oder allzumenschlichem) Verhalten, die man gemeinhin als Praxisschock bezeichnet. Es ist zwecks Erstversorgung angeraten, diese Schocks in Gesellschaft zu erleben – ein weiteres Argument dafür, daß man nicht zu früh „losmarschiert".

Jeder Schritt des beruflichen Werdegangs sollte eine sinnvolle Bereicherung des Fähigkeitsprofils, des künftigen Aktionspotentials, mit sich bringen. Dieser Satz gilt für werdende Unternehmer uneingeschränkt. Für mich hieß das konkret: Praxis, Praxis und noch mehr Praxis. Folgerichtig war meine nächste Tätigkeit die eines Beraters in einer größeren Unternehmensberatung, wo die Chance gegeben war, zahlreiche Betriebe hautnah kennenzulernen und gleichzeitig breites Wissen über Organisation und Produktion aufzubauen. Wer dies konsequent und engagiert betreibt, manövriert sich häufig in ein Dilemma: der Erfolg in einem größeren Unternehmen verstellt den Blick auf das ursprüngliche Ziel der Selbständigkeit. Deshalb ist es wichtig, die langfristige Entwicklung im Blick zu behalten und Entwicklungsphasen auch dann zu beenden, wenn Sie erfolgreich sind.

Der Übergang in die tatsächliche Selbständigkeit ist der entscheidende Schritt. Unternehmen Sie diesen Schritt mutig, aber niemals voreilig. Am besten ist es, mit konkretem Arbeitshintergrund, idealerweise mit konkreten Aufträgen zu starten. Mein erster Tag als Unternehmer war ein Tag beim Kunden. Sicherlich ist ein solcher „Blitzstart" nicht immer möglich, aber es ist keinesfalls zu empfehlen, ganz aus dem Stand zu starten, Geld zu beschaffen, ein Büro anzumieten und dann nach Geschäft zu suchen. Vermeiden Sie den gewaltigen Druck, der auf diese Weise fast zwangsläufig entsteht, indem Sie entweder mit einem konkreten Auftrag beginnen oder auf einige Repräsentations- und Fixkosten verzichten. Ihre Kunden wollen gute Leistungen, keine schönen Visitenkarten.

Am Anfang steht die Idee. Ein Unternehmer muß ganz konkret wissen, welche Produkte und welche Leistungen er wem mit welcher Nutzenerwartung anbieten kann. So haben wir bei hbp zunächst daran gearbeitet, im diffusen Feld der Unternehmensberatung ein identifizierbares Nutzen- und Leistungsprofil zu erstellen. Wir bieten unseren Kunden ein Projekt- und Prozeßmanagement mit den homogenen aufeinander abgestimmten Elementen Beratung, Training und Software. Diese Kombination ist unseres Wissens einzigartig in Deutschland und so ist es unser erklärtes Ziel, eines der führenden Consulting-Unternehmen zu werden, wenn es um Projektmanagement geht.

Unsere Kunden sind hauptsächlich markt- oder branchenführende Unternehmen mit 500 bis 2.500 Mitarbeitern, wobei sich in letzter Zeit der Trend verstärkt, daß Großunternehmen unsere Leistungen nachfragen. Unser Leistungsspektrum umfaßt die Koordination aller Projekte eines Unternehmens, von der Organisation und Führung über Steuerung und Controlling bis hin zur Kommunikation. hbp erstellt beispielsweise Leitfäden für ein individuelles Projektmanagement und optimiert in Teamarbeit Arbeitsabläufe wie Entwicklung, Auftragsabwicklung usw.

Es ist uns besonders wichtig, unseren Leistungskatalog bereits im ersten Kundengespräch transparent und unser Know-how erlebbar zu machen: jede gemeinsam mit dem Kunden initiierte Veränderung muß meß- und nachvollziehbar sein. Wir wissen, daß wir uns in den Betrieben auf sensiblem Terrain bewegen, vertrauen jedoch auf unsere „Ware Kompetenz". Dabei kommen uns die Erfahrungen aus früheren Tätigkeiten entgegen, die jeder Mitarbeiter, gemeinsam mit seinen individuellen Stärken, einbringt.

Bei unserer nicht immer leichten und zeitintensiven Arbeit beherzigen wir die Maxime, jedes Projekt als neue Herausforderung anzusehen und Veränderungsprozesse in Gang zu bringen, die letztlich unseren Kunden, den Unternehmen, nützen – und den Menschen, die in den Unternehmen arbeiten.

Auch Rückschläge sind Kennzeichen des Fortschritts. Wenn wir heute als Unternehmen in unserem Markt Erfolg haben, so müssen wir doch so ehrlich sein zuzugeben, daß Irren nicht nur menschlich, sondern auch unternehmerisch ist. Niemand, der die Selbständigkeit wählt, darf sich vormachen, daß es einen Königsweg zum Erfolg gibt. Hierüber täuschen sämtliche Hochglanzbroschüren hinweg, die beispielsweise Finanzierungshilfen und wasserdichte Businesspläne versprechen.

Ein wesentliches Hindernis ist die Finanzierung. Die blinde Vorfinanzierung einer erhofften Unternehmensentwicklung mit Fremdkapital ist im besten Falle teuer und im schlechtesten tödlich. Noch immer ist es hierzulande schwierig, an das notwendige „venture capital" zu kommen, ohne Zinskonditionen und Geschäftsgebaren von Banken in Kauf nehmen zu müssen. Ein Ausweg kann über die vom Gesetzgeber neu geschaffene Rechtsform der kleineren Aktiengesellschaft führen, der findigen Jungunternehmern ermöglicht, auf dem freien Markt Kapital zu beschaffen und sich von restriktiven Tilgungsplänen weitgehend unabhängig zu machen. Diesen Weg haben auch wir beschritten, mit greifbaren Vorteilen, nicht nur hinsichtlich der Finanzierung. In einer kleinen AG sind die Aktionäre nicht auf ihre Rolle als Share-Holders beschränkt, die zufriedenstellende Renditen bekommen, sie können auch Interessenten und Mentoren der Unternehmensentwicklung sein. So kann sich ein Unternehmen ein günstiges Handlungsumfeld erarbeiten, aus dem zahlreiche Vorteile resultieren.

Schnelles Wachstum kann zu Fehleinschätzungen und ernsten Strukturproblemen führen. Da im Dienstleistungsbereich Wachstum immer auch eine größere Anzahl an Mitarbeitern bedeutet, können fast unbemerkt Kosten- und Qualifikationsprobleme entstehen, die enorme Rückschläge für die Unternehmensentwicklung auslösen können. Diese Erfahrung haben wir auch gemacht, weshalb wir heute wissen, daß beständiges, kontinuierliches Wachstum besser ist als schnelles Wachstum um jeden Preis. Mein Tip: beginnen Sie mit einer Einzelfirma, wachsen Sie auf solidem, qualitativ hohem Niveau und möglichst aus eigener Kraft. Verwenden Sie Ihre Gewinne für Investitionen in die Unternehmensentwicklung statt für den Boxster.

Unternehmensentwicklung ist keine Sprintentscheidung, Erfolg braucht Zeit. Wie fast alle jungen Unternehmen wollten wir anfangs zu viel und wir wollten es zu schnell. Mittlerweile haben wir gelernt, daß sich die Reputation eines Unternehmens langsam entwickelt. Für Dinge, die wir in wenigen Wochen „erledigt" haben wollten, haben wir tatsächlich Jahre gebraucht – und das war gut so. Nehmen Sie Ihre langfristigen Ziele in den Blick und lassen Sie sich von schnellen Erfolgen ebensowenig aus der Bahn werfen wie von Mißerfolgen. Gut' Ding braucht gut' Weil.

Viele „Gründungsexperten" vertreten die Ansicht, ein guter Businessplan sei der halbe Erfolg. Das mag stimmen, wobei darüber zu streiten wäre, was „gut" ist und was nicht. Ein detaillierter Businessplan, der den Status einer Bibel besitzt und minutiös umgesetzt wird, verstellt häufig den Blick fürs Wesentliche. Unser Businessplan beinhaltet das Strategiekonzept, das Marketingkonzept, die Entwicklung von Organisation und Personal, die Entwicklung von Leistungen und Produkten und ein grobes Zahlengerüst. Der beste Businessplan ersetzt nicht ihre Aktionen am Markt, bei den Kunden – und nur diese machen ein Unternehmen lebensfähig und erfolgreich.

Sektion II: Berufsplanung für technische Fach- und Führungskräfte

1. Vorbemerkungen zur Berufsplanung

Ziel der vorliegenden Publikation ist es, Studenten, Absolventen und Nachwuchskräften technischer Fachrichtungen Informationen und Entscheidungshilfen für die Studien- und Berufsplanung sowie die spätere Berufswahl zu geben.

Unter Berufsplanung verstehen wir die **Präzisierung beruflicher Zielvorstellungen**. Es gilt, sich Klarheit zu verschaffen über die beruflichen Präferenzen, deren Realisierungschancen, aber auch über berufliche Alternativen. Mit Berufsplanung meinen wir nicht das Rezept für eine „Karriere nach Fahrplan" - diese dürfte heute eher eine Ausnahmeerscheinung sein. Neben den Einflußgrößen, die in der eigenen Person begründet liegen, gibt es eine Vielzahl externer Faktoren, wie z.b. den Arbeitsmarkt, die wirtschaftliche und personelle Situation eines Unternehmens oder einer seiner Bereiche und nicht zuletzt den Zufall und das Glück, die die berufliche Entwicklung mitbestimmen. Unabhängig von den vielen Unwägbarkeiten im Laufe des Berufslebens halten wir es jedoch für erforderlich, daß man sich Klarheit über die möglichen Konsequenzen verschafft, die jede berufliche Entscheidung, wie z.b. die Wahl der Anfangsposition oder ein späterer Stellenwechsel, mit sich bringt. So wie große Firmen für ihre Mitarbeiter eine „Personalplanung" oder „Personalentwicklung" durchführen, muß auch der Ingenieur bei seiner eigenen beruflichen Fortentwicklung eine strategische Berufsplanung realisieren. In Abwandlung eines bekannten Ausspruchs:

> „Berufliche Entwicklung ist zu wichtig, um sie allein anderen Menschen zu überlassen."

Die Personalplanung und -entwicklung zielt in vielen Unternehmen hauptsächlich auf die Ausbildung und Förderung von Mitarbeitern für bestimmte Laufbahnen im Unternehmen ab und trägt damit aus der Sicht des Unternehmens zur Sicherstellung eines qualitativ und quantitativ ausreichenden Mitarbeiterpotentials auf allen Hierarchieebenen bei. Berufsplanung ist dagegen ein Instrument des Anbieters von Arbeitskraft. Die Berufsplanung sollte sich an dem Nutzen orientieren, den der einzelne aus seinem Berufsweg und seiner jeweiligen Berufstätigkeit zu ziehen beabsichtigt. Damit ist sie keine einmalige Aktion, die sich etwa auf die Wahl der Ausbildung oder eines speziellen Arbeitsplatzes beschränkt. Berufsplanung ist als ein **kontinuierlicher Planungsprozeß** zu sehen, der sich von der Schulausbildung bis zum Erreichen der Endposition hinzieht.

Notwendige Grundlage einer sinnvollen Berufsplanung ist eine Definition des Selbstverständnisses des Ingenieurberufs sowie die Kenntnis wesentlicher beruflicher Anforderungen an den Ingenieur. Bevor daher zur Unterstützung der persönlichen Studien- und Berufsplanung zwei konkrete Berufsplanungs-Modelle vorgestellt werden, sollen an dieser Stelle zunächst der Wandel im Berufsbild des Ingenieurs aufgezeigt sowie zukünftige Qualifikationsanforderungen für technische Fach- und Führungskräfte beschrieben werden.

Ihre Zukunft haben Sie klar definiert!

Dann sollten Sie uns kennenlernen.

Die Messer Gruppe ist weltweit mit über 110 Gesellschaften und zahlreichen Vertretungen präsent. Über 250 Industriegasewerke und 9 Produktionsstätten für Schweiß- und Schneidtechnik bilden international eine starke Gruppe. Weltweit erzielen die 10.000 Mitarbeiter einen Jahresumsatz von 2,5 Mrd. DM.

Im Geschäftsfeld Industriegase produzieren wir Gase, entwickeln Verfahren zur Gaseanwendung vom Umweltschutz über die Metallurgie bis zur Medizintechnik und bauen Systeme zur Gaseerzeugung.

Je nach Gasart und Bedarf versorgen wir unsere Kunden per Stahlflasche, Tankwagen, direkt per Pipeline oder mit Luftzerlegungsanlagen direkt vor Ort.

Die Messer Griesheim Schweißtechnik entwickelt und produziert Systeme für die verschiedensten Schweiß- und Schneidaufgaben.

Im 'Corporate Office' am Frankfurter Flughafen steuern Unternehmensleitung und unterstützendes Management das globale Geschäft.

Neben Amerika wächst die Gruppe im Osten Europas und vor allem in Asien.

Unser Ziel ist es, Produkte und Anwendungen zu bieten, die die Wettbewerbsfähigkeit unserer Kunden steigern.

Um die Herausforderung der Zukunft zu bewältigen, hat Messer Griesheim seit Anfang der 90er Jahre seine Struktur noch stärker auf Kunden- und Marktnähe ausgerichtet.

Flache Hierarchien und Entscheidungsbefugnisse vor Ort helfen den Mitarbeitern, schnell und flexibel auf diese Anforderungen zu reagieren.

Wir sollten uns kennenlernen – in Zukunft – für die Zukunft.

Messer Griesheim GmbH, Industriegase Deutschland, Fütingsweg 34, 47805 Krefeld, Tel.: (0 21 51) 3 79-5 11
Messer Griesheim Schweißtechnik GmbH + Co, Otto-Hahn-Straße 2 - 4, 64823 Groß-Umstadt, Tel.: (0 60 78) 7 87-1 22
Messer Griesheim GmbH, Corporate Office, Frankfurt Airport Center 1, C9, 60547 Frankfurt/Main, Tel.: (0 69) 6 95 08-2 22
Internet Homepage: http://www.messergroup.de, e-mail: humanresources@messer.de

2. Das Berufsbild des Ingenieurs

In den letzten Jahrzehnten hat das Berufsbild des Ingenieurs einen erheblichen Wandel erfahren. Dieser Wandel im Berufsverständnis kommt in dem Leitbild - „Das Machbare darf nicht mehr einfach gemacht werden! Nicht der Mensch muß an die Technik angepaßt werden, sondern die Technik an den Menschen." - zum Ausdruck. Angesichts der veränderten ökologischen Rahmenbedingungen und einer abwägend kritischen Haltung der Gesellschaft gegenüber der Technik nimmt die Verantwortung des Ingenieurs für Umwelt und Gesellschaft ständig zu. Diese erweiterten Arbeitsbereiche werden in Abb. II-1 als Merkmale der Ingenieurarbeit vorgestellt.

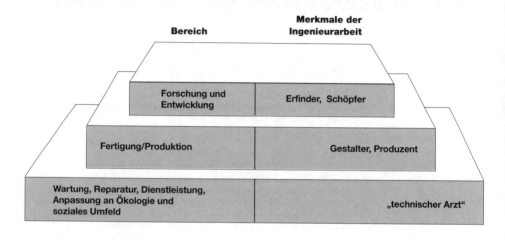

Abb. II-1: Merkmale der Ingenieurarbeit

Nicht mehr allein die technische Machbarkeit eines technischen Vorhabens kann daher zum Kriterium für die Durchführung gemacht werden; seine ökologische und soziale Verträglichkeit spielen vielmehr eine nicht zu unterschätzende Rolle. Dies wiederum bedingt eine deutliche Verschiebung in der Wertigkeit der zu lösenden Ingenieuraufgaben. Der Ingenieur muß einerseits in der Lage sein, ganz spezifische und hochkomplizierte, rein technische Problemstellungen mit modernsten technischen Mitteln zu lösen. Andererseits reicht der technische Spezialist selbst auf Sachbearbeiterebene in Zukunft nicht mehr aus. Er muß sich auch in Randgebieten bewegen können: Einbeziehung soziologischer und psychologischer Fragestellungen, Fähigkeiten zum Gespräch mit Vertretern anderer Fachdisziplinen, insbesondere solchen, denen die Denkweise der Ingenieure vielfach fremd ist, wie z.B. Juristen, Betriebs- und Volkswirtschaftlern, Politikern etc. Er kann nicht erwarten, daß sich andere Berufe auf seine Denkweise einstellen. Vielmehr ist es die Aufgabe des Ingenieurs, sein Anliegen in einer für alle verständlichen Sprache „über den Tisch zu bringen". Aufgrund der angespannten wirtschaftlichen Lage und unter dem stetig stärker werdenden internationalen Konkurrenzdruck rücken wirtschaftliche Interessen bei Kunden wie Lieferanten weiter in den Vordergrund. Für Ingenieure bedeutet dies, daß sie bei jeder technischen Entwicklung wirtschaftliche Überlegungen miteinbeziehen müssen. Da sich technisch nicht vorgebildete Gruppen häufig gar nicht vorstellen können, was in der Zukunft mit einem techni-

schen Produkt oder einer technischen Dienstleistung alles durchgeführt werden kann, ist jeder Ingenieur darüber hinaus - schon allein im Hinblick auf das Produkthaftungsrecht - verpflichtet, zumindest eine intelligente **„Gebrauchsanweisung"** mitzuliefern. Denn nur auf diese Weise können sich die Nutzer von Technik eine persönliche Meinung über Notwendigkeit und sinnvolle Anwendung des technischen Hilfsmittels bilden.

2.1. Die technische und ökologische Verantwortung des Ingenieurs

Zunächst besteht die Aufgabe eines Ingenieurs darin, eine technische Problemstellung so zu lösen, daß sie mit einem **sinnvollen Aufwand** zu realisieren ist. Diese Verantwortung für das technische Objekt ist die klassische Ingenieurverantwortung. Als Grundlage hierfür sind eine hohe Spezialisierung und genaues technisches Detailwissen erforderlich, um insbesondere eine angemessene technische Lösung zu finden und unter mehreren möglichen Lösungsvorschlägen kostengünstige Alternativen herauszusuchen. Es werden an die Kreativität und den Einfallsreichtum des Ingenieurs sehr hohe Anforderungen gestellt, da sich der Prozeß der technischen Entwicklung in vielen Sektoren nach wie vor erheblich beschleunigt. Die damit einhergehende Verkürzung der Produkt-Lebenszyklen hat zur Folge, daß in immer kürzeren Zeitabschnitten kontinuierlich neue Produkte entwickelt und in den Markt eingeführt werden müssen.

Die zweite Verantwortungsebene des Ingenieurs besteht darin, die zur Lösung der technischen Probleme notwendigen **Ressourcen** möglichst sparsam einzusetzen und eine Lösung zu finden, die so wenig Abfall wie möglich erzeugt. Der damit eingeführte Faktor „sparsame Rohstoffverwendung" wird in Zukunft immer größere Bedeutung erlangen. Konzepte wie „nachhaltige Entwicklung", integrierter Umweltschutz, fehlertolerante Technik, rationale Energieverwendung und recyclinggerechtes Konstruieren dienen hier als Leitbilder für neue Entwicklungen.

Die Technikfolgenabschätzung und -bewertung stellt einen weiteren Aufgabenbereich des Ingenieurs dar, der immer mehr an Bedeutung gewinnt. Denn auch wenn diese Problematik letztlich nur interdisziplinär gelöst werden kann, sind doch die Ingenieurwissenschaften in ganz besonderer Weise gefordert, über **Risiken für die Umwelt** nachzudenken, die von neuen Werkstoffen, Erfindungen und Technologien ausgehen können. Dabei sollten Ingenieure dazu übergehen, Technikbewertung und den damit verbundenen interdisziplinären Dialog als Chance und Herausforderung für eine bessere Technik zu sehen und nicht als Einschränkung ihrer Kreativität.

2.2. Die soziale Verantwortung des Ingenieurs

Es ist heute keine Frage mehr, daß soziale und politische Verantwortung mit in den Verantwortungsbereich des Ingenieurs fallen. Offene Fragen sind derzeit z.B. die Auswirkungen der Medizintechnik, aber auch der „Datenautobahnen" und der Möglichkeit zu „virtueller Realität". Jeder Ingenieur sollte sich die von ihm vertretenen **Wert- und Zielvorstellungen** bewußt machen und regelmäßig überprüfen. Zugleich sollte er nach Möglichkeiten suchen, diese im Sinne einer sozial-verträglichen Technikgestaltung in die Praxis umzusetzen. Letztendlich ist die Frage nach der Wahl der Technik immer auch eine Frage des Weltbilds. Es ist jedoch selten möglich, diese Zielvorstellungen unmittelbar innerhalb eines bestehenden Auftrags oder eines Unternehmens einzubringen. Inzwischen ist es längst ein gesellschaftliches Faktum, daß sich derartige Interessen immer häufiger in Organisationsformen bestimmter Verbände niederschlagen. Neben technischen Interessenverbänden nehmen gewerkschaftliche Aktivitäten und nicht zuletzt organisierte Bürger-

Der Weg zu uns.

initiativen maßgeblichen Einfluß auf die gesellschaftliche Entwicklung. Diese Einflußnahme erstreckt sich nicht nur auf wirtschaftliche Entscheidungsprozesse in der technischen Entwicklung, sondern wirkt sich häufig auch unmittelbar auf die technische Realisierung aus (vgl. Kernkraftwerkproblematik). Von seiten der politischen Administration wird darüber hinaus der Prozeß der technischen Entwicklung durch bestimmte gesetzliche Regulierungen (z.b. Umweltschutzgesetzgebung) sowie durch Forschungsförderungsprogramme gezielt beeinflußt.

Aus den bisherigen Ausführungen geht hervor, daß die Verantwortung des Ingenieurs für die Technik, Umwelt und Gesellschaft eine so komplexe Fragestellung darstellt, daß hierfür keine allgemeingültigen Regeln aufgestellt werden können. Wie bei der Lösung technischer Probleme selbst ist der Ingenieur in allen Bereichen seiner beruflichen Tätigkeit darauf angewiesen, Kompromisse zu schließen. Genauso wenig wie es eine 100%ige Sicherheitstechnik gibt, gibt es die richtige soziale Lösung. Gerade aufgrund der zunehmenden Gefahr von Umweltschäden durch die technische Entwicklung wird in der Zukunft die Verantwortung des Ingenieurs stärker als in der Vergangenheit auf eine Minimierung von negativen **Auswirkungen der Technik** und auf das Erkennen nicht beabsichtigter Konsequenzen gerichtet sein müssen. Ebenso muß eine kritischere Bewertung dessen vorgenommen werden, was zu den „positiven" Auswirkungen der technischen Entwicklung zu zählen ist. Da unsere Gesellschaft zur Zeit kaum über einheitlich anerkannte Wert- und Zielmaßstäbe verfügt, ist die individuelle Wertsetzung und der Wertsetzungsprozeß innerhalb kleiner Gruppen von erheblicher Bedeutung für die zukünftige Entwicklung unserer technischen Gesellschaft.

> Nicht die technischen Gegebenheiten werden die Zukunft sichern, sondern die Qualifikation und das Verantwortungsbewußtsein unserer Ingenieure.

2.3. Prinzipien zukünftiger Technologien

Für den Ingenieur stellt sich in diesem Zusammenhang natürlich die Frage, ob es grundlegende Prinzipien gibt, die Leitlinien für die Entwicklung technischer Produkte und Dienstleistungen darstellen können. Einige solcher Prinzipien sind im folgenden kurz erläutert, wobei kein Anspruch auf Vollständigkeit erhoben werden soll.

Das Prinzip der zukünftigen Veränderbarkeit

Hier geht es um die Frage, in welchem Umfang Optionen technischer Art für künftige Generationen bewußt offen gehalten werden, so daß Entscheidungen zu einem späteren Zeitpunkt revidiert oder geändert werden können.

Das Prinzip rückgekoppelter Systeme

In allen Bereichen der Technik wird es mehr und mehr darauf ankommen, in Kreisläufen zu denken. Das einfache Ursache-Wirkung-Denken stößt an Grenzen, wenn die erzeugte Wirkung Rückwirkungen auf die Ursache hat. Für materielle Vorgänge ist dieses Prinzip unter dem Schlagwort „Recycling" bekannt. Was z.B. für den Thermodynamiker beim Entwurf von Kältemaschinen schon lange selbstverständlich ist, wird im Bereich der chemischen Industrie in bezug auf die Wiederverwendung von Abfallstoffen erst in neuerer Zeit technische Selbstverständlichkeit.

*R*iskieren Sie Kopf, dann bekommen Sie Kragen.

Nach dem Studium können Sie bei IBM das Beste aus Ihrem Abschluß machen.

Denn für Menschen mit Durchblick bieten wir sehr ansehnliche Perspektiven mit einem breiten Tätigkeitsspektrum.

Der Weg nach oben wird kein unbeschwerter Spaziergang. Von Anfang an tragen Sie Verantwortung auf Ihren Schultern.

Mit Eigeninitiative, Kreativität und Qualität können Sie aber Ihrem beruflichen Werdegang Schwung verleihen.

Dann werden vielleicht auch Sie Ihren Kopf an führender Position durchsetzen. In einer Spitzenposition, die Sie durch die ganze Welt führt.

Weitere Informationen über IBM finden Sie im Internet: http://www.ibm.de.

Solutions for a small planet

So liegt es grundsätzlich bei jedem neuen Produkt in der Verantwortung des entwerfenden Ingenieurs, sich ein Konzept zu erarbeiten, wie die für das technische Vorhaben verwendeten Materialien und Verfahren in einem geschlossenen Kreislauf eingesetzt werden können. Bei einem Fernsehgerät ist z.B. bereits bei der Konstruktion die Möglichkeit einzuplanen, dieses einige Jahre später wieder „geordnet" entsorgen zu können.

Das Prinzip der dialogischen Kommunikation

Die Fähigkeit von modernen Daten- und Bildübertragungssystemen, zunehmend Dialoge zwischen zwei oder mehreren Partnern zu ermöglichen, bietet die Chance, die in den letzten Jahrzehnten vorherrschende „Einweg-Kommunikation" zu überwinden und Dialogfähigkeit zu einer grundlegenden Anforderung an alle technischen Systeme zu machen. Dies muß nicht primär aus technischen Gründen gefordert werden, sondern ist ein Gebot der Stunde, um die soziale Akzeptanz technischer Einrichtungen zu verbessern. Jedes System, das für den Benutzer unverständlich und undurchschaubar ist, trägt das Risiko einer gesellschaftlichen Ablehnung in sich, auch wenn die betreffende technische Einrichtung unter wirtschaftlichen Gesichtspunkten äußerst rentabel ist.

Das Prinzip der Miniaturisierung und Dezentralisierung sowie der Subsidiarität

Die These, daß Technologie, um wirtschaftlich zu sein, grundsätzlich „groß" sein muß, ist schon lange nicht mehr haltbar. „Kleine" Technologien können unter dem Gesichtspunkt einer effizienten und preiswerten Herstellung günstiger sein. Auch hier spielt die Durchschaubarkeit des technischen Gerätes oder Prozesses für den Anwender eine nicht zu unterschätzende Rolle für die Effizienz und Akzeptanz des eingesetzten Gerätes oder Verfahrens.

Die Chance kleinerer Technologien zeigt sich heute insbesondere in der informationsverarbeitenden Technik. Hier wurde, nach einer langen Phase undurchschaubarer Abläufe in Rechenanlagen, Technik - im wahrsten Sinne des Wortes - handlicher gestaltet. Der PC im eigenen Haushalt oder der Rechner im Aktenordnerformat (Notebook) enthält für jeden die Chance, seinen Informationsbedarf in geeigneter Weise zu organisieren.

Eng verwandt mit dem Prinzip der Miniaturisierung und Dezentralisierung ist das Prinzip der Subsidiarität in der Technik. Es besagt, daß Organisationsstrukturen feingliedrig gestaltet sein sollen. Das heißt: Organisiere klein und dezentral, was dezentral geht (Stichwort „Gruppenarbeit" bei Massenfertigung), und organisiere nur das zentral, was sich dezentral nicht organisieren und durchführen läßt.

Das Prinzip der wegsparenden Technologien

Heute werden Transportwege aller Art optimiert, aber selten wird danach gefragt, ob es für das benötigte Material nicht wegsparendere Alternativen gibt. Zur Realisierung wegsparender Technologien fehlen eine Fülle technischer und organisatorischer Innovationen. Gerade für die mittelständische Industrie besteht durch geschickte Marktanalyse eine nicht zu unterschätzende Möglichkeit, die zukünftige technische Entwicklung zu beeinflussen. Hinzu kommt, daß unter dem Aspekt rohstoffschonender Technologien materielle Güter wegen des hohen Energiebedarfs möglichst unmittelbar vom Hersteller zum Nutzer gelangen müssen. Die enormen Möglichkeiten der äußerst preiswerten Übertragung von Informationen erlauben neuartige Überlegungen zur Organisation der Verteilung materieller Güter (Logistik).

CAREER OPPORTUNITIES FOR ENGINEERS

Sie haben Engagement und Teamgeist, den Willen und die Fähigkeit etwas zu bewegen. Sie sind bereit, auf dieser Basis früh eigenständig verantwortungsvolle Aufgaben zu übernehmen.

Procter&Gamble bietet Ihnen die Chance dazu.

Wir gehören zu den führenden Konsumgüterherstellern mit Niederlassungen in rund 60 Ländern. Über 300 Markenartikel werden in mehr als 140 Ländern verkauft.

Unsere Ingenieure tragen mit ihrem Wissen, unternehmerischem Denken und moderner Technologie entscheidend zum Erfolg des Unternehmens bei. Von der Konzeption über die Entwicklung bis zur Fertigung unserer Produkte arbeiten sie im Technischen Management. Die Konstruktion und Optimierung unserer Produktionsanlagen sind weitere Herausforderungen im Engineering.

Zu unseren Firmenprinzipien zählt es, Führungsnachwuchs ausschließlich aus den eigenen Reihen zu entwickeln – davon profitieren Mitarbeiter von Procter&Gamble.

Haben wir Sie neugierig auf den Start in einem globalen Unternehmen gemacht? Wenn Sie sich für ein Praktikum oder den Direkteinstieg interessieren, senden Sie uns bitte Ihre aussagekräftige Bewerbung, auch mit Inhalten Ihrer außeruniversitären Aktivitäten.

Procter&Gamble
THE FAST TRACK TO RESPONSIBILITY

Procter&Gamble GmbH
Corporate Recruiting
Sulzbacher Straße 40
D-65823 Schwalbach a.T.

Procter&Gamble
Internet: http://www.pg.com/careers

Das Prinzip langlebiger Güter

Die über einige Jahrzehnte vorherrschende Tendenz, die Lebensdauer von Produkten im wesentlichen durch betriebswirtschaftliche Kriterien festzulegen, ist im Sinne einer langfristigen Stabilisierung der technischen Entwicklung nicht zu verantworten. Zu den Aufgaben des Ingenieurs in allen Bereichen wird es mehr und mehr gehören, bei der Produktentwicklung der optimalen Ausnutzung der vorhandenen Ressourcen und Rohstoffe besonderes Augenmerk zu schenken. Dies gilt nicht nur für den Bereich der Energieerzeugung, sondern z.b. auch für die Konzeption der Lebensdauer technischer Geräte.

Das Prinzip der Vielfalt

Schließlich ist das Prinzip der Vielfalt für zukünftige Technikgestaltung von großer Bedeutung. Vielfalt bezieht sich dabei sowohl auf die Mehrfachauslegung und Redundanz zur Verbesserung der technischen Systemsicherheit, als auch auf Symbiosen sich in ihren Funktionen überlappender Teilsysteme. Vielfalt in der Technikgestaltung erleichtert darüber hinaus die Umsetzung von Strategien der Dezentralisierung und Subsidiarität.

3. Neue berufliche Anforderungen an den Ingenieur

Parallel zu dem beschriebenen grundsätzlichen Wandel im Verständnis der Ingenieurarbeit haben auch wichtige strukturelle Veränderungen in den Unternehmen zu neuen Qualifikationsanforderungen und Berufsperspektiven für technische Fach- und Führungskräfte geführt.

Im Rahmen des sogenannten „Lean Management" sind in den letzten Jahren **die Hierarchieebenen verflacht** und neue Aufbau- und Ablauforganisationen geschaffen worden. Während sich heutige ältere Fach- und Führungskräfte vielfach vertikal im Sinne einer „Kaminkarriere" innerhalb eines Bereiches weiterentwickelt haben, werden die beruflichen Entwicklungen in Zukunft ständigen Veränderungen unterworfen sein. So wird einerseits der horizontale Stellenwechsel (job rotation) innerhalb eines Unternehmens und die damit meist verbundene Ausweitung und Bereicherung einer Position (job enlargement/job enrichment) an Bedeutung gewinnen. Andererseits dürfte auch ein Wechsel zwischen Führungs-, Fach- und Projektaufgaben immer häufiger anzutreffen sein. Wenngleich damit Schleifen oder sogar ein „downward-movement", also die zeitweilige Übernahme einer vergleichsweise geringerwertigen Position, zu normalen Merkmalen eines typischen Karriereverlaufs werden, wird das Tätigkeitsspektrum zukünftiger Fach- und Führungskräfte doch zugleich auch abwechslungsreicher und interessanter.

Im Hinblick auf das Qualifikationsprofil erfordern die neuen Organisationsstrukturen vor allem die Fähigkeit zu selbständigem, flexiblem, **unternehmerischem Handeln** sowie zu Entscheidungssicherheit, Verantwortungsbewußtsein und Belastbarkeit. Denn die flacheren Hierarchien führen zu größerem Verantwortungsumfang für den einzelnen. Angesichts des erwähnten häufigen Aufgabenwechsels spielen auch geistige und regionale Flexibilität sowie Lernfähigkeit und -bereitschaft eine wichtige Rolle.

Eine ganz entscheidende Anforderung ist auch das Denken in Zusammenhängen, denn sowohl die neuen Unternehmensstrukturen als auch die Komplexität moderner Produkte und Systeme erfordern ein interdisziplinäres, funktionsübergreifendes und **prozessuales Vorgehen**. Doppel- und Breitenqualifikationen haben daher neben dem gleichermaßen notwendigen Spezialwissen in

Wir suchen den Dialog von Mensch zu Mensch.

Die Deutsche Telekom ist eines der größten Telekommunikationsunternehmen der Welt. Verbindungen zu schaffen ist unser Metier. Wir suchen dabei nicht nur den Dialog mit unseren Kunden, sondern fördern auch unsere Mitarbeiterinnen und Mitarbeiter, die die Zukunft unseres Unternehmens aktiv mitgestalten. Ihre Qualifikation und ihr Engagement sind die Basis, um im nationalen und internationalen Wettbewerb erfolgreich zu bestehen.

Wenn Sie unser Team unterstützen wollen und unser einjähriges Trainee-Programm als willkommene Herausforderung begrüßen, dann sollten wir den Dialog aufnehmen:
Tel. **0 30/ 39 91 35 11**

Deutsche Telekom **T** ⸳ ⸳ ⸳ ⸳

einzelnen Fächern inzwischen eine große Bedeutung. Denn nur durch die Integration unterschiedlichen Expertenwissens können Koordinationsprobleme verringert und damit Zeit und Kosten gespart werden.

Neben dieser technologischen Integration gewinnt auch das fachbereichsübergreifende Denken an Relevanz, denn immer häufiger gilt es, Probleme in heterogenen Projektteams anzugehen und zu lösen. So arbeiten im Rahmen der Unternehmensstrategie „simultaneous engineering" beispielsweise Betriebsbereiche wie Entwicklung, Konstruktion, Fertigung, Montage und Vertrieb/Marketing schon frühzeitig zusammen, damit nicht erfunden wird, was nachher nicht kostengünstig produziert oder vom Kunden nicht nachgefragt wird. Vor diesem Hintergrund ist die Fähigkeit, **vernetzt zu denken** und im Team Problemlösungen zu erzielen, unverzichtbar. Die enge Kooperation in immer wieder neu zusammengesetzten Projektteams erfordert ein hohes Maß an Konfliktbereinigungs- und Dialogfähigkeit sowie Frustrationstoleranz, damit bei Zielkonflikten tragfähige Kompromisse erarbeitet werden können.

Schließlich sind auch Kenntnisse darüber wichtig, wie Innovationen gefördert, Qualität dauerhaft gesichert und Wertschöpfungsketten - vom Lieferanten durch das Unternehmen hindurch bis zum Kunden - optimiert werden können. Ebenso sind Kostenbewußtsein, Kundenorientierung sowie Verständnis für betriebswirtschaftliche und organisatorische Zusammenhänge immer wichtigere Qualifikationsanforderungen. Die **Vermittlungsfähigkeit** zwischen Unternehmen und Kunden, d.h. Sozial- und Führungskompetenz, aber auch kommunikative Fähigkeiten werden dabei immer relevanter für den Verkaufserfolg.

> „Formende Kreativität", die aus einzelnen Teilen ein neues Ganzes macht, ist zur Qualitäts- und Standortsicherung ebenfalls nötig. Dazu bedarf es einer geübten Mischung aus Phantasie und Pragmatismus.

Vor dem Hintergrund der zunehmenden Globalisierung der Wirtschaft werden auch Ingenieure zukünftig immer mehr in einem multikulturellen Umfeld tätig sein. Entsprechend werden nicht nur Fremdsprachenkenntnisse (insbesondere Englisch als internationale Fachsprache), sondern vor allem auch Sensibilität und Offenheit für andere Wertesysteme und Kulturen (interkulturelle Erfahrungen) zu wichtigen Qualifikationen.

Die Auswertung der in der Firmen-Dokumentation START 1998 angegebenen Einstellungskriterien bestätigt die beschriebene Entwicklung des Anforderungsprofils für technische Nachwuchskräfte. Demnach sind die rein fachbezogenen Qualifikationen zwar eine notwendige, jedoch keine ausreichende Voraussetzung für einen erfolgreichen Berufsstart. Das Training personenbezogener Merkmale sowie der Praxiskontakt vor oder während des Studiums haben einen mindestens ebenso hohen Stellenwert. Im einzelnen ergab sich auf der Basis von 82 Unternehmen (Mehrfachnennungen waren möglich) folgendes Bild:

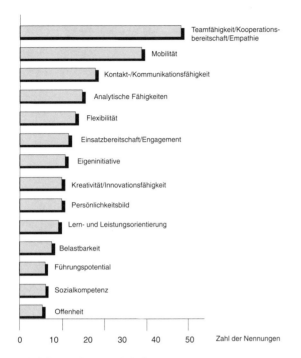

Teamfähigkeit/Kooperations-
bereitschaft/Empathie

Mobilität

Kontakt-/Kommunikationsfähigkeit

Analytische Fähigkeiten

Flexibilität

Einsatzbereitschaft/Engagement

Eigeninitiative

Kreativität/Innovationsfähigkeit

Persönlichkeitsbild

Lern- und Leistungsorientierung

Belastbarkeit

Führungspotential

Sozialkompetenz

Offenheit

0   10   20   30   40   50   Zahl der Nennungen

Abb. II-2: Personenbezogene Anforderungen

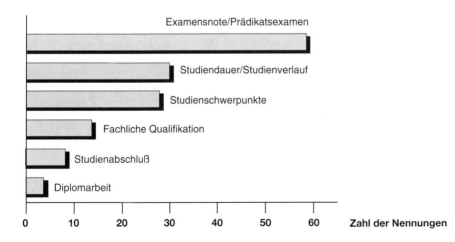

Examensnote/Prädikatsexamen

Studiendauer/Studienverlauf

Studienschwerpunkte

Fachliche Qualifikation

Studienabschluß

Diplomarbeit

0   10   20   30   40   50   60   **Zahl der Nennungen**

Abb. II-3: Fachbezogene Anforderungen

53

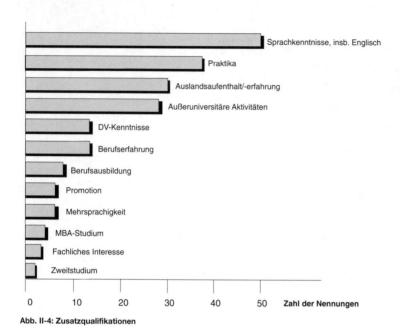

Abb. II-4: Zusatzqualifikationen

Angesichts der zunehmenden **Komplexität betrieblicher Aufgabenstellungen**, die immer häufiger fach- und funktionsübergreifend in Projektteams bearbeitet werden, kommt Persönlichkeitsmerkmalen wie Teamorientierung/Kooperationsbereitschaft sowie Kontakt-/Kommunikationsfähigkeit eine dominierende Bedeutung zu. Regelmäßig werden in diesem Zusammenhang von den Unternehmen auch Kriterien wie Persönlichkeitsbild und sicheres Auftreten genannt. Geographische Mobilität stellt insbesondere in den Trainee- und anderen Einarbeitungsprogrammen, in zunehmendem Maße jedoch auch bei anderen Einstiegsformen, ein wichtiges Einstellungskriterium dar. Wie bereits erwähnt, führt die wachsende Aufgabenvielfalt, mit der heutige Jungingenieure konfrontiert werden, ferner dazu, daß auch personenbezogene Anforderungen wie Einsatzbereitschaft, Flexibilität, Lern- und Leistungsorientierung sowie Belastbarkeit einen hohen Stellenwert einnehmen. Die von vielen Unternehmen erhobene Forderung nach „soft skills" wie Eigeninitiative, Kreativität/Innovationsfähigkeit, Zielstrebigkeit bzw. Zielorientierung sowie die Bereitschaft zur Übernahme von Verantwortung ist Ausdruck der Tatsache, daß Nachwuchskräfte relativ frühzeitig Eigenverantwortung übernehmen und - aufgrund des Wegfalls von Hierarchieebenen – auch in ihrer weiteren beruflichen Entwicklung vielfach ein größeres Maß an Verantwortung zu tragen haben.

Bei den fachbezogenen Einstellungskriterien dominiert zwar noch die Examensnote, die nach wie vor im Rahmen der **Bewerbervorselektion** eine entscheidende Rolle spielt. Darüber hinaus bilden jedoch auch Studiendauer und Studienverlauf sowie Studienschwerpunkte wichtige Merkmale, geben diese doch Aufschluß über die Zielstrebigkeit und die spezifischen Interessen und Fähigkeiten des Bewerbers. Die Diplomarbeit dürfte immer dann einen Bewerbungsvorteil darstellen, wenn sie in einem direkten inhaltlichen Zusammenhang mit den Aktivitäten des Unternehmens bzw. der ausgeschriebenen Position steht.

Im Bereich der Zusatzqualifikationen führen Sprachkenntnisse das Feld der Anforderungen an. Insbesondere Englischkenntnisse werden mittlerweile immer mehr als Selbstverständlichkeit vorausgesetzt. Zusatzqualifikationen, die nicht gelehrt, sondern durch Erfahrungen erworben wurden, spielen eine zunehmend wichtige Rolle bei der Auswahl von Ingenieuren. Hierzu zählen insbesondere praktische Erfahrungen in Form von Praktika, Berufsausbildung oder sonstiger Berufserfahrung. Bewerber mit umfangreicher **Praxiserfahrung** bieten den Vorteil, daß sie mit den Besonderheiten und Arbeitsabläufen einer Branche bzw. eines Funktionsbereichs schon vertraut sind und entsprechend kürzere Einarbeitungszeiten benötigen. Im Ausland absolvierte Studien- oder Praxissemester stellen angesichts der Auslandsorientierung der deutschen Wirtschaft außerordentlich wichtige Einstellungskriterien dar. Außeruniversitäre Engagements können schließlich immer dann einen erheblichen Bewerbungsvorteil darstellen, wenn sie unmittelbar für die angestrebte Tätigkeit relevant sind.

4. Berufsplanungs-Matrix

Mit Hilfe der folgenden „Berufsplanungs-Matrix" (Abb. II-2, vgl. hierzu auch Dory Hollander: The Doom Loop System, Viking Penguin, New York 1991) können möglicherweise erste Entscheidungshilfen am Berufsanfang und in den späteren Berufsphasen gewonnen werden. Um die Matrix wirkungsvoll bei der Wahl der Anfangsposition und einem späteren Stellen- oder Firmenwechsel anzuwenden, ist die genaue Kenntnis der eigenen Stärken und Interessen sowie des Anforderungsprofils der jeweiligen Position erforderlich.

Zur Beurteilung einer Position ist es wichtig, unterschiedliche Kriterien, auf die im folgenden noch näher eingegangen wird, nach individuellen Präferenzen zu gewichten. Dadurch kann sowohl die Wahl zwischen verschiedenen Stellenangeboten als auch die Beurteilung der beruflichen Situation in späteren Berufsphasen wesentlich erleichtert werden. Dabei ist zu entscheiden, ob bereits eine entsprechende Qualifikation und eigenes Interesse vorliegen und ob die Aufgabe als sympathisch (Zufriedenheit) eingestuft wird.

Neben fachlichen Aspekten sollten zahlreiche subjektive und objektive Kriterien zur Bewertung einer Position herangezogen werden:

O Identifikation mit dem Unternehmen sowie vor allem mit seiner Produkt- oder Dienstleistungspalette

O Qualität der Personalpolitik, insbesondere der Einarbeitungs- und Personalentwicklungsmaßnahmen

O Entwicklungs- und Aufstiegsmöglichkeiten im In- und Ausland (Mobilität!)

O Finanzielle Stärke des Unternehmens sowie Vergütungsstrukturen

O Bekanntheitsgrad und Image des Unternehmens

O Regionale Präferenzen bzw. Standort (Hauptsitz) des Unternehmens

O Wirtschaftliche Situation bzw. Wachstumspotential (Branche!)

O Sicherheit des Arbeitsplatzes

O Emotionale Ebene, z.B. Sympathie für Vorgesetzte und Kollegen

O Unternehmenskultur (Betriebsklima/Führungsstil)

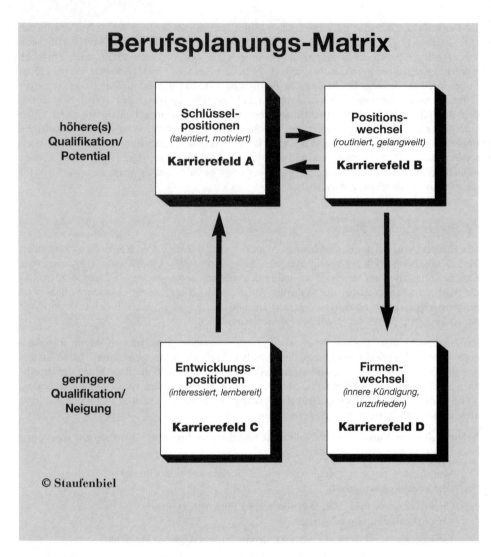

Berufsplanungs-Matrix

höhere(s)
Qualifikation/
Potential

**Schlüssel-
positionen**
(talentiert, motiviert)

Karrierefeld A

**Positions-
wechsel**
(routiniert, gelangweilt)

Karrierefeld B

geringere
Qualifikation/
Neigung

**Entwicklungs-
positionen**
(interessiert, lernbereit)

Karrierefeld C

**Firmen-
wechsel**
*(innere Kündigung,
unzufrieden)*

Karrierefeld D

© Staufenbiel

Abb. II-5: Berufsplanungs-Matrix

Nicht nur in wirtschaftlich schwierigen Zeiten wird man die „idealtypische" Anfangsposition meist nicht finden. Die Entscheidung sollte deshalb nicht nur rational, sondern auch „aus dem Bauch" getroffen werden.

Am Beispiel der Berufsplanungs-Matrix werden nun die verschiedenen Matrixfelder kurz erläutert:

Berufsstart

Karrierefeld C: Entwicklungspositionen

Der Berufsstart erfolgt meist in einer sogenannten „Entwicklungs- oder Trainee-Position". Dabei liegt meist noch keine volle Qualifikation bezogen auf das Anforderungsprofil der Stelle vor, jedoch sollte das Aufgabengebiet zu hoher Zufriedenheit führen. Das Umsetzen theoretischer Kenntnisse, das Lösen praktischer Aufgaben, aber auch die soziale Integration in ein Unternehmen stehen in dieser Phase im Vordergrund. Lernbereitschaft, Begeisterungsfähigkeit sowie Teamorientierung sind dabei wichtige Persönlichkeitsmerkmale. Zunehmende Routine stärkt das Selbstvertrauen und führt zu einem Aufstieg im Unternehmen.

Aufstieg

Karrierefeld A: Schlüsselpositionen

Eine erfolgreiche Berufsplanung zeichnet sich dadurch aus, immer wieder neue herausfordernde Positionen und Aufgaben zu übernehmen und damit den eigenen Wert für das Unternehmen selbst zu erfahren und auch zu dokumentieren. Diese Berufsphase ist durch eine hohe Arbeitsbelastung bei gleichzeitiger Arbeitszufriedenheit gekennzeichnet und kann zur Übernahme von späteren Top-Management-Positionen führen.

Stillstand

Karrierefeld B: Positionswechsel

Sowohl die individuelle Berufsplanung als auch eine systematische Führungskräfteentwicklung von seiten des Unternehmens sollten einen mehrfachen Positionswechsel vorsehen. Wer keine neuen beruflichen Herausforderungen annimmt oder bei der Beförderung nicht berücksichtigt wird, dem wird bald die Motivation fehlen, Spitzenleistungen zu erzielen.

Gelegentliche Selbstzweifel können zu einem Streben nach Selbstverwirklichung führen. Die Übernahme einer neuen Aufgabe innerhalb oder außerhalb des Unternehmens mit Rückkehr in das Feld A sollte daher aktiv angesteuert werden.

Sackgasse

Karrierefeld D: Firmenwechsel

Wer beruflich unzufrieden ist und keine Erfolge erzielt, wird vielfach als „Versager" betrachtet. Dabei kann sowohl eine Über- als auch eine Unterqualifikation vorliegen. Die Konsequenz ist meist die „innere Kündigung". Spätestens in dieser Phase sollte die Berufsplanung neu überdacht werden und ein Firmen- oder Berufswechsel, z.B. in die Selbständigkeit, durchgeführt werden.

5. Modell einer frühzeitigen Berufsplanung

Eine frühzeitige Berufsplanung sollte Hand in Hand mit Spontaneität und Flexibilität gehen. Die im folgenden Berufsplanungsmodell beschriebenen Teilschritte sollten deshalb so realisiert werden, daß immer auch Gestaltungsspielraum bleibt.

5.1. Klärung der Zielfrage

Für eine sinnvolle Berufsplanung ist es notwendig, das **Selbstverständnis** des eigenen Ingenieurberufes zu definieren. Dies kann z.b. dadurch erfolgen, daß anhand der in der vorliegenden Publikation gegebenen Hinweise und Vorschläge ein Selbstverständnis für einen zukünftigen Beruf formuliert wird.

Ebenso ist es von Bedeutung, sich für den jeweiligen Abschnitt der Berufsplanung die notwendigen Informationen einzuholen. Häufig werden falsche berufliche Entscheidungen getroffen, weil z.b. für Abiturienten nicht genügend Informationen über Art, Schwierigkeitsgrad und Qualität einer Hochschule existieren oder weil sich ein Bewerber für eine Führungsposition zu wenig Informationen über Auftrags-, Produktions- und Arbeitsverhältnisse sowie Unternehmensziele des von ihm favorisierten Unternehmens beschafft hat. Als Ergänzung ist in Abb. II-3 eine Liste ausgewählter „Blätter zur Berufskunde" der Bundesanstalt für Arbeit zusammengestellt, die speziell für den angehenden Ingenieur von Belang sind. Diese Blätter sind im Ingenieurbereich allerdings recht unvollständig. So sind z.b. im universitären Bereich die wichtigsten und großen Kerngebiete des Maschinenwesens, des Bauwesens und der Elektrotechnik nicht verfügbar. Für spezielle Fragen hierzu stehen die Berater in den Hochschulteams der Arbeitsämter zur Verfügung.

> Die Ausbildung und Berufsplanung des Ingenieurs ist häufig dadurch gekennzeichnet, daß es weite Phasen des Ausbildungs- und Berufsprozesses gibt, die leicht zu einer depressiven Einstellung bezüglich des weiteren beruflichen Lebenswegs führen können. Solche Phasen können z.b. die Prüfungsabschnitte in dem durch mathematisch-naturwissenschaftliche Fächer bestimmten Grundstudium sein. Der Bezug zur späteren beruflichen Tätigkeit geht darin leicht verloren. Ähnliche Phasen können bei Eintritt in ein Unternehmen auftreten, wenn man in den ersten zwei Jahren nicht immer den Praxisbezug und direkten Nutzen eines technischen Projektes erkennen kann, da dem Berufseinsteiger noch häufig der Überblick über die weiteren Unternehmensstrukturen fehlt.

Die im folgenden aufgeführten Blätter zur Berufskunde (Abb. II-3) ergeben keinen repräsentativen Querschnitt zu den Hauptbereichen des Ingenieurstudiums (vgl. daher auch die gleichfalls vom Staufenbiel Institut herausgegebene Publikation „Das Ingenieurstudium. Studiengänge und Berufsfelder für Diplom-Ingenieure", 5. Auflage, Köln 1993, überarbeitete Neuauflage erscheint im Herbst 1998).

Ruhrgas macht Erdgas zur Herausforderung

Unsere Kunden und die Öffentlichkeit erwarten viel von uns. Hochleistungen, die wir nur im Team erbringen können. Darum arbeiten unsere technischen, naturwissenschaftlichen, kaufmännischen und juristischen Bereiche Hand in Hand. Und nicht nur das. Über Hierarchien und Altersgrenzen hinweg helfen bewährte Mitarbeiter den jungen, theoretisches Wissen mit Erfahrungen anzureichern. Und die jungen geben neue Impulse, den Kollegen wie dem Unternehmen.

Begleitend haben wir für Mitarbeiter mit herausragendem Leistungsbild und ausgeprägter Sozialkompetenz das Management-Entwicklungs-Programm konzipiert. Es bietet unseren Führungsnachwuchskräften ein eigenes Aufgabengebiet mit wachsender Verantwortung.

Projektarbeit, fachübergreifende Informationsveranstaltungen und systematische Führungstrainings sind weitere wesentliche Elemente des Programms.

Herausforderungen, Verantwortung und anspruchsvolle Aufgaben begeistern, setzen Kräfte frei. Das Ergebnis: Leistung und persönliches Engagement, das dem Einzelnen, unserem Unternehmen und unseren Kunden zugute kommt.

Mehr darüber in unserem Informationsmaterial oder im persönlichen Gespräch.

Ruhrgas AG
Personalwesen
Huttropstraße 60
45138 Essen
Telefon 02 01/1 84-00

ruhrgas

Wir stehen für Erdgas

Blätter zur Berufskunde der Bundesanstalt für Arbeit*)

Elektrotechnik

2-IU30/3-IR01	Elektrotechnik
2-IP32	Mobiltechnik
2-IB35	Optoelektronik

Maschinenwesen

2-IB35	Angewandte Lasertechnik
2-IP08	Energietechnik
2-IP27	Fahrzeugtechnik
2-IP40/3-IP01	Maschinenbau
2-IP30/3-IP09	Konstruktionstechnik
2-IP32	Landmaschinentechnik
2-IP32	Baumaschinen
2-IP33/3-IP03	Luft- und Raumfahrttechnik
2-IP34/3-IP02	Schiffstechnik/-bau
2-IP35	Versorgungstechnik
2-IP36/3-IP04	Mikro- und Feinwerktechnik
2-IP31/2-IP37/3-IP06	Fertigungs-/Produktionstechnik
2-IR36/3-IQ08	Kunststofftechnik
3-IP07	Textiltechnik
2-IQ42	Medientechnik
2-IT20	Verpackungstechnik
3-IM02/3-IM04/2-IM30	Metallurgie- und Werkstofftechnik/ Werkstoffkunde (Metalle)
3-IP05	Patent-Ingenieur -Diplom-Ingenieur/ Naturwissenschaftler im gewerblichen Rechtsschutz
3-IQ10	Sicherheitstechnik
3-IQ11	Technische Kybernetik

Verfahrenstechnik

2-IC31	Werkstofftechnik
2-ID34/2-ID35	Pharmatechnik/Pharmazeutische Chemie
2-IE03/2-IE32/ 3-IE03	Biotechnologie/ Bioverfahrenstechnik
2-IG30/2-IH30	Landbau/Landwirtschaft, Weinbau und Getränketechnologie
2-IQ30	Textiltechnik
2-IQ41	Druck- und Druckereitechnik
2-IR30/3-IQ01	Verfahrenstechnik
2-IR32/3-IQ03	Papieringenieurwesen
2-IR32/IR36/3-IQ08	Kunststofftechnik
2-IR33	Holztechnik
2-IR34	Werkstofftechnik (Glas/Keramik/ Bindemittel)
2-IR39/2-IR46	Fotoingenieurwesen, Augenoptik
2-IR41	Krankenhausbetriebstechnik (Technisches Gesundheitswesen)
2-IR42	Biomedizinische Technik/

2-IT30/2-UA50/ 2-VA50	Medizintechnik Lebensmitteltechnologie/Lebens- mitteltechnik/Ernährungs- und Hygienetechnik
2-IT31/3-IQ05/ 2-IH30/3-IQ06	Lebensmitteltechnologie/Brauwesen/ Getränketechnologie
2-ID31/3-IQ01	Chemieingenieurwesen
3-IN05	Raumplanung
3-IC01	Mineralogie
3-IQ09/2-IR43	Umwelttechnik/Umweltschutz
3-IQ02	Wärme- und Brennstofftechnik
3-IQ06	Brauwesen u. Getränketechnologie
3-IQ09	Technischer Umweltschutz

Bergbau- und Hüttentechnik

2-IL31/3-IM01/2-IP30	Bergbau/Steine u. Erden/Erdbau
2-IM30/3-IM02	Hüttentechnik/Metallurgie und Stahltechnologie
2-IM31	Gießereitechnik
3-IL02	Markscheider (Diplom-Ingenieur)
3-IM03	nichtmetallisch anorganische Werkstoffe (Steine und Erden, Keramik, Glas, Bindemittel)
3-IM04	Werkstoffkunde (Metalle)

Bauingenieurwesen

2-JA31	Informatik
2-IG30	Landwirtschaft/Landbau
2-IG30/2-IH33	Raumplanung
2-IH32/3-IG01/ 3-IH03/3-IIID03	Agraringenieurwesen und Gartenbau
2-IJ30	Forstwirtschaft
2-IK30/3-IL01	Vermessungswesen
2-IK31	Landkartentechnik/Kartographie
2-IN10/3-IN01	Architektur
2-IN30/3-IN07	Bauingenieurwesen
2-IN35	Stahlbau
2-XIF01	Innenarchitektur
3-IN05/3-IH02/	Landespflege/Landschaftsplanung/

Sonstige /Übergeordnete Bereiche

2-IA31	Informatik
2-IA33	Technische Informatik
2-IB30	Physikalische Technik
2-IP50	Diplom-Ingenieur/Diplom- Ingenieurin der Berufsakademie
3-IXC01/2-IXC30	Wirtschaftsingenieurwesen
3-XIA02	Tontechnik
3-IA04	Medizin-Informatik

*) Die mit der Ziffer 2 beginnenden Nummern beziehen sich auf Studiengänge im Fachhochschulbereich, die Ziffer 3 bezieht sich auf Studienzweige im Universitätsbereich.

Abb. II-6: Blätter zur Berufskunde der Bundesanstalt für Arbeit, hier für Ingenieure

5.2. Entscheidungskriterien

Ein weiterer Schritt für eine zielgerechte Berufsplanung besteht darin, die persönlichen Wünsche und Zielvorstellungen als Voraussetzung in die eigene Berufsplanung einzubringen. Für diesen Zielfindungsprozeß hat der Verein Deutscher Ingenieure e.V. (VDI) folgendes Leitmotiv verabschiedet:

> „Das Ziel aller Ingenieure ist die Verbesserung der Lebensmöglichkeiten der gesamten Menschheit durch Entwicklung und sinnvolle Anwendung technischer Mittel."

Ausgehend von diesem Leitmotiv müssen nun einzelne Wünsche bezüglich des zukünftigen Berufs geklärt werden (Abb. II-4):

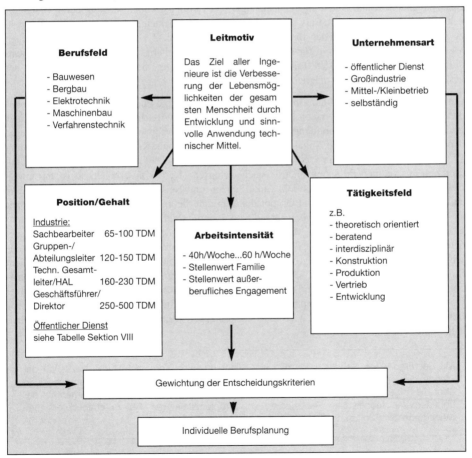

Berufsfeld

- Bauwesen
- Bergbau
- Elektrotechnik
- Maschinenbau
- Verfahrenstechnik

Leitmotiv

Das Ziel aller Ingenieure ist die Verbesserung der Lebensmöglichkeiten der gesamsten Menschheit durch Entwicklung und sinnvolle Anwendung technischer Mittel.

Unternehmensart

- öffentlicher Dienst
- Großindustrie
- Mittel-/Kleinbetrieb
- selbständig

Position/Gehalt

Industrie:
Sachbearbeiter 65-100 TDM
Gruppen-/
Abteilungsleiter 120-150 TDM
Techn. Gesamt-
leiter/HAL 160-230 TDM
Geschäftsführer/
Direktor 250-500 TDM

Öffentlicher Dienst
siehe Tabelle Sektion VIII

Arbeitsintensität

- 40h/Woche...60 h/Woche
- Stellenwert Familie
- Stellenwert außer-
  berufliches Engagement

Tätigkeitsfeld

z.B.
- theoretisch orientiert
- beratend
- interdisziplinär
- Konstruktion
- Produktion
- Vertrieb
- Entwicklung

Gewichtung der Entscheidungskriterien

Individuelle Berufsplanung

Abb. II-7: Entscheidungskriterien für die Berufsplanung

Zunächst muß man sich bei der Berufsplanung Klarheit über die gewünschten Berufsfelder verschaffen, wie sie in der Sektion V näher vorgestellt werden:

- Elektrotechnik
- Maschinenwesen
- Verfahrenstechnik (einschließlich Lebensmitteltechnologie etc.)
- Bergbau und angrenzende Bereiche (einschließlich Gießereiwesen)
- Bauwesen (Bauingenieurwesen, Architektur, Stadt- und Regionalplanung, Vermessungswesen)

Die Frage nach der **Wahl des Berufsfeldes** ist dabei nicht nur zu Beginn eines Studiums von Belang. Auch nach dem Studium oder bereits nach mehreren Berufsjahren kann es durchaus sinnvoll sein, einen grundsätzlichen Wechsel des Berufsfeldes vorzunehmen, z.B. als ausgebildeter Elektroingenieur in die Abteilung für Heizungs- und Lüftungstechnik eines größeren Bauunternehmens einzutreten oder sich als Verfahrenstechniker mit Zerkleinerungsprozessen im Bergbau zu beschäftigen. Bezüglich des Berufsfeldes ist man also nicht zu Beginn seines beruflichen Werdeganges als Ingenieur ein für allemal festgelegt. Die weitere technische Entwicklung wird durch den rasch ansteigenden Einsatz der Datenverarbeitung die Flexibilität bezüglich der gewünschten Berufsfelder ermöglichen und erleichtern.

Der zweite Schritt im Zielfindungsprozeß betrifft die angestrebte Position und das damit verbundene **Gehalt**. Für die Gehälter von Ingenieuren in der freien Wirtschaft 1997 lassen sich in einer groben Einteilung die in Abbildung II-4 angegebenen vier Gruppen nennen, wobei die angegebenen Zahlen lediglich grobe Anhaltspunkte darstellen (Angaben: Kienbaum Vergütungsberatung 1997). Wird als Berufsziel die Sachbearbeiterebene gewählt, auf der man z.B. über einen längeren Zeitraum an wenigen Projekten intensiv auch technische Details ausarbeitet, so ist mit einem Gehalt zwischen 65.000 - 100.000 DM (inkl. Sonder- und Nebenleistungen) zu rechnen. Bereits auf der Ebene der Abteilungs- und Gruppenleiter nimmt die unmittelbar projektbezogene Arbeit an der technischen Lösung stark ab, während Koordinierungsaufgaben sowohl bezüglich des technischen als auch des personellen Managements einen nicht unerheblichen Anteil der Arbeitszeit belegen. Die Einkünfte in diesem Bereich liegen etwa zwischen 120.000 - 150.000 DM. Technische Leiter und Abteilungsleiter größerer Abteilungen (Hauptabteilungsleiter) können mit einem Einkommen zwischen 160.000 - 230.000 DM rechnen, während ausgesprochene Führungspositionen (Geschäftsführerpositionen/Direktoren) in der Regel mit 250.000 - 500.000 DM vergütet werden. Die erheblichen Gehaltsspannen sind abhängig vom Studienabschluß, von der Größe des Betriebs sowie von der vielerorts nach Leistungsprinzipien veränderten Bezahlung von Grundgehalt, Sonder- und Nebenleistungen.

Mit der Frage des Gehalts trifft man also nicht nur eine Vorentscheidung bezüglich der Menge des später zur Verfügung stehenden Geldes, sondern auch eine Vorentscheidung über die angestrebten Tätigkeitsmerkmale. Diese reichen von starkem Engagement an der unmittelbaren technischen Realisierung von Problemstellungen bis zu ausgesprochenen Managementpositionen des technisch-administrativen Bereiches.

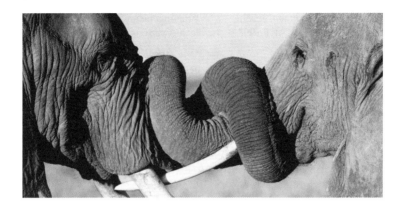

Unsere Art, mit Kunden umzugehen, ist eigentlich ganz natürlich - wie Sie sehen.

Ingenieure, *die Kundenorientierung zur Basis ihrer Arbeit machen möchten, sollten zu Schott kommen.*

Die beeindruckende Art der Elefanten, gute Kontakte zu pflegen, entspricht auch unserer Natur. Die Bedürfnisse und Anforderungen unserer Kunden sind der Maßstab unserer Arbeit. Kundenzufriedenheit erreicht man nur mit motivierten Mitarbeitern. Dafür schaffen wir die besten Voraussetzungen. Sie arbeiten von Anfang an in Projekten mit, so selbständig und eigenverantwortlich wie möglich – ob Sie nun als Trainee oder als Direkteinsteiger in den Beruf starten. Natürlich werden Ihre Vorgesetzten Sie jederzeit unterstützen. Durch Ihr persönliches Engagement zeigen Sie uns, daß Sie für weiterführende Aufgaben die richtige Person sind. Ganz gleich jedoch, wo Sie für uns arbeiten – ob im Inland oder Ausland – überall erfahren Sie, worauf es uns ganz besonders ankommt: auf die Erfüllung des Unternehmensprinzips Total Customer Care. Denn wir haben nicht nur den Ehrgeiz, **Europas Nr. 1 in Spezialglas** zu bleiben, sondern weltweit bei der Kundenorientierung vorne zu liegen. Sprechen Sie mit uns über Ihre Zukunft: **Schott Glaswerke, Personalwesen/POP-2, Herr Schäfer, Postfach 24 80, 55014 Mainz. Tel: 0 61 31/66 -16 76, Fax: 0 61 31/66-20 75**

Total Customer Care

Einen Überblick über die Anfangsgehälter (1997) für Ingenieure vermitteln auch die Angaben in der Firmen-Dokumentation START 1998 sowie die Auswertung dieser Angaben in der Sektion XI „Gehaltsspiegel".

Ein weiteres Entscheidungskriterium ist die **Arbeitsintensität**. Die Frage, ob man 40 oder 60 Arbeitsstunden pro Woche im engeren beruflichen Arbeitsfeld verbringt, ist keineswegs von untergeordneter Bedeutung. So wird z.b. ein Lediger diese Frage völlig anders beantworten als ein Vater oder eine Mutter von vier Kindern. Grundsätzlich muß dabei auch die Frage des Stellenwertes der eigenen Familie und der Stellenwert außerberuflicher Engagements in Berufsverbänden, politischen Parteien, Kirchen etc. gewertet werden. Zweifellos sind auch gewisse Korrelationen zwischen Arbeitsintensität und erreichbarem Gehalt gegeben. In einem gewissen Umfang wird es jedoch in jedem Fall von Vorteil sein, außerberufliche Aktivitäten zu fördern, da ein anspruchsvoller Ausgleich zur täglichen Arbeit letzten Endes die Qualität der engeren beruflichen Arbeit fördert.

Ein weiteres wichtiges Entscheidungskriterium ist die Frage nach der **Art des Unternehmens**. Hier sollte geklärt werden, ob eine Arbeit im öffentlichen Dienst, in der Großindustrie, in einem Mittel- oder Kleinbetrieb oder eine selbständige Tätigkeit angestrebt wird. Auch diese Frage kann sich im Laufe eines Berufslebens immer wieder neu stellen. Dabei ist zu berücksichtigen, daß in gewissen beruflichen Situationen wichtige Vorentscheidungen bezüglich der späteren Art des Unternehmens zu treffen sind. So ist es z.B. schwer möglich, nach einigen Jahren Berufspraxis von einem Kleinbetrieb in ein Großunternehmen zu wechseln, während es umgekehrt kaum Schwierigkeiten gibt. Auch die Frage des Stellenwerts einer Promotion hängt sehr stark von der angestrebten Art des Unternehmens ab. Im öffentlichen Dienst kann u.U. eine Promotion Voraussetzung zur Erreichung einer bestimmten Stelle sein. In den Top-Positionen der Privatwirtschaft befinden sich ebenfalls überdurchschnittlich viele promovierte Ingenieure.

Als fünftes wichtiges Entscheidungskriterium im Zielfindungsprozeß sei das angestrebte Tätigkeitsfeld genannt. Die wichtigsten **Tätigkeitsfelder** lassen sich durch die in Abbildung II-4 dargestellten Gruppen kennzeichnen. Nähere Angaben zu den einzelnen Tätigkeitsfeldern finden sich in Sektion IV im gleichnamigen Abschnitt.

Bezüglich weiterer Informationen über Berufsfelder und Art des gewünschten Unternehmens sei auf die Sektion VI „Branchenreports" verwiesen.

Nachdem innerhalb der einzelnen Entscheidungskriterien „Berufsfeld", „Gehalt", „Arbeitsintensität", „Art des Unternehmens" und „Tätigkeitsfeld" das Leitmotiv für die Arbeit aller Ingenieure für den individuellen Fall durchdacht und mit Prioritäten versehen worden ist, müssen die einzelnen Kriterien untereinander gewichtet werden. Als Ergebnis dieser Gewichtung kann dann eine konkrete Berufsplanung erfolgen. Solche Berufsplanungen sollte man nicht nur bei Beginn eines Studiums oder bei Eintritt in das Berufsleben, sondern auch bei jedem Stellenwechsel durchführen. Weitere Informationen über die dann u.U. durchzuführenden Bewerbungen und Vorstellungsgespräche sind in Sektion X zu finden.

„WIR SIND

NEUGIERIG

DARAUF,

WAS SIE

ERREICHEN

WOLLEN."

Wir stehen für innovative Konzepte in Sachen individueller Mobilität, umweltverträglicher Automobile, aktiver und passiver Fahrzeugsicherheit und flexibler Arbeitsorganisation. Innovative Wege geht Europas Automobilmarke Nummer eins auch in der Förderung und Entwicklung ihrer Nachwuchskräfte.

Für Sie könnten wir das Team sein, in dem Beruf und Zukunft Spaß machen.

EINSTEIGEN BEI OPEL

Ihr Arbeitsfeld bei uns: Automobilbau mit allem, was dazugehört: Technik, Design, Entwicklung, Konstruktion. Umweltschutz und Lösungen für die Mobilität von morgen. Einkauf, Vertrieb, Finanzen, Service. Und vor allem die Zusammenarbeit mit Menschen vieler Nationen.

Interessant für Sie: unmittelbarer Kontakt zur Praxis im Training on the Job. Vielfältige, interessante Berufsperspektiven, Arbeiten im Ausland. Die Kultur eines innovativen Unternehmens. Information online unter http://www.opel.com

Wichtig für uns: ein abgeschlossenes Studium. Gute Englisch- und EDV-Kenntnisse. Initiative, Leistungsbereitschaft, Spaß an Teamarbeit, Persönlichkeit.

Adam Opel AG
Zentrales Personal-Marketing
Postkennziffer 39-07
65423 Rüsselsheim

E-Mail:
lo1be.mknapp01@gmeds.com

5.3. Entscheidungsverfahren

Für eine berufsbezogene Studienplanung ist die Entwicklung eines persönlichen Zielsystems unbedingt notwendig (Abb. II-5). Ein solches Zielsystem läßt sich in vier hierarchische Ebenen aufteilen:

○ Globalziel ○ Zielplan

○ Zielrahmen ○ Zielmaßnahmen

Globalziel

Die Formulierung eines persönlichen Globalziels sollte mehr enthalten als das erwähnte, vom VDI für die Arbeit aller Ingenieure formulierte Leitmotiv:

> „Das Ziel aller Ingenieure ist die Verbesserung der Lebensmöglichkeiten der gesamten Menschheit durch Entwicklung und sinnvolle Anwendung technischer Mittel."

Es sollte den gesamten privaten Lebensbereich umfassen. Auch weltanschauliche Motive, d.h. religiöse, ethische und moralische Aspekte sollten in die Überlegungen zu einem Globalziel einfließen.

Zielrahmen

Der Zielrahmen bezieht sich ebenfalls auf den gesamten Lebensbereich, wobei insbesondere die Konsequenzen für den beruflichen Bereich beachtet werden müssen. Ausgehend von Abbildung II-4 enthält der Zielrahmen das Ergebnis der Gewichtung der verschiedenen Zielgruppen „Berufsfeld, Gehalt, Arbeitsintensität, Tätigkeitsfeld, Unternehmensart". Der Zielrahmen sollte sinnvollerweise für die drei Lebensbereiche „Privatleben, Beruf, gesellschaftliches Engagement" formuliert werden. Gleichzeitig sollte man nicht davor zurückscheuen, eine Gewichtung dieser drei Bereiche entsprechend seinen persönlichen Vorstellungen vorzunehmen. Dabei sollte allerdings beachtet werden, daß ein Zielrahmen durch veränderte Rahmenbedingungen auch einem Wandel unterliegen kann.

Zielplan

Für den Zielplan sollte davon ausgegangen werden, daß für das zu erreichende Berufsziel gewisse Vorbedingungen existieren, die durch den beruflichen Zielrahmen festliegen. Ein **Zielrahmen** könnte z.B. lauten:

> „Ich möchte etwa fünf Jahre nach meiner Hochschulausbildung eine verantwortliche Stellung als Gruppenleiter in einem mittelständischen Unternehmen bei einem Jahreseinkommen von 100.000 bis 120.000 DM im Tätigkeitsfeld der Konstruktion wahrnehmen, wobei das Fachgebiet im Bereich des Maschinenbaus liegen soll."

Zur Erfüllung dieses Zielrahmens sind in der Regel unterschiedliche Zielpläne möglich, die zunächst konkurrierend nebeneinander gestellt und wie bei einem Entscheidungsbaum durchgespielt werden sollten. Zwei Möglichkeiten ergeben sich in diesem Fall z.B. durch die Entscheidung für ein Studium an einer Fachhochschule oder an einer Universität bzw. Technischen Hochschule. Überbrückungsalternativen zwischen Studienende und erstem Arbeitsplatz durch Praktika

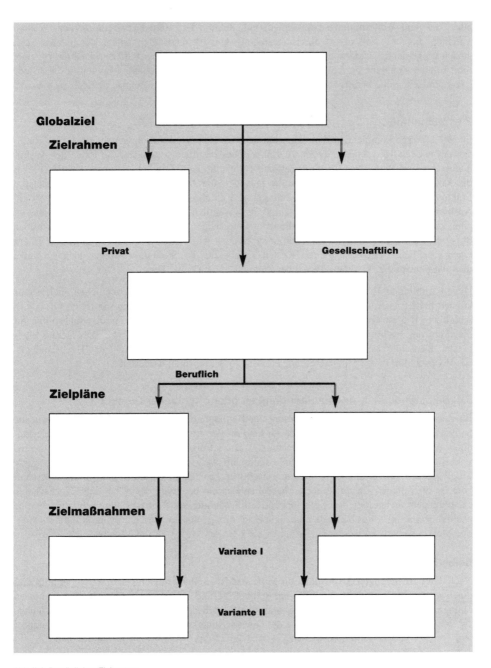

Globalziel

Zielrahmen

Privat

Gesellschaftlich

Zielpläne

Beruflich

Zielmaßnahmen

Variante I

Variante II

Abb. II-8: Persönliches Zielsystem

oder Aus- und Weiterbildungsmaßnahmen (vgl. Sektion IX) sollten erwogen werden. Weitere Varianten ergeben sich durch die Einbeziehung von Auslandsaufenthalten, durch einen u.U. gezielt eingeplanten Unternehmenswechsel nach den ersten drei bis fünf Berufsjahren etc. Der Sinn solcher Zielpläne besteht darin, sich darüber Klarheit zu verschaffen, inwieweit durch jede jetzige Entscheidung bereits für die Zukunft Vorentscheidungen getroffen werden.

Zielmaßnahmen

Für die in Frage kommenden Zielpläne sind dann im Rahmen der Zielmaßnahmen die zur Realisierung notwendigen Konsequenzen zu ziehen. Dies betrifft insbesondere die Frage des Ausbildungsortes, des Wohnortes für die berufliche Tätigkeit, einen Zeitplan und einen Überblick über die Kosten bzw. das Gehalt. Dabei sollte man ggf. die Ausbildungskosten gegen die späteren Einkünfte verrechnen. Es kann z.B. sein, daß sich durch den früheren Eintritt in den Beruf ein Ausbildungsweg über eine Fachhochschule als wesentlich günstiger erweist. Bei der Einbeziehung von Studienförderungen ist vor allem darauf zu achten, daß bei der Kostenplanung zwischen Stipendien und rückzahlbaren Darlehen unterschieden wird. Auch in Fällen, in denen die Eltern einen erheblichen oder den ganzen Kostenaufwand für das Studium zu tragen haben, können diese Gesichtspunkte stark auf die Art der Zielmaßnahmen einwirken.

Die in Abbildung II-4 skizzierten Parameter zur Entwicklung eines persönlichen Zielsystems können helfen, erste Überlegungen zu einem solchen Zielsystem direkt in die freien Flächen in Abbildung II-5 einzutragen. In den folgenden Abschnitten werden dazu Entscheidungshilfen für die Wahl der Fachrichtung und des Tätigkeitsfeldes zusammengestellt. Die sich hieraus ergebenden Konsequenzen für den Ingenieurstudenten z.B. bezüglich der Wahl des Hochschultyps, des Hochschulortes, der Studienrichtung etc. sind in Sektion VIII dargestellt.

5.4. Selbständigkeit, Angestelltentätigkeit oder öffentlicher Dienst?

Im Zusammenhang mit der Durchführung der Berufsplanung tritt für den Ingenieur häufig die Schwierigkeit auf, Beurteilungskriterien für die Frage zu finden, ob er eine Tätigkeit als Selbständiger, Angestellter oder Beamter anstreben soll. Diese Frage muß in der vollen Tragweite bereits vom Berufsanfang an betrachtet werden, u.a. deshalb, weil sich gerade in jüngster Zeit verbesserte Möglichkeiten zur selbständigen Tätigkeit nach wenigen Jahren Berufstätigkeit in der Wirtschaft oder im öffentlichen Dienst ergeben. Hierbei spielen die bereits in der Nähe vieler Hochschulen existierenden Technologieparks zur innovativen Förderung von Unternehmungsgründungen eine positive Rolle. Im folgenden sollen bezüglich der drei genannten Beschäftigungsstrukturen wichtige Merkmale genannt werden.

Selbständige Tätigkeit

Nach den Berechnungen des Instituts für Mittelstandsforschung in Bonn ist die Zahl der Selbständigen in der Zeit von 1991 bis 1995 um 300.000 gestiegen. Dies entspricht einer prozentualen Steigerung des Anteils der Selbständigen an den Erwerbstätigen von 7,3% auf 8,5%. Mit knapp 1,4 von insgesamt 3,34 Millionen weist der Dienstleistungssektor die höchste Selbständigenquote auf.

WIR MACHEN ETWAS AUS IHNEN,
WENN SIE ES IN SICH HABEN.

Die Gründe für den neuen Unternehmergeist liegen nach Angaben des Instituts in der guten konjunkturellen Situation zu Beginn der neunziger Jahre und der Tendenz in den Unternehmen, sich auf die Kernkompetenzen zu konzentrieren und damit Unternehmensteile auszulagern.

Eine auf die alten Bundesländer (Mikrozensus) begrenzte Untersuchung belegt die enorme Steigerung der Selbständigenquote insbesondere für die unternehmensorientierten Dienstleistungen, d.h. für einen Sektor, der wesentlich durch Akademiker geprägt ist, von 7,8% in 1970 auf 16,3% 1995. In Bezug auf die Altersstrukturierung läßt sich aufgrund der gleichen Untersuchung belegen, daß die Selbständigen jünger und die abhängig Beschäftigten älter geworden sind.

Festzuhalten ist außerdem, daß sich seit 1970 der Anteil derjenigen, die über einen Fachhochschul- oder Universitätsabschluß verfügen, bei den abhängig Beschäftigten von 7 auf 13% und bei den Selbständigen von 12 auf 21% erhöht hat. Es gilt: Erwerbstätige mit Hochschulabschluß machen sich – verglichen mit Erwerbstätigen anderer Bildungsabschlüsse – viel eher selbständig. Das kann ein Signal für dynamische junge Ingenieure mit ausreichender praktischer Erfahrung, sei sie während des Studiums oder nach dem Studium gewonnen, für eine frühe Selbständigkeit sein.

Nur wenige Akademiker wagen allerdings den Schritt in die Selbständigkeit unmittelbar nach Studienabschluß. Nach Schätzungen des Deutschen Industrie- und Handelstages (DIHT) werden nur etwa 55 der rund 300.000 jährlichen Existenzgründungen von Hochschulabsolventen (unmittelbar im Anschluß an das Studium) vorgenommen.

Mögliche Tätigkeiten für selbständige Ingenieure sind zur Zeit (vgl. Sektion VI, Kapitel 4):

O   Bautechnisch-orientierte Ingenieurbüros

O   Maschinenbau-orientierte Ingenieurbüros

O   EDV- und Software-Entwicklung und -Beratung

O   Sachverständiger/Gutachter

O   Unternehmens- und Technologieberatung

Mit einem freien Beruf oder einer anderen selbständigen Tätigkeit sind in der Regel Vorstellungen wie

O   hohes Einkommen

O   eigenverantwortliche Arbeit

O   keine Unterordnung in einer Unternehmenshierarchie

verbunden. So verlockend eine solche Tätigkeit auf den ersten Blick erscheinen mag, so groß sind die Probleme für denjenigen, der tatsächlich den Sprung in das kalte Wasser wagt. Die wesentlichen Hürden bei der Aufnahme einer selbständigen Tätigkeit sind:

O   Mangelnde umfassende Fachkenntnisse

O   Mangelnde betriebswirtschaftliche Kenntnisse

O   Probleme bei der Kundengewinnung (Akquisition)

O   Überwindung der Anlaufkosten während der ersten Jahre

O   Umgang mit dem Gesetzgeber und dem Finanzamt

O   Eigenverantwortlichkeit und Selbstmotivierung

O   Nicht vorhandene Kenntnisse über finanzielle Fördermöglichkeiten

O   Mangelnde Risikobereitschaft und Belastbarkeit

Hochschulabsolventen gehen auch unter dem Druck der Arbeitsmarktverhältnisse in die Selbständigkeit, ohne daß sich daraus eine ausreichende Existenzgrundlage ergibt. Solche Existenzformen, die sich in der Grauzone von formaler Selbständigkeit und faktischer Abhängigkeit bewegen, sind nicht ohne Risiko. Mit Werkverträgen oder Honorarabsprachen ist mancher Absolvent zwar selbständig tätig, faktisch aber vielfach von einem einzigen Kunden abhängig. Wie dieses Phänomen zu beurteilen ist, wird derzeit noch kontrovers diskutiert. Zum Teil wird vor den Gefahren einer „Schein-Selbständigkeit" gewarnt. Dabei wird insbesondere auf das Fehlen des für abhängig Beschäftigte gültigen arbeits- und sozialrechtlichen Schutzes hingewiesen. Darüber hinaus sollte man wissen, daß parallel zu einer solchen Tätigkeit meist nur wenig Möglichkeit zur Weiterqualifizierung besteht. Andererseits werden sich Hochschulabsolventen darauf einstellen müssen, daß der Übergang von der Hochschule in den Beruf künftig häufiger von atypischen Erwerbsformen geprägt sein wird. Dabei können Werk- und Honorarverträge Wartezeiten überbrücken helfen und letztlich zu einer dauernden Selbständigkeit oder auch zum Einstieg in eine traditionelle abhängige Beschäftigung führen.

Die Frage, ob nach dem Examen eine Tätigkeit als Selbständiger angestrebt wird, sollte als grundsätzliche Berufsentscheidung verstanden und gut abgewogen werden. Es sei darauf hingewiesen, daß eine Selbständigkeit eine entsprechende unternehmerisch denkende und handelnde Persönlichkeit und den Erwerb einiger betriebswirtschaftlicher Kenntnisse verlangt. Letztere sind aber am ehesten in einer praktikschen Tätigkeit als abhängig Beschäftigter zu erwerben. Die berufsspezifischen Fachkenntnisse werden ohnehin nur zu einem geringen Teil von den Hochschulen vermittelt, so daß eine vorausgehende berufspraktische Tätigkeit sehr zu empfehlen ist. Erfahrung ist eine wichtige Grundlage für den Erfolg als Selbständiger, denn der Kunde wird die Lösung seines Problems und nicht die Ausbildung eines „Selbständigen-Praktikanten" finanzieren. Selbständig sein heißt auch, Kundenakquisition im eigenen Namen zu betreiben, und dies möglicherweise zu Zeiten, wenn angestellte Ingenieure ihren Feierabend oder ihr Wochenende genießen.

Vor dem Schritt in die Selbständigkeit können diese Überlegungen eine erste Orientierungshilfe sein:

Die Entscheidung

O   Sind Sie ein Unternehmer-Typ?

O   Kalkulieren Sie Ihren Verdienst

Die Planung

O   Nutzen Sie die Beratung bei Ingenieur- und Unternehmerverbänden, Industrie- und Handelskammern sowie Kreditinstituten

O   Erforschen Sie den Markt

O   Wie gut ist die Geschäftsidee?

O   Finden Sie den richtigen Weg in die Selbständigkeit (Neugründung, Betriebsübernahme oder Franchising)

Der Finanzplan

O Kalkulieren Sie das erforderliche Startkapital

O Ermitteln Sie alle möglichen Finanzquellen

Das Unternehmen

O Wählen Sie die richtige Rechtsform

O Welche formalen Anforderungen werden an das Unternehmen gestellt? (Zulassungen, Genehmigungen etc.)

O Denken Sie an Ihre Sicherheit (ausreichende Versicherungen für das Unternehmen und die Familie)

Ohne persönlichen Einsatz, Mut, Risikobereitschaft, Flexibilität und den festen Willen, die besonders großen Belastungen während der Startphase durchzustehen, kann der Traum vom eigenen Unternehmen schnell zum Alptraum werden. Mit über 22.000 Fällen erreichten die Firmenpleiten 1995 eine neue Rekordhöhe. Darunter befinden sich zahlreiche Existenzgründer, die schon wenige Jahre nach Errichtung ihres Unternehmens wieder aufgeben müssen. Als Gründe dafür hat die Deutsche Ausgleichsbank (DtA) in erster Linie Finanzierungsmängel (68,6%) und Informationsdefizite (61%) über das Marktgeschehen ausgemacht. Außerdem sind unzureichende Nachfrage oder ein ungünstiger Standort oft genannte Schwachpunkte in der Statistik der Pleiteursachen. Darüber hinaus ist bei Unternehmensgründern häufig noch eine „Nehmer-Mentalität" vorhanden, bei der die Frage nach Fördermitteln zuerst das unternehmerische Handeln bestimmt. Eine Untersuchung unter 80 Industrie- und Handelskammern ergab 1995: Über 90% aller befragten Existenzgründer interessierten sich in erster Linie für öffentliche Finanzierungshilfen, jedoch nur knapp 10% für so wichtige Bereiche wie Standort- und Steuerfragen.

Diese Zahlen zeigen deutlich, wie wichtig es gerade für Ingenieure ist, die während ihres Studiums nie oder nur am Rande mit wirtschaftswissenschaftlichen und rechtlichen Fragestellungen konfrontiert wurden, sich intensiv mit Fragen der Finanzierung und des Marketings auseinanderzusetzen. Denn auch ein technisch hervorragendes Produkt kann nicht zum Markterfolg werden, wenn die Finanzierung zur Überbrückung von Anfangsschwierigkeiten nicht gesichert ist.

Alternative: Existenzgründung oder Betriebsübernahme

Nicht immer muß der Einstieg ins eigene Unternehmen mit einer Neugründung beginnen. Rund 300.000 mittelständische Familienunternehmen müssen bis zum Jahr 2000 einen neuen Inhaber finden. Von den Unternehmensübergaben sind insgesamt 4 Millionen Arbeitsplätze betroffen. Je kleiner die weiterzugebenden Unternehmen sind, desto geringer ist die Bereitschaft etwaiger Erben, in die Geschäftsleitung einzutreten. So werden 75% der Unternehmen mit DM 100.000 bis DM 250.000 Jahresumsatz keine Nachfolger aus der Eigentümerfamilie finden.

Die Startrisiken einer Übernahme sind gegenüber einer Neugründung im allgemeinen geringer: Auf einen vorhandenen Kundenstamm läßt sich natürlich besser aufbauen. Da der Betrieb eingeführt ist, bleiben anfangs auch die Werbekosten gering. Der Kaufpreis ist zudem eine feste Größe bei der Startfinanzierung. Daneben sind häufig Büroeinrichtungen, Maschinen- oder Fuhrpark

vorhanden. Schließlich kann anhand der Vorjahreszahlen der Finanzbedarf realistisch eingeschätzt werden. Eine bundesweite Liste von Unternehmen, die Nachfolger suchen, veröffentlicht der Deutsche Industrie- und Handelstag (DIHT) in Bonn.

Doch den Vorteilen stehen auch einige Nachteile gegenüber. So haftet der Neubesitzer für Altschulden oder auch Steuernachforderungen. Nur eine exakte Überprüfung der betriebswirtschaftlichen und rechtlichen Situation bewahrt daher vor unliebsamen Überraschungen.

Viele Fehler, die von Existenzgründern häufig gemacht werden und letztlich zum Mißerfolg des Vorhabens „Selbständigkeit" führen, können vermieden werden, wenn man sich – und auch seine familiäre Umgebung – rechtzeitig und umfassend auf das neue Berufsleben vorbereitet. Hierzu gehört die rechtzeitige Nutzung des Angebotes an Informationsquellen und Bildungsmaßnahmen zur Existenzgründung.

Weitere Informationen zum Thema Selbständigkeit und den damit verbundenen Chancen und Risiken sowie zahlreiche Literaturhinweise gerade auch für Ingenieure finden sich in Sektion XIV, Literaturempfehlungen.

Angestelltentätigkeit in der Wirtschaft

Die meisten Absolventen eines Ingenieurstudiums treten eine Stelle in der freien Wirtschaft an. In Großunternehmen ist dies bei guten Absolventen häufig mit der Möglichkeit verbunden, ein Trainee-Programm zu absolvieren oder während der ersten Berufsjahre verschiedene Bereiche des Unternehmens ggf. in verschiedenen Teilen des Landes kennenzulernen. In ähnlicher Weise können begrenzte Auslandstätigkeiten realisiert werden. Erst nach einer gezielten Einarbeitungsphase folgt dann meist die Übernahme in eine feste Aufgabe. Unter langfristigen Aspekten sei darauf hingewiesen, daß eine erhebliche Anzahl von qualifizierten Fach- und Führungskräften in der Wirtschaft aus dem Bereich des Ingenieurwesens stammt, so daß sich mobilem und – im Sinne der in Kapitel 2 beschriebenen neuen Anforderungen an Ingenieure – qualifiziertem Nachwuchs grundsätzlich gute berufliche Entwicklungsmöglichkeiten bieten.

In mehr mittelständisch ausgerichteten Unternehmen ist der Berufsanfänger meistens schneller mit einer konkreten Produktentwicklung oder Projektbetreuung beauftragt, die im Regelfall in eine traditionelle hierarchische Gruppenstruktur eingebunden ist. Aufgrund des geringeren Personalbestandes und der zukünftig auch hier flacheren Hierarchien ist ein rascher Aufstieg in einem solchen Unternehmen nur möglich, wenn auf den höheren Hierarchieebenen ein relativ hoher Altersdurchschnitt zu finden ist. Eine Höherqualifikation ist bei langjähriger Tätigkeit jedoch auch durch abteilungsübergreifende Sonderaufgaben möglich. Auf diese Weise können häufig günstige Voraussetzungen für einen Berufswechsel in ein anderes Unternehmen oder in die Selbständigkeit geschaffen werden. Ausführliche Informationen zu den Berufschancen von Ingenieuren im Mittelstand enthält das diesjährige Schwerpunktthema der vorliegenden Publikation.

Bei kleineren Unternehmen warten auf den Berufsanfänger häufig die interessantesten, weil meist sehr breitbandig ausgerichteten Aufgaben mit oft weitgehenden Kompetenzen und relativ hoher Bezahlung. Der Preis hierfür ist in der Regel eine verhältnismäßig lange Arbeitszeit und insbesondere hohe Arbeitsintensität. Trotzdem kann man beobachten, daß motivierte Jungingenieure über diesen Weg gute berufliche Chancen entwickeln. Der in den ersten Berufsjahren bei einer kleineren Firma gut qualifizierte und auf einen definierten Tätigkeitsbereich spezialisierte Diplom-

Ingenieur kommt häufig mit anderen Unternehmen durch Kooperationsvereinbarungen und Geschäftsverbindungen in Kontakt, so daß er nach einigen Berufsjahren über günstige Voraussetzungen für einen Arbeitsplatzwechsel verfügt.

Tätigkeiten im öffentlichen Dienst

Im öffentlichen Dienst sind nahezu 30% der Diplom-Ingenieure beschäftigt, wobei ein großer Anteil auf Absolventen von Fachhochschulen entfällt. Neben Behörden ist hier die Bundeswehr als wichtiger Arbeitgeber zu nennen.

Ein steigender Prozentsatz der Ingenieure mit Universitätsdiplom strebt nach Abschluß des Diploms eine Promotion zum Dr.-Ing. an. Dies ist in der Regel mit einem befristeten Angestelltenverhältnis im öffentlichen Dienst verbunden (vgl. Sektion IX, Kapitel 4). Dagegen macht nur ein sehr geringer Anteil der Fachhochschulabsolventen von der Möglichkeit der Promotion Gebrauch. Das Gros der Ingenieure führt die Promotion nach drei- bis siebenjähriger Tätigkeit als wissenschaftlicher Angestellter an einer Technischen Hochschule/Universität oder Großforschungseinrichtung durch. Diese Promotion schafft in bestimmten Branchen erst günstige Startvoraussetzungen, so z.b. in der chemischen Industrie und der Stromversorgungswirtschaft (EVU).

Ob eine langfristige Tätigkeit im öffentlichen Dienst für einen Diplom-Ingenieur interessant ist, hängt u.a. mit dem „Klima" zusammen, das er in der Umgebung der öffentlichen Einrichtung vorfindet. Teilweise findet man Einrichtungen, die in hohem Maß auf den Abschluß von zeitbegrenzten Entwicklungs- und Forschungsaufträgen angewiesen sind und sich in ihren Arbeitsbedingungen – im positiven Sinne – nur unwesentlich von industriellen Verhältnissen unterscheiden. Eine Tendenz zu modernem quasi-industriellem Management ist neuerdings auch in vielen Ämtern und Anstalten des öffentlichen Rechts deutlich zu erkennen.

5.5. Abschließende Hinweise zur Berufsplanung

Abschließend sollen einige häufig gestellte Fragen und die zugehörigen Antworten stichwortartig zusammengestellt werden.

Wie kann die Wartezeit bei einem verzögerten Berufseinstieg überbrückt werden?

Diese Zeit bietet Möglichkeiten, das berufspraktische Know-how durch Praktika und andere Maßnahmen zur Erweiterung der Fachkompetenz zu vertiefen. Auslandsaufenthalte tragen zur Festigung der Sprachkenntnisse, zur Erhöhung der mentalen Flexibilität und kulturellen Offenheit bei. Sinnvoll kann es sein, Praktikum und Auslandserfahrung miteinander zu verbinden. Generell sind auch gezielte Weiterbildungsmaßnahmen wie DV-Anwenderkurse oder Sprachkurse zu empfehlen, wenngleich hier jeweils im konkreten Einzelfall entschieden werden muß. So empfehlen sich beispielsweise Praktika insbesondere für Bewerber mit Defiziten im Hinblick auf das Einstellungskriterium Berufspraxis. Mit gutem Erfolg bieten Verbände und andere Einrichtungen in Zusammenarbeit mit Industriebetrieben spezielle Einstiegsprogramme für Ingenieure an, die ein Praktikum und die Vermittlung überfachlicher Kompetenzen wie Präsentationsfähigkeit, Moderation etc. umfassen (vgl. auch Sektion III, Kapitel 1.2.).

Sind am Berufsanfang Teilzeitstellen und Gehaltskompromisse akzeptabel?

Hochschulabsolventen sollten ihre erste Stelle primär als Einstiegsmöglichkeit betrachten, die nicht in allen Details optimal sein muß, jedoch den Erwerb der überaus wichtigen Praxiserfahrung ermöglicht. Auch neue Formen des Übergangs zwischen Studium und Beruf, wie beispielsweise unbefristete oder auch befristete Teilzeitstellen im Sinne der Job-Sharing-Programme, Verträge als freier Mitarbeiter, vorübergehende Arbeit bei Zeitarbeitsfirmen, zeitlich befristete Orientierungs- projekte oder Praxisjahre bzw. postgraduale Praktika können den Einstieg erleichtern. Größere Gehaltskompromisse sollten jedoch nur eingegangen werden, wenn ein Ausgleich auf andere Weise erfolgt (Gezielte Fortbildung, Förderungszusagen, rasche internationale Verwendung etc.).

Berufsbeginn als Sachbearbeiter oder „Stabsfunktionär"?

Ein Ingenieur sollte seine berufliche Laufbahn möglichst als Sachbearbeiter beginnen. Hier wird er zum anerkannten, vollwertigen Ingenieur. Hochqualifizierte Nachwuchskräfte werden sich auch als Sachbearbeiter profilieren. Der Wechsel in die „Zentrale" ist nach zwei bis drei Jahren durchaus sinnvoll und nicht schwer. Der umgekehrte Weg gestaltet sich sehr viel schwieriger, da in diesem Fall die notwendige praktisch-fachliche Kompetenz fehlt.

Ist der Stellenwechsel eine Karrierehilfe?

Frühestens nach zwei Jahren, spätestens nach fünf bis zehn Jahren. Mit 40 bis 45 sollte man seinen letzten Arbeitgeber – nicht aber unbedingt die „Endposition" – gefunden haben. In großen Unternehmen ist die interne Versetzung einem externen Stellenwechsel vergleichbar. Häufige Stel- lenwechsel sind im Ingenieurbereich wegen der überaus langwierigen (und teuren) Einarbeitung nicht gern gesehen.

Sind Branchenkenntnisse am Berufsanfang von Vorteil?

Ja. Man kann sie sich häufig durch eine Tätigkeit als studentische Hilfskraft oder durch eine studienbegleitende Industrietätigkeit erwerben.

Sind Datenverarbeitungskenntnisse erforderlich?

Ohne Datenverarbeitungskenntnisse ist ein Ingenieur kein Ingenieur.

Welchen Stellenwert haben Ausbildungs- und Trainee-Programme der Unternehmen?

Die meisten Trainee-Programme setzen eine überaus harte Auswahl voraus und sind speziell auf das jeweilige Tätigkeitsfeld abgestimmt. Sie finden in verschiedenen Bereichen, zum Teil auch international „on-the-job" statt. Sie bieten damit eine gute Gelegenheit, die Tätigkeit sowie das Unternehmen kennenzulernen. Ingenieuren werden innerhalb des Programms meist auch wichtige wirtschaftswissenschaftliche Kenntnisse vermittelt. Dennoch entscheidet auch bei diesem Einstieg die eigene Leistung über den Erfolg.

Ist ein wirtschaftswissenschaftliches Aufbaustudium sinnvoll?

Prinzipiell nur, wenn z.B. später eine Position im technischen Management angestrebt oder für den Berufseinstieg eine Position im kaufmännisch-technischen Schnittstellenbereich gesucht wird. Auch das Eintrittsalter muß im Auge behalten werden. Alternativ bietet sich ein Trainee- Programm oder ein Aufenthalt an einer Business School an.

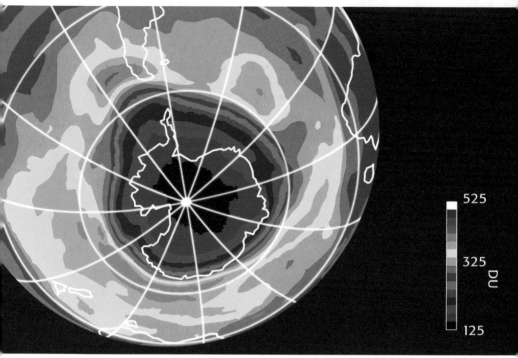

525

325 DU

125

st es möglich, das Ozonloch vom Weltraum aus zu schließen? Bekommen wir bald Strom aus dem All? Um diese und andere Fragen beantworten zu können, brauchen wir neue Ideen. Und um neue Ideen zu bekommen, brauchen wir neue Leute. Wenn Sie Absolvent eines technischen oder wirtschaftswissenschaftlichen Studiengangs sind, bewerben Sie sich bei uns als Trainee oder zum Direkteinstieg. Wenn Sie noch studieren, informieren Sie sich doch ganz einfach über unser Angebot an Praktika und Diplomarbeiten. Wir bieten Ihnen eine gute Arbeitsatmosphäre. *Daimler-Benz Aerospace AG, Pablo Salame Fischer, Personalmarketing, PE/M, 81663 München, Tel. (0 89) 6 07-3 45 15, http://www.dasa.com*

 Daimler-Benz Aerospace

Wenn Sie Wert auf eine gute Atmosphäre legen, sind Sie in unserem Unternehmen genau richtig.

Lohnt sich eine Promotion ?

Finanziell lohnt sie sich in vielen Fällen nicht. Die inhaltliche Tätigkeit kann durch eine Promotion wesentlich vielfältiger werden. Für kleinere und mittlere Betriebe ist eine Promotion häufig von Vorteil, ebenfalls für die Übernahme von Top-Positionen in Großunternehmen und Behörden.

Ist ein Auslandsaufenthalt während des Studiums empfehlenswert ?

Ja, Fremdsprachenkenntnisse und interkulturelle Kompetenzen werden auch für kleinere und mittlere Unternehmen immer wichtiger.

Ist Mobilität und Reisebereitschaft notwendig?

Für interessante Ingenieurtätigkeiten ist Reisebereitschaft unerläßlich. Einige große Firmen machen die ein- bis zweijährige Auslandstätigkeit zur Bedingung für die Besetzung von mittleren und oberen Führungspositionen. Wer räumlich nicht mobil sein will, muß in erhöhtem Maß bezüglich seiner Tätigkeitsfelder flexibel sein und mit größeren Schwierigkeiten auf dem Arbeitsmarkt rechnen.

Welche Möglichkeiten hat der Studienabbrecher?

Abbrecher Technischer Hochschulen/Universitäten haben die Alternative eines Fachhochschulstudiums. Bei relativ frühem Studienabbruch ist auch der Übergang zu einer Techniker-Schule oder technisch orientierten Lehrausbildungen zu empfehlen. In einigen Fällen kann sich ein Übergang zu einer Berufsakademie als sinnvoll erweisen. Umfangreiche Tips und Hinweise für Studienabbrecher enthält die Sektion VIII der vorliegenden Publikation.

Welche Fehler macht der Ingenieur als Berufsanfänger bei Bewerbungen?

Am häufigsten sind Mängel im allgemeinen Auftreten und der Fähigkeit zur Darstellung der bisherigen Tätigkeit anzutreffen. Man sollte im Verlauf eines Studiums gelernt haben, sich selbst, sein Wissen und seine Fähigkeiten zu „vermarkten". Abhilfe: Bewerbungsseminare besuchen bzw. einschlägige Bewerbungs-Handbücher zu Rate ziehen.

Mit welchem Anfangsgehalt kann 1998 gerechnet werden?

51.000 bis 85.000 DM je nach beruflicher Qualifikation und Arbeitsmarktlage, wobei sich das Gros der gezahlten Gehälter zwischen 61.000 und 75.000 DM p.a. bewegt. Höchstgehälter werden bei Kombinationsqualifikationen, wie z.B. Maschinenbau mit Elektronikkenntnissen, bei studienbegleitender Berufserfahrung sowie Fremdsprachenkenntnissen bezahlt. Promovierte Diplom-Ingenieure mit ca. fünfjähriger Tätigkeit als wissenschaftliche Angestellte erhalten je nach Art des Arbeitsgebiets und des Herkunftsinstituts 70.000 bis 100.000 DM. In den neuen Bundesländern ist eine völlige Angleichung noch nicht erfolgt.

Sektion III: Arbeitsmarkt und berufliche Perspektiven

1. Zukunftsaussichten für Ingenieure

Aufgrund anhaltender Unsicherheiten über die künftige Wirtschafts- und Arbeitsmarktentwicklung in Deutschland ist es schwierig, eine realistische mittel- bis langfristige Bedarfsprognose für Ingenieure abzugeben. Der Arbeitsmarkt für Ingenieure ist stärker als der anderer akademischer Berufe konjunkturabhängig. Dennoch lassen sich einige wichtige Tendenzen erkennen: In den letzten Jahren sahen sich viele Unternehmen durch die wirtschaftliche Rezession zu tiefgreifenden, internen Umstrukturierungsmaßnahmen veranlaßt, die häufig mit Stellenabbau oder Verlagerung von Stellen ins Ausland verbunden waren. Insbesondere im mittleren Management wurden Stellen gekürzt, eine Entwicklung, die sich auch auf die Karrieremöglichkeiten von Ingenieuren ausgewirkt hat.

Im Jahre 1996 bewegte sich die Nachfrage nach technischen Fach- und Führungskräften in den alten Bundesländern in etwa auf dem – relativ niedrigen – Vorjahresniveau, in den neuen Bundesländern war dagegen in fast allen Wirtschaftszweigen ein Rückgang der entsprechenden Stellenangebote zu verzeichnen. Dennoch sind die Ingenieure im Vergleich zu anderen Akademikergruppen nach wie vor die auf dem Arbeitsmarkt gefragtesten Arbeitskräfte.

Einen Anhaltspunkt für die Beurteilung zukünftiger Berufschancen kann eine Gegenüberstellung von Studienanfänger- und Absolventenzahlen auf der einen und der Nachfrage auf dem Arbeitsmarkt auf der anderen Seite geben. Generell kann in diesem Zusammenhang festgestellt werden, daß die westdeutschen Hochschulen in den letzten Jahren insgesamt bis zu 40.000 Absolventen der Ingenieurwissenschaften pro Jahr als Spitzenwert einer langjährigen Aufwärtsentwicklung in den Arbeitsmarkt entlassen haben. Seit 1997 gehen diese Zahlen nunmehr zurück. Eine Ausnahme bildet allein das Bauingenieurwesen.

Unter dem Eindruck der wachsenden Zahl arbeitsloser Ingenieure und der schwierigen Lage auf dem Arbeitsmarkt haben sich die Studienanfängerzahlen in den ingenieurwissenschaftlichen Fächern in den letzten Jahren deutlich verringert. Wie die Abbildung III-1 zeigt, gingen die Erstimmatrikulationen im ingenieurwissenschaftlichen Bereich von 56,5 Tsd. zum Wintersemester 1990/91 (altes Bundesgebiet) bis zum Wintersemester 1996/97 auf 41,4 Tsd. (alte und neue Bundesländer) zurück. Besonders stark ist der Rückgang im Fach Elektrotechnik, in dem die Studienanfängerzahlen zwischen 1990 und 1995 um 60% an den Universitäten und um 43% an den Fachhochschulen sanken. Ähnlich ist die Situation im Fach Maschinenbau.

Betrachtet man nun den Rückgang der Studienanfängerzahlen, so könnte man zu dem Schluß kommen, daß dieser gegenüber der Arbeitsmarktsituation noch immer nicht hoch genug ist. Diese Werte relativieren sich jedoch, wenn man Studienabbrecher und -wechsler sowie die nach Studienabschluß vielfach in ihre Heimatländer zurückkehrenden ausländischen Studenten, die in den angegebenen Studienanfängerzahlen enthalten sind, berücksichtigt.

Staufenbiel
goes
online!

Sie agieren – wir reagieren!

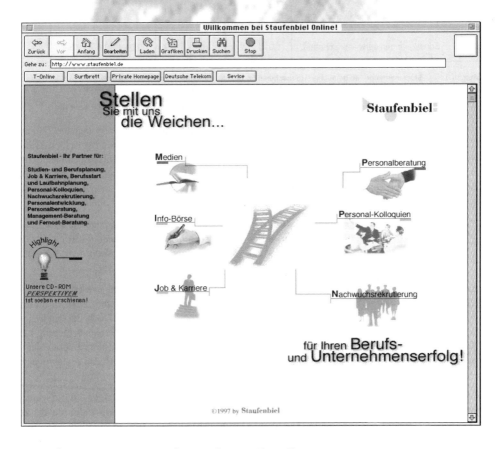

info@staufenbiel.de

www.staufenbiel.de

	Früheres Bundesgebiet					Deutschland*		
Wintersemester	85/86	90/91	91/92	92/93	93/94*	94/95	95/96	96/97***
Ingenieurwissenschaften (Studienanfänger in Tsd.)	42,4	56,5	53,7	54,6	50,4	46,0	41,4	41,1
davon: Elektrotechnik	13,0	16,4	14,7	14,0	11,9	9,9	8,0	—
Maschinenbau/Verfahrenstechnik	18,4	25,7	23,8	21,4	18,2	15,1	13,1	—
Bergbau u. angrenzende Bereiche	0,5	0,4	0,3	0,3	0,3	0,2	0,2	—
Bauingenieurwesen, Architektur, Raumplanung	9,5	13,8	13,7	15,9	16,5	17,0	17,0	—
Sonstige Ingenieurwissenschaften	1,0	**	1,0	2,9	3,5	3,6	3,1	—

Abb. III-1:   **Studienanfänger an deutschen Hochschulen (in Tsd.) (Quelle: Statistisches Bundesamt)**
*   **Seit 1993/94 werden die Zahlen für alte und neue Bundesländer gemeinsam erhoben**
**   **„Sonstige" entsprechend bei anderen Fachrichtungen zugeordnet**
***   **Vorläufiges Ergebnis, Zahlen aus den einzelnen Fachbereichen liegen derzeit noch nicht vor**

Die Zurückhaltung beim Studium der Ingenieurwissenschaften könnte schwerwiegende Folgen für die deutsche Wirtschaft haben. Angesichts der rückläufigen Studentenzahlen befürchten Ministerien und Verbände zukünftig einen Mangel an qualifizierten Ingenieuren, insbesondere im Bereich der Elektrotechnik und des Maschinenbaus. Dies gilt umso mehr, als in diesen beiden Bereichen weniger Studierende beginnen als in den 70er Jahren. Es könnte sogar passieren, daß hier in wenigen Jahren der Ersatzbedarf an Ingenieuren nicht gedeckt werden kann.

 Für die individuelle Berufsplanung legen die rückläufigen Studentenzahlen sowie die mittelfristig guten Berufschancen deshalb zur Zeit einen antizyklischen Einstieg in das Ingenieurstudium der Elektrotechnik und des Maschinenbaus nahe. Nach dem Abschluß des Examens ist mit guten bis sehr guten Arbeitsmöglichkeiten zu rechnen.

Eine andere Situation besteht in den Bereichen Bauingenieurwesen, Vermessungswesen und Architektur. Im Gegensatz zu den anderen Ingenieurdisziplinen stiegen die Studentenzahlen in diesen Bereichen aufgrund der guten Arbeitsmarktlage bis 1995 kontinuierlich an. Doch das Ende des Baubooms, vor allem in Ostdeutschland, hat jetzt schon zu einer deutlichen Verschlechterung der Nachfrage nach Bauingenieuren geführt. Diese Entwicklung, die sich in naher Zukunft voraussichtlich fortsetzen wird, und die große Zahl zukünftiger Absolventen lassen für einige Jahre eine gespannte Arbeitsmarktsituation für Bauingenieure erwarten.

Der Verein deutscher Ingenieure (VDI) untersuchte in der Fachtagung „Profil zeigen - Berufsstrategien für Ingenieurinnen und Ingenieure" Ende September 1996 Entwicklungstendenzen im zu erwartenden Umfeld der Ingenieure. Das vom VDI dazu beauftragte Wissenschaftliche Zentrum für Berufs- und Hochschulforschung der Universität GHS Kassel kam dabei zu folgenden Schlußfolgerungen:

Der Arbeitsmarkt für Ingenieure ist, wie andere Marktbeziehungen auch, durch Abstimmungsprobleme zwischen Angebot und Nachfrage geprägt. Die Abstimmung funktioniert weder zahlenmäßig noch qualifikationsmäßig „paßgenau". Einen Überblick über die letzten 25 Jahre zeigen die „Konjunkturschwankungen" am Arbeitsmarkt (Abb. III-2).

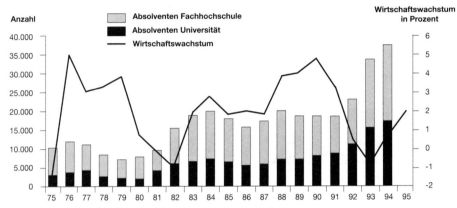

Abb. III-2: Wirtschaftswachstum und arbeitslose Ingenieure (alte Bundesländer)

Dabei sind jedoch die Arbeitslosenzahlen bei Ingenieuren jeweils stärker ausgeprägt, als von den Konjunktureinflüssen primär zu erwarten wäre, da die Studienanfängerzahlen bei Ingenieuren recht reagibel und schnell auf Vermittlungsschwierigkeiten von Ingenieuren reagieren. Ergebnis ist, daß fünf bis sechs Jahre später oft gerade dann die Absolventenzahlen niedrig sind, wenn die Konjunktur boomt und Ingenieure dringend gesucht werden. Je nachdem, wie sich nun die Konjunktur weiter entwickeln wird und umgekehrt die Abiturienten hierauf reagieren bzw. überreagieren, lassen sich drei Szenarien berechnen, in denen ein Ingenieurmangel (Szenario1), ein ausgeglichenes Verhältnis (Szenario 2) und eine Ingenieurschwemme (Szenario 3) eintritt.

Betrachten wir beispielsweise die Entwicklung bei den Maschinenbauingenieuren im Zeitraum 1993 bis 2005: Im Szenario 1 sinken die Absolventenzahlen an Fachhochschulen bis ins Jahr 2005 dramatisch von 17.000 auf etwa 500. Die Zahl der Absolventen an Universitäten sinkt von 5.000 auf 2.000, während die Zahl der offenen Stellen kontinuierlich steigt – ab 2002 mit stärkerer Steigung auf ca. 13.000 im Jahre 2005. Hier bestünde ein großer Bedarf an zusätzlichen Absolventen (Abb. III-3).

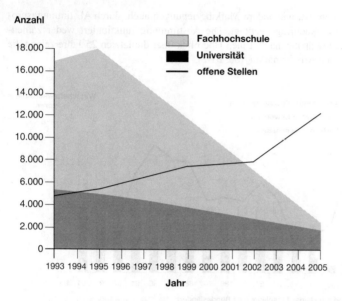

Abb. III-3: Absolventen und offene Stellen Maschinenbau - Szenario 1

In Szenario 2 sinken die Absolventenzahlen an Fachhochschulen und Universitäten bis zum Jahre 2005 auf ca. 5.500 bzw. 3.500. Sie bleiben dann aber konstant, während die Zahl der offenen Stellen bis zum Jahre 2004 kontinuierlich steigt und erst dann bei etwa 9.000 relativ konstant bleibt. Der Bedarf an Absolventen wäre hier gedeckt (Abb. III-4).

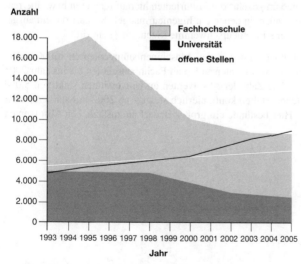

Abb. III-4: Absolventen und offene Stellen Maschinenbau - Szenario 2

Im Szenario 3 sinken die Absolventenzahlen zunächst, um danach bis ins Jahr 2005 an Fachhochschulen stärker bis auf 11.000, an Universitäten bis auf 4.000 zu steigen. Zugleich steigt die Zahl der offenen Stellen kontinuierlich an, um sich im Jahre 2005 mit einem Wert von ca. 9.000 zu verstetigen. In diesem Szenario wären die Absolventenzahlen weit höher als der Bedarf (Abb. III-5).

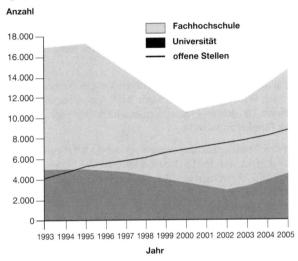

Abb. III-5: Absolventen und offene Stellen Maschinenbau - Szenario 3

Aber auch im Konjunkturtal werden Ingenieure auf dem Arbeitsmarkt gesucht und eingestellt, allerdings oft zyklusverschoben zur Konjunktur. Die Unternehmen reagieren mit bis zu zwei Jahren Verspätung auf die Konjunkturschwankungen (Abb. III-6). Selbst bei sehr ungünstigen Auswirkungen der weltwirtschaftlichen Entwicklung werden immer noch qualifizierte deutsche Ingenieure gesucht und das vor allem in internationalen Zusammenhängen.

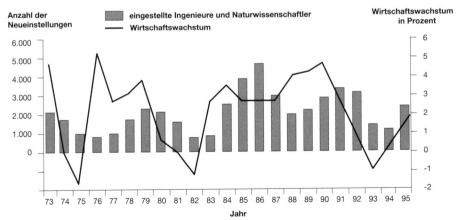

Abb. III-6: Wirtschaftswachstum und Einstellverhalten am Beispiel der Siemens AG

85

Die Bundesanstalt für Arbeit leitet in der IAB/Prognos-Projektion 1988/89 (Aktualisierung 1991) folgende langfristige Trends und Beschäftigungsaussichten ab: Die zukünftigen **Arbeitsbedingungen in Deutschland** werden maßgeblich durch die Entwicklung der Strukturbedingungen in Europa bestimmt werden. Wenn diesen Entwicklungsmöglichkeiten zur Zeit auch noch unterschiedliche Anforderungen und Gehälter sowie Sprachbarrieren entgegenstehen, so beeinflussen die europäischen Rahmenbedingungen den Arbeitsmarkt sowohl in quantitativer als auch in qualitativer Hinsicht. So ist der Arbeitsmarkt zum einen von der demographischen Entwicklung und dem Bildungsverhalten zukünftiger Arbeitskräfte innerhalb Europas – und nicht mehr innerhalb einzelner Staaten – abhängig.

Zum anderen wird der Arbeitsmarkt von den zu erwartenden qualitativen Verschiebungen bei der Entwicklung des Arbeitskräftebedarfs nach Wirtschaftszweigen sowie nach Anforderungsprofilen der Tätigkeiten geprägt: höherqualifizierte Tätigkeiten expandieren erheblich, mittelqualifizierte Tätigkeiten schrumpfen leicht, einfache Tätigkeiten stark.

Abbildung III-2 zeigt die entsprechenden Vorausschätzungsergebnisse der IAB/Prognos-Studie für das alte Bundesgebiet bis 2010. Sie dürften von der Tendenz her auch für die neuen Bundesländer gelten. Laut IAB dürften durch die Veränderungen der Strukturbedingungen folgende arbeitsmarktrelevante Faktoren begünstigt werden:

O   forschungs- und entwicklungsintensive Wirtschaft

O   umweltverträgliche Wirtschaftsstrukturen

O   weitgehende Auslandsorientierung

O   hoher Dienstleistungsanteil

O   dezentrale und flexible Strukturen

O   individualisierte Arbeitszeitmodelle

O   tertiäre Tätigkeiten, Berufe und Sektoren

Hieraus ergibt sich wiederum ein steigender Bedarf an flexiblen, kreativen Erwerbspersonen mit breitangelegten, fachübergreifenden Qualifikationen sowie hohen beruflichen und sozialen Kompetenzen. Schließt man (unvorhersehbare) Entwicklungsbrüche aus, so lassen – nach Auffassung der BA – die künftigen technologischen Veränderungen, das Zusammenwachsen Europas und die damit einhergehenden Strukturveränderungen einen weiteren Anstieg der Nachfrage nach Akademikern erwarten.

Wir stellen uns vor, ...

- daß sich auch in diesem Jahr wieder über 60 national und international tätige Unternehmen auf unserer Kontaktmesse präsentieren
- daß wir mit über 6000 Besuchern einsame Spitze im Rhein-Main-Gebiet sind
- daß während der Messe zahlreiche Praktika, Promotionsstellen und Arbeitsplätze vermittelt werden können
- daß Studierende und Unternehmensvertreter sich in intensiven Einzelgesprächen kennenlernen können
- daß Unternehmensrepräsentationen Orientierung für die Zukunftsplanung geben
- daß unsere interessanten Rahmenvortäge neue Perspektiven für die Studierenden eröffnen
- daß auch unsere zehnte Messe als ein großer Erfolg für Studierende und Unternehmen verbucht werden kann

...daß Ihr kommt

Studenten treffen Unternehmen

KONAKTIVA
TU DARMSTADT

06./07. Mai 1998
Audimax Stadtmitte

AG KONAKTIVA, TU Darmstadt, Karolinenplatz 5, 64289 Darmstadt
Tel./Fax: 06151/163258, e-mail.konaktiva@tu-darmstadt.de,
http://www.konaktiva.tu-darmstadt.de

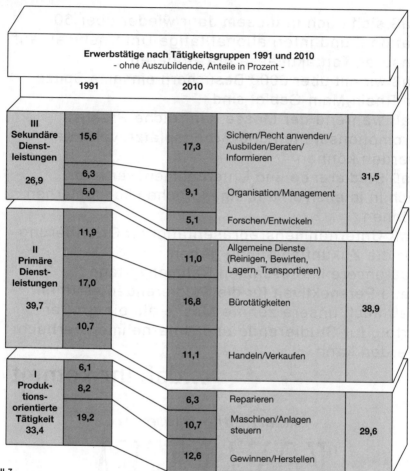

Erwerbstätige nach Tätigkeitsgruppen 1991 und 2010
- ohne Auszubildende, Anteile in Prozent -

1991	2010

III Sekundäre Dienstleistungen 26,9	15,6		17,3	Sichern/Recht anwenden/ Ausbilden/Beraten/ Informieren	31,5
	6,3				
	5,0		9,1	Organisation/Management	
			5,1	Forschen/Entwickeln	
II Primäre Dienstleistungen 39,7	11,9		11,0	Allgemeine Dienste (Reinigen, Bewirten, Lagern, Transportieren)	38,9
	17,0		16,8	Bürotätigkeiten	
	10,7				
			11,1	Handeln/Verkaufen	
I Produktionsorientierte Tätigkeit 33,4	6,1				29,6
	8,2		6,3	Reparieren	
	19,2		10,7	Maschinen/Anlagen steuern	
			12,6	Gewinnen/Herstellen	

Abb. III-7
(Quelle: Manfred Tessaring: Langfristige Tendenzen des Arbeitskräftebedarfs nach Tätigkeiten und Qualifikationen in den alten Bundesländern bis zum Jahr 2010. Erste Aktualisierung der IAB/Prognos-Projektionen 1989/91)

Konkret auf die Gruppe der Ingenieure bezogen kann man davon ausgehen, daß sich weltweit aufgrund der angesehenen deutschen Ingenieurausbildung Chancen für deutsche Ingenieure ergeben werden. Große Unternehmen suchen weltweit nach qualifizierten Mitarbeitern. Dieses „Global Sourcing" eröffnet für deutsche Ingenieure interessante Möglichkeiten, in global agierenden Unternehmen auch im Ausland zu arbeiten. Es bedeutet jedoch auch, daß die Konkurrenz durch ausländische Bewerber in Deutschland zunehmen wird. Mit dem weiteren Aufkommen und Vordringen neuer Technologien können entsprechend ausgebildete Diplom-Ingenieure auch zunehmend in anderen als den angestammten Industrie- und Dienstleistungsbereichen eingesetzt werden. Man kann also trotz gewisser Zurückhaltung von günstigen Zukunftsperspektiven sprechen.

Auch nach Analysen des VDI zeichnet sich ein Strukturwandel ab, denn quantitativ nimmt der Anteil der Ingenieure an der Zahl der Erwerbstätigen beständig zu. Das gilt auch für die neuen Bundesländer, die nach der momentanen Übergangs- und Anpassungszeit auf den skizzierten Entwicklungspfad der Wirtschaft und der Tätigkeitsstrukturen einschwenken. Die Voraussetzungen dafür sind gegeben. Das Qualifikationsniveau der ostdeutschen Bevölkerung ist relativ hoch; Experten erwarten mittel- und langfristig auch hier eine Veränderung der Tätigkeitsstruktur, die parallel zur westdeutschen verläuft.

2. Gegenwärtige Beschäftigungssituation von Ingenieuren

Ende September 1996 lag die Zahl der arbeitslosen Akademiker mit Universitätsabschluß im Bundesgebiet bei 148.160, die der arbeitslosen Fachhochschulabsolventen bei 59.171, insgesamt also bei 207.331. 15,7% der arbeitslosen Akademiker mit Universitätsabschluß bzw. 11,7% der arbeitslosen Fachhochschulabsolventen waren Berufsanfänger. Allerdings gab es beträchtliche Unterschiede in der Arbeitslosenquote der einzelnen akademischen Disziplinen.

Waren die 80er Jahre durch eine starke Nachfrage der Wirtschaft nach Absolventen der Ingenieurwissenschaften geprägt, trat spätestens 1989 eine nicht zu übersehende Verschlechterung des Arbeitsmarktes für technische Fach- und Führungskräfte ein. Bis Ende des Jahres 1994 ging die Nachfrage nach Ingenieuren in allen Branchen zurück. 1996 bewegte sich die Nachfrage nach technischen Fach- und Führungskräften in den alten Bundesländern in etwa auf dem Vorjahresniveau. In Ostdeutschland war allerdings in fast allen Branchen und Wirtschaftszweigen ein Rückgang der Stellenangebote für Ingenieure zu verzeichnen.

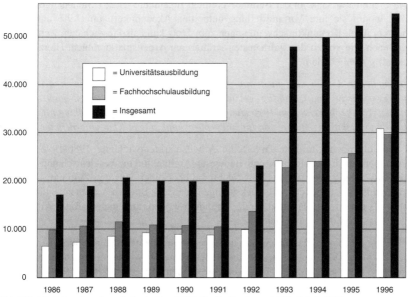

Abb. III-8: Arbeitslose Ingenieure in Deutschland 1996 (Quelle: Bundesanstalt für Arbeit, 1997).
Ab 1993 gesamtes Bundesgebiet.

Besonders deutlich ging die Nachfrage nach Ingenieuren im Jahr 1996 in der Bauwirtschaft zurück. Diese Entwicklung wirkte sich nicht nur auf die Berufschancen der Bauingenieure, sondern auch auf die Beschäftigungsmöglichkeiten für Architekten und Vermessungsingenieure aus. Dennoch zählten die Bauingenieure weiterhin zu den gefragtesten Ingenieuren am Arbeitsmarkt. Besonders positive Arbeitsmarktentwicklungen konnten die Elektroingenieure sowie die Wirtschaftsingenieure verzeichnen, für die Maschinenbauingenieure ergaben sich im Vergleich zum Vorjahr zumindest keine weiteren Verschlechterungen der Berufsperspektiven.

Neben dem Konjunktureinbruch in der Bauwirtschaft war das Bestreben der Unternehmen kennzeichnend, weitere Kostenreduzierungen in der Produktion durch den intensiven Einsatz von Software zu erzielen. Diese Strategie ließ die Nachfrage nach Ingenieuren mit Elektronik- bzw. Informatikkenntnissen steigen, während der Bedarf an Ingenieuren für Produktion und Fertigung eher rückläufig war.

Auffallend war nach den Erkenntnissen der ZAV auch, daß unter den Arbeitsangeboten für Ingenieure kundenorientierte Tätigkeiten stark zugenommen haben. Marketing, Vertrieb und Kundendienst spielten daher eine wichtige Rolle.

Nach einer Auswertung von Stellenangeboten im ersten Halbjahr 1997 durch das Handelsblatt hatten in diesem Zeitraum die Informatiker die besten Karten. An ihre Adresse richteten sich mit 13,5% die meisten Stellenangebote. Dies entsprach einer Steigerung um 41,1% im Vergleich zum Vorjahr. Hohe Zuwächse ließ die Halbjahresbilanz auch bei Elektrotechnikern (+42,5%) und Wirtschaftsingenieuren (+33,5%) erkennen. Dagegen setzte sich am Bau der Abwärtstrend unvermindert fort. Die Stellenangebote für Bauingenieure gingen um 7% zurück, ihr „Marktanteil" rutschte seit 1993 von 15,2% auf 5,7%. Noch härter traf es die Architekten, deren Anteil an den Stellenofferten von 7,5% auf 1,9% sank. In der Summe vereinten Ingenieure 21.281 Stellenangebote auf sich (+20,2%), womit sie ihre Vorrangstellung unter den Akademikern um 1,9% auf 50,8% ausbauen konnten. Allen Konjunkturschwankungen zum Trotz kann also festgehalten werden, daß die Ingenieure nach wie vor zu den gefragtesten Kräften am Arbeitsmarkt zählen. Hieran dürfte sich auch zukünftig wenig ändern.

> **!** *Stellensuchende sollten sich nicht nur in Richtung der Großunternehmen orientieren, denn gegenwärtig und zukünftig entstehen vor allem in den kleinen und mittleren Betrieben Arbeitsplätze. Schon 1996 kam der größte Teil der Stellenangebote für Maschinenbau- und Elektroingenieure von Ingenieurbüros und jungen Kleinunternehmen.*

Die in den nachfolgenden Grafiken dargestellte Arbeitsmarktentwicklung 1986-1996 für die Bereiche Maschinenbau, Elektrotechnik und Bauwesen/Architektur in Westdeutschland spiegelt die zyklische Entwicklung von Angebot und Nachfrage über einen längeren Zeitraum wider. In diesem Zusammenhang ist jedoch zu berücksichtigen, daß als Bewerber auch alle diejenigen gelten, die sich aus einer festen Position heraus verändern wollen, und auch, daß den Arbeitsämtern nicht alle freien Positionen gemeldet werden.

Die Arbeitsmarktgrafiken für Maschinenbau- und Elektroingenieure zeigen eindeutig, daß den Arbeitsämtern im Jahre 1986 die meisten freien Stellen gemeldet wurden und von da an immer weniger Positionen zu besetzen waren. Bauingenieure fanden dagegen im Jahre 1992 die besten Arbeitsmarktchancen vor.

Cerestar
A company of
ERIDANIA BÉGHIN-SAY

Wir sind die Nr. 1 im Stärkegeschäft und Marktführer in Europa!

Starten Sie mit uns in eine starke Zukunft ... mit Stärke!

Mit richtungweisenden Produktionsverfahren stellen wir in den Werken Krefeld, Barby und Zülpich aus den nachwachsenden Rohstoffen Mais und Weizen Stärke und Stärkederivate für die weiterverarbeitende Industrie her.

In Forschung und Entwicklung, konzeptioneller Planung, Produktion, Qualitätssicherung und Anwendungstechnik sichern

Ingenieure
verschiedenster Fachrichtungen

unseren hohen Standard und schaffen die Grundlage für die Realisierung unserer ehrgeizigen Ziele.

Der Fortschritt erfordert modernste Technologien und innovatives Engineering; wir bieten jungen Ingenieuren berufliche Perspektiven in einem wachsenden, zukunftssicheren Unternehmen.

Noch Fragen?
Ein Anruf bei Herrn Erban, Telefon 0 21 51/5 75-3 24, genügt.

Cerestar Deutschland GmbH
Düsseldorfer Straße 191
47809 Krefeld-Linn

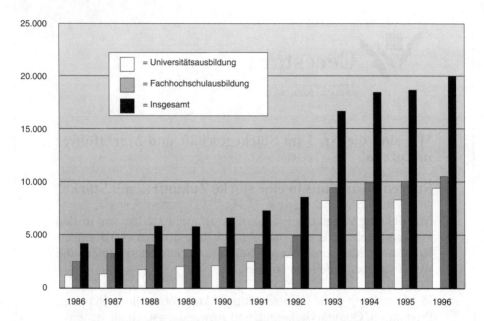

Abb. III-9: Arbeitslos gemeldete Maschinenbauingenieure mit abgeschlossener Universitäts- bzw. Fachhochschulausbildung (Erhebungszeitpunkt jeweils Ende September) (Quelle: Bundesanstalt für Arbeit, 1997). Ab 1993 gesamtes Bundesgebiet.

Der Arbeitsmarkt für Maschinenbauingenieure hat sich im Jahre 1996 leicht gebessert, blieb jedoch immer noch sehr angespannt. Hierauf weist die Zahl der den Arbeitsämtern gemeldeten offenen Stellen, die sich im Vergleich zum Vorjahr um 400 Positionen (31%) erhöhte. Der Anteil der als arbeitslos gemeldeten Ingenieure stieg jedoch im gleichen Zeitraum um ca. 9%. Die branchenbezogene Nachfrage wies nur wenig Änderungen gegenüber 1995 auf: Der Maschinenbau blieb weiterhin mit einem Drittel aller Angebote der wichtigste Anbieter von Arbeitsplätzen für Maschinenbauingenieure. Mit großem Abstand folgte der Fahrzeugbau, die Plätze drei und vier belegten die Ingenieur- und Konstruktionsbüros sowie die Elektroindustrie. Insgesamt entfiel auf diese Branchen ein weiteres Drittel der Stellenangebote. Das letzte Drittel verteilte sich auf sehr heterogene Wirtschaftszweige, ein Indiz für die vielseitige Einsetzbarkeit der Maschinenbauingenieure. Deutliche Zuwächse verzeichneten jedoch lediglich die Ingenieur- und Konstruktionsbüros sowie der Fahrzeugbau, einen leichten Anstieg der Nachfrage meldete darüber hinaus die Kunststoffindustrie, die Datenverarbeitungsbranche und die Eisen-Blech-Metallindustrie. Sehr zurückhaltend agierten demgegenüber der Maschinenbau, die Bauindustrie, die Hochschulen und Forschungseinrichtungen sowie die Behörden und Verbände.

Wichtige Tätigkeitsfelder waren vor allem die Konstruktion sowie kundenorientierte Einsatzfelder wie Marketing und Vertrieb. Rückläufig war dagegen das Stellenangebot in den Bereichen Produktion und Fertigung. In Forschung und Entwicklung bewegte sich die Nachfrage auf dem niedrigen Vorjahresniveau.

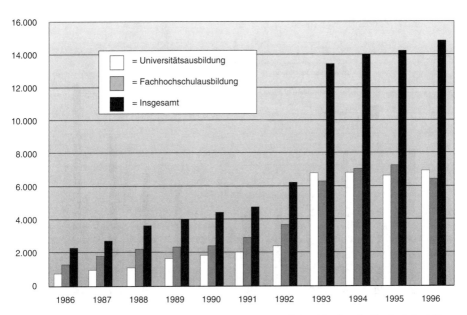

Abb. III-10: Arbeitslos gemeldete Elektroingenieure mit abgeschlossener Universitäts- bzw. Fachhochschulausbildung (Erhebungszeitpunkt jeweils Ende September) (Quelle: Bundesanstalt für Arbeit, 1997). Ab 1993 gesamtes Bundesgebiet.

Auch der Arbeitsmarkt für Elektroingenieure hat sich leicht verbessert. Die Zahl der den Arbeitsämtern gemeldeten offenen Stellen erhöhte sich im Vergleich zum Vorjahr um 450, was einer Steigerung um 60% entsprach. Der Anteil arbeitsloser Elektroingenieure stieg 1996 um nur einen Prozentpunkt. Dank ihres breiten Einsatzspektrums erhielten die Elektroingenieure Stellenofferten aus den unterschiedlichsten Branchen. Mehr als ein Drittel der Angebote stammte aus der Elektroindustrie, es folgten mit deutlichem Abstand der Maschinenbau, die Hochschulen und Forschungseinrichtungen, die Konstruktionsbüros, die Telekommunikation, die Datenverarbeitung sowie der Fahrzeugbau. Die höchsten Zuwächse verzeichneten die DV-Branche und die Telekommunikation: Hier ließ sich eine Verdreifachung des Angebotes gegenüber 1995 verzeichnen. Auch der Fahrzeugbau konnte zulegen, während die Stellen an Hochschulen und Forschungseinrichtungen deutlich rückläufig waren. Auch die Stellenmarktanalyse des VDI (8/97) bestätigt die positive Arbeitsmarktentwicklung für Elektroingenieure. 19% der Stellenangebote richteten sich an diese Zielgruppe gegenüber 12% für die Maschinenbauer und Verfahrenstechniker.

Relevante Tätigkeitsfelder waren auch für die Elektroingenieure die Bereiche Marketing und Vertrieb, auf die allein ein Viertel der Offerten entfielen. Steigende Tendenz wiesen vor allem auch die Angebote aus dem Bereich der Konstruktion und der Software-Entwicklung auf. Fast unverändert blieb demgegenüber der Personalbedarf für Produktion und Fertigung. Sinkende Nachfrage meldeten Forschung und Entwicklung.

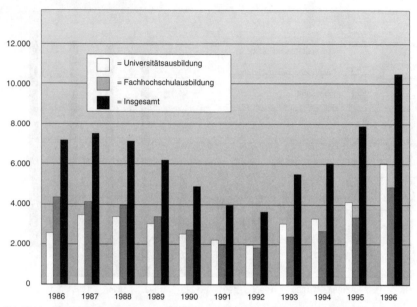

Abb. III-11: Arbeitslos gemeldete Architekten/Bauingenieure mit abgeschlossener Universitäts- bzw. Fachhochschulausbildung (Erhebungszeitpunkt jeweils Ende September) (Quelle: Bundesanstalt für Arbeit, 1997). Ab 1993
gesamtes Bundesgebiet.

Aufgrund der nachlassenden Baukonjunktur ergab sich auf dem Arbeitsmarkt für Architekten und
Bauingenieure eine deutliche Verschlechterung. Die den Arbeitsämtern als offen gemeldeten
Stellen gingen um 5% auf 900 Positionen zurück, die Arbeitslosigkeit stieg um 33%. Dennoch
waren die Berufschancen der Bauingenieure im Vergleich zu den übrigen Ingenieurgruppen
immer noch überdurchschnittlich günstig. Eine ähnliche Situation fanden Architekten vor.
Vermessungsingenieure stießen sogar auf eine leicht erhöhte Nachfrage.

Der quantitativ begrenzte Arbeitsmarkt für Bergbauingenieure blieb weiterhin sehr angespannt
und stand im Zeichen drohender Subventionskürzungen. Ähnliches gilt für die Berufsperspektiven der Hütten- und Gießereiingenieure. Diese fanden vor allem in den Bereichen Produktion
und Qualitätssicherung ihren Einsatz.

Die folgenden Tabellen bieten noch einmal einen Überblick über die Entwicklung des Arbeitsmarktes für Ingenieure in den Jahren 1986 bis 1996. Dabei werden zum einen die einzelnen Fachrichtungen des Ingenieurwesens differenziert betrachtet. Zum anderen werden die Arbeitslosenzahlen für die Berufsanfänger gesondert ausgewiesen.

Fachrichtung	Anzahl der Arbeitslosen	davon Berufsanfänger	Veränderungen der Anzahl der Arbeitslosen gegenüber Vorjahr in %	
			Arbeitslose	Berufsanfänger
Universitätsstudium insgesamt	17.620	3.811	+ 4,5	- 1,6
darunter:				
- Elektrotechnik	4.329	872	- 3,5	- 14,3
- Maschinenwesen	5.453	1.216	- 0,9	- 4,9
- Bergbau, Hütten- und Gießerei-technik	776	187	- 5,5	+0,5
- Übrige Fertigungsingenieure	728	147	- 1,4	-3,3
- Architektur, Bauwesen	4.300	981	+ 31,0	+ 25,9
- Vermessungswesen	189	29	+ 8,6	+ 23,7
- Sonstige	1.845	379	- 1,0	- 10,2
Fachhochschulausbildung insgesamt	22.375	3.137	+ 0,4	-3,3
darunter:				
- Elektrotechnik	5.904	856	- 8,1	- 17,0
- Maschinenwesen	8.372	1.065	- 1,7	- 2,8
- Bergbau, Hütten- und Gießerei-technik	555	98	- 1,1	- 3,9
- Übrige Fertigungsingenieure	1.236	151	- 5,6	- 17,0
- Architektur, Bauwesen	4.009	648	+29,1	+ 32,5
- Vermessungswesen	245	29	+18,4	0,0
- Sonstige	2.054	290	- 5,2	- 7,6
Total	39.995	6.948	+ 2,1	- 2,4

Abb. III-12.1. Arbeitslose Ingenieure mit abgeschlossenem Universitäts- oder Fachhochschulstudium in den alten Bundesländern (Stand 9/1996) (Quelle: Bundesanstalt für Arbeit, 1997).

Fachrichtung	Anzahl der Arbeitslosen	davon Berufsanfänger	Veränderungen der Anzahl der Arbeitslosen gegenüber Vorjahr in %	
			Arbeitslose	Berufsanfänger
Universitätsstudium insgesamt	12.750	621	+ 38,9	+ 5,8
darunter:				
- Elektrotechnik	3.063	149	+ 29,5	-15,8
- Maschinenwesen	3.846	205	+ 37,8	+ 5,7
- Bergbau, Hütten- und Gießereitechnik	505	21	+ 61,9	+ 23,5
- Übrige Fertigungsingenieure	854	34	+ 34,3	-12,8
- Architektur, Bauwesen	1.748	125	+ 81,3	+ 115,5
- Vermessungswesen	45	6	+ 50,0	+ 100,0
- Sonstige	2.689	81	+ 29,0	-18,2
Fachhochschulausbildung insgesamt	6.086	136	+ 38,5	- 48,1
darunter:				
- Elektrotechnik	1.216	30	+ 20,5	- 69,7
- Maschinenwesen	2.428	30	+ 49,3	- 60,0
- Bergbau, Hütten- und Gießereitechnik	237	7	+ 89,6	+ 75,0
- Übrige Fertigungsingenieure	325	3	+ 23,6	- 57,1
- Architektur, Bauwesen	846	33	+ 64,6	+ 32,0
- Vermessungswesen	25	1	+ 38,9	- 66,7
- Sonstige	1.009	32	+ 20,4	-34,7
Total	18.836	697	+ 38,8	- 17,9

Abb. III-12.2. Arbeitslose Ingenieure mit abgeschlossenem Universitäts- oder Fachhochschulstudium in den neuen Bundesländern (Stand 7/1996) (Quelle: Bundesanstalt für Arbeit, 1997).

95

Insgesamt ist der Arbeitsmarkt für Ingenieure derzeit von einer stagnierenden Nachfrage bei gleichzeitig steigendem Angebot an Ingenieuren (aufgrund des bereits vorhandenen Potentials, zu dem jährlich neue Absolventen hinzukommen) gekennzeichnet. Doch auch wenn sich die Unternehmen bei Neueinstellungen immer noch zurückhaltend zeigen, hat sich der Abwärtstrend der letzten Jahre sichtlich abgeschwächt. Je nach Bereich kann sogar eine leichte Zunahme der offenen Stellen registriert werden.

Erfreulich ist insbesondere die Entwicklung in der Gruppe der Berufsanfänger, in der die Arbeitslosenzahlen in den meisten Bereichen überdurchschnittlich zurückgegangen sind.

Diese Arbeitsmarktentwicklung bestätigt auch eine verlagseigene Firmenbefragung im Herbst 1997, an der sich insgesamt 82 Unternehmen beteiligten. Demnach verzeichnet über die Hälfte (51,8%) der befragten Unternehmen einen 1997 im Vergleich zum Vorjahr gestiegenen Bedarf an Ingenieurabsolventen, während nur 1,8% einen rückläufigen Bedarf melden. 46,4% der Unternehmen signalisieren einen etwa gleichbleibenden Bedarf. Für die nächsten fünf Jahre erwarten immerhin 40,3% der befragten Unternehmen einen steigenden Bedarf an Ingenieurabsolventen, während kein Unternehmen einen sinkenden Bedarf prognostiziert.

Hinsichtlich der Branchen weist die Auswertung der Firmen-Dokumentation der vorliegenden Publikation die Unternehmensberatungen, die chemisch/pharmazeutische Industrie und die Telekommunikation als die derzeit für Jungingenieure wichtigsten Wirtschaftssektoren aus. Die folgende Tabelle vermittelt hierzu einen detaillierten Überblick.

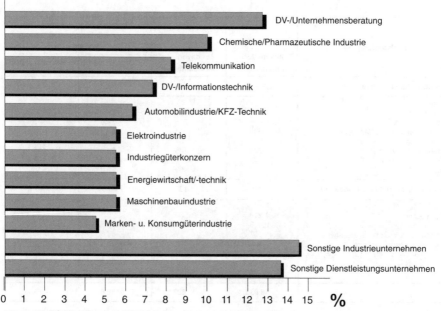

Abb. III-13: Wichtige Branchen für Absolventen der Ingenieurwissenschaften
Quelle: Firmen-Dokumentation START 1998 der vorliegenen Publikation

Finden Sie mit uns Ihr Ziel.

EDS ist einer der weltweit führenden Serviceanbieter für Informationstechnologie (IT). Als offizieller IT-Dienstleister stellen wir das bei der Fußballweltmeisterschaft 1998 unter Beweis.

EDS Electronic Data Systems
Human Resources
Eisenstraße 56
65428 Rüsselsheim
Telefon: (0 61 42) 80-02
Telefax: (0 61 42) 80-18 14
Internet: http://www.eds.de
E-Mail: personal @ eds.de

 Ein Weg zu produktiverem Arbeiten.

Der wichtigste Funktionsbereich für Jungingenieure ist gemäß der Firmendokumentation START 1998 das Tätigkeitsfeld Forschung und Entwicklung. Hier bieten 46,9% der befragten Unternehmen Startpositionen an. Die Bereiche Technischer Vertrieb/Marketing sowie Fertigung/Produktion folgen auf den Plätzen zwei und drei. Hier ein Überblick über die Ergebnisse der Firmenbefragung im einzelnen:

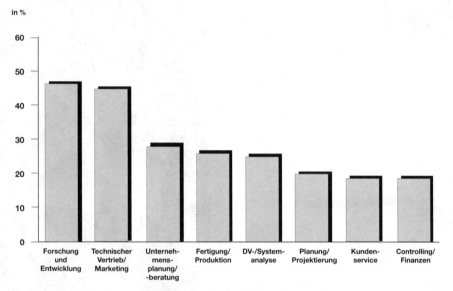

Abb. III-14: Wichtige Funktionsbereiche für Absolventen der Ingenieurwissenschaften
Quelle: Firmen-Dokumentation START 1998 der vorliegenden Publikation

Die derzeit am stärksten nachgefragte technische Studienrichtung ist das Wirtschaftsingenieurwesen: 73,6% der befragten Unternehmen bekundeten ein Interesse an dieser Absolventengruppe. Maschinenbauingenieure werden von 68,1%, Wirtschaftsinformatiker und Informatiker von 65,3% der beteiligten Firmen gesucht. Elektroingenieure haben bei 55,7% der befragten Unternehmen Startchancen.

Generell läßt sich derzeit ein Anstieg des Anforderungsniveaus beobachten:

Kurze Ausbildungszeiten, gute Examensnoten, praxisorientierte Studien, DV- und Fremdsprachenkenntnisse, überfachliches Wissen, Sozialkompetenz, Flexibilität und Auslandserfahrungen werden erwartet. Von Vorteil ist vielfach darüber hinaus die Verbindung von technischem und betriebswirtschaftlichem Know-how. Die gestiegenen Erwartungen gehen teilweise auch zu Lasten der Berufsanfänger, da neben den erwähnten Qualifikationen vielfach einschlägige Berufserfahrung, spezielle Fach- und Branchenkenntnisse sowie hohe Mobilitätsbereitschaft nachgefragt werden. Selbst für Berufsanfänger kann die Suche nach einer Erstposition daher immer noch recht lange dauern.

Zur individuellen Verbesserung seiner persönlichen Zukunftsaussichten sollte der einzelne Diplom-Ingenieur daher u.a. die folgenden Aspekte berücksichtigen:

Die TUI ist in Europa der Marktführer in der Touristik. Diese Position wollen wir durch aktive Unternehmenspolitik weiter ausbauen. Dabei setzen wir auf innovative Technologien und das Engagement der über 250 Mitarbeiterinnen und Mitarbeiter der TUI InfoTec, unserem TUI-internen Softwarehaus.

Einstiegsprogramm
Informationstechnologie

Als (Fach-)Hochschulabsolvent/in mit Schwerpunkt Informatik und erster Berufserfahrung im IT-Bereich bieten wir Ihnen die Möglichkeit, innerhalb von neun Monaten systematisch in unser Unternehmen hineinzuwachsen. Im Rahmen von Job-Rotation, Projektbegleitungen und Workshops vermitteln wir Ihnen einen umfassenden und praxisnahen Überblick über die touristischen Kernprozesse und konzernübergreifenden Zusammenhänge, die „TUI-Systemlandschaft" und das Aufgabenspektrum der TUI InfoTec. Darüber hinaus bieten wir Ihnen ein breit gefächertes Seminarangebot zur gezielten Erweiterung Ihrer fachlichen und persönlichen Kompetenz.

Unter Berücksichtigung Ihrer Neigungen und Fähigkeiten legen wir nach sechs Monaten gemeinsam fest, wo Sie Ihren individuellen Schwerpunkt setzen: im Bereich Anwendungsentwicklung oder in der Entwicklung der technischen Infrastruktur.

Im Anschluß daran arbeiten Sie in Ihrem Schwerpunktbereich in IT-Projekten mit wechselnden Themenstellungen und stehen am Anfang einer beruflichen Laufbahn, die Ihnen vielfältige, auch konzernweite Entwicklungsperspektiven offenläßt.

Wollen Sie schnell Verantwortung übernehmen und sich bei uns mit Kopf und Herz für „Schöne Ferien" engagieren? Dann freuen wir uns auf Ihre Bewerbung.

TUI InfoTec · Bereich Personal · Frau Fuhrmann · Karl-Wiechert-Allee 23 · 30625 Hannover
http://www.tui.com · Martina.Fuhrmann@tui.com

O Generell hat sich eine breit angelegte, geschlossene Ausbildungsstruktur wie z.B. in der Elektrotechnik mit relativ geringfügigen Spezialisierungen gegenüber weitgestreuten und vielfältigen Auffächerungen außerordentlich bewährt. Die Vorteile einer methodenorientierten Ausbildung werden auch aus den Zuwachsraten der Ingenieure der angrenzenden Berufsfelder Wirtschaftsingenieurwesen und Informatik deutlich.

O Flexibilität bezüglich der Arbeitsinhalte

O Erwerb außerfachlicher Kompetenzen, z.B. im Bereich Wirtschaftswissenschaften (Betriebswirtschaft), Jura (Vertragsrecht), Umwelt

O Solide Grundlagenausbildung in der Datenverarbeitung als Voraussetzung für die Einarbeitung in firmenspezifische DV

O Überfachliche Fähigkeiten (kreative Problemlösung, Sozialverhalten, Leistungsbereitschaft, Kommunikations- und Präsentationsfähigkeiten sowie Führungspotential)

O Auslandserfahrung und Fremdsprachenkenntnisse

O Äußere Mobilität

Zusammenfassend kann man feststellen, daß alle kurz vor der Diplomierung stehenden Ingenieure sowie insbesondere auch alle noch mit dem Hauptstudium befaßten Examenskandidaten sich eingehend über ihre berufliche Zukunft Gedanken machen sollten. Hierbei können die Empfehlungen und Hinweise dieser Publikation sicherlich ebenso hilfreich sein wie die Erkenntnis, daß in der Marktwirtschaft und der aus ihr mit hervorgegangenen Bildungsgesellschaft Hochschulabsolventen nun einmal keine besondere Arbeitsplatzgarantie eingeräumt werden kann.

> Jeder einzelne ist gefordert, seine eigenen Fähigkeiten, Kenntnisse, Erfahrungen und Interessen mit dem von den meist industriellen Anbietern gestellten Arbeitsplatzanforderungen zu vergleichen und sich so flexibel wie möglich auf die limitierte Zahl von Stellenangeboten einzustellen.

So sollte man z.B. auch die derzeit immer noch bestehenden Möglichkeiten im technischen Vertrieb, in der pädagogischen Weiterbildung zum Berufsschullehrer, in der Ausbildung zum „Betrieblichen Umweltschutzbeauftragten", zum Patentanwalt oder zum Dokumentar nicht von vornherein ausschließen.

Im Hinblick auf die Suche nach einer interessanten Anfangsposition wird allen Hochschulabsolventen empfohlen, frühzeitig in den Bewerbungsprozeß einzusteigen und dabei möglichst mobil und flexibel vorzugehen. Wer nach Studienabschluß keine geeignete Anfangsposition findet, sollte ggf. eine sinnvolle **Weiterqualifizierung** ins Auge fassen (nähere Informationen zur Aus- und Weiterbildung nach dem Erststudium enthält die Sektion IX der vorliegenden Publikation).

| ! | *Hochschulabsolventen sollten ihre erste Stelle primär als Einstiegsmöglichkeit betrachten, die nicht in allen Details optimal sein muß, jedoch den Erwerb der überaus wichtigen Praxiserfahrung ermöglicht. Erfahrungsgemäß verbessern sich aus einer Erwerbstätigkeit heraus die Chancen erheblich, eine Position im angestrebten, aber im ersten Schritt noch nicht erreichten Tätigkeitsfeld zu finden.* |

PARAMETRIC
TECHNOLOGY

Pro/ENGINEER®

Parametric Technology ist weltweit mit mehr als 3.500 Mitarbeitern und 14.200 Kunden in kurzer Zeit zu einer bestimmenden Größe am Markt geworden.
Pro/ENGINEER® zusammen mit Pro/MECHANICA® und Pro/DESIGNER™ sind im Umfeld der 3D-Konstruktion als führend anerkannt und unterstützen den gesamten Prozeß vom Entwurf bis zur Fertigung.

Wir erweitern **alle Geschäftsstellen in Zentraleuropa** und suchen deshalb folgende neue Mitarbeiter:

Berlin
Bielefeld
Bonn
Bremen
Frankfurt
Friedrichshafen
Hamburg
Hannover
Kassel
Köln
Leipzig
München
Nürnberg
Offenburg
Ratingen
Stuttgart
Klagenfurt
Linz
Salzburg
Wien
Zürich

Applikations-Ingenieure w/m

für die Bereiche:

- **Pre-Sales:** zur technischen Unterstützung des Verkaufsprozesses unserer verschiedenen Produkte (Kennziffer: VU)
- **Consulting:** für die individuelle Betreuung unserer Kunden vor Ort (Kennziffer: CONS)
- **Training:** zur erfolgreichen Kundenschulung aller Produkte der Pro/ENGINEER® Familie; Erfahrung als Trainer oder Pro/ENGINEER® Kenntnisse setzen wir voraus (Kennziffer: TRN).

Sie passen am besten zu uns, wenn Sie

- ein abgeschlossenes Maschinenbau-Studium oder eine vergleichbare Ausbildung
- Kommunikations- und Präsentationsfähigkeiten für die Vertriebs- wie auch Kundenunterstützung
- eine aktive, leistungsbereite und eigenverantwortlich handelnde Persönlichkeit
- Erfahrung mit CAD-, CAE-, CAM- oder EDM-Applikationen
- gute Englischkenntnisse

haben.

Wir bieten:

- ein attraktives Gehalt (mit Erfolgsbeteiligung) und Nutzung eines Geschäftswagens für die Mitarbeiter im Außendienst
- die baldige Übertragung von Verantwortung, verbunden mit allen Entwicklungsmöglichkeiten in einem erfolgsorientierten und schnell wachsenden Unternehmen
- intensive Schulung und Vorbereitung auf Ihre Aufgaben sowie kontinuierliche Weiterbildung
- Umgang mit Software, die begeistert und die auf ihrem Gebiet Maßstäbe setzt.

Unsere Mitarbeiter und Produkte sind die Basis unseres Erfolgs. Wenn Sie daran teilhaben wollen und interessiert sind, in einem technologisch führenden Unternehmen tätig zu sein, dann senden Sie bitte Ihre vollständigen Bewerbungsunterlagen an die angegebene Adresse. Wir werden schnellstmöglich Kontakt zu Ihnen aufnehmen und garantieren Ihnen absolute Diskretion.

PARAMETRIC TECHNOLOGY GMBH
Personalabteilung
Frau Stephanie Diessl
Postfach 1439
85704 Unterschleißheim

Bitte informieren Sie sich unverbindlich über Aufgabenbereich und unser Unternehmen während der üblichen Geschäftszeiten unter Tel. 089 / 32106-210, Frau Diessl.

Statt eine längere Wartezeit in Kauf zu nehmen, sollte auch über folgende aktuelle Alternativen nachgedacht werden:

O   Einstieg über Zeitarbeitsvertrag, der eine berufliche Orientierung und bessere Qualifizierung für einen Wechsel ermöglicht. Bei überzeugenden Fähigkeiten und Kenntnissen ist in Einzelfällen auch die Übernahme in ein festes Angestelltenverhältnis denkbar. Solche Zeitarbeitsverträge werden häufig auch in Zusammenhang mit einem Projekt angeboten. Die Bezahlung ist allerdings teilweise weit unter bisher üblichen Gehältern.

O   Einstieg über eine freiberufliche Tätigkeit, wie sie in jüngster Zeit von verschiedenen namhaften Großunternehmen angeboten wird. Hierbei ist jedoch das Thema „Scheinselbständigkeit" zu beachten, das durch die völlige Abhängigkeit von einem einzigen Auftraggeber entstehen kann.

O   Einstieg über Teilzeitarbeitsverhältnisse, wie sie einzelne große Konzerne bereits anbieten.

Die (kurzfristig kritische) Arbeitsmarktsituation für Jungingenieure, der damit einhergehende (langfristig bedenkliche) Rückgang der Studienanfängerzahlen sowie die Notwendigkeit, den Technologietransfer zwischen den Forschungseinrichtungen und den Unternehmen zu fördern, haben zwischenzeitlich auch Programme zur Förderung des wissenschaftlichen Nachwuchses entstehen lassen, von denen einige exemplarisch vorgestellt werden sollen:

In Niedersachsen wurde vom Ministerium für Wirtschaft ein Programm ins Leben gerufen, um die Chancen von Jungingenieuren beim Berufsstart zu erhöhen. Im Rahmen dieses Programms können kleine und mittlere Unternehmen, die Hochschulabsolventen einstellen, einen Lohnkostenzuschuß erhalten. Bedingung ist, daß die Arbeitszeit wöchentlich mindestens 30 Stunden umfaßt und die Absolventen für mindestens ein Jahr eingestellt werden. Für die Bewilligung der Zuwendung sind die jeweiligen Bezirksregierungen zuständig.

Die Initiative „Techno Pool e.V." des VDI richtet sich an arbeitslose Ingenieure, die sich den neuen Herausforderungen durch technischen und wirtschaftlichen Wandel stellen wollen. Ziele sind der Erfahrungsaustausch, das gemeinsame Erarbeiten von Lösungen sowie die Weiterentwicklung von Qualifikationen durch Seminare, Betriebsbesichtigungen, Messen und Ausstellungen und das Knüpfen von Industriekontakten. Grundsätzlich bietet der VDI auch Hilfe für arbeitslose Ingenieure an. Über die VDI-Ingenieurhilfe kann kostenlos ein Stellengesuch in den VDI-Nachrichten veröffentlicht werden. Angeboten wird darüber hinaus die Durchsicht und Kontrolle der Bewerbungsunterlagen. Ähnliche Angebote offeriert auch der VDE für Absolventen der Elektrotechnik.

In Bochum wird in Zusammenarbeit zwischen Hochschule, Arbeitsamt und Industrie angesichts des erschwerten Berufseinstiegs für Ingenieure ein Traineeprogramm durchgeführt. Das Programm mit Namen „Fit" (Forschung im Transfer) besteht aus einer dreimonatigen theoretischen überfachlichen Weiterbildung – insbesondere werden Schlüsselqualifikationen wie Kommunikationstechniken, Moderations- und Präsentationstechniken vermittelt –, an die sich ein dreimonatiges Praktikum und sechs Monate projektbezogene Arbeit anschließen. Nähere Auskünfte können beim Arbeitsamt Bochum, Herr Bollweg, Tel.: 02 34/3 05-16 55 oder bei Herrn Frank Sossna, Lehrstuhl für Produktionssysteme und Prozeßleittechnik, RUB, Tel.: 0234/700-6866, eingeholt werden. Ähnliche Programme sind in fast allen Hochschulstädten von der Arbeitsbehörde eingerichtet.

Management Consultant ·

Strukturen gestalten

Als Management Consultant erarbeiten Sie für die Leitung internationaler Unternehmen neue Konzepte. Sie orientieren sich schnell in neuen Zusammenhängen und denken voraus. Sie gestalten heute die Strukturen für die Entscheidungen von morgen. Meßbare Ergebnisse sind das Kennzeichen Ihrer Arbeit.

Sie stellen die richtigen Fragen und hören gut zu. Kreative und umsetzbare Strategien entwickeln Sie für die Praxis. Dies setzt persönliche Reife und eine ausgezeichnete akademische Ausbildung voraus.

Booz·Allen & Hamilton ist eine weltweit führende Unternehmensberatung. Wir arbeiten mit über 7200 Mitarbeitern in 75 Ländern.

Mit dem Erfolg für unsere Klienten setzen wir Zeichen.

Wenn Sie Interesse an einer Mitarbeit haben, schreiben Sie bitte an Angelika Sonnenschein.

Booz·Allen & Hamilton GmbH
Königsallee 106
40215 Düsseldorf

BOOZ·ALLEN & HAMILTON

3. Ingenieurinnen in Studium und Beruf

Der Anteil der Studienanfängerinnen an allen westdeutschen Hochschulen, gemessen an der Gesamtzahl der Studienanfänger, stieg in den 60er und 70er Jahren kontinuierlich, erreichte Anfang der 80er Jahre den Höchststand von etwa 42% und ist seitdem durch Schwankungen um die 38%-Marke gekennzeichnet. Bei den Ingenieurstudiengängen zeigte sich tendenziell ein ähnliches Bild, wobei die Prozentmarken hier bei 14% (Ingenieurstudentinnen insgesamt), z.B. im Fach Elektrotechnik jedoch nur bei 3% liegen. Eine Ausnahme stellt das Fach Architektur/Innenarchitektur dar. Insgesamt läßt eine Steigerungsrate bei Studentinnen der Ingenieurwissenschaften von weniger als einem Prozentpunkt seit dem Wintersemester 1984/85 auch in abschbarer Zukunft wenig Änderung erwarten.

Einer der Gründe für diese Situation ist sicherlich in der Tatsache zu suchen, daß in den Ingenieurdisziplinen, anders als etwa in den Naturwissenschaften, keine akademisch-wissenschaftliche Tradition bestand, an der Frauen – wenn auch außerhalb der Universitäten – hätten teilhaben können. Im 18. und 19. Jahrhundert war es zumindest einer kleinen Gruppe von Frauen aus dem Bürgertum möglich, sich in gelehrten Zirkeln mit den Errungenschaften der neuen Wissenschaften zu beschäftigen, ohne daß sie dieses Interesse freilich in eine geregelte wissenschaftliche Berufstätigkeit umsetzen konnten. Im Ingenieurwesen, dessen Akademisierung erst gegen Ende des 19. Jahrhunderts begann, hat es diese Möglichkeit nicht gegeben.

Ein weiterer Grund ist das immer noch in der Hauptsache **von Männern geprägte Berufsfeld des Ingenieurwesens** (Abb. III-8). Heute bestehen für Frauen zwar formal gleiche Bedingungen hinsichtlich der Zulassung zu Studium und Beruf, der Anteil von Frauen im Beruf wird jedoch auch bei (zur Zeit nicht erkennbaren) Steigerungsraten im Studium auf absehbare Zeit gering bleiben.

Fachrichtung	Erwerbstätige Ingenieure insgesamt	davon			
		weiblich		männlich	
		absolut	in %	absolut	in %
Maschinen-, Apparate- und Fahrzeugbau	110.000	3.600	3,3	106.400	96,7
Elektrotechnik	114.000	4.000	1,6	110.000	96,4
Bergbau und angrenzende Bereiche	10.000	200	2,0	9.800	98,0
Bauwesen (inkl. Architektur, Vermessungswesen)	265.000	37.000	14,0	228.000	86,0
Übrige Fertigungsingenieure	13.000	3.400	25,8	9.600	74,2
Sonstige (Chemie, Gartenbau u.a.)	58.000	12.000	20,7	46.000	79,3
Wirtschafts-, REFA-Ingenieure	32.000	3.200	10,0	28.800	90,0

Abb. III-15: Erwerbstätige Ingenieurinnen (Quelle: Statistisches Bundesamt, Mikrozensus 1995/Berechnungen des IAB)

Mit Blick auf die neuen Bundesländer läßt sich feststellen, daß dort in der Vergangenheit zwar der Frauenanteil in den Ingenieurstudiengängen bei fast 27% lag, nach der Wiedervereinigung aber kontinuierlich abnahm. Gründe hierfür können der Abbau von Kinderbetreuungseinrichtungen und die Übernahme der in den alten Bundesländern üblichen Einstellungspraxis von Firmen sein.

(siehe hierzu auch: „Berufliche Befindlichkeit von Ingenieurinnen in den neuen Bundesländern", K.-H. Minks/G.-W. Bathke in HIS Kurzinformation A1/93 aus März 1993)

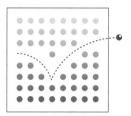

Junior-Berater und -Beraterinnen

Versicherungen, Kreditinstitute, Öffentlicher Sektor, sonstige Dienstleistungsunternehmen

Mummert + Partner gehört mit mehr als 600 Mitarbeitern zu den führenden Unternehmensberatungen in Europa. Geschäftsstellen in den wichtigsten Großstädten Deutschlands sowie in der Schweiz, Österreich und Italien bilden zukunftsweisende Standorte.

Seit über 35 Jahren sind Qualität und Professionalität unserer Mitarbeiter die Basis für den Erfolg unserer Kunden. Alle Geschäftsbereiche und Standorte sind durch die DQS qualitätszertifiziert.

Das Konzept, die Strategie-, Management-, Organisations- und Informatikberatung lösungsorientiert zu verbinden, ist die Basis für den erfolgreichen Ausbau unserer internationalen Marktposition.

Weitere Informationen über unser Unternehmen im Internet: http://www.mummert.de

Was Sie erwartet

Ein breites Spektrum herausfordernder Aufgaben. Ihr Berufsstart beginnt in einem Team von qualifizierten Beratern und Systementwicklern mit einem „Training on-the-job". Eine gezielte interne Ausbildung vermittelt weiteres Handwerkszeug. Bei herausfordernden Projekten übernehmen Sie nach und nach Verantwortung bis zur Projektleitung. Über die erfolgreiche Projektleitung hinaus können Sie bei Mummert + Partner in Führungsaufgaben hineinwachsen.

Was wir erwarten

Sie besitzen neben einem Studienabschluß z. B. als Wirtschaftswissenschaftler oder Informatiker qualifizierte Erfahrungen aus Praktika, Nebentätigkeiten oder außeruniversitärem Engagement. Hohe Einsatzbereitschaft, Mobilität und Flexibilität im Umgang mit neuen und wechselnden Aufgabenstellungen setzen wir voraus.

Was wir Ihnen bieten

Anspruchsvolle und interessante Projektaufgaben. Unsere Unternehmenskultur läßt viel Raum für Ihre Individualität. Offene Kommunikation auf allen Ebenen und ein professionelles Trainingsprogramm helfen Ihnen, Ihre persönlichen Ziele zu erreichen.

Wir freuen uns auf Sie!

Mummert + Partner Unternehmensberatung AG
Hans-Henny-Jahnn-Weg 9, 22085 Hamburg,
Stephanie Meetz, Tel. 0 40/2 27 03-125

Mummert + Partner

Berlin · Frankfurt · Hamburg · Köln · Leipzig · München · Münster · Stuttgart
Mailand · Wien · Zürich

Eine gesellschaftlich integrierbare Technik erfordert die Einbeziehung von Frauen in den zukünftigen Prägungsprozeß der technischen Zivilisation nicht nur als kritisierende Bürgerinnen, sondern insbesondere als technikentwickelnde Fachfrauen. Während in den Randbereichen des Ingenieurwesens, z.B. der Architektur, der Anteil der Frauen relativ hoch ist, müssen Frauen, die in den Kernbereichen des Ingenieurwesens tätig werden wollen, auf absehbare Zeit noch mit einem erheblichen Minderheitenproblem rechnen. Sie arbeiten vereinzelt in einer Männerwelt, die auch durch „männliche" Verhaltensregeln geprägt ist. Frauen müssen sich in diesen Verhaltensweisen erst zurechtfinden und **eigene Verhaltens- und Handlungsmöglichkeiten entwickeln** und einüben.

Der Nachteil, daß es kaum Vorbilder gibt, eröffnet Frauen andererseits die Möglichkeit, selbst zu gestalten, selbst Vorbilder zu entwerfen. Dies sollten sich gerade Berufsanfängerinnen bewußt machen. Es ist deswegen geboten, daß sich Ingenieurinnen in Zusammenarbeit mit Ingenieurverbänden mit einem entsprechenden – noch zu entwickelnden – Berufsbild der Ingenieurin auseinandersetzen. Erste Ansätze bieten die beruflichen Anforderungen im sozialen und kommunikativen Verhalten von Ingenieuren insgesamt. Hieraus könnte sich ein besonderes Qualifikationsprofil ergeben, das dazu beiträgt, die am Arbeitsmarkt immer noch übliche Benachteiligung von Frauen gegenüber Männern auszugleichen.

Für interessierte Studentinnen und Ingenieurinnen sei auf folgende Ausschüsse hingewiesen: Ausschuß Frauen im Ingenieurberuf im VDI (FIB), Graf-Recke-Straße 84, 40239 Düsseldorf, Telefon: 0211/6214437 und Ausschuß Elektroingenieurinnen im VDE, Stresemannallee 15, 60596 Frankfurt am Main, Telefon: 069/6308-235.

Sektion IV: Tätigkeitsfelder

Die im folgenden in schematischer Form vorgestellten Tätigkeitsfelder für Ingenieure sollen Studenten und Hochschulabsolventen als **Orientierungshilfe** bei der Wahl und Beurteilung des angestrebten Tätigkeitsbereichs und den dafür geforderten Studieninhalten dienen. Die Darstellungen erheben keinen Anspruch auf Vollständigkeit, sondern beschreiben typische Einsatzbereiche für Diplom-Ingenieure in der Industrie. Die aufgeführten Tätigkeitsfelder gliedern sich in:

▶ *Aufgaben*

Beschreibung der allgemeinen Zielsetzung und Aufgabenstellung sowie Angabe der wesentlichen Aufgabeninhalte.

● *Anforderungen*

Darstellung eines idealtypischen Anforderungsprofils, dessen Kriterien der kritischen Selbstprüfung dienen sollen. Außerdem werden die zur Erfüllung der Anforderungen geeigneten Studienfächer bzw. -inhalte genannt, die bei einer Personaleinstellung positiv bewertet werden und daher bei der Bewerbung entsprechend hervorgehoben werden sollten.

▪ *Berufschancen*

Beschreibung typischer oder empfehlenswerter Anfangspositionen, Entwicklungsmöglichkeiten sowie alternativer Karriereverläufe; Bewertung der allgemeinen Berufs- und Aufstiegschancen.

Vorgestellte Tätigkeitsfelder:

○ Forschung
○ Entwicklung
○ Konstruktion/Industrial Design
○ Projektierung
○ Software-Entwicklung
○ Fertigungsplanung/Arbeits-
   vorbereitung
○ Materialwirtschaft/Einkauf
○ Logistik

○ Qualitätssicherung
○ Montage und Inbetriebnahme
○ Verkauf/Vertrieb/Marketing
○ Instandhaltung/Wartung
○ Arbeitssicherheit
○ Arbeitsgestaltung/Betriebsorganisation
○ Unternehmensplanung/-entwicklung/
   Controlling
○ Fertigung/Produktion/Betrieb

(Für Anregungen zu weiteren technischen Funktionsbereichen ist die Redaktion dankbar. Dabei sollten insbesondere neue und veränderte Anforderungsprofile an den Ingenieur Berücksichtigung finden.)

1. Forschung

▶ ### Aufgaben

Erarbeiten neuer technischer Verfahren und Produkte sowohl in der Grundlagenforschung der Industrie, der Technischen Hochschulen/Universitäten und spezieller Forschungsinstitute als auch in konkreter Orientierung auf eine Anwendung (angewandte Forschung) in der Industrie. Festlegen und Beschreiben einer für das Unternehmen bzw. für die technische Entwicklung und ggf. die Markterfordernisse interessanten **Forschungsaufgabe**; theoretisches Aufbereiten und Lösen der Problemstellung; Überprüfen der gefundenen theoretischen Lösungen durch experimentelle Untersuchungen und Simulationen, insbesondere mit rechnergestützten Anlagen; Abschätzen der Realisierungsmöglichkeiten sowie der Technikfolgen und Umweltverträglichkeit für die praktische Anwendung und ggf. erste Versuche und Tests in Kooperation mit Entwicklungs-, Fertigungs- und Vertriebsstellen. Abfassen von Forschungsberichten, Durchführen von Seminaren bzw. Übungen etc., Zusammenarbeit mit anderen Forschungsstätten und Hochschulen.

Anforderungen

Fundierte Ausbildung in naturwissenschaftlichen Fächern der entsprechenden ingenieurwissenschaftlichen Fachrichtungen ist erforderlich, um eine breite Wissensbasis über physikalisch-chemisch-mathematische Zusammenhänge sicherzustellen. Das Ingenieurdiplom sollte an einer Technischen Hochschule/Universität erworben sein; eine Promotion kann die Startchancen verbessern. Ebenso wichtig ist die Fähigkeit, Erkenntnisse und Erfindungen zu liefern, die der „Entwicklung" als Grundlage für die Realisierung marktgerechter Produkte und umweltschonender Verfahren dienen. Abstraktionsvermögen sowie die Fähigkeit zum ausdauernden, selbständigen Arbeiten sind erforderlich. Gute Kenntnisse der Fachliteratur und englische Sprachkenntnisse sind unerläßlich, ebenso wie ethisches Problembewußtsein und die Fähigkeit, Technikfolgen einschätzen und bewerten zu können. Darüber hinaus wird auch in der Forschung die Berücksichtigung wirtschaftlicher Belange sehr wichtig.

Berufschancen

Für eine Tätigkeit in der Großindustrie empfiehlt sich im allgemeinen der direkte Einstieg in eines der dortigen **Forschungslaboratorien**. Die Akademikerquote ist sehr hoch. In großen Konzernen sind sogar ganze Abteilungen weitgehend mit promovierten Diplom-Ingenieuren für Forschungsaufgaben besetzt. Für eine spätere Tätigkeit in der mittelständischen Industrie kann der Weg über eine Forschungstätigkeit an einer Technischen Hochschule/Universität oder einer der Großforschungseinrichtungen, z.B. der Fraunhofer-Gesellschaft, gewählt werden. Lange Zeit war eine Beschäftigung im Bereich der Forschung und Entwicklung („F+E") ein klassischer Einstiegsweg für Absolventen von Technischen Hochschulen/Universitäten. Allerdings haben viele Unternehmen aus Kostengründen in den letzten Jahren ihre Ausgaben für Forschung und Entwicklung verringert oder entsprechende Tätigkeiten ins Ausland verlagert, was zu einer Reduzierung der Stellenangebote für Ingenieure in diesem Bereich auf dem deutschen Markt geführt hat.

2. Entwicklung

Aufgaben

Wirtschaftliches **Umsetzen** bekannter Forschungsergebnisse zur Konzipierung neuer oder zur Verbesserung bestehender technischer Produkte, Anlagen, Systeme und Verfahren bis hin zu Prototypen. Analyse von Forschungsergebnissen; Modifizieren (Erweitern und/oder Vereinfachen) bestehender Konzepte, so daß sie in der Praxis marktbezogen verwertbar werden; Realisieren eines funktionsfähigen, wirtschaftlich herzustellenden und marktgerechten, ggf. recyclebaren Produkts; Erstellen von Dokumentationen für Konstruktion und Fertigung wie auch für Marketing und Vertrieb; Testen neuer Entwicklungen in Labor- und Praxisversuchen. Im Zuge des „Simultaneous Engineering" Abstimmen von Produktentwicklungen oder Systemkomponenten mit Kunden und/oder Zulieferern. Besonders in der Konstruktion vielfältige DV-Unterstützung auch bei räumlicher Distanz durch Datenfernübertragung und Virtual-Reality-Tools. Dabei arbeiten weltweit Entwicklungsteams am gleichen Projekt Hand in Hand und rund um die Uhr, indem sie ihre Arbeit nach Ende der örtlichen Arbeitszeit an das Team in der Region übergeben, deren Arbeitstag erst beginnt.

Anforderungen

Gute theoretische Grundlagenausbildung; eine praxisorientierte Promotion kann den Berufseinstieg erleichtern. Wichtig ist die Fähigkeit, ideenreich theoretische Ergebnisse oder experimentelle Überlegungen in einen technisch, ökologisch und kostenmäßig realisierbaren Zusammenhang zu bringen. Die Anwendung des Rechners wird erwartet. Fähigkeit zur Teamarbeit, insbesondere bei technischen Großprojekten; Englischkenntnisse sind fast immer notwendig. Vorhandene Erfahrungen aus Konstruktion und Fertigung sind vorteilhaft, ebenso sind in bestimmten Ingenieurbereichen Kenntnisse aus dem Bereich Styling (Stilistik) oder Architektur von Nutzen.

Berufschancen

Bei größeren Unternehmen ist der direkte Berufsstart in einer **Entwicklungs- oder Vorentwicklungsabteilung** zweckmäßig und der Regelfall. Häufig sind Forschungs- und Entwicklungsabteilungen („F+E") in Industriebetrieben integriert. Der rasche technologische Wandel eröffnet gerade Entwicklungsingenieuren große Chancen, vor allem wenn Qualifikationen aus verschiedenen Spezialgebieten vorhanden sind (z.B. Konstruktionstechnik und Elektronik). Andererseits ist zu bedenken, daß F+E der meistfavorisierte Funktionsbereich für junge Diplom-Ingenieure ist und daher – trotz guter Berufschancen – ein starker Wettbewerb herrscht. Zudem verlagern immer mehr Unternehmen Teile ihrer Entwicklung und sogar Forschung ins Ausland, wodurch die Zahl der Stellenangebote im Inland weiter abnehmen dürfte.

3. Konstruktion/Industrial Design

▶ *Aufgaben*

Konstruktives Gestalten und Berechnen sowie technologischer Aufbau eines **Produkts oder Systems** zur Sicherstellung der geforderten Funktions- und Verhaltenseigenschaften. Mit Blick auf wirtschaftliche Herstellung unter Ausnutzung vorhandener und neuer Produktionseinrichtungen sowie unter Berücksichtigung von Marktforderungen und Produktionszahlen sind gegebene Zielvorstellungen in ein realisierbares, einfaches, produktionsgerechtes und kostengünstiges Konstruktions- und Designkonzept umzusetzen. Ergonomische Gestaltungskriterien gewinnen dabei vor allem in Konsumgüterbereichen, aber auch in der Investitionsgüterindustrie (z.B. zur Gestaltung von Anlagenfahrer-/Warterständen) immer größere Bedeutung. In diesem Zusammenhang Entwerfen von Konstruktionsplänen unter gegebenen Rahmenbedingungen, meist unter Einsatz von Rechnern (CAD); gestalterisches Durchdringen (Stilistik, Funktion, Reparaturfreundlichkeit, Umweltverträglichkeit usw.) und Umsetzen in Konstruktionsdetails unter Beachtung von Herstellbarkeit und Kosten- bzw. Preisvorgaben. Erarbeiten konstruktiver Vorgaben und Lösungen für andere Fachabteilungen, Unternehmen etc.

● *Anforderungen*

Ausbildung an einer Hochschule mit Studienrichtung Konstruktion o.ä. in der betreffenden Fachrichtung. Umfangreiche Sachkenntnis physikalischer Funktionen wie Mechanik, Kinematik, Statik, Dynamik, Fluidik und dergleichen sowie der Werkstoffkunde. Kreativität, Erfahrung aus Berufsausbildung oder Praktikum und praktischer Arbeit während des Studiums sowie sorgfältige und saubere Arbeitsmethodik erforderlich; hohes abstraktes Denk- und ausgeprägtes räumliches Vorstellungsvermögen, Kommunikationsfähigkeit und Kenntnisse moderner CA- und CI-Verfahren (Computer Aided/Computer Integrated) sind unerläßlich.

Berufschancen

Da vielfach die gestalterische Ausbildung in konstruktiven Fachgebieten von den Hochschulen oder den Studenten vernachlässigt wird, besteht ein ausgesprochener Mangel an guten Konstrukteuren. Im Bereich des Bauwesens nehmen z.B. konstruktive Aufgaben einen wesentlich größeren Teil ein als im Bereich der Elektrotechnik. Mit fundierten CAD-Kenntnissen sind interessante Tätigkeiten im **Konstruktionsbüro** der Produktentwicklung von Großunternehmen bzw. im Rahmen der Arbeitsvorbereitung und Betriebsmittel-Konstruktion möglich. Bei Eignung und Qualifikation sind Aufstiegsmöglichkeiten auch in andere Bereiche hinein gegeben. Dies insbesondere deshalb, weil der Konstrukteur mit seinen vielseitigen Aufgaben und Verantwortlichkeiten mit einer Reihe anderer Funktionsbereiche ständigen Kontakt pflegt und von daher neben einem guten Gesamtüberblick über verschiedene technische Funktionen auch Managementfähigkeiten entwickelt.

4. Projektierung

▷ *Aufgaben*

Verantwortliches Überwachen und Koordinieren von Gesamtprojekten, von der Betriebsstudie oder Kundenspezifikation (Ausschreibung) über die kostenfixierte Planung bis zur Inbetriebnahme. Umsetzen von technischen Entwicklungen im Kundeninteresse. **Projektieren von technischen Anlagen** aus vorhandenen bzw. neu zu entwickelnden Komponenten, Geräten, Systemen etc. entsprechend den technischen und kommerziellen Anforderungen des Abnehmers/Betreibers der Anlage. Abfassen/Analysieren von Pflichtenheften (detaillierte Beschreibung der Anlage und deren Funktionen), Erstellen der Ausführungsunterlagen unter Berücksichtigung der technischen, kommerziellen und umweltverträglichen, Rationalisierungs- und sonstigen Aspekte; dabei Einsatz modernster Planungsverfahren (Netzplantechniken, CAD etc.). Überwachen des Ablaufs größerer Vorhaben (Projektleitung). Schnittstellenfunktion zwischen Kunden und Unternehmen sowie zwischen verschiedenen Unternehmensteilen und Fremdlieferanten.

In Zusammenhang mit derzeit in der Industrie häufig anzutreffenden organisatorischen Umstrukturierungen im Sinne von Lean Management, Simultaneous Engineering, Reengineering etc. kommt dem Angebot schlüsselfertiger Projekte, die durch Projektteams realisiert werden, enorm steigende Bedeutung zu.

Anforderungen

Methodenorientierte Studienrichtung der einzelnen Fachrichtungen wird bevorzugt (z.B. Fertigungstechnik, Verfahrenstechnik für Maschinenbauingenieure, Verkehrswesen für Bauingenieure, Automatisierungstechnik für Elektroingenieure etc.). Breite Ausrichtung des Studiums mit vielen Schnittstellen: z.B. arbeitswissenschaftliche Kenntnisse (Fach-, Methoden- und Problemlösungskompetenz); betriebswirtschaftliche Kenntnisse; organisatorische Fähigkeiten; ausgeprägte Fähigkeit zur Teamarbeit; Konfliktlösungskompetenz, Präsentationstechniken, Moderation; Verhandlungsgeschick, Bereitschaft zu internationaler Reisetätigkeit, Fremdsprachenkenntnisse; Verständnis für komplizierte technische Anlagen mit unterschiedlichen Komponenten (z.B. verfahrenstechnische Großanlagen in der Chemie mit umfangreicher Umwelttechnik, Rechnertechnik etc.); Bereitschaft zur Einarbeitung in wechselnde Problemfelder.

Berufschancen

Diplom-Ingenieure, deren wesentliche Aufgabe als Projektingenieure in der technischen Koordination zwischen Kunden und Unternehmen, Vertrieb, Entwicklung, Konstruktion und Fertigung sowie in der Bearbeitung aller technischen Fragen des Projekts liegt, werden entweder zunächst als **Sachbearbeiter in der Projektierungsabteilung** oder aber in einer anderen technischen Abteilung (z.B. Entwicklung oder Konstruktion) beginnen. Nach mehrjähriger Erfahrung führen Projektierungsaufgaben zu einem hervorragenden Überblickswissen in bezug auf verschiedene technische Anwendungsprobleme, verbunden mit der Entwicklung entsprechender Kommunikations- und Managementfähigkeiten, und schaffen so die Voraussetzungen für einen Aufstieg in die Führungsebene des Unternehmens. Ebenso ist eine Tätigkeit als angestellter oder selbständiger Projektierungsingenieur im Rahmen eines **Ingenieurbüros** denkbar. Häufig erfolgt ein Wechsel von der Projektierung in den Vertrieb.

5. Software-Entwicklung

▶ Aufgaben

Entwickeln von Standardprogrammen und Erstellen von **anwenderspezifischen Programmen** für kommerzielle und technische Anwendungen (kommerzielle DV-Anlagen und Prozeßrechner-Anlagen). Systemanalyse des vorgegebenen technischen Objekts; Erarbeiten eines Konzepts für die Programmierung; Entwerfen und Realisieren von Rechnerprogrammen; Auswählen geeigneter Rechnersysteme; Test und Inbetriebnahme in Verbindung mit einer Anwenderschulung für technische Anlagen.

Anforderungen

Ausgeprägte Fähigkeit zum systematischen Denken; Kooperationsfähigkeit; Abstraktionsvermögen; Kundenorientierung; Fähigkeit, sich in Abläufe und Organisationen schnell einzuarbeiten; fundierte Kenntnisse in der Datenverarbeitungstechnik. Abschlußarbeiten während des Studiums unter Anwendung von Datenverarbeitung sowie Kenntnisse mehrerer unterschiedlicher Rechnertypen und Programmiersprachen sind von Vorteil. Bei Einsatz im technischen Anlagengeschäft (Prozeßrechner) ist eine technische Grundausbildung bzw. gutes technisches Grundwissen erforderlich.

Berufschancen

Vielfältige Karrieremöglichkeiten in Klein-, Mittel- und Großunternehmen. Unternehmen der Industriegüterbranche rekrutieren ihre „Softwerker" fast ausschließlich aus dem Ingenieurbereich. Ein mehrfacher Stellenwechsel (im Abstand von ca. drei bis sechs Jahren) ist in diesem Bereich durchaus üblich. Eine Tätigkeit als selbständiger Ingenieur ist möglich und attraktiv.

Einstieg in ein **Software-Haus** bzw. in eine entsprechende Abteilung eines Unternehmens als Softwareingenieur, Systemanalytiker, Systembetreuer.

Darüber hinaus existieren u.a. folgende Tätigkeitsbezeichnungen:

O   Entwicklungsingenieur CAD-Systeme

O   Software-Entwickler

O   Systemingenieur

O   CIM-Ingenieur

O   Ingenieur für Software-Ergonomie

O   Ingenieur für Prozeßsteuerung

O   Datenbankingenieur

O   Ingenieur-Expertensysteme

6. Fertigungsplanung/Arbeitsvorbereitung

Aufgaben

Planen und Optimieren einer **Produktfertigung** oder Produktion anhand von Entwicklungs- und Konstruktionsvorgaben. Überprüfen der Entwicklungs- und Konstruktionsergebnisse auf Verträglichkeit mit den Fertigungsanlagen und -methoden, auch im Hinblick auf Umweltverträglichkeit während der Fertigung und die Wiederverwendbarkeit vorhandener oder neuer Anlagen. Erstellen von Arbeitsplänen je Werkstück bzw. Montageeinheit. Festlegen der einzelnen Arbeits- bzw. Montageschritte und deren Reihenfolge im Fertigungsablauf. Erarbeiten von Zeitvorgaben (Zeitstudien) für die Bearbeitung unter technischen und wirtschaftlichen Aspekten; Wirtschaftlichkeitsvergleiche verschiedener Fertigungsvarianten. Mit dem Abrücken von CIM-Konfigurationen (Stichwort „menschenleere Fabrik") gewinnt der Faktor „menschliche Arbeit" für eine flexible Arbeitsvorbereitung bzw. Fertigungsplanung/-steuerung wieder an Bedeutung. Das gilt insbesondere für die Teams bei der Einrichtung von „Fertigungsinseln".

Anforderungen

Fertigungsmethodenorientierte Studienrichtung; arbeitswissenschaftliche Kenntnisse; Logistikkenntnisse; kaufmännisches Verständnis, Fähigkeit zur Führung von und zum Umgang mit Mitarbeitern im Lohnempfängerbereich in der Fertigung und fertigungsnahen Unternehmensbereichen notwendig; besonderer Sinn für komplizierte Funktionsabläufe; Kenntnisse im Bereich des Operations Research und der Informatik von Vorteil.

Berufschancen

Nach einer Ausbildung als Facharbeiter und einem abgeschlossenen Studium an einer Fachhochschule gute Entwicklungsmöglichkeiten. Bei einem Studium an einer Technischen Hochschule/Universität ist eine stark praxisorientierte Komponente in der Ausbildung zwingende Voraussetzung für einen sinnvollen Einsatz in diesem Bereich. Durch Ergänzung/Vertiefung der Kenntnisse im DV-Bereich ergeben sich z.B. gute Weiterentwicklungsmöglichkeiten in den Bereichen **Produktionssteuerung, Produktionsplanung, Qualitätssicherungssysteme** etc. Durch die enge Verzahnung der Fertigung mit Einkauf und Entwicklung ist eine berufliche Weiterentwicklung auch in diesen Bereichen gut möglich. Besonders in klein- und mittelständischen Unternehmen (KMU's) überlagern sich die Funktionsbereiche häufig. Eine Übernahme verwandter Funktionen mit gleichzeitigem Aufstieg ist möglich.

7. Materialwirtschaft/Einkauf

Aufgaben

Abwickeln und Überwachen des **Einkaufs technischer Produkte und Rohstoffe**; umfassende Abwicklung des gesamten Flusses von Zuliefermaterial und -produkten, Dienstleistungen und Verfahren unter Beachtung von Kosten, Termin- und Qualitätsgesichtspunkten. Kostenanalyse für „make or buy"-Entscheidungen. Erstellen von Ausschreibungsunterlagen, Einholen von Angeboten, Vertragsverhandlungen. Analyse existierender Beschaffungswege sowie Aufbauen eines strategischen Beschaffungsmarketings. Verhandlungen mit Lieferanten im In- und Ausland. Beraten der Entwicklungs- und Konstruktionsabteilungen. Erstellen der technischen Spezifikation (Lastenhefte). Kooperation mit den innerbetrieblichen Abteilungen Entwicklung/Konstruktion/Logistik, Arbeitsvorbereitung, Fertigung und Qualitätssicherung.

Anforderungen

Fundierte technische Kenntnisse über die Produktpalette des Unternehmens einschließlich der Innovationsvorhaben. Fähigkeit zu innovativen Problemlösungen in Zusammenarbeit mit der Zulieferindustrie. Vertrags- und Verhandlungsgeschick; gutes betriebswirtschaftliches Wissen; Kenntnis internationaler und nationaler Aspekte und Märkte; gute Englischkenntnisse; Bereitschaft zu internationaler Reisetätigkeit.

Berufseinstieg über ein Trainee-Programm oder als Projektierungs- bzw. Vertriebsingenieur, um gewissermaßen den Verhandlungstisch des Einkaufsingenieurs „auf der anderen Seite" kennenzulernen. Ein unmittelbarer Einstieg als Einkaufsingenieur ist nur dann empfehlenswert, wenn gute wirtschaftswissenschaftliche Kenntnisse und internationale Studien- oder Praktika-Erfahrungen vorliegen. Daher werden in Einkauf und Materialwirtschaft/Logistik zunehmend Wirtschaftsingenieure eingesetzt.

Berufschancen

Bei Bewährung in Einkaufs- und Beschaffungsabteilungen können Diplom-Ingenieure größere Projektierungsaufgaben für technische Großprojekte im In- und Ausland übernehmen. Gute Entwicklungsmöglichkeiten als Manager bei Joint-ventures mit ausländischen Kooperationspartnern bei **Großprojekten.** Weiterentwicklung auch in der integrierten Materialwirtschaft einschließlich der Logistik sowie in Controlling und Unternehmensplanung möglich.

8. Logistik

Aufgaben

Optimieren des inner- und außerbetrieblichen Material- und Informationsflusses vom Lieferanten durch das Unternehmen bis zum Kunden. Sicherstellen der pünktlichen Fertigung und Lieferung unter Kosten-, Termin- und Qualitätsgesichtspunkten. Analyse existierender **Materialflüsse**, Realisieren von Materialflußkonzepten (z.b. nach dem „Just-in-time"- oder „KANBAN"-Verfahren) unter Berücksichtigung ökologischer oder regionalpolitischer Gesichtspunkte. Unterschiedliche Tätigkeiten sind in Industrie, Handel und Spedition anzutreffen. Integration und partnerschaftliche Neugestaltung der logistischen Kette mit Herstellern, Kunden und Logistikdienstleistern, auch als „Full-Service-Angebot" der Logistik-Dienstleister.

Anforderungen

Der Logistik-Ingenieur benötigt eine breite, methodenorientierte Grundlagenausbildung, die er sich in entsprechenden Fachrichtungen des Maschinenwesens, der Verfahrenstechnik und des Bauwesens aneignen kann. Fähigkeit zur interdisziplinären Zusammenarbeit und Interesse an betriebswirtschaftlichen Zusammenhängen sind erforderlich. Komplexe, dynamische Zusammenhänge müssen erkannt werden. Die Fähigkeit zum Denken in Analogien ist unerläßlich. Die Lösung von Logistikaufgaben ohne Rechnereinsatz ist heute nicht mehr denkbar. Rechner werden in allen Gebieten der Logistik eingesetzt, z.B. zur Lagerverwaltung und zur Steuerung von Materialflüssen. Deshalb sind Kenntnisse im Umgang mit der DV unbedingt notwendig.

Gewünschte „Soft-Skills" sind außerdem Fremdsprachen, Teamfähigkeit, Flexibilität.

Neben der Ausbildung an der Fachhochschule oder Technischen Hochschule/Universität ist eine studienbegleitende oder vorausgehende Praxiserfahrung für den Berufsanfang günstig (Lagerverwaltung, Logistikoffizier bei der Bundeswehr, in Zentralverteilungslagern z.B. in Lebensmittelzentren, Dispositionsaufgaben bei Gütertransporten).

Berufschancen

Einstieg z.B. in **Abteilungen für Materialwirtschaft**, Fertigungsplanung oder im Speditionsbereich. Die Aus- und Weiterbildung zum Logistiker erfolgt in der Regel „on the job" im Unternehmen. Viele Unternehmen haben ihre Logistik (Beschaffung, Lagerhaltung und Distribution) ausgelagert („Outsourcing"), was die Chancen von selbständigen, „Full Service" anbietenden Logistik-Unternehmen vergrößert.

In zunehmendem Maße werden in den Betrieben unwirtschaftliche Abläufe im Bereich der Logistik erkannt. Die Erfordernisse einer erhöhten Umweltschonung zwingen zu einer besseren Ausnutzung der Transportkapazitäten. Knapp gewordene Kapitalreserven haben zu reduzierten Lagerbeständen und erhöhter logistischer Empfindlichkeit und damit zu höheren Anforderungen an die Materialflußkonzepte geführt. Die Zukunftschancen in diesem Bereich sind deswegen als gut zu bezeichnen.

9. Fertigung/Produktion/Betrieb

▷ *Aufgaben*

Einsatz/Disposition, Steuern, Überwachen und Instandhalten von **Fertigungseinrichtungen und Fertigungsabläufen**. Organisation, Arbeitsvorbereitung einer Fertigung; Durchführen von Schwachstellenanalysen im Fertigungsgeschehen; Disposition bezüglich des wirtschaftlichen Einsatzes von Arbeitsmitteln und Arbeitskräften unter Berücksichtigung tariflicher, sicherheits- und umwelttechnischer Bestimmungen; Organisation der Arbeit im Hinblick auf Einzel- bzw. Fließbandfertigung; Planen und Einsetzen von kostengünstig fertigenden, zeitgemäßen Anlagen und Geräten, z.b. Roboter, Handhabungsgeräte, Automatisierungstechniken etc.

Anforderungen

Fertigungsmethodenorientierte ingenieurwissenschaftliche Studienrichtung; arbeitswissenschaftliche und -rechtliche Kenntnisse; Logistikkenntnisse; Marktkenntnisse in dem entsprechenden Produktbereich sind zu erwerben; Rechnerkenntnisse; CNC-Programmierkenntnisse. Betriebswirtschaftliches Verständnis ist von Vorteil; Kooperationsfähigkeit mit vor- und nachgeschalteten Tätigkeitsfeldern; besonderer Sinn für komplizierte Funktionsabläufe und Maschinenkonfigurationen. Kenntnisse in CAM (computer aided manufacturing) bzw. CIM (computer integrated manufacturing) unerläßlich; Fähigkeit, mit einer großen Anzahl von Mitarbeitern im Lohnempfängerbereich umgehen zu können, ist wichtig (Führungseigenschaften, Auftreten, Stil).

Berufschancen

Nach einer Ausbildung zum Facharbeiter und einem abgeschlossenen Studium an einer Fachhochschule gute Entwicklungsmöglichkeiten. Bei Ausbildung an einer Technischen Hochschule/Universität ist eine stark praxisorientierte Komponente in der Ausbildung zwingende Voraussetzung für einen sinnvollen Einsatz in diesem Bereich. Ein beruflicher Werdegang kann auch über eine Mitarbeit in der Entwicklungsabteilung und anschließende Tätigkeit in der **Fertigungsvorbereitung** erfolgen. Berufliche Aufstiegsmöglichkeiten zum Fertigungsleiter, Betriebsleiter bis hin zum Technischen Geschäftsführer/Direktor. Als Berufseinstieg bieten sich alternativ folgende Positionen an: Entweder als Produktionsassistent oder über die Fertigungsstäbe Produktionslenkung, -planung, -überwachung etc. Die letztgenannten Positionen werden zukünftig jedoch mehr und mehr in den Hintergrund treten, wenn sich die aktuellen und tiefgreifenden Strukturänderungen in der Industrie (z.B. Einrichtung von „Fertigungsinseln" als Profitcenters im Betrieb) durchsetzen.

10. Qualitätssicherung

▷ *Aufgaben*

Unter Berücksichtigung neuester Entwicklungen der Qualitätssicherung bis hin zum „Total Quality Management" (TQM) Sicherstellen und Ausrichten unternehmerischer Entscheidungen auf hohe Kundenzufriedenheit durch Produkt- und Managementqualität in Kooperation mit anderen beteiligten Abteilungen. In diesem Zusammenhang Planen und Entwickeln von wirksamen **Verfahren und Maßnahmen zur Sicherung der Qualität** („ISO 9000"). Überprüfen und Erfassen von Qualitätsmerkmalen bei der Planung und Konstruktion, bei Rohstoffen, Zwischen- und Fertigprodukten sowie bei technischen Verfahren und organisatorischen Abläufen. Vorgeben von Qualitätsstandards und laufendes Erfassen und Auswerten von Meßdaten während des gesamten Fertigungsprozesses. Durchführen von Funktionsprüfungen, Zuverlässigkeitsuntersuchungen und Fehleranalysen. Erarbeiten erforderlicher Prüfmethoden und -mittel (inkl. der Verwendung elektronischer Datenverarbeitung, z.b. statistische Prozeßkontrolle). Mitarbeit bei der Festlegung von Standards für die Entwicklung neuer Produkte. Durchführen von Mitarbeiterschulungen und motivationssteigernden Maßnahmen in Abstimmung mit der Unternehmensführung.

Anforderungen

Studienrichtungen wie Werkstoffwissenschaften, Festkörperelektronik, Fertigungstechnik etc. sind - je nach Fachrichtung - auf breitem Grundlagenniveau optimale Voraussetzungen. Kenntnisse der Produktionsabläufe und -verfahren sind zwingend erforderlich; ausgeprägte Fähigkeit zum analytischen Denken; besondere Fähigkeit zum systematischen Arbeiten; solide, meßtechnische Ausbildung (elektronische, elektrische und mechanische Größen); gute Kenntnisse mathematisch-statistischer und digitaler Verfahren. Interdisziplinäre Arbeit und Kooperation notwendig; Teamfähigkeit, Einfühlungsvermögen und kommnikative Fähigkeiten sind erforderlich, um Qualitätsansprüche dauerhaft durchzusetzen.

Berufschancen

Bei guter technischer Vorbildung als langfristige Stellung mit relativ hohem Anspruch an die Qualität der Ingenieurtätigkeit sehr sinnvoll. Besonderer Bedarf besteht an Ingenieuren, die über hervorragende meßtechnische Kenntnisse verfügen (z.b. Laser-Meßtechnik, photometrische Meßverfahren, holographische Meßtechnik) sowie über die TQM-Philosophie und die ISO 9000-Zertifizierung informiert sind.

Als Berufsanfänger sollte man versuchen, zunächst verschiedene Bereiche eines Unternehmens zu durchlaufen (z.b. Trainee-Programm oder Tätigkeit in der Fertigungsplanung), um kennenzulernen, in welcher Form und mit welchem Verfahren die Produktbearbeitung durchgeführt wird. Dies erleichtert den späteren Einsatz als Qualitätssicherungsingenieur erheblich.

11. Montage und Inbetriebnahme

▶ *Aufgaben*

Montage und Inbetriebnahme von Anlagen und technischen Einrichtungen. Dies kann Anlagenteile (Prozeßrechner, Antriebe, Aggregate u.ä.), komplette Anlagen (Fabriken, verfahrenstechnische Anlagen u.ä.) sowie Großanlagen, öffentliche Einrichtungen (z.B. U-Bahn-Projekte, Flughafeneinrichtungen) umfassen. Zu den Tätigkeiten gehören Montageplanung, die vorbereitenden Arbeiten auf der Baustelle, die **Steuerung und Überwachung der Montage und Inbetriebnahme der Anlagen**, die Funktionstests und der Einfahr-Betrieb einschließlich entsprechender Dokumentation. Wirtschaftlicher und umweltverträglicher Einsatz von Material und Mitarbeitern, Verwaltung des Materials. Die Tätigkeit ist häufig verbunden mit Reisen und längeren Aufenthalten in allen Teilen der Welt. Vielfach wird eine Betreiber-Einweisung vom Kunden erwartet.

● *Anforderungen*

Grundausbildung an einer Fachhochschule, möglichst praktische Erfahrungen als Monteur. Bereitschaft zur Reise- und Auslandstätigkeit; u.U. mehrjähriger Einsatz in verschiedenen Ländern; Bereitschaft zur Übernahme sehr hoher Verantwortung; teilweise „abgeschnittener" Außenposten; Kooperationsfähigkeit; multikulturelles Einfühlungsvermögen; gute Fremdsprachenkenntnisse; vorherige Berufstätigkeit in dem betreffenden Produktbereich von Vorteil. Organisationstalent, Risikobereitschaft und Befähigung zu selbständigem Handeln unerläßlich.

■ *Berufschancen*

Gründliche Ausbildung durch das Unternehmen über ein bis zwei Jahre ist Voraussetzung für eine **selbständige Tätigkeit vor Ort** bei der Montage und Inbetriebnahme technischer Anlagen. Detaillierte Kenntnisse, ggf. auch über das Land, in dem die Anlage zu installieren ist, sind notwendige Grundlagen für einen erfolgreichen Projektabschluß. Einstieg als junger Inbetriebnahmeingenieur im Team ist möglich (training on the job). Im Montagebereich gibt es oft mehrjährige Auslandseinsätze, bei Inbetriebnahmeingenieuren in der Regel nur jeweils mehrwöchige bzw. mehrmonatige Auslandseinsätze. Als vorübergehende Tätigkeit (unter zehn Jahren) insbesondere für jüngere Diplom-Ingenieure hochinteressant; gute Ausgangsbasis für späteren beruflichen Aufstieg im Unternehmen, wenn die Auslandstätigkeit nicht zu lange gedauert hat.

12. Verkauf/Vertrieb/Marketing

Aufgaben

Vertriebsingenieure sind die **lebende Schnittstelle** des (Investitionsgüter-)Unternehmens zum wichtigsten Partner: zum Kunden und damit zu den Einnahmen des Unternehmens. Ihnen obliegen in dieser **Schlüsselfunktion Planung, Organisation und Durchführung des Verkaufs und Vertriebs von Sachgütern, technischen Systemen, Gesamtanlagen und Dienstleistungen** nach umsatz- und gewinnorientierten, also unternehmerischen Gesichtspunkten. Sie erarbeiten individuelle Lösungen im Team in enger Abstimmung mit dem Kunden und sie koordinieren Entwicklung, Konstruktion, Fertigung und Projektierung im Unternehmen im Hinblick auf das Kundenprojekt, weit entfernt vom historischen „Klinkenputzer-Image". Zu den Aufgaben gehört ferner: die laufende Marktbeobachtung, das Durchführen von Markteinführungen neuer Produkte und Präsentationen auf Messen und beim Kunden sowie das Verfassen produktbezogener Handbücher, Broschüren und Fachaufsätze; Vertriebsplanung und -controlling, die technische Kundenberatung. Ausarbeiten kundenspezifischer Lösungen (Anwendungstechnik), Angebotserstellung, Vertragsverhandlungen, Sicherstellen eines effizienten Kundendienstes (Service). Weitreichende Computerunterstützung durch Datenbanken, z.T. Online-Aktualisierung, Virtual Reality und Multimedia-Präsentationen. Zunehmend Verkauf auch über Online-Dienste und Internet („Computer Aided Selling").

Anforderungen

Qualifikation als Diplom-Ingenieur mit breit angelegtem Fachstudium sowie guten DV-Kenntnissen; Neigung zu kundenorientierter Tätigkeit; hohes Fach-, Produkt- und Marktwissen, im Marketingbereich auch strategisches Denken; Kontakt- und Kommunikationsfähigkeit; sicheres und angenehmes Auftreten, gepaart mit Ehrgeiz und Durchsetzungswillen; guter mündlicher und schriftlicher Ausdruck; Präsentations- und Verhandlungsgeschick; fachliche, geographische und zeitliche Flexibilität; Eigeninitiative; Selbständigkeit; Fremdsprachenkenntnisse (im Auslandsvertrieb); Teamorientierung; hohe Selbstmotivationsfähigkeit; Kooperationsbereitschaft; Erwerb von Managementfähigkeiten notwendig. Verkaufssituationen verlangen situatives Gespür; jeder Kunde will individuell behandelt werden.

Berufschancen

Das Outsourcing von Produktions-, Forschungs und Entwicklungsstellen führt dazu, daß der Vertrieb als essentieller, außenwirksamer Teil des Unternehmens gegenüber den erstgenannten Funktionen **ständig an Bedeutung gewinnt**. Da dennoch Vertrieb, Verkauf und Marketing trotz ihrer Bedeutung für die Wirtschaft im Ingenieurbereich der deutschen Hochschulen allenfalls rudimentär behandelt werden, sind viele der notwendigen Eignungsparameter nur durch Eigeninitiative und Weiterbildung im Unternehmen zu erwerben. **Start in einer Vertriebs- oder Projektierungsabteilung** eines größeren Unternehmens oder im Außendienst als technischer Berater („Learning by Doing"). Trainee-Programm mit dem Einsatz in verschiedenen Funktionen, Regionen und Sektoren hervorragend umsetzbar, auch Mitarbeit in verschiedenen Stabsabteilungen attraktiv, dann Wechsel in den Vertrieb oder umgekehrt. Besonders großer Bedarf an Vertriebsingenieuren besteht im Bereich der gesamten Informations- und Kommunikationstechnologie; oft überdurchschnittliche Verdienstmöglichkeiten. Computerunterstützung und Teamarbeit beeinflussen die Tätigkeit stark. Internet-Services und Online-Dienste führen zu einer Aufwertung des Innendienstes. Aufgrund zunehmender Komplexität technischer Produkte und Systeme werden in erhöhtem Maße Ingenieure in den Verkaufs- und Vertriebsabteilungen gesucht, um die vorhandenen Produktlinien und ihre Anwendung gegenüber Kunden besser fachkundig vertreten zu können. Dies erklärt auch die hohe Nachfrage nach vertriebsorientierten Ingenieuren. Als Anwendungsberater in technischen Angelegenheiten können Ingenieure als Betreuer von Kunden aus wechselnden Branchen eingesetzt werden. Wechsel ins technische Produktmarketing möglich. Aufstiegsmöglichkeiten innerhalb der Vertriebsorganisation im In- und Ausland und in das Management/die Geschäftsführung des Unternehmens (Investitionsgüterindustrie) häufig verwirklicht. Je konsumnäher die zu vertretende Produktpalette ist, um so mehr konkurriert der Vertriebsingenieur mit dem Betriebswirt.

13. Instandhaltung/Wartung

Aufgaben

Planen, Organisieren und wirtschaftliches Durchführen der Instandhaltung (**vorbeugende Instandhaltung und Instandsetzung bzw. Reparatur**) meist hochwertiger und automatisierter, technischer Einrichtungen, Systeme (z.b. CNC-Maschinen) und Anlagen sowie von Gebäuden der Produktionsbetriebe, Krankenhäuser, Gebäudeanlagen etc. Verbessern und Modernisieren bestehender Instandhaltungsmethoden sowie Reduzieren von Lager-, Material- und anderen Instandhaltungskosten. Überwachen der instandhaltungsgerechten Konstruktion neuer Maschinen und Anlagen sowie der Umweltverträglichkeit ihres Einsatzes. Mitarbeit bei der Abnahme und Inbetriebnahme neuer Produktionseinrichtungen. Durchführen von Schwachstellenanalysen und Sicherstellen des Einsatzes moderner DV-Systeme und der Rechnertechnik; Planen von produktionsintegrierter Instandhaltung, soweit wirkungsvoll und wirtschaftlich.

Anforderungen

Der Instandhaltungs-Ingenieur kommt in der Regel aus einem stark praxisbezogenen FH-Studium des Maschinenbaus, der Elektrotechnik bzw. der Verfahrenstechnik, möglichst mit vorausgegangener Lehre oder breit angelegtem Praktikum. Gute fachliche und kommunikative Fähigkeiten sowie arbeitsrechtliche Grundkenntnisse und Sozialkompetenz sind zur Anleitung einer größeren Zahl von qualifizierten Industriemechanikern, -elektronikern, Energieelektronikern etc. erforderlich. Weiterhin werden gute Kenntnisse moderner CNC- und Robotersteuerungen, der Microcomputertechnik sowie deren Programmierung und der Meß- und Regeltechnik, der Hydraulik und Pneumatik erwartet.

Berufschancen

Ein Diplom-Ingenieur mit umfassenden Kenntnissen der technischen Vorgänge, des inneren Aufbaus sowie der Funktion von Produktionsanlagen wird bei entsprechend langer Betriebserfahrung die Leitung einer **Instandhaltungsabteilung** übertragen bekommen; alternativ Aufstieg in relevante Stabsabteilungen, um von dort aus durch Anwendung gesammelter Erfahrungen neue und zeitgemäße Instandhaltungs-Standards, -Methoden und -Verfahren festzulegen. Ein Wechsel in die Produktions- bzw. Betriebsleitung ist aufgrund des beschriebenen Aufgabenfeldes und vorauszusetzender Eignung ebenfalls möglich.

14. Arbeitssicherheit

Aufgaben

Planen und verantwortliches Überwachen der sicherheitstechnischen Belange in Betrieben, auf Baustellen und in Verwaltungen. Nach neuen Vorgaben liegt ihre Aufgabe nicht mehr nur in der Vermeidung bzw. Minimierung der sicherheitstechnischen Risiken in bezug auf Arbeitnehmer, Arbeitsabläufe, Produkte, Umwelt etc., sondern in der umfassenden, innovativen und stärker präventiven Ausrichtung von **Sicherheit und Gesundheitsschutz in der Arbeitsumwelt**. Beraten der betrieblichen Vorgesetzten und Unterweisen der Mitarbeiter in Fällen der Arbeitssicherheit, des Gesundheitsschutzes und der vorbeugenden Gesundheitsfürsorge. Sicherheitstechnisches Begutachten neuer Anlagen; regelmäßiges Überprüfen technischer Anlagen; Schwachstellenanalyse von Anlagen und Abläufen und Verbessern aus sicherheitstechnischer Sicht; Überwachen der erforderlichen Sicherheitsmaßnahmen in Betrieben; Entwerfen von sicheren Betriebskonzepten für stark automatisierte technische Abläufe. Prüf- und Abnahmeverfahren für sicherheitsrelevante technische Anlagen (z.B. Signalsicherung bei Bahnen).

Anforderungen

Solide physikalische Grundlagenausbildung und Kenntnisse im Bereich Arbeitswissenschaft (Fach-, Methoden- und Problemlösungskompetenz); breite Kenntnisse über Sicherheitsphilosophien, redundante mehrkanalige Sicherheitssysteme bei vollautomatisierten Anlagen, Sicherheitsmechanismen bei parallel arbeitenden Rechneranlagen; Grundlagenkenntnisse im Rechtswesen und sicherheitsrelevanter Vorschriften; Verhandlungsgeschick; Fähigkeit zum Umgang mit Behörden und betrieblichem Management; in bestimmten Bereichen arbeitsmedizinische Kenntnisse vorteilhaft.

Berufschancen

Der berufliche Einstieg sollte **zunächst nicht unmittelbar im Bereich Arbeitssicherheit** erfolgen, sondern z.B. in einer „gewöhnlichen" Ingenieuraufgabe mit den Produkten und Mitarbeitern, für deren Sicherheit man später verantwortlich ist. Sicherheitsingenieure ohne praktische Erfahrung bleiben allzu leicht ohne das erforderliche Gespür für das praktisch Machbare.

Der Bedarf an Sicherheitsingenieuren ist zahlenmäßig begrenzt; eine sorgfältige Berufsplanung ist erforderlich; wer keine allzu großen Karrierewünsche hat, kann hier eine langfristig befriedigende Aufgabe finden. Traditionelle Aufgabenbereiche liegen im betrieblichen Arbeitsschutz (Arbeitssicherheit), in Berufsgenossenschaften und in der staatlichen Gewerbeaufsicht sowie bei Technischen Überwachungsvereinen. Gleichzeitig aber nehmen Aufgaben im Bereich der vorbeugenden Gesundheitsfürsorge (u.a. in Zusammenarbeit mit den Krankenkassen) zu. Viele Ingenieure sind hier freiberuflich tätig bzw. in einschlägig tätigen Unternehmensberatungen (einschließlich sicherheitstechnischer und arbeitsmedizinischer Zentren) oder bei Sachversicherern beschäftigt.

15. Arbeitsgestaltung/Betriebsorganisation

Aufgaben

Arbeitswissenschaftliches Gestalten von Arbeitsabläufen und Betriebsorganisation, d.h. Ablauf- bzw. Aufbauorganisation eines Unternehmens oder einer Behörde. **Methodisches Untersuchen** der Ist- und verbindliches Festlegen der Sollzustände von Arbeitsabläufen unter Beachtung ergonomischer und arbeitsmedizinischer Grundsätze sowie der betrieblichen und u.U. logistischen Erfordernisse des Unternehmens. Festlegen von Verfahrensgrundsätzen sowie von Dienstanweisungen und Richtlinien. Erstellen von Aufgaben- und Funktionsbeschreibungen.

Anforderungen

Studium des Ingenieurwesens mit entsprechender Schwerpunktbildung ist die beste Voraussetzung. Zusätzlich hierzu vor allem überfachliche Kenntnisse und Fähigkeiten (z.B. Abstraktionsvermögen, formales Denken, Organisationstalent). Neben arbeits- und organisationswissenschaftlichen Kenntnissen sind betriebswirtschaftliche, betriebspsychologische, arbeitsmedizinische/ergonomische Ergänzungsqualifikationen bzw. eine REFA-Ausbildung von Vorteil. Erwerb von Erfahrungen im Einsatz von dezentralen, intelligenten Kleinrechnersystemen sowie Grundlagenkenntnisse über Datenfernübertragungsnetze sind im Hinblick auf die zunehmende Büroautomatisierung dringend empfehlenswert. Die Tätigkeit erfordert die Verfolgung der neuesten technischen Möglichkeiten, insbesondere in der Informationstechnik (Datenbanksysteme, Expertensysteme etc.).

Berufschancen

In den Betrieben ergeben sich vielfältige Einstiegsmöglichkeiten von der **Arbeitsvorbereitung über Logistik-Abteilungen** bis hin zu Tätigkeiten im Personalwesen (Personalentwicklung, Organisationsentwicklung). Die Entwicklungsperspektiven sind gut. Mit dem Abrücken von vollautomatisierten Produktionsabläufen („menschenleere Fabrik") hin zu Profitcenters („Fertigungsinseln") gewinnt seit einigen Jahren der Faktor „menschliche Arbeit" zunehmend wieder an Bedeutung. Die Organisation qualifizierter Arbeit im Zusammenhang mit teamorientierten Produktionsmethoden verbunden mit der Beteiligung von Mitarbeitern an Entwicklungsprozessen prägt die Aufgaben in der Arbeitsgestaltung. In Großbetrieben bestehen ggf. Aufstiegsmöglichkeiten bis hin zum Arbeitsdirektor auf Geschäftsführungsebene.

16. Unternehmensplanung/-entwicklung/Controlling

▷ *Aufgaben*

Konzipieren und Koordinieren der mittel- und langfristigen Planung eines Unternehmens. **Erarbeiten technischer und wirtschaftlicher Konzepte und Strategien**, u.U. in engem Kontakt mit Verbänden, Forschungsinstituten und Unternehmensberatungen. Wirtschaftliches Führen eines Betriebes oder von Teilen eines Betriebes. Beraten von Geschäftsführung, Geschäftsbereichen oder Betrieben. Festlegen einer kurz-, mittel- oder langfristigen Planung sowie Erarbeiten von Abweichungsanalysen („Soll-/Ist-Vergleich"). Durchführen von technischen Marktbeobachtungen und Beurteilen von Innovationen. Entwickeln von neuen Produktionsstrategien. Bewerten von Umweltprognosen und Auswählen von Investitionen unter ökologischen und ökonomischen Gesichtspunkten. Präsentation der Ergebnisse vor der Geschäftsleitung. Mitarbeit bei der Personalplanung. Die Tätigkeit ist vergleichbar mit einer internen Unternehmensberatung.

Anforderungen

Analytisches/planerisches Denken; Kreativität; Verhandlungsgeschick; guter schriftlicher und mündlicher Ausdruck; gute Kenntnisse in Datenverarbeitung und Betriebswirtschaft; fundiertes technisches Spezialwissen; Sensibilität; „keine Angst vor großen Tieren"; Fähigkeit, im Projektteam mitzuarbeiten, Führungspotential; hohe berufliche Belastbarkeit; Führungspotential; Promotion oder MBA-Studium von Vorteil.

Berufschancen

Der Einstieg sollte nach gründlicher wissenschaftlicher Ausbildung oder nach einer Tätigkeit als Unternehmensberater erfolgen. Auch ein **Trainee-Programm und eine anschließende Tätigkeit in einem klassischen Gebiet** des Ingenieurwesens ist von Vorteil. Diplom-Wirtschaftsingenieure werden bevorzugt. Bei Stellenangeboten hohe Bewerberquote, wobei für die Auswahl neben der fachlichen Qualifikation die Persönlichkeit entscheidend ist. Diese Stabstätigkeit vermittelt einen guten Überblick über das Gesamtunternehmen sowie Kenntnisse für eine spätere Tätigkeit in Linienpositionen. Da immer mehr Top-Positionen mit Ingenieuren besetzt werden, ist der Aufstieg in Linienpositionen bis zum General Management ebenso möglich wie ein Wechsel zu mittelständischen Unternehmen als Geschäftsführer.

Sektion V: Berufsfelder und Studienmöglichkeiten

1. Einteilung

Die Ingenieurwissenschaften zeichnen sich durch ein ausgesprochen **breites Spektrum** an Berufsfeldern aus, die einerseits recht unterschiedliche Qualifikationsmerkmale haben, andererseits auch zu sehr unterschiedlichen Tätigkeitsmerkmalen in der beruflichen Praxis führen. Dadurch stößt die Einteilung des Ingenieurwesens in einzelne Fachrichtungen auf erhebliche Schwierigkeiten und wird z.b. auch in den Bundesländern zum Teil recht unterschiedlich gehandhabt. Für die Darstellung einer Einteilung von – nach Fachrichtungen geordneten – Berufsfeldern wird im folgenden auf einen Vorschlag der Gemeinsamen Kommission für die Studienreform des Landes Nordrhein-Westfalen zurückgegriffen. Dies geschieht in dem Bewußtsein, daß es durchaus gute Argumente für eine andere Einteilung gibt – etwa eine andere Zuordnung des Bereiches der Verfahrenstechnik bzw. der Werkstoffwissenschaften. Letztere sind hier dem Bereich „Bergbau und angrenzende Bereiche" zugewiesen, lassen sich aber auch im Maschinenwesen sowie in der Verfahrens- und Elektrotechnik finden. Nach dem vorgenannten Vorschlag lassen sich die ingenieurwissenschaftlichen Disziplinen in folgende Hauptgruppen einteilen:

❑ **Elektrotechnik:** Dazu zählen die Fachrichtungen der Nachrichtentechnik, der elektrischen Energietechnik, der Technischen Informatik und eine Reihe spezieller Fachrichtungen wie z.B. Elektroakustik, Elektrophysik, Sensorik, Optoelektronik, Elektronik etc.

❑ **Maschinenwesen:** Zum Bereich des Maschinenwesens werden in dieser Einteilung Fachrichtungen wie Fertigungstechnik, Konstruktionstechnik, Werkstofftechnik, Materialwissenschaft, Energietechnik etc. gezählt. Weiterhin werden die Bereiche der Verkehrstechnik, der Schiffstechnik, der Meerestechnik, der Luft- und Raumfahrttechnik, Feinwerktechnik, Fahrzeugtechnik, Kunststofftechnik etc. eingeschlossen.

❑ **Verfahrenstechnik:** Der Bereich der Verfahrenstechnik ist an vielen Universitäten den Fachbereichen für Maschinenwesen zugeordnet, wird jedoch in dieser Einteilung als eigene Gruppe aufgeführt, da er u.a. auch das Chemieingenieurwesen, Brauwesen und die Lebensmitteltechnologie einschließt.

❑ **Bergbau und angrenzende Bereiche:** Zu diesem Bereich zählen in dieser Einteilung neben den speziellen Fachrichtungen des Bergbaus, des Markscheidewesens, der Mineralogie auch die Bereiche der Metallurgie und ein Teil der Werkstoff- und Materialwissenschaften.

❑ **Bauwesen:** Innerhalb des Bauwesens sind die Berufsfelder des Architekten, des Stadt- und Regionalplaners, des Bauingenieurs und des Vermessungsingenieurs zu unterscheiden. Gemeinsam ist allen diesen Richtungen, daß sie sich mit der Gestaltung bebauter Umwelt befassen. Während der Bauingenieur zu einem klassischen Ingenieurberufsfeld im engeren Sinne zu zählen ist, reicht das Berufsfeld des Stadt- und Regionalplaners bis in soziologische und psychologische Fragestellungen hinein.

❑ **Angrenzende Berufsfelder:** Neben den klassischen Berufsfeldern finden Ingenieure zunehmend Einsatz in angrenzenden Bereichen wie Informatik, Physikingenieurwesen, Wirtschaftsingenieurwesen.

Bei der Berufsplanung gilt es, sich zunächst für einen dieser Berufsbereiche des Ingenieurs zu entscheiden, wobei im Laufe eines Berufslebens größere Überlappungen auftreten können. So ist es ohne weiteres möglich, daß sich ein Elektroingenieur mit Planung und Projektierung von Heizungs- und Lüftungsanlagen für Einfamilienhäuser beschäftigt und dabei eine Menge baulicher Gesichtspunkte, z.B. die Planung der Isolation, mitbearbeitet. Andererseits ist es genauso möglich, daß sich ein Bauingenieur im Rahmen der Verkehrsüberwachung auf Schnellstraßen sehr ausführlich mit der Technologie von Prozeßrechnern beschäftigen und u.U. auch elektronische Probleme bei der Datenübertragung zwischen verschiedenen Meßstellen eines Schnellstraßennetzes lösen muß.

Wie aus den nachfolgenden Abschnitten zu ersehen ist, existieren für jede dieser fünf Gruppen eine **Vielzahl spezieller Vertiefungsrichtungen,** die sich an einzelnen Universitäten in Form von eigenen Fachbereichen, Studienrichtungen oder auch nur Vertiefungsrichtungen niederschlagen. Da die Vertiefungsrichtungen ohnehin höchstens ein Viertel der gesamten Studieninhalte umfassen, ist es nicht sinnvoll, die Betrachtungen über Berufsfelder in dieser Hinsicht zu sehr zu differenzieren. Es sollen im folgenden vielmehr einige Grundmerkmale der Berufsfelder dieser fünf Gruppen beschrieben werden.

Ein „Studiengang" ist in der Regel durch eine **eigene Prüfungsordnung** und durch eine **einheitliche Gestaltung des Studiums bis zum Vordiplom** gekennzeichnet. Für die Technischen Hochschulen/Universitäten wird zusätzlich in Studienrichtungen, Studienschwerpunkte und Vertiefungsrichtungen untergliedert. Normalerweise umfassen dabei die Studienrichtungen zu über 50% spezielle Bereiche innerhalb der Ausbildung des Hauptstudiums. „Studienschwerpunkte", „Vertiefungen" und „Vertiefungsrichtungen" machen dagegen meist deutlich weniger als die Hälfte des Hauptstudiums aus.

Bei der **Bezeichnung einzelner Studiengänge bzw. Studienrichtungen** muß festgestellt werden, daß diese nicht immer einer speziellen „einmaligen" Schwerpunktbildung an der betreffenden Technischen Hochschule/Universität oder Fachhochschule entsprechen. Teilweise schlagen sich darin auch Versuche nieder, durch „Neudefinitionen" von Fachabteilungen dem betreffenden Ausbildungsgang an einer Universität ein besonderes Gewicht zu geben. Deshalb kommt es vor, daß die darin behandelten speziellen Probleme an anderen Universitäten in anderen Studienrichtungen behandelt werden, ohne explizit als eigene Fachabteilung zu erscheinen, so z.B. Sicherheitstechnik, Umwelttechnik, Brennstofftechnik.

In einigen Bereichen ergeben sich auch in dieser Grobeinteilung nicht zu übersehende **Überschneidungen.** Als Beispiel sei der Bereich „Werkstoff- und Materialwissenschaften" genannt, der von der Sache her teilweise dem Gebiet „Bergbau und angrenzende Bereiche" und teilweise dem „Maschinenwesen" zuzuordnen ist und von daher auch in beiden Bereichen aufgeführt wurde. In vielen Fällen entspricht dies der Zuordnung der Werkstoff- und Materialwissenschaften zu einem anderen Studiengang. Teilweise werden Werkstoff- und/oder Materialwissenschaften jedoch auch als eigenständiger Studiengang angeboten.

Bei der Zusammenstellung der Angaben wurde mit größter Sorgfalt gearbeitet; eine Gewähr für Vollständigkeit und Richtigkeit kann aus o.a. Gründen dennoch nicht übernommen werden.

Schlagen Sie einen neuen Weg ein. Mit uns.

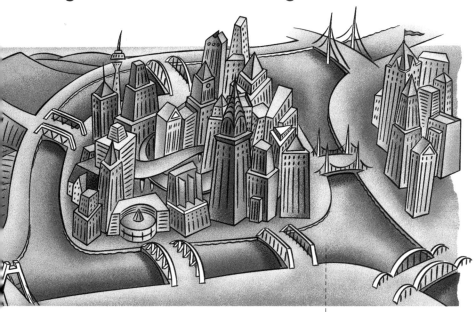

Sie denken darüber nach, welchen Weg Sie ins Berufsleben einschlagen sollen? Wenn Sie ohne große Umwege ankommen wollen, dann kommen Sie zu Krupp – als

Trainee oder Direkteinsteiger

Von der Uni in den Beruf – zu einem internationalen Investitionsgüterkonzern mit 240 Tochtergesellschaften in 43 Ländern. Weltweit erfolgreich in den Sparten Industries, Anlagenbau, Automotive, Nirosta sowie Trading.

Hier rechnen wir mit Ihren persönlichen Stärken: Kreativität, Mobilität, Teamfähigkeit, Eigeninitiative. Starten Sie damit bei Krupp. Als Trainee innerhalb eines 12monatigen, speziell auf Sie und Ihren zukünftigen Zielbereich zugeschnittenen Programms, mit Projektaufgaben im In- und Ausland. Oder als Direkteinsteiger.

Machen Sie sich jetzt direkt auf den Weg: Schicken Sie uns Ihre Bewerbungsunterlagen.

Manchmal muß man eingefahrene Wege verlassen, um zu neuen Zielen zu gelangen. Eine Fähigkeit, die Sie mit unserer kleinen Denksport-Aufgabe bestens trainieren können: Acht Brücken führen über den Fluß einer imaginären Stadt. Können Sie bei einem einzigen Spaziergang alle acht Brücken überschreiten – aber jede nur einmal? Ihre verbindliche Lösung erreicht uns per Internet: http://www.krupp.com

Fried. Krupp AG Hoesch-Krupp
Zentralbereich
Obere Führungskräfte
Altendorfer Straße 103
D-45143 Essen
Telefon (02 01) 188-26 48

Weiterhin wird ergänzend auf die ausführlich dargestellten Studiengänge und Studienrichtungen in der im gleichen Verlag erschienenen Publikation „Das Ingenieurstudium" hingewiesen, der auch die nachfolgenden Auflistungen von Studiengängen und -richtungen entnommen sind.

Einfluß der Methodenspezialisierung

Wie bereits mehrfach erwähnt, ist für die Absicherung einer Berufsplanung im Ingenieurbereich in allen Berufsfeldern eine **Methodenspezialisierung** empfehlenswert. Diese ermöglicht in den meisten Fällen einen Einsatz in benachbarten Berufsfeldern und ist deshalb nicht nur unter dem Gesichtspunkt der Arbeitsplatzsicherheit, sondern auch unter dem **Gesichtspunkt eines vielfältigen Berufslebens** von Interesse. In Abbildung V-1 sind einige Beispiele für Methodenspezialisierungen aufgeführt und ihre derzeitige Bedeutung in den Berufsfeldern der einzelnen Fachrichtungen qualitativ gekennzeichnet. Hieraus ist erkennbar, daß den Methoden der Prozeßdatenverarbeitung, der Logistik und der Kybernetik schon heute eine große Bedeutung in allen Berufsfeldern zukommt. In der Zukunft ist zu erwarten, daß ökologische Methoden stark an Bedeutung gewinnen. Es sei darauf hingewiesen, daß aus der Vielzahl der möglichen Metho-

Methoden-spezialisierung (Beispiele) — Berufsfelder der Fachrichtungen	Elektrotechnik	Maschinenwesen	Verfahrenstechnik	Bergbau u. Hüttenwesen	Bauwesen
Kybernetik, Regelungstechnik, Automatisierungstechnik	groß	mittel	mittel	klein	klein
Logistik, Materialfluß, Transportwesen, Verkehr	mittel	mittel	mittel	mittel	mittel
Thermodynamik, Gleichgewichtstheorie	klein	mittel	groß	klein	klein
Ökologie	klein	klein	groß	klein	groß
Konstruktionsmethoden	klein	groß	klein		groß
Angewandte Informatik	groß	mittel	groß	mittel	klein
Energietechnik	mittel	mittel	klein	klein	klein
Material- und Werkstoffkunde	klein	mittel	klein	groß	mittel

● = groß   ● = mittel   • = klein

Abb. V-1: Stellenwert der Methodenspezialisierung in einzelnen Berufsfeldern

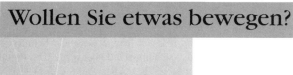

Wollen Sie etwas bewegen?

Mit unseren innovativen Gabelstaplern, Hubwagen, Kommissionierfahrzeugen, Regalsystemen und Dienstleistungen bringen wir im Logistikbereich viel in Bewegung. In den letzten Jahren haben wir uns vom Familienunternehmen zu einem global operierenden Konzern entwickelt, der mit einem Jahresumsatz von 2,4 Mrd. DM und 8600 Mitarbeitern eine weltweit führende Position im Flurförderzeugsektor hält. Die Umsetzung unserer traditionellen Philosophie, den Nachwuchs konsequent zu fördern, zeigt sich in der international orientierten Ausbildung, die wir qualifizierten Interessenten bieten.

Hochschulabsolventen mit technischer oder kaufmännischer Orientierung können bei uns als **Trainees** in unterschiedlichen Funktionsbereichen oder direkt **"on the job"** einsteigen. Da Jobrotation, auch in unseren in- und ausländischen Tochtergesellschaften, fester Bestandteil unserer Personalpolitik ist, erwarten wir von Interessenten neben Kommunikationsfähigkeit und Teamgeist auch den Nachweis eigener Beweglichkeit. Beispielsweise in Form sinnvoller Auslandsaufenthalte und praxisrelevanter Praktika.

Wenn Sie mehr zum Thema Berufseinstieg oder über **Praktika** und **Diplomarbeiten** wissen wollen, senden wir Ihnen gerne Informationsmaterial zu.

Jungheinrich Aktiengesellschaft
Personal Konzern, Führungsnachwuchs · Martin Unterschemmann
Friedrich-Ebert-Damm 129 · 22047 Hamburg
Tel. 040/69 48 -13 42 · Fax 040/69 48 -15 90
e-mail: webmaster@jungheinrich.de
INTERNET: http://www.jungheinrich.de

denspezialisierungen lediglich einige Beispiele herausgegriffen wurden. Wesentlich bei diesen Überlegungen ist, daß sich über die Lebensdauer von Produkten im Rahmen des derzeitigen technischen Wandels in vielen Bereichen keine gesicherten Aussagen machen lassen, insbesondere nicht darüber, in welchem Umfang darin Ingenieuraufgaben anfallen. Die zunehmend entstandene Komplexität technischer Systeme gewährleistet jedoch bei Wahl einer methodenorientierten Spezialisierung eine zukunftssichere Berufsplanung.

2. Berufsfelder der Elektrotechnik

2.1. Merkmale des Berufsfelds

Alle Berufsfelder der Elektrotechnik erfordern einen ausgeprägten Sinn für mathematisch-physikalische Zusammenhänge. Wie in anderen Berufsfeldern des Ingenieurwesens basieren auch in der Elektrotechnik die Aufgaben des Ingenieurs auf der Umsetzung der Ergebnisse wissenschaftlicher Grundlagenforschung in entsprechende Technologien. Dabei zeigen gerade die in den letzten Jahren teilweise unruhigen Entwicklungen, z.B. die rasche Einführung und Verbreitung von Mikrorechner- und Kommunikationstechnologien, daß der Elektroingenieur in seinem Berufsfeld besonders darauf angewiesen ist, sich während des Studiums eine solide Grundlagenausbildung erarbeitet zu haben. Unter diesen Voraussetzungen ist er in den späteren beruflichen Tätigkeitsfeldern am besten in der Lage, sich den immer neuen Erfordernissen in der Elektrotechnik anzupassen. Dies gilt für die Entwicklung elektronischer Bauelemente und die damit hergestellten Geräte ebenso wie für optoelektronische Systeme, Geräte zur Energieübertragung oder Fusionsreaktoren etc.

Innerhalb der Berufsfelder der Elektrotechnik wird grob in Energietechnik, Nachrichtentechnik, Technische Informatik und allgemeine Elektrotechnik unterschieden. Im letzten Jahrzehnt ist eine Vielzahl spezieller Berufsfelder entstanden, was nicht zuletzt damit zusammenhängt, daß Elektroingenieure in hohem Maße auch in Bereichen eingesetzt werden, für die sie zunächst nicht ausgebildet sind, so z.B. in Raffinerien, Unternehmen der chemischen Verfahrenstechnik oder der Kraftfahrzeugindustrie etc. Dies ist in erster Linie durch die stark systemorientierten Ausbildungsinhalte bedingt. Die Bedeutung der Berufsfelder der Elektrotechnik nimmt in vielen Branchen wie z.B. der Automatisierungs- und Automobiltechnik, der chemischen Industrie und der Medizintechnik beständig zu. Auch in den zukunftsweisenden Wachstumsfeldern wie Multimedia, Telekommunikation und Mikrosystemtechnik erschließen sich neue, aufnahmefähige Arbeitsbereiche für Elektroingenieure. Besonders die Entwicklung komplexer informationsverarbeitender, kommunikativer Systeme wird in den nächsten Jahren eine große Rolle spielen. Entsprechend ausgebildete Elektroingenieure werden dabei in Konkurrenz zu Informatikern treten.

Die beiden folgenden Abbildungen geben die vielfältigen Einsatzmöglichkeiten des Elektroingenieurs wieder:

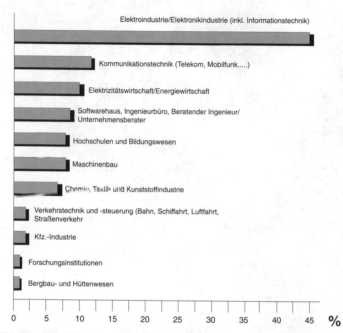

Abb. V-2: **Beschäftigte Elektroingenieure nach Branchen**
(Quelle: VDE, „Elektroingenieure in der Bundesrepublik Deutschland", Studie 1995)

ungefähre Werte auf der Basis von Schätzungen und einer VDE-Mitglieder-Umfrage

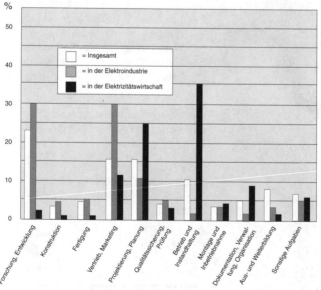

ungefähre Werte auf der Basis von Schätzungen und einer VDE-Mitglieder-Umfrage

Abb. V-3: **Beschäftigte Elektroingenieure nach Tätigkeitsfeldern**
(Quelle: VDE, „Elektroingenieure in der Bundesrepublik Deutschland", Studie 1995)

2.2. Spezielle Berufsfelder und Studienrichtungen der Elektrotechnik

Das Studienangebot in der Elektrotechnik kann, wie bereits erwähnt, in folgende Bereiche eingeteilt werden:

- Elektrische Energietechnik (Abschnitt 2.2.1.)
- Nachrichtentechnik (Abschnitt 2.2.2.)
- Technische Informatik (Abschnitt 2.2.3.)
- Allgemeine Elektrotechnik (übergreifend) (Abschnitt 2.2.4.)

2.2.1. Elektrische Energietechnik

Zur elektrischen Energietechnik gehört die Umwandlung primärer Energieformen, z.b. thermischer oder erneuerbarer (wie z.b. Windenergie) in elektrische Energie, ihre **Weiterleitung und Verteilung an die Orte des Verbrauchs und die Wandlung der elektrischen Energie** in diejenige Nutzenergie, die der Verbraucher benötigt (z.b. mechanische Energie, Wärmeenergie, Licht etc.). Die Hauptaufgabe der Energietechnik besteht darin, den immer noch steigenden Energiebedarf durch die Weiterentwicklung vorhandener Technologien und die Neuentwicklung von Technologien zu decken. Dies erfordert neue Verfahren der Energieumwandlung und neuartige Energieverteilungssysteme mit der zugehörigen Anlagentechnik. Hinzu kommt, daß an Produktionsanlagen durch steigende Arbeitsgeschwindigkeiten und genau einzuhaltende Betriebsprogramme hohe Anforderungen gestellt werden. Diese lassen sich heute oft nur noch durch eine weitgehende Automatisierung mit Hilfe neuer Gerätesysteme der Leistungs- und Informationselektronik und durch die Weiterentwicklung von elektromechanischen Energiewandlern erreichen. Zum Aufgabenbereich des Elektroingenieurs mit dem Schwerpunkt Energietechnik gehören auch Fragen der Energiewirtschaft und der Energieversorgung. Diese Berufsfelder sind durch die Tatsache gekennzeichnet, daß rund zwei Drittel des gesamten Primärenergiebedarfs als Endverbrauch umgesetzt werden. Kenntnisse über Energieumwandlung sowie der Hochspannungs- und Meßtechnik sind dafür unbedingt erforderlich. Dabei geht es nicht nur um die Analyse von Hochspannungsfeldern mit ihren Erscheinungsformen, die Berechnung von Ausgleichsvorgängen bei Schalthandlungen, die Einbeziehung des Blitzphänomens für den Schutz elektrischer Anlagen von Gebäuden und Personen, sondern auch um grundsätzliche Methoden der Übertragung und Verteilung elektrischer Energie. **Fragen einer optimalen Auslegung solcher Systeme aus der Sicht einer möglichst risikofreien Energieversorgung gewinnen zunehmend an Bedeutung.**

Das Arbeitsgebiet der elektrischen Antriebe befaßt sich mit der Umwandlung von elektrischer in mechanische Energie, die von Arbeitsmaschinen verschiedener Art benötigt wird. Als Energiewandler dienen hierfür elektrische Maschinen, z.b. Elektromotoren für Gleich-, Wechsel- oder Drehstrom, die die Arbeitsmaschinen – Walzwerke, Werkzeugmaschinen – oder auch Bahnen, Straßenfahrzeuge, Schiffe und Förderanlagen antreiben. Damit die Arbeitsmaschinen einerseits die Betriebsgröße genau einhalten, andererseits den veränderbaren Betriebsgrößen angepaßt werden können, sind die Antriebe fast ausschließlich mit hochwertigen elektronischen, analog oder digital arbeitenden Steuer- und Regeleinrichtungen ausgestattet. **Der in diesem Bereich arbeitende Diplom-Ingenieur muß demnach in der Lage sein, ein weitgehend automatisiertes elektromechanisches System konzipieren, weiterentwickeln und warten zu können.**

Die Studienrichtungen für elektrische Anlagen und Maschinen enthalten einen Schwerpunkt bezüglich des stationären und transienten Betriebsverhaltens von konventionellen elektrischen Maschinen. An Diplom-Ingenieuren, die in diesem Bereich über gute Grundlagenkenntnisse verfügen, herrscht in vielen Unternehmen ein **gewisser Mangel**. Ebenso wichtig ist jedoch das Arbeitsgebiet des Entwurfs und des Planens elektrischer Anlagen, das ein sehr breit angelegtes Grundlagenwissen erfordert. Von Diplom-Ingenieuren, die in diesem Bereich arbeiten, wird erwartet, daß sie für recht unterschiedliche Technologien, für die elektrische Anlagen konzipiert werden müssen, Kenntnisse mitbringen oder erwerben und in der Lage sind, komplexe technische Systeme nach systematischen Gesichtspunkten durchzuarbeiten.

Schließlich sei darauf hingewiesen, daß sich die Berufsfelder der elektrischen Energietechnik in einigen Bereichen stark mit den Aufgaben der auf Energietechnik spezialisierten Maschinenbauingenieure überschneiden (z.B. Energietechnik, Wärmetechnik etc.).

2.2.2. Nachrichtentechnik (Informationstechnik)

Der Diplom-Ingenieur der Nachrichtentechnik, an einigen Hochschulen auch Informationstechnik genannt, beschäftigt sich mit der **Übertragung und Verarbeitung von Nachrichten bzw. Informationen**. Hierzu gehören die Erfassung von Nachrichten, deren Umwandlung in andere Darstellungsformen, die Nachrichtencodierung und -decodierung sowie klassische und moderne Verfahren zur Nachrichtenübertragung. Das Gebiet schließt die Vermittlung von Nachrichten und die Nachrichtenverarbeitung – besser Datenverarbeitung – ein. Ausgehend von diesem Teilbereich gewinnt das Prinzip der digitalen Nachrichtendarstellung neben den klassischen Analogverfahren in dem gesamten Bereich der Informations- und Nachrichtentechnik immer größere Bedeutung.

Das Fachgebiet umfaßt sowohl die Technik der nachrichtentechnischen Baugruppen, Geräte und Systeme als auch die Methoden, die zur Lösung konkreter Aufgaben eingesetzt werden. Dabei ergeben sich Anwendungen, welche weit über den Einsatz im rein technischen Bereich hinausgehen und somit vielseitige Berufsfelder in Nachbardisziplinen wie z.B. der Medizin, der Biologie, dem Multimediabereich und der Verfahrenstechnik eröffnen.

Innerhalb der Nachrichtentechnik gibt es darüber hinaus eine Vielzahl spezieller Richtungen wie z.B. das große Gebiet des Schaltungsentwurfs und der Weiterentwicklung der Halbleitertechnik, die nicht selten in Arbeitsgebiete der Werkstofftechnik und der angewandten Physik führen.

Schließlich sei noch auf die Studienrichtung Hochfrequenztechnik hingewiesen, die sich mit der Ausbreitung von elektromagnetischen Wellen in Leitungen und Hohlleitern im freien Raum und ihrer Anwendung in der drahtlosen Nachrichten- und Datenübertragung beschäftigt. Anwendung finden solche Techniken z.B. in der Navigation und in der Radartechnik ebenso wie in der Sicherheitstechnik. Auch das Grenzgebiet der optischen Nachrichtentechnik (Optoelektronik) gewinnt mehr und mehr an Bedeutung. Dies ist z.B. an den schnellen Fortschritten in der Lasertechnik zu beobachten.

2.2.3. Technische Informatik

Zunächst sei auf die unterschiedlichen Bezeichnungen der Studienrichtungen wie Datenverarbeitung, Datentechnik, Technische Informatik etc. hingewiesen. Die Aufgabenstellungen für Diplom-Ingenieure dieser Gebiete stammen vornehmlich aus **Forschung, Entwicklung und Anwendung**

elektronischer Rechenanlagen. Sie setzen Kenntnisse und Fähigkeiten in Teilgebieten wie Bauelemente, Baugruppen, Struktur digitaler Systeme, Grundlagen einiger Programmiersprachen und die Befähigung zur Anwendung digitaler Programme voraus. Der Einsatzumfang der auf diese Studienrichtungen spezialisierten Diplom-Ingenieure ist nahezu unbegrenzt und ständig in Erweiterung begriffen. Allerdings ist festzuhalten, daß die Studieninhalte teilweise sehr stark auf rechnerinterne und spezielle Programmierungsprobleme ausgerichtet sind.

So sind beispielsweise Forschungsthemen dieser Studienrichtung Parallelrechner, Simulation, Architektur von digitalen Signalprozessoren, Bildanalyse, Entwurf integrierter Schaltungen, Rechnernetze, Künstliche Intelligenz und Mobilkommunikation.

Absolventen der Technischen Informatik arbeiten in allen Berufsfeldern, in denen Computer eine Rolle spielen. Beispielsweise entwickeln sie Programme zur Bearbeitung von Text, Grafik, Bildern und Filmen oder zum rechnergestützten Entwurf mit Hilfe von CAD-Systemen. Sie entwickeln Software beispielsweise bei Telefonvermittlungssystemen. Arbeitsfelder bestehen auch in der Hardware-Entwicklung – häufig in softwarenahen Bereichen – für intelligente Steuerungen und Subsysteme in Fahrzeugen, in der Unterhaltungs- oder Haushaltselektronik.

Der Diplom-Ingenieur mit dem Schwerpunkt „Technische Informatik" findet in der Industrie ein sehr breites Berufsfeld vor. Er findet nicht nur Zugang zu den klassischen Bereichen der Energie- und Nachrichtentechnik, sondern auch zu vielfältigen Aufgaben in Bereichen, die nicht unmittelbar mit der Elektrotechnik zusammenhängen, z.B. der Produktionstechnik, der Regelung verfahrenstechnischer Prozesse, der elektrophysikalischen Forschung, der human- und tiermedizinischen Technik etc. Die Berufspraxis verlangt Teamfähigkeit, ständige Lernbereitschaft und Flexibilität.

2.2.4. Allgemeine Elektrotechnik (übergreifend)

Neben den Studiengängen der Energietechnik, der Nachrichtentechnik und der Technischen Informatik haben die übergreifenden Studienrichtungen der allgemeinen Elektrotechnik wachsende Bedeutung. Gerade die Fortschritte der modernen Technik basieren häufig auf einer breit orientierten, **systematischen Forschung und Entwicklung, z.B. auf den Gebieten der Elektrophysik und der Regelungs- und Prozeßtechnik.**

Es muß festgehalten werden, daß die Grenzen zwischen den Studienrichtungen Energietechnik, Nachrichtentechnik, Technische Informatik und allgemeine Elektrotechnik eher fließend sind.

Die Studienrichtungen der Regelungs-, System- und Automatisierungstechnik bieten eine stärker **anwendungsorientierte Ausbildung.** Dieser häufig auch mit dem Begriff der **Prozeßtechnik** zusammengefaßte Schwerpunkt bezeichnet ein Fachgebiet, das als eigenständige Disziplin erst nach dem zweiten Weltkrieg entstanden ist und ingenieurwissenschaftliche Aufgaben der Automatisierung beinhaltet, d.h. der **Entwicklung technischer Systeme, bei denen der Funktionsablauf nicht durch unmittelbaren Eingriff des Menschen gesteuert wird.** Die so ausgebildeten Diplom-Ingenieure brauchen ebenfalls eine solide Grundlage im Umgang mit Datenerfassungsanlagen, wobei auf die Handhabung von großen Prozeßrechnern sowie Klein- und Mikrorechnern ein ganz besonderes Gewicht zu legen ist. Die Prozeßrechenanlagen unterscheiden sich von herkömmlichen Digitalrechnern dadurch, daß über entsprechende Ansteuereinheiten technische Prozesse direkt an den Rechner angeschlossen und von diesem gesteuert, geregelt und überwacht werden. Die Palette des beruflichen Einsatzgebietes für den Automatisierungstechniker ist im

Chancen in der Kommunikationstechnik

Bosch Telecom sucht Führungsnachwuchs mit internationaler Ausrichtung

Bosch Telecom ist auf dem Wachstumsmarkt Kommunikationstechnik mit rund 20 000 Mitarbeitern einer der großen europäischen Anbieter. Die Produktpalette umfaßt Systeme für öffentliche Kommunikationsnetze (Glasfaser- und Funkübertragung, Vermittlungstechnik, Netzmanagement) und private Kommunikationsnetze (TK-Anlagen, Call Center, Computer-Telefon-Integration, DECT, GSM) sowie Systeme für die Raumfahrt, die Sicherheitstechnik und die Verkehrsleittechnik. Wenn Sie als

Wirtschaftswissenschaftler/in
Wirtschaftsingenieur/in
Informatiker/in
Dipl.-Ingenieur/in
(Nachrichtentechnik)

Ihre Flexibilität und Einsatzbereitschaft durch anspruchsvolle Praktika sowie Studien- und Praxisaufenthalte im Ausland dokumentieren können und jetzt die Zukunft mitgestalten wollen, bieten wir Ihnen den Berufsstart im Rahmen unserer Führungsnachwuchsprogramme **Vertrieb/Marketing** an.

Unsere kontinuierliche Nachwuchsförderung stellt unseren Unternehmenserfolg auch in der Zukunft sicher. Sehr gute Entwicklungsperspektiven finden bei uns daher begeisterungsfähige Hochschulabsolventen, die viel bewegen möchten und über ausgeprägtes Potential für Führungsaufgaben sowie über hohe Mobilität verfügen.

Schon während des Einstiegsprogramms mit individuellem Gestaltungsfreiraum fördern wir Sie durch umfangreiche Weiterbildungsangebote. Ihr Einsatz erfolgt bereichsübergreifend an verschiedenen Standorten, vielfach auch im Ausland.

Auch wenn Sie Ihr Studium erst in Kürze abschließen, freuen wir uns schon heute über Ihre aussagekräftigen Bewerbungsunterlagen.

Studentinnen und Studenten ermöglichen wir, im Rahmen von Industriepraktika sowie durch Anfertigung von Studien- und Diplomarbeiten praktische Erfahrungen vor Ort zu erwerben.

BOSCH TELECOM GmbH, Personalabt., Herr Enaux, Postfach, D-60277 Frankfurt

BOSCH

Grunde genommen noch breiter als die des auf reine Datentechnik spezialisierten Elektroingenieurs. Da die Methoden der Regelungstechnik und Systemtheorie einen systematischen Einblick in die Wirkungsweise völlig unterschiedlicher Prozesse ermöglichen, lassen sich die so ausgebildeten Diplom-Ingenieure in nahezu allen technischen Bereichen des Maschinenbaus, der Verfahrenstechnik und der Elektrotechnik einsetzen. Insbesondere dort, wo es darum geht, einen technischen Prozeß etwa durch Regeleinrichtungen effektiver zu gestalten, sei es im Sinne von Energieeinsparung, von Verbesserung der Arbeitsplatzsituation o.ä. An dieser Stelle sollte nicht unerwähnt bleiben, daß aus der fachübergreifenden Kombination von Maschinenbau, Elektronik und Informatik ein Studiengang „Mechatronik" z.B. an der Fachhochschule Bochum eingerichtet wurde, der als Vollzeitstudium oder auch im Rahmen einer „Kooperation Ingenieurausbildung" berufsbegleitend absolviert werden kann. Von der Substanz her war er allerdings in der Vergangenheit anderswo schon als „Elektromechanische Konstruktion" oder „Produktionstechnik" bekannt. Die Automatisierungstechnik ist ein typisches Beispiel dafür, daß eine methodenorientierte Spezialisierung während des Studiums ein sehr breites Berufsfeld öffnet, während – wie bereits erwähnt – eine produktorientierte Spezialisierung mit dem Risiko einer beruflichen Verengung verbunden ist.

Die im Bereich der Automatisierungs- und Prozeßtechnik ausgebildeten Diplom-Ingenieure lassen sich aber auch bei **systemtheoretischen Problemen** in nichttechnischen Fachgebieten, z.B. der Medizin, der Volkswirtschaft etc. einsetzen. Damit wird eine mögliche Spezialisierung des Elektroingenieurs angedeutet, die über das Berufsfeld reiner Ingenieuraufgaben hinausgeht. Dieses umfassende, gelegentlich mit Kybernetik bezeichnete Berufsfeld wird mit der zunehmenden Komplexität technischer Systeme, bei denen mehr und mehr auch soziale Problemstellungen für den Entwurf technischer Anlagen eine nicht zu unterschätzende Rolle als Einflußfaktoren spielen, an Bedeutung gewinnen.

> **!** *Wer sich innerhalb der Elektrotechnik eine breite Basis aneignen möchte, insbesondere bezüglich des Grenzgebietes zwischen Physik und Elektrotechnik, dem seien Studiengänge wie Allgemeine Elektrotechnik, Theoretische Elektrotechnik oder Elektrophysik empfohlen.*

Die besonderen Schwerpunktbildungen innerhalb dieser Studienrichtungen sind anhand der Studienpläne der einzelnen Universitäten im Detail zu überprüfen. Teilweise enthalten diese Ausbildungsrichtungen eine Mischung aus energietechnischen und nachrichtentechnischen Gebieten, teilweise eine stärkere Orientierung auf die Werkstoffe und die theoretischen Grundlagen der Elektrotechnik. Wer sein Berufsfeld erst kurz vor Ende des Studiums festlegen kann oder will, ist sicherlich gut beraten, sich breite theoretische Grundlagen zu verschaffen und die notwendige Schwerpunktbildung dann am Ende seines Studiums im Rahmen der Studien- und Diplomarbeit durchzuführen. Hierbei sollte jedoch dann besonders darauf geachtet werden, daß die Themen dieser Arbeiten aus einem Bereich stammen, der für den potentiellen ersten Arbeitgeber von Interesse ist.

Abschließend kann festgehalten werden, daß gerade im Bereich der Elektrotechnik die durch die Wahl der Studien- und Diplomarbeit gewählte Vertiefungsrichtung unter Umständen für das spätere Berufsfeld von größerer Bedeutung ist als die gewählte Studienrichtung.

You'll learn a lot at Daimler-Benz. Like how to pack a suitcase.

HUTH + WENZEL

A career with Daimler-Benz can be a moving experience.

▶ If you think you have to live in Stuttgart to get a job at Daimler-Benz, you haven't met Señor S. As a Mexican, his first language is Spanish, not German. But after graduating in Engineering, his first task as a Daimler employee was to pack his bags and join the graduate intake in Mannheim.

▶ Hardly a year later, he was off to Mercedes-Benz North America. Three years after that, it was destination Spain. And now?

He's based in Stuttgart. But he knows better than to put the suitcases away in the attic just yet.

▶ You could soon be following his example, proving that at Daimler-Benz, internationalisation is rather more than just a fancy phrase. It's something that our employees demonstrate every day. And that could mean a great deal in your career development. Because to Daimler-Benz, it's not where you come from that counts. It's the things you bring with you:

your expertise, your enthusiasm and your personality.

▶ So why not follow Señor S.'s example and write us a letter? We'd be delighted to answer it. Even if you're not from Stuttgart.

▶ Daimler-Benz AG, Personalmarketing, "Suitcase", T 100, D-70546 Stuttgart.

DAIMLERBENZ
AKTIENGESELLSCHAFT

2.2.5. Studiengänge und Studienrichtungen an Technischen Hochschulen/ Universitäten (* überwiegend als Studienrichtung angeboten)

- Allg. Elektrotechnik*
- Automatisierungstechnik*
- Biomedizinische Technik*
- Datentechnik*
- Datenverarbeitung*
- Digitaltechnik*
- Elektrische Anlagen*
- Elektrische Antriebe*
- Elektrische Energietechnik*
- Elektrische Energieversorgung*
- Elektrische Maschinen*
- Elektrische Nachrichtentechnik*
- Elektrodynamik*
- Elektroenergiesysteme*
- Elektromechanische Konstruktionen*
- Elektronik*
- Elektrophysik*
- Elektrotechnik
- Elektrowärme*
- Energieleittechnik*
- Energieumwandlung und -transport*
- Fernmeldetechnik*
- Festkörperelektronik*
- Gerätetechnologie*
- Halbleitertechnik*
- Hardwaretechnik*
- Hochfrequenztechnik*
- Hochspannungstechnik*
- Technische Informatik*

- Informationstechnik*
- Integrierte Schaltungen*
- Kommunikationselektronik*
- Kommunikationstechnik*
- Kybernetik
- Leistungselektronik*
- Lichttechnik*
- Meßtechnik*
- Meß- und Regelungstechnik*
- Mikroelektronik*
- Mikrowellentechnik*
- Nachrichtensysteme*
- Nachrichtentechnik*
- Nachrichtenübertragung*
- Optik*
- Prozeßtechnik*
- Reaktortechnik*
- Rechnergesteuerte Vermittlungssysteme*
- Regelungstechnik*
- Signalverarbeitung und Datentechnik*
- Softwaretechnik*
- Starkstromanlagen*
- Systemtheorie*
- Theoretische Elektrotechnik*
- Ton- und Bildübertragung*
- Übertragungstechnik*
- Vermittlungssysteme*
- Vermittlungstechnik*

2.2.6. Studiengänge an Fachhochschulen

- Automatisierungstechnik
- Elektrische Energietechnik
- Elektrische Nachrichten-
  und Kommunikationstechnik
- Elektronik
- Elektrotechnik

- European Electronic Studies (EES)
- Informatik
- Nachrichtentechnik
- Prozeßinformatik
- Ton- und Bildtechnik
- Umweltschutz

2.3. Bewertung der Berufschancen

Die mittel- und langfristigen Berufschancen für den Elektroingenieur können im Hinblick auf die sinkenden Studentenzahlen im wesentlichen als gut bis sehr gut bezeichnet werden. Experten des VDE und des VDI befürchten sogar einen Mangel an qualifizierten Elektroingenieuren in etwa ab der Jahrhundertwende und damit eine qualitative Verminderung des Innovationspotentials in Deutschland. In den Berufsfeldern der Datenverarbeitung, der Kommunikations- und Medientechnik, der Netzwerktechnik und der Prozeßautomatisierung besteht durchgängig Bedarf an qualifizierten Diplom-Ingenieuren, insbesondere der Fachrichtungen Elektronik, Elektro- und Nachrichtentechnik. Besonders gefragt sind auch fundierte Informatikkenntnisse, die zum Teil im Elektrotechnik-Studium vermittelt werden. Da der Diplom-Ingenieur der Elektrotechnik, wie bereits erwähnt, durch die anspruchsvolle und breit angelegte Ausbildung **auch Berufsfelder in Grenzbereichen der Technik und im nichttechnischen Bereich** wahrnehmen kann, bietet sich ihm ein weites berufliches Einsatzfeld.

Für stark praxisorientierte Anwendungsbereiche werden Absolventen von Fachhochschulen nicht selten dem mehr wissenschaftlich ausgebildeten Diplom-Ingenieur von Technischen Hochschulen vorgezogen.

Diese Bewertung bezieht sich auf die generellen Berufschancen im Hinblick auf den derzeitigen Stand der Technik und spiegelt nicht die aktuellen, konjunkturbedingten Arbeitsmarktprobleme für Hochschulabsolventen wider.

3. Berufsfelder des Maschinenwesens

3.1. Merkmale des Berufsfelds

Der Maschinenbau gehört zu den klassischen Ausbildungsbereichen der ingenieurwissenschaftlichen Disziplinen. **Der Maschinenbauingenieur arbeitet im allgemeinen mehr anlagenorientiert und weniger systemorientiert – wie etwa der Elektroingenieur.** Ihm kommen in der Industrie Aufgaben in allen Bereichen der Forschung, Projektierung, Planung, Entwicklung, Konstruktion, Produktion, Montage, Inbetriebnahme von Maschinen und technischen Aggregaten sowie ganzer Produktionsanlagen zu. Mit steigender Tendenz übernehmen Maschinenbauingenieure Aufgaben in den Bereichen Vertrieb und Marketing. Zum Teil findet man Maschinenbauingenieure auch in der Betriebsführung vor allem kleiner und mittlerer Unternehmen. Auch im öffentlichen Dienst, z.B. bei der Deutschen Bahn AG, ist ein hoher Anteil an Maschinenbauingenieuren festzustellen. Weiterhin bieten sich freiberufliche Tätigkeiten, etwa als Sachverständiger, an. Mit Hilfe von Zusatzausbildungen kommen auch Arbeiten z.B. als Patentanwalt bzw. -assessor oder in der Umwelt-, Qualitäts- und Sicherheitstechnik in Frage. Eine betriebswirtschaftliche Komponente bekommt der Maschinenbauingenieur durch die integrierte oder zusätzliche Ausbildung zum Wirtschaftsingenieur.

Nach einer vertieften Behandlung allgemeiner naturwissenschaftlicher Grundlagen der Ingenieurwissenschaften, die mit den Grundlagen anderer ingenieurwissenschaftlicher Disziplinen mit Ausnahme der Architektur weitgehend identisch sind, steht **eine Vielzahl von speziellen Studienrichtungen und Schwerpunkten zur Auswahl.** Während das Grundstudium eher methoden- und verfahrensorientiert ausbildet, ist das Hauptstudium häufig noch sehr stark produktorientiert.

Je nach Art der Ausbildungsqualifikation bietet sich dem Maschinenbauingenieur eine breite Palette an Berufsfeldern, die auch in den Bereich der Verkehrstechnik, des Bergbauwesens, der physikalischen Technik, der Hüttenkunde oder des Elektromaschinenbaus reichen können. Aufgrund der zunehmenden Bedeutung von Prozessen des Informationsumsatzes ist auch für den Maschinenbauingenieur eine solide Ausbildung für Automatisierungs- und Datenverarbeitungsaufgaben notwendig. Dies vor allem deshalb, um sich längerfristig geeignete Berufsfelder zu sichern, in denen insbesondere die Verbindung von ganz speziellen Anlagenkenntnissen erforderlich ist, z.B. bei der Herstellung von Umweltschutzanlagen. Das gilt auch für den Bereich von spezifischen Datenverarbeitungskenntnissen (Technologie von Mikrorechnern). Dabei wird für den Maschinenbauingenieur der unmittelbare Umgang mit praktischen Problemen des Anlagenbaus, der Werkzeugmaschinenherstellung etc. überwiegen. Für Maschinenbauingenieure, die sich in ihrer beruflichen Laufbahn für Führungsaufgaben qualifizieren wollen, sind darüber hinaus gute betriebswirtschaftliche und betriebsverfassungsrechtliche Kenntnisse unerläßlich, verbunden mit der Fähigkeit, ein kooperatives Management im beruflichen Alltag durchzusetzen, etwa in der Vermittlung zwischen kaufmännischen und technologischen Problemen innerhalb eines Unternehmens.

Die folgende Abbildung gibt einen Einblick in die Verteilung der Universitäts- und Fachhochschulabsolventen des Maschinenwesens auf die beruflichen Aufgabenbereiche:

Berufliche Aufgabenbereiche	FH (%)	Uni (%)
Entwicklung, Versuch	40	37
Forschung, Wissenschaft	32	2
Lehrtätigkeit	18	2
Konstruktion	14	28
Fertigung	7	11
Fertigungsvorbereitung	6	10
Beratung, Consulting	8	7
Planung, Management	7	11
Betriebstechnik, Wartung, Sicherheits-, Umwelttechnik	7	11
Meß- und Prüftechnik	6	8
Vertrieb, Marketing	5	9
Informationsverarbeitung (EDV o.ä.)	7	4
Systemanalyse	6	7
Sonstige Aufgabenbereiche	12	13

Abb. V-4: Berufliche Aufgabenbereiche von Universitäts- und Fachhochschulabsolventen des Maschinenwesens (Mehrfachnennungen möglich).
(Quelle: Teichler/Winkler „Der Berufsstart der Hochschulabsolventen", Bad Honnef, 1990)

Die Anzahl der Hochschulabgänger, die mit einer Tätigkeit in der Forschungs- und Entwicklungsabteilung eines Unternehmens ins Berufsleben starten, ist in den letzten Jahren jedoch deutlich zurückgegangen. Zugenommen hat hingegen der Anteil der Maschinenbauingenieure in den Bereichen Marketing und Vertrieb.

MAHLE

Über 19 000 Beschäftigte in zahlreichen Werken, Tochter- und Beteiligungsgesellschaften in Europa und Übersee, Lizenzfabrikationen auf 4 Kontinenten, Vertriebs- und Service-Präsenzen rund um den Globus – das ist die MAHLE-Gruppe. Aber auch das ist MAHLE: Technologisch anspruchsvolle Produkte und Fertigungstechniken, in jahrzehntelanger Entwicklungsarbeit erworbenes Know-how, Grundlagen- und Produktforschung auf hohem Niveau. Wollen Sie als

DIPLOM-INGENIEUR

an unserem Fortschritt und Erfolg teilhaben? In diesen Produktbereichen können Sie es: **Kolben und Kolbenzubehör**

Spitzentechnik im Motor. Weltweit.

■ **Zylinder und Motorblöcke** ■ **Kompressoren und Druckluftgeräte** ■ **Raumtechnik/Installationsböden** ■ **Filter für Motoren und Industrie** ■ **Eisen- und Stahlprodukte.** Schreiben Sie uns bitte – unter Beifügung der üblichen Unterlagen –, welche dieser Produktgruppen Sie besonders interessiert und in welchem Fachbereich Sie tätig sein möchten. Wir werden Sie gründlich einarbeiten, um Ihnen frühzeitig Verantwortung übertragen zu können. Selbstverständlich bei gutem Gehalt, zeitgemäßen Sozialleistungen und betrieblicher Weiterbildung. Wenn Sie vorab noch Informationen wünschen, rufen Sie bitte Herrn Hofmann an. Telefon (07 11) 5 01-24 09.

MAHLE GMBH
Zentrale Personalabteilung
Pragstraße 26–46
70376 Stuttgart

3.2. Spezielle Berufsfelder und Studienrichtungen des Maschinenwesens

Das Studienangebot des Maschinenwesens kann in folgende Bereiche gegliedert werden:

- ○ Fertigungsverfahren   (Abschnitt 3.2.1.)
- ○ Energietechnik   (Abschnitt 3.2.2.)
- ○ Verkehrstechnik   (Abschnitt 3.2.3.)
- ○ Übergreifende Studienrichtungen des Maschinenwesens   (Abschnitt 3.2.4.)

3.2.1. Fertigungsverfahren

Die Berufsfelder des Fertigungswesens bilden **einen der großen Schwerpunkte** innerhalb der Tätigkeitsfelder des Maschinenbauingenieurs. Dabei stehen neben den Verfahren und Maschinen zur Bearbeitung von Gütern die Fragen der Organisation und der Kosten der betrieblichen Abläufe im Vordergrund.

Die Studienrichtung Fertigungstechnik gehört zu den typisch methodenorientierten Schwerpunktbildungen, da die darin erlernten Verfahren auf sehr unterschiedliche Prozesse anwendbar sind. Der Diplom-Ingenieur der Fertigungstechnik sollte nicht nur gute technische Kenntnisse aus dem Bereich der Werkzeugmaschinen und der Steuerung solcher Maschinen mitbringen, sondern auch über Grundkenntnisse in Verfahren der Fertigungstechnik, nicht zuletzt gießerei- und schweißtechnischer Verfahren, verfügen. Zudem sollte er seine Ausbildung durch Lehrangebote aus dem Bereich der Produktionstechnik ergänzen. Die Studienrichtung Betriebstechnik legt einen Schwerpunkt auf die Grundlagen der mathematischen Behandlung betrieblicher Probleme sowie auf Fragen der Planung und Einrichtung von Fabrikanlagen.

An einigen Hochschulen werden darüber hinaus spezielle Vertiefungsmöglichkeiten angeboten (z.B. Werkstoff-, Textil-, Metall-, Druck- und Kunststofftechnik). Bei solchen stärker produktorientierten Spezialisierungen sollte der Studierende stets auch die Entwicklung auf dem Arbeitsmarkt im Auge behalten.

Die Berufschancen des genügend breit ausgebildeten Fertigungsingenieurs sind dabei unverändert gut. Dies hat seine Ursachen vor allem in dem Bedarf an technisch hochqualifizierten Nachwuchskräften der mittelständischen Unternehmen. Einsatzgebiete sind dabei Fertigung/ Produktion, Organisation/Technische Dienste und Arbeitsvorbereitung.

3.2.2. Energietechnik

Die Bedeutung der Schwerpunktbildung Energietechnik im Rahmen des Maschinenbaus hat durch die veränderte Energielage zugenommen – wie dies bereits bei den Ausführungen über elektrische Energietechnik im Rahmen der Elektrotechnik erwähnt wurde. Für den Maschinenbauingenieur ergeben sich hier aufgrund der Grenzen der Verwendung konventioneller Rohstoffe zur Energiegewinnung neue Berufsfelder. So wird u.a. für die Fragen einer verlustarmen Energieumwandlung in allen Bereichen der Energiegewinnung auch in Zukunft ein großer Bedarf an Ingenieurkapazität erforderlich sein. Da die Hauptaufgabe der Energietechnik in der Umwandlung von chemischer bzw. atomarer Energie in Wärmeenergie und deren Überführung in mechanische Energie besteht, findet der Maschinenbauingenieur der Fachrichtung Energietechnik seine **Berufsfelder im Energieanlagenbau, der Reaktor- und Kraftwerkstechnik, dem Strömungs- und Kolbenmaschinenbau oder bei Genehmigungsbehörden.**

Ihr Start in die Zukunft

Berufseinstieg für Hoch- und Fachhochschulabsolventen

Das sind wir:

Der Preussag-Konzern gehört mit 66.000 Mitarbeitern in über 200 Tochtergesellschaften und einem Jahresumsatz von rund 25 Milliarden DM zu den größten Unternehmen in Deutschland mit weltweiter Präsenz.

Das Leistungsangebot basiert auf Grundstoffen und Energie mit Kernkompetenzen in technologie- und anlagenbauorientierten Feldern sowie technischen Dienstleistungen. Das internationale Geschäft soll in den Regionen Asien, Mittel- und Osteuropa sowie Nordamerika in den nächsten Jahren stark ausgebaut werden.

Das sind Sie:

Sie haben die Hoch-/Fachhochschule mit einem Prädikatsexamen in den Fachrichtungen

- ☐ Wirtschaftswissenschaften,
- ☐ Wirtschaftsingenieurwesen,
- ☐ Maschinenbau oder
- ☐ Rechtswissenschaften

verlassen. Sie suchen die Herausforderung in einem international orientierten Unternehmen, bei dem Sie Ihre Ideen einbringen und aktiv umsetzen können. Sie sind überdurchschnittlich engagiert, verfügen über gute Fremdsprachenkenntnisse und sind mobil – auch für internationale Einsätze. Es macht Ihnen Freude, ständig dazuzulernen, sich auf wechselnde Aufgaben und Gegebenheiten einzustellen sowie Verantwortung zu übernehmen.

So können Sie bei uns starten:

Als **Trainee** der Preussag AG werden Sie bei unseren Konzern-Gesellschaften im In- und Ausland eingesetzt. Sie erhalten somit die Möglichkeit, die verschiedenen unternehmerischen Aktivitäten des Preussag-Konzerns intensiv kennenzulernen und sich auf die spätere berufliche Zukunft systematisch vorzubereiten. Wir bieten Ihnen dazu vielfältige Entwicklungsmöglichkeiten und fördern Sie individuell Schritt für Schritt. Wer nicht mit diesem Trainee-Programm in die berufliche Zukunft starten möchte, kann durch den **Direkteinstieg** bei einer unserer Konzern-Gesellschaften den Grundstein für eine erfolgreiche Karriere legen.

Sie sind interessiert?

Dann fordern Sie unsere Broschüre „Ihr Start in die Zukunft" an.
Preussag AG
Personalentwicklung-Führungskräfte
Karl-Wiechert-Allee 4
30625 Hannover

Die Fachrichtungen Turbo-, Verbrennungsmaschinen und Strahlantriebe umfassen alle Kraft- und Arbeitsmaschinen, die als Strömungsmaschinen oder als Kolbenmaschinen arbeiten. Zu den wichtigsten Strömungsmaschinen zählen die Kreiselpumpen, Turboverdichter und Turbinen. Zu den Kolbenmaschinen zählen Verbrennungsmotoren, Kolbenverdichter und Kolbenpumpen. Beide Maschinenarten arbeiten zusammen, z.B. in der Kombination von Verbrennungsmotor und Abgasturbolader oder in einem sogenannten Verbundbetrieb in verfahrenstechnischen Anlagen. Dabei spielen Strömungsmaschinen und Kolbenmaschinen nicht nur in der Energie- und Wasserversorgung, sondern auch als Antriebsmaschinen von Land-, Wasser- und Luftfahrzeugen eine Rolle, so daß sich diese Studienrichtung in Teilbereichen auch der Verkehrstechnik zuordnen läßt.

Die Studienrichtung Wärmetechnik beinhaltet die praktische Anwendung der Energieübertragung und Energieumwandlung. Dabei geht es um die thermodynamische Analyse der einzelnen Prozesse zur Berechnung der umgesetzten Energie. In der Wärmetechnik ist daher eine Verbindung von theoretisch-orientierten und konstruktiven Fachkenntnissen erforderlich, so z.B. aus dem Gebiet der Thermodynamik und des Apparatebaus. Die Studienrichtung der Wärmetechnik überschneidet sich mit Arbeitsgebieten der Verfahrenstechnik. Dies zeigt sich auch an den Berufsfeldern für den auf Wärmetechnik spezialisierten Diplom-Ingenieur, der seinen Einsatzbereich in Industriezweigen der Wärme- und Klimatechnik ebenso wie in Industriezweigen der Verfahrenstechnik findet. Ingenieure der Fachrichtung Wärmetechnik haben aufgrund ihrer Einsatzmöglichkeiten in der **chemischen Industrie, der Feuerungstechnik, dem Industrieofenbau, dem Hüttenwesen und sonstigen Industriebereichen, in denen Energieumwandlungen und -übertragungen ein bedeutende Rolle spielen**, gute Berufsaussichten. In Zukunft werden nicht nur Fragen der Energiebereitstellung, sondern auch der besseren und umweltgerechteren Steuerung und Regelung wärmetechnischer Anlagen an Bedeutung gewinnen. Die Studienrichtung Reaktortechnik ist dagegen ein Beispiel für eine stark produktorientierte Ausbildung. Bei einer solchen produktorientierten Fachrichtung zeigt gerade die jüngere Entwicklung, daß solche Spezialisierungen mit einem gewissen beruflichen Risiko verbunden sind.

3.2.3. Verkehrstechnik

Im Gegensatz zu den Studienrichtungen der Verkehrstechnik im Rahmen des Bauingenieurstudiums enthalten die hier in Frage kommenden Studienrichtungen hauptsächlich die Konzipierung, den **Entwurf und die Produktion von Fahrzeugen** in verschiedenen Anwendungsbereichen.

Studienrichtungen des Kraftfahrwesens, der Fahrzeugtechnik, der Landmaschinen, der Luft- und Raumfahrttechnik, des Flugzeugbaus, der Schienenfahrzeuge und der Schiffstechnik sind jeweils auf einen bestimmten Produktbereich spezialisiert. Innerhalb dieser Produktbereiche gibt es wiederum eine Vielzahl von Berufsfeldern, in denen eine sehr breite Qualifizierungsmöglichkeit gegeben ist, so daß sich etwa bei einem Rückgang der Fahrzeugproduktion ein Berufswechsel, z.B. in das Arbeitsgebiet der Schienenfahrzeuge, durchführen läßt. In allen diesen Bereichen müssen in besonderem Maße naturwissenschaftlich-technische Erkenntnisse der verschiedensten Fachgebiete der Physik und der Ingenieurwissenschaften einschließlich der Regelungstechnik und Datenverarbeitung angewandt werden. Zunehmende Bedeutung gewinnen dabei Berechnungsverfahren für statische und dynamische Beanspruchungen und die Entwicklung neuer Werkstoffe für den Fahrzeugbau. Wer sich auf eine dieser produktorientierten Studienrichtungen spezialisieren will, sollte vor Beginn des Studiums oder spätestens nach dem Vordiplom prüfen, an welchen Universitäten entsprechende Schwerpunktbildungen möglich sind.

Die Studienrichtungen der **Fördertechnik und des Transportwesens** beinhalten stärker Methoden und organisatorische Maßnahmen, die zur Planung, Steuerung und Überwachung ganzer Transport- und Lagersysteme nötig sind. Sie befassen sich mit allen Transport-, Lager- und Umschlagproblemen beim Gewinnen, Verteilen und Bearbeiten von Gütern. Ständig zunehmender Einsatz von Rechenanlagen kennzeichnet auch in diesem Bereich der „Logistik" die zukünftigen Tätigkeitsfelder des Diplom-Ingenieurs.

3.2.4. Übergreifende Studienrichtungen des Maschinenwesens

Das Studienangebot des Maschinenbaus ist traditionell in relativ hohem Maße produktorientiert. Um so mehr ist in Zukunft damit zu rechnen, daß durch die deutliche Zunahme des Informationsumsatzes in technischen Prozessen übergreifende Studienrichtungen an Bedeutung gewinnen. Hier sei zunächst auf die **Studienrichtungen des Allgemeinen und des Theoretischen Maschinenbaus** hingewiesen, die an vielen Universitäten angeboten werden. Häufig ist im Rahmen dieser Studienrichtungen eine Spezialisierung in einem bestimmten Teilgebiet möglich, so z.B. in der Automatisierungs- oder Regelungstechnik. Eine sehr fundierte Ausbildung in diesen Bereichen bietet auch der Studiengang Technische Kybernetik. Die Berufsfelder der Elektrotechnik und des Maschinenbaus fließen dabei vor allem im Bereich der **Automatisierungstechnik** zusammen. Kaum ein Industriezweig ist heute ohne Anwendung der Automatisierungstechnik vorstellbar. So dient z.B. die Automatisierung von Fertigungsprozessen sowohl der Entlastung des arbeitenden Menschen als auch in hohem Maße der Qualitätsverbesserung der Produkte sowie dem Umweltschutz. Viele technische Prozesse sind durch einen hohen Automatisierungsgrad überhaupt erst möglich geworden, so z.B. die Stabilisierung von Bohrinseln in der Meerestechnik. Die Zahl der in diesem Bereich spezialisierten Maschinenbauingenieure ist nicht allzu groß, da in der Regel dem Maschinenbaustudenten der Einstieg in diese stark methodenorientierten Fachgebiete schwerer fällt als etwa dem Elektrotechniker. Gerade deshalb liegen aber hier nicht zu unterschätzende Berufschancen für den Maschinenbauingenieur, da dieser normalerweise wesentlich grundlegendere Kenntnisse über spezielle Technologien des Produktes mitbringt als etwa der Elektroingenieur.

Eine weitere Gruppe der Studienrichtungen des allgemeinen Maschinenbaus bilden das **Physikingenieurwesen und die Mechanik**. Diplom-Ingenieure dieser Studienrichtungen sollen die Lücke zwischen reiner Mathematik und Physik einerseits und den Ingenieurwissenschaften andererseits schließen helfen. So stützt sich die Studienrichtung Mechanik insbesondere auf die Säulen Theorie, Rechnung und Experiment. Nach der Erklärung mechanischer Vorgänge wird versucht, Denk- und Ersatzmodelle mit den dazugehörigen mathematischen Formulierungen aufzustellen und zu lösen. Dazu gehören auch Probleme der mechanischen Beanspruchung von Konstruktionen und die Behandlung der Dynamik vollständiger Systeme sowie der gesamte Bereich der Strömungsmechanik.

Eine weitere branchenunabhängige Spezialisierung kann mit Hilfe der Studienrichtungen **Konstruktions- und Feinwerktechnik** durchgeführt werden. Die hier vermittelten Grundlagenkenntnisse können in nahezu allen Bereichen des Maschinenbaus angewendet werden. In den letzten Jahren ist auffallend, daß gerade im Bereich der Konstruktionstechnik ein gewisser Mangel an qualifizierten Diplom-Ingenieuren entstanden ist. Die Anwendungsbereiche der Feinwerktechnik liegen dabei z.B. in der Büromaschinenbranche, der Herstellung optischer Geräte oder der Spielzeugindustrie.

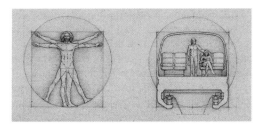

Bei Thyssen können Sie aus Know-how High-Tech machen.

Nichts wünschen sich junge Menschen mehr, als ihr im Studium erworbenes Know-how in die Tat umzusetzen. Sollten Sie darüber hinaus den Wunsch haben, Ihr Know-how in High-Tech umzusetzen, sind Sie bei Thyssen an der richtigen Adresse. Wenn Sie wirklich gut sind.

Zur Thyssen-Gruppe mit ihren drei Unternehmensbereichen gehören weltweit mehr als 300 Unternehmen. Allein in Deutschland ist Thyssen an über 200 Standorten aktiv. Das breite Spektrum an industrieller Produktion sowie Handelsaktivitäten und Dienstleistungen, die fast 124.000 Mitarbeiter und der Umsatz von rund 38,7 Mrd. DM machen den Thyssen-Konzern zu einer der großen Unternehmensgruppen Europas.

Um unserem Führungsanspruch auch in Zukunft gerecht werden zu können, müssen wir vor allem in technologischer Hinsicht immer wieder neue Maßstäbe setzen. So wie wir es mit technischen Höchstleistungen immer wieder bewiesen haben.

Wenn Sie mehr über die Thyssen-Gruppe erfahren wollen, senden wir Ihnen gerne unsere Informationen zu. Bitte schreiben Sie an: THYSSEN AG, Konzernpersonalwesen, Postfach 10 10 10, 40001 Düsseldorf. Oder rufen Sie uns an: (02 11) 8 24 - 3 69 19.

Informationen über Thyssen auch im Internet unter: http://www.thyssen.com/

THYSSEN AKTIENGESELLSCHAFT

Die Spezialisierung in Richtung der **Werkstofftechnik** führt in Aufgabenstellungen der Werkstoffentwicklung, der Auswahl von Werkstoffen für die Fertigungstechnik, der Werkstoffberatung und der Materialschadensfalluntersuchung. In diesem Arbeitsbereich muß ein erheblicher Aufwand an meßtechnischen Verfahren aus allen Gebieten der Natur- und Ingenieurwissenschaften betrieben werden. Aufgrund der Vielzahl der dem Konstrukteur zur Verfügung stehenden Werkstoffe bzw. Werkstoffgruppen (Metalle, Kunststoffe, Keramik) sind gute Kenntnisse der jeweiligen physikalisch-technischen Eigenschaften für einen optimalen Einsatz von Werkstoffen unbedingt erforderlich. Es ist zu erwarten, daß auch in Zukunft die Fortschritte in der Werkstofftechnik zum Teil erhebliche Änderungen anderer Technologien verursachen werden, die der hierauf spezialisierte Diplom-Ingenieur beurteilen muß. Gegebenenfalls hat er für die rechtzeitige Einführung neuerer Produktionsverfahren in einem Unternehmen Sorge zu tragen.

3.2.5. Studiengänge und Studienrichtungen an Technischen Hochschulen/ Universitäten (* überwiegend als Studienrichtung angeboten)

- Allg. Maschinenbau*
- Allg. Mechanik*
- Angewandte Mechanik im Maschinenbau*
- Antriebstechnik*
- Arbeitssicherheit*
- Baumaschinen*
- Betriebsführung*
- Betriebstechnik*
- Biomedizinische Technik*
- Bioverfahrenstechnik*
- Brand- und Explosionsschutz*
- Chemieingenieurwesen*
- Dynamik*
- Elastomechanik*
- Elektrotechnik im Maschinenwesen*
- Energieanlagen*
- Energietechnik*
- Entwicklungs- und Konstruktionstechnik*
- Explosionsschutz*
- Fahrzeugtechnik*
- Feinwerktechnik*
- Fertigungstechnik*
- Festigkeitslehre und Schwingungstechnik*
- Fluidenergiemaschinen*
- Fördertechnik*
- Fügetechnik/Schweißtechnik*
- Gebäudeausrüstung*
- Grundlagen des Maschinenwesens*

- Luft- und Raumfahrttechnik*
- Maschinenbau
- Maschinentechnik*
- Materialflußtechnik*
- Mathematische Methoden der Ingenieurwissenschaften*
- Mechanik*
- Meerestechnik*
- Organisations- und Betriebstechnik*
- Papieringenieurwesen*
- Physikalische Technik
- Physikingenieurwesen*
- Planung und Fertigung (im Schiffbau)*
- Produktionstechnik*
- Qualitätssicherung*
- Reaktortechnik*
- Schienenfahrzeuge*
- Schiffstechnik*
- Schweißtechnik*
- Sicherheitstechnik
- Statik*
- Strömungsmaschinen*
- Strömungstechnik*
- Technische Kybernetik
- Textiltechnik*
- Theoretischer Maschinenbau*
- Theorie und Forschung*
- Thermodynamik*
- Transportwesen*
- Turbomaschinen/Strahlantriebe*

- Ingenieurplanungstechnik*
- Kerntechnik*
- Konstruktionstechnik*
- Verkehrstechnik*
- Kraftfahrwesen*
- Kraftfahrzeugtechnik*
- Kraft- und Arbeitsmaschinen*
- Kraftwerkstechnik*
- Kunststofftechnik*
- Landmaschinen*

- Verbrennungsmotoren*
- Verfahrenstechnik*
- Verkehrssicherheit*
- Kontinuumsmechanik*
- Wärmetechnik*
- Wehrtechnik*
- Werkstoffe*
- Werkstofftechnik*
- Werkstoffwissenschaften*
- Werkzeugmaschinen*

3.2.6. Studiengänge an Fachhochschulen

- Allg. Maschinenbau
- Automatisierungstechnik
- Betriebstechnik
- Energietechnik
- Engineering Studies
- European Mechanical (EMS)
- Fahrzeugtechnik
- Feinwerktechnik
- Fertigungstechnik
- Informatik
- Konstruktionstechnik
- Maschinenbau

- Oberflächentechnik
- Produktionstechnik
- Schiffbau
- Schiffsbetriebstechnik
- Sicherheitstechnik
- Stahlbau
- Systemanalyse
- Theater- und Veranstaltungstechnik
- Verfahrenstechnik
- Versorgungstechnik
- Wärmetechnik
- Werkstofftechnik

Es sei noch einmal darauf hingewiesen, daß die Bereiche der Verfahrenstechnik in eine eigene Gruppe (Kapitel 3) zusammengefaßt wurden. **Auffällig ist, daß bestimmte Studienrichtungen des Maschinenbaus mit der gleichen Bezeichnung in Studienrichtungen des Bauwesens, der Elektrotechnik oder des Bergbaus/Hüttenwesens enthalten sind, so z.b. die Reaktortechnik, die Verkehrstechnik und die Werkstofftechnik.** Im allgemeinen enthalten jedoch diese Studienrichtungen andere Schwerpunkte als im Bauwesen und in der Elektrotechnik. So wird z.B. in der Reaktortechnik des Maschinenbaus auf maschinenbauliche Probleme eingegangen, während Fragen elektrischer Energiegewinnung auf der elektrotechnischen Seite liegen. Gleichzeitig gibt es jedoch in allen diesen Studienrichtungen starke Überschneidungen, die bezüglich der Berufsfelder den großen Vorteil haben, daß der Maschinenbauingenieur in den Bereich des Elektroingenieurs und umgekehrt eindringen kann und sich damit eine breitere Sicherung seiner beruflichen Möglichkeiten verschafft.

3.3. Bewertung der Berufschancen

Im Bereich des Maschinenbaus ist die berufliche Situation dadurch gekennzeichnet, daß Unternehmen häufig Schwierigkeiten haben, geeignet spezialisierte Diplom-Ingenieure des Maschinenbaus einzustellen. Durch die Vielzahl spezieller produktorientierter Studienrichtungen kann es vorkommen, daß zum Zeitpunkt des Studienabschlusses gerade Absolventen dieser Studienrichtungen nicht so sehr gefragt sind.

!	*Es ist deshalb in jedem Fall empfehlenswert, die Auswahl der Studieninhalte so vorzunehmen, daß sich dem Absolventen Berufsfelder in unterschiedlichen Branchen erschließen.*

Für Maschinenbauingenieure, die sich stärker mit Fragen der Prozeßdatenverarbeitung, des Umweltschutzes, dem Einsatz von Kleinrechenanlagen sowie mit regelungstechnischen Verfahren beschäftigen, können die Berufschancen als überdurchschnittlich gut bezeichnet werden. Hier sind Unternehmen häufig gezwungen, Ingenieure anderer Fachrichtungen einzustellen und ihnen die fehlenden Kenntnisse innerhalb des Unternehmens zu vermitteln. Dabei zeigt es sich, daß es für den jungen Diplom-Ingenieur oft einfacher ist, sich spezielle Kenntnisse in einem bestimmten Produktbereich anzueignen als fehlende Grundlagen in methoden-orientierten Fächern wie Konstruktionstechnik, Fertigungs- oder Regelungstechnik nachzuholen.

Gesucht werden ferner Maschinenbauingenieure, die Kenntnisse in der Datenverarbeitung mitbringen und über betriebswirtschaftliches Know-how verfügen.

Diese Bewertung bezieht sich auf die generellen Berufschancen im Hinblick auf den derzeitigen Stand der Technik und spiegelt nicht die aktuellen, konjunkturbedingten Arbeitsmarktprobleme für Hochschulabsolventen wider.

4. Berufsfelder der Verfahrenstechnik

4.1. Merkmale des Berufsfelds

Wie bereits erwähnt, kann man einen großen Teil der verfahrenstechnischen Berufsfelder dem Bereich des Maschinenbaus zuordnen. Betrachtet man jedoch die Studienrichtungen im einzelnen, so stellt man fest, daß die Berufsfelder der Verfahrenstechnik beispielsweise auch die Brauereitechnik und die Lebensmitteltechnologie einschließen. Es wird daran deutlich, daß dies ein eigenes typisches Berufsfeld ist. **Ihren Ursprung hat die Verfahrenstechnik in der chemischen Industrie,** und zwar in der Entwicklung der technisch sehr anspruchsvollen Hochdruckverfahren wie Ammoniaksynthese, Methanolsynthese und Kohlehydrierung. Man nennt sie deshalb auch Chemieingenieurwesen, Chemietechnik oder im Englischen „Chemical Engineering". Prinzipiell schließt der Bereich der Verfahrenstechnik auch spezielle Berufsfelder wie das der Aufbereitungstechnik und der Werkstoffwissenschaften ein, die jedoch im Bewußtsein der Ingenieure in der Regel als eigenes Berufsfeld aufgefaßt werden.

Eine zunehmende Bedeutung wird der Ingenieur der Verfahrenstechnik dadurch gewinnen, daß die Umwelttechnik, die sich mehr und mehr chemietechnischer Verfahren bedienen muß, in Zukunft erheblich mehr Beachtung finden wird. Auch Berufsfelder wie z.B. das der medizinischen Verfahrenstechnik oder der Biotechnologie sowie Kombinationen von regelungstechnischen und verfahrenstechnischen Problemstellungen sollen in diesem Zusammenhang nicht unerwähnt bleiben. Die Vielfalt der beruflichen Möglichkeiten im Bereich der Verfahrenstechnik wird zur Zeit von vielen Studienanfängern unterschätzt.

Können Sie Freiraum nutzen?

Wünschen Sie sich einen großen Entscheidungsspielraum und abwechslungsreiche Aufgaben? In einem Unternehmen wie Beiersdorf, das laufend neue Produkte entwickelt, sind viele Ideen gefragt. So können Sie z.B. schon als Trainee Verkaufsförderungsmaßnahmen durchführen. Oder Sie installieren neue Produktionstechniken. Vielleicht planen und realisieren Sie ja auch (als Junior Produkt Manager) einen Produkt-Relaunch. Als Berufseinsteiger übernehmen Sie von Anfang an Projektverantwortung und arbeiten gleichzeitig im Tagesgeschäft mit.

Haben Sie Lust bei Beiersdorf einzusteigen? Es gibt zwei Möglichkeiten: Sie starten entweder über ein individuell ausgearbeitetes Trainee-Programm oder direkt „on the job". Ihre berufliche Entwicklung fördern wir durch länderübergreifende Job-Rotation sowie international ausgerichtete Workshops und Trainingskonzepte.

Diese und alle anderen Aktivitäten werden speziell auf Ihre persönliche Situation abgestimmt. Sind Sie interessiert?

Beiersdorf ist mit seinen Markenartikeln weltweit erfolgreich. So gehören z.B. tesa, Hansaplast und 8x4 in vielen Ländern zu den Marktführern. Und NIVEA ist heute die größte Körperpflegemarke der Welt. Haben auch Sie eine internationale Karriere geplant? Bevorzugen Sie eine anspruchsvolle Tätigkeit und arbeiten Sie gern im Team? Wenn Sie durch Persönlichkeit überzeugen, Gespür, Tatkraft und Mut zu Visionen haben, möchten wir Sie gern kennenlernen. Falls Sie mehr Informationen wünschen, fordern Sie bitte unsere Einstiegs-Broschüre an. Wir freuen uns auf Ihre Zuschrift.

Beiersdorf AG
Konzern-
Personalentwicklung
Kennziffer 8026
Unnastraße 48
D-20245 Hamburg

BDF ●●●●

Beiersdorf

4.2. Spezielle Berufsfelder und Studienrichtungen der Verfahrenstechnik

Das Studienangebot der Verfahrenstechnik kann in folgende Bereiche gegliedert werden:

○   Chemietechnik

○   Lebensmittelproduktion/-technologie

○   Übergreifende/sonstige Studienrichtungen

4.2.1. Wichtige Studienrichtungen und Berufsfelder

In den entsprechenden Studienrichtungen werden besonders mechanische, thermische, chemische, biologische und elektrische Verfahren zur Änderung von Stoffeigenschaften und Zusammensetzungen und die Entwicklung der erforderlichen Maschinen- und Apparatesysteme sowie technische Anlagen behandelt. Dazu gehört **die Analyse solcher Prozesse in Form mathematischer Modelle**, um die Anlagen mit Hilfe regelungstechnischer Verfahren und der Prozeßsteuerung zu automatisieren, umweltverträglich zu gestalten und zu optimieren. Ständig komplizierter werdende technische Anlagen und die immer stärkere **Automatisierung** führen in besonders expansiven und forschungsintensiven Bereichen der chemischen Industrie **zu einem wachsenden Bedarf an gut ausgebildeten Verfahrenstechnikern und Chemieingenieuren.** Eine große Rolle spielt dabei auch der Betrieb von Anlagen, der wegen der Komplexität des Zusammenwirkens chemischer Prozesse und der Apparatetechnik Diplom-Ingenieure erfordert, die über Erfahrungen auf beiden Gebieten verfügen. Ihre Tätigkeit ist nicht auf die chemische Industrie allein beschränkt, sondern erstreckt sich in gleichem Maße auf die in Anlagenbau und Anlagenplanung tätigen Unternehmen. Tätigkeitsfelder bieten sich ferner in den apparatebauenden Unternehmen, in der Nahrungs- und Genußmittelindustrie, in stoff- und energiewandelnden Industrien im weitesten Sinne und ferner in der Kunststoffindustrie sowie in staatlichen Überwachungsorganisationen. Darüber hinaus gewinnt die Bioverfahrenstechnik, besonders in Zusammenhang mit der Gentechnik oder biologischen Verfahren zur Müllbeseitigung, immer mehr an Bedeutung. Verfahrenstechnikingenieure bilden hier häufig die Schnittstelle zwischen Biologie und Technik, indem sie helfen, im Labor entwickelte und erprobte Verfahren technisch nutzbar zu machen. Auch in andere Bereiche der Biologie sowie der Medizin reicht die Chemietechnik hinein. Hier eröffnet sich ein interessantes Betätigungsfeld, das auch die Bereiche der pharmazeutischen und kosmetischen Industrie, der Lebensmitteltechnologie sowie der Umwelttechnik umfaßt. Letztere werden auch als eigene Studiengänge ausgewiesen. Der Studiengang Brennstofftechnik gehört ebenfalls zum verfahrenstechnischen Bereich, reicht jedoch auch in Probleme der Umwelttechnik, der Werkstoffwissenschaften und Hüttenkunde hinein.

4.2.2. Studiengänge und Studienrichtungen an Technischen Hochschulen/
Universitäten (* überwiegend als Studienrichtung angeboten)

- Abfallwirtschaft*	- Kältetechnik*
- Agrarwissenschaften*	- Kerntechnik*
- Allg. Verfahrenstechnik*	- Klimatechnik*
- Biomedizinische Technik*	- Kraftwerkstechnik*
- Biotechnologie	- Lebensmitteltechnologie
- Bioverfahrenstechnik*	- Luftreinhaltung*
- Brauwesen	- Meß- und Regelungstechnik*

- Brennereitechnologie*
- Brennstofftechnik*
- Chemieingenieurwesen
- Chemietechnik
- Druckereiwesen
- Feuerungstechnik*
- Fruchttechnologie*
- Gärungstechnologie
- Gebäudetechnik
- Gemüsetechnologie*
- Getränketechnologie
- Getreidetechnologie*
- Hefetechnologie*

- Rohstofftechnik*
- Schallschutz*
- Technisch-wirtschaftliche Betriebsführung (in der Druck- und Verpackungsindustrie)
- Umwelttechnik
- Veredelung*
- Verfahrenstechnik
- Wärmetechnik*
- Wasserreinhaltung*
- Wirtschaftswissenschaften*
- Zuckertechnologie*

4.2.3. Studiengänge an Fachhochschulen

- Anlagenplanung
- Apparatebau
- Bioingenieurwesen
- Chemie
- Chemische Technik
- Druckereitechnik
- Landbau

- Maschinenbau
- Mikroelektronik
- Produktionstechnik
- Textilveredelung
- Umweltschutz
- Verfahrenstechnik

4.3. Bewertung der Berufschancen

Aus dem dargestellten Berufsfeld für den Verfahrenstechniker geht hervor, daß die in diesem Bereich entstehenden Aufgaben expandieren. Dies gilt in besonderem Maße für alle Probleme der Umwelttechnik, für die in der Zukunft ein steigender Bedarf an Diplom-Ingenieuren zu erwarten ist. Wem es gelingt, innerhalb seiner Ausbildung verfahrenstechnische Kenntnisse mit guten Grundlagen aus dem Bereich der Datenverarbeitung und Regelungstechnik sowie der angewandten Betriebswirtschaft zu verbinden, dem eröffnet sich **ein attraktives und vielseitiges Berufsfeld mit großen Zukunftschancen.**

Diese Bewertung bezieht sich auf die generellen Berufschancen im Hinblick auf den derzeitigen Stand der Technik und spiegelt nicht die aktuellen, konjunkturbedingten Arbeitsmarktprobleme für Hochschulabsolventen wider.

157

5. Berufsfelder des Bergbaus und angrenzender Bereiche

5.1. Merkmale des Berufsfelds

Der Studiengang Bergbau vermittelt eine generalistisch angelegte Ausbildung. Neben rein ingenieurwissenschaftlichen Fächern beinhaltet das Studium auch juristische, betriebs- und volkswirtschaftliche sowie geo- und umweltwissenschaftliche Fächer. **Dabei spielen die Bereiche Rohstoffgewinnung, Reststoffentsorgung, Umwelttechnik und Kreislaufwirtschaft gegenüber dem herkömmlichen Bergbaubegriff eine immer wichtigere Rolle.**

Traditionell umfaßt der Beruf des Bergbauingenieurs alle Bergbauzweige vom Erzbergbau über Braunkohlen-, Steinkohlen-, Kali- und Salzbergbau, Schiefer- und Torfabbau bis hin zur Gewinnung von Erdöl und Erdgas sowie von Steine- und Erdeprodukten. Dies schließt Arbeiten im Tief- und Tagebau ein. Bergbauingenieure werden sowohl in der Produktion als auch in der Planung eingesetzt und sind darüber hinaus im Management von Bergbauunternehmen vertreten.

In der Produktion liegen die Arbeitsfelder vor allem im Ingenieurbereich. Sie erstrecken sich von der Erschließung der Lagerstätte über die Organisation eines hochautomatisierten Maschinenparks und der Logistik für den Abbau bis hin zur Aufbereitung der Rohförderung. Der Einsatz von moderner computergestützter Überwachungs- und Prozeßleittechnik ist hier üblich und erfordert von den Ingenieuren entprechende Kenntnisse. Über diese Ingenieuraufgaben hinaus ist die zentrale Aufgabe des Bergbauingenieurs in allen Bereichen die sicherheitsbewußte Führung der Mitarbeiter.

Im Planungsbereich sind betriebswirtschaftliche und verwaltungsrechtliche Kenntnisse eine entscheidende Grundlage, um die Anforderungen, die an ein Planungsvorhaben der öffentlichen Hand gestellt werden, zu erfüllen. Auch die Behandlung von Umweltfragen sowie Fragen der Energiepolitik werden immer wichtiger. **Aufgrund der Globalisierung der Rohstoffmärkte gewinnen im Managementbereich schließlich wirtschaftswissenschaftliche Themen mit internationaler Ausrichtung zunehmend an Bedeutung.**

Neue Aufgabenfelder findet der Bergbauingenieur im Gebiet des Entsorgungsbergbaus, der sich zum Beispiel mit der Nutzung bergbaulicher Hohlräume für die Deponierung von Reststoffen sowie der Aufbereitung verschiedener Abfallstoffe befaßt. Die Aufbereitung von Steinen und Erden ist in Europa ebenfalls ein aufsteigender Industriezweig. In der Bergbauzulieferindustrie bieten sich Möglichkeiten für Bergbauingenieure mit Kenntnissen im Maschinenwesen oder der Elektrotechnik. Auch in den Produktions- und Sicherheitsabteilungen der übrigen Industrie sowie in den Überwachungsorganisationen ergeben sich zum Teil interessante Tätigkeiten.

Zu den angrenzenden Bereichen gehören Gebiete der Metallurgie und Teilgebiete der Werkstoffwissenschaften (siehe dazu auch die entsprechenden Abschnitte im Maschinenwesen sowie der Elektro- und Verfahrenstechnik). Diplom-Ingenieure dieser Fachrichtung sind in der Regel in Betrieben beschäftigt, die Rohstofferzeugung und -weiterverarbeitung zu hochwertigen Werkstoffen als Unternehmensaufgabe haben. Der Bereich der Metallurgie und Werkstofftechnik umfaßt in erster Linie die Gewinnung, Veredelung und Weiterbehandlung von Metallen sowie Baustoffen, z.B. Glas, Keramik oder Gießereiprodukte. Umweltschutzmaßnahmen jeglicher Art, Recycling von Schrott und Reststoffen sowie der sorgfältige Umgang mit den Ressourcen stehen im Mittelpunkt heutiger Ingenieuraufgaben der Metallurgie und Werkstoffwissenschaften.

5.2. Spezielle Berufsfelder und Studienrichtungen im Bergbau und angrenzenden Bereichen

Wie bereits erwähnt, werden von einem Bergbauingenieur sehr umfassende Kenntnisse erwartet. Die Erfüllung organisatorischer und koordinierender Aufgaben steht im Vordergrund. Dazu gehören die Planung von Betriebsabläufen, Abbau und Transport von Rohstoffen, Klärung betriebswirtschaftlicher und bergrechtlicher Fragen etc. Es werden aber nicht nur Kenntnisse aus dem Bereich des natur- und ingenieurwissenschaftlichen Grundwissens erwartet, sondern auch Grundlagen der Lagerstättenkunde, der Betriebsorganisation, der Mineralogie etc.

Ein in der Regel **von der Bergbehörde gelenktes Praktikum**, das meistens vor Aufnahme des Studiums beginnt und bis zum Hauptexamen fortgeführt wird, gewährleistet Praxisbezug und einen engen Kontakt zwischen Studenten und den Bergbauunternehmen. Neben den ersten praktischen Erfahrungen im Ingenieurberuf ist die Sozialkompetenz, die bereits während des Studiums erworben wurde, für den Berufseinsatz von Vorteil.

In allen Studienrichtungen sind neben den geowissenschaftlichen und technischen Disziplinen die wirtschaftswissenschaftlichen sowie die rechts- und sozialwissenschaftlichen Fächer als Schwerpunkte hervorzuheben. Sicherheitstechnische und umweltbezogene Wissensbereiche sind integrierte Bestandteile des Fachstudiums.

Die Studienrichtung Bergbau (**-Tiefbau, -Tagebau, Geotechnik/Bergbau**) bildet für die klassischen Bergbauzweige aus. Kern dieser Studienrichtung ist neben den Geowissenschaften die Berg- und Maschinentechnik. In Studienvertiefungen werden wirtschaftliche Aspekte, Anwendungen von bergmännischen Verfahren im Tunnel- und Stollenbau sowie von Umwelttechnik und -recht angeboten. Damit wird der Einsatzbereich der Bergbauingenieure auf wirtschaftliche Berufsfelder, z.B. im Metallhandel, der Rohstofferkundung im Ausland und der Rohstoffberatung ebenso wie auf Berufsfelder im Tief- und Ingenieurbau erweitert.

In der Studienrichtung Aufbereitung und Veredelung werden Ingenieure für die erste Verarbeitungsstufe der bergmännisch gewonnenen Roherze/-kohlen ausgebildet. Schwerpunkte sind die Maschinen- und die Verfahrenstechnik. Die Kenntnisvermittlung physikalisch-chemischer Prozesse gehört in diesen Bereich. Die Abwasseraufbereitung und die Behandlung und Lagerung bergbaulicher Rohstoffe sind spezielle Vertiefungsrichtungen.

Die Anwendung bergtechnischer Verfahren der Gewinnung und Aufbereitung auf die Deponierung von Reststoffen wie Haus- und Sondermüll, Industrieabfällen, Kraftwerksaschen bzw. auf die Sanierung von umweltgeschädigten Böden wird zu einem zukunftsträchtigen neuen Arbeitsgebiet für Bergbauingenieure führen. Darauf bereiten neben der Studienrichtung Bergbau besonders die Studienrichtungen Aufbereitung und Veredelung, Geotechnik/Umwelt sowie die Studienvertiefungen Deponie- und Abfallwirtschaft vor. Die speziellen Kenntnisse in den Geowissenschaften, verbunden mit Spezialwissen in verfahrenstechnischen Bereichen, prädestinieren den Bergbauingenieur für diese Tätigkeitsfelder.

Bergbauspezifische Studienrichtungen wie **Tiefbohrkunde, Erdöl-/Erdgasgewinnung, Gewinnung und Aufbereitung von Steinen und Erden** bereiten für den Einsatz im weltweit interessanten Erdöl-/Erdgasmarkt und für den zukunftsträchtigen Steine- und Erden-Bereich vor.

Die Studiengänge Bergvermessung und Markscheidewesen umfassen hauptsächlich vermessungstechnische Aufgaben unter Tage. Der Markscheider hat nach einem Hochschulstudium noch eine

159

zusätzliche Referendarausbildung zu absolvieren, bevor ihm die Erlaubnis zur Anfertigung von Grubenbildern erteilt wird. Über die Bearbeitung des Grubenbildes hinaus betreuen sie alle anfallenden vermessungstechnischen Arbeiten. Dazu gehören auch die Behandlung von Grundstücksangelegenheiten sowie die Vorratsberechnung der Lagerstätten. Weiterhin sind sie mit der Erfassung des Gebirgsverhaltens und der Bearbeitung von Bergschäden befaßt. Aufgrund ihrer detaillierten Kenntnisse über Lagerstätten, Grubengebäude und Bergschadensentwicklung sind die Markscheider außerdem an der Produktionsvorbereitung und -überwachung, an der Raumplanung und am Umweltschutz beteiligt. Bei einer allerdings nur selten anzutreffenden freiberuf-lichen Tätigkeit übernimmt der Markscheider neben der Führung von Grubenbildern vor allem ingenieurgeodätische Aufgaben im Rahmen privater Verträge.

Das Berufsfeld des Ingenieurs der Metallurgie und der Werkstoffwissenschaften umfaßt die Bereiche der **Weiterverarbeitung von Rohstoffen** zu hochwertigen Werkstoffen (vgl. hierzu auch Kapitel 3. Maschinenwesen). Dieser Bereich schließt die Entwicklung neuer Verfahren und Prozeßlinien mit ein. Ein anderer Bereich ist die Entwicklung neuer Werkstoffe für neue Einsatzbereiche sowie deren Weiterentwicklung.

Die in der Tabelle ausgewiesenen speziellen Studienrichtungen Eisenhüttenkunde und Metallhüttenkunde, Gießereikunde, Glas und Keramik sowie Industrieofenbau enthalten jeweils einen Schwerpunkt der speziellen Technologie und Prozeßtechnik. Einzelheiten gehen aus den Studienplänen der betreffenden Hochschulen hervor. Die Studienrichtungen Metallkunde, Verformungskunde und Werkstofftechnik sind demgegenüber stärker auf Werkstofffragen und Werkstoffentwicklung bezogen. In allen Studienrichtungen ist die Tendenz der stärkeren Gewichtung der Datenverarbeitung, der Meß- und Regelungstechnik und des Umweltschutzes im Studium unverkennbar. **Die breite und methodenorientierte Ausbildung sichert dem Absolventen weite berufliche Tätigkeitsmöglichkeiten.**

5.2.1. Studiengänge und Studienrichtungen an Technischen Hochschulen/ Universitäten (* überwiegend als Studienrichtung angeboten)

- Anorganische nichtmetallische Werkstoffe*
- Aufbereitung und Veredelung*
- Bergbau*
- Brennstoffingenieurwesen
- Eisenhüttenkunde*
- Eisenwerkstoffe*
- Erdgasgewinnung*
- Erdölgewinnung*
- Gießereikunde*
- Glas, Keramik und Bindemittel
- Hüttenwesen
- Industrieofenbau*
- Markscheidewesen
- Materialwissenschaften

- Metallhüttenkunde*
- Metallische Werkstoffe*
- Metallkunde
- Nichteisenwerkstoffe*
- Oberflächentechnik*
- Steine und Erden
- Tiefbohrtechnik, Erdöl- und Erdgasgewinnung*
- Umformtechnik*
- Verformungskunde*
- Werkstoffbearbeitung *
- Werkstoffe*
- Werkstoffkunde*
- Werkstoffwissenschaften

5.2.2. Studiengänge an Fachhochschulen

- Bergtechnik
- Bergvermessung
- Gießereitechnik
- Hüttentechnik

Das Studienangebot im Bergbau wird im Fachhochschulbereich nur von den FH Bergbau Bochum bzw. Saarbrücken und im Bereich der Technischen Hochschulen/Universitäten von der RWTH Aachen, TU Berlin und TU Clausthal sowie von der TU Bergakademie Freiberg abgedeckt. Problemstellungen aus der Metallurgie dagegen sind schon in stärkerem Maße in den Ausbildungsstätten anderer Fachrichtungen verschiedener Universitäten enthalten, insbesondere in der Verfahrenstechnik oder in Studienrichtungen der Werkstofftechnik. An einigen Hochschulen werden Werkstoff- und Materialwissenschaften auch als eigene Studienrichtungen angeboten.

5.3. Bewertung der Berufschancen

In Deutschland wird zwar bis über das Jahr 2000 hinaus Bergbau betrieben, doch nur für eine äußerst geringe Anzahl an Bergbauingenieuren werden sich dadurch Arbeitsmöglichkeiten ergeben. Besser sind die Aussichten, im ausländischen Bergbau tätig zu werden. Dies erfordert jedoch häufig eine sehr große Mobilität, da Bergbau oft in entlegenen Gebieten betrieben wird.

Die Affinität der Bergbautechnik zu Aufgaben in der Umwelttechnik eröffnet neue Aufgabenfelder, speziell in der Deponietechnik und der Sanierung belasteter Böden und Abwässer. Die vertiefte Ausbildung in sicherheits- und verfahrenstechnischen Gebieten bis hin zur Fortbildung zum Assessor des Bergfachs erweitert die Berufsfelder um Bereiche der überwachenden Sicherheitsorganisationen (Bergbehörde, Gewerbeaufsicht, TÜV, Umweltbehörden). Die generalistische Ausbildung zum Bergbauingenieur und deren praxisbezogene Ausgestaltung eröffnen dem Bergbauingenieur jedoch auch in der Industrie vielfältige Tätigkeitsgebiete und gute Berufschancen sowohl in der Produktion als auch in den Sicherheits- und Umweltabteilungen.

Die Berufschancen der Metallurgen und Werkstoffwissenschaftler können als gut angesehen werden. Steigende Anforderungen an die Werkstoffe ziehen einen wachsenden Bedarf an speziell in diesen Fächern ausgebildeten Ingenieuren nach sich. Im Qualitätsmanagement werden weitere Tätigkeitsfelder erschlossen. Dem Absolventen bietet sich ein attraktives und vielseitiges Berufsfeld mit guten Zukunftschancen, das auch von Maschinenbauingenieuren mit einer Vertiefung in Werkstoffwissenschaften erschlossen werden kann.

Diese Bewertung bezieht sich auf die generellen Berufschancen im Hinblick auf den derzeitigen Stand der Technik und spiegelt nicht die aktuellen, konjunkturbedingten Arbeitsmarktprobleme für Hochschulabsolventen wider.

6. Berufsfelder des Bauwesens

6.1. Merkmale des Berufsfelds

Der Begriff des Bauwesens umfaßt heute nicht nur die engere Bedeutung im Sinne des Errichtens von Häusern, sondern alle Aktivitäten, die auf die Beschaffung, Erschließung und Versorgung von planmäßig nutzbarem Raum gerichtet sind. Die Objekte des Bauens sind also z.b. **Verkehrsanlagen, Talsperren, Hochhäuser, Funktürme, Tunnel, Wohnhäuser, Wasserwerke, Fabrikhallen oder Erddämme.**

Aus der Tradition des vorindustriellen Standes der Bauzunft haben sich während der Industrialisierung die beiden Berufsbilder des **Architekten** und des **Bauingenieurs** entwickelt, die sich in jüngerer Zeit in bestimmten Bereichen wieder einander annähern, so z.b. im Fachgebiet der regionalen Raumplanung.

Während sich **der Architekt im wesentlichen mit Bauvorgängen befaßt, bei denen das intuitive Suchen nach funktionsgerechten Formen**, also die Raumgestaltung im weitesten Sinne vorherrscht, ist die Tätigkeit des **Bauingenieurs vorwiegend durch Konstruieren und Berechnen der baulichen Elemente sowie das Planen und Überwachen von Bauvorhaben und ganzer Baugruppen** zu kennzeichnen. Die gegenseitige Abgrenzung zwischen Architekten und Bauingenieuren ist schwierig und bestimmt sich teilweise aus der ästhetischen Bedeutung und dem technischen Schwierigkeitsgrad des Objektes. So wird z.B. bei der Errichtung einer Brücke die Tätigkeit des Bauingenieurs überwiegen und der Architekt nicht so sehr in Erscheinung treten. Bei einem Krankenhaus dagegen wird umgekehrt der Architekt den Entwurf ausarbeiten, während häufig der Bauingenieur erst in einer fortgeschrittenen Phase die rechnerischen Probleme und schwierige statische und konstruktive Fragen bearbeitet. Jedes Bauwerk erfordert jedoch das Zusammenspiel zwischen Auftraggebern, Architekten, Bauingenieuren, Kaufleuten und Spezialisten verschiedener Teilgebiete. Bei der Erstellung von Bauwerken kommt dem Bauingenieur jedoch häufig die Schlüsselrolle zu.

Bezüglich der beruflichen Situation von Architekten und Bauingenieuren muß festgehalten werden, daß beide häufig selbständig arbeiten oder im Angestelltenverhältnis bei einem größeren Unternehmen, z.B. als Konstrukteur, Statiker, Prüfingenieur oder Gutachter tätig sind. Ein überdurchschnittlich großer Anteil – insbesondere von Bauingenieuren – ist im öffentlichen Dienst in Planungs- und Aufsichtsbehörden beschäftigt. Das Berufsfeld des **Vermessungsingenieurs** zeigt von den Tätigkeitsmerkmalen her eine starke Verwandtschaft mit den Tätigkeitsmerkmalen eines Bauingenieurs.

6.2. Spezielle Berufsfelder und Studienrichtungen des Bauwesens

Studienangebot

Die Studienangebote des Bauwesens können in folgende Bereiche eingeteilt werden:

- ○ Architektur   (Abschnitt 6.2.1.)
- ○ Bauingenieurwesen   (Abschnitt 6.2.2.)
- ○ Vermessungswesen   (Abschnitt 6.2.3.)
- ○ Übergreifende Studienrichtungen des Bauwesens   (Abschnitt 6.2.4.)

6.2.1. Architektur

Der **Studiengang Architektur** ist sowohl bei den Fachhochschulen als auch an den Technischen Hochschulen/Universitäten in relativ wenige Studienrichtungen unterteilt. Studienschwerpunkte findet man vor allem im Bauentwurf und der Gebäudeplanung.

Im Schwerpunkt Bauentwurf geht es in erster Linie um Planung und Entwurf einfacher Bauwerke oder Baugruppen. Neben den städtebaulichen Erfordernissen und dem Beitrag des Architekten zur Programmfindung werden gestalt- und raumbildende Faktoren, der Ausbau, die vielfältigen bau- und haustechnischen sowie baurechtlichen Belange in die Entwurfsarbeit einbezogen. Ein Diplom-Ingenieur, der diesen Studienschwerpunkt gewählt hat, sollte fähig sein, Eingabe-, Werk- und Detailpläne zu erarbeiten und sich mit Vertrags- und Baudurchführungsverfahren vertraut zu machen. Die beruflichen Einsatzmöglichkeiten liegen überwiegend in einem selbständigen, industriellen oder behördlichen Planungsbüro.

Der Schwerpunkt Gebäudeplanung ist mit dem Bereich des Bauentwurfes eng verwandt. Neben planungstheoretischen und arbeitsmethodischen Kenntnissen, insbesondere aber Wissen über Tragkonstruktionen, Funktionsabläufe, Gestalt- und Raumwirkungen werden auch psychologische und soziologische Erkenntnisse für Planungsvorhaben vermittelt. Die konstruktiven Arbeiten beziehen sich auf die tragenden und raumbegrenzenden technischen Systeme einschließlich ihrer gestalterischen Alternativen, die technischen Systeme der Ver- und Entsorgung sowie das physikalische und baumechanische Verhalten des gesamten Systems. Eine sinnvolle Konstruktionsplanung setzt dabei die gegenwärtig verfügbare Technologie zur Realisierung architektonischer Konzepte ein.

Dem Berufsfeld Architektur sind neben den Hochbauarchitekten auch Städteplaner sowie Innen- und Landschaftsarchitekten zuzuordnen.

6.2.2. Bauingenieurwesen

Neben dem allgemeinen Studium des Bauingenieurwesens bieten viele Technische Hochschulen und Universitäten Vertiefungsrichtungen für Baubetrieb, -wirtschaft und -produktion, für Grundbau, für Konstruktiven Ingenieurbau, Bereiche des Verkehrswesens und des Wasserwesens an.

> **!** *Da es gravierende Unterschiede im Lehrangebot an den einzelnen Hochschulen gibt, besonders in bezug auf die Wahlmöglichkeiten im Vertiefungsstudium, empfiehlt sich eine genaue Auseinandersetzung mit den Studieninhalten vor Beginn des Studiums.*

Eine der wichtigsten Studienrichtungen des **Bauingenieurwesens** ist der Konstruktive Ingenieurbau, der an den Technischen Hochschulen teilweise als eigener Studiengang angeboten wird. Diese Studienrichtung bereitet auf einen beruflichen Einsatz im Entwerfen, Berechnen, Konstruieren und Ausführen von Bauwerken und baulichen Anlagen aller Art vor. Darunter fallen im Hochbau z.B. vielgeschossige Wohn- und Geschäftshäuser, Schulen, Sporthallen, Speicher und Krananlagen etc. Ein eigenes Gebiet des Konstruktiven Ingenieurbaus ist der Brückenbau – von der kleinen Überführung bis hin zu Großbrücken. Ferner gibt es zahlreiche Sonderbereiche wie das Erstellen von Masten, Türmen, Behältern, Reaktorbauten etc. Das Berufsfeld des in dieser Studienrichtung ausgebildeten Bauingenieurs reicht von **Ingenieurbüros, Bauunternehmen und Behörden bis zu Aufgaben in Lehr- und Forschungsinstituten**. In der Praxis der industriellen Arbeit wird sich dabei häufig eine auf das Baumaterial bezogene Spezialisierung ergeben, die im Tätigkeitsfeld innerhalb von Ingenieurbüros und Behörden nicht unbedingt zweckmäßig ist.

Eine solche Spezialisierung bezüglich des Baumaterials wird an einigen Fachhochschulen auch in Form von eigenen Studienrichtungen ausgewiesen, so z.B. Stahlbau und Holztechnik. Sie befassen sich dabei vor allem mit konstruktiven Fragen dieser Baustoffe einschließlich von Verbundkonstruktionen, bei denen z.b. Stahl in Verbund mit Stahlbeton oder Stahlbetonbauteilen verwendet wird. Im Stahlbau kommt darüber hinaus dem Bauen mit Leichtmetallen eine immer größere Bedeutung zu.

Der Bereich der Baubetriebslehre, der Bauwirtschaft und Bauproduktion ist an einigen Ausbildungsstätten ebenfalls dem Konstruktiven Ingenieurbau zugeordnet. Die Baubetriebslehre gehört ohnehin zu jedem sinnvollen Studium des Bauingenieurwesens, da diese für die Praxis notwendige Ergänzung für planerische und konstruktive Entscheidungen unbedingt erforderlich ist. Außerdem muß in jedem Fall neben den fachtechnisch orientierten Fächern ein betriebswirtschaftliches Grundwissen vorhanden sei.

Auch der **Grundbau** kann als spezielle Vertiefung des Konstruktiven Ingenieurbaus aufgefaßt werden, gehört an einigen Hochschulen aber auch zur Studienrichtung Wasserwesen. Dieser Bereich ist insbesondere für denjenigen Bauingenieur notwendig, der sich in seiner beruflichen Laufbahn auf Aufgaben im Tiefbau spezialisieren will. Der moderne Tiefbau verlangt eine gründliche Fachausbildung in Bodenkunde und Grundbau, um Gründungen von Bauwerken entwerfen, berechnen und die Ausführung verantwortlich überwachen zu können. Zunehmende Bedeutung gewinnt in diesem Bereich auch die Felsmechanik. Zu den speziellen Berufsfeldern gehören der Verkehrswegebau einschließlich des Tunnelbaus, der Verkehrswasserbau einschließlich des See- und Hafenbaus sowie die Gründung einfacher Hochbauten. Zur weiteren Qualifizierung sollte man – unabhängig von der gewählten Studienrichtung – die sogenannte „Modellstatik" nicht vernachlässigen, in der theoretische Rechenergebnisse durch Messungen an Bauwerken oder Modellen mit Hilfe von modernen elektronischen Meß- und Datenerfassungsanlagen überprüft werden. Die rasche und zuverlässige Untersuchung **komplizierter Tragwerke** mit Hilfe von Rechnereinsatz wird allein aus Sicherheitsgründen zunehmend an Bedeutung gewinnen.

Als zweiter größerer Schwerpunkt innerhalb des Bauingenieurwesens ist – neben dem konstruktiven Ingenieurbau – das **Verkehrswesen** zu nennen. Aufgabe des Bauingenieurs innerhalb des Verkehrswesens ist es, aufgrund vorhandener und geplanter Nutzungsflächen (z.B. Wohnflächen, Arbeitsstätten, Erholungsgebiete) und der Lebensgewohnheiten des Menschen sowie der gesellschaftspolitischen Zielsetzungen, Verkehrssysteme in ihrer räumlichen und zeitlichen Verteilung zu planen und – soweit möglich – vorherzubestimmen. Diese Verkehrsbeziehungen werden nach bestimmten Verfahrensweisen auf die zweckmäßigsten Verkehrsmittel und Verkehrswege verteilt. Schließlich müssen die zur Befriedigung der Verkehrsbedürfnisse notwendigen Verkehrsanlagen geplant und dimensioniert werden. Auf der Grundlage dieser Planungen werden die für den Straßenverkehr, den Schienenverkehr, den Wasserverkehr und den Luftverkehr vorgesehenen Verkehrsanlagen – wie Strecken, Knotenpunkte, Haltestellen, Bahnhöfe, Warteflächen, Stellflächen, Flughäfen etc. – in allen Einzelheiten entworfen und in baureife Pläne umgesetzt. Dabei sind neben den topographischen und geologischen Gegebenheiten des Planungsraumes die psycho-physischen Fähigkeiten der Verkehrsteilnehmer, die fahrgeometrischen und fahrdynamischen Eigenschaften der Fahrzeuge sowie die Führungseigenschaften der Fahrwege als wesentliche Einflußfaktoren auf den Entwurf zu berücksichtigen.

Teilgebiete des Verkehrswesens beschäftigen sich z.b. mit der Straßenverkehrstechnik. Hier werden Verkehrsbeziehungen bei vorgegebener Flächennutzung analysiert und dienen als Entscheidungsgrundlage für Art und Umfang des geplanten Verkehrsträgers. Zunehmende Bedeutung erlangt dabei der Schutz von Wohngebieten vor Lärm und Abgasen des Straßenverkehrs. Weitere wesentliche Berufsfelder des Bauingenieurs des Verkehrswesens sind der Betrieb von Straßenverkehrsanlagen und die Koordinierung von Lichtsignalanlagen durch verkehrsabhängige Steuerung mit Datenverarbeitungsanlagen. Gerade für diesen Bereich sind grundlegende Datenverarbeitungskenntnisse notwendig, um etwa Verkehrslenkungsmaßnahmen in groß- und kleinräumigen Straßennetzen sinnvoll planen und umsetzen zu können.

Ein weiteres Berufsfeld des Verkehrswesens liegt in der Planung, dem Bau und dem Betrieb von spurgebundenen öffentlichen Verkehrsmitteln für den Personen- und Güternahverkehr. Neben dem Um- und Ausbau bestehender Verkehrsanlagen wie Bahnhöfen oder Umschlaganlagen für den Güterverkehr gewinnen hier Konzepte für neuartige Verkehrssysteme zunehmend an Bedeutung.

Als dritter Schwerpunktbereich des Bauingenieurwesens ist das **Wasserwesen** zu nennen. Zunächst geht es hier um die Nutzung des für den Menschen lebensnotwendigen Rohstoffes Wasser. Seine Schadenswirkung muß so weit wie möglich begrenzt und seine Güte erhalten werden. Das erste Ziel bei der Nutzung des Wassers ist die ausreichende Versorgung mit Trinkwasser. Darüber hinaus ist die Deckung des Wasserbedarfs von Gewerbe und Industrie für die verschiedensten Zwecke aber auch die Entsorgung von großer Bedeutung.

Die spezielle Vertiefung Wasserbau befaßt sich mit der Neugestaltung von Flußläufen sowie dem Bau von Staudämmen und Wasserkraftwerken. Der Siedlungswasserbau umfaßt den Bereich der Wasserversorgungstechnik und der Wassergütewirtschaft. Der in der Abwassertechnik tätige Ingenieur plant in erster Linie Anlagen für die Reinhaltung der Gewässer und konzipiert Abwasserkanäle, Regenwasserbecken sowie Klärbecken, biologische und chemische Anlagenteile in der Abwasserkläranlage sowie Hebewerke in der Kanalisation. In der Abfalltechnik, die üblicherweise zum Bereich des Wasserwesens gezählt wird, geht es um umweltgerechte und wirtschaftliche Beseitigung und Verwertung von Müll, Fest- und Abfallstoffen und Schlämmen. Hierbei sind Fragen der Organisation von Mülleinsammlung und Mülltransport ebenso eingeschlossen wie die Planung, der Entwurf und die Einrichtung von Mülldeponien, Müllkompost- und Verbrennungswerken. Naturgemäß ist dieser Bereich des Bauingenieurwesens eng verwandt mit verfahrenstechnischen Problemen und überschneidet sich somit mit der in der Gruppe „Verfahrenstechnik" ausgewiesenen Studienrichtung Umwelttechnik, häufig unter dem Begriff „Abfallwirtschaft".

6.2.3. Vermessungswesen

Das Vermessungswesen muß innerhalb des Bauwesens als **eigene Studienrichtung** hervorgehoben werden. Das Vermessungswesen (auch Geodäsie genannt) befaßt sich mit allen Grund und Boden betreffenden Fragen sowie mit der Vermessung und Absteckung aller räumlichen Gebilde. Dazu gehören auch die Bestimmung der Gestalt und Größe der Erde, des Erdschwerefeldes und astronomische Verfahren. Auch künstliche Erdsatelliten werden dabei neuerdings als Hilfsmittel eingesetzt. Die Erdmessungen stellen gleichzeitig die Grundlage für die Landesvermessung dar, die wiederum das Gerüst für alle Kartenwerke liefert, das sich auf Verfahren der Topographie, Tachymetrie und Photogrammetrie stützt. Deshalb gehören Kenntnisse aus dem Bereich der Kartographie und der Reproduktionstechnik ebenfalls zu den Grundlagen der Arbeit des Vermessungsingenieurs. Ein zweiter großer Aufgabenbereich umfaßt die Katastervermessung, d.h. den Eigentumsnachweis an Grund und Boden und die Neuordnung des ländlichen Raumes bzw. die Stadtentwicklung. Die **Kartographie bzw. Landkartentechnik** wird an einigen Fachhochschulen auch als selbständiger Studiengang angeboten.

6.2.4. Übergreifende Studienrichtungen des Bauwesens

An anderer Stelle wurde bereits darauf hingewiesen, daß es im Bauwesen Berufsfelder gibt, in denen sich die Arbeitsbereiche von Bauingenieuren und Architekten stark überlappen. Dies schlägt sich in den Studienrichtungen Architektur und Städtebau, Stadt-, Regional-, Verkehrs- und Raumplanung nieder. Diese Studienrichtungen sind entweder den Fachabteilungen der Architektur oder des Bauingenieurwesens zugeordnet. Vereinzelt bilden sie sogar eigene Fachabteilungen wie z.B. die Raumplanung. Die Differenzierung zwischen den einzelnen Studienrichtungen ist hier relativ schwierig.

Die Vertiefungsrichtung Städtebau gehört zu den „älteren" Vertiefungsrichtungen und soll in die Arbeitsweise der Stadt- und Regionalplanung einführen und den Zusammenhang von Gegebenheiten im gesellschaftlichen Bereich und daraus resultierende Planungsmaßnahmen verdeutlichen. Gleichzeitig ist für die berufliche Tätigkeit die Beherrschung von Verfahren der Bauleitplanung erforderlich.

Besonders hingewiesen sei auf die zunehmende Bedeutung der **Raumordnung und Entwicklungsplanung,** in der räumliche Aspekte den politischen Entscheidungsträgern zugänglich gemacht werden sollen. Die Festlegung von Entwicklungszielen wird hierbei durch die bundesweiten Abstimmungen der räumlichen Planung und bestimmte politische Entwicklungsziele beeinflußt. Auf der regionalen Ebene dagegen treten Gesichtspunkte der Flächennutzung und die Vorstellungen der kommunalen Körperschaften stärker in den Vordergrund. Die Aufgabe der Raumplanung besteht nun darin, die Wechselwirkungen zwischen physischer und gesellschaftlicher Umwelt zu beobachten, ihre Abhängigkeiten zu analysieren und zu bewerten sowie alternative Möglichkeiten zur besseren Nutzung des Raumes zu entwickeln. Dies gilt z.B. für einen sanierungsbedürftigen Stadtteil, ein neu zu planendes Wohngebiet oder den Standort eines Industriebetriebes ebenso wie für die wirtschaftliche Entwicklung einseitig strukturierter Regionen, für die Erhaltung natürlicher Lebensgrundlagen in allen Teilen des Bundesgebietes und schließlich auch für eine ausgewogene strukturelle und räumliche Entwicklung in Europa.

Das Studium „Agrarökologie" vermittelt breite Grundlagen der Agrarwissenschaften. Mögliche Berufsfelder reichen von der Tätigkeit in Umweltämtern und in der Abfallwirtschaft über Raumplanung und -ordnung für Siedlungsgemeinschaften und Kommunen bis hin zur Entwicklungshilfe.

6.2.5. Studiengänge und Studienrichtungen an Technischen Hochschulen/ Universitäten (* überwiegend als Studienrichtung angeboten)

- Anlagenbau*
- Agrarökologie
- Architektur
- Baubetrieb*
- Baubetriebswirtschaft*
- Bauentwurf*
- Bauinformatik*

- Konstruktiver Ingenieurbau*
- Landespflege
- Landschaftsarchitektur*
- Landschaftsplanung*
- Liegenschaftswesen*
- Naturschutz*
- Navigation*

- Bauingenieurwesen
- Baukonstruktion*
- Bauplanung*
- Bauproduktion*
- Bauwesen
- Bauwirtschaft*
- Bildverarbeitung*
- Bodenordnung*
- Fahrzeugtechnik*
- Fernerkundung*
- Fertigungstechnik*
- Freiraumplanung*
- Geodäsie*
- Geoinformationsverarbeitung*
- Geotechnik*
- Grundbau*
- Kartographie*

- Ökologie*
- Photogrammetrie *
- Planung und Betrieb im Verkehrswesen*
- Planung und Bodenordnung*
- Raumplanung *
- Schiffstechnik*
- Siedlungswesen*
- Stadtentwicklungsplanung*
- Städtebau *
- Topographie*
- Umwelttechnik
- Verkehrsplanung *
- Verkehrswesen*
- Vermessungswesen
- Wasserbau*
- Wasserwesen *
- Wasserwirtschaft *

6.2.6. Studiengänge an Fachhochschulen

- Architektur
- Baubetrieb
- Bauingenieurwesen
- Holztechnik
- Innenarchitektur

- Investitionsgüter-Design
- Landespflege
- Möbeldesign
- Planender Ingenieurbau

6.3. Bewertung der Berufschancen

Der Anfang der 90er Jahre einsetzende starke Aufschwung der Bauwirtschaft ist zu Ende. Aufgrund der angespannten Lage in den öffentlichen Kassen sind die Investitionen der öffentlichen Hand stark zurückgegangen. Während die Absolventenzahlen im Bereich Bauingenieurwesen noch weiter steigen werden, sind die Stellenangebote seit 1995 zum ersten Mal seit einigen Jahren stark rückläufig. **Es ist deshalb in den nächsten Jahren mit einer sehr viel schwierigeren Situation auf dem Arbeitsmarkt für Bauingenieure und Architekten zu rechnen.**

Für den Bauingenieur liegen die traditionellen Aufgabenschwerpunkte im Bereich der Statik und Konstruktion sowie in der Bauausführung, der Arbeitsvorbereitung und Kalkulation. Auch Fragen des Umweltschutzes gewinnen im Bauingenieurwesen zunehmend an Bedeutung. Die Regulierung des Wasserhaushalts, die Abwasserklärung, der Lärmschutz, die Deponietechnik und die Altlastensanierung des Bodens gehören z.B. zu den Aufgaben eines Bauingenieurs.

Hohe Bauinvestitionen sind in den neuen Bundesländern über Jahre hinweg noch notwendig. Da es jedoch zu der branchenspezifischen Besonderheit gehört, daß Bauleistungen ausschließlich aus Investitionen bestehen, gibt es kaum einen anderen Wirtschaftszweig, der von Konjunkturschwankungen so unmittelbar und nachhaltig beeinflußt wird wie die Bauwirtschaft.

Eine andere erwähnenswerte Besonderheit stellt die Übertragung komplexer Aufgaben in jungen Jahren dar. Insbesondere während des Baubooms war aufgrund des Mangels an qualifizierten

Fach- und Führungskräften auch für Berufsanfänger ein schneller Aufstieg leicht möglich. Es ist daher derzeit eher die Regel als die Ausnahme, daß man einem 30 – 35jährigen Bauleiter die Kompetenz und Verantwortung für die Durchführung von Projekten in zwei- bis dreistelliger Millionenhöhe mit Hunderten von Beschäftigten überträgt.

Für Architekten ist die Situation schon seit einigen Jahren schwierig. Die Zahl der arbeitslos gemeldeten Architekten steigt seit 1992. Für junge Architekturbüros wird es aufgrund der Vorgaben z.b. im Hinblick auf Büroausstattung und Erfahrung immer schwieriger, sich auf dem Markt zu behaupten. Architekten könnten sich deshalb in Zukunft auch neuen Berufsfeldern zuwenden, z.b. der Bedarfsplanung, der Erstellung von Energie- und Ökologie-Gutachten oder dem kommunalen Marketing.

7. Angrenzende Berufsfelder

Nachdem in den vorhergehenden Kapiteln die klassischen Berufsfelder des Ingenieurwesens (Elektrotechnik, Maschinenwesen, Verfahrenstechnik, Bergbau und angrenzende Bereiche, Bauwesen) beschrieben wurden, soll in den folgenden Abschnitten auf einige angrenzende Berufsfelder eingegangen werden:

O   Informatik (Abschnitt 7.1.)

O   Physikingenieurwesen (Abschnitt 7.2.)

O   Wirtschaftsingenieurwesen (Abschnitt 7.3.)

7.1. Informatik

Der Begriff „Informatik" ist in aller Munde und wird u.a. als „mathematische Lehre, die sich mit den Gesetzen bei der Übermittlung, Verarbeitung und Wiedergewinnung von Informationen befaßt" definiert (Quelle: Wahrig, Fremdwörterlexikon). Betrachtet man den Begriff etwas näher, so stellt man fest, daß unter einem „Informatiker" recht unterschiedliche Qualifikationsprofile verstanden werden können. Dem Berufsbild des Informatikers können zum einen stark mathematisch ausgerichtete Qualifikationen zugrundeliegen. Zum anderen werden darunter im Grenzfall Diplom-Ingenieure klassischer Ausbildung verstanden, die zusätzlich Kenntnisse der Informatik erworben haben. Bedingt durch unterschiedliche Ausbildungsgänge an den verschiedenen Universitäten und Fachhochschulen läßt sich dem Begriff keine bestimmte Qualifikation eindeutig zuordnen. Generell jedoch können zwei Ausbildungsprofile unterschieden werden:

O   **Eine Informatikausbildung, die auf einem mathematisch-naturwissenschaftlichen Studium aufbauend in die theoretischen Grundlagen der Informatik einführt.** Hieran anschließend ist eine Spezialisierung in Richtung ingenieurwissenschaftlicher Arbeitsmethoden und Anwendungen möglich.

O   **Aufbauend auf klassischen ingenieurwissenschaftlichen Studiengängen sind Fachrichtungen wie „Technische Informatik", „Informatik" etc. an vielen Universitäten eingerichtet.** Vielfach verbirgt sich auch hinter Studienrichtungen wie „Automatisierungstechnik", „Systemtechnik" etc. letztlich nichts anderes als eine Spezialisierung der „Informatik" auf die jeweilige Ingenieurdisziplin (z.B. „Informatik im Maschinenbau").

Wir sind das führende Systemhaus der Reisebranche. Zukunftsweisende Lösungen, eine flache Organisation, das Know-how und Engagement unserer Mitarbeiter sind die Grundlage unseres Erfolgs. Wir wollen unsere Marktstellung weiter ausbauen. Dafür benötigen wir Sie:

■ Diplom-Ingenieure
Informatik, Nachrichtentechnik, Physik, Mathematik

■ Wirtschaftsingenieure

■ Betriebswirte/Diplom-Kaufmann

Wir bieten Ihnen im Rahmen eines Training-on-the-job den Einstieg in projekt- und kundenbezogene Tätigkeiten. Was wir von Ihnen erwarten: Problemanalytisches Denken und Handeln, Teamfähigkeit, Eigeninitiative, eine ausgeprägte Kundenorientierung und Verantwortungsbewußtsein.

Sie verfügen über ein abgeschlossenes Studium oder befinden sich gerade im Studiums-Abschluß der oben genannten Fachrichtungen und bringen Basis-Kenntisse in einem der folgenden Aufgabengebiete mit: Prozeßanalyse, Systemanalyse, Programmierung (C, Visual Basic, C++, Lotus Notes, Cobol), Benutzerservice, Datenbankadministration (DB/2, Oracle), Systemadministration (Windows NT, UNIX), SAP R/3 (FI, CO, AM, HR / Basis / ABAP/4).

In allen Positionen stehen projekt- und kundenbezogene Aufgaben von der Beratung und Konzeption bis hin zur Durchführung im Mittelpunkt.

Neben anspruchsvollen Tätigkeiten bieten wir Ihnen Freiraum für eigene Ideen. Eine leistungsorientierte Vergütung, gezielte Weiterbildungsmaßnahmen und attraktive Sozialleistungen sind für uns selbstverständlich.

Ihre schriftliche Bewerbung mit Angabe Ihres Gehaltswunsches und Ihres frühestmöglichen Eintrittstermins richten Sie bitte an:

DERDATA Informationsmanagement GmbH
z.Hd. Sabine v. Hebel
Emil-von-Behring-Straße 6 · 60424 Frankfurt a. M.

Insofern kann man zusammenfassend feststellen, daß es häufig Diplom-Ingenieure der Fachrichtung „Informatik" mit der Basisqualifikation Elektrotechnik oder Maschinenwesen gibt. Die meisten zugehörigen Fachbereiche und Fakultäten haben mittlerweile eine ingenieurwissenschaftliche Informatik-Ausbildung bereits ins Vordiplom integriert, die jedoch mit einer Grundlagenausbildung des Informatikers eines mathematisch-naturwissenschaftlichen Studienzweiges nicht vergleichbar ist. Unabhängig hiervon gibt es das Berufsbild des Diplom-Informatikers, der sich durch seinen starken Anwendungsbezug im Hinblick auf die ingenieurwissenschaftlichen Belange in der beruflichen Praxis bewährt, ohne die Berufsbezeichnung „Diplom-Ingenieur" zu führen.

Für die langfristige Entwicklung ist es zweifellos notwendig, daß in der ingenieurwissenschaftlichen Anwendung Informatikkenntnisse mit den technologischen Kenntnissen in einer Person verknüpft bleiben. Nur dann ist gewährleistet, daß informationstechnische Anwendungen praxisnah und die Arbeitsorganisation in einer optimalen Verknüpfung der zusammengehörigen Material-, Energie- und Informationsflüsse gestaltet werden können. **Der Bedarf an Ingenieuren und Informatikern mit ingenieurwissenschaftlichen Qualifikationen wird in der Zukunft weiterhin stark zunehmen.**

7.2. Physikingenieurwesen

Ähnlich wie beim Informatiker handelt es sich bei dem Berufsbild des Physikingenieurs entweder um einen als Diplom-Ingenieur ausgebildeten Akademiker, der eine Studienrichtung wie z.B. „physikalische Technik", „Festkörperelektronik" etc. gewählt hat. Oder es kann eine vergleichbare Qualifikation dadurch erreicht werden, daß aufbauend auf einem Studium der Physik eine Vertiefung in der ingenieurwissenschaftlichen Anwendung, z.B. im Rahmen einer Promotion, erfolgt. Diese als gleichwertig zu betrachtende Ingenieurqualifikation wird überall dort benötigt, wo **sehr breit gestreute physikalische Verfahren in einem Produktionsbetrieb** angewendet werden. Hier werden Diplom-Ingenieure bzw. entsprechend ausgebildete Physiker benötigt, die aus einer Vielzahl möglicher physikalischer Verfahren die jeweils im Hinblick auf Kosten und Qualität günstigsten Methoden auswählen. Neben der Bauelementeentwicklung der Elektrotechnik gehören hierzu viele verfahrenstechnische und thermische Prozesse sowie Anwendungsbereiche aus der Umwelt- und Biotechnik. Beim Berufsbild des Physikingenieurs handelt es sich um ein außerordentlich interessantes und wissenschaftlich sehr anspruchsvolles Aufgabengebiet, wobei **jedoch vom Arbeitsmarkt nur eine begrenzte Anzahl von Absolventen aufgenommen** werden kann.

7.3. Wirtschaftsingenieurwesen

Das Berufsbild des Wirtschaftsingenieurs umfaßt die gesamte Schnittstelle zwischen dem Ingenieurwesen und der Betriebswirtschaft. Eine Ausbildung zum Wirtschaftsingenieur bieten sowohl Fachhochschulen als auch Universitäten bzw. Technische Hochschulen an. Wie in anderen Studienfächern auch ist das Studium an der Fachhochschule stärker praxisbezogen als das eher wissenschaftlich ausgerichtete Studium an der Universität, das in der Regel 3-4 Semester länger dauert.

Zum Abschluß Diplom-Wirtschaftsingenieur führen grundsätzlich zwei Ausbildungsgänge:

O **Simultanstudium:** geschlossener Studiengang, der das gesamte technische und betriebswirtschaftliche Fächerspektrum abdeckt.

DROEGE & COMP.

Umsetzung ist unser Erfolg
„to boldly go..."

Unternehmer-Beratung

Wir sind eine unabhängige und partnerschaftlich organisierte Berater-Gruppe mit einem unternehmerischen und umsetzungsorientierten Konzept. Droege & Comp. gehört zu den Wegbereitern der umsetzungsorientierten Unternehmensberatung in Deutschland und zählt mit ca. 160 Mitarbeitern, darunter über 130 Top-Management-Berater, aus Sicht der Entscheider zum „relevant set" in der klassischen Unternehmensberatung.

Unser Ansatz ist die Entwicklung maßgeschneiderter Konzepte und die erfolgreiche Umsetzung der Maßnahmenvorschläge im Rahmen eines straffen und zügigen Projektmanagements. Schwerpunkte unserer ganzheitlichen Beratungstätigkeit liegen in den Bereichen Strategieentwicklung, Markt und Verkauf, Corporate Fitness - Effizienzverbesserung, Unternehmensorganisation, Restrukturierung, Mergers and Acquisitions sowie Informationstechnologie/Multimedia. Wir verfolgen seit Gründung einen konsequenten Wachstumskurs mit einer schlüssigen Internationalisierungsstrategie. Ein gestuftes Expansionskonzept sieht in Deutschland sowie im Rahmen des bestehenden internationalen Netzes den Ausbau weiterer Bürostandorte vor.

Die Arbeit von Droege & Comp. beruht auf der Erkenntnis, daß die Qualität der Beratung unmittelbar mit der Umsetzung der Ergebnisse verbunden ist und daß ein Projekt erst mit der Bewährung von Lösungen in der Praxis abgeschlossen ist - Beratung heißt Umsetzung -. Unser Umsetzungsgedanke basiert auf einer flexiblen, unternehmerischen Projektgestaltung, erstreckt sich dabei über den gesamten Beratungsprozeß beginnend beim jeweiligen Problemverstehen und vermeidet damit standardisierte Beratungslösungen für individuelle Problemstellungen. Zur Realisierung eines hohen Kundennutzens sind wir seit Gründung branchenorientiert organisiert.

Zur Durchsetzung dieses Gedankens ist ein umsetzungsorientierter Berater-Typ gefordert, der sich durch unkonventionelle, zuverlässige und verantwortungsvolle Arbeit sowie durch operative Nähe zum Geschäft und zum Kunden auszeichnet.

In diesem Sinne möchten wir unsere Teams an den Bürostandorten in Düsseldorf und München um hochqualifizierte

Top-Management-Berater

verstärken.

Wir denken dabei an hervorragend ausgebildete Universitätsabsolventen mit Prädikatsexamen aus den Fachbereichen

- **Wirtschaftswissenschaften,**
- **Ingenieurwesen,**
- **Informatik,**
- **Naturwissenschaften,**
- **Sozialwissenschaften oder**
- **Geisteswissenschaften,**

die ihr Hochschulstudium vorzugsweise durch Promotion, MBA oder Doppel-/Zweitstudium ergänzt haben.

Sie beherrschen die englische Sprache und verfügen idealerweise über Kenntnisse einer zweiten Fremdsprache.

Sie werden im Rahmen unserer Beratungsarbeit interessante Aufgaben für das Top-Management namhafter Unternehmen lösen und können von erprobten Methoden strategischer und operativer Führung profitieren.

Um die eingehenden Bewerbungen effizient und zügig bearbeiten zu können, senden Sie uns bitte Ihren Lebenslauf mit allen relevanten Daten auf max. 2 DIN A4-Seiten sowie ein aktuelles Foto. Nach Durchsicht der eingegangenen Unterlagen werden wir dann zur Vertiefung gezielt weitere Informationen anfordern.

Nutzen Sie Ihre Karrierechance in einer der ersten Adressen in der klassischen Top-Management-Beratung!

Schriftliche Unterlagen an:
Dr. im Brahm & Cie
Europäisches Personalmanagement
Frau Dipl.-Kff. K. Kämpchen
Kaiserswerther Markt 16
40489 Düsseldorf
e-mail: personal@droege.de
Ref. Nr. 09716

○ **Aufbaustudium:** zweiteiliger Studiengang; an ein technisches oder naturwissenschaftliches Erststudium schließt sich ein wirtschaftswissenschaftliches Ergänzungsstudium an.

An einzelnen Fachhochschulen kann das wirtschaftswissenschaftliche Aufbaustudium auch als Fernstudium absolviert werden.

Das Simultanstudium gilt als vergleichsweise hart und arbeitsintensiv, da technische und wirtschaftswissenschaftliche Fächer gleichzeitig gelehrt werden. Es führt aber in der Regel schneller zum Ziel als das Aufbaustudium und dient stärker der Integration zwischen technischen und betriebswirtschaftlichen Fragestellungen.

Die konkreten Studieninhalte variieren vor allem im technischen Bereich sehr stark. Je nach Hochschule können die Studenten als Schwerpunkt zwischen nahezu allen gängigen ingenieurwissenschaftlichen Fachrichtungen (z.B. Maschinenbau, Elektrotechnik, Bauingenieurwesen, Technische Chemie, Verkehrswesen) wählen.

Ähnlich vielfältig wie die Studieninhalte sind auch die Tätigkeitsfelder der Wirtschaftsingenieure. Sowohl in der Beratung als auch in den meisten Branchen, einschließlich Banken und Versicherungen, finden sich interessante Aufgaben für Wirtschaftsingenieure, unabhängig von der Betriebsgröße. Mögliche Tätigkeitsfelder gibt es in fast allen Funktionsbereichen, unter anderem in den Feldern **Organisation, Logistik/Materialwirtschaft/Einkauf, Fertigung/Produktion, Marketing/Vertrieb, Rechnungswesen/Controlling und Datenverarbeitung.** Durch ihre Doppelqualifikation sind Wirtschaftsingenieure in der Regel auch gut ausgebildet für Führungsaufgaben auf den verschiedenen Unternehmensebenen oder eine selbständige Tätigkeit.

Sprachkenntnisse und internationale Kompetenzen sind für Wirtschaftsingenieure aufgrund der zunehmenden Globalisierung der Unternehmen und des häufig anstehenden Einsatzes im Ausland besonders wichtig. Entsprechende Kenntnisse sollten in Auslandssemestern und -praktika erworben werden. **Die Berufschancen für Wirtschaftsingenieure werden mittel- bis langfristig als sehr positiv bewertet.**

Das Berufsfeld Wirtschaftsingenieur ist jedoch nicht nur auf einen speziellen Ausbildungsgang beschränkt. Viele Ingenieure erwerben in den ersten Berufsjahren durch eine berufsbegleitende Zusatzausbildung oder entsprechende betriebliche Tätigkeiten de facto die Qualifikation eines Wirtschaftsingenieurs. Hierfür eignen sich insbesondere Bereiche wie Arbeitsorganisation, Produktionsplanung, Büroautomatisierung etc. Ingenieure erwerben hier Fähigkeiten, die ihnen den Zugang zu unternehmerischer und betriebswirtschaftlicher Verantwortung ermöglichen.

8. Probleme beim Übergang vom Studium in den Beruf

Die Berufsfelder der Ingenieurwissenschaften sind unter dem Einfluß neuer Technologien einer raschen Veränderung unterworfen. Damit verändern sich auch die Qualifikationsanforderungen an die Absolventen der Hochschulen. Besonderes Gewicht wird heute in modernen Industrieunternehmen auf **Denken in Systemzusammenhängen, teamorientiertes Handeln, Beherrschung der Umwelt- und Systemtechnik und fachübergreifende, gesellschaftliche und betriebswirtschaftliche Kenntnisse** gelegt. Zwei HIS-Studien, die sich mit der Situation von Hochschulabsol-

Deutsche Bahn [DB]

Das Zukunftskonzept der Deutschen Bahn AG heißt: attraktive Angebote, höchste Produktqualität und absolute Kundenorientierung im Denken und Handeln.

Im Hinblick auf die anstehenden weitgehenden Veränderungen und Neustrukturierungen in allen Geschäftsfeldern suchen wir sowohl für die Geschäftsbereichszentralen als auch für unsere Niederlassungen **Hochschulabsolventen** als

Managementnachwuchs
für unternehmerische Herausforderungen im Gesamtsystem Bahn

in den Bereichen
- Forschung und Technologie
- Instandhaltungsmanagement
- Technische Betriebsführung und Planung
- Bahn-Umweltzentrum

Wir bieten Ihnen vielseitige Herausforderungen und exzellente Karrierewege in anspruchsvollen Funktionen. Im Zuge der weiteren Umstrukturierung der Deutschen Bahn AG ergibt sich für Sie die Chance, sich schnell in unternehmerisch verantwortliche Positionen zu entwickeln.

Ihr Einstieg erfolgt im Frühsommer 1998 oder im Herbst 1998 über ein individuell zugeschnittenes und auf Ihr spezielles Einsatzfeld ausgerichtetes **Management-Nachwuchsprogramm.** Dieses wird Sie die ersten 12 Monate von Anfang an in verantwortungsvolle Aufgabenstellungen und Projekte einbeziehen und Ihre Positionierung im Unternehmen on the job begleiten.

Neben einem erstklassigen Fachstudium in den Fachrichtungen Verkehrs-, Bau- oder Wirtschaftsingenieurwesen, Maschinenbau, Elektrotechnik oder Physik erwarten wir von Ihnen vor allem ein ausgeprägtes **Potential für Führungsaufgaben.**

Außerdem sollten Sie relevante außeruniversitäre Aktivitäten sowie sehr gute Kenntnisse in mindestens einer Fremdsprache vorweisen können. Sie überzeugen uns, wenn Lernfähigkeit, überdurchschnittliche Leistungsbereitschaft, unternehmerisches Denken und hohe Mobilität für Sie eine Selbstverständlichkeit sind und Sie ständig wechselnde Herausforderungen reizen.

Wenn Sie Spaß daran haben, Schwierigkeiten als Veränderungschancen zu begreifen, und Sie Innovationen im Verkehrsmarkt wirkungsvoll mit vorantreiben wollen, würden wir Sie gerne kennenlernen.

Wir bitten Sie, uns Ihre aussagefähigen Bewerbungsunterlagen unter Angabe Ihrer fachlichen Einsatzwünsche an folgende Anschrift zu übersenden:
Deutsche Bahn AG
Führungskräfteentwicklung/
Servicebüro Hochschulmarketing
Holzmarktstraße 17
10880 Berlin

venten sowie mit Berufs- und Einsatzprofilen von Ingenieuren befassen, belegen noch immer Defizite im fachübergreifenden Bereich der Schlüssel- und Zusatzqualifikationen.

Um diesem nach wie vor aktuellen Problem zu begegnen, ging eine vom Hochschuldidaktischen Zentrum (HDZ) der RWTH Aachen durchgeführte Untersuchung (Wankum, H., Henning, K., „Vom Studium zu den ersten Berufsjahren. Übergangsprobleme in den Ingenieurwissenschaften", Personalleiter-Gazette, 1/90) der Frage nach, wie sich Studierende der Ingenieurwissenschaften auf die zu erwartenden Schwierigkeiten beim Übergang von der Hochschule in den Beruf einstellen können. Die Untersuchung nimmt die Fragestellung einer Studie des VDI wieder auf und überprüft sie im Hinblick auf ihre heutige Gültigkeit.

In drei Befragungen wurden das Verhalten und die Übergangsschwierigkeiten, wie sie im Studium und im Beruf sichtbar werden, untersucht. Zunächst wurde herausgearbeitet, inwieweit die Hochschule durch Studienordnung und Selektion zur Herausbildung eines ingenieurtypischen Selbstverständnisses beiträgt und wie der „idealtypische Student der Ingenieurwissenschaften" geschaffen sein muß, um den Auslesefaktoren, die den Hochschulalltag wesentlich bestimmen, gerecht zu werden.

Die Probleme des Berufseinstiegs sind durch die Befragungen von Personalreferenten und betroffenen Berufsanfängern untersucht worden. Personalreferenten und Berufsanfänger berichteten aufgrund ihrer persönlichen Erfahrungen, wo aus ihrer Sicht Probleme beim Berufseinstieg auftreten und inwieweit die von der Hochschule ausgebildeten Ingenieure den Anforderungen der betrieblichen Realität entsprechen. Mit dem Eintritt in die Berufsphase erfährt die bisherige Ausbildung eine erste Bewährungsprobe. In der neuen Umwelt des Arbeitsplatzes wird überprüft, ob das in der Hochschule vermittelte Profil geeignet ist, in dem neuen sozialen Kontext des Berufs erfolgreiches Handeln zu gewährleisten.

Die Ergebnisse der Untersuchung lassen sich folgendermaßen zusammenfassen: In allen technisch orientierten Bereichen sind die Hochschulabsolventen den Berufsanforderungen weitgehend gewachsen. Probleme treten für die Berufsanfänger da auf, wo ihnen neben den technischen auch kommunikative, soziale oder andere nicht-technische Fähigkeiten abverlangt werden (vgl. Sektion VIII, Abschnitt 1.5.).

Angebote im Bereich Persönlichkeitstraining und Praxisorientierung

Wie bereits erwähnt, verfügen die meisten Jungingenieure beim Berufsstart über solide Fachkenntnisse. Die sogenannten „soft skills", wie z.B. Kommunikationsfähigkeit, Teamorientierung, Vortrags- und Präsentationstechniken sowie die berufspraktischen Kenntnisse dagegen sind vielfach schwächer ausgeprägt. Diese Tendenz erweist sich insbesondere deshalb als problematisch, weil gerade diese beiden Faktoren für Unternehmen zu immer wichtigeren Kriterien bei der Auswahl von Nachwuchskräften werden.

Dieses Ausbildungsdefizit hat eine ganze Reihe von Organisationen aktiv werden lassen, die zwischenzeitlich ein umfangreiches Angebot an studienbegleitenden Veranstaltungen organisieren. Dabei zeigt die große Nachfrage nach diesen Seminaren, daß auch die Studenten auf die veränderten Qualifikationsanforderungen reagieren.

Die VDI-Veranstaltungsreihe „Berufseinstieg für Ingenieurstudenten" ist eine von vielen Antworten auf das wachsende Interesse unter ingenieurwissenschaftlichen Studenten, die den Berufseinstieg auch im außerfachlichen Bereich gezielt vorbereiten möchten. Referenten aus

Degussa ist ein international tätiges Chemieunternehmen mit bedeutendem Edelmetall- und Pharmageschäft, mehr als 26.000 Mitarbeitern und rund 14 Mrd. DM Konzernumsatz.

Unser Ziel ist es, mit engagierten Mitarbeiterinnen und Mitarbeitern anspruchsvolle Produkte – insbesondere in den Bereichen Ernährung, Gesundheit und Umwelt – zu schaffen.

Hochschulabsolventen

Bei uns finden Sie gute Voraussetzungen, um nach Ihrem Studium Ihr Können und Wissen optimal in die Praxis umzusetzen. So bieten wir Ihnen die Chance, den Einstieg in das Berufsleben mit der Übernahme eines Ihren persönlichen Neigungen bzw. Vorstellungen entsprechenden Aufgabengebietes zu vollziehen.

Über unser Unternehmen, unsere Leistungen und Ihre Entwicklungsmöglichkeiten informiert Sie gerne persönlich Frau Molitor, Telefon-Nr. (069) 2 18-23 60.

Wenn Sie mit uns Ihre berufliche Zukunft planen wollen, schreiben Sie bitte an untenstehende Adresse. Fügen Sie bitte Lebenslauf, Lichtbild und Zeugniskopien bei.

Degussa AG
Zentrale Personalleitung
Personalabteilung
60287 Frankfurt am Main

renommierten Unternehmen und Personalberatungen halten Vorträge und Referate zu speziellen Weiterbildungsthemen wie z.B. Bewerbungsstrategie, Moderationstraining, Verhandlungstechnik, Führungsverhalten, Selbstorganisation und Zeitmanagement. Darüber hinaus ermöglichen die VDI-Arbeitskreise „Studenten und Jungingenieure", die an vielen Standorten technischer Hoch- und Fachhochschulen vertreten sind, den Erfahrungsaustausch unter Studenten und Jungingenieuren im Hinblick auf Diplomarbeiten, Auslandsaufenthalte und Berufspraxis. Schließlich werden auch Firmenbesichtigungen organisiert. Ähnliche Aktivitäten bieten auch andere Ingenieurverbände wie z.B. der VDE.

Auch die Studenteninitiative „bonding" hat auf die veränderten Qualifikationsanforderungen an Jungingenieure reagiert. So werden regelmäßig Weiterbildungsveranstaltungen in Zusammenarbeit mit Stiftungen, Verbänden und Unternehmen organisiert, die den Erwerb fachfremder Qualifikationen wie z.B. Rhetorik, Präsentationstechniken, Moderation etc. fördern sollen. Ziel der gleichfalls angebotenen „bonding-Kurzseminare" ist es, Studenten einen Einblick in den Unternehmensalltag zu vermitteln. Hierzu bearbeiten Seminarteilnehmer in Kleingruppen Fallstudien aus der Praxis eines Unternehmens und erhalten dann Gelegenheit, ihre Lösung Vertretern des Unternehmens zu präsentieren und sie mit der vom Unternehmen tatsächlich realisierten Lösung zu vergleichen. Die Teilnehmerzahl der mehrmals im Semester stattfindenden Kurzseminare ist auf ca. 30 – 40 Studenten beschränkt. Darüber hinaus bietet „bonding" seit 1992 jedes Jahr einen internationalen Workshop an, bei dem Studenten und Unternehmen gemeinsam an Problemstellungen zu einem Thema (z.B. Energie oder Verkehr) arbeiten. Die Veranstaltungen der „bonding"-Studenteninitiative richten sich grundsätzlich an Studenten aller Fachrichtungen, schwerpunktmäßig jedoch an Studenten der ingenieur- und naturwissenschaftlichen Studiengänge. Auch andere studentische Vereinigungen haben für Mitglieder und häufig auch Außenstehende entsprechende Bildungsangebote.

Interessenten an den als Beispiel vorgestellten Weiterbildungsangeboten wird empfohlen, sich unmittelbar mit den Geschäftsstellen der studentischen Organisationen an ihrer Hochschule bzw. mit den VDI-oder VDE-Hochschulgruppen in Verbindung zu setzen. Es ist Studierenden dringend zu empfehlen, diese Angebote trotz hoher Studienbelastungen frühzeitig zu nutzen, um das persönliche Eignungsprofil dem im Vergleich zur Vergangenheit deutlich veränderten Anforderungsprofil der Wirtschaft für Ingenieure möglichst weit anzunähern. Der Übergang in ein erfolgreiches Berufsleben in der Wirtschaft kann auf diese Weise erleichtert, vielleicht sogar abgesichert werden.

Sektion VI: Branchenreports

1. Einleitung

1.1. Vorbemerkungen

Einstiegs- und Aufstiegschancen, die Möglichkeit, später in anderen Unternehmen als Fach- oder Führungskraft einsteigen zu können, die Gehaltsstruktur, die berufsspezifische Konkurrenzsituation, die Arbeitsbedingungen, der Wohnort und damit Faktoren, die auch die private Lebenssituation beeinflussen, sind nicht zuletzt abhängig von der Branche, in der der Diplom-Ingenieur seinen Berufsweg beginnt bzw. fortführt.

Es gibt Branchen, die typisch mittelständisch strukturiert sind, d.h. von einer Vielzahl von Unternehmen mit weniger als 1.000 Beschäftigten geprägt werden. Stark mittelständischen Charakter haben beispielsweise das Baugewerbe und der Maschinenbau; Automobilproduktion und Elektrizitätswirtschaft liegen dagegen in der Hand weniger Großkonzerne. Berufschancen und Anforderungsprofile, Tätigkeiten und Karrierechancen in der freien Wirtschaft einerseits und in der öffentlichen Verwaltung andererseits sind grundsätzlich verschieden. Die Chancen, sich später einmal selbständig zu machen, hängen ebenfalls ganz deutlich von der Branche ab, in der man seine praktische Grundausbildung erhält und erste Erfahrungen sammelt.

In vielen Fällen ist die Möglichkeit, im Studium erworbenes Spezialwissen in die Praxis umzusetzen branchenabhängig. Branchenabhängig ist ebenso die Chance oder die Gefahr – je nach Blickwinkel – zeitweise oder dauerhaft im Ausland beschäftigt zu werden; regionale Mobilität ist in einigen Wirtschaftszweigen unabdingbar, in anderen überflüssig, gewinnt aber im Hinblick auf die Europäische Union sowie die Globalisierung der Geschäftsstrategien immer mehr an Bedeutung.

1.2. Abhängigkeit zwischen Berufsfeldern und Branchen

Interessante Berufsfelder für Ingenieure unterschiedlicher Fachrichtungen bieten sich in nahezu allen Branchen. Deshalb sollten sich angehende Diplom-Ingenieure genau über ihre Einsatzmöglichkeiten in den einzelnen Branchen informieren.

Für alle Branchen gilt, daß eine erfolgreiche Ingenieurtätigkeit angesichts der angestrebten Kunden- und Marktorientierung der Unternehmen ein ausreichendes Wissen über betriebswirtschaftliche, vertragsrechtliche und ökologische Zusammenhänge voraussetzt. Dies gilt um so mehr, je weniger die deutschen Hochschulen auf diese Notwendigkeit eingehen und sich darauf vorbereiten. Es ist also die eigenständige Entwicklung entsprechender Kenntnisse gefragt. Nachwuchskräfte, die sich ausschließlich auf ihre ingenieurspezifische Fachkompetenz konzentrieren, werden es bei den gegenwärtigen und in den nächsten Jahren zu erwartenden Marktverhältnissen schwer haben.

Die Qualifikationsprofile des Elektroingenieurs und des Maschinenbauingenieurs bieten besonders breite Einsatzmöglichkeiten.

BERUFSFELDER DER FACH-RICHTUNGEN / BRANCHEN	Elektrotechnik	Maschinenwesen	Verfahrenstechnik	Bergbau u. Hüttenwesen	Bauwesen
Chemische u. Verfahrenstechnische Industrie	•	•	⬤	⬤	
Elektroindustrie	⬤	•	•		
Kommunikationstechnische Industrie, Multimedia	⬤	•	•		
Datenverarbeitungs- u. Prozeßautomatisierungsbranche	⬤	●	●		
Automobilindustrie	●	⬤			
Luft- und Raumfahrtindustrie	●	⬤			
Maschinen- und Anlagenbau	•	⬤	●		
Eisen- und Stahlindustrie	•	●	●	⬤	
Bauindustrie und -wirtschaft	•	•	•		⬤
Bergbau			●		
Elektrizitätswirtschaft	⬤	•			
Entsorgungswirtschaft			●	●	
Hochschulen	•	•	•		⬤
Deutsche Bahn AG	●	•			
Bundeswehr	•	•			•
Öffentliche Verwaltung und Behörden	•	•	•	●	⬤
Ingenieurbüros	•	•	●	•	⬤
Unternehmensberatung	⬤	●	•	•	•
sonstige Organisationen	•	•	•		⬤

⬤ = groß   ● = mittel   • = klein

Abb. VI-1: Qualitative Abhängigkeit zwischen Berufsfeldern und Branchen

Der Elektroingenieur erreicht die größte „Eindringtiefe" in Branchen, die nur mittelbar mit der Elektrotechnik zusammenhängen. Für den Maschinenbauingenieur ist eine ähnlich breite Anwendung seiner Kenntnisse in Nachbarbranchen nur dann möglich, wenn er sich nicht zu sehr auf ein bestimmtes Produkt spezialisiert hat und seine Qualifikation so anlegt, daß er in mehreren Sektoren des Maschinenwesens einsetzbar ist. Die Einsatzbreite des Ingenieurs der Verfahrenstechnik erscheint in der Darstellung in Abbildung VI-1 relativ schmal. Man muß jedoch berücksichtigen, daß der hier gekennzeichnete Bereich der chemischen und verfahrenstechnischen Industrie außerordentlich breit ist. Mit der Zunahme von Ingenieuraufgaben im Umweltbereich und bei der Entwicklung neuer Werkstoffe wird der Bedarf an verfahrenstechnisch und werkstoffwissenschaftlich geschulten Ingenieuren ansteigen. Bergbau- und Hütteningenieure finden nur in den seltensten Fällen eine Tätigkeit im Bergbau selbst. Dafür bieten sich aufgrund ihrer Grundkenntnisse zunehmend in anderen Branchen, wie z.B. Umwelttechnik und Entsorgungswirtschaft, Arbeitsmöglichkeiten. Ingenieure des Bauwesens sind bezüglich ihrer Berufsfelder häufig auf eine Tätigkeit in Ingenieurbüros, eine selbständige Tätigkeit oder eine Anstellung im öffentlichen Dienst angewiesen. Der industrielle Bereich spielt lediglich in dem die Bauindustrie unmittelbar betreffenden Sektor eine größere Rolle (Bauunternehmen). Auffallend ist darüber hinaus der hohe Anteil an Bauingenieuren bei der Deutschen Bahn AG.

1.3. Branchenüberblick

Eine Darstellung der Branchen, in denen Diplom-Ingenieure eingesetzt werden, muß notwendigerweise unvollständig bleiben. Selbst die von der Bundesanstalt für Arbeit herausgegebenen „Blätter zur Berufskunde", die insgesamt über 120 verschiedene Arbeitsbereiche für Diplom-Ingenieure von Technischen Hochschulen/Universitäten und Fachhochschulen darstellen (vgl. Abb. II-3, Sektion II Abschnitt 5.1.), vermögen die Ausbildungs- und Qualifikationsprofile von Diplom-Ingenieuren nicht vollständig zu erfassen.

Während in Sektion IV die Darstellung persönlicher Tätigkeitsfelder und Funktionen im Vordergrund stand, sollen in dieser Sektion die Möglichkeiten dargestellt werden, die sich einem Diplom-Ingenieur im Wirtschaftsgefüge der Bundesrepublik Deutschland bieten.

Dazu werden in Abschnitt 2 die wichtigsten Industriebranchen dargestellt und ein Branchenüberblick sowie eine Darstellung der Aufgabenfelder und Berufschancen für folgende Bereiche gegeben:

- Chemische und Verfahrenstechnische Industrie (Abschnitt 2.2.)
- Elektroindustrie (Abschnitt 2.3.)
- Kommunikationstechnische Industrie, Datenverarbeitung und Informationstechnik (Abschnitt 2.4.)
- Automobilindustrie (Abschnitt 2.5.)
- Luft- und Raumfahrtindustrie (Abschnitt 2.6.)
- Maschinen- und Anlagenbau (Abschnitt 2.7.)
- Stahlindustrie (Abschnitt 2.8.)
- Bauindustrie und Bauwirtschaft (Abschnitt 2.9.)
- Bergbau (Abschnitt 2.10.)
- Energiewirtschaft (Abschnitt 2.11.)

- Pharmazeutische Industrie (Abschnitt 2.12.)
- Nahrungs- und Genußmittelindustrie (Abschnitt 2.13.)
- Entsorgungswirtschaft (Abschnitt 2.14.)

Berufschancen und Tätigkeitsfelder im öffentlichen Dienst werden in Abschnitt 3 dieser Sektion dargestellt. Nach einem Branchenüberblick (Abschnitt 3.1.) werden die wichtigsten Tätigkeitsfelder für Diplom-Ingenieure im öffentlichen Dienst zusammengestellt und grundlegende Informationen zur Laufbahnregelung im öffentlichen Dienst gegeben (Abschnitt 3.2.). Anschließend werden Tätigkeitsmerkmale und Berufschancen in folgenden Bereichen skizziert:

- Forschungsinstitute (Abschnitt 3.2.1.)
- Lehramt (Abschnitt 3.2.2.)
- Hochschullaufbahn (Abschnitt 3.2.3.)
- Öffentliche Verwaltung, Behörden und Ministerien (Abschnitt 3.2.4.)
- Bundeswehr (Abschnitt 3.2.5.)

Neben der Beschäftigung in der Industrie oder im öffentlichen Dienst gibt es für viele Ingenieure natürlich auch die attraktive Möglichkeit, **selbst ein Unternehmen zu gründen**, z.B. ein eigenes Ingenieurbüro oder eine Produktion anwendungsspezifischer Software oder als Angestellter in einem solchen, kleinen Unternehmen tätig zu werden. Da die zuvor ausgeübte Tätigkeit, die Art des Ingenieurstudiums und sonstige Qualifikationen dabei von entscheidender Bedeutung sind, werden im Abschnitt 4 zunächst die Chancen und Risiken einer freiberuflichen Tätigkeit erörtert. In den darauffolgenden Kapiteln werden einige Einsatzgebiete für Ingenieure im freien Beruf und in der Dienstleistungsbranche dargestellt:

- Ingenieurbüros im Bauwesen (Abschnitt 4.2.)
- Maschinenbau-orientierte Ingenieurbüros (Abschnitt 4.3.)
- EDV- und Softwarehäuser (Abschnitt 4.4.)
- Sachverständige und Gutachter (Abschnitt 4.5.)
- Unternehmens- und Technologieberatung (Abschnitt 4.6.)

In zunehmendem Maße finden Ingenieure ihre Arbeitsfelder auch in Tätigkeitsbereichen, die nur teilweise traditionellen Ingenieurtätigkeiten zuzuordnen sind. In Abschnitt 5 werden einige dieser Möglichkeiten dargestellt:

- Technische Überwachungs-Vereine (Abschnitt 5.1.)
- Bundesanstalt für Materialforschung und -prüfung (Abschnitt 5.2.)
- Verbände und Organisationen der Wirtschaft (Abschnitt 5.3.)
- Organisationen der Entwicklungshilfe (Abschnitt 5.4.)
- Organisationen für internationale Zusammenarbeit (Abschnitt 5.5.)

Bei der Beurteilung branchenspezifischer Berufschancen wäre es falsch, sich nur auf aktuelle Konjunkturdaten zu stützen. Gerade weil der Wettbewerbsdruck in der Marktwirtschaft in einzelnen Branchen zu unterschiedlich großen und gelegentlich zyklisch auftretenden Schwierigkeiten führen kann, ist es wichtig, die konjunkturellen Daten nicht zum alleinigen Maßstab für eine Berufsentscheidung zu machen.

Offen
für neue
Herausforderungen?

Weltweit über 1800 Mitarbeiter, die Sensoren und Steuerungen entwickeln, produzieren und vertreiben – das ist die ifm electronic. Seit der Gründung 1969 ist die Unternehmensgruppe auf Expansionskurs mit einem Umsatz von ca. 300 Mio. DM.
Ein Erfolg, auf den wir stolz sind. Aber auf dem wir uns nicht ausruhen. Deshalb beschäftigen wir uns ständig mit neuen Märkten, Produkten und Technologien. Daraus ergeben sich innerhalb der Unternehmensgruppe neue Aufgaben und Chancen für qualifizierte

Dipl.-Ingenieure
Elektronik / Elektrotechnik

die nach einem umfangreichen Trainee-Programm interessante Aufgaben in unseren Unternehmensbereichen Markt und Technik übernehmen.
Forschung, Entwicklung, Konstruktion, Materialwirtschaft und Produktion befinden sich in unserem Werk in Tettnang am Bodensee. Marketing, Vertrieb inkl. Anwendungsberatung sowie die allgemeine Verwaltung haben ihren Standort in Essen.
Wenn Sie Interesse an unserem Unternehmen haben, sprechen Sie mit uns.

ifm electronic gmbh
Personalabteilung
Bechlingen 34
D 88069 Tettnang
Tel. 07542/518-0

ifm electronic gmbh
Personalabteilung
Teichstraße 4
D 45127 Essen
Tel. 0201/2422-0

ifm electronic *...weil richtige Entscheidungen sicher machen.*

Vor allem die Wirtschaftszweige oder Unternehmen, die in ausgesprochenen Krisen stecken, brauchen häufig qualifizierte Führungskräfte, wenn auch nur in begrenzter Zahl.

Die Branchenreports basieren größtenteils auf Publikationen und Informationen der Industrieunternehmen selbst und von deren Verbänden sowie der öffentlichen Hand, darüber hinaus auf persönlichen Erfahrungen von Verfasser und Redaktion. Als Ergänzung der Darstellung der Tätigkeitsfelder in Sektion IV informieren diese Reports über die charakteristischen Merkmale verschiedener Branchen und der Privatwirtschaft sowie des öffentlichen Dienstes. Darüber hinaus enthalten die Reports Hinweise zu Struktur, Produktspektrum und konjunktureller Lage. Dies wird ergänzt durch Informationen über berufliche Möglichkeiten in den einzelnen Bereichen.

2. Industrie

2.1. Industrie im Wandel – Zukunftssicherung durch strukturelle Veränderungen

Die deutsche Wirtschaft erholt sich langsam von der konjunkturellen Krise der letzten Jahre. Sie führte zu ersten Strukturveränderungen, die der „Sicherung des Wirtschaftsstandorts Deutschland" dienen sollten. Dazu zählen Maßnahmen zur Steigerung deutscher Anteile im Welthandel bei High-Tech-Produkten wie auch bei internationalen Patenten. Im Maschinen- und Automobilbau, in der Elektrotechnik und eingeschränkt auch bei der Chemie soll die deutsche Produktivität deutlich steigen. So wurden und werden weiterhin Anstrengungen unternommen, Ablauf- und Aufbauorganisationen in den Unternehmen nach fernöstlichem und amerikanischem Vorbild „schlanker" zu gestalten (Lean Production bzw. Lean Management) sowie die innerbetriebliche Kommunikation stetig zu verbessern (Dezentralisierung der Verantwortung). Die in unseren Industriefirmen über Jahrzehnte hinweg geschaffenen Produktions- und Vertriebsstrukturen befinden sich daher noch immer in einem tiefgreifenden Umbruch.

Während der EU-Binnenmarkt sich positiv auf die wirtschaftliche Entwicklung in Deutschland auswirkt, indem er die notwendigen Rahmenbedingungen für den Auf- und Ausbau von Absatzmärkten im europäischen Ausland schafft, stellt sich die Situation im Hinblick auf Osteuropa völlig anders dar. Hier wird sich das Handelsvolumen nur langfristig steigern lassen. Zugleich ist es jedoch wahrscheinlich, daß sich die ehemaligen Ostblockstaaten aufgrund des niedrigen Lohnniveaus und der hochmotivierten Arbeitskräfte zu einer konkurrierenden Fertigungsbasis entwickeln.

Die Kosten der „Deutschen Einheit" werden die Wirtschaft – und den einzelnen Bürger – noch über Jahre hinweg nicht unerheblich belasten. Doch die von der Politik initiierten Maßnahmen führen langsam aber sicher zu Veränderungen und für einzelne Branchen bereits zu einem „Wirtschaftsaufschwung Ost".

Im Bereich der Innovationen scheint Deutschland in den letzten Jahren trotz aller politischen und betrieblichen Anstrengungen im High-Tech-Bereich gegenüber der internationalen Konkurrenz zurückgeblieben zu sein. Vorhandene innovative Forschungsergebnisse werden von deutschen Firmen zu selten und zu langsam auf den Markt gebracht. Die internationalen Wachstumsbranchen wie Telekommunikation, Software, Flachbildschirme, Bio- und Gentechnische Produkte liegen mit wenigen Ausnahmen fest in der Hand der Amerikaner und Japaner. In der Mikrosy-

stemtechnik ist die deutsche Forschung zwar weltweit führend, doch auf dem Weltmarkt spielen die deutschen Hersteller noch keine bedeutende Rolle. Auch in der Telematik als der Verbindungs- und Vernetzungstechnik für den Verkehr zu Lande (Straße, Schiene), im Wasser und in der Luft hat Deutschland eine führende Rolle, ohne sie zunächst nutzen zu können. Häufig wird über die fehlende Innovationsfähigkeit der Deutschen geklagt, wobei Faktoren wie die bürokratische Forschungsförderung, enge gesetzliche Vorschriften und ein Mangel an Risikokapital in den Hintergrund treten. Hauptgrund für die vergleichsweise geringe Innovationskraft ist in vielen Fällen auch die mangelnde Risikobereitschaft der deutschen Industrie, die sich auch aus der mangelnden Risikobereitschaft der Gesellschaft ergibt. Die Zukunft und die Rolle auf den künftigen Massenmärkten wird demnach entscheidend davon abhängen, inwieweit die deutsche Industrie in der Lage ist, mit Weitsicht und Wagemut neue Chancen zu erkennen und Innovationspotentiale auszuschöpfen. Darüber hinaus werden wieder mehr junge Menschen benötigt, die das hartnäckige Verfolgen einer guten Idee mit dem Mut zur Durchsetzung im Unternehmen oder zur Selbständigkeit verbinden.

2.2. Chemische und Verfahrenstechnische Industrie

Branchenüberblick

Die Chemische Industrie wirkt mit ihren zahlreichen Vor-, Zwischen- und Fertigprodukten in praktisch alle Wirtschafts- und Lebensbereiche hinein. So sind auch im **Verband der Chemischen Industrie e.V. (VCI)**, Frankfurt, eine Vielzahl von Fachverbänden zusammengeschlossen. Hierzu zählen Hersteller von bauchemischen Erzeugnissen, bituminösen Dach- und Dichtungsbahnen, Essigsäure, Ferrolegierungen, Stahl- und Leichtmetallveredelung, Gießerei-Chemie, Körperpflege- und Waschmitteln, Kunststoffen, Lacken, Mineralfarben, organischen Chemikalien, Pflanzenschutz, Arzneimitteln, Phosphat-Dünger, photochemischen Produkten, Putz- und Pflegemitteln, Sprengmitteln, Lebensmittelzusatzstoffen, Industriereinigern usw.

Die Struktur der chemischen und verfahrenstechnischen Industrie reicht von wenigen Großunternehmen bis hin zu Kleinstunternehmen. Die Berufschancen für Diplom-Ingenieure liegen dabei stärker in den Großunternehmen, da hier technische und verfahrenstechnische Gesichtspunkte bei der Produktion eine größere und umfangreichere Rolle spielen.

1.700 Betriebe erreichten 1996 einen Umsatz von 175 Mrd. DM (+2,8%), davon 99 Mrd. DM im Ausland. Im Jahresverlauf 1997 rechnen die Unternehmen mit einer günstigen Konjunkturentwicklung, vor allem aufgrund der freundlichen Signale aus dem Ausland. Die deutsche chemische Industrie belegt weltweit Platz 3 nach den USA und Japan.

Der Prozeß der Restrukturierung, der auch einen Zukauf und Verkauf ganzer Unternehmen bzw. Unternehmensteile umfaßt, wird sich ebenso fortsetzen, wie die Verlagerung von Unternehmensteilen ins Ausland. Dabei umfassen die marktnahen Investitionen im Ausland nicht mehr nur die Produktion, sondern immer mehr auch Forschung und Entwicklung. Weiterhin verschärfen neue Wettbewerber, vornehmlich aus den südostasiatischen Staaten und den erdölproduzierenden Ländern, mit Kosten- und Produktionsvorteilen die weltweite Konkurrenzsituation. Am Ende der tiefgreifenden Restrukturierung können „transnationale" oder sogar „nichtnationale" Unternehmen stehen.

Global Players

In today's rapidly changing worldwide markets, many tasks require innovative solutions – and surprisingly often they are based on chemicals.

The Global Player BASF – as one of world's leading chemical companies – is at the forefront in taking up these challenges of chemical innovation.

The spirit of innovation and the orientation to customer benefits are the driving forces behind BASF's worldwide success. Motivated, talented and team-oriented people with a multicultural understanding are the life blood of that spirit and customer orientation.

If you want to know more about the Global Player do get in touch with us.

By the way, did you know that...
... active people remain strong and healthy by taking vitamins?
... sport becomes safer and is more fun when BASF's plastics are used?
... BASF developed dyestuffs and auxiliaries for a colourful match?

BASF Aktiengesellschaft
DPL/K Kaufmännischer Führungsnachwuchs
Axel Johansson
67056 Ludwigshafen
Tel. (06 21) 6 04 38 79
http://www.basf.de
http://www.jobware.de

Vor diesem Hintergrund ist auch der starke Personalabbau der letzten Jahre zu sehen. Die Branche beschäftigte im Mai 1997 506.000 Mitarbeiter. Damit ging die Beschäftigung in der chemischen Industrie um rund 3% im Vergleich zum Vorjahr zurück.

Einsatzgebiete und Berufschancen

Die letzte Strukturerhebung des Bundesarbeitgeberverbandes Chemie über „AT-Angestellte, leitende Angestellte, Akademiker und Fachhochschulabsolventen in der chemischen Industrie" von 1994 ergab, daß der Anteil der Hochschulabsolventen mit 7% und der FH-Absolventen mit 4,1% einen neuen Höchststand erreicht hat. Unter den Universitätsabsolventen dominieren erwartungsgemäß die Diplom-Chemiker mit einem Anteil von rund 33%, gefolgt von den Ingenieuren mit erstaunlichen rund 22%. Aufgrund der wachsenden Komplexität der Aufgaben in Forschung, Entwicklung, Produktion, Marketing und Vertrieb sowie im Umweltschutz, setzten die Unternehmen in zunehmendem Maße zur Lösung der Probleme „heterogene" Teams aus Spezialisten verschiedener Disziplinen ein. Für Hochschulabsolventen bedeutet dies, daß sie beim Berufseinstieg verstärkt auf Mitbewerber anderer Fachrichtungen stoßen werden. Hinzu kommt als eine Folge der raschen Internationalisierung der Branche eine **wachsende Konkurrenz durch ausländische Bewerber**.

Diplom-Ingenieure der Verfahrenstechnik, des Chemieingenieurwesens, des Maschinenbaus und der Elektrotechnik werden in nahezu allen Bereichen der chemischen und verfahrenstechnischen Industrie benötigt. Die speziellen Kenntnisse dieser Ingenieursdisziplinen sollten für eine Tätigkeit in diesem Industriezweig ergänzt werden durch Zusatzqualifikationen, die auf die Branche abgestimmt sind (z.B. chemische Thermodynamik für Elektroingenieure, Prozeßdatenverarbeitung für Verfahrenstechnikingenieure). Hervorzuheben ist, daß die Prozeßleittechnik/MSR-Technik eine zunehmend wichtige Rolle spielt.

Die Einarbeitung von Diplom-Ingenieuren erfolgt durch spezielle Einarbeitungsprogramme oder in den Fachabteilungen. Die Einarbeitungsprogramme enthalten je nach geplantem Einsatz On- und Off-the-Job-Elemente und werden zum Teil individuell abgestimmt. Führungskräfte werden in der Regel aus den eigenen Reihen rekrutiert und teilweise durch spezielle (Trainee-)Programme gefördert. Diplom-Ingenieure haben ähnliche Chancen auf Führungspositionen wie andere Akademiker (Wirtschaftswissenschaftler, Chemiker), wenngleich Chemiker besonders in den oberen Rängen dominieren. Der Abbau von Hierarchiestufen in der chemischen Industrie im Rahmen von Rationalisierungs- und Umstrukturierungsmaßnahmen wird jedoch dazu führen, daß Nachwuchskräfte neue Wege der beruflichen Entwicklung und weniger Hierarchie vorfinden.

Aufgrund der starken Exportorientierung mit über 56% Auslandsanteil und der zunehmenden Globalisierung der Unternehmen werden neben fachlichen Qualifikationen vor allem gute Fremdsprachenkenntnisse erwartet. Auch Teamfähigkeit, Initiative, Verantwortungsbewußtsein und interkulturelle Kompetenz gehören zu den gewünschten Zusatzqualifikationen. Die für Akademiker gezahlten Einstiegsgehälter in der chemischen Industrie liegen auf vergleichsweise hohem Niveau.

Die Arbeitsmarktsituation der Branche war in den letzten Jahren angespannt, wobei die meist promovierten Chemieabsolventen stärker betroffen waren als die vielseitiger einsetzbaren Ingenieure. Für 1998 wird eine günstigere Situation auf dem Stellenmarkt für Hochschulabsolventen erwartet. Auf die pharmazeutische Industrie, eine wesentliche Sparte der chemischen Industrie, wird in Kapitel 2.12. gesondert eingegangen.

Als Ingenieur/in Zukunfts- technologien gestalten

2.3. Elektroindustrie

Branchenüberblick

Produkte und Innovationen der Elektrotechnik und Elektronik durchdringen heute unterschiedliche Bereiche der Industrie. Im Maschinen- und Anlagenbau gewinnen elektrische und elektronische Komponenten ebenso an Bedeutung wie in der Automobilbranche, der Luftfahrt, der Feinmechanik und der Optik. Elektrische Automatisierungssysteme werden in allen Industriezweigen zur Steigerung der Effizienz und Flexibilität eingesetzt. Neue Möglichkeiten in der Digitaltechnik sowie in der Informations- und Kommunikationstechnik prägen darüberhinaus in zunehmendem Maße unser Arbeits- und Privatleben. Beispiele hierfür sind Telebanking, Telelearning, Telekooperation, Telematik, Video on demand und Pay-TV.

Die deutsche Elektrotechnik- und Elektronikindustrie ist mit einem Umsatz von 180 Mrd. DM im Jahr 1996 neben dem Maschinenbau und der Automobilbranche der größte Industriezweig in Deutschland. Rund 120 Mrd. DM resultieren aus dem Export. Zwischen 1990 und 1995 wurden 90.000 bis 100.000 Arbeitsplätze direkt oder durch veränderte Lieferbeziehungen ins Ausland verlagert. Der Markt für Produkte und Leistungen der Elektrotechnik und Elektronikindustrie wächst nach Schätzungen des Zentralverbandes der Elektrotechnischen und Elektronischen Industrie (ZVEI) weltweit mit 5 bis 6% rund doppelt so schnell wie in Deutschland mit 2,6% (1996). Deutlichen Zuwachs verzeichnen vornehmlich Softwareprodukte, die heute in vielen Bereichen wie der Telekommunikation, der Informationstechnik und der Automatisierungs- und Antriebstechnik einen hohen Anteil der industriellen Wertschöpfung ausmachen. Daneben gewinnen produkt- und systembezogene Ingenieur-Dienstleistungen im Angebotsspektrum der Elektroindustrie an Bedeutung: Von der Projektierung über die Installation bis hin zur Wartung, kontinuierlichen Modernisierung oder sogar bis zum Projektmanagement und zum Betrieb kompletter Anlagen.

Leistungsfähige Energieversorgungs-, Verkehrs- und Telekommunikationsinfrastrukturen sind die Basis für wirtschaftliche Entwicklung und gesellschaftlichen Wohlstand in allen Ländern der Welt. Die Vernetzung bislang getrennter Systeme sorgt für mehr Effizienz und den Schutz der Umwelt zum Beispiel durch die intelligente Integration der verschiedenen Verkehrsträger mit Hilfe sogenannter Telematiksysteme.

Einsatzgebiete und Berufschancen

Die Unternehmen der Elektroindustrie bieten breite Einsatzmöglichkeiten für Ingenieure, Wirtschaftswissenschaftler und Wirtschaftsingenieure. Während in den Großunternehmen entsprechend ihrer Aufgaben Spezialisten und zunehmend Generalisten gefragt sind, dominiert in den kleinen und mittleren Unternehmen die Nachfrage nach Generalisten. Der Akademikeranteil ist traditionell hoch. Über 70% der Stellenangebote richten sich an Hochschulabsolventen, davon wiederum 75% an Ingenieure. Eingestellt werden Absolventen der Studienrichtungen Nachrichtentechnik und Elektronik, gefolgt von Elektrischer Energietechnik und Technischer Informatik. In der ersten Hälfte 1997 zeichnete sich für Elektroingenieure eine Vergrößerung des Stellenangebots gegenüber 1996 ab, dies gilt insbesondere für den Dienstleistungssektor der Branche.

Wir trainieren Sie darauf, Verantwortung zu tragen: weltweit, wenn Sie wollen!

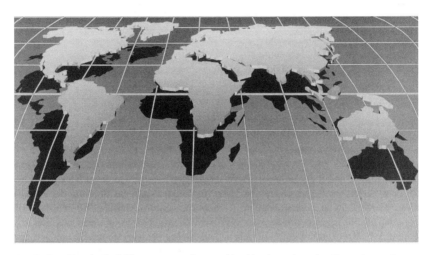

Die Robert Bosch GmbH ist eng mit dem Automobil verbunden. Darüber hinaus sind wir in den Bereichen Kommunikationstechnik, Gebrauchs- und Produktionsgüter aktiv. Mit rund 180 000 Mitarbeitern sind wir weltweit in mehr als 130 Ländern vertreten. Zur Sicherung eines langfristigen Unternehmenserfolgs setzen wir auf eine kontinuierliche Nachwuchsförderung, verbunden mit einer zielgerichteten Personalentwicklung. Für die bevorstehenden Herausforderungen suchen wir kreativen und motivierten

Technischen Führungsnachwuchs mit internationaler Ausrichtung

in den Bereichen **Forschung, Entwicklung, Konstruktion, Versuch, Fertigungsvorbereitung, Qualitätssicherung, Informationsverarbeitung und Technischer Verkauf.** Wir bieten Ihnen den Berufsstart im Rahmen unserer **Traineeprogramme** an. Ihr Einsatz erfolgt bereichsübergreifend an verschiedenen Standorten im In- und Ausland. Alternativ bieten wir Ihnen auch die Möglichkeit eines Direkteinstiegs.

Als Absolvent/-in der **Ingenieurwissenschaften, Informatik** oder **Naturwissenschaften** zeichnen Sie sich durch ein erstklassiges Hochschulexamen aus. Anspruchsvolle Industriepraktika sowie Studienarbeiten dokumentieren Ihre Innovationsbereitschaft. Sie besitzen die Fähigkeit zu konstruktiver Zusammenarbeit und bringen ein hohes Maß an Mobilität und Initiative mit.

Wenn Sie sich in unserem Anforderungsprofil wiederfinden und mit uns Ihre berufliche Karriere beginnen möchten, senden Sie uns bitte Ihre aussagekräftigen Bewerbungsunterlagen zu.

Robert Bosch GmbH, Zentralabteilung Mitarbeiter, Referat Traineeprogramme und Hochschulkontakte (ZM 4), Postfach 10 60 50, D-70049 Stuttgart

BOSCH

Die Arbeit des Ingenieurs der Elektrotechnik spielt sich hauptsächlich in folgenden Tätigkeitsfeldern ab:

- Forschung, Entwicklung, Konstruktion
- Fertigung, Betrieb
- Vertrieb, Marketing
- Anlagenprojektierung, Planung
- Qualitätswesen, Prüffeld, Arbeitssicherheit
- Inbetriebnahme, Instandhaltung, Service
- Projekt- und Unternehmensmanagement
- Öffentliche Verwaltung
- Bildungswesen

Die durchaus realistische Vielfalt des Berufsfeldes des Elektroingenieurs wird häufig von Berufsanfängern unterschätzt. Das fällt um so mehr ins Gewicht, als das Studium der Elektrotechnik – wie an anderer Stelle bereits erwähnt – in bezug auf theoretische Kenntnisse wohl zu den anspruchsvollsten ingenieurwissenschaftlichen Studien gehört. Der Beruf des Elektroingenieurs hat eine Art „Brückenfunktion" zwischen dem Maschinenbauingenieur, dem verfahrenstechnischen Ingenieur und teilweise auch anderen Ingenieurdisziplinen sowie den Naturwissenschaften.

> Dem Elektroingenieur stehen somit in nahezu jeder Phase seines beruflichen Werdegangs neben der elektrotechnischen Industrie auch eine Vielzahl anderer Branchen bis hin zum öffentlichen Dienst offen.

2.4. Kommunikationstechnische Industrie, Datenverarbeitung und Informationstechnik

2.4.1. Kommunikationstechnik

Branchenüberblick

Eine moderne Kommunikationsinfrastruktur wird zu einem immer wichtigeren volkswirtschaftlichen Wettbewerbsfaktor und zu einem entscheidenden Innovationsmotor beim Übergang von der Industrie- zur Informationsgesellschaft. Die deutsche kommunikationstechnische Industrie entwickelt und produziert als Zulieferer für die Anbieter von Telekommunikationsdiensten die erforderlichen Geräte und Systeme. Experten prognostizieren dem Weltmarkt für Telekommunikation – d.h. den Netzen sowie den darauf angebotenen Diensten – auf Jahrzehnte eine jährliche hohe Wachstumsrate.

Gegenwärtig führt die weltweite Liberalisierung der Telekommunikationsmärkte zu tiefgreifenden Umstrukturierungsprozessen. Neben den bestehenden Telekommunikationsdiensten wie Deutsche Telekom, Mannesmann Arcor, o.tel.o, Thyssen Telecom und VIAG Intercom werden in Deutschland ab dem 1.1.1998 neue Netzbetreiber und Anbieter von Telekommunikationsdiensten in den Wettbewerb eintreten. Ferner werden von diesem Zeitpunkt an die Netze der Wettbewerber mit denen der Deutschen Telekom zu marktverträglichen Preisen zusammengeschaltet („Interconnection"). Das Branchenwachstum wird derzeit von den Telekommunikationsdiensten getragen.

Der deutsche Markt wird nach einer Studie des Computerwoche-Verlags 1997 auf ca. 20 Mrd. DM geschätzt. Er unterteilt sich in die drei Segmente: Öffentliche Netze, Private Netze und Endgeräte. Knapp die Hälfte des deutschen Marktes für Kommunikationstechnik entfällt nach Schätzungen des Fachverbandes Kommunikationstechnik im Zentralverband Elektrotechnik- und Elektronikindustrie (ZVEI) e.v. auf Infrastruktureinrichtungen von der Übertragungstechnik über die Vermittlungssysteme, die zum Teil mehrere hunderttausend Teilnehmeranschlüsse verwalten, bis zu Satellitenkommunikationssystemen und modernen Mobilfunkeinrichtungen. Telekommunikationsendgeräte, wie Telefone, Telefaxgeräte oder Anrufbeantworter, haben einen Anteil am Gesamtmarkt von einem Viertel, ebenso die Privaten Netze, die sich immer mehr von der klassischen Nebenstellenanlage zum modernen unternehmensinternen Kommunikationssystem entwickeln.

Diese Tendenzen stellen hohe Anforderungen an die Entwicklung der Informationsübermittlung (ISDN und Euro-ISDN) sowie der leitungsgebundenen Übertragungstechnik. Hier lösen Glasfasernetze und Lichtwellenleiter die herkömmlichen Kupferkabel ab. Deutschland verfügt schon heute über das dichteste Glasfasernetz der Welt.

In Europa wird der jährliche Umsatz im gesamten Informations- und Kommunikationsmarkt bis Ende 1997 auf knapp 700 Mrd. DM geschätzt. Allein die Telekommunikation nimmt hierbei einen Anteil von 310 Mrd. DM ein.

Eine besonders markante Entwicklung ergab sich in den letzten Jahren im Mobilfunk. Der Markt boomt und gilt als stark ausbaufähig. Besonders für die Dienstleistungen in der Mobilfunkbranche werden in den nächsten beiden Jahren Wachstumsquoten zwischen 20 und 23% vorausgesagt.

Die Hälfte der kommunikationstechnischen Produktion geht in den Export. Besonders der Nachholbedarf in den Wachstumsregionen Ost- und Südosteuropa sowie Südostasien eröffnet der deutschen kommunikationstechnischen Industrie in den nächsten Jahren gute Chancen.

Die kommunikationstechnische Industrie gehört mit einem Aufwand von bis zu 20% des Unternehmensumsatzes für Forschung und Entwicklung zu den forschungsintensivsten Branchen der deutschen Industrie. Insgesamt wird auch der Markt für Telekommunikation immer stärker von einem Trend zu Softwarelösungen erfaßt.

Eine Abgrenzung der Branche zu anderen, angrenzenden Industriezweigen ist aufgrund des Zusammenwachsens der Datenverarbeitung, Informationstechnik und Unterhaltungselektronik immer schwerer möglich. Dies zeigt sich auch an Angeboten wie der Computer-Telefon-Integration, die das Telefon mit dem Computer verbindet. So erschließt die Kommunikationstechnik immer neue Anwendungen nicht nur im multimedialen Bereich, sondern beispielsweise auch in der Verkehrsleittechnik.

Einsatzgebiete und Berufschancen

Für die Anbieter von Telekom-Diensten sind die Prognosen für die Zeit nach Öffnung des Marktes sehr positiv. Es werden ein weiterer Anstieg des Angebots an offenen Stellen und noch bessere Chancen für Hochschulabsolventen erwartet.

Die Komplexität der Produkte, Systeme und Dienstleistungen der kommunikationstechnischen Industrie führt zu offenen Organisationsstrukturen: Die Grenzen zwischen den Abteilungen sind fließend. Konstrukteure, Entwickler, Designer, Software-Spezialisten, Fertigungsingenieure,

Gute Leute zu D2!

■ **Die Mannesmann Mobilfunk GmbH ist das erfolgreichste Familien-Mitglied im progressiven Mannesmann-Konzern.**

Mit unserem D2-Netz und dem umfangreichen Service-Paket sind wir in einem boomenden Markt extrem erfolgreich.

Ingenieure für Nachrichtentechnik und Informatiker (m/w)

■ Zur Verstärkung unseres Teams suchen wir hochmotivierte Mitarbeiter. Bei uns profitieren Sie von Entwicklungsmöglichkeiten mit Zukunfts-Option. Außerdem arbeiten Sie in vielfältigen Einsatzbereichen und erleben die Entwicklung des Wachstumsmarktes Nr. 1. Kommen Sie darum als **Ingenieur für Nachrichtentechnik und als Informatiker (m/w)** zu Mannesmann Mobilfunk.

Mannesmann Mobilfunk GmbH
Personalmarketing/-betreuung (PWM)
Am Seestern 1 • 40547 Düsseldorf
http://www.D2privat.de

■ Falls wir Sie neugierig gemacht haben, schreiben Sie einfach an Frau Schreier-Ritters. Kurz und knapp, wer Sie sind und was Sie können. Wir freuen uns auf Ihre Bewerbung und sind gespannt auf Sie!

Qualitätskontrolleure, Vertriebsleute und Kundenbetreuer arbeiten bei der Konzeption und Umsetzung neuer kommunikationstechnischer Lösungen eng zusammen. Neben Fachkenntnissen sind fachübergreifendes Denken, Dialog- und Teamfähigkeit die Voraussetzungen für eine Tätigkeit in der kommunikationstechnischen Industrie. Gute Studienleistungen und zügiger Studienverlauf sind wichtige Einstellungskriterien.

Einsteiger werden überwiegend in den Bereichen Technische Entwicklung und Netzbetrieb eingesetzt. Zahlreiche Unternehmen bieten individuell angepaßte Einarbeitungspläne, individuelle Schulungsprogramme und Trainee-Programme an, die den Einstieg erleichtern und Hochschulabsolventen auf ihre künftige Aufgabe gezielt vorbereiten. Gerade in den noch jungen Unternehmen bieten sich gute Möglichkeiten für attraktive Führungs-, Projektmanagement- und Fachlaufbahnen.

Für den Auf- und Ausbau von Netzprojekten weltweit braucht die deutsche Telekommunikationsindustrie Führungskräfte, die mit technischer Qualifikation und kaufmännischen Fähigkeiten überzeugen. Konferenzsicheres Englisch ist ein Muß, die Beherrschung weiterer Fremdsprachen hilfreich. Für eine erfolgreiche Tätigkeit im Ausland bieten die Unternehmen firmeninterne Auslandsprogramme in Form von konkreter Projektarbeit, Job-Rotation, Workshops und Seminaren an.

2.4.2. Datenverarbeitung und Informationstechnik

Branchenüberblick

Der Sektor der Datenverarbeitung und Informationstechnik läßt sich klassisch in drei Bereiche gliedern: Hardware, Software und informationstechnische Dienstleistungen. Dabei nimmt die Bedeutung der Hardware gegenüber der Software und den Anwendungsprogrammen ab, die stärksten Zuwachsraten liegen im Bereich bestimmter Dienstleistungen. Ein Grund dafür ist die Tendenz der Unternehmen, statt eigener DV-Abteilungen immer mehr externe DV-Dienstleistungen in Anspruch zu nehmen.

Die IT-Industrie beschäftigt etwa 230.000 Arbeitnehmer, weitere 250.000 sind außerhalb der IT-Branche in der Softwareentwicklung tätig. In ihrer Funktion als Querschnittstechnologie stimuliert die Informationstechnik zahlreiche weitere Arbeitsplätze in anderen Branchen.

Nach einer Flaute in dieser Branche in den Jahren 1992 bis 1993 zeichnen sich seit 1994 und verstärkt seit 1995 wieder positive Entwicklungen für die Unternehmen und besonders für Bewerber ab. Nach einer Studie des Computerwoche-Verlags wird im DV-Sektor in Deutschland bis zur Jahrtausendwende mit 50.000 zusätzlichen Arbeitsplätzen gerechnet. 1996 wurde im IT-Markt ein Wachstum von 6% auf 80 Mrd. DM erreicht.

Im Hardwaresektor bleibt die deutsche IT-Industrie in weltweitem Konkurrenzkampf hinter Amerika und Japan zurück, obwohl deutsche Unternehmen in der ganzen Welt aktiv sind. Vereinzelt haben sich hier jedoch auch ausländische Firmen in Deutschland angesiedelt.

Software und informationstechnologische Dienstleistungen machen mehr als die Hälfte des deutschen IT-Marktes aus. Da hier jedoch die Produktionskosten zu 80% aus Lohnkosten bestehen, erweist sich der Standort Deutschland als großes Handicap im internationalen Vergleich. Die Chancen der deutschen Industrie liegen deshalb in Know-how und der Kreativität der Mitarbeiter.

In der Zukunft wird erwartet, daß die Netzwerktechnik, besonders von Client-Server-Architekturen, weiter stark an Bedeutung zunimmt, während der Einsatz von Großrechneranlagen abnehmen wird. Kommunikationstechnik und Informationstechnik werden unter dem Einfluß einer immer stärkeren Vernetzung weiter zusammenwachsen. Im Bereich der Software setzen sich Standardlösungen immer mehr durch und führen damit zu einem Rückgang der Bedeutung der Anwendungsprogrammierung. In der Programmierung geht der Trend hin zur Objektorientierung und zum verstärkten Einsatz von Datenbanken. Große Entwicklungsmöglichkeiten werden auch im Bereich der Unterstützung von Geschäftsprozessen mit dem Computer gesehen.

Anbieter von Anwendungsprogrammen entwickeln sich immer mehr zu Anbietern von maßgeschneiderten Komplettlösungen, um damit dem Anspruch nach mehr Kundenorientierung gerecht zu werden. Diese Systemlösungen reichen von der Prozeßanalyse und Beratung bis zur Entwicklung und Integration neuer Systeme, sowie der Schulung des Kundenpersonals.

Neue Impulse bekommt die Branche auch von der rasanten Entwicklung des Internets. Die weltweite Vernetzung treibt die Globalisierung der Informationstechnik voran. Die Zahl der virtuellen Arbeitsplätze nimmt zu, auch große Datenmengen können übers Netz weltweit ausgetauscht werden. In zunehmendem Maße arbeiten Programmierer international zusammen. So werden zunehmend von Deutschland Programmierarbeiten z.B. an preiswerte Anbieter nach Indien vergeben (Outsourcing).

Die Technologie des Internets und die Internetsprache „Java" werden auch innerhalb der Unternehmen in „Intranets" als Kommunikationsmittel eingesetzt. Die Übertragbarkeit von Internetsoftware ist damit ebenso gewährleistet, wie der einfache Zugang zu den Diensten des Internets.

In der Zukunft könnte die Vernetzung über das Internet dazu führen, daß die Anwender sich über das Netz mit Software versorgen und nur noch über Netzzugangsgeräte verfügen. Derzeit ist jedoch eher eine Zunahme von multifunktionalen, also unter anderem multimediafähigen, komfortablen und sehr leistungsfähigen PCs festzustellen.

Nach Einschätzung von Experten hat die Informationstechnik weiterhin ein großes Entwicklungspotential und wird sich zur **Schlüsseltechnologie** – ähnlich der Automobilindustrie – entwickeln. Beispiele sind Online-Einkaufsdienste oder Multimediaanwendungen, die direkt von der Informationstechnik abhängen. Zusätzlich nimmt die Bedeutung der Datenverarbeitung in nahezu allen High-Tech-Branchen stark zu.

Einsatzgebiete und Berufschancen

Die Branche ist durch einen vergleichsweise hohen Anteil an qualifizierten Arbeitskräften gekennzeichnet. Ca. 30% der Beschäftigten haben eine Hoch- oder Fachhochschulausbildung. Nach Disziplinen aufgeteilt dominieren Informatiker/Wirtschaftsinformatiker mit einem Anteil von 30%, jedoch bieten sich auch für Mathematiker, Ingenieure, Naturwissenschaftler, Wirtschaftswissenschaftler und -ingenieure interessante Tätigkeitsfelder. Generell kann darüber hinaus festgehalten werden, daß der Bedarf an Datenverarbeitungs- und Prozeßautomatisierungskenntnissen für alle Diplom-Ingenieure ständig zunimmt. Traditionell ist er für Elektro-Ingenieure am größten und nimmt dann über Maschinenbau-Ingenieure, Bergbau- und Hütteningenieure, Bauingenieure bis hin zu den Architekten ab. Es steht jedoch außer Zweifel, daß für alle Fachrichtungen des Ingenieurwesens der Anteil an Tätigkeiten, die in Zusammenhang mit Datenverarbeitungs-

und Prozeßautomatisierungsaufgaben stehen, wachsen wird. Es gibt Schätzungen, die davon ausgehen, daß in den nächsten 10 bis 20 Jahren bis zu 50% aller Ingenieure mit Aufgaben in der Datenverarbeitung und Prozeßsteuerung beschäftigt sein werden.

Die Tätigkeitsfelder für Ingenieure liegen traditionell eher im Bereich der Entwicklung von Hard- und Softwarelösungen und in der Produktion. Neuerdings hat insbesondere auch die Zahl der Stellenangebote von Beratungsunternehmen für diese DV-Spezialisten stark zugenommen.

Die besten Chancen haben derzeit Bewerber mit Kenntnissen in der Netzwerktechnik, insbesondere PC-Netze. Hier besteht sogar ein Mangel an kompetenten Kräften. Auch gute Kenntnisse in Client/Server-Architekturen, Datenbanken, UNIX und objektorientierter Programmierung sind gefragt. An der Schnittstelle zur Betriebswirtschaft besteht insbesondere eine starke Nachfrage nach Fachleuten für SAP-Anwendungen. Deshalb werden vor allem Absolventen der Studienrichtungen Technische Informatik, Nachrichtentechnik mit zusätzlichen Netzqualifikationen und Wirtschaftsinformatik gesucht.

Mehr als in anderen Bereichen steht in der Datenverarbeitung Projektarbeit im Vordergrund. Deshalb sind Kommunikations- und Teamfähigkeit wichtige Schlüsselqualifikationen. Besonders gefragt sind auch betriebswirtschaftliche Kenntnisse in Verbindung mit DV-Wissen.

In vielen Bereichen der Branche, zum Beispiel dem Vertrieb, werden fast ausschließlich Arbeitskräfte mit Berufserfahrung eingestellt. Möglichkeiten für Einsteiger ergeben sich dagegen vor allem in der Anwendungsprogrammierung und der Entwicklung von Software-Tools. Größere Unternehmen bieten in der Regel spezielle Einarbeitungsprogramme. In der Branche bestehen gute Aufstiegschancen. Arbeitsplatzwechsel zur Verbesserung der Stellung sind bei den Führungskräften häufig. Die Bezahlung ist weiterhin überdurchschnittlich, wenn auch die Entwicklung der Gehälter für Anwendungsprogrammierer zurückgegangen ist.

2.4.3. Multimedia

Branchenüberblick

Der Begriff „Multimedia" umfaßt eine Vielzahl von neuen Produkten und Dienstleistungen, die von Unternehmen aus verschiedenen Industriezweigen angeboten werden. Die Branche ist im Hinblick auf die Anbieter keine neugeschaffene Branche, sondern eine Integration von Unternehmen, die vorwiegend aus der Computer-, Telekommunikations- und Medienbranche stammen. Unter multimedialen Anwendungen versteht man die Verknüpfung von Bildern, Texten, Daten und Tönen. Die Grundlage für die Verbindung ist die digitale Technik, ohne die Multimedia nicht möglich wäre. Ein weiteres Charakteristikum ist die interaktive Nutzung, d.h. der Bediener ist nicht nur der Empfänger von Informationen, sondern er kann auf Inhalte Einfluß nehmen bzw. Aktionen auslösen (z.B. Einkaufen per Teleshopping). Multimediale Techniken ermöglichen heute die Verwaltung und Vermittlung von bisher nicht erfaßbaren Datenmengen. Ein weiterer Vorteil liegt in der hohen Anschaulichkeit, Verfügbarkeit und Gestaltung von Wissen sowie deren individueller Nutzung. Die Anwendungsgebiete umfassen das gesamte gesellschaftliche Leben von Forschung und Wissenschaft, Medizin und Verkehr über das Wirtschaftsleben bis zu sozialen Diensten und Unterhaltung. Typische Multimedia-Produkte sind CD-ROM, das Internet sowie POS (Point of Sale) und POI (Point of Information); typische Einsatzfelder sind die Bereiche Infotainment (Kommunikation, Werbung, Warenpräsentation etc.), Entertainment (Unterhaltung) und Edutainment (Lernverfahren, Ausbildung).

Obwohl Multimedia sicherlich nachhaltig die Arbeitswelt verändern wird, läßt sich die Zukunft noch nicht konkret absehen. Die Unternehmensberatung Roland Berger prognostiziert für den Multimedia-Markt in Deutschland ein Umsatzvolumen von mehr als 17 Mrd. DM im Jahr 2000. Derzeit liegt der Umsatz der Branche bei 2,3 Mrd. DM. Bis dahin werden vermutlich ca. 2 Mio. Arbeitsplätze durch Multimedia geprägt werden. Die Anzahl der neu geschaffenen Arbeitsplätze wird hingegen bei schätzungsweise 50.000 liegen. Die einzelnen Wirtschaftssektoren werden unterschiedlich stark von den neuen Techniken beeinflußt werden. Besondere Auswirkungen wird Multimedia auf Handel, Touristik, Pharma/Gesundheitswesen, Banken, Versicherungen und Medien haben. Da sich die Branche erst neu formiert, gibt es eine Vielzahl von neuen, überwiegend kleinen Unternehmen, die Multimedia-Produktionen anbieten. Bisher ist der Markt erst wenig transparent und bietet keine verbindlichen Qualitätsstandards. Vor diesem Hintergrund wurde der **Deutsche Multimedia-Verband (DMMV)** in München gegründet, der ca. 80 Mitglieder umfaßt und u.a. verbindliche Qualitätskriterien aufstellen möchte. Trotz der derzeitigen „Multimedia-Euphorie" stellt sich die Frage, wieviele der unzähligen Angebote und Anwendungen von privaten und/oder professionellen Anwendern genutzt werden.

Einsatzgebiete und Berufschancen

Ebenso schwierig wie eine Marktprognose ist auch die konkrete Einschätzung der Berufsaussichten in der Multimedia-Branche. Es gibt kaum fest umrissene Berufsbilder oder Ausbildungsberufe, dafür aber eine Vielzahl von Aus- und Weiterbildungseinrichtungen unterschiedlichster Qualität, die mit individuellen Tätigkeitsbezeichnungen arbeiten. Ein Trend zeichnet sich jedoch ab: Die Branche braucht in hohem Maße qualifizierte Mitarbeiter mit einer akademischen, interdisziplinären Ausbildung, die **markt-, kunden- und problemorientiert** arbeiten; und diese sind zur Zeit „**Mangelware**". Weiterhin kristallisieren sich die vier folgenden Berufsfelder heraus: Konzeption, Bildschirmdesign, Programmierung und Projektmanagement von multimedialen Anwendungen. Für Wirtschaftsinformatiker dürften sich in erster Linie Einsatzmöglichkeiten im Bereich der Programmierung ergeben, während sich für Wirtschaftswissenschaftler und -ingenieure eher Tätigkeiten im Projektmanagement anbieten. Ein **Projekt- oder Multimedia-Manager** ist für die Organisation, das Budget, den Kundenkontakt und die Koordination einer Multimedia-Produktion zuständig. Neben dem betriebswirtschaftlichen Fachwissen sind technisches Know-how, Kommunikationsfähigkeit, Einsatzbereitschaft und Organisationsvermögen wichtige Qualifikationsmerkmale. Ein weiteres – sich relativ deutlich abzeichnendes Berufsbild ist der **Informations-Broker**. Hier ist ein fachlich versierter Spezialist gefragt, der im Auftrag von Institutionen, Unternehmen oder Einzelpersonen vorgegebene Fragestellungen in Datenbanken recherchiert. Da es in Deutschland ca. 800 und weltweit ca. 6.000 - 7.000 Datenbanken gibt, die unterschiedlich strukturiert sind und verschiedene Suchsysteme haben, ist es nahezu unmöglich, umfassende eigene Recherchen anzustellen. Der Informations-Broker kann sowohl selbständig als auch im Angestelltenverhältnis tätig sein.

Wer sich für einen Einstieg in die Multimedia-Branche interessiert, muß auf jeden Fall fachspezifische Kenntnisse mitbringen. Dazu zählen medienwissenschaftliche Grundlagen, technisches Wissen inklusive Anwenderwissen im Hard- und Softwarebereich und gestalterisches Know-how in den Bereichen Audio, Grafik und Video. Diese Grundlagen können z.B. im Rahmen eines Vollzeitstudiums erworben werden. So bietet etwa die Fachhochschule Furtwangen bereits seit 1990 einen Studiengang „Medieninformatik" für Multimedia-Entwickler an. An der Universität-Gesamthochschule Siegen wird ein integrierter Studiengang „Medien-Planung, -Entwicklung und

-Beratung" angeboten, der mit dem „Diplom-Medienwirt" abschließt. Für diejenigen, die bereits im Hauptstudium stehen bzw. das Studium in Kürze abschließen werden, bieten sich Aufbaustudiengänge wie beispielsweise das zweijährige berufsbegleitende Studium „Informations- und Kommunikationssysteme" an der Technischen Universität Chemnitz-Zwickau an, das mit einem Zertifikat abschließt. Weiterhin gibt es eine Vielzahl von privaten Anbietern. Hier empfiehlt sich jedoch die sorgfältige Prüfung der Angebote, da die Qualität sehr unterschiedlich ist und die Berufsbezeichnungen noch nicht geschützt sind. So sollte man sich insbesondere über den Umfang, die Bildungsinhalte und die technische Ausstattung der Anbieter informieren. Darüber hinaus bieten auch einige Industrie- und Handelskammern Initiativen an. So gründete beispielsweise die IHK München das „International Learning Technology Center ILTEC", das u.a. auch über Weiterbildungsmaßnahmen für Akademiker informiert. Das „Kölner Zentrum für interaktive Medien e.V. – ZIM" ist ein Forum für den Informationsaustausch zwischen Multimedia-Anwendern und -Produzenten und bietet ebenfalls Seminare und Workshops an.

Der Akademikeranteil in der Branche ist sehr hoch. Wichtiger als das Studienfach ist jedoch spezifisches DV-Know-how. Dazu gehören Netzwerktechnik, Betriebssysteme, Internet-Programmiersprachen (HTML, Java, CGI), Programme, Browser, Tools und Techniken des Netzwerk-Monitorings.

Neben dem notwendigen Fachwissen sind aber auch die „soft skills" für einen Einstieg in die Multimedia-Branche von entscheidender Bedeutung. Da in diesem Bereich die Halbwertzeit des Wissens (d.h. der Zeitraum, in dem das Wissen zur Hälfte überaltert ist) bei zwei Jahren liegt, ist die Bereitschaft zur permanenten Fortbildung unabdingbar. Visionäres Denken verbunden mit dem Blick für das „Machbare", Teamfähigkeit, Kreativität, Flexibilität und ein breites Allgemeinwissen sind weitere wichtige Persönlichkeitsmerkmale, die den beruflichen Werdegang erleichtern. Darüber hinaus ist praktische Berufserfahrung, z.B. Praktika in Multimedia-Unternehmen, von Vorteil.

Die vorherrschende Einarbeitungsmaßnahme in den häufig jungen und kleinen Unternehmen ist das „learning by doing". In Zukunft werden Fachleute nicht nur in den Multimedia-Produktionsunternehmen gesucht, sondern auch branchenübergreifend in Unternehmen, die ihre multimedialen Aktivitäten in eigens geschaffenen Abteilungen zusammenfassen. Nach einigen Jahren Berufserfahrung bestehen auch gute Möglichkeiten, sich als Multimedia-Spezialdienstleister selbständig zu machen. Nicht nur zur Zeit, sondern auch in den kommenden Jahren wird es einen hohen Bedarf an qualifizierten Multimedia-Fachleuten geben. Da die Nachfrage größer als das Angebot ist, dürften sich für Fachleute mit den skizzierten Qualifikationen interessante Berufsperspektiven ergeben.

2.5. Automobilindustrie

Branchenüberblick

Die Automobilindustrie umfaßt Firmen unterschiedlichster Größe, von den bekannten Großunternehmen mit mehreren 10.000 Beschäftigten bis zum mittleren Familienbetrieb, da – neben den Kraftfahrzeugherstellern und ausländischen Vertriebsfirmen – auch die Hersteller von Anhängern und Aufbauten sowie die Teile- und Zubehörindustrie hinzuzurechnen sind. Nach Angaben des **Verbandes der Automobilindustrie e.V. (VDA)**, Frankfurt am Main, waren Mitte 1996 rund 655.000 Personen in der Automobilindustrie beschäftigt. Seit 1992 wurden in einem erheblichen Umfang Arbeitsplätze abgebaut. Auch in den nächsten Jahren wird damit gerechnet, daß sich die

LIEBE FRAUEN, WARUM NICHT BEI BMW DAS STEUER IN DIE HAND NEHMEN?

„Frauen tragen Röcke, Männer Verantwortung."

Weil bei BMW zu keiner Zeit so gedacht wurde, gibt es heute für Frauen außergewöhnliche Entwicklungs- und Entfaltungsmöglichkeiten. Ob Sie beruflich Gas geben oder mal für eine Nachwuchspause abbiegen – Ihre individuelle Fahrtrichtung bestimmen Sie selbst. Wenn Sie bei BMW eine Berufslaufbahn gestartet haben, heißt das noch lange nicht, sich gegen Nachwuchs und Familie zu entscheiden. Bei BMW bedeutet Mutterschaft längst nicht mehr den Abschied aus der Arbeitswelt.

Denn BMW bietet familienfreund-liche Lösungsmodelle, die bei vielen anderen Unternehmen noch in den Kinderschuhen stecken: Zum Beispiel die Familienpause. Mütter (und natür-lich auch Väter), die mindestens drei Jahre bei uns sind, können eine bis zu zehnjährige Pause in Anspruch nehmen, wenn sich Nachwuchs einstellt. Danach helfen wir mit speziellen Programmen, den beruflichen Anschluß wiederzu-finden. Außerdem gibt es bei BMW noch die verschiedenen Arbeitszeitmodelle, die es ermöglichen, Kind und Karriere unter einen Hut zu bringen.

Und weil wir eine Spitzenkraft nicht einfach wie einen Reifen wechseln wollen, wurde von uns das BMW Kinderbüro ins Leben gerufen. Hier wird zuverlässig Kinderbetreuung vermittelt. Ob Au-pair-Mädchen oder Tagesmutter – wir finden gemeinsam mit Ihnen eine Lösung. Sie sehen, mit uns können Sie es weit bringen – ohne daß die Familie auf der Strecke bleibt.

Wir nennen es schlicht Familien-freundlichkeit.

Beschäftigtensituation nur langsam verbessert. Bezieht man die Zuliefererindustrie mit ein, so sind in Deutschland 1,4 Millionen Menschen von der Automobilindustrie abhängig und jede 4. Steuermark stammt von ihr.

Insbesondere durch die dynamische Auslandsnachfrage stieg die Kraftwagenproduktion in Deutschland im vergangenen Jahr um 7% an. Mit gut 4,67 Mio. Fahrzeugen lag das Fertigungsvolumen aber immer noch weit unter den Produktionszahlen Ende der 80er Jahre. Seit 1995 ließ die inländische Automobilnachfrage deutlich nach. Zwar hat sich die PKW-Nachfrage in den meisten Industrieländern in den letzten Monaten stabilisiert, jedoch dürften die ungünstigen Beschäftigungsaussichten, Steuererhöhungen und das gedrückte Verbrauchervertrauen die Export- und Produktionsmöglichkeiten der deutschen Automobilindustrie in den nächsten Monaten weiter beeinträchtigen.

Der Rekordanstieg der Arbeitslosigkeit, gesunkene Realeinkommen für einen Teil der Haushalte, neue Abgabenlasten und unsichere Konjunkturerwartungen belasten die inländische PKW-Nachfrage. Auch die Investitionsbereitschaft der deutschen Unternehmen, von der die Nutzkraftwagennachfrage wesentlich abhängt, ist angesichts der mäßigen Geschäftsaussichten beeinträchtigt.

Die deutsche Automobilindustrie wird ihre Kostensenkungsbemühungen fortsetzen und ihr Engagement im Ausland intensivieren. Im vergangenen Jahr wurde mehr als ein Drittel der Kraftwagen mit deutschem Markenzeichen im Ausland gefertigt. Dies entspricht rund 2,5 Mio. Fahrzeugen. Die internationale Konkurrenzsituation sowie die Forderungen nach mehr Sicherheit, erhöhter Umweltfreundlichkeit und Energiesparsamkeit der Fahrzeuge werden zu weiteren Investitionen auf dem Gebiet der Forschung und Entwicklung führen. Im vergangenen Jahr gab die Automobilindustrie ca. 13 Mrd. DM für Forschung und Entwicklung aus und stellte damit eine der drei forschungsintensivsten Branchen Deutschlands dar.

Einsatzgebiete und Berufschancen

Der Stellenmarkt für Fach- und Führungskräfte in der Automobilindustrie hat sich 1997 gegenüber den Vorjahren erholt. Trotz alledem muß man sich bewußt sein, daß die Wachstumsraten der Belegschaften früherer Jahre aufgrund von Rationalisierungsmaßnahmen und Reorganisationen der Vergangenheit angehören. Dennoch bietet sich für Universitäts- und Fachhochschulabsolventen ein weites Betätigungsfeld.

Ingenieure, die im Bereich der Automobilindustrie tätig sind, haben im allgemeinen ein Studium des Maschinenbaus bzw. einer speziellen Fachrichtung des Maschinenbaus in Richtung Fahrzeugtechnik als Grundlage. Aufgrund des hohen Automatisierungsgrads in der Branche, der sich in einem starken Einsatz von Handhabungssystemen für Produktion und Montage (Roboter) und von Prozeßdatenverarbeitungsanlagen für die Prozeßsteuerung manifestiert, ergeben sich jedoch auch interessante Tätigkeitsfelder für Fertigungstechniker, Produktionstechniker, Regelungstechniker etc. Die Unterstützung der Produktions- und Entwicklungsaufgaben durch CAD (Computerunterstütztes Konstruieren), CAM (Computerunterstützte Fertigung) und CIM (Computerintegrierte Fertigung) ist selbstverständlich und beeinflußt die Tätigkeitsfelder der Ingenieure.

Durch den anhaltenden Trend zum Einsatz von Mikroelektronik, meist in Verbindung mit hochentwickelten Regelungssystemen (z.B. ABS, Antriebsschlupfregelung, Airbag, Bremshilfen, Telematik), ergeben sich neue interessante Einsatzgebiete für Elektrotechniker und Regelungstechniker. Dies gilt insbesondere für die Zulieferbetriebe, die in zunehmendem Maße in enger Zusammenarbeit mit den Automobilherstellern Teilsysteme komplett entwickeln und fertigen.

Die Welt ist unser Markt.

Ihr Praktikum am besten bei Audi, wo Innovation Programm ist: Das beste Praktikum hat man schon immer dort gemacht, wo Innovation als unternehmerische Aufgabe systematisch erarbeitet wird. So wie bei Audi. Hier wird die automobile Zukunft gerade neu entwickelt und gestaltet. Ab sofort können Sie dabei sein - im ersten Schritt als Praktikant oder Praktikantin.

Am besten nehmen Sie sofort Kontakt auf: Die Praktika für Studenten der Ingenieurwissenschaften sind nicht an bestimmte Einstiegstermine gebunden. Wenn Sie Ihr Praktikum in 3-6 Monaten starten wollen, schreiben Sie oder rufen Sie jetzt an - auch wenn Sie Ihr Praktikum später planen, sollten Sie jetzt Kontakt aufnehmen.

Dauer: mindestens 6 Wochen
Einsatzbereiche: Geschäftsbereich „Produktion" oder „Technische Entwicklung"

Was Sie an Voraussetzungen mitbringen müssen: Jetzt abgeschlossenes Vordiplom, überdurchschnittliche Leistungen. Im Studienverlauf sollten Sie folgende Qualifikationen anstreben und so bald wie möglich erfüllen -

• Internationale Erfahrungen (Industriepraktika oder Studium)
• Sehr gutes Englisch in Wort und Schrift
• Nachweisbares aktives Engagement außeruniversitär, z.B. in Gremien, Verbänden, Vereinen
• Industriepraktika
• Kundenorientierung
• Pioniergeist
• Zielgerichtetes, kreatives Denken
• Flexibilität
• Soziale Kompetenz
• Offenheit
• Teamgeist

Ihr Kontakt:
AUDI AG, Personalmarketing, 85045 Ingolstadt, Hotline: 0841-89-1364.
AUDI AG, Personalwesen, Postfach 11 44, 74148 Neckarsulm, Frau Ilzhöfer, Tel.: 07132-31-1799.

Wir sind jetzt auch im Internet mit aktuellen Audi-Jobs, Veranstaltungsterminen und Einstiegsprogrammen: http://www.audi.de

Was ist für das Studium wertvoll, aber so selten wie ein Sammlerstück?
Ein guter Praktikumsplatz!

Ingenieurstudenten/innen, fragen Sie jetzt bei Audi an.

AUDI
Vorsprung durch Technik

Gruppenarbeit im Rahmen von „Simultaneous Engineering" und Round-table-Entwicklungen sowie „Fertigungsinseln" in der Produktion sind in der Branche üblich und schaffen neue Qualifikationsanforderungen: Generalisten mit Eigeninitiative, Verantwortungsbereitschaft, vielseitigem Interesse und Mobilität werden bevorzugt. Fremdsprachen sind durch die starke Exporttätigkeit und die zunehmende Fertigung im Ausland von großer Bedeutung.

In fast allen Großunternehmen werden zur Einarbeitung von Hochschulabsolventen spezielle Trainee- oder Training-on-the-Job-Programme angeboten. Bei allen Kfz-Herstellern werden internationale Programme angeboten, die in der Regel der Förderung des Managementnachwuchses dienen. Die Zahl der Bewerber ist aufgrund des hohen Bekanntheitsgrades der Automobilindustrie und der Attraktivität der Produkte sehr groß. Wer hier eine Startposition sucht, sollte geeignete fachliche Qualifikationen mitbringen und möglichst bereits während des Studiums durch Praktika, Studien- oder Diplomarbeiten Kontakte mit den Unternehmen knüpfen. Auslandserfahrung gehört zu den unabdingbaren Voraussetzungen für den Managementnachwuchs.

2.6. Luft- und Raumfahrt

Branchenüberblick

Die deutsche Luft- und Raumfahrtindustrie ist im Vergleich zu anderen Industriezweigen, wie etwa dem Maschinenbau, eine eher kleine Branche, dafür aber außerordentlich stark in der Hoch- und Grenztechnologie engagiert.

Typisch für die Branche ist eine starke Kooperation und Zusammenarbeit auf europäischer Ebene, die sich in den kommenden Jahren noch verstärken wird. Außerdem ist ihre starke Abhängigkeit von politischen Entscheidungen kennzeichnend, insbesondere in bezug auf die Militärtechnik.

Nachdem der Umsatz der deutschen Luft- und Raumfahrtindustrie 1994 mit 16,8 Mrd. DM einen historischen Tiefpunkt erreicht hatte und damit in nur drei Jahren um 10 Mrd. DM zurückgegangen war, hat er sich im Jahr 1995 wieder um etwa 6% auf 17,8% Mrd. DM gesteigert. 1997 wird unter der Voraussetzung einer weiterhin günstigen Marktentwicklung ein weiteres Umsatzwachstum von 8 - 10% erwartet, so daß die deutsche Luft- und Raumfahrtindustrie mit einem Umsatz von rund 21 Mrd. DM wieder das Niveau der Jahre 1986/87 erreichen wird.

Die positiven Markt- und Umsatzentwicklungen dürfen allerdings nicht darüber hinwegtäuschen, daß die globalen Wettbewerber der deutschen Industrie wie auch ihre europäischen Kooperationspartner in den zivilen wie militärischen Programmen mit fortlaufenden Kostensenkungsprogrammen ihre Anteile auf den von einem scharfen Preis- und Verdrängungswettbewerb geprägten Weltmärkten absichern und langfristig ausbauen. Will sich die deutsche Luft- und Raumfahrtindustrie nicht vom Marktwachstum abkoppeln, kann und darf sie sich diesem Trend nicht verschließen.

Einsatzgebiete und Berufschancen

Von den 63.000 Arbeitsplätzen, die Ende 1995 nach einem Rückgang von über 6,8% gegenüber dem Vorjahr in der deutschen Luft- und Raumfahrtindustrie gezählt wurden (1994: 68.000 Beschäftigte), wurden 1996 und 1997 insgesamt nochmals rund 6.000 abgebaut. Abhängig von den mittelfristigen Marktentwicklungen ist dann ab 1998 möglicherweise wieder mit einem allmählichen Beschäftigungsaufbau zu rechnen. Insgesamt wird der Arbeitsplatzabbau in der Branche in den beiden kommenden Jahren damit deutlich geringer ausfallen, als dies ursprünglich erwartet wurde. Dies zeichnet sich jedenfalls für den zivilen Flugzeugbau ab. Die im Rahmen der Wettbewerbsinitiative der Daimler-Benz Aerospace erreichten Produktivitätssteigerungen, die auch von der Arbeitnehmerseite mitgetragen wurden, machten es möglich, zusätzliche Aufträge zu gewinnen.

Die Arbeitsmarktlage für Absolventen, die in der Luft- und Raumfahrtindustrie tätig werden möchten, ist immer noch sehr angespannt. In einigen Jahren könnte sich jedoch im Zuge einer Pensionierungswelle und des erneuten Arbeitsplatzaufbaus der Bedarf der Luft- und Raumfahrtindustrie an qualifizierten Ingenieuren wieder etwas positiver entwickeln. Neben Ingenieuren der Luft- und Raumfahrttechnik finden vor allem auch Ingenieure der Elektrotechnik/Elektronik, der Technischen Informatik, der Fertigungstechnik, der Systemtechnik, der Werkstofftechnik und des Maschinenbaus anspruchsvolle und interessante Tätigkeitsfelder in der Luft- und Raumfahrtindustrie. Dies gilt insbesondere für den Bereich Forschung und Entwicklung, in den die Unternehmen der deutschen Luft- und Raumfahrtindustrie rund 30% ihres Umsatzes investieren. Der Ingenieuranteil an der Gesamtbeschäftigtenzahl ist in der Luft- und Raumfahrt höher als in jeder anderen Branche. Rund ein Fünftel der Arbeitnehmer verfügt über einen technischen Hochschul- oder Fachhochschulabschluß. Die Branche stellt **deutlich überdurchschnittliche Anforderungen** an theoretische und praktische Kenntnisse; die Beherrschung der englischen Sprache sowie nach Möglichkeit einer weiteren Fremdsprache und hohe persönliche Mobilität sind zwingende Voraussetzungen für einen erfolgreichen Berufseinstieg in diese international kooperierende und verkaufende Branche.

2.7. Maschinen- und Anlagenbau

Branchenüberblick

Der Umsatz des deutschen Maschinenbaus lag 1996 bei 235 Mrd. DM und damit um 2% über dem Vorjahreswert. Die Exportquote lag bei 77%. Mit insgesamt etwa 958.000 Beschäftigten ist der Maschinen- und Anlagenbau vor den Industriezweigen Elektrotechnik, Automobilbau und der chemischen Industrie die größte Branche.

1996 war nur ein Produktionswachstum von 1% zu realisieren. 1997 wird mit Blick auf eine Belebung der Inlandsnachfrage mit 3% gerechnet. Die Auslastung differiert stark, aber es gelang, einige Exporterfolge in Fernost und Osteuropa zu realisieren.

Das Konjunkturbild des Maschinen- und Anlagenbaus weist jedoch starke fachliche Differenzierungen auf. So gibt es Fachzweige, wie z.B. der Werkzeugmaschinenbau, Hütten- und Walzeinrichtungen, Büro- und Informationstechnik, Holzbearbeitungsmaschinen, Gummi- und Kunststoffmaschinen, Druck- und Papiermaschinen, die 1996 eine sehr gute Auslastung vorzeigen konnten und auch weiterhin mit beachtlichem Wachstum rechnen. Dagegen mußten andere Sparten wie Bergbaumaschinen, Armaturen, Bau- und Baustoffmaschinen, allgemeine Lufttechnik, Kraftmaschinen und Pumpen Unterauslastung hinnehmen. Ein Grund dafür ist in der starken Abhängigkeit der Maschinen- und Anlagenbauer von der Konjunktur der Branchen ihrer Kunden, z.B. der Bautätigkeit, zu sehen.

Es ist schwierig, die Entwicklung des Maschinenbaus in den nächsten Jahren zu prognostizieren. Die gegenwärtigen Aussichten sind wie folgt gekennzeichnet: Die inländische Nachfrage kommt langsam in Schwung; die Auslandsaufträge ziehen wieder an; die Produktion legt im zweiten

Halbjahr 1997 deutlich zu; die Personalentwicklung überschreitet ihren Tiefpunkt; es bestehen Chancen auf Ertragsverbesserungen; es wird keine weitere Verschlechterung der internationalen Wettbewerbsfähigkeit erwartet.

Innovationspotential bietet sich in der Branche z.B. durch die Verknüpfung des traditionellen Maschinenbaus mit Elektronik, Informations- und Kommunikationstechnik. Hier können neue Produkte und Problemlösungen entstehen, die die internationale Konkurrenzfähigkeit erhalten und ausbauen. Technologiefelder, die dabei zum Einsatz kommen können, sind z.B. Lasertechnik, Sensorik und Aktorik, Mikrosystemtechnik, Oberflächenschichttechnik, Robotik, Optoelektronik und Mikroelektronik.

Einsatzgebiete und Berufschancen

Die Vielfalt der Branche spiegelt sich in den im **Verband Deutscher Maschinen- und Anlagenbau e.V. (VDMA)**, Frankfurt/Main, zusammengeschlossenen 32 Fachgemeinschaften wider. Hierzu gehören neben den bereits im Zusammenhang mit der Konjunktur genannten Fachzweigen u.a. die Fachgemeinschaften Textilmaschinen, Landmaschinen, Fördertechnik, Antriebstechnik und Industrieroboter.

In der Branche wurden in den letzen Jahren fast ein Fünftel aller Arbeitsplätze abgebaut. Dies betraf die Ingenieure allerdings in geringerem Maße als andere Berufsgruppen. Der Anteil an Ingenieuren an allen Beschäftigten nimmt im Maschinen- und Anlagenbau beständig zu und liegt derzeit bei 10,5%. Zwei Drittel der Ingenieure haben einen Fachhochschulabschluß, ein Drittel einen Universitätsabschluß.

Durch die unterschiedlich strukturierten Fachzweige ergeben sich verschiedene Aufgabenschwerpunkte. Die Tätigkeitsfelder von Ingenieuren liegen jedoch vorwiegend in den Bereichen Konstruktion (25%), Forschung und Entwicklung (14%), Versuchs- und Prüffeld (13%), Vertrieb (17%) sowie Produktion und Hilfsbetriebe (10%). Dabei hängen die Tätigkeitsmerkmale eines Diplom-Ingenieurs im Maschinen- und Anlagenbau stark von der Größe des Unternehmens ab. In kleineren Unternehmen ist die Aufteilung in verschiedene Abteilungen nicht so ausgeprägt wie in größeren Unternehmen, dafür wird in der Regel stärker Wert auf den Praxisbezug und fachübergreifende Kenntnisse, insbesondere betriebswirtschaftliche Grundkenntnisse, der Bewerber gelegt.

Der Strukturwandel im Maschinenbau führt zu einer Vergrößerung der Bedeutung des Service am Kunden. So müssen sich junge Ingenieure zunehmend der Anlagenprojektierung und der Beratung, zum Beispiel im Teleservice, widmen. Letztlich gehört hierzu auch die Schulung von Kundenpersonal im Umgang mit der gelieferten, maßgeschneiderten Anlage oder Technik.

Charakteristisch für Ingenieurtätigkeiten im Maschinenbau ist die enge Zusammenarbeit in Projektteams mit anderen Disziplinen, z.B. mit Elektroingenieuren und Wirtschaftsingenieuren, mit Kaufleuten und Vertriebsexperten. Teamfähigkeit, Organisationstalent, interdisziplinäres Denken und Toleranz werden deshalb von Bewerbern erwartet.

Aufgrund der zahlreichen kleineren Unternehmen im Maschinenbau bestehen für den Maschinenbauingenieur sehr gute Chancen, bei entsprechenden Leistungen relativ schnell in führende Positionen eines Unternehmens zu gelangen. Dabei kann in solchen Fällen ein wirtschaftswissenschaftliches Aufbaustudium oder eine entsprechende Ausbildung nach dem Ingenieurstudium von Vorteil sein. Aufgrund des hohen Exportanteils sind weiterhin gute Verhandlungsfähigkeit, Auslandserfahrungen und fundierte Sprachkenntnisse von erheblicher Bedeutung.

Bei Thyssen Industrie können Sie für die größten Automobilhersteller Entwicklungsarbeit leisten.

Thyssen Industrie ist das Verarbeitungszentrum der Thyssen-Gruppe mit rund 200 in- und ausländischen Gesellschaften. Schwerpunkt unserer Aktivitäten für die internationalen Automobilhersteller sind Komponenten, Systeme sowie Planungs- und Entwicklungsleistungen. Diese wurden in Thyssen / Budd Automotive zusammengefaßt, einem Verbund mit Standorten in Europa und Nordamerika.

Kreativen, erfolgsorientierten und überdurchschnittlich engagierten

Diplom-Ingenieuren/-innen

bietet sich hier ein Berufseinstieg nach Maß. Bei der Planung, Entwicklung und Herstellung einbaufertiger Teile sowie kompletter Fertigungs-, Montage- und Förderanlagen haben Sie die Chance, eine wichtige Rolle für den technischen Fortschritt im Automobilbau zu spielen.

Sie starten mit dem Technischen Trainee-Programm oder auch mit der direkten Einarbeitung on-the-job in einer unserer zahlreichen Tochtergesellschaften. Im Rahmen unserer zentralen Führungskräfteentwicklung profitieren Sie von den zielgerichteten, individuellen Weiterbildungsprogrammen. Weitere Informationen erhalten Sie im Internet unter http://www.jobware.de/thyssen-industrie/

Wenn Sie Interesse an einer Zusammenarbeit haben, nehmen Sie Kontakt mit uns auf: Thyssen Industrie AG, Führungskräfteentwicklung, Am Thyssenhaus 1, 45128 Essen.

THYSSEN INDUSTRIE AG

2.8. Stahlindustrie

Branchenüberblick

Der Arbeitsplatzabbau hat die Produktivität stark verbessert: Heute produziert rund die Hälfte der Mitarbeiter dieselbe Menge Stahl wie vor fünf Jahren. Mit einer Jahresproduktion von rund 40 Mio. Tonnen Rohstahl bzw. 34 Mio. Tonnen Warmwalzstahl liegt die deutsche Stahlindustrie an erster Stelle in der Europäischen Union und auf dem fünften Platz unter den Ländern der Welt. 116.000 Mitarbeiter erwirtschafteten 1996 einen jährlichen Umsatz von rund 40 Mrd. DM. Für 1997 wird eine Steigerung auf 42 Millionen Tonnen Stahl erwartet.

Die deutsche Stahlindustrie ist eine extrem zyklische Branche, die seit dem Ende des Zweiten Weltkriegs bereits elf Konjunkturzyklen durchlaufen hat. Die Stahlindustrie befindet sich nach wie vor in einem Umstrukturierungsprozeß, der zu einer Konzentration der Produktion auf die Standorte mit der besten Logistik und die Anlagen mit den niedrigsten Kosten sowie zur Privatisierung der großen europäischen Stahlunternehmen und darüber hinaus in Europa und in Deutschland zu einem massiven Arbeitsplatzabbau geführt hat. Die Fusion der Stahlsektoren von Thyssen und Krupp zu einem neuen, europa- und weltweit bedeutsamen Unternehmen ist dabei ein Synonym für die Schwierigkeiten auf dem internationalen Stahlmarkt. Einen Ausweg aus dieser Krise haben die Unternehmen der Stahlindustrie in zweierlei Hinsicht gefunden. Einerseits wird versucht, durch moderne Anlagen, innovative Herstellungsverfahren und neue Produkte Marktanteile zu sichern bzw. neue Märkte zu erschließen. So sind mehr als die Hälfte der rund 2.000 Stahlsorten, die zur Zeit registriert sind, noch keine sechs Jahre alt. Andererseits haben die Großunternehmen ihre Aktivitäten stark diversifiziert. Dazu gehören u.a. der industrielle Großanlagenbau, der Maschinen-, Straßen- und Schienenfahrzeugbau. Außerdem erfolgte eine starke Orientierung in Richtung internationaler Handel mit Rohstoffen und Fertigerzeugnissen. In den letzten Jahren – und dieser Trend wird weiter anhalten – engagieren sich einige Großunternehmen (z.B. Mannesmann, Thyssen) im Dienstleistungs- und Telekommunikationssektor (siehe auch Branchenreport Telekommunikation).

Für 1997 erwartet die Stahlindustrie nach Angaben der **Wirtschaftsvereinigung Stahl**, Düsseldorf, eine konstante Stahlproduktion, die bei ca. 42 Mio. Tonnen liegen wird. Wichtige Abnehmer sind u.a. die Automobilindustrie, die Bauwirtschaft und der Maschinenbau. Trotz des voraussichtlich stabilen Jahres wird der Arbeitsplatzabbau weitergehen und bis zum Jahr 2000 jährlich ca. 5.000 Arbeitsplätze betreffen.

Einsatzgebiete und Berufschancen

Der Anteil von Akademikern an der Gesamtbelegschaft der deutschen Stahlindustrie steigt. Hierbei spielen Ingenieure der Fachrichtungen Metallurgie und Werkstofftechnik naturgemäß eine große Rolle, die in einen Bedarf von jährlich 100 bis 180 Ingenieuren mündet. Vom Ingenieur werden ausreichende Kenntnisse im betriebswirtschaftlichen Bereich erwartet. Für Wirtschaftsingenieure mit guten Sprachkenntnissen werden interessante Positionen in den Funktionsbereichen Vertrieb/Kundendienst und Beratung angeboten. Weitere Einsatzmöglichkeiten bieten sich an Schnittstellen zwischen den technischen und kaufmännischen Bereichen.

Die Unternehmen der deutschen Stahlindustrie führen gemeinsam mit der Wirtschaftsvereinigung Stahl ein Trainee-Programm durch, um Nachwuchskräfte auf Führungsaufgaben in diesem Industriezweig vorzubereiten. Dieses Programm ermöglicht Hochschulabsolventen als einziges Trainee-Programm Deutschlands eine Ausbildung je ein halbes Jahr bei drei verschiedenen Stahlunternehmen. Absolventen, die Interesse an einer Tätigkeit in der Stahlindustrie haben, sollten neben guten Studienleistungen praktische Berufserfahrungen (z.b. Praktika, auch im Ausland) und gute Fremdsprachen- sowie DV-Kenntnisse mitbringen.

2.9. Bauwirtschaft

Branchenüberblick

Die Unternehmen der deutschen Bauwirtschaft können in verschiedene Kategorien eingeteilt werden. Sie umfassen die Bereiche Wohnungs-, Hoch-, Tief-, Wirtschafts-, Verkehrswegebau und Bausanierung wie auch Ingenieurbüros und Baustoffirmen. Während sich mittelständische Betriebe häufig auf eine Sparte spezialisiert haben, sind die großen deutschen Bauunternehmen in nahezu allen Bereichen tätig. Die Struktur der Unternehmen in der Branche ist noch überwiegend mittelständisch. Nur knapp 40 Unternehmen haben mehr als 1.000 Beschäftigte, wobei ein deutlicher Trend zur Unternehmenskonzentration festzustellen ist. Sowohl die großen als auch die größeren mittelständischen Unternehmen der bauausführenden Wirtschaft sind im **Hauptverband der Deutschen Bauindustrie e.V.**, Wiesbaden/Bonn/Berlin, organisiert.

Die deutsche Bauwirtschaft befindet sich gegenwärtig nicht nur in einer konjunkturellen Talsohle, sondern auch in einem tiefgreifenden Wandel. Sie verzeichnete – vor allem durch die starke Zunahme der Bautätigkeit in den neuen Bundesländern – von 1989 bis 1995 ein anhaltendes Wachstum. Allerdings gingen bereits 1995 die realen Bauinvestitionen in Westdeutschland leicht zurück. 1996 betrugen die Bauinvestitionen 474 Mrd. DM. 1997 ist dagegen in Gesamtdeutschland mit einem realen Rückgang der Bautätigkeit um ca. 1,9% auf 466 Mrd. DM zu rechnen. In den ersten vier Monaten 1997 betrug der Rückgang der Bautätigkeit im Vergleich zum Vorjahreszeitraum 6,1%. Im Wirtschaftsbau wird er vermutlich nur gering ausfallen, da in Westdeutschland – im Zuge des verstärkten Wirtschaftswachstums – auch die gewerblichen Bauinvestitionen wieder leicht zulegen dürften. Im Wohnungsbau sowie im öffentlichen Bau dürften die Rückgänge allerdings größer ausfallen. Im Wohnungsbau endet 1997 der Boom in den neuen Bundesländern, und im öffentlichen Bau sorgt die zunehmende Finanzknappheit bei Bund, Ländern und Gemeinden für einen deutlichen Rückgang.

Der Trend in der Branche geht zu schlüsselfertigen Bauaufträgen, so daß der Auftraggeber lediglich einen Vertragspartner als **Generalunternehmer** hat. Dieser organisiert wiederum das gesamte Projekt von der Planung und Bauausführung, einschließlich der Koordination von Subunternehmern, bis zur endgültigen Übergabe an den Bauherrn. Im Rahmen des Strukturwandels und der zunehmenden Konkurrenz aus Niedriglohnländern diversifizieren viele Bauunternehmen ihre Tätigkeitspalette. Sie übernehmen z.B. Finanzierungs- und Betreiberaufgaben (u.a. den Betrieb von Kläranlagen, Brücken, Tunnel oder Bundesfernstraßen) oder engagieren sich in der Umwelttechnik wie beispielsweise bei der Altlastensanierung.

Im Auslandsbau der deutschen Baufirmen stagnierte 1996 der Auftragseingang bei 18 Mrd. DM. Das Auslandsgeschäft über Tochter- und Beteiligungsgesellschaften, vornehmlich in den USA, aber auch in Westeuropa sowie in Südostasien, gewinnt dennoch zunehmend an Bedeutung. In diesem Bereich zeichnet sich ebenfalls ein Trend zum Ausbau von Dienstleistungen ab, da der Technologietransfer und die Bereitstellung von qualifizierten Führungskräften weiter expandiert. Gleichzeitig ist jedoch auch eine verstärkte Tätigkeit ausländischer Unternehmen, die meist als Subauftraggeber großer deutscher Generalunternehmen fungieren, in Deutschland festzustellen.

Einsatzgebiete und Berufschancen

Diplom-Ingenieure des Bauwesens, also vorrangig der Bereiche des Bauingenieur- und Vermessungswesens, sind vorwiegend in den folgenden Bereichen der Branche tätig:

- Bauunternehmen (ca. 30%)
- Ingenieurbüro (ca. 30%)
- Öffentlicher Dienst (ca. 20%)
- Baustoffindustrie, Bauabteilungen anderer Branchen (je ca. 5%)

Zur Zeit sind in der Bundesrepublik mehr als 100.000 Bauingenieure beschäftigt. Der Anteil der Bauingenieure an der Gesamtzahl der Beschäftigten beträgt in der Bauindustrie ca. 6,8%, im Baugewerbe 2,8%.

Nach dem starken Wachstum in den Jahren 1989 bis 1995, das zu einem Boom auf dem Arbeitsmarkt für Bauingenieure geführt hat, sind inzwischen deutliche Einbrüche festzustellen. Das Ifo-Institut für Wirtschaftsforschung prognostiziert bis ins Jahr 2005 lediglich ein jährliches Wachstum von etwa 1%. Vor diesem Hintergrund und angesichts der Erstsemesterzahlen, die in den vergangenen Jahren Rekordwerte erreicht haben, ist eine deutliche Verschlechterung der Arbeitsplatzchancen und eine hohe Arbeitslosigkeit von jetzt abschließenden Bauingenieuren abzusehen.

Die Aufgabengebiete von Bauingenieuren sind sehr vielfältig und reichen im Bauhauptgewerbe von der Planung, Konstruktion und Berechnung von Bauwerken bis zur Überwachung der Ausführung eines Bauvorhabens. Bauingenieure nehmen hier eine Schlüsselrolle in Zusammenarbeit mit Auftraggebern, Architekten, Kaufleuten und Spezialisten ein. Als Bauleiter übernehmen sie Verantwortung für Stabilität und Qualität eines Bauwerks, aber auch für dessen wirtschaftlichen Erfolg. In der öffentlichen Verwaltung fungieren sie auch als Bauherren als Vertreter der öffentlichen Hand.

Auf den zunehmenden Konkurrenzdruck aus dem Ausland haben viele Unternehmen mit der Spezialisierung auf technisch anspruchsvolle Bauleistungen und einem Ausbau ihrer Dienstleistungsangebote reagiert. Daraus resultierende neue Bereiche sind u.a. Umwelttechnik, Bausanierung, Baustoffgewinnung und -veredlung, privatwirtschaftliche Finanzierung sowie Facility Management (z.B. zur Erstellung geeigneter Nutzungskonzepte für Grundstücke oder zur schlüsselfertigen Realisierung von Baumaßnahmen). Kenntnisse in diesen Bereichen stellen deshalb günstige Zusatzqualifikationen dar.

Die neuen Aufgaben des Verkehrswegebaus in Gesamtdeutschland und in Europa (Straßen, Autobahn-, Eisenbahn-, Schnellbahntrassen) haben eine stärkere Nachfrage nach Diplom-Ingenieuren des Verkehrswesens ergeben. Der Baubetrieb läßt in der Bauindustrie einen Nachfrageanteil von ca. 30%, der Verkehrsbau einen von ca. 10% erwarten.

Mit geringeren Anteilen sind Wasserbau- und Wasserwirtschaftsingenieure am Markt vertreten. Sie schützen, pflegen und gestalten Gewässer, beobachten und messen den Wasserkreislauf, planen und steuern die vielfältigen Nutzungen des Wassers und überwachen den Umgang mit wassergefährdenden Stoffen zur Erhaltung der Umwelt. Während in den technischen Verwaltungen bei Bund, Ländern und Kommunen diese Aufgaben dominieren, liegt die Hauptaufgabe der Planungen bei Ingenieurbüros, die Ausführung bei Baufirmen.

Der Einsatz der elektronischen Datenverarbeitung gewinnt im Bauwesen zunehmend an Bedeutung und damit auch die Informatik im Bauwesen. Die Palette der verfügbaren Programme reicht von Rechenprogrammen zur Statikberechnung über Zeichenprogramme wie CAD (Computer Aided Design) und betriebswirtschaftliche Programme zur Bauabrechnung bis hin zur DV-Unterstützung von Projektplanungsaufgaben. Während die Programmentwicklung vorwiegend Spezialisten vorbehalten bleibt, wird sich künftig jeder Bauingenieur mit der Anwendung von Programmen und der Bewertung der Ergebnisse befassen müssen. Weiterhin muß die im Studium erworbene technische Kompetenz durch eine klar betriebswirtschaftlich orientierte Sichtweise ergänzt werden, um später in der Verantwortung als Bauleiter im Sinne von Termineinhaltung, Qualität und Ergebnis eine Baustelle positiv abschließen zu können.

Für Hochschulabsolventen bieten die Unternehmen meist spezielle, zum Teil internationale Einarbeitungsprogramme, in denen der Berufsanfänger je nach Betriebsgröße entweder durch die Mitarbeit an einem Projekt oder durch die Arbeit in verschiedenen Bereichen die einzelnen Phasen bei der Entstehung eines Bauvorhabens kennenlernt. Aufstiegsmöglichkeiten bestehen als Bauführer oder Bauabschnittsleiter, Bauleiter bis hin zum Projektmanager einer Baustelle.

Als wichtige Zusatzqualifikationen werden für die Arbeit in den Projektteams soziale Kompetenz, Kooperations- und Kommunikationsfähigkeit, Fähigkeit zur interdisziplinären Zusammenarbeit sowie Präsentationsfähigkeit erwartet. Bei Einsatz im Ausland sind zudem Fremdsprachenkenntnisse erforderlich. Die Arbeit im Baugewerbe erfordert starke geografische Mobilität. Baustellen liegen vor allem bei ausländischen Bauvorhaben häufig in entlegenen Gebieten, die keine westlichen Standards bieten.

Eine Tätigkeit in der Bauindustrie kann eine hervorragende Grundlage für die Realisierung einer selbständigen Existenz (z.B. Ingenieurbüro) sein.

2.10. Bergbau

Branchenüberblick

Der deutsche Bergbau befindet sich in einer strukturellen Umbruchphase, die bis zum Jahr 2000 abgeschlossen sein wird. Bis dahin ist mit einer Konsolidierung zu rechnen. Eine weltweite Zusammenarbeit wird dann für die gesamte Bergbaubranche typisch sein.

Der Steinkohlenbergbau hat eine wesentliche Bedeutung auf dem Weltenergiemarkt. Der bei dem jetzigen Stand der Technik wirtschaftlich zu gewinnende Kohlenvorrat von 844,8 Mrd. Tonnen SKE (Steinkohleeinheit) stellt mehr als zwei Drittel der Weltvorräte an fossilen Brennstoffen dar. Derzeit ist die Steinkohle aus deutschen Lagerstätten trotz Einsatz neuester technologischer Hilfsmittel wirtschaftlich nur zu Kosten, die weit über den Weltmarktpreisen liegen, zu fördern. Deshalb erhält sie mittelfristig für die Förderung von rund 48 Mio. Tonnen Steinkohle (1996) einen Stützbeitrag des Bundes. Langfristig ist die Zukunft des deutschen Steinkohlebergbaus ungewiß.

Der Braunkohlenbergbau ist mit der deutschen Vereinigung zu einem weiteren wichtigen Energieträger in Deutschland geworden. Die Prognosen bis zur Jahrtausendwende liegen bei einer Braunkohleförderung von etwa 200 Mio. Tonnen pro Jahr. Wichtig wird für eine wirtschaftlich gesunde

Braunkohleindustrie ein realistischer, umweltschonender Abbau und eine umweltverbessernde Rekultivierung sein. Bereits in westdeutschen Unternehmen erprobte Verfahren gilt es zunehmend auch im mittel- und ostdeutschen Raum durchzusetzen.

Der Kalibergbau als Chemierohstoff- und Düngemittelproduzent wird sich auch künftig mit der Weltmarktkonkurrenz messen müssen.

Einen deutschen Erzbergbau gibt es mit der Stillegung der letzten Metallerzgruben im Sauerland, im Harz, in Thüringen und Sachsen aus wirtschaftlichen Gründen nicht mehr. Die inländische Förderung im Erdöl/Erdgas-Bergbau nimmt immer mehr ab.

Der Abbau von Steine und Erden-Rohstoffen sowie Industriemineralen ist mit einer Jahresförderung von etwa 1 Mrd. Tonnen eine beachtliche Größe.

In Deutschland sind zur Zeit etwa 150.000 Arbeitnehmer im klassischen Bergbau beschäftigt. 85.000 davon sind in Steinkohleunternehmen tätig. Aufgrund der notwendigen Strukturanpassungen hat sich diese Zahl in den letzten zehn Jahren um 35% in den alten Bundesländern verringert. Noch drastischere Reduzierungen fanden in den neuen Bundesländern statt.

Ein neuer Schwerpunkt für Bergbauunternehmen entwickelt sich derzeit im Umweltsektor. Dies betrifft sowohl die aktive Deponierung von Rohstoffen in Tagebauen und unterirdischen Hohlräumen als auch die Sanierung von belasteten Böden und Abwässern. Auch der Dienstleistungsbereich wird sich in diesem Sektor erweitern.

Einsatzgebiete und Berufschancen

In der Bergbauwirtschaft beträgt derzeit der Anteil der Diplom-Ingenieure des Studiengangs Bergbau am wissenschaftlich ausgebildeten Personal gut 50%. Ihre Aufgaben erstrecken sich von der Untersuchung der Vorkommen mineralischer Rohstoffe bis zu Tätigkeiten im Zusammenhang mit dem Abbau und dem Verkauf der Produkte. Da die Lagerstättenverhältnisse sehr unterschiedlich sind, müssen die Ingenieure in jedem Einzelfall geeignete technische Lösungen finden, um die Vorkommen rentabel zu erschließen.

Die Einsatzgebiete eines Diplom-Ingenieurs Bergbau können in die Organisationsbereiche Bergtechnik, Maschinen- und Elektrotechnik, Arbeitssicherheit, Logistik, Verfahrenstechnik/Aufbereitung, Projektleitung, Planung und Management zusammengefaßt werden.

Die Chancen für Bergbauingenieure auf eine Tätigkeit im Bergbau selbst sind in Deutschland äußerst gering. Aufgrund ihrer generalistisch ausgelegten Ausbildung, die u.a. wirtschaftliches Grundwissen, Übersichtswissen in den Rechts- und Sozialwissenschaften und Praxisbezug einschließt, bieten sich für Berbauingenieure jedoch auch Möglichkeiten in anderen Bereichen, z.B. Entsorgungswirtschaft, Verfahrenstechnik, Umwelttechnik, Baumaschinenindustrie. Etwa 50% der Absolventen der letzten Jahre fanden hier eine erste Anstellung. Der Bedarf liegt insgesamt bei etwa 100 bis 200 Ingenieuren p.a. in den verschiedenen Bereichen.

Deutsche Bergbauingenieure genießen international einen guten Ruf. Beschäftigungsverhältnisse bei ausländischen Minenbetreibern sind dennoch selten. Heimische Ingenieure werden bevorzugt. Nur wenige deutsche Bergakademiker werden bei Kooperationen in leitenden Funktionen als Kontaktpersonen eingesetzt.

Von Berufsanfängern werden gute Fremdsprachenkenntnisse vor allem in Englisch erwartet. Diese sollten möglichst im Rahmen von Auslandsaufenthalten und Praktika während des Studiums gesammelt werden. EDV-Kenntnisse sind ebenfalls wichtige Qualifikationen bei der Einstellung von Bergbauingenieuren und gewinnen aufgrund des steigenden Einsatzes der Datenverarbeitung in der Branche an Bedeutung.

2.11. Energiewirtschaft

Zur Energiewirtschaft gehören neben der Mineralölwirtschaft die Erzeuger von Primärenergie, also vor allem Steinkohle, Braunkohle, Erdgas, Wasserkraft und Kernenergie sowie die Elektrizitätsversorgung. Die Bundesrepublik ist der drittgrößte Energieverbraucher der westlichen Welt. Zur Deckung ihres Energiebedarfs ist sie in hohem Maße auf Einfuhren angewiesen.

In Deutschland gibt es ca. 1.000 Elektrizitätsversorgungsunternehmen (EVU) mit insgesamt etwa 190.000 Mitarbeitern, die in kommunale, regionale und Verbundunternehmen eingeteilt werden können. Am Kapital der Elektrizitätsversorgungsunternehmen sind sowohl die öffentliche Hand als auch private Unternehmen beteiligt. Auf internationaler Ebene kooperieren die großen EVU, um grenzüberschreitenden Stromaustausch zu ermöglichen.

In Deutschland lag die Netto-Stromerzeugung 1996 bei rund 511 Mrd. kWh. Davon entfallen etwa 86% auf die öffentliche Versorgung, 12% auf die Kraftwerke der Industrie und gut 1% auf die Deutsche Bahn. Mehr als 50% des Stroms werden aus Kohle (Braun- und Steinkohle) gewonnen. In den neuen Ländern ist Braunkohle, jedoch nur noch mit einem Anteil von 43% an der Stromerzeugung, der dominierende Energieträger. Kernkraftwerke tragen etwa ein Drittel zur Stromversorgung bei. Desweiteren sind Öl- und Gaskraftwerke sowie Wasser, Müll, Biomasse, Wind und Sonne an der Stromerzeugung beteiligt.

In den nächsten Jahren wird nicht mit einem nennenswerten Anstieg des Stromverbrauchs gerechnet. Die EVU bieten ihren Kunden zunehmend Dienstleistungen zum rationellen Umgang mit Energie und Strom an. Hierzu gehören Beratung im Bereich Energiesparen sowie Informations-, Beratungs- und Subventionsprogramme für sparsame Geräte. Andere EVU bieten Systemlösungen, z.B. bei Beleuchtungs-, Klima- oder Kälteanlagen an. Das Angebot umfaßt dabei Projektierung, Ausrüstung, Instandhaltung und Energielieferung. Damit erschließen sich die EVU neue Geschäftsfelder auf dem Markt der rationellen Energieanwendung beim Kunden. Solche, unter dem Begriff „Demand-Site-Management" zusammengefaßten Tätigkeiten hatten 1995 einen Anteil von rund 1% am Gesamtumsatz der Energieversorger. Ein weiterer Anstieg wird erwartet.

Mit der Öffnung des EU-Binnenmarktes ergeben sich für die europäische Stromwirtschaft gravierende Veränderungen. Das Prinzip der geschlossenen Versorgungsgebiete soll künftig zugunsten eines Wettbewerbssystems aufgegeben werden. Die Stromkunden sollen beim Produzenten/Lieferanten ihrer Wahl einkaufen können. Auch sollen sich unabhängige Stromproduzenten leichter auf dem Markt niederlassen können. Experten sehen speziell im Stromhandel ein Geschäftsfeld mit guten Wachstumsmöglichkeiten in den nächsten Jahren.

Einsatzgebiete und Berufschancen

Das Spektrum für die Tätigkeit des Elektroingenieurs in einem EVU ist breit. Es reicht von primär technisch orientierten Aufgaben wie Planung, Projektierung, Wartung und Betrieb von elektrischen Anlagen in Kraftwerken, Umspannwerken, Übertragungs- und Verteilungsnetzen bis zu perspektivischen Ausbauplanungen zur ausreichenden Versorgung unter Berücksichtigung des wirtschaftlichen Nutzens, Umweltverträglichkeit und Ressourcenschonung.

Das Betätigungsfeld eines Elektroingenieurs kann ebenso im energiewirtschaftlichen Bereich als auch im Schnittstellenbereich technisch/kaufmännisch, z.B. Materialwirtschaft, angesiedelt sein. Dazu gehört ein Interesse an betriebswirtschaftlichen und juristischen Fragen, wobei Grundkenntnisse aus diesen Gebieten – z.b. durch ein wirtschaftswissenschaftliches Aufbaustudium erworben – von Vorteil sind.

Mit der zunehmenden internationalen Zusammenarbeit werden auch Fremdsprachenkenntnisse und örtliche Mobilität immer wichtiger. Im Bereich der Mineralölwirtschaft gibt es Einstiegsprogramme, bei denen die Neueinsteiger innerhalb der ersten Jahre in mehreren Ländern arbeiten. Diese Mobilität wird auch durch besonders hohe Anfangsgehälter belohnt.

2.12. Pharmazeutische Industrie

Branchenüberblick

Die pharmazeutische Industrie hat ihre Ursprünge in der chemischen Industrie und ist teilweise noch stark mit ihr verknüpft. Pharmazeutische Produkte stellen dort die bedeutendste Produktsparte. Die Pharmaproduktion belief sich 1996 nach Angaben des **Bundesverbandes der Pharmazeutischen Industrie (BPI)**, Frankfurt, auf ca. 34 Mrd. DM. Die Arzneimittelproduktion in der Bundesrepublik Deutschland wuchs damit 1996 um 4,9%. Die Exportquote liegt bei 50%. Neue Impulse erhält die Branche vorwiegend von der Biotechnologie, insbesondere der Gentechnologie.

In der Bundesrepublik gibt es – nach Definition des Arzneimittelgesetzes – etwa 1.200 Arzneimittelhersteller. Die Branche ist vorwiegend mittelständisch strukturiert; nur wenige große Konzerne sind weltweit vertreten. Hier zeichnet sich jedoch ein Strukturwandel ab. Durch Fusionen und Allianzen sowohl im Bereich der Großunternehmen, aber auch der mittelständischen Betriebe, kommt es zu einer Konzentration der Anbieter. Im Zuge von Rationalisierungsmaßnahmen, die in der Folge der Gesundheitsreform notwendig geworden sind, verlegen einige Unternehmen ihre Produktion ins Ausland. Im Bereich der Biotechnologie fließen derzeit schon die meisten Forschungsgelder nach Nordamerika, wo die Bedingungen für die Entstehung neuer Unternehmen in diesem Bereich günstiger sind. Es ist davon auszugehen, daß sich der Trend zur Konzentration und Internationalisierung in den nächsten Jahren fortsetzt.

Nach Angaben des BPI waren Ende 1996 knapp 117.000 Arbeitnehmer in der Pharmaindustrie beschäftigt, darunter ca. 15% Akademiker. Obwohl die Branche insgesamt eine geringe Nachfrage nach Fach- und Führungskräften verzeichnet, sind die Aussichten für Spezialisten in den Bereichen Verkauf/Vertrieb, Organisation, Produktion/Logistik und Marketing dennoch gut.

Zur Zeit wird die Pharmabranche durch die zunehmende Bedeutung der „Selbstmedikation" beeinflußt. Es handelt sich hierbei um freiverkäufliche und nicht erstattungsfähige Arzneimittel. Zur Selbstbehandlung leichter Beschwerden haben die Bundesbürger 1996 Arzneimittel im Wert von 8,6 Mrd. DM erworben.

Die pharmazeutische Industrie ist eine der forschungsintensivsten Branchen in Deutschland. Die Ausgaben für Forschung und Entwicklung lagen in den letzten Jahren bei durchschnittlich 15% des Branchenumsatzes und sollen in den kommenden Jahren einen weiteren Zuwachs erfahren.

Einsatzgebiete und Berufschancen

Zunächst einmal ist die pharmazeutische Industrie bezüglich der Beschäftigten und deren Studienrichtungen von Chemikern, Biologen und teilweise Medizinern geprägt. Der Bedarf an Diplom-Ingenieuren besteht insbesondere in den verfahrenstechnischen Bereichen mit den neueren Qualifikationsprofilen im Bereich Umweltschutz, Biotechnik sowie bei allen Diplom-Inge-nieuren, die sich in irgendeiner Form mit gen- und biotechnischen Fragen beschäftigt haben. Der Arbeitsmarkt zeigt für Diplom-Ingenieure mit Qualifikationsprofilen, die den **Übergangsbereich zwischen Maschinenbau, Biologie und Prozeßdatenverarbeitung** betreffen, trotz der allgemeinen Arbeitsmarktlage relativ starke Nachfrage. Langfristig ist mit einer erheblichen Zunahme der Bedeutung dieser Industriebranche zu rechnen.

2.13. Nahrungs- und Genußmittelindustrie

Branchenüberblick

Die Nahrungs- und Genußmittelindustrie ist hauptsächlich von der konjunkturellen Entwicklung der privaten Konsumnachfrage abhängig. Da 87% des Umsatzes der Branche im Inland erzielt werden, sind vor allem die Bevölkerungsentwicklung, die Entwicklung der Haushaltsstruktur, die Lohn- und Gehaltsentwicklung sowie saisonale Einflußfaktoren für die Nachfrage entscheidend.

Die langfristige Entwicklung in der Branche wird weiter vom Engelschen Gesetz geprägt, wonach der Anteil der Verbrauchsausgaben für Nahrungs- und Genußmittel an den Gesamtausgaben der privaten Haushalte mit wachsendem Einkommen prozentual zurückgeht. Nach Angaben der **Bundesvereinigung der Deutschen Ernährungsindustrie e.V. (BVE)**, Bonn, erzielten die 5.037 Betriebe der Ernährungsindustrie 1996 einen Gesamtumsatz von rund 224 Mrd. DM. Die Ernährungsindustrie ist damit dem Umsatz nach die drittstärkste Branche der Industrie, nach dem Straßenfahrzeugbau und der Elektrotechnik. Der Aufwärtstrend blieb im vergangenen Jahr im Vergleich zur gesamten Industrie unterdurchschnittlich. Die Zahl der Mitarbeiter in der Ernährungsindustrie verringerte sich 1996 um 1,1% auf 518.000 Beschäftigte. Aufgrund der unsicheren wirtschaftlichen Situation und anhaltenden Arbeitslosigkeit üben viele Verbraucher Enthaltsamkeit bei Ausgaben für Ernährung, Genußmittel und Restaurantbesuche aus.

Konjunkturimpulse sind in einigen Bereichen der Ernährungsindustrie von der Auslandsnachfrage zu erwarten. Stark gefragt waren hochwertige Qualitätserzeugnisse der Ernährungsindustrie, vor allem in der Europäischen Union, in die rund 70% der gesamten Exporte geliefert wurden. An Bedeutung gewannen auch die osteuropäischen Märkte.

216

Wo Menschen genießen, ist Bahlsen dabei.

Die Bahlsen-Gruppe gehört mit rund 10.500 Mitarbeitern und 2,06 Mrd DM Jahresumsatz zu den führenden Unternehmen der Süßwarenbranche. Unsere Süßgebäck- und Snackprodukte exportieren wir weltweit; mit 17 operativen Gesellschaften sind wir in Europa und den USA direkt vertreten.

Der Produktionsbereich Süß trägt in der Bahlsen-Gruppe die Verantwortung für die Herstellung unserer Artikel in Deutschland, Frankreich und der Schweiz. Wir stellen erfolgreiche Produkte wie den Leibniz-Keks, Ohne Gleichen und Conditola her.

Als Nachwuchskraft sollen Sie uns im Rahmen eines training-on-the-job bei der Herstellung unserer Produkte und der Umsetzung unseres Qualitätsanspruches unterstützen. Wir bieten im Unternehmensbereich Süß interessante Aufgabenfelder an. Deshalb suchen wir Diplom-Ingenieure mit den Studienschwerpunkten:

- ◆ Produktionstechnik
- ◆ Verfahrenstechnik
- ◆ Verpackungstechnik
- ◆ Elektrotechnik
- ◆ Versorgungstechnik
- ◆ Lebensmitteltechnologie

Wenn Sie uns zukünftig in den Bereichen Anlagenplanung, Qualitätssicherung oder Produktentwicklung unterstützen wollen, sollten Sie uns anrufen, damit wir Ihnen weitere Details ausführlich erläutern können:

BAHLSEN KG
Personalbereich, Frau Rebitzky
Postfach 1 05
30001 Hannover
Tel. (05 11) 9 60-23 08

Die Unternehmen haben im vergangenen Jahr weiter in die Verbesserung ihrer Wettbewerbsfähigkeit investiert. Die deutsche Ernährungsindustrie bringt im Jahr mehrere tausend neue Produkte auf den Markt. Die Innovationsaufwendungen sind entsprechend hoch. Die Unternehmen legen damit die Basis für den Erfolg auf den hartumkämpften in- und ausländischen Märkten.

Die mittelständisch geprägte Nahrungs- und Genußmittelindustrie umfaßt sehr viele verschiedene Produktbereiche. Sie reichen von Backwaren, Essig und Margarine bis zu Fleisch- und Fischwaren, Milchprodukten, Kaffee und Zucker, von Konserven zu Tiefkühlkost, Bier, Sekt, Spirituosen, Fruchtsäften, Mineralbrunnen und Erfrischungsgetränken bis hin zu Feinkostartikeln und Tabakwaren. Die höchsten Einzelumsätze werden bei Molkereien, Brauereien und Süßwarenherstellern erzielt. Backwarenhersteller, Fleischwarenindustrie und Brauereien haben die höchsten Mitarbeiterzahlen innerhalb der Branche. Mittelständische Unternehmen mit im Durchschnitt 103 Mitarbeitern und einem durchschnittlichen Umsatz von 40 Mio. DM prägen die Branche. Die zehn größten Unternehmen der Ernährungsindustrie vereinen lediglich 11% des Gesamtumsatzes der Branche auf sich. Ein weiteres Kennzeichen für diese Konsumgüterbranche sind die zahlreichen Markenartikelhersteller.

Einsatzgebiete und Berufschancen

Gefragt sind vor allem Ingenieure, die sich mit Materialflußtechniken, mechanischer Verfahrenstechnik, Verpackungstechniken, Sortierproblemen sowie dem kompletten logistischen Ablauf beschäftigt haben. Darüber hinaus werden Diplom-Ingenieure aus den Bereichen Prozeßdatenverarbeitung, Produktionsplanungs- und -steuerungssysteme sowie Verfahrenstechnik eingesetzt. In bestimmten Bereichen besteht traditionell hoher Bedarf an agrartechnisch ausgerichteten Ingenieuren sowie an Lebensmitteltechnologen und Lebensmittelchemikern. Um in dieser kaufmännisch geprägten Branche erfolgreich tätig zu werden, sind betriebswirtschaftliche Interessen unabdingbar.

Für den Diplom-Ingenieur stellt die Lebensmittelbranche ein ausgesprochen breites potentielles Betätigungsfeld dar. Für nahezu alle Disziplinen des Ingenieurwesens sind in dieser Branche interessante und vielfältige Aufgaben zu finden. Dabei gilt, wie für die meisten anderen Branchen, daß Verfahren der Prozeßdatenverarbeitung, der automatischen Betriebsdatenerfassung und die Einführung übergeordneter Steuersysteme große Bedeutung gewinnen.

Der Akademisierungsgrad der Branche ist mit weniger als 10% gering. Aufgrund des hohen ständigen Innovationsdrucks scheint jedoch der Bedarf an Fach- und Führungskräften halbwegs gesichert. Ingenieure werden dabei insbesondere bei der **Entwicklung neuer Verfahren** benötigt. Zur weiteren Ausschöpfung des Rationalisierungspotentials könnte in den Unternehmen, aber auch in externen, zuarbeitenden Ingenieurbüros Bedarf an Ingenieuren entstehen.

Für die Einarbeitung von Hochschulabsolventen gibt es in einigen Unternehmen spezielle Trainee-Programme.

2.14. Entsorgungswirtschaft

Branchenüberblick

Die Unternehmen der Entsorgungsbranche beschäftigen sich mit dem Sammeln, Recyceln und Beseitigen von Abfallstoffen. Dabei geht es sowohl um die Organisation und die Logistik dieser Prozesse, als auch um die Entwicklung neuer Anlagen und Verfahren zur Abfallentsorgung und -verwertung. So werden z.b. neue biologische und biochemische Verfahren zum Umgang mit Problemabfallstoffen oder Verfahren zur Weiterverwertung bestimmter Abfallstoffe als Brennmaterial entwickelt.

Die Branche setzt sich aus etwa zwölf großen Anbietern – darunter vier aus der Energiewirtschaft –, die etwa ein Drittel des Umsatzes auf sich vereinen, wenigen mittelgroßen und sehr vielen kleinen Betrieben zusammen.

Anfang der 90er Jahre hat die Branche einen starken Aufschwung erlebt, der sich vor allem auf hohe Investitionen zur Einführung des Dualen Systems und strengere Umweltgesetzgebungen gründet. Zweistellige Wachstumsraten waren die Regel. Gleichzeitig wurden in der Branche 17.000 Arbeitsplätze geschaffen. Mit einem Umsatz von 81 Mrd. DM im Jahr 1995 blieb die Branche jedoch deutlich hinter den ursprünglichen Erwartungen zurück. Die Zahl der Stellenangebote, insbesondere für Fach- und Führungskräfte, nahm in den letzten Jahren schon deutlich ab. Vor allem kleine Unternehmen klagen über die unsicheren gesetzlichen Bestimmungen, da sie durch diese zunehmend in Gefahr sind. Einstellungen, die über den Ersatzbedarf hinausgehen, werden deshalb nicht erwartet. Auf längere Sicht ist die Lage der Branche vor allem von den gesetzlichen Rahmenbedingungen abhängig.

Einsatzgebiete und Berufschancen

Interessante Aufgaben bietet die Entsorgungswirtschaft für Ingenieure aller Art vor allem im Bereich der Entwicklung von Recycling- und Müllverbrennungsanlagen bei den Anlagenherstellern und im Bereich der Logistik bei den Entsorgern direkt. Für Ingenieure der Verfahrenstechnik oder Bioverfahrenstechnik bestehen auch in Zusammenarbeit mit Chemikern und Biologen neue Möglichkeiten, Methoden zur Kompostierung und zum Abbau von Schadstoffen im Müll auf biologischer Basis – also durch Bakterien – zu entwickeln.

Die in der Entsorgungswirtschaft beschäftigten Ingenieure kommen vorwiegend aus den Fachrichtungen Wirtschaftsingenieurwesen, Maschinenbau, Verfahrenstechnik, vereinzelt auch aus den Bereichen Bergbau und Bauwesen. Je nach Einsatzgebiet arbeiten die Ingenieure mit Chemikern, Biologen, Physikern und Geowissenschaftlern zusammen. Der Akademikeranteil in den Unternehmen variiert von unter 5% – typischerweise in reinen Entsorgerfirmen – bis über 50% zum Beispiel in den Bereichen Anlagenbau und Industrieberatung.

Entsprechend der Lage der Branche sind die derzeitigen Einstellungschancen für Hochschulabsolventen als gering einzuschätzen. Die Einstellungen beschränken sich häufig auf die Deckung des Ersatzbedarfs. Dennoch bieten sich vereinzelt Möglichkeiten für interessante Jobs im interdisziplinären Umfeld.

Nach einer Umfrage des UNI-Magazins (4/96) werden von den Unternehmen bei den Einstellungskriterien neben bestimmten Persönlichkeitsmerkmalen auch DV-Kenntnisse als sehr wichtig angeführt. Gute Noten und vor allem Fremdsprachenkenntnisse werden hingegen sehr unterschiedlich bewertet und orientieren sich in letzterem Fall wohl hauptsächlich am Maß der Auslandsaktivitäten der Unternehmen.

3. Öffentlicher Dienst

3.1. Branchenüberblick

Im öffentlichen Dienst beschäftigt zu sein heißt zunächst, daß der Arbeitgeber in der Regel der Staat, das Land, eine Kommune oder eine Institution des öffentlichen Rechts (z.B. Rundfunkanstalten, Krankenhäuser) ist. Das umfaßt eine große Zahl einzelner öffentlicher Arbeitgeber, die für die verschiedenen Studienrichtungen unterschiedliche Bedeutung haben.

Der Verantwortungsbereich von Ingenieuren im öffentlichen Dienst liegt meist auf dem technischen Sektor. Bezüglich der Fachrichtungen ist der Anteil der Ingenieure mit einem Ausbildungsprofil der Architektur, des Bau- und Vermessungswesens und in der Vergangenheit der Verkehrs- und der Nachrichtentechnik dominierend gegenüber allen anderen ingenieurwissenschaflichen Fachrichtungen. **Typisches Merkmal einer Berufstätigkeit im öffentlichen Dienst ist die Verknüpfung technischer mit Rechts- und Verwaltungsfragen.** Die Einarbeitung, der sog. Vorbereitungsdienst, vermittelt deshalb hauptsächlich diese außerfachlichen Kenntnisse und Regelungen.

In der grundsätzlichen Entscheidung, ob eine Tätigkeit im öffentlichen Dienst einer Tätigkeit in der Privatwirtschaft vorgezogen werden soll, spielen bei Ingenieuren – wie statistische Erhebungen zeigen – die Vielseitigkeit der Tätigkeiten im öffentlichen Dienst und die Sicherheit der Arbeitsplätze eine entscheidende Rolle.

Der überwiegende Teil der im öffentlichen Dienst beschäftigten Ingenieure hat eine Fachhochschulausbildung bzw. eine Ausbildung an einer der Vorläufereinrichtungen. Im einzelnen gelten etwa folgende Anteile:

14% promovierte Diplom-Ingenieure

19% Diplom-Ingenieure von Technischen Hochschulen/Universitäten

77% Diplom-Ingenieure von Fachhochschulen bzw. nicht nachdiplomierte graduierte Ingenieure

(Quelle: J. Weber „Ingenieure im öffentlichen Dienst" (VDI))

Erwähnenswert ist, daß etwa 15% der Absolventen von Fachhochschulen und ca. 65% der Diplom-Ingenieure Technischer Hochschulen/Universitäten im Rahmen des Vorbereitungsdienstes für eine Laufbahn im öffentlichen Dienst ein zweites Staatsexamen abgelegt haben.

Mit derzeit ca. 5,4 Mio. Beschäftigten, auch nach Abschluß der Privatisierungen von Bahn und Post, ist der öffentliche Dienst insgesamt nach wie vor mit Abstand der größte Arbeitgeber in der Bundesrepublik Deutschland.

Eine Laufbahn im öffentlichen Dienst – man unterscheidet die des einfachen, mittleren, gehobenen und höheren Dienstes – ist ein ziemlich genau festgelegter beruflicher Werdegang, den der einzelne Ingenieur vom Vorbereitungsdienst bis zur Pensionierung durchläuft. Absolventen von Technischen Hochschulen/Universitäten starten ihre Laufbahn im höheren Dienst und werden beim Einstieg nach der Besoldungsgruppe A 13 bezahlt. Die Laufbahn für Fachhochschulabsolventen mit sechssemestrigen Studiengängen (ohne Praxissemester) ist der gehobene Dienst, der mit der Besoldungsgruppe A 10/A 9 beginnt. Deshalb ist für den beruflichen Werdegang im öffentlichen Dienst die absolvierte Ausbildungsart von außerordentlich großer Bedeutung.

Für alle Laufbahnen gelten bestimmte „laufbahngerechte Vorbildungsvoraussetzungen". Diese teilen sich auf in:

a) **Formale Anforderungen an den Bewerber:** Hierzu gehören die deutsche Staatsangehörigkeit oder teilweise auch die Staatsangehörigkeit eines Mitgliedstaates der Europäischen Union, ein persönliches Führungszeugnis, die gesundheitliche Eignung und in manchen Fällen eine vorgeschriebene Lebensaltersgrenze für den Eintritt in den öffentlichen Dienst.

b) **Formale Anforderungen an den Studienabschluß:** Für den gehobenen technischen Dienst wird das Zeugnis einer öffentlichen oder staatlich anerkannten Fachhochschule oder ein gleichwertiger Abschluß außerhalb des Bundesgebietes vorausgesetzt. Für den höheren technischen Dienst wird der Abschluß eines Studiums an einer Technischen Hochschule/Universität oder eine entsprechende Prüfung außerhalb der Bundesrepublik Deutschland vorausgesetzt.

Eine Laufbahn umfaßt alle Ämter derselben Fachrichtung, die eine gleiche Vor- und Ausbildung erfordern, d.h. sie wird von der Bildungsseite her definiert. Amt ist dabei im statusrechtlichen Sinne gemeint, also das formell verliehene Amt (z.B. des Regierungsinspektors), das den besonderen Rechtsstatus des Inhabers regelt und das mit bestimmten Besoldungs- und Versorgungsansprüchen etc. verbunden ist.

In den folgenden Abschnitten 3.2.1. bis 3.2.5. wird auf einzelne Arbeitsmöglichkeiten bzw. Institutionen im öffentlichen Dienst näher eingegangen:

    O   Forschungsinstitute
    O   Lehramt
    O   Hochschullaufbahn
    O   Öffentliche Verwaltung, Behörden und Ministerien
    O   Bundeswehr

Im folgenden werden die Möglichkeiten unbefristeter Angestellten- bzw. Beamtenverhältnisse dargestellt. Befristete Qualifikationsstellen, insbesondere Promotionsstellen, werden demgegenüber nur am Rande geschildert.

3.2. Einsatzgebiete

3.2.1. Forschungsinstitute

Bedeutende Forschungseinrichtungen in der Bundesrepublik Deutschland sind u.a. die in der **Hermann von Helmholtz-Gemeinschaft Deutscher Forschungszentren (HGF)** zusammengeschlossenen Forschungseinrichtungen:

O   Stiftung Alfred Wegener – Institut für Polar- und Meeresforschung (AWI)

O   Stiftung Deutsches Elektronen-Synchrotron (DESY)

O   Deutsche Forschungsanstalt für Luft- und Raumfahrt e.V. (DLR)

O   Stiftung Deutsches Krebsforschungszentrum (DKFZ)

O   Gesellschaft für Biotechnologische Forschung mbH (GBF)

O   Stiftung Geo Forschungszentrum Potsdam (GFZ)

O   Forschungszentrum Geesthacht GmbH (GKSS)

O   GMD - Forschungszentrum Informationstechnik GmbH

O   Gesellschaft für Strahlen- und Umweltforschung mbH (GSF)

O   Gesellschaft für Schwerionenforschung mbH (GSI)

O   Hahn-Meitner-Institut Berlin GmbH (HMI)

O   Max-Planck-Institut für Plasmaphysik (IPP)

O   Forschungszentrum Jülich (KFA)

O   Forschungszentrum Karlsruhe GmbH (FzK)

O   Stiftung Max-Delbrück-Centrum für Molekulare Medizin (MDC)

O   UFZ - Umweltforschungszentrum Leipzig-Halle GmbH

Die 16 Großforschungseinrichtungen der HGF beschäftigen insgesamt ca. 23.000 Mitarbeiter, darunter 10.000 Wissenschaftler und Techniker. Die Großforschungseinrichtungen betreiben naturwissenschaftlich-technische sowie biologisch-medizinische Forschung und Entwicklung. Sie werden zu 90% vom Bund und zu 10% von den Sitzländern finanziert.

Die **Fraunhofer-Gesellschaft (FhG)** ist die Trägerorganisation für angewandte Forschung und Entwicklung in der Bundesrepublik Deutschland mit Sitz der Zentralverwaltung in München. Ihren Namen verdankt sie dem als Forscher, Erfinder und Unternehmer gleichermaßen erfolgreichen Münchener Gelehrten Joseph von Fraunhofer (1787 - 1826). Die Gesellschaft unterhält derzeit 47 Forschungseinrichtungen an Standorten in der gesamten Bundesrepublik und beschäftigt rund 8.300 feste Mitarbeiter, überwiegend Naturwissenschaftler und Ingenieure.

Die FhG betreibt Vertragsforschung für die Industrie, für Dienstleistungsunternehmen und die öffentliche Hand. Die Schwerpunkte sind: Werkstofftechnik/Bauteilverhalten, Produktionstechnik/ Fertigungstechnologie, Informations- und Kommunikationstechnik, Mikroelektronik/Mikrosystemtechnik, Sensorsysteme/Prüftechnik, Verfahrenstechnik, Energie- und Bautechnik/Umwelt und Gesundheitsforschung, Technisch-ökonomische Studien/Informationsvermittlung.

Im Rahmen der Technologieprogramme der Europäischen Union wirkt die FhG in Industriekonsortien an der Lösung Technischer Fragen zur Verbesserung der Wettbewerbsfähigkeit der europäischen Wirtschaft mit.

Zur Bewältigung der gestellten Forschungsaufgaben stehen sämtliche Einrichtungen der FhG mit ihrem wissenschaftlichen und technischen Potential zur Verfügung. Dies ermöglicht auch die Lösung komplexer Aufgaben aus einer Hand durch die Mitarbeit mehrerer Institute unterschiedlicher Fachrichtungen an der Aufgabenstellung.

Neben den Einrichtungen der FhG gibt es eine Vielzahl an Forschungsinstituten an Technischen Hochschulen. Die Finanzierung erfolgt hier zum Teil aus Planstellen der betreffenden Hochschuleinrichtungen und unterschiedlichen Finanzierungsquellen der öffentlichen Hand und der Privatwirtschaft.

An den öffentlichen bzw. überwiegend öffentlich finanzierten Forschungsinstituten findet man in der Regel eine ähnliche Gruppenstruktur wie bei einer größeren Forschungseinrichtung vor. Der überwiegende Teil der Diplom-Ingenieure hat dabei eine Ausbildung einer Technischen Hochschule/Universität und kann dementsprechend mit einem Anfangsgehalt nach BAT IIa beginnen (vgl. Sektion VIII, Kapitel 2). Aufstiegsmöglichkeiten zum Gruppenleiter bzw. Abteilungsleiter ermöglichen Vergütungen nach den Gruppen Ib, Ia und gelegentlich auch BAT I.

Bei entsprechender Stellung als Gruppen- oder Abteilungsleiter bieten die öffentlichen Forschungsinstitute auch Diplom-Ingenieuren mit Berufserfahrung an der Hochschule oder in der Industrie eine interessante Tätigkeit. Dies gilt vor allem dann, wenn damit eine langfristig gesicherte Stellung und eine interessante technische bzw. wissenschaftliche Tätigkeit verbunden ist. Die öffentlichen Forschungseinrichtungen sind für Berufsanfänger für eine vorübergehende Zeit von ca. zwei bis maximal vier Jahren attraktiv. In dieser Zeit sollten dann ausreichend Kontakte zu Unternehmen geknüpft werden, um eine entsprechende berufliche Zweitanstellung erreichen zu können. Häufig bestehen zwischen den Großforschungseinrichtungen und benachbarten Universitäten organisatorische Verknüpfungen über Lehraufträge oder Zusammenarbeit in gemeinsamen Forschungsbereichen. In diesen Fällen sind Dissertationen in einem Zeitraum von drei bis fünf Jahren möglich. Zum Teil muß dafür eine Beschäftigungszeit von 19 Wochenstunden in Kauf genommen werden.

Bei einer Tätigkeit in Forschungseinrichtungen an Technischen Hochschulen/Universitäten kann gelegentlich eine Anfangsstellung als sog. „wissenschaftliche Hilfskraft" mit einer Beschäftigungszeit von 19 Wochenstunden und einer Vergütung von deutlich weniger als 50% des Grundgehaltes der Gruppe BAT IIa vorausgehen. Solche Stellen sind als Dauerstellung ungeeignet. Gelegentlich sind hier Aufstiegsmöglichkeiten zur Vergütungsgruppe BAT Ib möglich. Für promovierte Diplom-Ingenieure bieten sich gelegentlich Möglichkeiten einer Dauerstellung im sog. „Mittelbau" der Hochschulen als Oberingenieur, Akademischer Oberrat etc.

3.2.2. Lehramt

Der öffentliche Dienst bietet dem Diplom-Ingenieur auch zahlreiche Möglichkeiten, als Lehrer tätig zu werden. In Zeiten mit einem hohen Mangel an Fachlehrern besteht die Möglichkeit zum „Quereinstieg" dann, wenn das zuständige Kultusministerium Programme auflegt, die das Diplom als erstes Staatsexamen anerkennen und parallel zum Referendariat pädagogisch-didaktische Schulungen anbietet. Als Einstellungsbedingungen gelten hier die unter 3.1. angegebenen „Anforderungen an den Bewerber". Im einzelnen sind folgende Bereiche zu nennen:

- Lehrer in den berufsbildenden Schulen
- Lehrer in der Sekundarstufe II

Für die Tätigkeit als Lehrer an berufsbildenden Schulen gibt es natürlich auch eigene Ausbildungsgänge für sog. „Gewerbelehrer", bei denen neben entsprechenden ingenieurwissenschaftlichen Studieninhalten pädagogische Kenntnisse vermittelt werden. Für den Schulbereich Sekundarstufe II ist der Bedarf an ingenieurwissenschaftlichen Fachlehrern gering, da bisher die wenigsten Schulen technische Fächer anbieten.

3.2.3. Hochschullaufbahn

Um eine Anstellung als Professor an einer Fachhochschule zu erhalten, ist zur Zeit ein abgeschlossenes Studium an einer Technischen Hochschule/Universität, die Promotion und eine mindestens fünfjährige berufliche Tätigkeit Voraussetzung. Dieses Anforderungsprofil ist vom Gesetzgeber vorgeschrieben, um den Praxisbezug im Studium zu gewährleisten. Das führt jedoch in der Realität gelegentlich dazu, daß promovierte Diplom-Ingenieure in der Industrie aufgrund ihrer dort erreichten beruflichen Stellung unter Umständen geringeres Interesse an einer Tätigkeit als Professor an einer Fachhochschule haben.

Eine Anstellung als Professor an Technischen Hochschulen/Universitäten ist in der Regel nur mit Promotion und Habilitation möglich. Eine direkte Laufbahn zum Professor einer Fachhochschule oder einer Technischen Hochschule/Universität gibt es nicht. Dies würde auch allen Vorstellungen zur Ausbildung eines qualifizierten Hochschullehrernachwuchses im Ingenieurbereich widersprechen. Um hier die praktische, außeruniversitäre Berufspraxis angemessen zu berücksichtigen, wird in manchen Berufungsverfahren statt einer Habilitation auch eine äquivalente Qualifikation in der Wirtschaft anerkannt.

Die Stellen beziehen sich in gleicher Weise auf Forschung und Lehre. Die Besetzung dieser Stellen erfolgt über ein sog. Berufungsverfahren, bei denen eine Stelle zunächst öffentlich ausgeschrieben wird. Aus der Zahl der Bewerber wird dann eine Liste der besten drei zusammengesetzt, aus der der Minister eine Person auswählt.

Wer eine Tätigkeit als Dozent an einer Fachhochschule oder an Technischen Hochschulen/Universitäten anstrebt, sollte dies langfristig durch entsprechende Dokumentation seiner wissenschaftlichen Tätigkeit vorbereiten, da dies bei einer Bewerbung eine entscheidende Rolle spielt. Kenntnisse über Verwaltungs- und Entscheidungsvorgänge an Hochschulen können ebenfalls von Vorteil sein.

3.2.4. Öffentliche Verwaltung, Behörden und Ministerien

Diplom-Ingenieure sind in nahezu allen Ebenen der öffentlichen Verwaltung, der Behörden und der Ministerien zu finden. Fachrichtungen des Bauwesens überwiegen bei den in der öffentlichen Verwaltung tätigen Diplom-Ingenieuren.

Zunächst soll versucht werden, einige berufliche Einsatzmöglichkeiten, gegliedert nach Fachrichtungen, aufzuzeigen:

Bauingenieure, Architekten, Raumplaner

Beschäftigungsmöglichkeiten in der „Ortsinstanz"

O Hoch- und Tiefbauämter der Gemeinden
O Bauverwaltungen der Länder (Hochbauamt, Universitätsbauamt etc.)
O Bundesbauverwaltung
O Bau-, Planungs- und Entwicklungsdezernate
O Trägereinrichtungen für Stadt- und Regionalplanung
O kommunale Planungsämter
O Autobahnämter
O Kreisverwaltungsbehörden
O Bundesämter der Finanzbauverwaltung
O Wasserwirtschaftsämter
O kommunale Bauverwaltungen (z.b. Wasserversorgung, Stadtentwässerung etc.)

Beschäftigungsmöglichkeiten in der „Mittelinstanz"

O Bauabteilung beim Regierungspräsidium
O Bauabteilung bei den Landschaftsverbänden
O Regionale Planungsverbände (z.b. Siedlungsverband Ruhrkohlenbezirk)
O Wasser- und Schiffahrtsdirektionen
O Bezirks- und Regionalplanungsbehörden

Beschäftigungsmöglichkeiten bei den obersten Landesbehörden

O Behörden für die Bauaufsicht
O Oberste Landesbehörden für Landesplanung und Städtebau etc.
O Bundesverkehrsministerium
O Bundesanstalt für Straßenwesen
O Landesministerien, z.B. für Verkehr, Landwirtschaft und Raumordnung

Vermessungsingenieure und Diplom-Ingenieure des Markscheidewesens

O Vermessungs- bzw. Katasterämter
O Flurbereinigungsbehörden
O Landesvermessungsämter
O Oberste Landesbehörden für Vermessungswesen
O Statistische Landesämter
O Patentämter
O Landwirtschaftskammern
O Bergbehörden
O Vermessungsabteilungen der Straßenbauämter
O Kartographische Dienststellen des Bundes, der Länder und der Kommunalverwaltungen

Diplom-Ingenieure des Bergbauwesens

- O Bergämter
- O Wirtschaftsministerien der Länder
- O Bundesministerium für Wirtschaft etc.
- O Deutsches Patentamt in München
- O Bundespatentgericht

Diplom-Ingenieure des Maschinenbaus, der Elektrotechnik und der Verfahrenstechnik

- O Bundesluftfahrtamt
- O Wasser- und Schiffahrtsämter
- O Verkehrsministerien
- O Bundesanstalt für Flugsicherung
- O Flugsicherungsleitstellen etc.
- O Deutsches Patentamt, Bundespatentgericht
- O Bundesanstalt für Materialforschung und -prüfung (BAM)
  (vgl. Abschnitt 5.2.)

Wie aus dieser tabellarischen Aufzählung zu ersehen ist, sind die Einsatzgebiete für Diplom-Ingenieure in den öffentlichen Verwaltungen außerordentlich reichhaltig. Betrachtet man den Bedarf an Diplom-Ingenieuren in bezug auf die verschiedenen Fachrichtungen beispielsweise auf der Ebene einer Landesregierung, so sind auch hier zwischen den einzelnen Ministerien Schwerpunkte des Bedarfs spezieller Fachrichtungen erkennbar. In den Innenministerien, den Wirtschaftsministerien und den Verkehrsministerien sind Ingenieure aller Fachrichtungen vorzufinden. In den Landwirtschaftsministerien überwiegen Diplom-Ingenieure des Bauwesens, des Maschinenbaus und des Agraringenieurwesens. Die Kultusministerien und Wissenschaftsministerien sind im wesentlichen durch den Bedarf an Lehrern in den Schulen und Hochschulen gekennzeichnet. Der Bedarf an Ingenieuren ist deshalb nur in einzelnen Abteilungen und Referaten vorhanden.

3.2.5. Bundeswehr

Das Grundgesetz sieht für die Bundeswehr eine Aufgabenverteilung vor: Die Streitkräfte übernehmen nach Art. 87a GG den Schutz unseres Landes. Die Wehrverwaltung schafft nach Art. 87b GG hierfür die personellen und materiellen Voraussetzungen.

Das **Bundesamt für Wehrtechnik und Beschaffung (BWB)** rüstet als Teil der Wehrverwaltung die Streitkräfte mit modernstem Wehrmaterial – von der persönlichen Ausrüstung bis hin zu hochkomplexen Waffensystemen – aus.

In technisch-wirtschaftlicher Hinsicht bearbeitet das BWB die Entwicklung, Erprobung und Nutzung von Wehrmaterial und bedient sich dabei im wesentlichen der Unterstützung durch Unternehmen der freien Wirtschaft mittels Vergabe von Aufträgen. Für die Durchführung der Erprobungen im Rahmen von Entwicklungsvorhaben sind ihm Wehrtechnische Dienststellen und Wehrwissenschaftliche Institute sowie für die Instandsetzung von Schiffen das Marinearsenal mit den Arsenalbetrieben in Wilhelmshaven und Kiel unterstellt. Daneben sind bei der auftragnehmenden Industrie jeweils Güteprüfstellen eingerichtet.

Einsatzgebiete und Berufschancen

Die Diplom-Ingenieure in der Koblenzer Zentrale des BWB setzen zusammen mit Technikern, Naturwissenschaftlern, Wirtschafts- und Verwaltungsfachleuten das von den Streitkräften geforderte Wehrmaterial in technisch und finanziell realisierbare Beschaffungsprogramme um.

Die Ingenieure in den Wehrtechnischen Dienststellen prüfen die Entwicklungsergebnisse der Industrie im Hinblick auf ihre technischen Leistungsdaten.

Den derzeit ca. 4.000 Diplom-Ingenieuren bietet das BWB in fast allen Einzelphasen der Entwicklung, Erprobung und Nutzung des Wehrmaterials interessante Entfaltungsmöglichkeiten. Aufgrund der Altersstruktur der Wehrverwaltung haben sie gute berufliche Aufstiegschancen.

Ein besonderer Bedarf an Nachwuchskräften besteht in den Fachrichtungen Nachrichtentechnik, Elektronik und Technische Informatik.

Auf die Arbeit in der Großorganisation des BWB werden alle Ingenieure intensiv und gewissenhaft vorbereitet.

Einstellung, Ausbildung und der überwiegende Einsatz erfolgen beim BWB und seinen nachgeordneten Dienststellen.

Je nach Studienabschluß beginnt der künftige junge Mitarbeiter seine Ausbildung in der Laufbahn des gehobenen technischen Dienstes (Absolventen der Fachhochschulen) bzw. des höheren Dienstes (Absolventen der Technischen Hochschulen/Universitäten). Während des Vorbereitungsdienstes (18 Monate im gehobenen bzw. zwei Jahre im höheren Dienst - heute sind Kürzungen um jeweils sechs Monate die Regel) wird der Grundstein für die späteren vielseitigen Arbeitsmöglichkeiten gelegt. Der junge Diplom-Ingenieur erhält in dieser Zeit eine breit angelegte Zusatzausbildung, die ihn mit den Besonderheiten der Wehrtechnik vertraut macht, und in der er das Entwicklungsmanagement und das Wehrmaterial in der Erprobung, Fertigung und Güteprüfung kennenlernt. Nach Abschluß des Vorbereitungsdienstes verfügt der Ingenieur in der Wehrtechnik dann über die nötigen Voraussetzungen, um in allen Arbeitsbereichen seines Fachgebietes im In- und Ausland eingesetzt werden zu können. Letzteres setzt ausreichende Sprachkenntnisse voraus.

4. Ingenieur-Dienstleistung im Freien Beruf

4.1. Chancen und Risiken

Unsere Gesellschaft entwickelt sich zur Dienstleistungsgesellschaft. Mehr und mehr hat dies auch einen Einfluß auf die Arbeitsbereiche von Ingenieuren. Derzeit sind etwa 10% aller Ingenieure in Ingenieurbüros oder in der Unternehmensberatung tätig.

Auch unter dem Druck der Lage auf dem Arbeitsmarkt ist ein Trend zur Selbständigkeit festzustellen. Ein großer Teil der Unternehmensgründer sind Ingenieure und Naturwissenschaftler. Im Jahr 1995 wurden insgesamt 493.000 neue Unternehmen gegründet. Gleichzeitig stieg jedoch auch die Zahl der Insolvenzen. Gerade bei Ingenieuren ist dies in der Regel nicht auf technologische Mängel zurückzuführen, sondern resultiert häufig aus schlechten Finanzierungskonzepten oder einer mangelhaften Absatzpolitik. Dies zeigt, wie wichtig es ist, sich im Vorfeld gut zu informieren und beraten zu lassen, um die Chancen und Risiken der Selbständigkeit besser einschätzen zu können.

Der Berufsanfänger tut gut daran, sich die notwendigen Qualifikationen für eine selbständige Tätigkeit ggf. zunächst in einem Angestelltenverhältnis zu erwerben. Weiterbildungsmaßnahmen im kaufmännischen Bereich und im Bereich der Unternehmensführung sind von Vorteil. Entsprechende Lehrgänge werden von den in den Sektionen IX und XIII aufgeführten Weiterbildungseinrichtungen angeboten. Dies ersetzt aber meistens die intensive detaillierte Strategieberatung z.b. durch einen erfahrenen Unternehmer.

Die Möglichkeiten für die Selbständigkeit im Ingenieurberuf sind berufsspezifisch sehr unterschiedlich. Der **Verband Beratender Ingenieure (VBI)** bietet professionelle Beratung für Ingenieure, die planen, ein unabhängiges Consulting-Büro zu gründen, und hat darüber hinaus eine kostenlose Kontaktbörse ins Leben gerufen zwischen Ingenieuren, die ein Büro übernehmen und denen, die es aus Altersgründen abgeben wollen. Paten- und Partnerschaftsprogramme für Ingenieure, die sich selbständig machen wollen, bietet auch der VDI. Erfahrene Selbständige stehen dabei für junge Existenzgründer als Berater zur Verfügung. Eine weitere Anlaufstelle ist das Bundesministerium für Wirtschaft, Villemombler Straße 76, Postfach 14 02 60, 53107 Bonn. Darüber hinaus beraten alle Industrie- und Handelskammern im Hinblick auf Existenzgründungen.

Der freiberufliche Ingenieur sollte eine gute und fundierte technisch-wissenschaftliche Ausbildung absolviert haben und bereits praktische Erfahrungen mitbringen. Wichtige persönliche Voraussetzungen sind ein gewisses Maß an Risikofreudigkeit und die Fähigkeit, Kontakte zu knüpfen und dauerhaft zu pflegen. Außerdem haben Freiberufler gerade in der Gründungszeit ihres Büros einen langen Arbeitstag. Deshalb sind eine gute gesundheitliche Verfassung und eine Familie, die die hohen Belastungen akzeptiert oder auch mitarbeitet, von großer Bedeutung.

Natürlich muß man sich, bevor man den Schritt in die berufliche Selbständigkeit wagt, genau über die rechtlichen Grundlagen, über die Formalitäten der Gründung, über die Grundsätze der Kosten- und Leistungsrechnung, über die wichtigsten Voraussetzungen für ein erfolgreiches Marketing („Wie gewinne ich Kunden?"), über die notwendigen Versicherungsarten (beruflich und privat) und über die steuerlichen Aspekte der freiberuflichen Berufsausübung informieren. Hierzu hat der VBI z.B. eine Informationsbroschüre „Erfolgreich selbständig als Beratender Ingenieur" herausgebracht.

In der Regel müssen einige Monate Durststrecke überwunden werden, ehe die Einnahmen eine zufriedenstellende Höhe erreicht haben und genügend Kunden gewonnen worden sind. Hilfen bei Unternehmensgründungen bieten die zahlreichen Technologieparks und Gründerzentren. Als Starthilfe stellen Technologiezentren auf ihrem Gelände kleinere Gewerbeflächen zu meist günstigen Konditionen für drei bis fünf Jahre zur Verfügung. Gemeinschaftlich können genutzt werden: Telefonzentrale, Schreibbüro, Kopierer, Telefax und Beratungen aller Art. Diese Dienste werden je nach Beanspruchung gezahlt, so daß sich der Fixkostenanteil und die Anfangsinvestitionen auf ein Minimum senken lassen.

Derzeit müssen die Marktchancen der beratenden Ingenieure im Bauwesen als eher schlecht bezeichnet werden. Der Nachfragesog durch den Aufbau in Ostdeutschland ist weitgehend befriedigt. Selbst der Boom im Bereich der Abwassersanierung, des Wohnungs- und Gewerbebaus und der Infrastruktur neigt sich dem Ende zu. Im Bauwesen der alten Länder sind viele kleine Ingenieurbüros durch das Ende des Baubooms und die angespannte Finanzlage in den öffentlichen Kassen ebenfalls in ihrer Existenz bedroht.

Gute Marktchancen für Ingenieurbüros gibt es durch Spezialisierung. In diesem Bereich sind solche Unternehmungen häufig gegenüber Großkonzernen aufgrund ihrer größeren Flexibilität sehr konkurrenzfähig. Wichtig ist aber, daß die Abhängigkeit von wenigen Auftraggebern schnell überwunden wird. Allerdings ist nicht zu übersehen, daß der Markt zunehmend nach integrierten Planungsleistungen verlangt. Daraus resultiert häufig ein Zusammenschluß unabhängiger Fachplaner zu Gesamtplanern. Dieses Konzept des Zusammenschlusses wird von einigen Experten auch als Einstieg für **Unternehmensgründer** empfohlen.

Die folgenden Kapitel sollen einen Überblick über das gesamte Arbeitsfeld freie Berufe und Dienstleistungsbranche geben und beschränken sich nicht auf die Selbständigkeit.

4.2. Ingenieurbüros im Bauwesen

Die wichtigsten Tätigkeitsbereiche für selbständige Ingenieure im Bereich des Bauwesens sind:

O   Industrieplanung, Tragwerksplanung

O   Tiefbau

O   Brückenbau (Stahlbau, Spannbetonbau)

O   Verkehrswesen (Straße, Schiene, Wasser, Luft)

O   Abfallwirtschaft, Deponien, Recycling

O   Bauwirtschaft (Vergabe- und Vertragswesen, Bauleitung), Inbetriebnahme

O   Projektmanagement (Termine, Kosten, Qualitäten)

O   Vermessungswesen

O   Entwurf baulicher Maßnahmen gegen Luft- und Gewässerverschmutzung sowie gegen Lärmentwicklung

O   Qualitätssicherung und Substanzerhaltung

O   Bauphysik, neuartige Baustoffe

O   DV-gestützte Systemanalyse und Berechnung sowie Anwendung neuartiger Bauverfahren

Meist behaupten sich kleine Ingenieurbüros durch Spezialisierung auf technologisch anspruchsvolle Teilgebiete gegenüber den großen Systemanbietern (s. auch Kapitel 2.9.).

4.3. Maschinenbau-orientierte Ingenieurbüros

Der klassische Weg für Maschinenbauingenieure zur Selbständigkeit sind die Konstruktionsbüros. Darüber hinaus sind die Büros für Anlagenplanung mit einer Spezialisierung auf einen bestimmten Produktbereich (z.B. Heizung, Lüftung, Klima) möglich. Oft werden Auftragsspitzen bei größeren Firmen durch Vergabe von Unteraufträgen an kleine Büros abgebaut. Hierdurch bedingte Abhängigkeiten von der Auftragslage sollten durch mehrere Kunden in verschiedenen Branchen kompensiert werden.

4.4. DV- und Softwarehäuser

Typische Gebiete im Bereich Software und Software-Beratung sind:

- Design und Implementierung von Datenbanksystemen und Produktions-Planungs- und -Steuerungs-Systemen (PPS)
- Informationssysteme für den kommerziellen, militärischen und medizinischen Bereich
- Entwurf und Implementierung von Prozeßdatenverarbeitungsanlagen und Echtzeitsystemen (z.b. Online Steuerung industrieller Prozesse)
- Internet-Dienste
- Prognosemodelle
- Multimedia-Anwendungen und Multimedia-Beratung

Für Ingenieure, die über spezielle Kenntnisse in der Datenverarbeitung verfügen, bieten sich hier gute Berufsmöglichkeiten.

Die Chance, sich in diesem Bereich **selbständig zu machen**, sind bei entsprechenden Vorkenntnissen ebenfalls gut. Dies gilt insbesondere für die Bereiche Multimedia und Internet. Bei den eher klassischen Aufgaben werden oft spezielle Software-Aufgaben kombiniert mit Hardware-Anpassungen verlangt. Selbständige können hier meist sehr flexibel reagieren und kundenangepaßte Lösungen bereitstellen. Ingenieure aller Disziplinen mit fundierten DV-Kenntnissen haben hier gute Chancen.

4.5. Sachverständige und Gutachter

Dienste von Sachverständigen und Gutachtern werden nicht nur von Banken, Gerichten und Versicherungsgesellschaften, sondern zunehmend auch von Behörden und Industrie bei Genehmigungsverfahren und Öko-Audits benötigt. Aufgabengebiete sind:

- Technische und versicherungstechnische Risikobeurteilung von Großprojekten
- Durchführung von Inspektions- und Schadensverhütungsaufgaben
- Chancenbeurteilung neuer Technologien
- Schadensbeurteilungen
- Kostenschätzungen
- Qualitätsmanagement
- Öko-Audit (Umweltgutachten)

4.6. Unternehmens- und Technologieberatung

Branchenüberblick

Diese Tätigkeit ist gekennzeichnet durch eine abwechslungsreiche Arbeit für verschiedene Klienten aus unterschiedlichen Branchen. In der Regel handelt es sich dabei um Unternehmen, die im Rahmen von mehrmonatigen und manchmal sogar mehrjährigen Projekten beraten werden. Hierbei findet eine intensive Zusammenarbeit, nicht nur mit den Kollegen des Beratungsunternehmens, sondern auch mit den Mitarbeitern des Klienten statt. Nur so kann sichergestellt werden, daß komplexe Probleme in ihrer Vielschichtigkeit erfaßt und gelöst werden können.

In den kleineren Beratungsunternehmen ist eine zunehmende Spezialisierung festzustellen. Neue Spezialgebiete ergeben sich hier insbesondere durch die rasante Entwicklung im Bereich der Informationstechnologie und der Telekommunikation, aber auch im Bereich der Beratung in Sachen Umweltschutz und Qualitätsmanagement.

Einsatzgebiete und Berufschancen

Der Ingenieuranteil in der Unternehmensberatung stieg in den letzten Jahren beständig und liegt in manchen Firmen inzwischen bei 15%. Charakteristisch für die Unternehmen der Beratungsbranche ist der insgesamt sehr hohe Akademikeranteil an der Gesamtzahl der Mitarbeiter.

Bei kleineren und mittleren Betrieben gibt der Ingenieur als Berater Hilfestellung bei der Optimierung der Produktions-Planung und -Steuerung, der Betriebsorganisation, Einführung von Datenverarbeitungsanlagen und Gesetzesvorschriften, insbesondere im Bereich der Umwelttechnik. Außer der Anfertigung von Gutachten, Einführung und Durchsetzung neuer Betriebsstrukturen kommen auch Verhandlungen für den Auftraggeber mit staatlichen und kommunalen Behörden in Frage.

Technische Fachkenntnisse und Industrieerfahrung sind nützlich; entscheidend sind jedoch analytische Fähigkeiten, Team- und Kommunikationsfähigkeit und Initiative sowie die Bereitschaft, sich ständig in neue Fragestellungen einzuarbeiten. Betriebswirtschaftliches Grundwissen ist hier wichtig, wird aber zum Teil bei den Beratern noch im Rahmen von Trainings vermittelt.

In den großen internationalen Unternehmensberatungen arbeiten Ingenieure in interdisziplinären Teams an Projekten in allen Bereichen der „klassischen Unternehmensberatung". Dazu gehören u.a. Unternehmensführung, Marketing, Logistik, Personal- und Sozialwesen, Technik. Gefordert wird eine sehr hohe Einsatzbereitschaft. Starke Reisetätigkeit und eine übermäßige Arbeitsbelastung sind die Regel. Dafür bieten sich häufig steile Karrieremöglichkeiten unabhängig von der Fachrichtung, die Bezahlung ist entsprechend gut. Die Anforderungen an die Bewerber sind jedoch immens hoch. Neben einem exzellenten Examensergebnis sind wirtschaftswissenschaftliche Zusatzqualifikationen Voraussetzung, ebenso perfekte Englischkenntnisse und Auslandserfahrung. Promotion oder ein MBA-Studium an einer renommierten ausländischen Business School werden gern gesehen. Wichtig sind darüber hinaus „Soft Skills" wie soziale Kompetenz, ausgeprägte Analysefähigkeit, Kreativität, Teamgeist, überzeugendes Auftreten und die Fähigkeit, Vorstand und Meister gleichermaßen zu überzeugen.

Während die deutschen Unternehmensberatungen vorwiegend Ingenieure mit mehrjähriger Berufserfahrung suchen, die in der Industrie schon Führungserfahrung sammeln konnten, bevorzugen einige eher amerikanisch geprägte Unternehmensberatungsfirmen (z.B. McKinsey, Boston Consulting Group, Bain & Company) Berufseinsteiger. Diese steigen über ein festgelegtes Laufbahnsystem im Unternehmen auf. Regelmäßige Beurteilungen entscheiden über den „Aufstieg" oder „Ausstieg" eines Beraters, da ein langfristiges Verbleiben auf einer Hierarchiestufe in der Regel nicht möglich ist.

5. Sonstige Organisationen

5.1. Technische Überwachungs-Vereine (TÜV)

Die Entstehung der Technischen Überwachungs-Vereine geht auf das Jahr 1866 zurück. Damals wußte keiner so recht, was die Ursache für die zahlreichen Explosionen von Dampfkesseln, Dampfmaschinen und Dampfentwicklern war. So entstand zur Selbsthilfe in Mannheim die „Gesellschaft zur Überwachung und Versicherung von Dampfkesseln". Überall folgte dann die Gründung von „Dampfkessel-Überwachungs-Vereinen".

Der Katalog der Aufgaben wuchs. Für die Überprüfung der überwachungsbedürftigen Anlagen mußten von den Beteiligten – Hersteller, Betreiber, Staat und Technische Überwachung – technische Grundsätze sowie allgemein gültige Regeln in Ausschüssen erarbeitet werden, die vielfach heute noch die gleiche Zusammensetzung haben wie zu Beginn des Jahrhunderts. Aus den Dampfkessel-Überwachungs-Vereinen wurden die Technischen Überwachungs-Vereine. Heute gibt es zehn, wie folgt:

- ❍ TÜV Bayern, Hessen, Sachsen e.V. in München, Westendstraße 199, 80686 München
- ❍ TÜV Berlin-Brandenburg e.V., Magirusstraße 5, 12103 Berlin
- ❍ TÜV Hannover/Sachsen-Anhalt e.V., Am TÜV 1, 30519 Hannover
- ❍ TÜV Nord e.V. in Hamburg, Große Bahnstraße 31, 22502 Hamburg
- ❍ TÜV Pfalz e.V. in Kaiserslautern, Merkurstraße 45, 67663 Kaiserslautern
- ❍ Rheinisch-Westfälischer TÜV e.V. in Essen, Steubenstraße 53, 45138 Essen
- ❍ TÜV Rheinland e.V. in Köln, Am Grauen Stein/Konstantin-Wille-Str. 1, 51105 Köln
- ❍ TÜV Saarland e.V. in Sulzbach bei Saarbrücken, Saarbrücker Straße 8, 66280 Sulzbach
- ❍ TÜV Südwest e.V., Dudenstraße 28, 68167 Mannheim
- ❍ TÜV Thüringen e.V. in Erfurt, Melchendorfer Str. 64, 99096 Erfurt

Diese Technischen Überwachungs-Vereine prüfen, überwachen und beraten in drei Bereichen:

a) Tätigkeit nach § 11 Gerätesicherheit
b) Prüfungen im Rahmen der Verkehrsgesetzgebung
c) Prüfungs-, Beratungs- und Gutachtertätigkeit auf anderen technischen Gebieten

Alle diese Tätigkeiten der Technischen Überwachungs-Vereine haben ein Ziel: Menschen, Umwelt und Sachgüter vor Gefahren und Schäden zu schützen. Daran hat sich seit 1866 nichts geändert. Mit fortschreitender Technisierung wuchsen aber die Gefahren und damit die Arbeitsbereiche der TÜV. Sie gliedern sich einmal in die staatsentlastenden Aufgaben vor allem nach dem Gerätesicherheitsgesetz und der Straßenverkehrszulassungsordnung und zum anderen in die freiwirtschaftlichen Aufgaben, bei denen die Vereine im Wettbewerb zu anderen stehen.

Die Technischen Überwachungs-Vereine haben keine hoheitlichen Funktionen oder öffentliche Verwaltungsfunktionen mit hoheitlichem Charakter. Im Lande Hessen und im Stadtstaat Hamburg hingegen liegt die Überwachung nach § 11 Gerätesicherheitsgesetz beim Staat, in Hessen auch die Kraftfahrzeug-Überwachung. Aber wie die staatlichen Stellen führen die Technischen Überwachungs-Vereine keinen auf Gewinn abzielenden Geschäftsbetrieb. Nach ihren Satzungen sind die bei ihnen tätigen Sachverständigen zur Neutralität und Objektivität verpflichtet. In ihrer Aussage als Sachverständige sind sie auch vom Vorstand unabhängig.

Bei den zehn Technischen Überwachungs-Vereinen mit ihren über 100 Dienststellen gibt es ca. 25.000 Beschäftigte.

5.2. Bundesanstalt für Materialforschung und -prüfung (BAM)

Die Bundesanstalt für Materialforschung und -prüfung (BAM), Berlin, ist als Bundesoberbehörde im Geschäftsbereich des Bundesministeriums für Wirtschaft, technisch-wissenschaftliches Staatsinstitut der Bundesrepublik Deutschland für Sicherheit und Zuverlässigkeit in Chemie und Materialtechnik zuständig. Die Materialtechnik, die zuverlässige, normgerechte und neutrale Prüfung, chemische Analytik sowie die sicherheitstechnische Beurteilung von Werkstoffen, Bauteilen und Konstruktionen sind das Arbeitsgebiet von neun Fachabteilungen. Zu den etwa 1.700 Mitarbeitern gehören ungefähr 550 Ingenieure und Naturwissenschaftler mit abgeschlossener Hochschulausbildung im höheren Dienst und ungefähr gleich viele Ingenieure im gehobenen Dienst.

Ferner sind Ingenieure einer ganzen Reihe weiterer Fachrichtungen vertreten, wie etwa Verfahrenstechnik, Holz- und Forstwirtschaft, Biologie, Mathematik und Umwelttechnik. In Einzelfällen kann es durchaus von Interesse sein, auch dieses Spektrum noch zu erweitern.

5.3. Verbände und Organisationen der Wirtschaft

In den Verbänden und Organisationen der Wirtschaft gibt es ebenfalls Arbeitsmöglichkeiten für Diplom-Ingenieure. Die einzelnen Organisationen können in folgende Gruppen eingeteilt werden:

○ Arbeitgeberverbände

○ Kammern

○ Berufsverbände/berufsständische Organisationen

○ Gewerkschaften

Die Hauptaufgaben der Arbeitgeberverbände liegen in tarif- und sozialpolitischen Aufgaben. In diesem Zusammenhang werden Diplom-Ingenieure als Sachverständige benötigt.

Die Kammern sind Körperschaften des öffentlichen Rechts. Für Ingenieure sind zur Zeit lediglich die Architektenkammern von Bedeutung. Jeder selbständige Ingenieur ist in diesem Bereich durch Gesetz Mitglied einer Kammer. Weitergehende Mitgliedschaften in Kammern für Diplom-Ingenieure, die freiberuflich tätig sind, gibt es derzeit in Rheinland-Pfalz, im Saarland und in Schleswig-Holstein.

In den Berufsverbänden sind Ingenieure verschiedener Fachgruppen zusammengeschlossen. Einige dieser für den Ingenieurbereich wichtigen berufsständischen Vereinigungen werden in Sektion XIII vorgestellt. Da die Vereinigungen im engeren Sinne Interessen der Ingenieure wahrnehmen, sind in diesen Verbänden überwiegend Diplom-Ingenieure beschäftigt. Teilweise sind solche Verbände auf ganz spezielle Fachrichtungen oder auch auf Absolventen Technischer Hochschulen/Universitäten bzw. Fachhochschulen ausgerichtet. Eine Tätigkeit in derartigen Verbänden kann entweder als vorübergehende Anfangsstellung oder zu einem späteren Zeitpunkt in leitender Verantwortung als Dauerstellung von Interesse sein.

Die im Deutschen Gewerkschaftsbund zusammengeschlossenen 17 Einzelgewerkschaften vertreten knapp 8 Mio. organisierte Arbeitnehmer und sind Verhandlungspartner der Arbeitgeberverbände, der Unternehmen etc. Ingenieure finden in den Vertretungen einzelner Gewerkschaften Arbeitsmöglichkeiten, wie z.b. in der Gewerkschaft Öffentliche Dienste, Transport und Verkehr und in zentralen Abteilungen der Industriegewerkschaft Metall. In der Deutschen Angestellten-Gewerkschaft gibt es spezielle Arbeitsgruppen für Ingenieure.

Die Tätigkeit als Diplom-Ingenieur in den genannten Einrichtungen kann in der Regel nicht als eigentliches Berufsziel angestrebt werden, sondern ergibt sich aus dem beruflichen Lebenslauf eines Diplom-Ingenieurs. Generell sollte sich jeder Ingenieur außerhalb seiner engeren beruflichen Tätigkeit in einem Verband oder einer Vereinigung engagieren. Wenn sich durch derartige Engagements langfristig eine volle berufliche Verbandstätigkeit ergibt, kann dies eine interessante und vielseitige Berufsperspektive darstellen.

5.4. Organisationen der Entwicklungshilfe

Einige Institutionen der Entwicklungshilfe bieten in begrenztem Umfang interessante Aufgaben für Ingenieure. Allerdings erfordert der Einsatz in Entwicklungshilfeprojekten in der Regel eine starke Praxisorientierung, was dazu führt, daß insbesondere Absolventen wissenschaftlicher Hochschulen häufig überqualifiziert sind.

Im folgenden werden zwei Institutionen mit unterschiedlicher Arbeitsweise vorgestellt. Umfangreiche Informationen bietet darüber hinaus die Broschüre „Arbeit in Übersee", die kostenlos über die ZAV bezogen werden kann.

Entwicklungsdienste

Im Bereich der Arbeit in Entwicklungsländern muß man vom Status her unterscheiden zwischen Entwicklungshelfern, Experten und Freiwilligen. Freiwillige sind in der Regel junge Erwachsene ohne Berufsausbildung, die in sozialen Lern- und Friedensdiensten mitarbeiten. Experten sind normalerweise hochbezahlte Spezialisten in Programmen der Technischen Zusammenarbeit (TZ). Entwicklungshelfer haben üblicherweise eine abgeschlossene Berufsausbildung und werden primär in ihren erlernten Berufen vermittelt. Sie sind beispielsweise tätig in den Bereichen:

- ○ Handwerk und Technik
- ○ Bau- und Siedlungswesen
- ○ Land- und Forstwirtschaft bzw. ländliche Entwicklung
- ○ Gesundheitswesen
- ○ Wirtschaft und Verwaltung
- ○ Allgemeines Bildungswesen und Animation im pädagogischen Sektor

Häufig steht dabei weniger der Einsatz von Technologien im Vordergrund, sondern vielmehr die Ausbildung einheimischer Fachkräfte. Deshalb werden von Entwicklungshelfern zunehmend überfachliche Qualifikationen wie z.B. Koordinations-, Organisations- und Managementerfahrung verlangt.

Die Träger der Entwicklungshilfe sorgen für die soziale Absicherung der Entwicklungshelfer und helfen bei der Wiedereingliederung nach dem Auslandseinsatz.

Kontaktstelle ist der Arbeitskreis „Helfen in Übersee" e.V., in dem die deutschen Träger des Entwicklungsdienstes zusammengeschlossen sind, aber auch die Entwicklungsdienste selbst. Die Adressen sind in Sektion XIV, Kapitel 9 aufgeführt.

Besonders sei in diesem Zusammenhang auf das ASA-Programm der Carl-Duisberg-Gesellschaft hingewiesen. Das Programm richtet sich an Studenten und Jungakademiker aller Fachrichtungen. Schwerpunkt des Programms ist ein dreimonatiger Arbeits- und Studienaufenthalt in einem Land der Dritten Welt, dem eine neunmonatige Vorbereitung vorausgeht. Bewerbungsunterlagen und Programmkatalog bei der Carl-Duisberg-Gesellschaft e.V., ASA Programm, Lützow-Ufer 6-9, 10785 Berlin.

5.5. Organisationen für internationale Zusammenarbeit

Die Bundesrepublik Deutschland ist Mitglied in rund 160 internationalen Organisationen. In vielen dieser Bereiche gibt es auch für Diplom-Ingenieure berufliche Möglichkeiten. Voraussetzungen hierfür sind in der Regel sehr gute Abschlüsse an den Hochschulen, einige Jahre Berufserfahrung in der angestrebten Tätigkeit sowie fundierte Sprachkenntnisse. Mit Ausnahme der Europäischen Union handelt es sich bei den Anstellungsverhältnissen um Zeitverträge.

Die Tätigkeitsfelder liegen in folgenden Bereichen:

O   Europäische Union (Kommissionen des Europäischen Parlaments, Technologie-Einrichtungen des Rates der Europäischen Union, Abteilungen der Kommissionen der Europäischen Union für Verkehr, Entwicklungshilfe, Energie etc.)

O   Vereinte Nationen (insbesondere „Entwicklungsprogramm der Vereinten Nationen" (UNDP), Internationale Arbeitsorganisation (ILO), Organisation der UN für industrielle Entwicklung (UNIDO))

Die beruflichen Möglichkeiten für Ingenieure beschränken sich dabei auf diejenigen Bereiche, in denen Zusammenhänge zwischen technischer Entwicklung und wirtschaftlichem Wachstum sowie Fragen einer kulturell angepaßten Technologie für unterschiedlich entwickelte Länder zur Diskussion stehen.

Sektion VII: Berufschancen im Mittelstand

1. Der Stellenwert mittelständischer Unternehmen

Unternehmen mit einer Beschäftigtenzahl von 10-499 Mitarbeitern gelten als mittelständisch. Neben dieser mitarbeiterbezogenen Definition gilt auch ein jährlicher Umsatz zwischen 1 und 100 Millionen DM als Abgrenzungskriterium mittelständischer Unternehmen von kleinen bzw. Großunternehmen. Diese umsatzabhängige Zuordnung weist branchenspezifische Unterschiede auf. So wird beispielsweise ein Unternehmen aus dem Dienstleistungssektor mit einem Jahresumsatz von maximal DM 25 Millionen dem Mittelstand zugerechnet, während ein Unternehmen der verarbeitenden Industrie noch mit einem Jahresumsatz von bis zu 100 Millionen als mittelständisch gilt.

Mit Fug und Recht wird der Mittelstand als das Rückgrat der deutschen Wirtschaft bezeichnet. Ausgehend von der umsatzabhängigen Kategorisierung gab es im Jahre 1996 in Deutschland rund 3,2 Millionen mittelständische Unternehmen mit insgesamt ca. 20 Millionen Beschäftigten. 99,6% aller umsatzsteuerpflichtigen Unternehmen waren demnach dem Mittelstand zuzuordnen. Diese mittelständischen Unternehmen erwirtschafteten 46,9% aller steuerpflichtigen Umsätze und beschäftigten 68% aller Arbeitnehmer. Sie trugen mit 44,7% zur Bruttowertschöpfung (einschließlich Staat) bei und tätigten 45,4% aller Investitionen. Die nachfolgende Tabelle verdeutlicht die Bedeutung des Mittelstands als größten Arbeitgeber:

Betriebe und ihre sozialversicherungspflichtig Beschäftigten 1995

Mitarbeiterzahl	Westdeutschland		Ostdeutschland	
	Betriebe	Beschäftigte	Betriebe	Beschäftigte
1	484.820	484.820	95.398	95.398
2 - 9	821.710	3.397.688	202.974	832.987
10 - 19	161.149	2.162.201	44.139	595.479
20 - 49	98.419	2.961.757	30.325	911.905
50 - 99	35.381	2.440.430	10.015	687.961
100 - 499	27.745	5.486.274	6.922	1.315.214
500 - 999	2.974	2.019.012	633	433.373
ab 1.000	1.548	3.645.165	339	650.046
insgesamt	1.633.746	22.597.347	390.745	5.522.363

Quelle: IAB

Auch jenseits der deutschen Grenzen spielt der Mittelstand eine wichtige Rolle. So sind mehr als zwei Drittel der Arbeitskräfte in der Europäischen Union in mittelständischen Unternehmen beschäftigt, mehr als zwei Drittel der Produktinnovationen in der EU werden vom Mittelstand hervorgebracht.

2. Stärken und Herausforderungen im Mittelstand

Insbesondere die innovativen mittelständischen Unternehmen sind es, die die Entwicklungen auf hohem technologischen Niveau vorantreiben, neue Ideen als erste in die Tat umsetzen und damit die Keimzelle neuer Wachstumslinien bilden. Häufig reagieren sie schneller und flexibler auf neue Marktchancen und veranlassen damit auch die Konkurrenten, sich zu bewegen. So Wirtschaftsminister Dr. Günter Rexroth in einer Rede vom 5. Mai 1997. Aber, so der Bundesminister, es gibt auch eine ganze Reihe von Herausforderungen, denen sich der Mittelstand im Innovationswettbewerb stellen muß:

○ Die Entwicklung neuer Technologien erfordert zunehmend **wissenschaftliche Kenntnisse** sowohl in die Breite wie auch in die Tiefe.

○ Der damit verbundene **personelle und apparative Aufwand** ist gerade für kleinere Unternehmen häufig enorm.

○ Innovationsfreudigen Unternehmen werden zunehmend **Forschungs- und Entwicklungsleistungen** abverlangt, die bis vor kurzem noch ganz selbstverständlich eine Domäne der großen Unternehmen waren.

○ Diese Veränderungen treffen in besonderem Maße innovative mittelständische Zulieferer, die in hochinnovative Wertschöpfungsketten eingebunden sind.

○ Als moderne Systemlieferanten müssen sie sich auch als **technische Dienstleister** engagieren. Dies zwingt zu Veränderungen unternehmensinterner Strukturen.

○ Schließlich leiden kleine und mittlere Unternehmen häufig an einem **Eigenkapitalmangel.**

Hier setzen die Förderprogramme auf nationaler und internationaler Basis an, die insbesondere die industrielle Gemeinschaftsforschung und Forschungskooperation sowie die Entwicklung, Produktion und Markteinführung neuer Produkte und Verfahren unterstützen. Auch das Gewähren von eigenkapitalähnlichen Darlehen spielt in diesem Zusammenhang eine wichtige Rolle.

3. Fördermöglichkeiten

In der Vergangenheit und teilweise noch gegenwärtig wurden und werden in Deutschland ca. **200 Technologie- und Gründerzentren** als Zentren innovativer Standtortgemeinschaften eingerichtet. Sie fungieren als Anlaufstellen und Impulsgeber für Unternehmen des Umfelds und übernehmen eine wichtige struktur- und regionalpolitische Funktion. Ihre Hauptaufgabe liegt im Zurverfügungstellen von zentreneigenen Dienstleistungen, aber auch bei Angeboten von technischen Dienstleistungen (z.B. Software- und Designleistungen), ohne die ein junger Unternehmer heute nicht mehr auskommt, sofern er marktgerecht arbeiten will. Die Arbeitsgemeinschaft Deutscher Technologie- und Gründerzentren (ADT) ermittelte Zahlen, die besagen, daß zum gesamten Netzwerk der Technologie- und Gründerzentren etwa 5.000 Unternehmen und 200 Forschungs- und Bildungseinrichtungen mit insgesamt 42.000 Beschäftigten gehören.

Die **Industrie- und Handelskammern (IHK)** unterstützen massiv die Förderung bestehender und die Gründung neuer kleiner und mittlerer Unternehmen. Zum einen bieten die IHK Existenzgründungsseminare an, in denen von IHK-Mitarbeitern, von Wirtschaftsjunioren und von externen Sachverständigen Existenzgründungsprobleme und -lösungen vorgestellt werden. Mit ihrer individuellen Existenzgründungsberatung helfen die IHK, mittelständische Existenzen aufzubauen. Die Beratung ist speziell auf die individuellen Bedürfnisse der potentiellen Jungunternehmer zugeschnitten. Hier können Problembereiche angesprochen werden, z.b. Zusatzinformationen zu Finanzierung, Markt- und Konkurrenzchancen und zum Standort. Einen Beitrag zur Belebung des Technologietransfers leistet die IHK-Technologiebörse. Sie enthält ca. 2.000 Technologieangebote und -nachfragen kammerzugehöriger Unternehmen. Den Kontakt zwischen Anbietern technischer Neuerungen und Technologiesuchenden erleichtert ein auf DV-Basis erstellter Katalog. Er ist in Technologieangebote und -gesuche aufgeteilt. Zu jedem Technologieangebot bzw. -gesuch gehört ein Formblatt, das neben einer Kurzbeschreibung weitere Informationen und Hinweise enthält, z.B. auf Entwicklungsstadium, Schutzrechtsituation und/oder Hauptanwendungsgebiete. Jede örtliche IHK kann entsprechend Auskünfte erteilen. Ein Existenzgründer, der eine noch weitergehende individuelle Beratung benötigt, etwa die Aufstellung eines detaillierten Gründungskonzepts, sollte sich an einen professionellen Unternehmensberater oder an das Rationalisierungskuratorium der Wirtschaft (RWK) bzw. an die Wirtschaftsjunioren Deutschland der örtlichen IHK mit bundesweit über 200 **Juniorenkreisen** und etwa 12.000 Jungunternehmern wenden. Der Bundeswirtschaftsminister bezuschußt solche Unternehmensberatungen.

Vielerorts sind **fachspezifische Förderungsmaßnahmen,** teilweise mit EU-Mitteln eingerichtet worden. So werden zum Beispiel im Raum Dortmund mit Hilfe eines gesamteuropäischen Kooperationsprojekts kleine und mittlere Unternehmen bei der Nutzung von telematischen Anwendungen und Diensten im Hinblick auf die nationale und internationale Wettbewerbsfähigkeit unterstützt. Telematik ist der kombinierte Einsatz von Informations- und Kommunikationstechnologien, z.B. die Anbindung von Firmen an das Internet. Die rasante Entwicklung der Informationstechnologie birgt die Gefahr, daß gerade kleinere und mittlere Unternehmen den Überblick über die Marktentwicklung und damit den internationalen Anschluß verlieren. Deshalb ist es für jedes Unternehmen unerläßlich, sich ständig über aktuelle, nutzbringende Technologien zu informieren. Die dafür notwendige Hilfestellung will das EU-Projekt ENCATA geben. Mögliche Schwerpunkte bilden dabei Themen wie Telearbeit, Internet, WorldWideWeb, „Business on the Web" und Kommunikationstechnologien. Auskunft zu solchen Programmen erteilen u.a. die örtlichen IHK.

4. Berufliche Perspektiven

Für Hochschulabsolventen haben sich die Berufschancen in mittelständischen Unternehmen in den letzten Jahren kontinuierlich verbessert. Hierfür sind drei grundsätzliche Entwicklungstendenzen maßgebend:

○ Komplexität und Anspruchsniveau der Führungstätigkeit in mittelständischen Unternehmen nehmen rasant zu. Entsprechend werden Positionen auf der Geschäftsführungsebene und zunehmend auch darunter immer häufiger mit Akademikern besetzt.

○ In bestehenden mittelständischen Familienunternehmen, die den Generationswechsel vollzogen haben, sind die Nachfolger immer häufiger Akademiker und immer häufiger extern eingestellte Führungskräfte, da Nachwuchs aus der eigenen Familie nicht vorhanden ist.

○ Eine zunehmende Zahl von Hochschulabsolventen hat sich, nachdem in anderen Unternehmen praktische Erfahrungen gewonnen wurden, selbständig gemacht und ein eigenes Unternehmen gegründet.

Etwa jeder dritte der heutigen Unternehmensgründer hat ein Hochschulstudium absolviert. Bis zur Unternehmensgründung erwerben sie durchschnittlich noch ca. 10 Jahre Berufserfahrung in anderen Unternehmen. Für eine möglichst erfolgreiche Umsetzung der Unternehmensgründung steht dann ein breites Angebot an Gründungsberatungen, Seminaren und Lehrgängen bis hin zu Erfahrungsaustauschgruppen und begleitendem Coaching zur Verfügung. Auch finanzielle Hilfen unterstützen das Gelingen der Unternehmensgründung.

Darüber hinaus werden pro Jahr allein in den alten Bundesländern ca. 60.000 mittelständische Unternehmen an die junge Generation übertragen. Nicht einmal die Hälfte dieser Unternehmen geht an familieninternen Nachwuchs. Externe Führungskräfte, zumeist mit akademischem Abschluß, mehrjähriger Führungserfahrung in anderen oder im selben Unternehmen und oft auch mit längeren Aufenthalten im Ausland, werden auf diesem Weg selbständige Unternehmer.

Die zunehmende Komplexität der Unternehmensführung in Klein- und Mittelbetrieben resultiert zum einen aus dem Einzug modernster Informations-, Kommunikations- sowie Produktionstechnologien in immer kleineren Unternehmen und zum anderen aus der zunehmenden Vernetzung innerhalb der Wertschöpfungskette zwischen Lieferanten, Unternehmen und Abnehmern. Daneben erwachsen auf kooperativer Ebene zunehmend Marktchancen, die nur durch einen Zusammenschluß kleiner und mittlerer Unternehmen zu Unternehmensnetzwerken genutzt werden können. Ein weiterer Trend erhöht die Anforderungen an Führungskräfte auch in kleinen und mittleren Unternehmen: die wachsende Bedeutung hochqualifizierter und motivierter Mitarbeiter, die vielen Führungskräften ein professionelleres Führungsverhalten abverlangt. Mit den insgesamt gestiegenen Anforderungen an die Unternehmensführung – insbesondere in kleinen und mittleren Unternehmen – halten viele Führungskräfte der älteren Generation nicht mehr Schritt. „Lernen im Unternehmen" findet daher in zunehmendem Maße über junge Führungskräfte statt. Mit ihrer Einstellung verbindet man die Hoffnung, daß sie Know-how besitzen, mit den technologischen Veränderungen Schritt zu halten und den Wandel aktiv zu gestalten, und daß sie auch ein teamorientiertes Führungsverhalten mitbringen. Nach mehreren Jahren praktischer Erfahrung erfolgt dann häufig die Übernahme der Geschäftsführung.

In jüngster Zeit erwächst bei vielen Unternehmen zum ersten Mal die Bereitschaft, Absatzmärkte im Ausland zu erschließen oder gar dort eigene Standorte aufzubauen. Den Anstoß zur Bereitschaft für diese Pionierleistungen geben häufig technologische Veränderungen wie etwa das Internet. Junge Hochschulabsolventen, die bereits längere Zeit im Ausland verbracht haben, finden hier lukrative Einsatzfelder vor.

Das Image des Mittelstands bei Hochschulabsolventen als auch umgekehrt das Image von Hochschulabsolventen im Mittelstand ist allerdings teilweise angeschlagen. Nach einer Befragung der TREBA Personalberatung GmbH, Sauerlach, bei mittelständischen Unternehmen bewerteten 52% der Befragten die Hochschulausbildung als negativ. So kritisierten 85% dieser Gruppe die fehlende praktische Erfahrung von Hochschulabsolventen und jeweils 95% die mangelnden unternehmerischen Kenntnisse sowie das fehlende Verständnis für betriebliche Belange. Die Einstellung zum Beruf und das persönliche Engagement hingegen wurde nur von 40% der Befragten dieser Gruppe kritisiert. Umgekehrt steht der Mittelstand in der Präferenz von Hochschulabsolventen nicht selten weiter unten. Für beide Seiten könnte ein Umdenken von Vorteil sein. Denn mittelständische Unternehmen benötigen entsprechendes Know-how, um im derzeitigen Wandel bestehen zu können. Hochschulabsolventen sollten angesichts der herausfordernden Aufgaben und des Potentials an Arbeitsplätzen stärker als bisher einen Berufseinstieg im Mittelstand in Erwägung ziehen.

Sektion VIII: Berufsbezogene Studien- und Examensplanung

1. Allgemeine Informationen *)

*) Eine ausführliche Darstellung dieses Themas findet sich in: K. Henning, J. E. Staufenbiel: Das Ingenieurstudium, Studiengänge und Berufsfelder für Diplom-Ingenieure, 5. Auflage, Köln 1993, Neuauflage für Herbst 1998 in Vorbereitung

1.1. Grundsätzliche Anforderungen an künftige Ingenieure

Nicht jeder, der in der Schule mit Mathematik und Physik gut zurechtkam, wird notwendigerweise ein guter Ingenieur. Der Ingenieur von morgen muß wirtschaftlichen, sozialen und ethischen Fragestellungen genauso aufgeschlossen gegenüberstehen wie den rein technischen Problemen (siehe auch Sektion II). Der in sich gekehrte und kommunikationsscheue „Daniel Düsentrieb" hat kaum mehr eine Chance, sich als Ingenieur in irgendeinem Unternehmen zu behaupten. Sprachgewandtheit, Teamgeist, Freude am Umgang mit Menschen sowie Systemdenken, das auch den nichttechnischen Bereich erfaßt, sind Wesensmerkmale guter Ingenieure. Nicht Technokraten, sondern Menschen, die ganzheitlich zu denken und zu leben gelernt haben, sind in unserer Gesellschaft gefragt. Wer daher in seiner Persönlichkeitsstruktur Schwächen auf dem einen oder anderen Gebiet entdeckt, hat während des Studiums noch Zeit, weniger entwickelte Bereiche zu trainieren. Voraussetzung dafür ist, sich selbstkritisch beurteilen zu lernen; übrigens eine Eigenschaft, die man in seiner Laufbahn als Ingenieur nie aufzugeben braucht!

1.2. Wahl des Ingenieurstudiengangs

Es soll noch einmal betont werden, daß die Studiengänge im Bereich der Ingenieurwissenschaften hier in folgende Hauptgruppen eingeteilt werden (einschränkend dazu siehe auch Sektion V, 2. Einteilung):

O Elektrotechnik

O Maschinenwesen

O Verfahrenstechnik

O Bergbau und angrenzende Bereiche

O Bauwesen (Bauingenieurwesen, Architektur, Raumplanung, Vermessungswesen)

Informationen zu den Bereichen Werkstoff- und Materialwissenschaften finden sich in den Gruppen „Maschinenwesen" und „Bergbau und angrenzende Bereiche". Dies entspricht der Zuordnung der Material- und Werkstoffwissenschaften als Schwerpunkte in den betreffenden Studiengängen an den meisten Hochschulen; nur an wenigen Universitäten werden hier eigene Studiengänge angeboten.

Die Berufschancen mit diesen ingenieurwissenschaftlichen Studienfächern unterscheiden sich teilweise erheblich. Erfahrungsgemäß sind die Berufschancen einerseits von der jeweiligen konjunkturellen Lage abhängig, andererseits spielen auch grundsätzliche strukturelle Gegebenheiten einzelner Branchen eine wichtige Rolle. So konnte beispielsweise in der zweiten Hälfte der 80er Jahre, als die Elektronikbranche boomte, der Bedarf an Elektroingenieuren nicht gedeckt

DIE WELT IST UNSER ZUHAUSE!

**Ob MILKY WAY, SNICKERS oder UNCLE BEN'S, ob CHAPPI oder WHISKAS
– unsere Produkte kennen Sie.**
Als weltweit operierender Markenartikelhersteller von Süßwaren, Heimtierfertignahrung,
Lebensmitteln und Vending-Systemen bieten wir Top-Hochschulabsolventen internationale
Karrierechancen. Der Erfolg unserer Marken basiert auf „Value For Money", einem Unter-
nehmensgrundsatz, der entscheidend dazu beigetragen hat, daß wir uns als Marktführer
in unseren Segmenten durchsetzen konnten.
Premium-Produkte brauchen ein Premium-Management. Deshalb bieten wir unseren Mit-
arbeitern durch Job Rotation ein multinationales Umfeld zur ständigen Weiterentwicklung
der persönlichen Fähigkeiten. Von Anfang an werden Sie eigenverantwortlich Ihren und
unseren Erfolg mitbestimmen.
**Kommen Sie zu Mars Incorporated! Starten Sie jetzt Ihre Karriere bei
Mars, Effem oder Four Square.**
Rufen Sie uns an! Fordern Sie unser aktuelles Unternehmensprofil an! Oder senden Sie
uns gleich Ihre Bewerbung. Adressen und Ansprechpartner finden Sie auf den roten
Seiten. Wir freuen uns darauf, Sie kennenzulernen.

Auf eine gemeinsame Zukunft und gegenseitigen Erfolg!

werden. In der ersten Hälfte der 90er Jahre dagegen stellte sich die Beschäftigungslage für Elektroingenieure zwar auch aufgrund eines Konjunktureinbruchs, vor allem aber wegen der heftigen strukturellen Veränderungen der Wirtschaft problematisch dar. Der Arbeitsmarkt für Bauingenieure wurde zunächst noch durch den baulichen Nachholbedarf der neuen Bundesländer verschont, macht jedoch mit einer Retardierung von ca. fünf Jahren nunmehr die gleichen Erfahrungen.

Diese Problematik wird zum Teil noch durch ein zyklisches Studierverhalten verschärft; d.h.: ist beispielsweise konjunkturbedingt die Nachfrage nach Bauingenieuren vergleichsweise groß, werden sich erfahrungsgemäß mehr Abiturienten in diesen Studiengang einschreiben (und taten das in den letzten Jahren ja auch), um ggf. nach vier bis sechs Jahren, also zum Zeitpunkt des Studienabschlusses, feststellen zu müssen, daß die für sie in Frage kommende Industrie gerade mal wieder in einer Rezession steckt.

Fazit: Die Wahl des Ingenieurstudiengangs sollte jeder Interessent vorrangig nach seinen Interessen und weniger nach dem aktuellen Konjunkturbarometer treffen! Insbesondere sollte man bei der Betrachtung der Konjunktur beachten, daß ein Studium fünf bis sechs Jahre dauert und sich die Arbeitsmarktlage in der Zwischenzeit erheblich verändern kann. Häufig empfiehlt sich deshalb antizykliches Verhalten bei der Wahl eines Studiengangs.

Es kommt relativ häufig vor, daß auch Studierende der Ingenieurwissenschaften das Studienfach wechseln. Man sollte jedoch darauf achten, daß man in diesem Fall an Hochschulen studiert, in denen die in Frage kommenden Fachrichtungen vertreten sind, um nicht mit dem Wechsel des Studiums einen Wechsel des Hochschulorts vornehmen zu müssen. Ein solcher Wechsel ist im ingenieurwissenschaftlichen Bereich allerdings selten, führt er doch wegen der häufigen Nichtanerkennung von bereits erbrachten Studienleistungen durch den neuen Fachbereich in der Regel zu einer nicht unerheblichen Verlängerung des Studiums.

Die Entscheidung über die zu wählende Ingenieurdisziplin kann anhand der in Sektion V dargestellten Berufsfelder und Studienmöglichkeiten vorbereitet und ggf. durch die Informationen aus der Publikation „Das Ingenieurstudium" vertieft werden. Hierfür können auch Berufsberatungsstellen und die in Abbildung II-3 aufgelisteten Blätter zur Berufskunde herangezogen werden. Eine weitere Möglichkeit besteht darin, über die örtlichen Bezirksvereine der ingenieurwissenschaftlichen Verbände (siehe Sektion XIV) Kontakt mit ortsansässigen Industrie- und Hochschuleinrichtungen aufzunehmen und somit bereits in der Schule zu stärker berufsspezifischen Beratungen zu kommen. Auch ein Besuch des an vielen Hochschulen angebotenen „Tag der offenen Tür" kann wichtige Entscheidungshilfen geben.

1.3. Wahl der Studienrichtung

Unter Studienrichtung soll in diesem Zusammenhang eine spezielle Vertiefung im Hauptstudium, also nach der Vordiplomprüfung, verstanden werden. In einigen Studiengängen wird diese Spezialisierung schon vor dem Vordiplom durchgeführt, so daß eine sehr frühzeitige Festlegung des Studenten auf ein spezielles Fachgebiet notwendig ist. Davon ist jedoch abzuraten, soweit die Studienpläne der betreffenden Hochschule dies erlauben.

Staufenbiel goes online!

Sie agieren – wir reagieren!

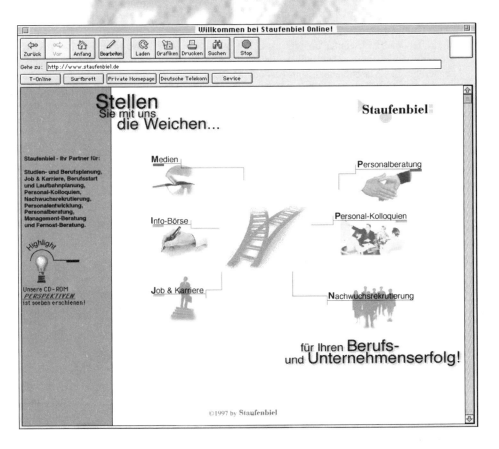

info@staufenbiel.de

www.staufenbiel.de

Bei der Wahl der Studienrichtung sollten einige grundsätzliche Gesichtspunkte beachtet werden:

○ **Produktspezifische Spezialisierungen** (wie z.B. Eisenbahntechnik, Schiffbau, Brückenbau, Luft- und Raumfahrttechnik) führen zwar in der Regel zu einem Studienabschluß, der den unmittelbaren praktischen Anforderungen der ersten Berufsjahre gerecht wird, der jedoch in einem Zeitalter der zunehmenden Veränderung der technischen und ökonomischen Verhältnisse mit einem relativ hohen Risiko verbunden ist.

○ **Methoden- und tätigkeitsorientierte Studiengänge** enthalten eher eine Spezialisierung in bezug auf bestimmte ingenieurwissenschaftliche Verfahren (z.B. Programmierung von Rechneranlagen, Automatisierungsverfahren, Regelungstechnik, Konstruktionstechnik, Produktionstechnik, Verkehrstechnik). Die methodenorientierte Spezialisierung erfordert zwar vielfach in den ersten Berufsjahren eine spezielle produktspezifische Einarbeitung, auf der anderen Seite ermöglicht sie eine relativ universelle Einsetzbarkeit, da z.B. Methoden der Konstruktionstechnik für nahezu alle Produkte angewandt werden können.

○ Die Wahl der Studienrichtung sollte auch abhängig gemacht werden vom Angebot der betreffenden Hochschule. So gibt es z.B. Hochschulen, an denen innerhalb der Elektrotechnik die Festkörperelektronik besonders stark vertreten ist, oder Hochschulen, an denen innerhalb des Maschinenbaus ein besonderes Gewicht auf Produktionstechnik gelegt wird. Die **Spezialitäten der betreffenden Hochschulen** müssen „vor Ort" oder im Gespräch mit Industrie- oder Verbandsvertretern erkundet werden und können im Sinne einer qualitativ guten Ingenieurausbildung unter Umständen ebenso ausschlaggebend sein wie persönliche Interessen und Anpassung der Ausbildung an die Erfordernisse des Arbeitsmarktes.

○ Da die spezielle Studienrichtung in der Regel zwei bis drei Jahre vor Abschluß des Studiums gewählt werden muß, sollte man sich zu diesem Zeitpunkt – neben den „Spezialitäten" der jeweiligen Hochschule – um ausführliche Informationen darüber bemühen, wo in ca. zwei bis drei Jahren eine besonders starke **Nachfrage nach Ingenieuren** vorhanden sein wird. Andererseits sind Entwicklungen des Marktes über einen solchen Zeitraum oftmals nur schwer zu prognostizieren, so daß vielfach nicht zu erkennen ist, welche Qualifikationen zukünftig gefragt sein werden. So wurde seinerzeit der starke Bedarf an schaltungstechnisch orientierten Elektroingenieuren für den Bereich der Mikrorechnertechnik weder von den Abnehmern (der Industrie) noch von den Hochschulen (Professoren und Studenten) rechtzeitig erkannt, ebensowenig wie der Anfang der 90er Jahre stark angestiegene Bedarf an Bauingenieuren. So kann – wie bereits erwähnt – auch ein antizyklisches Studierverhalten durchaus erfolgversprechend sein, unter der Voraussetzung, daß eine klare Identifizierung mit einem bestimmten Qualifikations- oder Berufsbild vorliegt. Die für eine spezielle Nachfrage notwendige Spezialisierung kann auch auf nichttechnischem Gebiet liegen, z.B. im Erlernen der japanischen oder russischen Sprache, was unter Umständen in fünf Jahren ein ausschlaggebendes Kriterium für das Erreichen bestimmter Positionen in der Industrie sein kann.

○ Nicht zuletzt sollte man sich bei der Studienrichtung in ganz natürlicher Weise fragen, was einem in besonderer Weise Spaß macht und auf welchem Gebiet **besondere Interessen** liegen, da diese ein wichtiger Antrieb sind, um in einem Fach überdurchschnittliche Leistungen zu erbringen. Überdurchschnittliche Leistungen aber können auch in schrumpfenden Branchen und Tätigkeitsfeldern Berufschancen eröffnen. Auch in Zeiten eines angespannten Arbeitsmarktes sollte daher eine intensive Auseinandersetzung mit den persönlichen Zielvorstellungen stattfinden, so daß man auch nach vielen Jahren noch voll hinter seiner Entscheidung stehen kann.

Zusammenfassend kann man festhalten:

Bei speziellen produktorientierten Studienrichtungen sind sehr klare berufliche Zielvorstellungen und ggf. persönliche Beziehungen zu späteren Arbeitgebern erforderlich; methodenorientierte Studienrichtungen ermöglichen einen beinahe universellen Einsatz.

Das Kriterium, ob man an einer bestimmten Hochschule in einer angebotenen Studienrichtung eine sehr gute Qualifikation erhält, ist vielfach ausschlaggebender als die Frage, ob diese Studienrichtung für die spätere berufliche Tätigkeit „exakt" paßt.

Außerdem ist es erforderlich, sich in der einmal gewählten Studienrichtung sehr gründlich einzuarbeiten und unter Beweis zu stellen, daß man bis ins Detail Ingenieurarbeiten auf einem hohen Leistungsstandard durchführen kann.

Schließlich soll bei aller Spezialisierung insbesondere die Fähigkeit erworben werden, sich Methoden für eine schnelle Einarbeitung in neue Arbeitsgebiete anzueignen.

1.4. Wahlfächerkombinationen

In den ingenieurwissenschaftlichen Fakultäten ist der Spielraum für Wahlfächer an den verschiedenen Universitäten und Fachhochschulen unterschiedlich. Grundsätzlich wird empfohlen, diejenigen Hochschulen zu bevorzugen, die für Wahlfächer insbesondere in den letzten Semestern viel Spielraum lassen.

Im Zweifelsfall sollte man versuchen, durch einen besonderen Antrag an die Fakultät bzw. den Fachbereich einen eigenen Studienplan auszuarbeiten, und diesen ggf. modifizieren. Denn das Lehrangebot ist an den meisten Hochschulen in den letzten Semestern wesentlich größer als dies aus den Studienplänen in der Regel erkennbar ist. Dies hängt u.a. mit einer großen Anzahl von speziellen Lehrbeauftragten zusammen, die häufig aus der Industrie kommen und an der Hochschule Vorlesungen halten. Die Zusammenstellung eines eigenen Studienplans sollte dabei unter dem Gesichtspunkt erfolgen, ein qualitativ interessantes Studium zu absolvieren und keineswegs ein „dünnes Brett zu bohren". Auch empfiehlt es sich, ein solches Vorhaben möglichst früh in Angriff zu nehmen, denn vielfach vergehen über der Durchsetzung eines speziellen Studienplans zwei Semester. Um nicht unnötig Zeit zu verlieren, sollte man zwischenzeitlich die von den Wahlmöglichkeiten nicht betroffenen Lehrveranstaltungen absolvieren.

Vier Kriterien für die Auswahl von Wahlfächern seien hier genannt:

O   Vertiefung spezieller Kenntnisse

O   Anpassung an die aktuellen Marktbedürfnisse kurz vor Studienende

O   Erweiterung des Allgemeinwissens

O   Wissenschaftliche Neugier

Wahlfächer, die nicht im regulären Studienplan enthalten sind, können an einigen Hochschulen als Zusatzeintragungen auf dem Zeugnis vermerkt werden. Wenn dies nicht möglich ist, sollte man versuchen, sich von den betreffenden Prüfern Einzelbescheinigungen ausstellen zu lassen, und diese ggf. bei Bewerbungen aufgelistet als Anlage beilegen.

Komplexe Aufgabenstellungen -

Sie suchen nach Ihrem Hochschulstudium einen Einstieg in die Praxis, um Ihr Know-how wirklich anwenden zu können? Und das in einem Unternehmen, das Ihnen nicht nur einen guten Start ins Berufsleben garantiert, sondern Ihnen auch langfristige Perspektiven eröffnet?

Dann gehen Sie den ersten Schritt mit uns - wir bieten Ihnen in unserem modernen, zukunftsorientierten Unternehmen als

● ● ● ● ● ● ● ●

HOCHSCHULABSOLVENT/IN
DER FACHRICHTUNGEN
MATHEMATIK,
INFORMATIK,
INGENIEURWESEN

AN DEN STANDORTEN KÖLN, MÜNCHEN, WIESBADEN UND WILHELMSHAVEN

● ● ● ● **anspruchsvolle Herausforderungen:**

- Mitarbeit in Projekten zur Systementwicklung und -integration, z.B. in den Bereichen Telekom, Multimedia, Netzwerkmanagement oder Fernüberwachungssysteme

● ● ● ● **vielseitige Entwicklungsmöglichkeiten:**

- Eigene Ideen werden bei uns gefordert und gefördert.
- Ihr Engagement geht nicht ins Leere, Leistung wird honoriert.
- Ihr Aufgabengebiet wächst mit Ihrer Erfahrung.
- Teamorientierte, flexible und kreative Mitarbeiter/innen haben bei uns die Chance, in verantwortungsvolle Positionen hineinzuwachsen.

Wenn Sie sich für uns engagieren möchten, dann zeigen Sie uns mit Ihrer Bewerbung, daß wir zusammenpassen. Wir freuen uns auf ein erstes Gespräch mit Ihnen. Erste Fragen beantwortet Ihnen Frau Barbara Hilse unter 0221/82 99-0.

UMFASSENDE LÖSUNGEN

Die Sema Group zählt zu den führenden unabhängigen Software- und Beratungsunternehmen. Weltweit arbeiten wir mit rund 15.000 Mitarbeitern daran, die Wettbewerbsfähigkeit unserer Kunden zu stärken. In Deutschland sind 400 Mitarbeiter für uns tätig.

Sema Group GmbH
Personalabteilung
Kaltenbornweg 3
50679 Köln

SEMA GROUP

1.5. Anteil nichttechnischer Fächer an der Ingenieurausbildung

Die in den ingenieurwissenschaftlichen Studiengängen angebotenen nichttechnischen Studieninhalte entsprechen im allgemeinen nicht allen Anforderungen der beruflichen Praxis. Derzeit ist der Anteil nichttechnischer Studieninhalte in den Fachrichtungen der Elektrotechnik am geringsten und in speziellen Studienrichtungen wie „Stadt- und Regionalplanung" sehr hoch.

Die Ergebnisse einer Umfrage unter 25.000 Ingenieuren der Fachrichtung Maschinenbau von H. Hillmer u.a. in „Studium, Beruf und Qualifikation der Ingenieure" zeigen, daß die im Bereich der Mathematik und Naturwissenschaften vorhandenen Kenntnisse zu 80% während des Studiums erworben werden konnten (Mathematik, Informatik, Physik, Chemie, Werkstoffkunde, Ökologie). Die speziellen ingenieurwissenschaftlichen Kenntnisse wurden zu 50% während des Studiums erworben (Technische Mechanik, Technische Thermodynamik, Meß- und Regelungstechnik, Analyse und Optimierung, Entwurf, Berechnung, Produktionsverfahren). Die im nichttechnischen Bereich vorhandenen Kenntnisse stammten dagegen nur zu 20% aus dem Studium (wirtschaftliche Fragen, Organisation menschlicher Arbeit, gesellschaftliche und politische Fragen, juristische Fragen).

Von daher ist es nicht verwunderlich, daß die Studienreformkommission „Ingenieurwissenschaften" des Landes Nordrhein-Westfalen für die Ausbildung an den Hochschulen gefordert hat, daß 20% der an den Hochschulen vermittelten Kenntnisse sich mit überfachlichen Zusammenhängen beschäftigen sollen. Dies ist wesentlich mehr als zur Zeit an den meisten Hochschulen vermittelt wird. Deutlich wird dies auch in einem Soll/Ist-Vergleich der von Unternehmen geforderten fachlichen und außerfachlichen Fähigkeiten (Abb. VIII-1 und VIII-2). Ähnliche Forderungen werden bereits seit Jahren auch vom VDI erhoben.

In einer 1996 vom Institut der deutschen Wirtschaft, Köln, herausgegebenen Studie zu „Ingenieurbedarf und Technologietransfer" wurden als wichtigste Wissensbereiche außerhalb des technischen Wissens integrierte Produktions- und Managementtechniken von den befragten Firmen genannt. Bei den Schlüsselqualifikationen standen Lernfähigkeit und -bereitschaft, Selbständigkeit, Teamfähigkeit und Entscheidungsfähigkeit an oberster Stelle.

Johnson & Johnson

Wir sind eines der führenden, internationalen Markenartikelunternehmen im Bereich der Frauenhygiene, Baby- und Körperpflege. Die Johnson & Johnson Unternehmensgruppe steht für höchste Produktqualität zum Nutzen unserer Kunden und das in über 60 Ländern.

In Deutschland sind wir an folgenden Standorten vertreten. **Düsseldorf, Wuppertal, Kiel** und **Bad Honnef.** Wir suchen engagierte, junge Frauen und Männer mit überdurchschnittlichem Abschluß, sehr guten Englischkenntnissen und dem Willen zum Erfolg, aus dem Studiengang:

Diplom-Ingenieure

Von Anfang an werden Sie in Projekte und Arbeitsgruppen integriert – sei es in dem Bereich Produktion, Logistik, EDV oder Forschung + Entwicklung – und lernen so, schnell Verantwortung zu übernehmen. Aber wir wollen Sie nicht nur fordern, sondern auch fördern: Durch intensive Schulungen und Trainings bereiten wir Sie auf spätere Führungsaufgaben vor. Wie es dann mit Ihrer Karriere in unserem Hause weitergeht, bestimmen Sie selbst: durch Leistung, Engagement, Führungsfähigkeit, Teamgeist und Kreativität.

Zeigen Sie, daß Sie mehr wollen – bewerben Sie sich!

Johnson & Johnson GmbH • Rhöndorfer Straße 80 • 53604 Bad Honnef

Sie erfahren mehr über Johnson & Johnson im Internet unter http://www.jnj.com

   SILHOUETTES

 PENATEN Neutrogena®

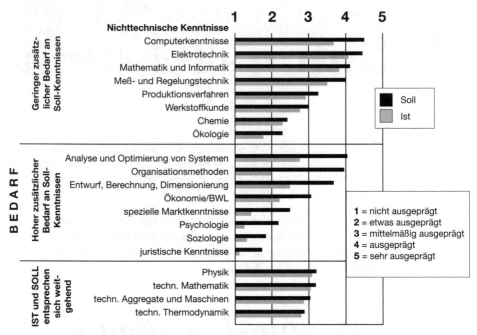

Abbildung VIII-1: Von Unternehmen geforderte fachliche Fähigkeiten (Soll/Ist-Vergleich)

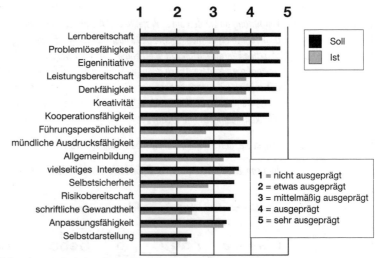

Abbildung VIII-2: Von Unternehmen geforderte außerfachliche Fähigkeiten (Soll/Ist-Vergleich)
(Beide Abbildungen nach: Wankum, Hans: Übergangsprobleme in den Ingenieurwissenschaften –
Eine Untersuchung zum Studien- und Berufshandeln von Ingenieuren, Arbeitsbericht Nr. 32 aus
dem HDZ/KDI der RWTH Aachen 1990.)

Da der Bedarf an nichttechnischen Kenntnissen offensichtlich größer ist als das in den Studienplänen enthaltene Angebot, sollten Studierende des Ingenieurwesens durch entsprechende Modifikation ihrer Studienpläne oder durch eine ergänzende Ausbildung bzw. zusätzliche Engagements (Seminare, Weiterbildungsveranstaltungen von Bildungsträgern) diesem Umstand Rechnung tragen. Daß diese Notwendigkeit auch seitens der Studierenden immer stärker erkannt wird, belegt eine Studentenbefragung der Hochschul-Informations-System GmbH (HIS), Hannover, aus dem Jahr 1994. Hiernach stehen interdisziplinäres Denken, Kommunikations- und Organisationsfähigkeit als Ausbildungsziele hoch im Kurs.

1.6. Wahl des Studienorts

Im Zeichen rückläufiger Anfängerzahlen in den Ingenieurwissenschaften beginnen etliche Hochschulen kreativ zu werden. So werden sehr unterschiedliche, neue Studienverläufe angeboten, zum Teil in Kooperation mit ausländischen Hochschulen. An der TU Dresden wurde im Wintersemester 1997/98 beispielsweise ein siebensemestriger Ingenieurstudiengang mit dem Abschluß eines Bachelor eingeführt, der in Zusammenarbeit mit einer ausländischen Hochschule ein Studium zum Master of Science ermöglicht. Andere Hochschulen bemühen sich, durch intensiven Tutoren-Betrieb die Studienabbrecherquoten zu verringern. Weitere Hochschulen überspringen die aus der Vergangenheit rührenden Hemmschwellen zur Wirtschaft und entwickeln in Zusammenarbeit mit der Industrie außerordentlich praxisbezogene Studiengänge. Bei der Wahl seiner Hochschule sollte man sich daher auch nach Informationen zu diesen und weiteren, persönlich interessierenden Aspekten erkundigen und letztere in seine Studienplanung entsprechend den eigenen Berufszielvorstellungen einbeziehen.

2. Studien- und Examensablauf an Technischen Hochschulen/Universitäten

2.1. Grundstudium und Vordiplomprüfung

Wesen des Grundstudiums

Die Hauptaufgabe des Grundstudiums in den Ingenieurwissenschaften liegt in einer breiten Grundlagenausbildung, insbesondere auf mathematisch-naturwissenschaftlicher Basis. Eine stärkere Vermittlung überfachlicher Kompetenzen auch im Grundstudium wird zwar diskutiert, doch sind wesentliche Änderungen in naher Zukunft wohl nicht zu erwarten.

Im Rahmen des Grundstudiums werden im wesentlichen die mathematisch-naturwissenschaftlichen Kenntnisse (ca. 30%) sowie ein Teil der technisch-wissenschaftlichen Kenntnisse, die ca. 50% des Studiums ausmachen, vermittelt. Für den Studenten des Ingenieurwesens bedeutet dies, daß häufig kein unmittelbarer Bezug zum späteren beruflichen Tätigkeitsfeld erkennbar ist. Eine solide Grundlagenausbildung ist für die spätere Berufspraxis jedoch unbedingt erforderlich. An einzelnen Hochschulen wird dem Bedarf an Orientierung im Grundstudium durch Einführungstutorien und -lehrveranstaltungen inzwischen Rechnung getragen.

So wird im Fach Maschinenbau der RWTH Aachen seit dem Wintersemester 1994/95 eine einsemestrige Lehrveranstaltung „Einführung in den Maschinenbau" erfolgreich angeboten. Hier erfahren die Studierenden des ersten Semesters die Zusammenhänge der Studienfächer, und viele Praxisbeispiele erläutern ihr künftiges Berufsbild.

Harte Arbeit und Massenbetrieb

Bedingt durch den teilweise wenig praxisbezogenen Lehrstoff und die zumindest in der Vergangenheit großen Hörerzahlen ist die Zeit bis zum Vordiplom durch einen mitunter erschreckend anonymen Massenbetrieb und ziemlich schwierige Arbeitsverhältnisse bestimmt. Tutorenprogramme und sonstige Maßnahmen können hier Hilfe zur Selbsthilfe leisten. Man muß außerdem davon ausgehen, daß in der Zeit bis zum Abschluß des Vordiploms in der Mehrzahl der ingenieurwissenschaftlichen Fachrichtungen eine erhebliche Anzahl der Studienanfänger das Studium abbricht, während nach dem Vordiplom im Rahmen der Hauptdiplomprüfung nahezu alle Kandidaten den Abschluß erreichen. Deshalb sollte man sich in der Planung für die erste Hälfte des Studiums auf eine überaus harte Zeit einstellen, was übrigens auch für die Fachhochschulen gilt. Das Bilden von Arbeitsgruppen kann helfen, der Anonymität der Hochschule teilweise zu entgehen. Auch zwingt die Arbeit in der Gruppe den einzelnen, am Ball zu bleiben. Außerdem ist so eine gegenseitige Überprüfung des Lernfortschritts leichter möglich. Hinzu kommt, daß das Arbeiten in Lerngruppen dazu beitragen kann, die persönliche Teamfähigkeit zu verbessern. Vielfach ist das Lernen in kleineren Gruppen auch effizienter als Lernen alleine zuhause am Schreibtisch. Es kann unter Umständen auch nützlich sein, das Vordiplom an einer Hochschule mit geringen Hörerzahlen durchzuführen und das Hauptstudium dann an einer der großen Hochschulen fortzusetzen. Allerdings werden zum Teil an kleinen Hochschulen Grundlagenfächer für mehrere Ingenieurdisziplinen zusammengefaßt, so daß wieder sehr große Hörerzahlen entstehen.

Entwicklung eines eigenen Arbeitsstils

Darüber hinaus ist für den Betrieb an Technischen Hochschulen/Universitäten besonders charakteristisch, daß die Studierenden in bezug auf Arbeitsmethodik und Arbeitsumfang weitgehend auf sich selbst gestellt sind. Die Zahl der durchzuführenden Pflichtpraktika und abzuliefernden Pflichtübungen hält sich in Grenzen, so daß Arbeitszeit und Arbeitseinteilung in beiden Bereichen dem Studenten überlassen bleiben. Dies ist ein für die Technischen Hochschulen/Universitäten durchaus richtiger und notwendiger Ansatz, da es für einen angehenden Diplom-Ingenieur selbstverständlich sein sollte, seine Arbeit selbständig und effizient zu organisieren. Hierzu gehört auch, daß der Student in den einzelnen Vorlesungen und Übungen selbst entscheiden muß, ob der Besuch der Vorlesung bzw. Übung für die eigene Ausbildung lohnend ist oder man sich das dort angebotene Wissen besser über geeignete Umdrucke oder Lehrbücher aneignet. Außerdem sollten die Studierenden frühzeitig testen, ob sie sich Kenntnisse in einer intensiven „Blockarbeitsweise" etwa drei Wochen nach Ende der Vorlesungszeit durch Konzentration auf ein bestimmtes Fachgebiet aneignen, oder ob es effizienter ist, ca. fünf bis zehn Fachgebiete parallel über einen längeren Zeitraum zu bearbeiten. Dabei gibt es keine grundsätzliche Regel, da die Arbeitseffektivität jedes einzelnen bei unterschiedlichen Methoden auch recht unterschiedlich ist.

Sprechstunden nutzen

Bei der Planung des Studiums und der Prüfungen werden insbesondere in den ersten Semestern die Sprechstunden von Professoren und wissenschaftlichen Mitarbeitern in den einzelnen Fachgebieten viel zu wenig genutzt. Zwar sind die zur Verfügung stehenden personellen Kapazitäten für die Grundlagenausbildung an den meisten Universitäten sehr knapp, jedoch meist nicht voll ausgelastet, da das Interesse der Studierenden an solchen persönlichen Beratungen – oder auch der Mut dazu – häufig fehlt.

FELLOWSHIP

DAS PROGRAMM

Promotion, MBA oder Berufseinstieg? Wenn Sie sich diese Optionen offenhalten möchten, dann haben wir von McKinsey jetzt eine gute Nachricht für Sie. Wir bieten Hochschulabsolventen aller Fakultäten mit hervorragendem Abschluß die Chance, Beruf und Weiterbildung zu kombinieren. Mit unserem Fellowship-Programm.

Das bedeutet: Als Fellow arbeiten Sie zwei Jahre als Berater in unserem Unter-

nehmen. Anschließend stellen wir Sie dann für Ihre Promotion oder Ihren MBA frei. Und das bei vollem Gehalt für ein Jahr. So erreichen Sie mit unserer Unterstützung nicht nur Ihr Weiterbildungsziel, sondern finden gleichzeitig den Einstieg in die weltweit führende Top-Management-Beratung.

Interessiert Sie unser Angebot? Dann senden Sie uns Ihre vollständigen Bewerbungsunterlagen: McKinsey & Company, Inc., Königsallee 60 c, 40027 Düsseldorf, Telefon 02 11/1 36 40, Fax 02 11/1 36 47 00.

McKinsey & Company, Inc.

Fachvorlesungen und Tagungen

In Ergänzung zu den normalerweise recht trockenen Stoffgebieten des Grundstudiums sollte der Studierende frühzeitig einige praxisbezogene Fachvorlesungen hören, um bereits während der ersten Semester eine Zielperspektive für die spätere berufliche Tätigkeit zu entwickeln. Weiterhin ist zu empfehlen, spezielle Fachtagungen wahrzunehmen, um so rechtzeitig den Stil und das „Niveau" solcher Tagungen kennenzulernen. Auch wenn man in den ersten Semestern bei speziellen Fachvorträgen noch ziemlich überfordert ist, bekommt man doch ein recht gutes Gefühl für das Klima und den Ablauf sowie die Inhalte derartiger Veranstaltungen, und kann so laufend an seinen beruflichen Zielplanungen arbeiten und diese aufgrund solcher Erfahrungen korrigieren.

Gemeinsame Fachgebiete im Ingenieurstudium an Technischen Hochschulen/ Universitäten

Im Rahmen des Grundstudiums werden derzeit häufig für die Studiengänge Maschinenwesen, Elektrotechnik, Verfahrenstechnik, Bauwesen, Bergbau und angrenzende Bereiche Lehrveranstaltungen in folgenden gemeinsamen Grundlagenfächern angeboten:

O   Mathematik   O   Werkstoff-/Baustoffkunde

O   Mechanik   O   Physik

O   Maschinenelemente/Konstruktionslehre   O   Elektrotechnik

Darüber hinaus bieten die Hochschulen für diese Studiengänge eine Reihe weiterer Fächer an, z.B. Fertigungstechnik, Chemie, Grundlagen der Informatik etc.

Es ist jedoch zu beachten, daß die formal gleiche Bezeichnung für Fachgebiete keineswegs bedeutet, daß die Lehrinhalte in den einzelnen Fachrichtungen identisch sind. So ist etwa Mechanik I für Studierende der Elektrotechnik grundsätzlich anders aufgebaut als Mechanik I für Studierende des Bauwesens. Trotzdem sollte sich der Studierende an der örtlichen Universität eine genaue Kenntnis davon verschaffen, ob die für andere Fachrichtungen angebotenen Lehrveranstaltungen nicht ähnliche Inhalte haben und unter Umständen didaktisch wesentlich besser aufgebaut sind. Eine solche Verfahrensweise kann eine interessante und lehrreiche Bereicherung der Grundlagenausbildung bieten und dem Studierenden gleichzeitig ein Gefühl dafür vermitteln, welche Spannweite in fachlichem Inhalt und Lehrmethodik in den einzelnen Fachgebieten enthalten ist. Die relative Gemeinsamkeit in Teilen der Ausbildung bis zum Vordiplom ermöglicht es außerdem, etwa nach dem ersten Semester ohne allzu große Verluste eine andere Fachrichtung einzuschlagen. Es empfiehlt sich gerade deswegen, in den ersten sechs Monaten eines Hochschulstudiums die beruflichen Ziele sehr genau zu überprüfen, um z.B. von Elektrotechnik zu Maschinenbau oder vom Bergbau- zum Bauingenieurwesen zu wechseln.

Brückenkurse

Teilweise reicht der Ausbildungsstand der Abiturienten im mathematischen, naturwissenschaftlichen und technischen Bereich nicht aus, um das relativ hohe Lernniveau der ersten Semester an Technischen Hochschulen/Universitäten bewältigen zu können. Bei der Studienplanung muß man also damit rechnen, in den ersten beiden Semestern eine nicht unerhebliche Zeit für den Erwerb von ausreichenden schulischen Kenntnissen auf mathematisch-naturwissenschaftlichem Gebiet

aufzuwenden, um den Anschluß an die Studieninhalte der ersten Semester in Mathematik, Physik, Elektrotechnik etc. zu halten. In vielen Hochschulen werden teilweise von Verbänden gesponsorte Brückenkurse angeboten.

Prüfungsverfahren

Das Grundstudium umfaßt derzeit normalerweise vier „planmäßige" Semester und wird mit Bestehen der Diplom-Vorprüfung (Vordiplom) abgeschlossen. Es ist üblich, daß die Technischen Hochschulen/Universitäten die Diplom-Vorprüfung mit ihren Leistungsnachweisen und Fachprüfungen über alle Semester des Grundstudiums studienbegleitend verteilen; vielfach sind die zu erbringenden Prüfungen auch in zwei Abschnitten bis zum Ende des ersten oder zweiten bzw. vierten Semesters zu absolvieren (zum Teil längstens bis zum sechsten Semester!). Erfahrungsgemäß müssen die Studierenden des Ingenieurwesens auch damit rechnen, daß die vorlesungsfreien Zeiten zu den arbeitsintensivsten gehören, da während des Semesters die Zeit für das Nacharbeiten von Vorlesungen und Übungen sowie für die Prüfungsvorbereitungen auf keinen Fall ausreicht und die Prüfungen über die vorlesungsfreie Zeit verteilt sind. Will man dann noch das erforderliche Industriepraktikum im Rahmen der Semesterferien absolvieren, dann wird es mit dem „Jahresurlaub" sehr eng – vorausgesetzt man will zügig studieren.

Prüfungsdauer und mündliche Prüfungen

Die Leistungsnachweise in Form von Klausuren bzw. Scheinerwerb sind normalerweise für eine Zeitdauer von zwei bis vier Stunden, mündliche Prüfungen für 15 bis 45 Minuten angesetzt. Vielfach werden auch – studienbegleitend – schriftliche Kurztests, Übungen und Seminararbeiten als Prüfungsvorleistungen verlangt. Eine Benotung von Klausuren und anderen prüfungsrelevanten Studienleistungen findet durchgängig statt, ausgenommen ist hiervon im wesentlichen der Scheinerwerb. Zum Bestehen einer Fachprüfung müssen die erbrachten Leistungen mindestens mit der Note „ausreichend" bewertet worden sein. Es empfiehlt sich, bereits frühzeitig diese Prüfungssituation während der Vorbereitungszeit anhand alter Klausuren einzuüben und sich so auf die „Streßsituation" der Prüfung einzustellen. Dies erscheint auch im Hinblick auf die spätere berufliche Tätigkeit von außerordentlicher Bedeutung, da man häufig in die Situation versetzt ist, zu einem bestimmten Zeitpunkt eine bestimmte Leistung zu erbringen, von der während des Studiums die Note – in der späteren Berufstätigkeit ggf. der nächste Karriereschritt – abhängt.

Das Vordiplom wird aufgrund schriftlicher Prüfungen erworben. Mündliche Prüfungen werden wegen der großen Studentenzahlen an den meisten Hochschulen nur dann durchgeführt, wenn es sich um Wiederholungsprüfungen handelt. Bei Nichtbestehen eines prüfungsrelevanten Leistungsnachweises besteht meist die Möglichkeit, diesen zu wiederholen. Auch eine zweite Wiederholung ist vielfach möglich, aber oft nur auf Antrag bei und mit Genehmigung der jeweiligen Diplom-Vorprüfungs-Kommission und dies dann auch nur bei einer bis maximal fünf aller erforderlichen Prüfungen zum Vordiplom. Ausschlaggebend sind auf jeden Fall die Diplomprüfungsordnungen der einzelnen Fachbereiche.

Studienabbrecher - Chancen auf dem Arbeitsmarkt

Da die Diplom-Vorprüfung den großen Filter während des Studiums darstellt, treten in der Vorberei-
tungsphase und im Verlauf der Prüfungsabschnitte auch die wissenschaftlichen Stärken und Schwächen
deutlicher zu Tage. In manchen Fällen stellt sich dann die Frage eines Studienabbruchs. Bevor man sich
aber zu diesem Schritt entschließt, sollte man sich ausreichend über Chancen und Risiken informieren.
In einem Sonderheft der Reihe „Erfolgreich im Beruf" geht die F.A.Z. unter dem Titel „Studienabbruch
als Chance" auf das Thema mit allen Aspekten ein (siehe Literaturempfehlungen).

Nach einer aktuellen Studie des HIS im Auftrag des Bundesministeriums für Bildung, Wissenschaft, Forschung und Technologie brechen pro Jahr etwa 60.000 Studenten das Studium ab,
davon die Hälfte in den ersten vier Semestern, allerdings auch 15% kurz vor der Beendigung des
Studiums. Die Studienabbrecherquote lag bei den Fachhochschulstudenten bei 20%, bei den
Universitätsstudenten sogar bei 31% eines Studienanfängerjahrgangs. Dabei stellen die Studienabbrecher in den Ingenieurwissenschaften mit 20% die drittgrößte Gruppe nach den Studienabbrechern der Sprach-, Kultur- und Sportwissenschaften (30%) und den Wirtschafts- und Sozialwissenschaften (22%). Von diesen Studienabbrechern hatten rund 38% bereits vor Studienbeginn eine
Berufsausbildung abgeschlossen. Meistens sind gleich mehrere Gründe für den Studienabbruch
verantwortlich. Von fast drei Viertel der Abbrecher (73%) wurde bei der o.a. Studie eine gewisse
Distanz zu Studieninhalten und -zielen genannt. 63% kritisierten Didaktik und Begleitumstände
des Studiums. Über die Hälfte (53%) gab allerdings auch bessere Berufsaussichten ohne Examen
bzw. den Wunsch nach praktischer Berufstätigkeit an. Die schlechten Arbeitsmarktchancen nach
dem Examen (49%), finanzielle Gründe (38%) und Überforderung durch die Studieninhalte (34%
der Nennungen) wurden ebenfalls häufig als mitausschlaggebende Gründe für den Studienabbruch genannt.

Nach Aussagen von Studienberatern sind die Hauptgründe für einen Studienabbruch während des
Vordiploms falsche bzw. mangelhafte Informationen über Inhalt und Formen der Ingenieurstu-
diengänge (Fehleinschätzung des Theorie-/Praxis-Verhältnisses bezüglich der Studienanteile;
Probleme mit dem Massenbetrieb), Überbetonung der Arbeitsmarktaussichten bzw. Unterbeto-
nung der eigenen Interessen bei der Studienwahl sowie Fehleinschätzung des Leistungsdrucks
bzw. der eigenen Leistungsgrenzen im Umgang mit Prüfungen.

Bei der Beurteilung der Berufsaussichten für Studienabbrecher zeigt die HIS-Studie ein relativ
erfreuliches Bild: Kurz nach Studienabbruch haben drei Viertel der Abbrecher eine berufliche
Perspektive gefunden. Jeweils die Hälfte ist berufstätig oder hat eine Berufsausbildung begonnen.
Ein halbes Jahr nach Studienabbruch waren nur 8% der Studienabbrecher arbeitslos.

Wie der Weg nach dem Studienabbruch verläuft, hängt vor allem von Studienfach und Studiendauer ab. Hinsichtlich des Studienfachs haben Ingenieure neben den Wirtschaftswissenschaftlern
die besten Chancen. Studienabbrechern, die lediglich wenige Semester studiert haben, bieten
nicht wenige Unternehmen Ausbildungsplätze an. Für Studienabbrecher, die im Zuge des Vordiploms oder Hauptstudiums in die Praxis wechseln, existieren wiederum maßgeschneiderte
Programme. Diese sind im allgemeinen kürzer und bereiten auf Positionen vor, die in der Nische
zwischen Führungsaufgaben und einfacheren Sacharbeiten anzusiedeln sind. Darüber hinaus
bieten sich dem Studienabbrecher insbesondere im DV-Bereich eine Reihe von Umschulungs-
und Fortbildungsmaßnahmen an. Allerdings sollten die geschilderten Optionen keinesfalls als
Verlegenheitslösung gewählt werden, denn auch hier werden hohe Anforderungen gestellt und

voller Einsatz verlangt. Im Rahmen der Bewerbung möchte der Arbeitgeber in jedem Fall wissen, ob das Studium aus finanziellen oder familiären Gründen abgebrochen wurde oder ob Ziellosigkeit, Leistungsschwäche, Prüfungsangst oder Interesselosigkeit vorliegen. Ein Studienabbrecher kann seine Bewerbungschancen verbessern, wenn er konkrete Angaben über sein Berufsziel sowie die gewünschten Tätigkeitsgebiete machen kann. Diese Vorstellungen sollten bereits in den Bewerbungsunterlagen zum Ausdruck kommen, in denen auch die an der Hochschule abgelegten Prüfungen und Leistungsnachweise übersichtlich enthalten sein sollten. Auch ein Studienabbruch ist kein Grund, in Vorstellungsgesprächen unsicher aufzutreten. Hier muß der Bewerber deutlich machen, daß er das Mißerfolgserlebnis des Studienabbruchs durch die im Berufsleben gestellten Aufgaben leistungsbezogen bewältigen möchte. Allerdings sind die längerfristigen Karrieremöglichkeiten für Studienabbrecher begrenzt. Bei der Besetzung von Führungspositionen erweist sich ein Studienabbruch im Lebenslauf immer noch als Nachteil.

Auch der Gang zum Arbeitsamt kann sich lohnen. Neben Informationen zu möglichen Umschulungs- oder Weiterbildungsmaßnahmen sowie zu finanziellen Förderungsmöglichkeiten bieten zahlreiche Arbeitsämter kompetente Beratung und Seminare für Studienabbrecher zur Auslotung der individuellen Berufschancen an.

Die durchschnittlichen monatlichen Bruttoeinkommen der Studienabbrecher liegen nach der HIS-Studie deutlich unter denen der Diplomierten (etwa die Hälfte der Studienabbrecher verdient zwischen DM 2.000,- und DM 3.500,- brutto pro Monat, nur jeder siebte mehr als DM 5.000,-). Dennoch sind etwa 60 % der Studienabbrecher „alles in allem" mit ihrer derzeitigen Situation zufrieden. Häufig finden Studienabbrecher spezielle Nischen, z.B. als kleine oder mittlere Selbständige im Handwerk oder Handel. Patentrezepte gibt es allerdings nicht. Entscheidend sind stets die individuellen Fähigkeiten, Vorkenntnisse und persönlichen Voraussetzungen.

2.2. Hauptstudium und Diplomprüfung

Entscheidung für eine Fachrichtung

Nachdem man die Hürde der Diplom-Vorprüfung erfolgreich hinter sich gebracht hat und damit ein Vordiplom etwa im Bauingenieurwesen, im Bergbau, in Elektrotechnik oder im Maschinenwesen besitzt, muß man sich für eine bestimmte Fachrichtung entscheiden. Dies ist in der Regel nicht unmittelbar im ersten Semester nach dem Vordiplom erforderlich, so daß man eine kleine Orientierungsphase für die spezielle Fachrichtung einschalten kann.

Die Zahl der zur Verfügung stehenden Fachrichtungen schwankt von Hochschule zu Hochschule ganz erheblich. Nähere Informationen hierüber sind in dem Buch „Das Ingenieurstudium. Studiengänge und Berufsfelder für Diplom-Ingenieure" (siehe Literaturempfehlungen) zu finden. Diese Publikation sollte insbesondere dann zu Rate gezogen werden, wenn man sich detaillierte Kenntnisse über den Aufbau der Studienpläne (Studien- und Prüfungsordnungen) an den einzelnen Hochschulen verschaffen will, ohne die betreffenden Hochschulen anschreiben zu müssen. Die dort komprimiert dargestellten Studienpläne sind oft leichter lesbar als die von den betreffenden Universitäten zur Verfügung gestellten Informationen. Aus den in der genannten Publikation zusammengestellten Fachrichtungen kann man erkennen, daß die Zahl der speziellen Fachrichtungen etwa im Maschinenwesen an den einzelnen Hochschulen zwischen einer und bis zu 20 schwankt. Man muß also die Bedeutung der speziellen Fachrichtungen stark relativieren.

WOLLEN SIE ZU DEN BESTEN GEHÖREN?

Wir gehören zu den marktführenden Unternehmen für Heiztechnik. Unsere 7.000 Mitarbeiter im In- und Ausland orientieren sich an den Wünschen ihrer Kunden - im Markt und im Unternehmen. Als prozeßorientierte Organisation haben wir uns der ständigen Verbesserung unserer Produkte und Dienstleistungen verschrieben. Wir leben unsere Unternehmensphilosophie über den Qualitätsverbesserungsprozeß Vaillant Exzellenz. Wir verbinden die Tradition eines Familienunternehmens mit Innovationsfreudigkeit und Zukunftsorientierung. Damit prägen wir entscheidend den europäischen Markt von morgen.

Als

- **Diplom-Ingenieur/in und Diplom-Wirtschafts-Ingenieure/in**

- **Diplom-Kauffrau/-kaufmann**

- **Diplom-Betriebswirt/in**

haben Sie durch Studiendauer und -ergebnisse, studienbegleitende Aktivitäten, Auslandstätigkeiten etc. bereits dokumentiert, daß Sie hohe Ansprüche an sich selbst stellen und heute bereits zu den Besten gehören. Die von Ihnen gewählte Vertiefungsrichtung steht für uns zunächst nicht im Mittelpunkt.

Ob Sie z.B. im Einkauf, Controlling, Produktmanagement oder Vertrieb tätig werden wollen, ob Sie die Spezialistenlaufbahn einschlagen oder Führungsaufgaben im Linienmanagement suchen - wir bieten Ihnen vielfältige Einsatzmöglichkeiten, bei uns ist (fast) alles möglich.

Die besten Voraussetzungen für Ihre erfolgreiche Laufbahn bei Vaillant: Sie sind entschlossen

- Verantwortung zu tragen

- erfolgreich zu sein und sich für Ihre Karriere zu engagieren

- sich weiter zu qualifizieren

- sich mit Ihrer Aufgabenstellung und dem Unternehmen voll zu identifizieren

- auch in Zukunft hohe Ansprüche an sich selbst und die Ergebnisse Ihrer Arbeit zu stellen.

Unsere Devise heißt „Learning by doing it". Im Training on the job machen wir Sie mit Ihren zukünftigen Aufgaben vertraut - zielgerichtet und konsequent.

Wenn Sie wissen, was Sie wollen, dann schreiben Sie uns. Wir werden Ihre Erwartungen an unseren messen. Wenn alles stimmt, freuen wir uns auf ein persönliches Kennenlernen.

Joh. Vaillant GmbH u. Co,
Personalmarketing, z. H. Herrn Dr. Thomas Bartscher,
Postfach 10 10 61, 42850 Remscheid.
Tel. 02191/18-3385
Fax 02191/18-2100
Internet: http://www.vaillant.de

HEIZEN, REGELN, WARMES WASSER

An einigen Universitäten bemüht man sich, die Aufspaltung in spezielle Fachrichtungen bis zu einem Ausmaß durchzuführen, bei dem praktisch jedem Lehrstuhl, Institut etc. eine Fachrichtung zugeordnet ist. Bei Universitäten, die nur sehr wenige Fachrichtungen anbieten, muß anhand der Studienpläne oder durch eine Prüfung „vor Ort" festgestellt werden, ob die gewünschte Fachrichtung überhaupt in ausreichendem Maße angeboten wird. Innerhalb der deutschen Universitätslandschaft zeigt sich dabei eine Entwicklung, daß spezielle Schwerpunkte gebildet werden, so daß die Wahl der geeigneten Ausbildungsstätte eng mit der Frage der gewünschten speziellen Fachrichtung zusammenhängt. Eine erste Prüfung dieser Zusammenhänge kann ebenfalls mit der bereits erwähnten Publikation „Das Ingenieurstudium" durchgeführt werden.

Diplomprüfung in vielen kleinen Schritten

In den meisten Fachrichtungen der Ingenieurwissenschaften ist die Diplomprüfung in den letzten zehn Jahren in eine große Anzahl von Einzelprüfungen aufgeteilt worden, wobei dem Studierenden relativ viele Wahlmöglichkeiten zur Verfügung stehen. In der Regel sind diese durch einige Rahmenregelungen begrenzt, z.B. daß die Prüfungen an insgesamt vier Terminen abgewickelt sein sollen. Gerade wenn solche Wahlmöglichkeiten an der Ausbildungsstätte gegeben sind – und man sollte sie zum eigenen Vorteil nutzen – ist eine frühzeitige Klärung der Zielvorstellungen der ersten Berufsjahre erforderlich, um den Studienablauf in den letzten beiden Ausbildungsjahren gut auf die späteren beruflichen Anforderungen abzustimmen. Gleichzeitig sollte man sich darüber informieren, welche Fachgebiete bzw. Fachprüfungen als schwierig und welche als leicht zu betrachten sind. Dies kann nicht so sehr an den fachlichen Inhalten abgelesen werden, sondern hängt stark von den an der betreffenden Ausbildungsstätte vorhandenen Schwerpunkten ab. Studenten in höheren Semestern können hier wertvolle Tips geben.

Wann werden die Studien- und Diplomarbeiten geschrieben?

Alle ingenieurwissenschaftlichen Studiengänge werden durch eine im gewissen Rahmen selbständig angefertigte Diplomarbeit abgeschlossen, in der der Student unter Beweis stellen soll, daß er eine gegebene Problemstellung in begrenzter Zeit auf einem bestimmten Leistungsniveau abwickeln kann. In vielen Fachrichtungen und Universitäten sind zusätzlich zu der Diplomarbeit ähnlich organisierte Studienarbeiten zu erbringen. Die Zeitpunkte, zu denen man diese Arbeiten durchführen kann, sind in den Diplomprüfungsordnungen geregelt. Eine relativ frühzeitige Beschäftigung zumindest mit den Studienarbeiten kann besonders für motivationsschwache Studenten eine günstige Aufteilung der Arbeitsinhalte innerhalb des Hauptstudiums bedeuten. In gut organisierten Ausbildungsgängen enthalten sowohl die Studien- als auch die Diplomarbeiten Themen, die unmittelbar mit Forschungsvorhaben in Zusammenhang stehen. Dadurch kann der Student tatsächlich an aktuellen Problemstellungen ausgebildet werden. Ein möglichst frühzeitiges Durchführen der ersten Studienarbeiten gibt dem Studenten weiterhin wichtige Impulse für die Zielvorstellungen in bezug auf seine spätere Berufsplanung. Diese Möglichkeiten sollten ausführlich geprüft und ggf. mit dem Lehrstuhlinhaber abgesprochen werden, bei dem man seine Studien- und Diplomarbeit durchführen will. Dabei ist es durchaus üblich, zunächst für Studien- und Diplomarbeiten mehrere „Angebote" einzuholen, bevor man sich für ein Thema entscheidet. Wenn ein Student nicht gerade sehr schlechte Noten aufweist, ist dies ein empfehlenswertes Verfahren.

Nicht unerwähnt bleiben soll in diesem Zusammenhang, daß Studien- und Diplomarbeiten – nach Abstimmung mit dem Lehrstuhlinhaber – auch in in- und ausländischen Industriebetrieben sowie ggf. an einer ausländischen (z.B. Partner-)Universität geschrieben werden können.

Grundsätzlich zu empfehlen sind praxisorientierte Diplomarbeiten, wenn einerseits eine gute fachliche Betreuung des Projektes durch das involvierte Unternehmen und andererseits die Einhaltung des wissenschaftlichen Standards durch die Hochschule gewährleistet ist. Auf diese Weise kann sichergestellt werden, daß die praxisorientierte Diplomarbeit trotz der möglicherweise unterschiedlichen Interessenlage von Hochschule (primär wissenschaftlicher Anspruch) und Unternehmen (primär Ergebnisorientierung) mit Erfolg bearbeitet wird.

Schlußphase des Studiums und Anmerkungen zur Notenarithmetik

In der Schlußphase des Ingenieurstudiums ist besonders auf das Problem hinzuweisen, daß die Zeugnisnoten auf einer Schlußsitzung des Prüfungsausschusses oder der betreffenden Fachabteilung beschlossen werden. Dies kann zu Verzögerungen des formalen Studienabschlusses führen, die insbesondere dann unangenehme Folgen haben, wenn man die Absicht hat, direkt anschließend eine Stelle im öffentlichen Dienst anzutreten. Es empfiehlt sich also, die formalen Gegebenheiten an der Universität sehr genau zu eruieren, um in der Übergangsphase zwischen Studium und dem ersten Arbeitsplatz keine unangenehmen Überraschungen zu erleben.

Unannehmlichkeiten kann es auch geben, wenn ein Student sich nicht genau darüber informiert hat, wie sich aus den Noten für die einzelnen Fächer durch entsprechende in der Prüfungsordnung oder durch den Prüfungsausschuß festgelegte Gewichtungen die Gesamtnote ergibt. Die Regeln zur Notenarithmetik sollte man also genau beherrschen, um je nach vorgesehener Zielnote den Vorbereitungsaufwand für einzelne Prüfungen oder für die Abschlußarbeiten richtig einschätzen zu können. Dabei gibt es selbst innerhalb einzelner Universitäten zwischen den Fachrichtungen erhebliche Verfahrensunterschiede. So werden z.B. bei wiederholten Prüfungen gelegentlich die Noten der nicht bestandenen Prüfungen im Abschlußergebnis mitgewichtet. Andererseits kann es vorkommen, daß etwa die Grenze zwischen einer Abschlußnote „Gut" und „Befriedigend" nicht bei 2,49, sondern z.B. bei 2,59 liegt. Die Beschreibung von Besonderheiten dieser Art ließe sich fortsetzen. Fast zwangsläufig ergibt sich aus der Unterschiedlichkeit der formalen Verfahren auch die Konsequenz, daß zwischen der angegebenen Bewertung und den tatsächlich erbrachten Leistungen gewisse Diskrepanzen bestehen können.

2.3. Abschlußgrad und Studiendauer

Die Abschlußgrade sind noch (fast) einheitlich

Als Abschlußgrad eines ingenieurwissenschaftlichen Studiums vergeben die Technischen Hochschulen/Universitäten die Bezeichnung „Diplom-Ingenieur" (Dipl.-Ing.). In Bayern wird den Absolventen Technischer Hochschulen/Universitäten der Grad „Diplom-Ingenieur Univ." verliehen. Zusätzlich zum Abschlußgrad wird ggf. eine Kurzbezeichnung der betreffenden Hochschule angegeben. Wenn diese Entwicklung auch eine bundeseinheitliche Regelung der Abschlußgrade behindert, muß doch zugleich festgestellt werden, daß auch das Ansehen und das Qualifikationsniveau der einzelnen Hochschulen und Fachbereiche starke inhaltliche und zunehmend auch formale Unterschiede aufweisen, so daß für die spätere berufliche Laufbahn die Frage, an welcher Technischen Hochschule/Universität der Abschlußgrad erworben wurde, von ausschlaggebenderem Einfluß sein wird bzw. heute bereits ist. Zur Zeit wird bundesweit darüber diskutiert, ob parallel zum Dipl.-Ing. der Titel Master of Science oder Master of Engineering vergeben werden soll. Universitäten, die dies anbieten werden, ermöglichen ihren Absolventen damit eine bessere internationale Verständlichkeit ihres Abschlusses.

Wer im Ausland einen Kurzzeitstudiengang „Bachelor of Engineering" absolviert hat, kann heute schon analog zu Möglichkeiten für Ausländer ein Aufbaustudium zum Master absolvieren, der dem Diplom äquivalent ist.

Es ist außerdem damit zu rechnen, daß es an einzelnen Universitäten Angebote für Kurzzeitstudiengänge zum Bachelor of Science geben wird (vgl. auch „D1-Studiengänge" an Gesamthochschulen).

Minimale und maximale Studiendauer

Ebenfalls von Bedeutung für die Berufsplanung ist die reale Studiendauer. An Technischen Hochschulen/Universitäten kann diese in fast allen Fachrichtungen nicht durch die in den Studienplänen vorgegebene Studiendauer ermittelt werden. Diese „formale" Regelstudiendauer von neun bis zehn Semestern wird an den meisten Universitäten erfahrungsgemäß nur von wenigen Studenten eingehalten. Sie erfordert gute Vorkenntnisse bei Eintritt in das Studium und einen ausgesprochen hohen Einsatz während des Studiums, der außerfachliche Belange teilweise so weit in den Hintergrund treten läßt, daß dies für die spätere berufliche Qualifikation nachteilig sein kann. Abbildung VIII-3 zeigt die mittlere Fachstudiendauer an Universitäten und Fachhochschulen im Ingenieurbereich für 1992.

Ingenieur-Disziplin	Mittlere Fachstudiendauer (Median) an Universitäten 1992 (alte Bundesländer)	Mittlere Fachstudiendauer (Median) an Fachhochschulen 1992 (alte Bundesländer)
Elektrotechnik	12,4 Semester	8,6 Semester
Maschinenbau	12,8 Semester	8,7 Semester
Verfahrenstechnik	13,4 Semester	9,0 Semester
Bergbau und angrenzende Bereiche	13,2 Semester	8,2 Semester
Bauingenieurwesen	13,9 Semester	9,0 Semester
Architektur	14,2 Semester	10,5 Semester

Abbildung VIII-3: Fachstudiendauer an Universitäten im Prüfungsjahr 1992, hrsg. vom Wissenschaftsrat, Köln 1997, Fachstudiendauer an Fachhochschulen im Prüfungsjahr 1992 (WS 1991/92, SS 1992), hrsg. vom Wissenschaftsrat, Köln 1995

Nach den vom Wissenschaftsrat herausgegebenen Daten gibt es je nach Hochschulort erhebliche Abweichungen von der mittleren Fachstudiendauer: Im Studiengang Elektrotechnik, wo die mittlere Fachstudiendauer 12,4 Semester betrug, wurde beispielsweise an der TH Darmstadt (11,3 Semester) am schnellsten studiert, am längsten an den Universitäten in Hannover und Saarbrücken (14,8 Semester).

Ähnlich ist die Situation an den Fachhochschulen. Hier liegen zwar insgesamt kürzere Studienzeiten vor, jedoch sind die Unterschiede zwischen den Fachhochschulen ebenfalls erheblich. So lag die durchschnittliche Studiendauer im Fach Maschinenbau an der FH Aachen bei 11,2 Semestern, während an der FH Ostfriesland durchschnittlich nur 7,4 Semester benötigt wurden. Es sei jedoch darauf hingewiesen, daß die Studienzeiten derzeit aufgrund verschiedener verwaltungstechnischer und pädagogischer Maßnahmen an den Hochschulen eine Tendenz zur Verkürzung haben.

Der Fakultätentag für Elektrotechnik, die Vereinigung aller elektronischen Fachbereiche von Technischen Hochschulen und Universitäten, hält in ihrer Stellungnahme zu den Empfehlungen des Wissenschaftsrats zur Struktur des Studiums, 1986, Studienzeiten von bis zu zwölf Semestern für tolerierbar, um Freiräume für persönlichkeitsbildende Aktivitäten der Studenten zu ermöglichen. Regel- und Planstudienzeiten unter zehn Semestern werden jedoch nicht für sinnvoll erachtet.

2.4. Technische Hochschulen und Universitäten mit ingenieurwissenschaftlichen Studiengängen in Deutschland

In Abbildung VIII-4 sind alle Technischen Hochschulen, Technischen Universitäten, Universitäten und Gesamthochschulen zusammengestellt, an denen ingenieurwissenschaftliche Studiengänge angeboten werden.

RWTH Aachen	TU Hamburg-Harburg
TU Berlin	U Hamburg
Hochschule der Künste Berlin	UdBw Hamburg
HU Berlin	U Hannover
KHB Berlin-Weißensee	U Hohenheim
U Bochum	TU Ilmenau
U Bonn	U Kaiserslautern
TU Braunschweig	U Karlsruhe
U Bremen	U-GH Kassel
TU Chemnitz-Zwickau	U Kiel
TU Clausthal	U Leipzig
TU Cottbus	TU Magdeburg
TH Darmstadt	TU München
U Dortmund	UdBw München
TU Dresden	U-GH Paderborn
U-GH Duisburg	U Rostock
U Erlangen-Nürnberg	U des Saarlandes Saarbrücken
U-GH Essen	U-GH Siegen
TU Freiberg Bergakademie	U Stuttgart
U Göttingen	U Ulm
Fern-U-GH Hagen	U Weimar
U Halle-Wittenberg	U-GH Wuppertal
HfBK Hamburg	IHI Zittau

Abbildung VIII-4: Technische Hochschulen, Technische Universitäten, Universitäten und Gesamthochschulen mit Ingenieur-Studiengängen in der Bundesrepublik Deutschland (Stand: WS 97/98); Quelle: Hochschulrektorenkonferenz

3. Studien- und Examensablauf an Fachhochschulen

3.1. Studienablauf

Das Studium an einer Fachhochschule ist traditionell praxisorientiert und stärker strukturiert als an einer Technischen Hochschule oder Universität. Die Zahl der Studenten pro Lehreinheit ist in der Regel wesentlich kleiner als an Technischen Hochschulen/Universitäten. Aufgrund der kleineren Studentenzahlen ist häufig auch eine intensivere Betreuung der einzelnen Studenten durch die Professoren selbst möglich. Die Vorlesungszeiten dauern gegenüber den Technischen Hochschulen/Universitäten jeweils einen Monat pro Semester länger, so daß innerhalb des Studienbetriebs auch mehr Zeit für die Wissensvermittlung zur Verfügung steht. Prüfungen und Klausuren finden im allgemeinen am Ende des Semesters statt und nicht – wie an den Universitäten üblich – in der vorlesungsfreien Zeit.

Jedem Studierenden an einer Fachhochschule sollte klar sein, daß er in Konkurrenz mit an Technischen Hochschulen/Universitäten ausgebildeten Diplom-Ingenieuren steht. Seine eigentliche Stärke liegt darin, daß er durch seine umfangreichen berufspraktischen Kenntnisse in den Betrieben mit kürzeren Einarbeitungszeiten einzusetzen ist und ihm z.B. in der Produktion bzw. in Fertigungsbetrieben früher Verantwortung übertragen werden kann. Gerade in kleineren und mittleren Betrieben werden Fachhochschulabsolventen aufgrund der stärkeren Praxisnähe häufig bevorzugt. Ähnlich wie an den Technischen Hochschulen/Universitäten gilt jedoch auch für die Fachhochschulen, daß die derzeitigen Studieninhalte den beruflichen Anforderungen nicht immer in vollem Umfang gerecht werden. Dies kann der Studierende in seiner Studien- und Berufsplanung nur dadurch ausgleichen, daß er durch freiwillige, zusätzliche Leistungen sein Qualifikationsprofil so ausbildet und verbessert, daß es den späteren beruflichen Anforderungen entspricht.

Die Bundesvereinigung der Deutschen Arbeitgeberverbände hat übrigens, mit finanzieller Unterstützung durch den Bund, nach Parteien, Kirchen und Gewerkschaften nun ebenfalls ein Begabtenförderwerk eingerichtet, in dem Stipendien von bis zu DM 1.000,- an ca. 80 Studenten von Fachhochschulen vergeben werden. Insbesondere Studenten aus den neuen Bundesländern sollen angesprochen werden. Im Programm finden sich Sommerakademien, Kolloquien und Praktika in Betrieben im In- und Ausland. Bereits im Jahr 2000 sollen rund 500 Studenten, dann auch aus dem universitären Bereich, gefördert werden. Auch die Studienstiftung des Deutschen Volkes vergibt seit kurzer Zeit Stipendien an hochbegabte Fachhochschulstudenten.

3.2. Abschlußgrad und Studiendauer

Die Absolventen von Ingenieurstudiengängen an Fachhochschulen erhalten in der Regel den Abschlußgrad „Dipl.-Ing. (FH)". Der Absolvent einer Fachhochschule erhält im Vergleich zu den Absolventen Technischer Hochschulen/Universitäten einen zumindest gesellschaftlich gleichwertigen Abschlußgrad. Ohnehin hat sich in den vergangenen zehn Jahren gezeigt, daß sich die Aufstiegsmöglichkeiten und Gehälter von Absolventen der beiden Hochschultypen angleichen. Die Gehaltsanalysen weisen für den Bereich der Industrie keine signifikanten Gehaltsunterschiede mehr auf. Außerdem ist in der deutschen Industrie bis zu den größten Unternehmen erkennbar, daß zahlreiche Absolventen der Fachhochschulen und früheren Ingenieurschulen bei entsprechender Eignung bis in Vorstandspositionen gelangen können.

Diese Aussagen dürfen jedoch nicht darüber hinwegtäuschen, daß die Studiendauer an Fachhochschulen und Technischen Hochschulen/Universitäten für nahezu alle Fachrichtungen signifikante Unterschiede aufweist. Während ein Studium an den Fachhochschulen unter Einbeziehung von Praxissemestern und ggf. erforderlichen Industriepraktika in ca. fünf Jahren zu absolvieren ist, muß für das Studium an Technischen Hochschulen/Universitäten unter Einbeziehung der in der Regel sechsmonatigen praktischen Tätigkeit in der Industrie mit sechs bis sieben Jahren gerechnet werden. Nach den vom Wissenschaftsrat 1994 vorgelegten Studien zur Fachstudiendauer stieg die mittlere Fachstudiendauer bei den FH-Absolventen zwischen 1980 und 1991 von 3,8 auf 4,3 Jahre an. Das Durchschnittsalter der Absolventen erhöhte sich im gleichen Zeitraum um 1,1 auf 27 Jahre. Für Fachhochschulen wird z.Zt. bundesweit darüber diskutiert, einen dem Dipl.-Ing (FH) äquivalenten Abschluß Bachelor of Engineering oder Bachelor of applied Sciences einzuführen, um Probleme bei der internationalen Anerkennung des deutschen Fachhochschulabschlusses zu reduzieren. Es ist auch denkbar, daß es an einzelnen Fachhochschulen Aufbaustudiengänge zum „Master" geben wird.

3.3. Fachhochschulen mit ingenieurwissenschaftlichen Studiengängen in Deutschland

Um einen ersten Überblick zu erhalten, sind in Abbildung VIII-5 alle Fachhochschulen mit Ingenieurstudiengängen zusammengestellt.

FH Aachen
FH Aalen
FH Albstadt-Sigmaringen
FH Amberg-Weiden
FH Anhalt
FH Ansbach
FH Augsburg
FH für Technik und Wirtschaft Berlin
HdK Berlin
TFH Berlin
FH Biberach
FH Bielefeld
FH Bingen
FH Bochum
TFH Bochum
FH Brandenburg
FH Braunschweig-Wolfenbüttel
Hochschule Bremen
Hochschule Bremerhaven
FH Coburg
FH Darmstadt
FH Deggendorf
FH Telekom Dieburg
FH Dortmund
Hochschule für Technik und Wirtschaft Dresden
FH Düsseldorf
HfM Düsseldorf
U-GH Duisburg
FH Eberswalde
FH Erfurt
U-GH Essen
FH für Technik Esslingen
FH Flensburg

FH Frankfurt am Main
FH Fresenius Idstein
FH Fulda
FH Furtwangen
FH Gelsenkirchen
FH Gießen-Friedberg
FH Hagen/Iserlohn (Märkische FH)
FH Hamburg
FH Hannover
FH Harz
FH Heidelberg
FH Heilbronn
FH Hildesheim/Holzminden
FH Ingolstadt
Prof. Dr. Grübler, Gemeinnützige GmbH (staatl. anerkannte FH), Isny
FH Jena
FH Kaiserslautern
FH Karlsruhe
FH Kempten - Neu-Ulm
FH Kiel
FHKuG Kiel
FH Koblenz
FH Köln
Rheinische FH Köln
FH Konstanz
FH Landshut
FH Lausitz
FH Telekom Leipzig
Hochschule für Technik und Wirtschaft Leipzig
FH Lippe (Lemgo)
FH Ludwigshafen
FH Lübeck

FH Magdeburg
FHTG Mannheim
FH Mainz
FH Merseburg
Hochschule für Technik und Wirtschaft Mittweida (FH)
FH München
TU München, FH-Studiengang Lebensmitteltechnologie
UdBw München
FH Münster
FH Neubrandenburg
FH Niederrhein
FH Nordostniedersachsen
FH Nürnberg
FH Nürtingen
FH Offenburg
FH Oldenburg
FH Osnabrück
FH Ostfriesland
U-GH Paderborn
Nordakademie Pinneberg
FH Pforzheim
FH Potsdam
HFF Potsdam-Babelsberg
FH Ravensburg-Weingarten
FH Regensburg

FH Rhein-Sieg, Rheinbach bei Bonn
FH für Technik und Wirtschaft Reutlingen
FH Rosenheim
HTW Saarbrücken
FH Schmalkalden
U-GH Siegen
FH Stralsund
FH für Druck Stuttgart
Staatl. Akademie für bildende Künste Stuttgart
FH für Technik Stuttgart
FH Trier
FH Ulm
FH Wedel
FH Weihenstephan
FH Westküste
FH Wiesbaden
FH Wildau
Hochschule Wismar
FH Wilhelmshaven
FH Worms
FH Würzburg-Schweinfurt
U-GH Wuppertal
Hochschule für Technik und Wirtschaft Zittau-Görlitz
Hochschule für Technik und Wirtschaft Zwickau

Abbildung VIII-5:   Fachhochschulen und Gesamthochschulen mit Ingenieurstudiengängen in der Bundesrepublik
Deutschland (Stand: WS 97/98); Quelle: Hochschulrektorenkonferenz

4. Studien- und Examensablauf an integrierten Gesamthochschulen

4.1. Besonderheiten der Studiengänge

Integrierte Gesamthochschulen für den ingenieurwissenschaftlichen Bereich gibt es zur Zeit nur in Hessen und Nordrhein-Westfalen (Duisburg, Essen, Kassel, Paderborn, Siegen, Wuppertal sowie die Fern-Universität Gesamthochschule Hagen). Die Studentenzahlen an diesen Gesamthochschulen sind relativ niedrig. Die technische Ausstattung ist an den einzelnen Gesamthochschulen recht unterschiedlich und variiert sehr stark von Fachrichtung zu Fachrichtung.

Die Grundidee der Ausbildung an den nordrhein-westfälischen integrierten Gesamthochschulen besteht in dem sogenannten Y-Modell. Der Buchstabe Y soll dabei kennzeichnen, daß für alle Ausbildungstypen der Ingenieurwissenschaften zunächst ein gemeinsames Grundstudium durchgeführt wird. Die Länge dieses Grundstudiums variiert an den einzelnen Gesamthochschulen. Im Anschluß daran teilt sich der Ausbildungszweig in einen Kurzzeitstudiengang und einen Langzeitstudiengang. Die Kurzzeitstudiengänge, sogenannte D-I-Studiengänge, sind in etwa mit einem Fachhochschulstudium vergleichbar. Absolventen des Diplom-I-Studiengangs werden in der Industrie und dem öffentlichen Dienst den FH-Absolventen gleichgestellt. Die Langzeitstudiengänge (D-II-Studiengänge) führen zu einem Abschluß, der mit dem an Technischen Hochschulen/Universitäten vergleichbar ist. Die integrierten Studiengänge der Gesamthochschule Kassel stellen dagegen durchgängig, also vom ersten Semester an, wissenschaftsbezogene Studiengänge dar. Im Unterschied zum Y-Modell der integrierten Studiengänge an den nordrhein-westfälischen Gesamthochschulen hat man sich an der Gesamthochschule Kassel für eine konsekutive Studiengangstruktur entschieden. Sie stellt die Studenten nicht nach Ablauf von drei Semestern vor die Alternative, sich für ein Kurz- oder Langzeitstudium zu entscheiden. Vielmehr führt sie alle Studenten nach sieben Studiensemestern und zwei Praxissemestern zum ersten berufsqualifizierenden Abschluß (Diplom I). Die Absolventen können anschließend in die berufliche Praxis eintreten oder in einer zweiten Studienstufe von drei Semestern ihre wissenschaftlichen und berufspraktischen Qualifikationen vertiefen und den zweiten berufsqualifizierenden Abschluß (Diplom II) erwerben. Dieser berechtigt zur Promotion.

4.2. Brückenkurse

Zwar ist der Begriff unter 2.1. in seiner allgemeinen Bedeutung bereits erläutert worden, erlangt in bezug auf die Gesamthochschule aber noch eine zweite: Im Grundstudium kann ein Student mit einer Fachhochschulzugangsberechtigung durch erfolgreiches Absolvieren fachspezifischer Brückenkurse in den Langzeitstudiengang wechseln. Welche Brückenkurse je Fach dafür zu belegen sind, sollte an der jeweiligen Hochschule erfragt werden.

4.3. Studium an der Fernuniversität

Schließlich soll darauf hingewiesen werden, daß z.B. an der Fernuniversität Hagen die Möglichkeit besteht, ein Studium der Elektrotechnik als Fernunterricht mit nur kurzen Anwesenheitszeiten an der Hochschule durchzuführen. Die Fernuniversität bietet diesen Studiengang sowohl als Kurzzeit- als auch als Langzeitstudiengang an. In ähnlicher Form kann man z.B. Maschinenbau an der TU Dresden studieren.

5. Studien- und Examensablauf an Berufsakademien

Berufsakademien gibt es in Baden-Württemberg, Sachsen, Niedersachsen, Schleswig-Holstein, Hessen, Berlin und neuerdings auch im Saarland. Alle basieren auf dem dualen Ausbildungsprinzip, unterscheiden sich jedoch vor allem in ihrem Status erheblich.

Dem Württemberger Modell entsprechen nur die Akademien in Berlin und Sachsen: Sie sind dem tertiären Bildungsbereich zugeordnet, Land und Wirtschaft teilen sich die Kosten, und das Diplom ist in diesen Ländern dem einer Fachhochschule gleichgestellt.

Rechtsträger der anderen Akademien sind in der Regel die Unternehmen. Die Abschlüsse sind teilweise nicht staatlich anerkannt oder nur dem Sekundarbereich zugeordnet, d.h. sie haben keinen universitären Status, sondern den einer Ergänzungsschule.

Die seit 1971/72 bestehenden Sonderausbildungsgänge für Abiturienten unterscheiden sich von der traditionellen Berufsausbildung vor allem durch ihren größeren Theorieanteil und ihre längere Ausbildungsdauer, die im Durchschnitt drei Jahre beträgt. Nach einer Untersuchung des Instituts der deutschen Wirtschaft (IW), Köln, bieten zur Zeit gut 3.000 Unternehmen insgesamt über 14.000 Sonderausbildungsplätze an. Von diesen Plätzen entfallen 11.200 auf den kaufmännisch-betriebswirtschaftlichen Ausbildungsbereich, 1.680 auf das Ingenieurwesen und 1.120 auf den

Wer den Weg nach oben sucht – findet bei uns offene Türen

Auf allen Kontinenten der Erde befördern Aufzüge, Fahrtreppen, Fahrsteige und Fördersysteme von Schindler Personen und Güter. Mit den Ideen unserer Mitarbeiter haben wir eine Spitzenposition erreicht, die wir weiter ausbauen wollen.

Wir suchen daher Hochschulabsolventen/innen der Fachbereiche Wirtschaftswissenschaften und Ingenieurwesen, die wir durch unser Nachwuchsförderprogramm intensiv auf zukünftige Aufgaben vorbereiten. Anhand eines Ausbildungsplans, der flexibel gestaltet und auf die individuellen Vorkenntnisse und Interessen abgestimmt wird, bieten wir Ihnen die Möglichkeit, durch praktische Mitarbeit und berufsbegleitende Seminare die spätere Fachabteilung und angrenzende Fachbereiche kennenzulernen.

Auch nach Beendigung des Programms findet eine kontinuierliche Förderung durch unsere Personalentwicklung statt, da wir gezielte Weiterbildung und gründliche Vorbereitung auf weiterführende Aufgaben als einen unserer Grundsätze betrachten.

Wenn Sie sich durch Kommunikations- und Teamfähigkeit auszeichnen und die Bereitschaft zu Engagement mitbringen, bieten wir Ihnen einen aussichtsreichen und entwicklungsfähigen Berufseinstieg.

Sind Sie interessiert? Dann setzen Sie sich mit uns in Verbindung, schriftlich oder telefonisch.
Fax (030) 70 29-2833,
Tel. (030) 70 29-2692.
Frau Friemel

Schindler ⊘

Schindler Aufzügefabrik GmbH
Personalentwicklung
Postfach 42 06 31
D-12066 Berlin

mathematisch-technischen Zweig. Die Nachfrage nach diesen Ausbildungsplätzen ist hoch: im Durchschnitt gehen pro Platz 35 Bewerbungen ein. Das hohe Interesse der Bewerber ist auf die enge Verbindung zu einem Unternehmen und die damit verbundene relativ hohe Sicherheit, einen Arbeitsplatz zu erhalten, zurückzuführen.

Voraussetzung für das Studium sind die allgemeine oder fachgebundene Hochschulreife (Fach-hochschulreife genügt nicht) und ein Ausbildungsvertrag. Die Bewerbung um einen Studienplatz muß also an die Firmen gerichtet werden. Auswahlverfahren sind in der Regel: sehr gute Noten, Interviews, Assessment-Center.

Von zentraler konzeptioneller Bedeutung ist die Dualität der Lernorte, die durch den turnus-mäßigen Wechsel von praktischen Ausbildungsphasen im Betrieb und dem Studium an der Studi-enakademie hergestellt wird. Während im Betrieb berufspraktische Erfahrungen und überfach-liche Qualifikationen vermittelt werden sollen, stehen im Zentrum des Akademiestudiums die Vermittlung der fachlich-wissenschaftlichen Grundlagen, der Fähigkeit zum theoretisch-systema-tischen Denken sowie der Beherrschung des wissenschaftlichen Instrumentariums.

Bei den Sonderausbildungsgängen sind laut IW im technisch-naturwissenschaftlichen Bereich folgende Ausbildungstypen zu unterscheiden:

○ die Wirtschaftsingenieur- sowie Wirtschaftsinformatiker-Ausbildung in Verbindung mit einer Berufsakademie,

○ die Ausbildung zu Ingenieuren (BA/FH) sowie

○ die Ausbildung zum mathematisch-technischen Assistenten bzw. Ingenieurassistenten

Die Ausbildung zum „Ingenieur (BA)" gliedert sich in zwei Abschnitte. Der erste Abschnitt dauert zwei Jahre, danach wird der Titel „Ingenieurassistent (BA)" vergeben. In diesem ersten Abschnitt werden neben der praktischen Ausbildung ingenieurwissenschaftliche Grundlagen vermittelt, die für alle Fachgruppen innerhalb der Elektrotechnik und des Maschinenwesens gleich sind. Nach einem weiteren Jahr der Spezialisierung in den möglichen Fachrichtungen Elektrotechnik, Holztechnik, Maschinenbau oder Strahlenschutz wird der Titel „Dipl.-Ing. (BA)" vergeben.

Die Stufung des Ausbildungsgangs eröffnet den Studierenden die Möglichkeit, bereits nach zwei-jähriger Ausbildung mit einem Abschluß in die Berufstätigkeit zu wechseln, oder aber in einem weiteren Jahr die zweite Ausbildungstufe zu absolvieren.

Die Absolventen haben überall gute Chancen. Nachteile können für sie entstehen, wenn sie eine höhere Laufbahn im öffentlichen Dienst oder ein Aufbaustudium an einer Universität anstreben, da eine bundeseinheitliche Anerkennungsregelung noch nicht erzielt werden konnte. Ebenso ist auch die EU-weite Anerkennung des BA-Abschlusses noch nicht geklärt. Verschiedene ausländi-sche Hochschulen akzeptieren im Bereich der weiterführenden Studiengänge inzwischen jedoch auch Bewerbungen von BA-Absolventen.

Umfangreiche Informationen über diese Sonderausbildung enthält die Broschüre „Abiturienten-ausbildung der Wirtschaft" von Wolfgang Kramer, hrsg. vom Institut der deutschen Wirtschaft, Köln 1996 (Preis ca. 18,00 DM; bei Versand zzgl. Porto).

6. Studienbegleitende Praxisphasen

6.1. Industriepraktikum für Studierende an Technischen Hochschulen/ Universitäten

Fast alle ingenieurwissenschaftlichen Studiengänge schreiben vor, daß vor Beginn des Studiums ein Teil des erforderlichen Industriepraktikums abgeleistet wird. Auch wenn dies in den Studienordnungen nicht explizit gefordert wird, kann ein solches Industriepraktikum nur dringend angeraten werden. Darüber hinaus empfiehlt es sich, einen möglichst großen Teil des Praktikums vor Studienbeginn abzuleisten, da in den Semesterferien bzw. den vorlesungsfreien Zeiten oft die notwendige Zeit hierfür fehlt.

Obwohl die Qualität der Praktikantenbetreuung – besonders im ersten, technische Grundkenntnisse vermittelnden Praktikum – gelegentlich zu wünschen übrig läßt, ist eine solche Tätigkeit für die berufliche Orientierung und erste Erfahrung in einem technischen Berufsfeld sinnvoll.

6.2. Industriepraktikum und Praxissemester für Studierende an Fachhochschulen

Die Regelungen in bezug auf Industriepraktikum und Praxissemester sind in den einzelnen Bundesländern recht unterschiedlich. So wird zum Teil vor Studienbeginn bis zu einem halben Jahr eine praktische Tätigkeit in der Industrie (Vorpraktikum) für Studienanfänger mit allgemeiner oder fachgebundener Hochschulreife gefordert, zum Teil sind bis zu zwei Industriesemester als praktische Ausbildung in das Studium integriert.

Industriesemester (Praxissemester) sind integraler Bestandteil des Studiums und werden in der Regel in einem Unternehmen durchgeführt, das in unmittelbarer Nähe der betreffenden Fachhochschule angesiedelt ist. Während das erste Praxissemester so etwas wie ein „gehobenes Praktikum" darstellt, hat das zweite Praxissemester zum Ziel, den Studenten in die spätere berufliche Tätigkeit einzuführen. Dies geschieht in Kooperation zwischen dem betreffenden Industriebetrieb und den Fachhochschullehrern. Damit ist eine enge Verzahnung der Lehre an Fachhochschulen mit den notwendigen Erfordernissen in der Industrie gewährleistet.

6.3. Stellenwert studienbegleitender Praxisphasen

Der Stellenwert studienbegleitender Praxisphasen für den Berufseintritt und die weitere berufliche Entwicklung sollte auf keinen Fall unterschätzt werden. So ist es grundsätzlich zu empfehlen, in Ergänzung zu den vielfach obligatorischen Industriepraktika bzw. Praxissemestern, weitere Praxiserfahrung auf freiwilliger Basis zu sammeln. Denn keine noch so gut organisierte Informationsveranstaltung kann einen so umfassenden Einblick in ein Unternehmen bzw. ein bestimmtes Berufsfeld vermitteln wie eine über einen längeren Zeitraum angelegte studienbegleitende Praxisphase, welche Einblick in die betriebliche Realität, d.h. in die fachlichen Anforderungen bestimmter Aufgabengebiete und Positionen, ermöglicht und zugleich einen ersten Eindruck von den organisatorischen und sozialen Strukturen eines Unternehmens vermittelt. Im Hinblick auf die Planung des Berufseinstiegs bietet das Praktikum die Möglichkeit, berufliche Interessengebiete zu überprüfen oder neue zu entdecken und das Studium entsprechend auszurichten. Der Praktikant kann seine persönliche Eignung für den angestrebten Beruf überprüfen und so berufliche Fehlentscheidungen vermeiden. Schließlich erweisen sich die im Rahmen von Praktika geknüpften

Kontakte bei späteren Bewerbungen vielfach als hilfreich. Die herausragende Bedeutung von studienbegleitenden Praxisphasen wird auch dadurch unterstrichen, daß diese in viele Studiengänge als obligatorisches Element integriert sind.

Auch aus Sicht der Unternehmen haben Praktika einen hohen Stellenwert, was sich in verstärkten Anstrengungen bei der Bereitstellung und Gestaltung von Praktikantenplätzen zeigt. Selbst die sorgfältigste Personalauswahl anhand von Unterlagen, Assessment Centern und Einzelgesprächen kann nicht zu der Entscheidungsqualität verhelfen, wie sie die Beobachtung der potentiellen Nachwuchskraft in der betrieblichen Realität ermöglicht.

Unabhängig von der jeweiligen Branche und den Vorgaben der Praktikantenämter der Hochschulen sollte in jedem Fall auf die Zielsetzung, die Inhalte (Einbindung in das Tagesgeschäft und eigenständige Bearbeitung eines Projektes) und die Organisation (zeitlicher Ablaufplan, intensive persönliche Betreuung) des Praktikums geachtet werden. Es empfiehlt sich, Informationsphasen und aktive Mitarbeit zu koppeln.

Nach Abschluß der Praxisphase sollte darauf geachtet werden, daß die Praktikantenberichte vollständig vorliegen und daß ggf. nicht nur eine einfache Bescheinigung ausgestellt wird (einfaches Zeugnis), sondern auch Aussagen über die Aufgaben und erbrachten Leistungen getroffen werden (qualifiziertes Zeugnis).

In der Regel bewegt sich der zeitliche Rahmen der Praxisphase zwischen sechs Wochen und sechs Monaten.

Die Vergütungen der Praktika sind sehr breit gestreut und hängen sowohl von der Branche als auch von der Art des zu bearbeitenden Projektes ab. Praktikumsstellen in speziellen Gebieten, die für die Anerkennung erforderlich sind, werden oft zum „Nulltarif" angeboten (z.B. Gießerei).

Hinterläßt der Praktikant einen guten Eindruck, wird das Unternehmen im allgemeinen versuchen, den Kontakt zu ihm aufrechtzuerhalten, sei es durch weitere aufeinander abgestimmte Praktika, Ferienjobs oder regelmäßige Gespräche. Zunehmend ist auch die Tendenz zu erkennen, durch freie Mitarbeiterverträge, studienbegleitende Trainee-Programme oder Praxisprogramme eine kontinuierliche Mitarbeit herausragender potentieller Kandidaten zu ermöglichen. Auf der Grundlage des bereits vorhandenen unternehmensspezifischen Wissens können kleinere Projektaufgaben oder bestimmte Teilaufgaben im Rahmen eines festen Arbeitsteams übernommen werden. Schulungen und interne Förderungsmaßnahmen runden vielfach das Programm ab. So erübrigt sich nach Studienabschluß meist eine aufwendige Einarbeitung, was sich – ebenso wie die auf den unterschiedlichsten Ebenen geknüpften Kontakte – bei dem Bemühen um eine Festanstellung als hilfreich erweist.

Aus den studienbegleitenden Maßnahmen ergeben sich häufig auch Anknüpfungspunkte für Studien- und Diplomarbeiten. Der Vorteil einer solchen Arbeit liegt in dem engen Bezug von Theorie und Praxis. Da es sich in der Regel um Themenstellungen handelt, die auch für die Unternehmen von Bedeutung sind, sind diese im allgemeinen gerne bereit, relevante Informations- und Arbeitsmaterialien zur Verfügung zu stellen.

Einen guten Praktikantenplatz zu finden, ist oft mit erheblichen Schwierigkeiten verbunden. Falls man in seinem Bekanntenkreis niemanden hat, der einen solchen Platz vermitteln kann, oder ein direktes Anschreiben eines Unternehmens erfolglos war, sollte man sich entweder an die öffentli-

Staufenbiel
Institut für Studien- und Berufsplanung

Einen **Stundenlohn** von **DM 250,-**

können wir nicht gerade bieten, dafür aber jede Menge Spielraum für

Kreativität
Eigeninitiative
Vertriebstalent!

Bewerben Sie sich jetzt! Wir suchen für verschiedene Hochschulstandorte im In- und Ausland

Vertriebsrepräsentanten

In Zusammenarbeit mit uns entwickeln und realisieren Sie Marketingmaßnahmen. Dazu gehören das Aushängen und Verteilen von Werbematerial, die Präsentation unserer Publikationen zur Studien- und Berufsplanung im Rahmen universitärer Veranstaltungen, Gespräche mit Vertretern von Schulen und Buchhandlungen usw. Diese studienbegleitende Tätigkeit bietet Ihnen die Chance, erste Erfahrungen in der Planung und Durchführung vielfältiger Marketingprojekte zu sammeln.

Sie kennen Ihre Hochschule wie Ihre Westentasche? Sie sind kommunikativ und engagiert? Und Sie wollen für mehrere Semester für uns arbeiten (ca. 2 Stunden pro Woche)? Sind Sie außerdem von Inhalt und Zielsetzung unserer Bücher überzeugt? Dann greifen Sie am besten gleich zum Telefon und Sie erfahren alles über Ihren neuen Job!

**Staufenbiel Institut für Studien-
und Berufsplanung GmbH
Torsten Berner + Andrea Linz
Postfach 10 35 43 · 50475 Köln
e-mail: info@staufenbiel.de
Internet: http://www.staufenbiel.de**

INFO-HOTLINE:
0221/91 26 630

chen Kammern (Industrie- und Handelskammer, Handwerkskammer) oder an das betreffende Arbeitsamt als erfahrene Ratgeber wenden. Weiterhin ergeben sich Gelegenheiten zur persönlichen Kontaktaufnahme mit in Frage kommenden Unternehmen auf den bekannten Fachmessen sowie auf den Firmenkontaktmessen an den Hochschulen. In diesem Zusammenhang wird auf Sektion X, 5.5. (Direktkontakte zu potentiellen Arbeitgebern) verwiesen, ebenso wie auf die Firmen-Dokumentation in Sektion XII, in der einige Firmen auch die Möglichkeit von Betriebspraktika anbieten.

Inzwischen kann auch die moderne Telekommunikation zur Praktikum-Suche genutzt werden. Von besonderem Interesse dürfte das Internet-Angebot „perspektiven-online" sein, das die F.A.Z. GmbH und das Staufenbiel Institut in Ergänzung zu der CD-ROM „*Perspektiven* - Interaktive Berufsplanung für den Fach- und Führungsnachwuchs" anbieten (http://www.perspektiven-online.de). Hier sind neben zahlreichen Firmenprofilen und aktuellen Stellenangeboten auch Angebote für Studierende wie Praktika, Workshops und Diplomarbeitsthemen zu finden. Auch der „deutsche Hochschulcontainer" ist über WWW zugänglich und läuft vom Telekommunikationszentrum der Fachhochschule Rheinland-Pfalz, Abt. Worms, aus.

Da trotz gemeinsamer Richtlinien für die praktische Ausbildung – etwa in der Fachrichtung Maschinenbau – in der Handhabung der Praktikantenrichtlinien nicht zu übersehende Unterschiede zwischen den Praktikantenämtern der einzelnen Hochschulen bestehen, sollte man sich in jedem Fall zwecks Zusendung der betreffenden Unterlagen auch direkt an das Praktikantenamt derjenigen Hochschule wenden, an der man später studieren möchte. Eine genaue Information darüber, was von dem betreffenden Praktikantenamt der Hochschule erwartet und welche Nachweise verlangt werden, erleichtert dann die gezielte Wahl eines geeigneten Betriebes, auch wenn die Praktikantenämter in aller Regel keine Praktika vermitteln. Diejenigen, die nach Abschluß ihrer schulischen Ausbildung den Wehrdienst ableisten, sollten wissen, daß je nach Einsatz bei der Bundeswehr gewisse Tätigkeiten für das Praktikum anerkannt werden. Auch im Rahmen des Zivildienstes, z.B. als Entwicklungshelfer in technischen Projekten, ist eine Anerkennung der Tätigkeit für das Praktikum ohne große Schwierigkeiten möglich.

7. Auslandsstudium/Auslandspraktika

7.1. Studium im Ausland

Auslandserfahrungen, Fremdsprachenkenntnisse, das Vertrautsein mit anderen kulturellen, sozialen und wirtschaftlichen Strukturen – all dies gewinnt vor dem Hintergrund einer zunehmenden Globalisierung der Märkte für Studenten und Hochschulabsolventen immer größere Bedeutung. Der europäische Binnenmarkt hat zur Folge, daß „internationale Erfahrungen" nicht nur in Großunternehmen, sondern auch in multinational orientierten mittelständischen Unternehmen ein entscheidendes Kriterium bei der Einstellung von Fach- und Führungsnachwuchskräften darstellen. Gerade im technischen Bereich herrscht ein Mangel an Fachkräften, die nicht nur allgemeine internationale Erfahrungen erworben haben, sondern auch spezielle Landes- und Sprachkenntnisse besitzen.

Die Auslandserfahrung in Form von Auslandssemestern oder -praktika dient bei weitem nicht nur der Perfektionierung der Sprachkenntnisse. Eine mindestens ebenso zentrale Bedeutung kommt dem Faktor „Persönlichkeitsentwicklung" zu. Insbesondere fördert ein Auslandsstudium die Fähigkeit, sich auf unbekannte Situationen, neue Aufgaben und Arbeitsbedingungen einzustellen, d.h. es wird die geistige Flexibilität gefördert, was sich in der Regel auch auf die berufliche Karriere positiv auswirkt.

Formen des Auslandsstudiums

Ein komplettes Auslandsstudium dürfte sich im Regelfall – unabhängig von den Finanzierungsschwierigkeiten – nicht anbieten, wenn der Studienabschluß zu einem Berufsstart im Heimatland verhelfen soll. Zum einen ist die Frage der Anerkennung in diesem Fall nicht ganz unproblematisch, zum anderen bereiten die teilweise erheblichen Abweichungen zwischen Ingenieurstudiengängen im In- und Ausland Probleme.

Im folgenden soll deshalb unterschieden werden zwischen Auslandsstudiensemester, dem Anfertigen einer Studien- oder Diplomarbeit im Ausland, dem Aufbaustudium im Ausland und dem Auslandspraktikum.

Der zeitliche Rahmen für einen Auslandsaufenthalt liegt meist zwischen einem halben und zwei Jahren. Zu welchem Zeitpunkt und wie lang ein solcher Aufenthalt sinnvoll ist, hängt u.a. davon ab, wie gut das ausländische Studium oder Praktikum das Studium an der Heimatuniversität ergänzt, ob eine zusätzliche Qualifikation (z.B. Doppeldiplom) erworben werden kann und wie stark sich das Studium dadurch verlängert. Im allgemeinen empfiehlt es sich jedoch, zunächst das Vordiplom oder die Zwischenprüfung abzuschließen, um über die notwendigen Grundkenntnisse im jeweiligen Studienfach zu verfügen. Werden im ausländischen Studium weitere Grundlagen, z.B. in verwandten oder aber in wirtschaftswissenschaftlichen Fächern, im Sinne einer generalistisch angelegten Ausbildung vermittelt, so kann der günstigste Zeitpunkt der Beginn des Hauptstudiums sein. Soll an der ausländischen Hochschule ein Spezialgebiet vertieft werden, so kann aus einem Auslandsaufenthalt gegen Ende des Hauptstudiums meist der größtmögliche Nutzen gezogen werden.

Um Zeitverluste zu vermeiden, empfiehlt es sich in jedem Fall, frühzeitig Informationen über Studienmöglichkeiten und Praktika im Ausland sowie deren Finanzierung einzuholen und schon im Vorfeld den Studienplan an der Heimatuniversität darauf abzustimmen. An vielen Universitäten gibt es Kooperationsverträge mit ausländischen Hochschulen, die teilweise feste Austauschprogramme beinhalten. Auch verfügen die Lehrstühle und Hochschulinstitute häufig über nützliche Kontakte, die besonders dann hilfreich sind, wenn man plant, eine Studien- oder Diplomarbeit im Ausland anzufertigen.

Für die Vorbereitung des Studienaufenthalts sollte reichlich Zeit (ca. 12 bis 18 Monate) eingeplant werden, insbesondere wenn der Auslandsaufenthalt nicht im Rahmen eines festen Programms stattfindet.

Wichtig ist bei Studienaufenthalten – teilweise auch bei Praktika – die Klärung der finanziellen Frage (Eigenfinanzierung/Stipendium); im letzteren Fall sind Anträge nach der Beschaffung der geforderten Unterlagen (Gutachten, Sprachtests, Zeugnisse etc.) einzureichen. Einen wichtigen Anhaltspunkt für die persönliche Etatplanung liefern die Studienführer des DAAD, die Unterlagen der Carl Duisberg-Gesellschaft sowie die Merkblätter des Bundesverwaltungsamtes in Köln, die ausführliche Informationen zu den Lebenshaltungskosten enthalten. Darüber hinaus sollte im Vorfeld möglichst schriftlich die Anrechnung von im Ausland erworbenen Studienleistungen mit der Heimatuniversität geklärt werden, um auf diese Weise unnötige Arbeit im Ausland oder im Anschluß an das Auslandsstudium zu vermeiden. Zuständig sind in der Regel das Prüfungsamt, der Prüfungsausschuß oder das Dekanat, in manchen Fällen jedoch auch die Professoren des jeweiligen Fachbereichs. Schließlich ist der Versicherungsschutz im Ausland zu prüfen, eine Beurlaubung oder Exmatrikulation von der inländischen Hochschule vorzunehmen und der Umzug zu organisieren.

Studiensemester im Ausland

An vielen Universitäten gibt es die Möglichkeit, im Rahmen eines festen Programms ein bis vier Semester im Ausland zu studieren. Häufig handelt es sich hierbei um Kooperationsvereinbarungen zwischen Hochschulen bzw. Fachbereichen von Hochschulen aus zwei oder mehr Ländern, also um bi- oder multinationale Studienangebote, die eine Auslandsphase als integralen Bestandteil des Studiums vorsehen. Dabei ist in vielen Fällen neben dem Studium auch ein Praktikum im Ausland obligatorisch. Fast alle Studienangebote umfassen darüber hinaus einen verbindlichen Fremdsprachenanteil, der an manchen Hochschulen noch durch wirtschaftlich, politisch oder historisch orientierte landeskundliche Seminare ergänzt wird.

Die internationalen Studiengänge zeichnen sich weiterhin dadurch aus, daß die Studieninhalte zwischen den Partnerhochschulen abgestimmt sind, so daß die Studiendauer, der Studienverlauf sowie die Anerkennung von Studienleistungen und -abschlüssen von vornherein geklärt und sichergestellt sind. Fragen der Immatrikulation und Reimmatrikulation sind meist allgemeingültig geregelt, die im Ausland häufig erhobenen Studiengebühren entfallen oder sind doch zumindest ermäßigt.

Im Hinblick auf die Programmstruktur sind voll- und teilintegrierte Studiengänge zu unterscheiden: während die vollintegrierten Studiengänge bereits von Studienbeginn an bi- oder multinational konzipiert sind (häufig wird bis zur Hälfte des Studiums im Ausland absolviert), setzen die teilintegrierten Studiengänge erst nach dem Grundstudium bzw. nach dem Erwerb bestimmter Leistungsnachweise des Hauptstudiums ein.

Viele der europäischen Studiengänge ermöglichen den Erwerb eines Doppeldiploms, in einigen Fällen ist sogar eine Dreifachqualifizierung möglich. Andere Studienangebote kombinieren das deutsche Diplom mit einem zusätzlichen Zertifikat, das Aufschluß über das Auslandsstudium gibt, wieder andere beschränken sich auf die Verleihung des deutschen Titels.

Besteht an der Heimatuniversität kein geeignetes Programm, oder entsprechen die angebotenen Programme nicht den eigenen Wünschen, so sollte man sich davon nicht sofort abschrecken lassen. Wie bei Studien- und Diplomarbeiten können auch hier selbständig Kontakte hergestellt werden. In diesem Fall sollte man sich aber besonders genau mit dem Angebot der ausländischen Hochschule vertraut machen. Hierzu zählen insbesondere Informationen über das Lehrangebot und die Unterrichtssprache. Je nach Sprachvoraussetzungen des Interessenten dürfte sich die Auswahl möglicher Länder schon erheblich reduzieren. Im Hinblick auf das Lehrangebot sollte überprüft werden, inwieweit eine Vertiefung des bisher erworbenen Wissens oder aber die Teilnahme an Kursen möglich ist, die im Curriculum der Heimathochschule nicht vorgesehen sind. In

jedem Fall sollte die Studienplanung sorgfältig abgestimmt werden, denn häufig wird in späteren Bewerbungsgesprächen nachgefragt, inwieweit der Auslandsaufenthalt in die allgemeine Studienkonzeption paßt.

Umfassende Informationen zu mehr als 70 Studienangeboten für Ingenieure mit integriertem Auslandsaufenthalt sowie eine Fülle von Tips zur Vorbereitung, Durchführung, Finanzierung und Anerkennung von Studiensemestern und Praktika im Ausland enthält die Publikation „Studieren für Europa" (siehe Literaturempfehlungen).

Studien- und Diplomarbeiten im Ausland

Vielfach ist es auch möglich, eine Studien- oder Diplomarbeit im Ausland anzufertigen. Da es sich hierbei jeweils um ein fest umrissenes Projekt unter der wissenschaftlichen Fachaufsicht eines einzigen Instituts handelt, läßt sich die Projektarbeit besonders leicht ins Ausland verlagern. Vor Aufnahme der Arbeit sollte sichergestellt werden, daß Inhalt, Umfang, Zeitraum sowie das Ergebnis der Arbeit im Rahmen des Studiensystems der Heimathochschule anerkannt werden. In der bisherigen Praxis haben Ingenieurstudenten aller Fachrichtungen bereits eine Vielzahl von Projektarbeiten (meist in englischer Sprache) in verschiedenen Ländern durchgeführt.

Häufig kann das Anfertigen einer Diplom- oder Studienarbeit im Ausland auch durch andere Studienleistungen ergänzt werden. Neben dem Besuch von Vorlesungsveranstaltungen kommt auch die Teilnahme an geeigneten Seminaren in Frage. Auch hier empfiehlt es sich, wie bei jedem Studium im Ausland, die Frage der Anerkennung im voraus zu klären.

Aufbaustudiengänge im Ausland

Wer seinen Studienaufenthalt im Ausland nicht in sein Studium integrieren möchte, sondern ihn erst nach Studienabschluß plant, dem steht ein umfangreiches Angebot an postgraduaten Studiengängen offen. Eine vollständige Übersicht über die an staatlichen Hochschulen angebotenen europäischen Aufbaustudiengänge mit interdisziplinärer Ausrichtung sowie spezielle Weiterbildungsmöglichkeiten im europäischen Ausland in den Bereichen Jura, Wirtschaftswissenschaften, Politik- und Sozialwissenschaften finden Interessenten in dem internationalen Studien- und Karriereführer „EURO-Challenge" (siehe Literaturempfehlungen). Zur Zeit ist die Nachfrage nach Aufbaustudiengängen besonders groß, was u.a. auf die vergleichsweise ungünstige Arbeitsmarktsituation zurückzuführen sein dürfte. Viele Absolventen versuchen, sich durch weiterführende Studien aus der Masse der konkurrierenden Bewerber hervorzuheben oder aber drohende Arbeitslosigkeit zu überbrücken. Da die Kosten für solche Studiengänge oft enorm hoch sind und unabhängig von der Qualität des Programms stark variieren, empfiehlt es sich, die Programme genau nach Inhalt und Leistung zu überprüfen. Sofern Klarheit über den Sinn des Vorhabens besteht und die Zusatzausbildung eine gezielte Vorbereitung auf einen beruflichen Einsatz ermöglicht, sind solche Aufbaustudiengänge im Ausland sinnvoll.

Nähere Informationen und eine ausführliche Dokumentation der derzeit angebotenen MBA-Programme enthält die Publikation „Das MBA-Studium" (siehe Literaturempfehlungen).

Förderungsmöglichkeiten

Eine der wichtigsten Anlaufstellen für Auslandsstudien ist der Deutsche Akademische Austauschdienst (DAAD), der über das umfangreichste und vielfältigste Stipendienprogramm verfügt. Im Jahre 1996 finanzierte er u.a. knapp 32.000 Deutschen einen Auslandsaufenthalt für Studien- und Forschungszwecke. Dabei schöpft der DAAD nicht nur aus Mitteln des Auswärtigen Amts und des Bundesministeriums für Bildung, Wissenschaft, Forschung und Technologie, sondern fungiert auch zugleich als nationale Stipendienstelle für EU-Förderprogramme sowie für einige weitere Studienprogramme.

Standardstipendienprogramme des DAAD sind die sogenannten „Jahresstipendien zum Studium an einer ausländischen Hochschule eigener Wahl". Darüber hinaus vergibt der DAAD jedoch auch Stipendien für kürzere Auslandsaufenthalte, so z.b. für den Besuch von Sommer-, Fach- und Sprachkursen und die Erstellung von Abschlußarbeiten. Schließlich werden auch Reisebeihilfen für Praktikanten sowie Beihilfen für Studienreisen (Gruppenreisen) ins Ausland geleistet. Ausschlaggebend für die Auswahl der Stipendiaten sind ausreichende Sprachkenntnisse, die bisherigen Studienleistungen sowie die Qualität des geplanten Studienprojekts im Ausland. Einen Überblick bietet die vom DAAD herausgegebene Broschüre „Studium, Forschung, Lehre. Fördermöglichkeiten im Ausland für Deutsche", die jedes Jahr neu aufgelegt wird.

Auch das seit 1987 bestehende ERASMUS- (European Community Action Scheme for the Mobility of University Students) Programm der EU, das als Unterprogramm im Rahmen des neu geschaffenen SOKRATES-Programms weiterläuft, möchte die studentische Mobilität in Europa durch die Verbesserung der finanziellen Rahmenbedingungen erleichtern. So entfallen innerhalb des ERASMUS-Programms zum einen die Studiengebühren an der jeweiligen Partnerhochschule, zum anderen werden Mobilitätszuschüsse gezahlt. Es ist jedoch zu beachten, daß dieses EU-Programm nicht an einzelne Studenten Fördergelder vergibt. Diese müssen vielmehr von den Programmbeauftragten an den Hochschulen beantragt werden, so daß eine Immatrikulation an der entsprechenden Hochschule Voraussetzung ist. Die Stipendien stellen keine Vollstipendien dar, sondern werden als sogenannter Mobilitätszuschuß für einen Zeitraum von drei bis zwölf Monaten gewährt. Auch wenn die steigenden Bewerberzahlen bei nicht in gleichem Maße wachsenden Budgets dazu geführt haben, daß die reduzierte finanzielle Förderung für den einzelnen kaum mehr die auslandsbedingten Zusatzkosten abdecken kann, bieten die ERASMUS-geförderten Studienprogrammen doch den Vorteil, daß Studieninhalte aufeinander abgestimmt sind und in der Regel die meisten der im Ausland erbrachten Leistungen anerkannt werden. Ein weiterer Vorteil der ERASMUS-Programme stellt die Unterstützung durch die bereits erwähnten Programmbeauftragten dar (Einschreibung, Wohnungssuche, Studienberatung, allgemeine Beratung).

Informationen darüber, welche Studiengänge an welchen Hochschulen gefördert werden, sind über die Akademischen Auslandsämter vor Ort zu erhalten oder über die vom DAAD herausgegebene Broschüre „Studienland EU", die eine komplette Aufstellung enthält.

Ebenfalls auf EU-Ebene angesiedelt ist das COMETT-Nachfolgeprogramm LEONARDO DA VINCI. Das Programm läuft von 1995 bis 1999 und unterstützt die europäische Zusammenarbeit von Hochschulen und Unternehmen. Studierenden technischer Fachrichtungen bietet das COMETT-Programm die Möglichket, ein drei- bis zwölfmonatiges Praktikum in einem – meist kleinen oder mittelständischen – Unternehmen im europäischen Ausland zu absolvieren. An welchen Hochschulen diese Auslandspraktika angeboten werden, ist bei den Akademischen Auslandsämtern oder beim DAAD zu erfragen.

Auch die einzelnen Universitäten bieten im Rahmen von speziellen Austauschprogrammen und Partnerschaften häufig Stipendienprogramme an. Vielfach werden hier die Studiengebühren erlassen und die im Ausland erbrachten Studienleistungen zumindest teilweise anerkannt. Auch werden zum Teil finanzielle Zuschüsse gewährt und Unterkünfte in Wohnheimen vermittelt. Die Bewerbung wird in diesem Falle über das Akademische Auslandsamt abgewickelt.

Schließlich fördern auch verschiedene Organisationen und private Stiftungen Studienaufenthalte im Ausland, wobei diese Förderung oft auf eine bestimmte Fachrichtung, ein bestimmtes Land oder Projekt beschränkt ist. Besondere Erwähnung verdienen hier die Programme der Fulbright-Kommission (Bonn), des British Council (Köln), des Deutsch-Französischen Hochschulkollegs (Bonn) und Jugendwerks (Bad Honnef), der Carl Duisberg Gesellschaft (Köln) sowie des Council on International Educational Exchange (Bonn). Da diese Fördermöglichkeiten teilweise nur wenig bekannt sind, sind hier die Bewerbungschancen oft recht gut.

Eine weitere Möglichkeit, einen Studienaufenthalt im Ausland zu finanzieren, stellt das Auslands-BAföG dar. Beim Auslands-BAföG wird der monatliche Bedarfssatz aufgrund der höheren Lebenshaltungskosten, der Reisekosten und der Studiengebühren im Ausland höher angesetzt, so daß zum Teil auch solche Studenten BAföG-Förderung erhalten können, die in der Bundesrepublik von einer Förderung ausgeschlossen sind. Anträge sollten beim jeweils zuständigen Auslandsförderungsamt mindestens sechs Monate vor dem geplanten Studienbeginn eingereicht werden. Der Staat fördert das Auslandsstudium jedoch nur, wenn es „der Ausbildung förderlich" ist und Grundkenntnisse in einem mindestens einjährigen Studium im Inland erworben wurden. Deshalb ist es angeraten, dem Antrag auf Auslands-BAföG das Gutachten eines Professors beizufügen, das die Förderlichkeit des Auslandsstudiums für die Ausbildung bestätigt. Außerdem sollte man ausreichende Sprachkenntnisse nachweisen. Im Regelfall erfolgt die Förderung über einen Zeitraum von einem halben bis zu einem Jahr. In Ausnahmefällen kann die Förderungshöchstdauer um maximal drei Semester verlängert werden. Im Fall von Hochschulkooperationsprogrammen reduziert sich die geförderte Mindestdauer des Studienaufenthalts im Ausland auf drei Monate. Je nach Zielland werden unterschiedliche Zuschläge, mindestens jedoch DM 100,- pro Monat, Studiengebühren bis zu einer Höhe von DM 9.000,- pro Studienjahr, Reisekosten und ein Krankenversicherungszuschuß gezahlt. Seit der Novellierung des BAföG im Jahre 1996 wird die Förderung während des Auslandsaufenthalts auf die Förderungshöchstdauer voll angerechnet. Wird die Förderungshöchstdauer infolge des Auslandsaufenthalts überschritten, kann für diese Zeit Ausbildungsförderung als verzinsliches Bankdarlehen gewährt werden. Die Auslandszuschläge variieren in Abhängigkeit vom Zielland, betragen jedoch mindestens DM 100,- pro Monat. Die Auslandszuschläge zu Lebenshaltungskosten, Reisekosten, Krankenversicherung und Studiengebühren (maximal DM 9.000,- pro Studienjahr) müssen nicht zurückgezahlt werden.

Zahlreiche europäische und amerikanische Universitäten bieten ferner sprach- oder fachbezogene Sommerkurse an. Auch hier informiert der DAAD über Kontaktadressen und Fördermöglichkeiten. Zentrale Anlaufstelle für Sommerstudien in den USA ist der „Council on International Educational Exchange" in 53111 Bonn, Thomas-Mann-Straße 33, Telefon: 02 28/65 97 46.

Zweiwöchige Sprachkurse für Anfänger oder Fortgeschrittene, sogenannte „Summer Universities", bietet auch die Studenteninitiative AEGEE an. Inklusive Unterkunft belaufen sich die Kosten für Studierende auf höchstens DM 200,- bis 300,-. Die interdisziplinäre Studentenorganisation AEGEE ist an zahlreichen europäischen Universitäten vertreten. Kontaktadresse: AEGEE - Mainz/Wiesbaden, Postfach 11 45, 55001 Mainz, Telefon/Telefax: 0 61 31/39 39 83, E-Mail: aegee@goofy.zdv.uni-mainz.de.

Peter Janosch:

"Unilever - powered by Engineering."

Beworben bei Unilever hatte ich mich eigentlich aus Neugier - und die ist bisher immer voll befriedigt worden. Meine erste Funktion erhielt ich in einem Hamburger Margarinewerk; nach weiteren Stationen, u. a. in Rotterdam, übernahm ich bei der Unilever-Tochter Homann in Dissen Führungsverantwortung als Projektleiter eines Fabrikneubaus und als technischer Leiter der Homann-Gruppe.

Heute leite ich bei Langnese-Iglo in Reken das Competence Center Engineering, in dem vom Projekt-Management bis zur Prozeßtechnologie alle technischen Aufgaben zusammengefaßt wurden, um sicherzustellen, daß die Technik - der Motor des Unternehmens - stets bereit ist, das Unternehmen im Wettbewerb mit anderen an vorderste Stelle zu bringen.

Zwei Aspekte meines Jobs bei Unilever sind mir besonders wichtig: Die Freiheit, eigene Ideen umsetzen zu können, und die Gewißheit, für Erfolg und Mißerfolg meiner Arbeit voll verantwortlich zu sein.

Wenn Sie diese Grundeinstellung zu Ihrer künftigen Arbeit reizt, und Sie außer einem zügigen Studium mit guten Noten auch eine schnelle Auffassungsgabe, ein gutes Urteilsvermögen und Entscheidungsfreude vorweisen können, dann sollten Sie sich bei Unilever bewerben.

Deutsche Unilever GmbH, Abteilung Führungsnachwuchs
Susanne Lepper, Dammtorwall 15, 20355 Hamburg
e-mail: recruitment.selection@unilever.com
Weitere Informationen im Internet unter www.jobware.de
oder www.uniq.unilever.com

Unilever

Von der Uni zu Unilever.

Übrigens ist es nach kurzer Zeit und nach Aufbau einiger Kontakte an der Gasthochschule auch möglich, an der ausländischen Hochschule Unterricht in der deutschen Sprache zu erteilen und die Finanzierung des Aufenthalts damit zu festigen.

7.2. Auslandspraktika

Als besonders vorteilhaft erweisen sich gerade auch Praktika im Ausland. Diese ermöglichen in besonderer Weise das „hautnahe" Erleben der landesspezifischen Berufs- und Geschäftswelt und damit völlig anderer Lebensbereiche und Personengruppen, als dies im Kontext der Gasthochschule möglich wäre. Hierbei ist es besonders effizient, das Praktikum nicht in der ausländischen Repräsentanz oder Produktionsstätte einer deutschen Firma, sondern besser in einem Unternehmen des Gastlandes zu absolvieren. Das bedeutet „Ausland" mit aller Konsequenz und ohne Rückversicherung nach Deutschland.

Hilfreich für Auslandspraktika für Ingenieure ist das Deutsche Komitee der **IAESTE** (International Association for the Exchange of Students for Technical Experience) im DAAD, Kennedyallee 50, 53175 Bonn. Der IAESTE gehören mehr als 60 Mitgliedsländer in allen Kontinenten an. Zielsetzung dieser unabhängigen, internationalen Organisation ist es, Studierenden der technischen, naturwissenschaftlichen, land- und forstwirtschaftlichen Studienfächer nach Abschluß ihres Grundstudiums ein Praktikum im Ausland zu ermöglichen und dabei die Verständigung zwischen den Völkern zu fördern. Voraussetzung für die Bewerbung um einen Praktikantenplatz in europäischen Ländern ist der Nachweis eines mindestens dreisemestrigen Studiums, in außereuropäischen Ländern der Nachweis der bestandenen Diplom-Vorprüfung bzw. der Zwischenprüfung. Weitere Auswahlkriterien sind gute Studienleistungen und Sprachkenntnisse. Die Vergütung durch die ausländischen Unternehmen deckt in der Regel die Lebenshaltungskosten. Alle IAESTE-Praktikanten müssen vor der Abreise eine Kranken- und Unfallversicherung abschließen. Ein maßgeschneidertes Versicherungspaket bietet die Versicherungsstelle des DAAD in Bonn an. Die Reisekosten sind vom Praktikanten selbst zu zahlen, Reisekostenzuschüsse sind nur für außerhalb Europas stattfindende Praktika möglich. Im Gastland unterstützen die IAESTE-Mitarbeiter die Praktikanten bei der Wohnungssuche sowie bei Behördengängen. Teilweise wird darüber hinaus auch ein Rahmenprogramm angeboten. Bewerbungen müssen bis Dezember bei der zuständigen IAESTE-Stelle der eigenen Hochschule eingehen, das Tauschverfahren zur Vermittlung der Praktikumsplätze findet im Februar des darauffolgenden Jahres statt. An zahlreichen deutschen Hochschulen bestehen örtliche IAESTE-Kommitees, andernorts sind die Akademischen Auslandsämter zuständig. Letztere können auf jeden Fall die korrekte Anlaufstelle angeben.

Ein weiterer Ansprechpartner ist die studentische Organisation **ESTIEM**, c/o TU Berlin, Uhlandstraße 4-5, 10623 Berlin, Tel.: 030/314-22472, Fax: 030/314-21669. ESTIEM (European Students of Industrial Engineering & Management) wurde 1990 in Berlin gegründet. Mitglieder sind Studenten der Wirtschaftsingenieurfakultäten in 14 europäischen Ländern. Die Organisation, die eng mit der **EEMA**, der European Engineering & Management Association, zusammenarbeitet, gibt europäisch orientierten Studenten durch Kongresse, Seminare, Studienreisen und Austauschprogramme die Möglichkeit, die kulturellen, sprachlichen und wirtschaftlichen Barrieren zu überwinden. ESTIEM vermittelt Studienaufenthalte und Praktika in 16 europäischen Ländern.

In diesem Zusammenhang bietet auch die Initiative **B.E.S.T.**, BP 176, F-75623 Paris Cedex 13, weitere Möglichkeiten. B.E.S.T. (Board of European Students of Technology) ist eine von Studenten gegründete Organisation, die eng mit der interdisziplinären Organisation AEGEE (Association des Etats Généraux des Etudiants de l'Europe) zusammenarbeitet. Mit ca. 30 Sitzen in Europa fördert B.E.S.T. den internationalen Austausch und den frühzeitigen Kontakt zu Unternehmen.

Hinsichtlich der Vermittlung von Fachpraktika der Elektrotechnik im Ausland sei auch auf die „Orientierungshilfe bei der Suche einer Praktikantenstelle" des Arbeitskreises „Auslandskontakte" im Jungmitglieder-Ausschuß des Verbandes Deutscher Elektrotechniker (VDE) e.V. sowie dessen örtliche Studentengemeinschaften verwiesen.

Häufig haben auch Lehrstuhlinhaber persönliche Kontakte zu ausländischen Kollegen, die derartige Praktika vermitteln können. Man sollte nicht versäumen, persönlich bekannte Professoren darauf anzusprechen. Über Arbeitsmöglichkeiten im Ausland berichtet regelmäßig auch die Auslandsabteilung der Zentralstelle für Arbeitsvermittlung (ZAV) in Frankfurt/Main. Die Hochschulteams der Arbeitsämter an Hochschulstandorten sowie die Euroberater der Bundesanstalt für Arbeit können ebenfalls beraten und Verbindungen herstellen.

Abschließend sei auf die Möglichkeit hingewiesen, in der eigenen Fachrichtung internationale Tagungen zu besuchen, insbesondere solche, die in Deutschland stattfinden und dann in der Regel in englischer Sprache abgehalten werden. Häufig können solche Tagungen von Studenten gebührenfrei besucht werden. Dies ist ein möglicher Weg, um sich in dem speziellen Fachgebiet eine gewisse Grundlage für technische Fachausdrücke anzueignen, da diese gewöhnlich durch Sprachschulen nicht vermittelt werden können.

7.3. Sprachtraining

Die internationale Kommunikation wird dem Ingenieur dadurch erleichtert, daß Englisch zu einer Art technischer Umgangssprache geworden ist. Dies vereinfacht auch den Austausch von Studenten der Ingenieurwissenschaften mit Ländern, deren Nationalsprache nicht Deutsch oder Englisch ist. Der Ingenieurstudent tut daher gut daran, selbst wenn er keinen Auslandsaufenthalt plant, seine Englischkenntnisse durch Teilnahme an Sprachkursen auf einen hohen Stand zu bringen. Es ist zu bedauern, daß die technischen Fakultäten der deutschen Hochschulen bisher Englisch als Fremdsprache kaum zum obligatorischen Bestandteil ihrer Curricula gemacht haben. Es sei darauf hingewiesen, daß in einigen nicht-englischsprachigen Ländern wie z.B. in Skandinavien und den Niederlanden eine ausgezeichnete, englische Sprachausbildung geleistet wird. Das führt dazu, daß ein Deutscher während eines Studienaufenthalts an Hochschulen dieser Länder Englisch ähnlich gut vertieft wie in den englischsprachigen Ländern selbst.

Aber nicht nur gute Englischkenntnisse, sondern auch andere Fremdsprachen können während des Studiums auf verschiedenen Wegen erlernt werden. Als Einstellungskriterium für eine interessante Erstposition, aber auch für einen späteren Stellenwechsel, besonders aber für die Besetzung von Management- und Führungspositionen sind diese mit Sicherheit von Vorteil. Neben dem Selbststudium stehen im wesentlichen folgende Möglichkeiten des Sprachtrainings offen:

О   Kurse bei privaten Sprachschulen (im In- oder Ausland)

О   Sprachreisen

О   Kurse an Volkshochschulen (VHS)

Während die VHS-Kurse ihr Angebot mehr auf die breite Allgemeinheit ausrichten und wegen der langen Kursdauer bei geringer Intensität (und relativ hoher Abbrecherquote) sich mehr für den Einstieg in eine Fremdsprache eignen, bieten sich für diejenigen, bei denen das berufliche Motiv zur Erlernung einer Sprache im Vordergrund steht, vor allem Intensivkurse bei privaten Sprachschulen und teils auch Sprachreisen an. Für Studenten dürften daneben die Sommersprachkurse an den ausländischen Schulen interessant sein.

7.3.1. Sprachschulen

Zu den führenden privaten Sprachschulen in Deutschland zählen Berlitz, Inlingua und die Euro-Sprachschulen. Die Kurspalette ist dabei durchweg auf branchen- und berufsgruppenspezifische Bedürfnisse zugeschnitten. Das Kursangebot ist sehr differenziert. Daneben wird gezielt auf Prüfungen wie z.B. TOEFL, London Chamber of Commerce, Cambridge Certificate etc. vorbereitet. Der Sprachinteressent hat die Wahl zwischen Einzelunterricht, Semi Privat (drei bis vier Teilnehmer) und Gruppenunterricht (maximal acht Personen). Für den Geldbeutel eines Studenten oder Hochschulabsolventen muten die Kursgebühren eines Intensivkurses zwar hoch an, allerdings sind die Effizienz und der Spracherfolg beachtlich.

Über die großen privaten Sprachschulen hinaus kann man sich auch einen Intensivkurs bei einer der zahlreichen Sprachschulen im Ausland selbst organisieren. In Großbritannien haben sich die leistungsfähigsten Sprachschulen in dem Berufsverband ARELS und FIRST zusammengeschlossen. Die Mitgliedsschulen dieser Organisationen werden vom British Council regelmäßig überprüft. Sie sind verpflichtet, die strengen Verhaltens- und Unterrichtsnormen der Vereinigung einzuhalten, damit ein gleichbleibend hohes Niveau gewährleistet ist. Die von ARELS herausgegebene Informationsbroschüre „Learn English in Great Britain ARELS" kann bei ARELS, London oder dem British Council angefordert werden.

Die ARELS-Schools bieten für Erwachsene das ganze Jahr über Kurse mit drei Unterrichtsstunden pro Tag an sowie Intensivkurse mit 30 Unterrichtsstunden pro Woche. Kleine Gruppen mit 12 bis 16 Teilnehmern eines vergleichbaren Lernniveaus ermöglichen intensives Lernen. Neben den allgemeinen Englischkursen („Spoken English for Industry and Commerce" (SEFIC) und „English for Business" (EFB)) kann man auch betriebswirtschaftliche Abschlüsse der Londoner IHK erwerben. In Deutschland werden die innovativen Englisch-Sprachschulen durch „ELTIS", English Language Training Information Services, in Solingen vertreten.

Die Gebühren differieren sehr stark. Sie sind abhängig von der Dauer des Kurses, von der Anzahl der Unterrichtsstunden pro Tag, von der Teilnehmerzahl pro Gruppe und von Besonderheiten der einzelnen Schulen. Die Unterbringung in englischen Familien wird über die Schulen organisiert. Weitere Informationen über Sprachkurse in England geben folgende Institutionen:

Die British Chamber of Commerce in Germany (BCCG), Köln, bietet in begrenztem Umfang einen kostenlosen Informations- und Beratungsdienst für deutsche Firmen und Privatpersonen, die an einem Sprachkurs in Großbritannien interessiert sind. Die BCCG verfügt außerdem über Informationen zu Prüfungen der London Chamber of Commerce in Wirtschaftsenglisch, „English for Business" und „English for Commerce".

Das British Council mit Niederlassungen in Köln, München, Hamburg, Berlin und Leipzig ist die offizielle Kulturvertretung Großbritanniens im Ausland, die u.a. für Bildungsfragen zuständig ist. Es unterhält seit 1982 ein Anerkennungsprogramm für britische Sprachschulen. Die Beteiligung ist freiwillig und schließt eine regelmäßige Beurteilung des Managements, der Unterrichtsräume, des Unterrichts selbst sowie der Betreuung der Studenten ein. Eine Übersicht dieser als leistungs- fähig anerkannten Sprachschulen kann kostenlos angefordert werden. Es handelt sich dabei um die bereits dargestellten ARELS-Mitgliedsschulen.

Neben der Erteilung von Auskünften über Fern- und Direktunterricht befaßt sich die Aktion Bildungsinformation e.V. (ABI), Stuttgart, seit 1977 mit Sprachreisen. Bisher wurden Tausende von Anfragen im Sprachreisenbereich bzw. über Sprachkurse im Ausland beantwortet.

Daneben gibt die ABI e.V. gegen eine Schutzgebühr Broschüren im Bildungsbereich (so auch über Sprachreisen) heraus. Neben den Broschüren „Alles über Sprachreisen (Großbritannien, Irland, Malta)", „Englisch lernen in Übersee (USA, Kanada, Neuseeland)" und „Englisch lernen in Australien" gibt sie eine Broschüre mit dem Titel „Nach Frankreich der Sprache wegen" und je eine Broschüre mit dem Titel „Italienisch lernen in Italien" und „Spanien: Sprache lernen - Tips für den Alltag" heraus. Anders als in Großbritannien und Australien gibt es in Frankreich keine soge- nannten „Gütesiegel", die dem Sprachinteressenten die Auswahl einer Sprachschule erleichtern würden. Es wird jedoch in aller Regel ein qualifizierter Unterricht angeboten. Zusätzlich führt die ABI e.V. einen kostenlosen Beratungsdienst durch (telefonisch Mo. - Fr.: 11.00 - 12.00 Uhr).

7.3.2. Sommersprachkurse an ausländischen Hochschulen

Nahezu jedes europäische Land bietet Sommersprachkurse an seinen staatlichen Hochschulen an. Zwar ist die Einteilung der Kurse, meist in die drei Gruppen Anfänger, Mittelstufe, Fortgeschrittene, nicht so differenziert, auch werden durchweg für die Anfängerkurse Grundkenntnisse vorausgesetzt, dafür sind sie aber für die Geldbeutel von Studenten erschwinglich. Auch kann bei diesen Kursen eine angemessene Unterrichtsqualität vorausgesetzt werden. Häufig bieten die Hochschulen kombi- nierte Sprach- und Fachkurse (Summer Universities) an. Die Inhalte der Kurse sind sehr verschieden und breit gefächert und unterscheiden sich von reinen Sprachkursen durch einen speziellen Teilneh- merkreis und ein stärker eingegrenztes Themengebiet wie z.B. „Einführung in EU-Recht aus briti- scher Sicht" oder „International Shipping". Häufig wird Unterkunft und Verpflegung mit angeboten, sei es privat in Familien oder aber in Studentenwohnheimen.

Das größte Angebot an Sommersprachkursen bietet Frankreich, gefolgt von England, Spanien und Italien. Das Gros der Kurse dauert zwischen drei und vier Wochen, der Unterrichtsumfang schwankt zwischen 10 und 30 Wochenstunden. Der Deutsche Akademische Austauschdienst (DAAD) in Bonn gibt jährlich in drei Broschüren einen Überblick über das aktuelle Sprachan- gebot (Englisch, Französisch, Russisch sowie sonstige europäische Sprachen in einem Heft).

Einen Überblick über das Sprachkursangebot der französischen Universitäten verschafft die Broschüre „Cours pour les étudiants étrangers en France", die das Office national des université et écoles françaises, Paris, auf Anfrage zuschickt. Zusätzliche Informationen über Privatschulen sind bei den Französischen Kulturinstituten erhältlich. Eine Marktübersicht über das Angebot der französischen Hochschulen sowohl in den Sommermonaten als auch in der übrigen Zeit enthält die ABI-Broschüre „Nach Frankreich der Sprache wegen".

Zweiwöchige Sprachkurse für Anfänger oder Fortgeschrittene, sogenannte „Summer Universities", bietet auch die Studenteninitiative AEGEE an. Inklusive Unterkunft belaufen sich die Kosten für Studierende auf rund DM 300,-.

7.3.3. Sprachreisen

Sprachreisen im engeren Sinne sind eher „urlaubsorientiert" und haben meist weniger den Charakter eines Intensiv-Trainings. Dafür bieten sie aber die Möglichkeit, neben der Sprache auch die fremde Kultur kennenzulernen. Bedingt durch die wachsende wirtschaftliche Bedeutung von Fremdsprachen haben die führenden Sprachreiseveranstalter Kurse zum Erlernen einer Fachsprache bzw. Handels- oder Geschäftssprache in ihr Programm aufgenommen. Im Trend liegen zur Zeit sogenannte „Plus-Progamme". Es handelt sich dabei um Sprachreisen mit festen sportlichen oder kulturellen Programmteilen, beispielsweise „Englisch plus Golf" oder „Italienisch plus Italienische Küche" etc.

Der Fachverband deutscher Sprachreise-Veranstalter (FDSV), Stockstadt, gibt einen „Sprachreise-Ratgeber" heraus, der u.a. Informationen zur Wahl des richtigen Kurses, der Unterkunft und eine Checkliste zur Angebotsprüfung und -auswahl enthält.

Sektion IX: Weiterbildung nach dem Erststudium

1. Von der Fachhochschule zur Technischen Hochschule/Universität

Die an Fachhochschulen ausgebildeten Diplom-Ingenieure erhalten ein Diplom, das in bezug auf Tätigkeiten in der Industrie zu ähnlichen Einstiegsmöglichkeiten führt, wie dies durch das Diplom einer Technischen Hochschule/Universität ermöglicht wird. Das Fachhochschulstudium wird allgemein als von hoher Qualität anerkannt und gerade die potentiellen Arbeitgeber schätzen die Absolventen von Fachhochschulen wegen ihrer praxisnahen Ausbildung. Im öffentlichen Dienst wird allerdings nach wie vor sehr stark zwischen dem gehobenen und dem höheren Dienst unterschieden. So ist es für einen Absolventen der Fachhochschulen nahezu unmöglich, im öffentlichen Dienst eine Stellung des höheren Dienstes zu erreichen. Weiterhin berechtigt ein Diplom an den Fachhochschulen in der Regel nicht zur Abfassung einer Dissertation, die zu einer Promotion (Dr.-Ing.) führt. Dies alles kennzeichnet eine Situation, in der es unter Umständen auch nach der Gleichstellung der Diplomierung von Technischen Hochschulen/Universitäten und Fachhochschulen sinnvoll sein kann, ein **Ergänzungsstudium** durchzuführen, das zu einem Diplomabschluß der Technischen Hochschule/Universität führt. Ein solches Ergänzungsstudium ist in einigen Landeshochschulgesetzen eindeutig definiert und wird von verschiedenen Hochschulen angeboten.

Grundsätzlich besteht an allen anderen Technischen Hochschulen/Universitäten die Möglichkeit eines Studiums nach einem Fachhochschulabschluß. Dabei werden im allgemeinen sogenannte Fach-zu-Fach-Anerkennungen durchgeführt, in denen geprüft wird, ob der Lehrinhalt eines bestimmten Faches an der Fachhochschule von einem entsprechenden Hochschullehrer der Technischen Hochschule/Universität „übernommen" wird.

2. Zweitstudium/Aufbaustudium/Management-Studium

2.1. Zweitstudium

Da das durchschnittliche Gehalt nach der ersten Berufsqualifikation als Diplom-Ingenieur ca. 61.000,- - 75.000,- DM/Jahr beträgt, muß ein Zweitstudium zunächst sowohl zeitlich als auch finanziell als extrem aufwendig bezeichnet werden. Dies betrifft sowohl die private als auch die volkswirtschaftliche Seite eines Zweitstudiums. Anders sieht dies bei einem Zweitstudium aus, das parallel zum Erststudium durchgeführt wird. Man muß sich jedoch darüber im klaren sein, daß dies in der Kombination mit einem ingenieurwissenschaftlichen Studium außerordentlich hohe Ansprüche an Arbeitseinsatz und Arbeitsfähigkeit stellt und das Privatleben auf ein Minimum reduziert.

289

Ein Zweitstudium empfiehlt sich daher nur, **wenn ganz konkrete, persönliche Zielvorstellungen damit verfolgt werden**. Beispiele für ein Zweitstudium können sein:

- ○ Sozial- und Politikwissenschaft
- ○ Medizin
- ○ Biologie
- ○ Sprachwissenschaften
- ○ Rechtswissenschaften
- ○ Wirtschaftswissenschaften
- ○ Musik-, Kunst- oder Medienwissenschaften

Durch eine solche Kombinationsqualifikation können sich bei gezielter und vor allem langfristiger Berufsplanung gute Berufschancen ergeben. Dabei stellt das Ingenieurstudium eine Art Grundlagenstudium dar, auf dem sich das „Fachstudium" mit einem anderen Berufsfeld-Ziel anschließt. Teilweise ergeben sich jedoch wie erwähnt Möglichkeiten, das Zweitstudium bereits parallel zum Ingenieurstudium zu beginnen.

2.2. Aufbau-, Zusatz- und Ergänzungsstudiengänge

Einen Kompromiß in der Frage weiterer Qualifikationen stellen die sogenannten **Aufbau-, Zusatz-, Ergänzungs- bzw. Kontaktstudiengänge** dar, die in den letzten Jahren in schnell wachsender Zahl an Technischen Hochschulen und Universitäten sowie an Fachhochschulen angeboten werden. Darunter sind Studiengänge zu verstehen, die auf einen ersten berufsqualifizierenden Abschluß aufbauen und zwei bis vier Semester umfassen. Zielgruppen sind sowohl Hochschulabsolventen als auch bereits in der Praxis stehende Ingenieure und Naturwissenschaftler. Die Organisationsformen und Inhalte sind äußerst vielfältig. So werden neben Vollzeitstudiengängen in den letzten Jahren vermehrt Teilzeitprogramme oder auch berufsbegleitende Formen angeboten, die teils als Abendstudium, teils als Wochenendveranstaltungen oder aber als Fernstudium mit Präsenzblöcken durchgeführt werden. Auch im Hinblick auf die Kosten und den Abschluß ist das **Angebot sehr heterogen**: Neben kostenfreien Studienprogrammen existieren gebührenpflichtige Angebote. Zum Teil werden Abschlußgrade wie z.B. Diplom-Wirtschaftsingenieur, zum Teil Zertifikate ausgestellt.

Die Frage, ob ein weiterführendes Studium im Anschluß an ein Erststudium sinnvoll ist, kann nur in Abhängigkeit vom angestrebten Berufs- und Tätigkeitsfeld individuell entschieden werden. Im Vordergrund sollte die **Orientierung an der Nachfrage auf dem Arbeitsmarkt** stehen, denn der Gewinn eines weiterführenden Studiums hängt ganz wesentlich davon ab, inwieweit berufsrelevante Inhalte Berücksichtigung finden. Vorteilhaft ist daher die Kooperation mit Praxisvertretern oder die Integration von studienbegleitenden Praxisphasen. Erwächst die Motivation für eine Weiterqualifizierung aus einem Unbehagen über eine zu einseitige Ausbildung und mangelnde Kenntnisse in bezug auf das zu Erwartende, kann ein solches Studium durchaus sinnvoll sein. Das Alter beim Berufsstart sollte dadurch jedoch nicht zu hoch werden.

Export-Akademie
Baden-Württemberg

Eine Einrichtung der Fachhochschule Reutlingen - Hochschule für Technik und Wirtschaft

Die zukunftsweisende Institution für Weiterbildung im Auslandsgeschäft

IM - Aufbaustudium Internationales Marketing
In 3 Semestern zum Diplom-Exportwirt (EA)
Neu: Schwerpunkt "Asien-Pazifik"
Neu: Möglichkeit zur Erlangung
eines MBA

IMI - Internationales Management Institut
Seminare für Führungskräfte aus Osteuropa und Schwellen- und Entwicklungsländern

SEFEX - Seminare für die exportierende Wirtschaft
Seminare zu allen Fragen des Auslandsgeschäfts

FIM - Fernlehrangebot Internationales Marketing
· Fernstudium Internationales Marketing
· Zertifikatslehrgang Auslandsreferent

Internationale Marketingstrategie

Abwicklung von Exportgeschäften

Projektmanagement

Internationales Wirtschaftsrecht

Interkulturelles Management

Unternehmensplanspiele

· · · · · ·

Export-Akademie
Baden-Württemberg
Alteburgstr. 150, 72762 Reutlingen
Tel.: (07121)271700, Fax: (07121)270821
http://export-akademie.fh-reutlingen.de

Als Beispiele solcher weiterführender Studiengänge seien genannt:

O Wirtschaftswissenschaften

O Umweltschutz/-technik

O Arbeitswissenschaften/Arbeitspsychologie

O Operations Research

O Informatik

Eine ausführliche Dokumentation weiterführender Studiengänge an staatlichen Hochschulen und privaten Bildungseinrichtungen enthält die Publikation: **Studieren nach dem Studium** (siehe Literaturempfehlungen).

2.3. Fernstudium und Fernlehrgänge

Der **Fernunterricht** stellt eine sehr flexible Form der Weiterbildung dar und ist daher vor allem für diejenigen interessant, die sowohl im Hinblick auf das zeitliche Engagement als auch geographisch unabhängig sein möchten. Aufgrund der spezifischen Studienorganisation erfordert das Fernstudium ein hohes Maß an Lernmotivation, Eigeninitiative und Durchhaltevermögen. Da die meisten Angebote im Bereich des Fernunterrichts einen Mangel an Praxisbezug aufweisen, empfiehlt es sich, parallel berufliche Erfahrungen in Form von Teilzeitarbeit oder aber freier Mitarbeit zu sammeln. Für weiterführende Informationen zum aktuellen Angebot an Fernlehrgängen sei auf die Informationsbroschüren des Deutschen Fernschulverbandes e.V., Martinistraße 26, 20251 Hamburg, Telefon: 040/4603850, Telefax: 040/4803116 verwiesen. Die Staatliche Zentralstelle für Fernunterricht (ZFU), Peter-Welter-Platz 2, 50676 Köln, Telefon: 0221/921207-0 sowie das Bundesinstitut für Berufsbildung (BIBB), Fehrbelliner Platz 3, 10107 Berlin, Telefon: 030/8643-0 versenden einen jährlich erscheinenden Katalog „Fernunterricht, Fernstudium" mit dem gesamten bundesdeutschen Fernlehrangebot (Schutzgebühr DM 29,50) sowie weitere Informationsbroschüren und Ratgeber. Detaillierte Informationen gibt auch das Deutsche Institut für Fernstudienforschung an der Universität Tübingen (DIF), Konrad-Adenauer-Straße 40, 72072 Tübingen, Telefon: 07071/9790. Darüber hinaus kann sich der Interessent natürlich direkt an die Fernlehrinstitute wenden. Zwei der größten Anbieter sind zum einen die Akademikergesellschaft für Erwachsenenfortbildung (AKAD), die beispielsweise im Rahmen ihrer Hochschule für Berufstätige, einer staatlich anerkannten Fachhochschule, ein Aufbaustudium zum Diplom-Wirtschaftsingenieur anbietet (Kontaktadresse: AKAD, Generalsekretariat, Maybachstraße 18, 70469 Stuttgart, Telefon: 0711/814950, Telefax: 0711/8179750). Zum anderen ist natürlich auch die **FernUniversität-Gesamthochschule Hagen** in diesem Zusammenhang zu nennen; hier seien insbesondere die wirtschaftswissenschaftlichen Zusatzstudiengänge für Ingenieure und Naturwissenschaftler erwähnt (Kontaktadresse: FernUniversität Hagen, 58084 Hagen, Telefon: 02331/9872444, Telefax: 02331/9872460).

Für arbeitsuchende **Hochschulabsolventen**

Training

Info/Programm
Tel. 0201/8 10 04-321
Fax 0201/8 10 04-310

zum Berufseinstieg

Die auf die Anforderungen der Wirtschaft maßgeschneiderten Trainee-Programme vermitteln arbeitsuchenden Hochschulabsolventen wertvolle Schlüsselqualifikationen und Managementkompetenzen. Durch ein integriertes Praktikum in renommierten Unternehmen werden wichtige Kontakte zur Wirtschaft geknüpft.

Für Hochschulabsolventen aller Fachrichtungen

- **Praxistraining für Hochschulabsolventen in der Wirtschaft**
Beginn: monatlich in 1998

- **Referent für Umwelt- und Qualitätsmanagement**
Beginn: Sept. 1998

Für Ingenieure aller Fachrichtungen

- **Fachingenieur für Qualitätsmanagement**
Beginn: Juli 1998

- **Fachingenieur für Projektmanagement**
Beginn: April 1998

Förderung durch das Arbeitsamt beantragt.

Dauer: jeweils 12 Monate

Management Akademie

Herkulesstraße 32 · 45127 Essen

2.4. Management-Studium und MBA-Programme*)

*) Eine ausführliche Dokumentation zum MBA-Studium mit Informationen über Charakteristika der MBA-Ausbildung, Bewerbungsverfahren, Auswahlkriterien, Kosten und Finanzierungsmöglichkeiten enthält die im gleichen Verlag erschienene Publikation „Das MBA-Studium" (siehe Literaturempfehlungen). Detaillierte Einzelportraits von 68 renommierten Business Schools in Europa und den USA informieren über Zulassungsvoraussetzungen, Zielsetzung, Struktur, Inhalt, Ablauf und Akkreditierung des Programms, Teilnehmer- und Fakultätsprofil. In einem Special werden darüber hinaus ausgewählte Programme in Kanada, Lateinamerika, Australien und Südostasien vorgestellt.

Wer als Ingenieur eine leitende Funktion im Management anstrebt, kann sich durch ein **Postgraduierten-Studium an einer Business School** eine attraktive Zusatzqualifikation erwerben. Da das MBA-Studium (Master of Business Administration) eine betriebswirtschaftlich orientierte Ausbildung ist, kann der Ingenieur gerade auf diesem Gebiet Defizite abbauen. Für Jungingenieure kann ein MBA-Programm vor allem eine Alternative zu einem wirtschaftswissenschaftlichen Aufbaustudium oder einem Promotionsstudium sein. Je nach Managementschule beträgt denn auch der Anteil von Ingenieuren unter den MBA-Aspiranten 15 - 60%.

Da hier hohe Kosten auftreten können, gewähren einige deutsche Unternehmen jungen Mitarbeitern, denen sie eine überdurchschnittliche Perspektive zusprechen, die entsprechende Ausbildung unter Umständen sogar zu Lasten des Unternehmens als berufliche Bildungsmaßnahme. Häufig haben diese Unternehmen in Zusammenarbeit mit deutschen und ausländischen Partnerhochschulen relativ kurze Studienzeiten bis zum Erwerb des Master of Business Administration (MBA) erreicht. Nur bestimmte Studienteile und Prüfungsabschnitte werden im Ausland durchgeführt. Im Gegenzug wird allerdings eine sehr hohe Selbstmotivationsfähigkeit und Belastbarkeit vorausgesetzt, denn die berufliche Tätigkeit darf unter dem Studium nicht leiden.

Angesichts der wachsenden Nachfrage ist in den letzten Jahren die Zahl der Anbieter von MBA-Programmen deutlich gestiegen. Viele Newcomer erhöhten jedoch nur die Quantität, nicht aber die Qualität des Ausbildungsangebotes.

 Der Auswahl eines MBA-Programms sollte daher höchste Aufmerksamkeit geschenkt werden.

Anhaltspunkte für die Bewertung der Qualität und individuellen Eignung eines MBA-Programms können neben der Akkreditierung der Business School die Philosophie der Schule, Programmstruktur und -inhalte, Zulassungsvoraussetzungen, Internationalität, Praxisnähe, eingesetzte Lehrmethoden, Fakultäts- und Teilnehmerstruktur, die Career- und Placement-Aktivitäten sowie die Infrastruktur der Business School sein.

2.4.1. Charakteristika des MBA-Studiums

Das MBA-Studium kann alternativ als neunmonatiges bis zweijähriges Vollzeitstudium oder aber berufsbegleitend als Teilzeit-, Modular- oder Fernstudium absolviert werden, wobei die Dauer der berufsbegleitenden Programme stark variiert (zwischen zwei und acht Jahren). Finanzielle, berufliche und private Gründe können mal eher für die eine, mal für die andere Form sprechen.

MBA-Programme zielen in der Regel auf eine **generalistische und internationale Ausbildung**, die nicht nur die Erweiterung der fachlichen, sondern auch der sozialen Kompetenz der Teilnehmer im Auge hat. Ziel ist nicht mehr allein der kognitive Wissenserwerb, sondern die

Entwicklung von Fertigkeiten und Kompetenzen durch interdisziplinäres, funktionsübergreifendes und handlungsbezogenes Lernen in einem internationalen Umfeld. Auch die Einpassung wirtschaftlicher Fragestellungen in ein politisches, soziales und ökologisches Umfeld gewinnt immer mehr an Bedeutung. Im Gegensatz zum deduktiven Vorgehen an den deutschen Hochschulen ist die Lehrmethodik an MBA-Schools häufig durch die **Bearbeitung von Fallstudien**, die aus Unternehmen gewonnen wurden, gekennzeichnet. Dadurch wird ein sehr enger Bezug zur betrieblichen Praxis erreicht.

2.4.2. Zulassungsvoraussetzungen

Als Zulassungsvoraussetzungen gelten im allgemeinen akademische Leistungen, praktische Erfahrungen, Ergebnisse des **GMAT (General Management Admission Test) und TOEFL (Test of English as a Foreign Language)** sowie insbesondere auch die persönliche Eignung des Interessenten. Dabei ist zu berücksichtigen, daß keine dieser Zulassungsvoraussetzungen allein ausschlaggebend ist, sondern der Gesamteindruck des Bewerbers.

Im Hinblick auf bisherige akademische und berufliche Leistungen werden allerdings meist bestimmte Mindestanforderungen formuliert: als solche gelten in den meisten Fällen ein abgeschlossenes Hochschulstudium und – zumindest in Europa – eine mindestens zweijährige Berufspraxis. Nicht immer wird ein universitärer Abschluß verlangt, viele Schulen akzeptieren auch FH-Diplome oder den Abschluß einer Verwaltungs- und Wirtschaftsakademie bzw. einer Berufsakademie.

2.4.3. Kosten

Neben den anspruchsvollen Zulassungsvoraussetzungen sind die hohen Kosten eines MBA-Studiums das wohl größte Handicap. Erschwerend kommt hinzu, daß es kaum Fördermöglichkeiten gibt. Wie in einer freien Marktwirtschaft üblich, lohnt sich der Preisvergleich unter den MBA-Programmen. Die größten Posten im MBA-Finanzplan stellen sicherlich die Studiengebühren („tuition") und das Wohnen („housing") dar. Hinzu kommen weitere, nicht unerhebliche Kosten für Unterrichtsmaterial sowie teilweise einen eigenen PC. Schließlich sind natürlich auch alle persönlichen Ausgaben in der Planung zu berücksichtigen. In Europa schwanken die Studiengebühren für das gesamte Programm derzeit zwischen ca. DM 1.800,- (Katholieke Universiteit Leuven) und ca. DM 62.000,- (IE, Madrid). In den USA dagegen liegt die „Tuition" für die volle Programmdauer zwischen DM 24.020,- (University of California at Berkeley) und DM 70.824,- (Harvard University).

2.4.4. Regionale Besonderheiten

Gute Programme werden heute weltweit angeboten. Bei der Auswahl einer Business School unter geographischen Aspekten sollten daher insbesondere persönliche Affinitäten zu bestimmten Kulturen, Mentalitäten und Sprachen ausschlaggebend sein. Aber auch die individuellen Berufsziele sind in diesem Zusammenhang zu bedenken, denn der Nutzen eines MBA-Programms kann deutlich erhöht werden, wenn man den Standort der Business School entsprechend den beruflichen Zielvorstellungen wählt.

Die MBA-Ausbildung in den USA

Die MBA-Ausbildung in den USA dauert in aller Regel zwei Jahre und gehört zur akademischen Grundausbildung. Die meisten Business Schools sind daher Fakultäten amerikanischer Universitäten. Anders als in Europa ist Berufserfahrung an amerikanischen Business Schools zwar von Vorteil, oft aber keine formale Voraussetzung.

US-Schools mit gutem Ruf werden in sogenannte **Ranking-Lists** klassifiziert, die regelmäßig von verschiedenen Wirtschaftsmagazinen veröffentlicht werden. Diese Rangordnungen der Top B-Schools fallen sehr unterschiedlich aus, je nach eingesetzten Methoden und Vergleichsmaßstäben. Mit Sicherheit kann jedoch davon ausgegangen werden, daß alle Institutionen, die in solchen Listen auftauchen, überdurchschnittliche Business Schools mit hoher Reputation sind.

Die MBA-Ausbildung in Europa

In Europa stellt der MBA meist eine Erweiterung des traditionellen Bildungssystems dar und ergänzt als international ausgerichtete und praxisnahe Management-Ausbildung die klassischen nationalen Wirtschaftsstudiengänge. Viele renommierte Business Schools in Europa sind nicht einer Universität angeschlossen, sondern von lokalen Unternehmen und Wirtschaftskreisen gegründet worden. Auch sind die Teilnehmer meist älter und verfügen über mehr Berufserfahrung. Die kürzere Programmdauer in Europa dürfte darauf zurückzuführen sein, daß die MBA-Ausbildung weniger als letzter Baustein der akademischen Ausbildung als vielmehr als **Zusatzausbildung für Akademiker** betrachtet wird.

Sofern eine berufliche Tätigkeit in Europa angestrebt wird, bieten europäische MBA-Programme im allgemeinen den Vorteil, daß sie stärker auf den europäischen Markt zugeschnitten sind. Sie bereiten meist in spezifischerer Weise auf europäische Unternehmenskulturen, Führungsstile und Management-Methoden sowie die Arbeits- und Sozialgesetzgebung vor.

Die MBA-Ausbildung in Deutschland

In Deutschland stehen derzeit über 20 MBA-Angebote zur Wahl, die als Vollzeit-, Teilzeit- oder berufsbegleitendes Studium durchgeführt werden können. Dabei lassen sich im wesentlichen vier Varianten unterscheiden:

O   International operierende Business Schools mit teils anerkannten, teils dubiosen Akkreditierungen im Ursprungsland

O   Kooperationen von deutschen Bildungsträgern mit ausländischen Business Schools

O   Privatschulen, die ein kompaktes dreijähriges BWL-Studium anbieten mit der Option, im Anschluß ein MBA-Studium an einer ausländischen Partnerhochschule zu realisieren

O   In-company- und Konsortialprogramme

In Deutschland darf der MBA zwar unterrichtet und abgeprüft, jedoch nur von einer staatlich anerkannten Hochschule verliehen werden, wenn die Ausbildung einem deutschen Hochschulstudium entspricht und von der zuständigen Kultusbehörde genehmigt wurde. Ansonsten muß jeder Absolvent die Führung des Titels bei dem jeweiligen Kultus- oder Wissenschaftsministerium beantragen.

NIMBAS GRADUATE SCHOOL OF MANAGEMENT
in Utrecht, the Netherlands and *in Bonn, Mainz and Aachen, Germany*
an MBA with Worldwide Prestige

NIMBAS Graduate School of Management has been associated with the **University of Bradford Management Centre** in the UK since 1988. Over the years NIMBAS has become one of the most respected institutions for postgraduate business degrees in the Netherlands and Germany.
NIMBAS is a member of EFMD, the European Foundation for Management Development, and is accredited by AMBA, the Association of Masters in Business Administration (London).
NIMBAS also offers pathways to a doctoral degree from three renowned universities.

University of Bradford MBA degree
The NIMBAS-Bradford MBA programmes in the Netherlands and Germany lead to the award of the degree of Master in Business Administration (MBA) from the **University of Bradford** in the UK.
The Bradford MBA degree is recognised in Germany by the *Kultusministerkonferenz*.

NIMBAS-Germany
In Germany NIMBAS offers two Part-time MBA programmes: in Bonn in cooperation with the **Bundesstadt Bonn** and in the greater Mainz region in cooperation with the **Fachhochschule Mainz**.
A One-year Full-time MBA Programme is scheduled to start in **Aachen** in 1998.

World-class curriculum
The value of an MBA is directly proportional to the reputation of the business school from which the degree was obtained. NIMBAS is well-positioned to provide state-of-the-art management education to future business leaders. Smaller-scale instruction enables students to participate significantly in class and facilitate increased interaction with the international teaching staff. The language of instruction is English. Its world-class curriculum, distinguished international faculty drawn from top academic institutions in Europe and North America and its many successful alumni, have earned NIMBAS an outstanding reputation in the business world as well as in the public sector.

NIMBAS offers International General Management MBA Programmes with optional specialisations in **Environmental Management, International Marketing Management** and **Financial Management.**

- One-year Full-time MBA (programmes in Utrecht, NL and Aachen, Germany)

- Two-year Part-time MBA (programmes in Utrecht, NL; Bonn and Mainz, Germany)

- Two-year Part-time Executive MBA (modular programme with teaching locations in four countries)

The learning framework
NIMBAS uses a variety of teaching methods, including formal lectures, case studies, tutorials, workshops, study groups and computer simulations. The exchange of ideas and the establishment of ongoing relationships among participants which often last well into their careers, form some of the most rewarding aspects of the NIMBAS study groups.
Candidates are required to complete in-company a 15,000 to 20,000-word dissertation, the **Management Project.**

The University of Bradford Management Centre, UK
The University of Bradford Management Centre is one of Europe's oldest and largest university business schools and a long-established innovator in management education. Independent surveys have consistently ranked Bradford Management Centre in the upper echelon of British university business schools. The University of Bradford MBA degree is recognised worldwide.

Admission Information
Candidates with a University degree in any subject, a Fachhochschule Diploma, a degree from an equivalent foreign University or from a four-year Polytechnic are eligible to apply for admission.
The closing date for submission of an Application Form is 31 May. Candidates are encouraged to apply as soon as possible, as applications are processed in the order received and late applications are considered only if places permit.

For additional information, please contact:
The Postgraduate Secretary, NIMBAS Head Office
NIMBAS Graduate School of Management
Nieuwegracht 6, 3512 LP Utrecht, the Netherlands
Tel: +31 (0)30 231 4323   Fax: +31 (0)30 236 7320
E-mail: NIMBAS@compuserve.com

At NIMBAS-Germany:
Dipl.-Kfm. Frans Louis Isrif, Manager
Rathaus Bad Godesberg
Kurfürstenallee 2, D-53177 Bonn, Germany
Tel: +49 (0)228 36 37 26   Fax: +49 (0)228 36 37 27
E-mail: NIMBAS_D@compuserve.com

NIMBAS

Sofern Ausbildung und Prüfung an einem deutschen Institut unter Aufsicht einer ausländischen Business School liegen, kann allerdings der Titel verliehen werden.

Eine gerade auch für Ingenieure erwägenswerte Alternative zum MBA bietet das USW Universitätsseminar der Wirtschaft Schloß Gracht seit Frühjahr 1993 an. Das 15monatige berufsbegleitende **„Postgraduate Studium Management (PSM)"** wendet sich an jüngere, nicht wirtschaftswissenschaftlich ausgebildete Nachwuchsführungskräfte. Bestandteil des Curriculums sind vier Seminarblöcke von insgesamt zehn Wochen Dauer sowie drei arbeitsplatzbezogene Studienphasen gleichen Umfangs. Themenschwerpunkte sind Grundlagen der Unternehmensführung, Strategisches und Operatives Management, Führung und Organisation. Die letzte Studienphase zum Thema Internationales Management findet im Ausland statt. Prüfungen und Studien am Arbeitsplatz sichern den Lernerfolg und stellen eine direkte Umsetzung in der Praxis sicher. Der sechste PSM-Studiengang beginnt im September 1998 und schließt mit einer unternehmensbezogenen Projektarbeit und dem PSM-Diplom ab.

Ab 1998 wird der PSM-Studiengang – optional – um eine internationale und interkulturelle Aufbaustufe ergänzt: Die Teilnehmer haben während des PSM-Studiums die Möglichkeit, sich im zweiten Studienjahr in eine internationale Teilnehmerschaft zu integrieren und alternativ zum PSM-Abschluß den Weg zum **Global Executive MBA** zu beschreiten.

Die Kölner Akademie für Betriebswirtschaft bietet seit September 1994 einen sechsmonatigen **General-Management-Lehrgang** für nicht wirtschaftlich ausgebildete Führungsnachwuchskräfte an. Seit März 1997 kann daran eine Ausbildung zum Master of Business Administration (MBA) angeschlossen werden. Der praxisorientierte General-Management-Lehrgang ist durch seinen modularen Aufbau an die verschiedenen Bedürfnisse der Teilnehmer angepaßt, d.h. je nachdem, ob sie bereits im Berufsleben stehen oder den Lehrgang als Aufbaustudium absolvieren, kann der Zeitrahmen individuell gestaltet werden. Nach bestandener Abschlußprüfung erhält der Absolvent das Zertifikat Geprüfter Betriebswirt (KAB). Das sich daran anschließende europaorientierte Studium wird in Kooperation mit einer ausländischen Hochschule angboten und führt zu dem international anerkannten Titel Master of Business Administration (MBA).

Einen **„GML-General-Management-Lehrgang"** mit sehr guter Reputation bietet auch das MDI-Managementinstitut der Industrie (Reissnerstraße 40, A-1030 Wien, Telefon: 0043/1/7152582-0, Telefax: 0043/1/7149405) an. Das Angebot findet in drei einwöchigen Kompaktkursen statt und befaßt sich mit Themen wie Organisationsentwicklung, prozeßorientiertes Management und allgemeinen betriebswirtschaftlichen Fragestellungen.

3. Promotion

Durchschnittlich 12% der Ingenieurabsolventen von Technischen Hochschulen/Universitäten (7,4 - 39,4%, je nach Bereich; vgl. Abb IX-1) nehmen die Möglichkeit wahr, durch Anfertigung einer Dissertation in einem Promotionsverfahren den Titel „Dr.-Ing." zu erwerben. Abbildung IX-1 zeigt die Zahl der Promotionen im Vergleich zu den Diplom- bzw. zu den entsprechenden Abschlußprüfungen an den Technischen Hochschulen/Universitäten im alten Bundesgebiet für das Jahr 1995. Prinzipiell berechtigt der Abschlußgrad „Dipl.-Ing." einer Technischen

Hochschule/Universität zur Durchführung eines Promotionsverfahrens an einem beliebigen Fachbereich bzw. einer Fachabteilung im ingenieurwissenschaftlichen Bereich. Im Zuge der EU-Anerkennung des FH-Diploms ist dies auch für FH-Absolventen möglich. Die einzelnen Hochschulen bestimmen den Modus der Zugangsberechtigung aber selbst. Deshalb sind nach wie vor „Ergänzungsstudien" vor der Promotion die Regel (vgl. Kapitel 1.). Man sollte sich gründlich überlegen, an welcher Hochschule und insbesondere in welchem Fachbereich man seine Dissertation einzureichen beabsichtigt. Dabei ist zu beachten, daß die Anforderungen der einzelnen Fachbereiche in den Promotionsverfahren Unterschiede aufweisen. Bei den Promotionsverfahren beeinflussen sowohl die Hochschule und der Fachbereich als auch der Betreuer der Arbeit den Wert einer Promotion, während die Bewertung häufig von untergeordneter Bedeutung ist.

Für den **Weg zum „Dr.-Ing."** können vier Varianten angegeben werden:

○ Promotion in Zusammenhang mit einer festen, ganztägigen Tätigkeit als wissenschaftlicher Mitarbeiter bzw. wissenschaftliche Mitarbeiterin an einer Technischen Hochschule/Universität

○ Promotion in Zusammenhang mit einer Halbtagsstelle an einer Technischen Hochschule/Universität bzw. einem Stipendium

○ Promotion in Zusammenhang mit einem Angestelltenverhältnis in der Industrie

○ Nicht eingebundene Promotion

Ein „Promotionsstudium" gibt es im ingenieurwissenschaftlichen Bereich nicht. Dies würde auch den Aufgaben einer Dissertation im ingenieurwissenschaftlichen Bereich widersprechen, da die Anwendungs- und Praxisbezogenheit der Dissertation ein wesentliches Element darstellt.

Fachrichtung	Diplom (bzw. entsprechende Abschlußprüfungen)	Promotionen	
		absolut	in %
Bauingenieurwesen, Architektur, Raumplanung, Vermessungswesen	4.507	334	7,4
Bergbau/Hüttenwesen	297	117	39,9
Elektrotechnik	5.213	526	10,1
Maschinenbau (inkl. Schiffstechnik)	7.320	1.113	15,2

Abb. IX-1: Verhältnis der diplomierten und der promovierten Absolventen an den wissenschaftlichen Hochschulen in den wichtigsten Ingenieurstudiengängen für das Jahr 1995

(Quelle: Statistisches Bundesamt (Hg.): Fachserie 11 - Bildung und Kultur, Reihe 4.2 - Prüfungen an Hochschulen 1995, Wiesbaden, Juni 1997)

Promotion in Zusammenhang mit einer festen, ganztägigen Tätigkeit als wissenschaftlicher Mitarbeiter an einer Technischen Hochschule/Universität

Das im ingenieurwissenschaftlichen Bereich verbreitete Verfahren zur Erlangung einer Promotion besteht darin, eine Stelle als wissenschaftlicher Mitarbeiter an einem Hochschulinstitut anzutreten. Die Vergütung erfolgt normalerweise nach dem Angestelltentarif für den öffentlichen Dienst (BAT IIa, vgl. Sektion XI). Teilweise sind auch Beamtenstellen auf Zeit verfügbar. Bei den Angestelltenverhältnissen nach BAT sei dabei auf einige Besonderheiten hingewiesen:

○   Einstellung für eine Planstelle der betreffenden Hochschuleinrichtung; Vertragsdauer ca. fünf Jahre. Nach einer Änderung des Tarifvertrags BAT sind seit Mitte 1985 auch Verträge bis zu ca. sieben Jahren zulässig.

○   Einstellung als wissenschaftlicher Angestellter mit einer Vergütung aus Forschungsmitteln, wobei der Vertrag mit der betreffenden Hochschule oder mit einem An-Institut oder einer gemeinnützigen Forschungseinrichtung geschlossen wird. Die zugrundeliegenden Förderungsmittel kommen dabei in der Regel vom Bundesministerium für Forschung und Technologie (BMFT), von Landesministerien, der Deutschen Forschungsgemeinschaft oder durch direkte Industrieaufträge. Die Verträge sind gewöhnlich entsprechend den bewilligten Mitteln befristet.

○   Einstellung als wissenschaftlicher Mitarbeiter in einem privatrechtlichen Arbeitsverhältnis bei einem Hochschullehrer. Dies ist zur Zeit nur in einigen Bundesländern möglich. Solche Arbeitsverhältnisse müssen bei der Berufsgenossenschaft angemeldet werden und fallen ggf. unter das Betriebsverfassungsgesetz. Die Verträge sind in der Regel ebenfalls für die Dauer der Forschungsvorhaben befristet.

Es kann davon ausgegangen werden, daß es einem **wissenschaftlichen Mitarbeiter** möglich ist, in Zusammenhang mit seiner Anstellung in einem **Zeitraum von vier bis sechs Jahren** eine Dissertation anzufertigen und ein Promotionsverfahren erfolgreich abzuschließen. Der weitaus größte Teil von Promotionsverfahren (ca. 70%) wird auf diesem Weg abgewickelt. Dabei ist für den Wert der Promotion von Bedeutung, welche Tätigkeiten ein wissenschaftlicher Mitarbeiter in dem genannten Zeitraum durchgeführt hat. Der spätere Arbeitgeber erwartet, daß in dieser Zeit auch schon wesentliche berufspraktische Erfahrungen gesammelt wurden.

Promotion in Zusammenhang mit einer Halbtagsstelle an einer Technischen Hochschule/Universität bzw. einem Stipendium

Teilweise ist es auch im ingenieurwissenschaftlichen Bereich möglich, eine Dissertation in Zusammenhang mit einer **Halbtagsstelle** an einer Technischen Hochschule/Universität, einem Stipendium oder parallel zu einem Aufbaustudium durchzuführen. Es muß jedoch betont werden, daß solche Promotionen für den späteren beruflichen Weg nur dann geeignet sind, wenn während dieser Zeit genügend Berufspraxis als Ingenieur nachgewiesen werden kann. Sofern ein Karrierestart in der Industrie geplant ist, sollte die behandelte Thematik möglichst einen verwertbaren Bezug zur zukünftigen Berufstätigkeit aufweisen.

Auch Praktika während der Promotionsphase können Kontakte zu Unternehmen vermitteln, die in ähnlichen Segmenten forschen und produzieren. Nicht selten führen solche Praxisphasen zu späteren Einstellungen. Es empfiehlt sich von daher nicht, für die Promotion einen Weg zu wählen, bei dem der Charakter dieser Zeit weitgehend einem Studium bzw. einer studienähnlichen Situation entspricht. Zur Verbesserung der Rahmenbedingungen einer Promotion führt die Deutsche Forschungsgemeinschaft seit 1990 die sogenannten Graduiertenkollegs durch. Hierbei handelt es sich um thematisch umschriebene, interdisziplinär besetzte Forschungsgruppen an einer Hochschule mit ca. 10-30 Graduierten und etwa 10-15 Hochschullehrern. Ergänzend zum individuellen Dissertationsvorhaben nehmen die Graduierten an speziellen Lehrveranstaltungen,

Praktika und Kolloquien teil. Auch werden sie von den beteiligten Hochschulprofessoren in besonderer Weise betreut, so daß das Promotionsvorhaben in einer sehr intensiven und zeitlich gestrafften Form realisiert werden kann.

Promotion in Zusammenhang mit einem Angestelltenverhältnis in der Industrie

Der dritte, relativ selten beschrittene Weg besteht darin, in Zusammenhang mit einer Tätigkeit in einem Forschungs- und Entwicklungslabor eines Industriebetriebes Ergebnisse aus dieser Zeit, die nicht der Geheimhaltung unterliegen, in Form einer Dissertation einzureichen. Wer sich dies zielstrebig vornimmt und darüber hinaus das Einverständnis des Arbeitgebers erhält, kann damit rechnen, daß ein solches Verfahren in fünf bis acht Jahren nach Beginn der Berufstätigkeit abgeschlossen werden kann. Schneller geht es mit speziellen Industrieprogrammen, die im Prinzip dem Stipendiatenprogrammen entsprechen, aber wesentlich besser bezahlt werden.

Nicht eingebundene Promotion

Einige Jungingenieure schließlich wählen einen vierten Weg zur Promotion, indem sie sich auf ihr Dissertationsprojekt konzentrieren, ohne parallel im Bereich von Hochschule oder Industrie tätig zu sein. Damit sind verschiedene Gefahren verbunden, die bereits bei der Planung eines solchen Unternehmens bedacht werden müssen: Das Thema und auch der Verlauf sollten von einer wissenschaftlichen Betreuung begleitet werden; für viele Themen ist eine räumliche und/oder technische Infrastruktur notwendig; der während einer solch arbeitsintensiven Zeit notwendige fachliche und soziale Austausch zu anderen Doktoranden muß selbst hergestellt werden; eine nötige Erwerbstätigkeit erfordert ebenfalls Zeit und Energie: die Promotion wird nicht unbedingt schneller abgeschlossen als in den anderen vorgestellten Modellen.

Bedeutung der Promotion im ingenieurwissenschaftlichen Bereich

> Bei der Berufsplanung für einen Diplom-Ingenieur muß die Zweckmäßigkeit einer Promotion sehr sorgfältig erwogen werden.

Wenn die Voraussetzungen eines mindestens guten bis sehr guten Studienabschlusses und die Freude an einer wissenschaftlichen Tätigkeit gegeben sind, können folgende Vorteile genannt werden:

- ❑ Interessantes wissenschaftliches Aufgabenfeld, das häufig in großem Maß in bezug auf Inhalt und Arbeitsrichtung mitbestimmt werden kann.

- ❑ Für bestimmte Stellungen im öffentlichen Dienst ist eine Promotion unbedingte Voraussetzung, z.B. für eine spätere Tätigkeit als Hochschulprofessor.

- ❑ In der Industrie werden für bestimmte Positionen (z.B. Vorstandsassistent, hochqualifizierte Stabspositionen) und für bestimmte Funktionsbereiche (z.B. Forschung und Entwicklung) promovierte Kandidaten bevorzugt.

- ❑ In den Top-Positionen von Unternehmen ist der Anteil promovierter Führungskräfte mit mehr als 30% überdurchschnittlich hoch.

Diesen Vorteilen steht eine ganze Reihe von Nachteilen gegenüber:

O Die langen Bearbeitungszeiten für eine Dissertation führen zu einem späten Eintrittsalter in ein Industrieunternehmen (30 bis 35 Jahre, das derzeitige Durchschnittsalter liegt im Ingenieurbereich bei 33,5 Jahren); in sehr großen Unternehmen kann dies ein erheblicher Nachteil sein.

O Die nach der Promotion zu erreichende Vergütung in einem Industriebetrieb entspricht nicht immer den Erwartungen und ist nicht selten niedriger als ein Gehalt nach einer vier- bis sechsjährigen erfolgreichen Tätigkeit in demselben Unternehmen. (Dies gilt nicht für den Bereich der mittelständischen Industrie.)

O Die Promotion ist in den Ingenieurwissenschaften kein erster Schritt in eine „automatische" Hochschullaufbahn. Solche Laufbahnen zum Hochschulprofessor gibt es im ingenieurwissenschaftlichen Bereich selten. Zudem sind sie auch im Interesse des Praxisbezugs des ingenieurwissenschaftlichen Studiums nicht zweckmäßig.

4. Firmeninterne Ausbildungsgänge

Für Berufseinsteiger und Nachwuchskräfte reicht heute theoretisches Wissen allein nicht mehr aus. Vielmehr ist die Kombination aus Fachwissen, firmenspezifischen Kenntnissen und bestimmten Persönlichkeitsmerkmalen die Grundlage für eine erfolgreiche Tätigkeit als Führungs- oder qualifizierte Fachkraft. Deshalb bieten zahlreiche Unternehmen Startprogramme für ihre Nachwuchskräfte an, um z.B. Lücken in der Praxisorientierung von Hochschulabsolventen durch eine unternehmensbezogene Ausbildung auszugleichen.

Solche firmeninterne Ausbildungsgänge sind im ingenieurwissenschaftlichen Bereich allerdings noch weniger verbreitet als etwa im kaufmännischen Bereich. Die wichtigsten Funktionsbereiche für technische Trainees sind:

O Fertigung/Produktion

O Forschung und Entwicklung

O Technischer Vertrieb/Anlagenprojektierung

O Finanzen/Controlling

O Materialwirtschaft/Logistik

O EDV/Systemanalyse/Software

O Qualitätssicherung

Erstrecken sich **Trainee-Programme** für Wirtschaftswissenschaftler in der Mehrzahl der Fälle über einen Zeitraum von 12 - 18 Monaten, dauern vergleichbare Einarbeitungsmaßnahmen für Ingenieure vergleichsweise etwas länger, da der Anteil der Schulungsmaßnahmen (kaufmännisch-juristisches Ausbildungsmodul) etwas umfangreicher ist und das Fachwissen firmenspezifisch adaptiert werden muß.

Waren die frühen Trainee-Programme primär als standardisierte Informations- und Orientierungsprogramme konzipiert, dominiert heute das Prinzip „learning by doing". Durch die Integration von „into-the-job"-Phasen wird den Trainees zunehmend Gelegenheit geboten, frühzeitig in Teilprojekten Verantwortung zu übernehmen. Kennzeichnend ist ferner eine flexible Programmgestaltung, die sich sowohl am Bedarf der Organisationseinheiten des Unternehmens als auch an den Interessen und Fähigkeiten des Trainees orientiert. Ebenso läßt sich ein Trend zur Internationalisierung der Startprogramme beobachten. Immer häufiger werden Auslandsmodule oder auslandsbezogene Trainingsmaßnahmen integriert.

Neben der breit angelegten Trainee-Ausbildung mit einer kurzfristigen **Rotation** durch alle wesentlichen Ressorts werden zunehmend auch auf ein oder zwei Ressorts begrenzte Einarbeitungsprogramme angeboten. Vorteil dieses Rotationsprinzips ist es, daß die Nachwuchskraft lernt, in abteilungsübergreifenden Zusammenhängen zu denken und zu handeln. Zugleich bietet die Rotation Gelegenheit, sich ein ressortübergreifendes Informations- und Kontaktnetz aufzubauen. Ob Trainee-Programme funktionsbereichsbezogen durchgeführt werden, hängt in erster Linie von der Größe des Unternehmens ab. Wachsender Beliebtheit erfreut sich in den letzten Jahren auch das projektorientierte Trainee-Programm. Durch die Lösung projektbezogener Einzel- oder Gemeinschaftsaufgaben, die auch Informationsaufenthalte in anderen Funktionsbereichen notwendig machen, lernt die Nachwuchskraft das Unternehmen sternförmig kennen und arbeitet von Anfang an eigenverantwortlich.

Die in aller Regel 10 - 20% der Trainee-Ausbildung ausmachenden off-the-job-Maßnahmen können von klassischen Seminaren über Planspiele, Fachgespräche, PC-gestützte Lernprogramme bis hin zu Betriebsbesichtigungen/Informationsbesuchen bei Großkunden und Lieferanten reichen.

Ein Trainee-Programm ist keine Karrieregarantie. Nach Abschluß eines solchen Einarbeitungsprogramms beginnen die meisten Nachwuchskräfte in Sachbearbeiterfunktionen, in denen sie sich jeweils neu bewähren und für weiterführende Aufgaben qualifizieren müssen.

Neben dem Trainee-Programm bieten die meisten Unternehmen auch alternative Einarbeitungsformen wie das Training-on-the-job und den Direkteinstieg an.

Beim **Direkteinstieg** handelt es sich um die unmittelbare Übernahme einer sogenannten Planstelle, also einer Position, die innerhalb einer Organisationseinheit fest verankert ist. Auch hier sollte jedoch eine umfassende Einarbeitung (on- und off-the-job) auf der Grundlage eines Ausbildungsplans erfolgen. Auch der Kontakt zu wichtigen Ansprechpartnern ist unerläßlich, denn immer häufiger sind die gestellten Aufgaben nur interdisziplinär und abteilungsübergreifend zu bewältigen, so daß dem sogenannten „social network" wachsende Bedeutung zukommt. Die Praxis zeigt, daß es äußerst schwierig ist, sich zu einem späteren Zeitpunkt Wissen über Arbeitsabläufe angrenzender Bereiche anzueignen, da die eigene Arbeit hierfür kaum Zeit läßt. So kennen oft Mitarbeiter, die über Jahre im Unternehmen sind, Zusammenhänge weit weniger als neue Mitarbeiter, die sich im Rahmen eines Ausbildungsplans gezielt damit beschäftigen.

Das **Training-on-the-job** sieht die systematische Unterrichtung und Einweisung am Arbeitsplatz über einen längeren Zeitraum vor, wobei die Funktionsverantwortung schrittweise übernommen wird. Ähnlich wie beim Trainee-Programm werden ergänzende interne und/oder externe Weiterbildungsmaßnahmen durchgeführt (z.B. Einführungsseminar, programmierte Unterweisung, Fachseminare). Diese häufig auch als „Entwicklungsposition" bezeichnete Einarbeitungsmaßnahme wurde vorwiegend unter dem Gesichtspunkt eingeführt, dem Berufsanfänger den „Sprung ins kalte Wasser" möglichst sanft zu gestalten. In der Regel vollzieht sich das Training-on-the-job in einem Funktionsbereich bzw. einer Abteilung. Da die erste Zielposition von Anfang an feststeht und das gesamte Training auf diese spätere Aufgabe abzielt, ist mit diesem Einarbeitungskonzept meist eine schnellere Aufgaben- und Funktionsverantwortung verbunden. Dabei sind die Grenzen zwischen dem Training-on-the-job einerseits und dem sogenannten „ressortbegrenzten Einarbeitungsprogramm" sowie den flexibel gestalteten Trainee-Programm-Typen andererseits fließend.

Nach der Firmen-Dokumentation START 1998 bietet etwa ein Drittel der befragten Unternehmen (34,1%) im Rahmen der Einarbeitungsphase einen Auslandsaufenthalt an. Weitere 11% bieten einen Auslandsaufenthalt nur bedingt an, zum Beispiel in Abhängigkeit vom Potential der Nachwuchskraft oder von der Verfügbarkeit geeigneter Projekte.

Nach dem Ende der Einarbeitungszeit stellt der Auslandseinsatz sogar bei 55,5% der befragten Unternehmen eine Maßnahme der Personalentwicklung dar. Auch zahlreiche andere Maßnahmen setzen die Unternehmen zur Entwicklung ihrer Führungskräfte ein, z.B. Fach- und Persönlichkeitstrainings (jeweils 81,5%), Sprachkurse (60,5%), DV- und Produktschulungen (58,2% bzw. 50,6%) sowie firmeninterne Förderkreise (23,5%).

Angesichts des derzeit erschwerten Berufseinstiegs für Jungingenieure sind in den vergangenen Jahren einige Programme entstanden, die Hochschulabsolventen durch die Kombination von beruflichen Praxisphasen in Form von Praktika und überfachlichen Ausbildungsblöcken den Einstieg in den Beruf erleichtern sollen. Solche Förderprogramme werden von verschiedenen Verbänden und Organisationen in Zusammenarbeit mit der Industrie angeboten und dauern in der Regel zwischen mehreren Monaten und einem Jahr (siehe auch Sektion III, Kapitel 1.2.).

5. Einrichtungen für die technische Weiterbildung

5.1. Überblick

Wenngleich letztlich für alle Berufsgruppen sinnvoll, ist die **kontinuierliche Weiterbildung** gerade für technische Fach- und Führungskräfte wichtig, sind es doch insbesondere die Ingenieure, die technische Neuerungen in den Unternehmen einführen und damit Produkt- und Prozeßinnovationen auslösen. Hinzu kommt, daß das produktbezogene Wissen des Ingenieurs immer schneller veraltet. Als **„Halbwertzeit" des Ingenieurwissens** kann etwa ein Zeitraum von fünf Jahren angesetzt werden, d.h. daß ein Ingenieur nach den ersten fünf Berufsjahren ca. 50% seiner Kenntnisse „erneuert" haben muß. Dies macht noch einmal deutlich, welch hohe Bedeutung die methodenorientierten Fähigkeiten und Kenntnisse in der Ingenieurausbildung haben. Andererseits ist der Ingenieurberuf nicht ohne ein dezidiertes Fachwissen denkbar. Erschwerend kommt hinzu, daß die Veränderungsgeschwindigkeit technischer Entwicklungen nach wie vor zunehmende Tendenz hat.

Ein Großteil des Weiterbildungsbedarfs kann innerbetrieblich durch entsprechende Schulungsmaßnahmen bzw. durch Selbststudium gedeckt werden. Die stark wachsende Zahl von Weiterbildungseinrichtungen zeigt jedoch, daß auch die Unternehmen immer mehr ihren Ingenieuren zur Weiterbildung verhelfen müssen. Parallel zum betrieblichen Weiterbildungsbedarf ist auch die individuelle Nachfrage gestiegen, denn eine steigende Zahl von Ingenieuren ist bereit, in eine Weiterbildung zu investieren, um die persönlichen Berufsziele zu erreichen.

Bei der Berufsplanung muß die Frage nach einer sinnvollen Weiterbildung im engen Kontakt mit den beruflichen Zielvorstellungen gesehen werden.

Angesichts des ausgesprochen vielfältigen Weiterbildungsangebots sollte der weiterbildungswillige Ingenieur im Vorfeld sorgfältig prüfen, inwiefern ein spezifisches Angebot seiner persönlichen Karriereentwicklung nutzt. Dazu sind zunächst detaillierte Informationen über Zielgruppe (ingenieurmäßiges Niveau etc.), Lernziele und -inhalte des Weiterbildungsangebots notwendig. Auch sollte frühzeitig geklärt werden, ob technische Lösungen unterschiedlicher Hersteller vorgestellt und Anwenderberichte geboten werden. Ein wichtiges Selektionskriterium ist stets auch der Praxisbezug der Referenten und Kursinhalte. Schließlich sollte von vornherein überlegt werden, ob die Kursdauer mit dem persönlichen Zeitbudget vereinbar und insgesamt adäquat ist. Diese und andere Fragen können zum einen mit Hilfe von schriftlichen Programminformationen sowie zum anderen durch telefonische Rückfragen beim Veranstalter geklärt werden. Auskunft über Fortbildungs- und Umschulungsmaßnahmen geben auch die Arbeitsberater und Hochschulteams der Bundesanstalt für Arbeit sowie die Bildungsberatungsstellen. Hier können auch Fragen im Hinblick auf die Verbesserung von Berufschancen und die Finanzierung besprochen werden. In den Berufsinformationszentren (BIZ) der Berufsberatung der Arbeitsämter findet sich darüber hinaus das Nachschlagewerk „Einrichtungen zur beruflichen Bildung" (EBB) und die Datenbank „KURS", in denen fast alle beruflichen Aus- und Fortbildungsmöglichkeiten in Deutschland aufgelistet sind.

Von den derzeit für den ingenieurwissenschaftlichen Bereich maßgeblichen Weiterbildungseinrichtungen in Deutschland seien nachfolgend einige genannt:

5.2. VDI-Bildungswerk, Düsseldorf

Das VDI-Bildungswerk ist eine gemeinnützige Institution des Verein Deutscher Ingenieure und bietet berufsbegleitende Weiterbildung für Ingenieure, Naturwissenschaftler sowie Angehörige verwandter technischer Berufsgruppen aus Wirtschaft, Wissenschaft und aus dem öffentlichen Dienst. Die Veranstaltungen sind grundsätzlich für alle Interessierten offen. Das VDI-Bildungswerk arbeitet nach den Qualitätsgrundsätzen des Wuppertaler Kreis e.V. - Deutsche Vereinigung der Weiterbildung von Führungskräften.

Mit rund 400 Lehrgängen, Seminaren und Praktika zu 250 Themen aus Gebieten der Technik, der Betriebswirtschaft und anderen Disziplinen vermittelt es in ein- und mehrtägigen Veranstaltungen aktuelles und praxisnahes Wissen in folgenden Bereichen:

○ Konstruktion und Entwicklung

○ Technische Dokumentation

○ Produktionstechnik - Fertigungstechnologien

○ Betriebsorganisation, Produktionsplanung, Betriebswirtschaft

○ Materialwirtschaft und Logistik

○ Werkstofftechnik - Kunststofftechnik

○ Meßtechnik/Elektrotechnik- Elektronik

○ Automatisierungstechnik/Technische Datenverarbeitung

○ Energietechnik

○ Verfahrenstechnik

○ Bautechnik - Technische Gebäudeausrüstung

○ Umwelttechnik/Sicherheitstechnik

○ Qualitätsmanagement

○ Organisations- und Planungsmethoden - Managementtechniken

○ Führungswissen - Persönlichkeitsentwicklung

○ Technik und Recht - Existenzgründung

○ Technischer Vertrieb - Verkauf

Technologieorientierte Seminare entstehen häufig in enger Zusammenarbeit mit Experten aus den einschlägigen VDI-Fachausschüssen. Seminare und Trainings für Manager und Führungskräfte basieren auf in der Praxis erprobten und erfolgreich eingeführten Konzepten.

Die Seminare und Lehrgänge wenden sich stets an einen überregionalen Teilnehmerkreis. Sie werden in Düsseldorf, Berlin, Hamburg, München, Stuttgart und in anderen Orten durchgeführt. Die Teilnahmegebühren sind nach Veranstaltungsart und -umfang gestaffelt und dienen ausschließlich der Kostendeckung. Persönliche VDI-Mitglieder erhalten 10% Gebührenermäßigung. Bei vielen Seminaren erhalten hochschulangehörige VDI-Mitglieder und studierende VDI-Mitglieder 50% Gebührenermäßigung. Teilweise gelten diese Ermäßigungen auch für VDE-Mitglieder.

Weitere Informationen: VDI-Bildungswerk GmbH, Postfach 10 11 39, 40002 Düsseldorf, Telefon: 0211/6214-201, Telefax: 0211/6214-154, Internet: http://www.vdi.de.

5.3. Technische Akademie Wuppertal

Die Technische Akademie Wuppertal e.V. (TAW) als Außeninstitut der RWTH Aachen, als Kontaktstudien-Institut der Bergischen Universität-Gesamthochschule Wuppertal sowie als Weiterbildungsinstitut der Heinrich-Heine-Universität Düsseldorf und Weiterbildungspartner der Universität Dortmund bietet in den Weiterbildungszentren Wuppertal-Elberfeld, Wuppertal-Vohwinkel, Altdorf bei Nürnberg, Bochum, Cottbus, Chemnitz, Wildau/Berlin und Jena über 2.000 Seminar- und Lehrgangsveranstaltungen mit fast 35.000 Teilnehmern pro Jahr an. Die Dauer bewegt sich dabei zwischen einem Tag und dreieinhalb Jahren und beinhaltet verschiedene berufsbegleitende Weiterbildungs- und Qualifizierungsmöglichkeiten. Die Lehrgebiete lassen sich den folgenden Bereichen zuordnen:

○ Maschinenbau

○ Elektrotechnik, Elektronik

○ Bauwesen

○ Verkehrs- und Vermessungswesen

○ Energietechnik

○ Technische Grundlagen

○ Konstruktion

○ Fertigung

○ Qualitätswesen

○ Arbeits- und Sozialwissenschaft

O Verfahrenstechnik
O Sicherheitstechnik
O Interdisziplinäre Techniken

O Recht
O Wirtschaftswissenschaft

Die der Technischen Akademie Wuppertal e.V. angeschlossenen Abend-Akademien Bergisch-Land und Cottbus bereiten Berufstätige auf Prüfungen vor der Industrie- und Handelskammer bzw. anderen Prüfungsgremien vor. Die zur Technischen Akademie Wuppertal e.V. gehörenden Verwaltungs- und Wirtschaftsakademien Wuppertal und Cottbus vermitteln in Wochenend- und Abendstudien für Berufstätige die zur Ausübung des Berufs erforderlichen Kenntnisse auf wissenschaftlicher Grundlage.

Neben dem Bildungsbereich ist die TAW auch in einigen Beratungsbereichen tätig. Hierzu zählen das Labor für Korrosionsschutz und Elektrotechnik und das Institut für Umweltanalytik und Altlastenerkundung. Als weiterer Bereich innerhalb der TAW fungiert der TAW-Verlag.

Im Verbund der TAW sind als Tochter- bzw. Schwestereinrichtungen die TAW Cert GmbH als unabhängige Personal- und Systemzertifizierungsstelle, das Institut für Korrosionsschutz Dresden GmbH und die Ernst-Abbe-Akademie e.V. Jena tätig.

Weitere Informationen: Technische Akademie Wuppertal e.V., Hubertusallee 18, 42117 Wuppertal, Telefon: 0202/7495-0, Telefax: 0202/7495-202.

5.4. Technische Akademie Esslingen

Das Weiterbildungszentrum der technischen Akademie Esslingen ist das Institut des Kontaktstudiums an den Universitäten Stuttgart, Hohenheim und Freiberg sowie der Fachhochschulen für Technik Esslingen und Stuttgart. Lehrgänge und Veranstaltungen der Akademie finden an verschiedenen Orten in der Bundesrepublik und Österreich statt, darunter Esslingen, Sarnen, Langebrück bei Dresden, München, Köln, Berlin und Dornbirn. Jährlich finden etwa 1.200 Lehrgänge aus verschiedenen technischen und nichttechnischen Bereichen der Technik und Wirtschaft statt. Zum Angebot gehören neben ingenieurwissenschaftlichen Kursen z.B. auch Lehrgänge zu Betriebswirtschaft und Management, Rechts- und Steuerfragen, Umwelt, Qualitätsmanagement, Gesundheitswesen und Datenverarbeitung sowie Persönlichkeitstraining und Fremdsprachen. Diese Palette an Themen wird ergänzt durch Lehrgänge zu fachübergreifenden Technologien in den Bereichen Naturwissenschaft und Mathematik, Werkstoffkunde, Oberflächenbeschichtung und Sensorik.

Die über 5.000 Dozenten der Akademie bilden sich selbst ständig in Theorie und Praxis weiter und sorgen somit für eine praxis- und zielgruppenorientierte Weiterbildung.

Für Firmen bietet die Akademie Weiterbildungsberatung und -konzepte für die Qualifizierung der Mitarbeiter. Darüber hinaus ist sie Veranstalterin einer Vielzahl von Kolloquien und Symposien für aktuelle Themen.

Zum Angebote gehören folgende Themen:

O Bauwesen
O Betriebswirtschaft und Management
O Datenverarbeitung

O Maschinenbau
O Qualitätsmanagement
O Persönlichkeitsentwicklung

○ Elektrotechnik/Elektronik

○ Energieversorgung und -technik

○ Fremdsprachen

○ Gesundheitswesen

○ Informatik

○ Rechts- und Steuerfragen

○ Sicherheitswesen

○ Umwelt

○ Verkehrswesen und -mittel

Weitere Informationen: Technische Akademie Esslingen, In den Anlagen 5, 73760 Ostfildern, Telefon: 0711/34008-97.

5.5. TÜV-Akademie Rheinland

Die TÜV-Akademie Rheinland GmbH ist ein Unternehmen der TÜV Rheinland Gruppe mit Hauptsitz in Köln. Sie ist ein freier Bildungsträger, der sowohl im technischen als auch im wirtschaftlichen Bereich Fortbildungsseminare anbietet. Die Veranstaltungen werden bundesweit angeboten, allerdings mit dem Schwerpunkt in den Bundesländern Nordrhein-Westfalen, Rheinland-Pfalz und Hessen.

Zu den Veranstaltungsforen gehören Seminare, Lehrgänge mit anerkannten Zertifikaten, berufsbegleitende Fortbildungen, Beratungen, und Projektmanagement. Die Themengebiete sind vielfältig und beinhalten u.a. Veranstaltungen zu Qualitätsmanagement, Umweltmanagement, Arbeitssicherheitsmanagement, Elektrotechnik/Elektronik/Automatisierungstechnik, Logistik, Einkauf, Vertrieb, Kundendienst und Service, Management oder auch zu Kommunikation und Persönlichkeitsentwicklung.

Weitere Informationen: TÜV-Akademie Rheinland GmbH, Bereich Seminare, Postfach 91 09 51, 51101 Köln, Frau Gülten Ilhan, Telefon: 0221/806-3000, Telefax: 0221/806-3052.

5.6. Das Haus der Technik - Forum für Wissenschaft und Praxis

Das Haus der Technik - ein als gemeinnützig anerkannt eingetragener Verein - trägt seit 1927 zum Technologietransfer von der Wissenschaft in die Praxis bei. Am 27.11.1997 feierte es sein 70jähriges Bestehen.

Mit jährlich rund 2.500 Veranstaltungen und 40.000 Besuchern richtet sich das Angebot des Hauses der Technik an Fach- und Führungskräfte der klassischen Ingenieurwissenschaften sowie an Wirtschaft und Management.

Als Außeninstitut der Rheinisch-Westfälischen Technischen Hochschule Aachen vermittelt es durch praxisbezogene Veranstaltungen wie zum Beispiel Seminare, Tagungen und Fachveranstaltungen satzungsgemäß Kenntnisse und Erfahrungen in allen technischen und wirtschaftswissenschaftlichen Disziplinen.

Das umfangreiche Veranstaltungsangebot gliedert sich in folgende Sachbereiche:

○ Grundlagen

○ Wirtschaft/Recht/Management

○ Produktion/Qualitätsmanagement/EDV

○ Bauwesen

○ Umwelt/Sicherheit

○ Energie/Wärme

○ Werkstoffe

○ Chemie

O Maschinenwesen

O Bergbau/Hüttenwesen

O Elektrotechnik/Elektronik

O Medizin/Pharmazie/Biologie

O Verfahrenstechnik/Anlagentechnik

O HDT-Akademie

O Sprachakademie

Enge Kontakte zu mehreren Universitäten als Kooperationspartner und zu Forschungsabteilungen in der Industrie sichern die Berücksichtigung des neuesten Forschungsstands sowie die Aktualität des Veranstaltungsprogramms.

Im Rahmen der HDT Akademie werden Umschulungsmaßnahmen zu ausgewählten Themen wie z.B. Qualitätssicherung und technischer Vertrieb vor Ort angeboten. Weitere Zweigstellen des Hauses der Technik befinden sich in Berlin, Halle, München und Nürnberg.

Weitere Informationen: Haus der Technik e.V., Hollestr. 1, 45127 Essen, Telefon: 0201/1803-1, Telefax: 0201/1803-269.

5.7. DEKRA Akademie

Die DEKRA Akademie ist bundesweit einer der führenden Anbieter von Aus- und Weiterbildungsmaßnahmen für Fach- und Führungskräfte. Rund 100.000 Teilnehmer nutzen pro Jahr das Angebot, das von eintägigen Seminaren bis zu mehrjährigen Ausbildungsgängen reicht.

Die Angebote der DEKRA Akademie werden auf der Basis großflächiger Stellenmarktanalysen gestaltet und ständig aktualisiert.

An über 120 Standorten im ganzen Bundesgebiet werden in Zusammenarbeit mit Wirtschaftsunternehmen aus Industrie, Handwerk und Dienstleistung sowie mit der Bundesanstalt für Arbeit, Berufsgenossenschaften, Kommunen und Verbänden Berufsqualifizierungen angeboten.

Ein Schwerpunkt des Angebots für Akademiker bildet die Produktgruppe Information und Kommunikation. In Zusammenarbeit mit den namhaftesten Software-Anbietern werden Seminare zu folgenden Themenbereichen angeboten:

O PC-Anwendungen

O Programmierung

O Kommunikationstechnik

O Informationsorganisation

O Marketing/Vertrieb

O CAD-Anwendungen

O SAP R/3-Anwendungen

O EDV-Netzwerktechnik

O Qualitätsmanagement

O Kaufmännische Ausbildung

Das Aus- und Weiterbildungsangebot der DEKRA Akademie kann sowohl als berufsbegleitende Maßnahme als auch im Sinne einer Qualifizierungsmaßnahme für arbeitsuchende Fach- und Führungskräfte genutzt werden. Für Vollzeitlehrgänge besteht die Möglichkeit der Förderung durch das Arbeitsamt.

Weitere Informationen: DEKRA Akademie GmbH, Schulze-Delitzsch-Str. 49, 70565 Stuttgart, Telefon: 0711/78 61-29 65, Telefax: 0711/78 61 - 26 55

5.8. REFA - Verband für Arbeitsgestaltung, Betriebsorganisation und Unternehmensentwicklung e.V.

Als gemeinnütziger Verband wird REFA von rund 35.000 Mitgliedern getragen, darunter 1.600 Unternehmen aus allen Branchen des wirtschaftlichen und öffentlichen Lebens, darunter auch die Bundesvereinigung der Deutschen Arbeitgeberverbände und der Deutsche Gewerkschaftsbund. REFA bietet daher kompetente Dienstleistungen im Bereich der Aus- und Weiterbildung, des Coaching und der Beratung.

Die REFA-Qualifikationen auf dem umfassenden Gebiet der Betriebsorganisation genießen in Industrie, Dienstleistung und Handwerk hohe Akzeptanz. Insbesondere der modulare Aufbau der Ausbildungen ermöglicht eine flexible Weiterbildungsgestaltung.

Das REFA-Ausbildungsprogramm bietet neben der Qualifikation zum „REFA-Prozeßorganisator/in" weitere Qualifikationen, so z.B. zum/r REFA-Techniker/in, REFA-Ingenieur/in für Industrial Engineering, REFA-Organisator/in für den Verwaltungs- und Dienstleistungsbereich, REFA-Betriebswirt/in Fachrichtung Controlling. Praxisorientiert gestaltet sich auch das Programm der aktuellen kurzen Kompaktseminare. Sie decken den gesamten Bereich der Betriebsorganisation und Unternehmensentwicklung ab. Die Vermittlung der REFA-Lehre erfolgt durch rund 1.700 REFA-Dozenten und Trainer, die den Weiterbildungsbedarf von Unternehmen und Mitarbeitern kennen.

Der enge Kontakt zur Wirtschaft ermöglicht es dem Verband, schnell auf einen veränderten Weiterbildungsbedarf von Unternehmen und Mitarbeitern zu reagieren und strukturelle Veränderungen in den Unternehmen mitzugestalten.

Neuerdings hat der REFA sein Tätigkeitsfeld um kundenspezifische Bildungsberatung in den Firmen, das Coaching und die Beratung bei der Reorganisation und Entwicklung der Unternehmen erweitert.

Das Dienstleistungsangebot des Verbands wird ergänzt durch zahlreiche Fachbücher sowie die Zeitschriften „REFA-Nachrichten" und „FB/IE, Zeitschrift für Unternehmensentwicklung und Industrial Engineering" sowie „REFA Aus- und Weiterbildung". Darüber hinaus ist die Förderung des praktischen Erfahrungsaustauschs seiner Mitglieder ein wichtiges Arbeitsziel: Die einzelnen REFA-Gliederungen organisieren Informations- und Diskussionsabende, Fachvorträge und Betriebsbesichtigungen.

Weitere Informationen: REFA - Verband für Arbeitsgestaltung, Betriebsorganisation und Unternehmensentwicklung e.V., Wittichstraße 2, 64295 Darmstadt, Telefon: 06151/88 01-0, Telefax: 06151/8801-27, E-Mail: 100526.3350@compuserve.com oder REFA.Verband@t-online.de, Internet: http://www.REFA.de.

5.9. Weiterbildungsangebote der Arbeitsämter

In einem Arbeitsmarkt, in dem die Suche frisch diplomierter Ingenieure nach einer geeigneten Einstiegsposition nicht immer reibungslos verläuft, bieten die Berufsbereiche für Fach- und Führungskräfte der Arbeitsämter praxisnahe und erprobte Weiterbildungskonzeptionen in enger Kooperation mit meist privaten Bildungsträgern und Wirtschaftsunternehmen an. Zu nennen sind in diesem Zusammenhang z.B. die Akademien von TÜV, DEKRA oder DAG. Die Kosten werden unter bestimmten Voraussetzungen ganz oder teilweise aus Mitteln der Arbeitslosenversicherung getragen.

313

Die Angebote reichen vom einwöchigen „Bewerbungstraining" über mehrmonatige „Praxistrainings" bis hin zu zwölfmonatigen Bildungsmaßnahmen in Vollzeitform. Die inhaltlichen Schwerpunkte bewegen sich im Rahmen aktueller und sich abzeichnender Entwicklungen in den Anforderungsprofilen der Stellenanbieter. Demzufolge liegen sie zur Zeit abgestimmt auf die jeweils beruflichen Zielvorstellungen des einzelnen, vornehmlich

○   im betriebswirtschaftlichen Bereich (Marketing/Vertrieb/Projektmanagement)

○   im technischen (betrieblichen) Umweltschutz

○   im Tätigkeitsfeld Qualitätssicherung

○   im Bereich Technischer EDV (Netzwerktechnik/CAD etc.)

○   im Bereich Projektmanagement

In der Regel ist ein mehrmonatiges Praktikum integraler Bestandteil dieser Lehrgänge. Die Teilnahme an einem dieser Lehrgänge, der immer eine individuelle Beratung vorausgehen muß, kann an der Schwelle vom Studium in den Beruf durchaus eine sinnvolle Ergänzung vorhandener Qualifikationen sein und den Einstieg in zukunftsträchtige Tätigkeitsfelder erheblich erleichtern.

Sektion X: Bewerbung und Vorstellung

1. Vorbemerkung

Sowohl für denjenigen, der nach erfolgreich absolviertem Studium eine Einstiegsposition sucht, als auch für eine Nachwuchskraft, die nach einigen Jahren die Stelle wechseln möchte, hängt von einer Bewerbung zuviel ab, um sie dem Zufall zu überlassen. Je früher man sich in dieser Hinsicht Gedanken macht, desto größer sind die Chancen, die Weichen für einen gelungenen Berufseinstieg und eine erfolgreiche Laufbahn zu stellen.

 Ein halbes Jahr „Vorlauf" wird erfahrungsgemäß als ausreichend betrachtet, das bedeutet, daß unter Umständen mit der Vorbereitung der Stellensuche bereits in Prüfungs-abschnitten oder während der Diplomarbeit begonnen werden muß.

Der Erfolg einer Bewerbung hängt dabei in hohem Maße von der Eigeninitiative und Kreativität des Bewerbers ab sowie von der Intensität, mit der er sich im Vorfeld mit dem Thema befaßt hat. Die folgenden Ausführungen zum Thema Bewerbung verstehen sich deshalb als „Hilfe zur Selbsthilfe" im Hinblick auf eine aktive und individuelle Bewerbungsstrategie.

Ausführliche Informationen zu allen relevanten Aspekten der Bewerbung (Vorbereitungs- und Informationsphase, Gestaltung von Anschreiben, Lebenslauf und übrige Unterlagen, alternative Formen der Bewerbung, Test- und Auswahlverfahren mit Schwerpunkt Assessment Center (inkl. praktischer Übungen), Vorbereitung, Formen und Phasen des Vorstellungsgespräches, Arbeitsvertrag) einschließlich zahlreicher Checklisten enthält die Publikation „Individuell bewerben" (siehe Literaturempfehlungen).

2. Realistische Selbsteinschätzung

Ein wichtiger Schritt im Vorfeld des Bewerbungsprozesses ist die realistische Analyse der persönlichen sowie ausbildungs- und berufsbezogenen Qualifikationen, da man ansonsten leicht Gefahr läuft, das individuelle Leistungspotential nur teilweise oder sogar falsch einzusetzen. Auch kann sich letztlich nur der Bewerber, der genau um seine persönlichen Stärken und Schwächen weiß, im Rahmen einer Bewerbung entsprechend überzeugend präsentieren. Unsicherheit, ob die Position den eigenen Vorstellungen und Qualifikationen entspricht, dürfte sich auf die eine oder andere Weise manifestieren und damit die Chancen sinken lassen. Aber auch umgekehrt ist es problematisch, wenn ein Vertragsangebot aufgrund von Selbst*über*schätzung angenommen wird und die erwarteten Leistungen deshalb ausbleiben. Erfahrungsgemäß bildet jedoch – insbesondere bei Ingenieuren – die *Unter*schätzung der eigenen Fähigkeiten das größere Problem.

Eine erste Orientierung können die Erfahrungen während des Studiums geben. Aber auch Erkenntnisse aus Praktika und dem privaten Bereich sollten nicht außer acht gelassen werden. So können aus dem Verhalten im Rahmen von außeruniversitären Aktivitäten oder im Sport durchaus Rückschlüsse auf zukünftiges Verhalten im Beruf gezogen werden:

a. Fachliche Stärken/Schwächen und Interessen

○ Welche Fächer sind mir eher leicht/schwer gefallen (haben mir Spaß gemacht)?

○ Wer beispielsweise Fremdsprachen nur mit großer Mühe gelernt hat, sollte das Ziel „Auslandseinsatz" nochmals ernsthaft überprüfen.

○ Wie stark soll die bisherige Ausbildungsrichtung in die Position einfließen? (bei Änderungen in der Bewerbung begründen)

○ Welche Erfahrungen liegen aus Praktika für das angestrebte Tätigkeitsfeld vor? Wie stark kennzeichnend sind diese Erfahrungen für die berufliche Tätigkeit?

○ Welche Zusatzqualifikationen liegen vor und wie sollen diese einfließen?

○ Welche Teile der Ausbildung (z.B. Diplomarbeit) haben einen praktischen Bezug zur gewünschten Stelle?

b. Persönliche Stärken und Schwächen

○ Begabung (sprachliche, zahlengebundene, analytische ...)

○ Persönlichkeitsmerkmale wie Kontaktorientierung, Belastbarkeit, Eigenständigkeit, Aktivität, Entschlußbereitschaft... Welche Rückmeldung liegt hierzu von anderen vor?

○ Welche Bearbeitungsart (schriftlich vs. mündlich; kurzfristige vs. gründliche Vorbereitung) wurde bevorzugt? Wie stark wirkte sich dies auf die Qualität der Ergebnisse aus?

○ Ist schon Verantwortung für andere übernommen worden (Sport, Tutor, außeruniversitäre Aktivitäten, Jobs, Bundeswehr/Ersatzdienst...)? Wie ist geführt worden? Warum hat man mich hierzu herangezogen? Mit welchem Erfolg/welcher Akzeptanz?

3. Zieldefinition

Unverzichtbar ist im Rahmen der Vorbereitungs- und Informationsphase auch die Definition klarer Ziele. Den persönlichen Neigungen und Interessenschwerpunkten kommt dabei eine entscheidende Bedeutung zu.

> **!** *Es empfiehlt sich, die Ausrichtung auf eine bestimmte Branche oder ein bestimmtes Berufsfeld nicht zu eng vorzunehmen, da eine zu starke Spezialisierung im Rahmen des Studiums Bewerbungschancen reduzieren kann. Sinnvoll erscheint das Setzen von Studienschwerpunkten, die sich an der individuellen Interessenlage orientieren und die Möglichkeit bieten, verschiedene Berufsfelder abzudecken.*

Nachfolgend einige wichtige Kriterien, die im Rahmen der Zielfestlegung näher beleuchtet werden sollten:

○ Branchenpräferenzen
○ Unternehmensgröße
○ Funktionsbereiche
○ Linien- oder Stabsfunktionen
○ Erwartungen an Unternehmens-kultur/Betriebsklima

○ Mobilität oder regionale Präferenzen
○ Umfang des maximalen zeitlichen Engagements
○ Arbeitsmethodik (Team/Individualist)
○ Einstiegs- und Entwicklungsmöglichkeiten
○ Karrierewunsch

○ Beratende oder operative Tätigkeiten
○ Privatwirtschaft oder öffentlicher Dienst
○ Arbeitsstil (tiefergehende Grundlagen-
  arbeit/Querschnittsaufgaben)

○ Arbeitsplatzsicherheit
○ Gehaltserwartungen
○ Zeitliche Flexibilität der Arbeit
○ Vereinbarkeit von Familie und Beruf

Naturgemäß sind die einmal definierten Ziele nicht als unverrückbare Meilensteine zu sehen, sondern vielmehr als Entscheidungshilfen, die sich mit zunehmender Erfahrung auch ändern können. Es ist jedoch besser, eine Umorientierung vorzunehmen, als ohne klare Zielsetzung das Studium zu durchlaufen und sich anschließend profillos bewerben zu müssen.

4. Bewerbungen von Ingenieurinnen

Der Übergang vom Studium in den Beruf sowie der Wechsel des Arbeitsplatzes ist für Ingenieurinnen in den Kernfächern der Ingenieurwissenschaften schwieriger als für ihre Kommilitonen. Sie begegnen in der Regel einer Vielzahl von Vorurteilen ihrer männlichen Kollegen. **Ingenieurinnen brauchen deshalb besonders viel Selbstbewußtsein** und Klarheit über ihre beruflichen Zielvorstellungen, um diese Hürde nehmen zu können. Konkurrentinnen gegenüber ihren männlichen Mitbewerbern können sie nur mit guten Zensuren bzw. beruflichen Erfahrungen sein.

Neben den Vorurteilen wie „Frauen haben kein technisches Verständnis" sieht sich die Bewerberin häufig mit dem Argument konfrontiert, daß Frauen für den Arbeitgeber besondere Investitionen in die Ausbildung erforderlich machen und einen höheren Risikofaktor durch Arbeitsausfall bei Wunsch nach Kindern darstellen. In Bewerbungsgesprächen werden deshalb – trotz eines gesetzlichen Verbots – meist auch private Fragen gestellt. Bezüglich des Risikofaktors sollten Ingenieurinnen anführen, daß männliche Jungingenieure für Industrieunternehmen ebenfalls einen Risikofaktor darstellen, da sie sehr häufig nach einigen Jahren einen Stellenwechsel anstreben.

5. Bewerbungswege

5.1. Stellenanzeigen

Stellenanzeigen für Diplom-Ingenieure erscheinen überregional in der Wochenzeitung „VDI-Nachrichten" sowie in den drei führenden Tageszeitungen **„Frankfurter Allgemeine Zeitung"**, **„Welt"** und **„Süddeutsche Zeitung"**. Der Anzeigenmarkt der Süddeutschen Zeitung konzentriert sich schwerpunktmäßig auf den süddeutschen Raum. Die Stellenangebote in der ZEIT beziehen sich in erster Linie auf den öffentlichen Dienst sowie den Bereich Forschung und Lehre.

Stellenanzeigen für Ingenieure finden sich auch in einigen allgemein verbreiteten **Fachzeitschriften** (z.B. VDE-Zeitschriften ETZ, NTZ usw.), in den **Mitteilungsblättern von Fachverbänden** sowie in Regionalzeitungen. Die VDI-Nachrichten bieten darüber hinaus einen sogenannten „Bewerberservice" an und ermöglichen wie auch der VDE relativ preiswerte Inserate für Stellengesuche.

Neben dem allgemeinen Stellenmarkt gibt es speziell für Studenten und Hochschulabsolventen weitere **Informationsquellen**: So enthalten beispielsweise viele Vorlesungsverzeichnisse und Hochschulzeitungen Stellenanzeigen für Hochschulabsolventen. Zunehmend nutzen Unternehmen auch die Mitteilungsbretter in den Hochschulen und in den Instituten, um Stellenangebote zum Aushang zu bringen. Darüber hinaus verfügen die Unternehmen über spezielle, an Studenten und Nachwuchskräfte gerichtete Broschüren, die über das Unternehmen, die Startprogramme sowie die Entwicklungsmöglichkeiten informieren. Hilfreich sind schließlich insbesondere auch die sogenannten **„Recruitment-Broschüren"** mit Informationen zum Berufsstart von Hochschulabsolventen. Auch das vorliegende Buch, das jährlich erscheint, gibt einen repräsentativen Überblick über aktuelle Stellenangebote. In der Firmen-Dokumentation (Sektion XII) finden sich darüber hinaus ergänzende Firmeninformationen sowie Hinweise zu Startprogrammen und Bewerbungsverfahren. Vor Einreichung einer schriftlichen Bewerbung empfiehlt es sich in jedem Fall, telefonisch mit der Personalabteilung Kontakt aufzunehmen. Die meisten Großunternehmen haben Personalreferenten speziell für Ingenieure. Wer den Direkteinstieg in einen bestimmten Funktionsbereich anstrebt, kann sich auf diesem Wege über freie Anfangspositionen näher informieren.

Auch das Internet entwickelt sich zunehmend zu einem Medium für Jobsucher. Nützlich sind insbesondere einige in jüngster Zeit entstandene **Internet-Stellenmärkte**. Mit steigender Tendenz bieten die Unternehmen offene Stellen auch im Internet an. Eine weitere Form der Datenbanken stellen sogenannte „Stellenbörsen" dar. Hier können Bewerber sich online über Stellenangebote unterschiedlichster Firmen informieren. Die angebotenen Stellen können sowohl eine Zusammenstellung von Stellenanzeigen aus unterschiedlichen Tageszeitungen sein, als auch Angebote beinhalten, die ausschließlich über die elektronischen Medien von kommerziellen Anbietern veröffentlicht werden. Im zuletzt genannten Fall erfolgt eine Bewerbung in der Regel über den kommerziellen Anbieter, der als Vermittler agiert. Sofern es sich um eine Datenbank im Internet handelt, haben die Anbieter teilweise schon die Möglichkeit geschaffen, Bewerbungen direkt online vorzunehmen. Da bisher noch wenig Erfahrungswerte vorliegen, fahren die meisten Unternehmen derzeit allerdings meist noch zweigleisig, indem sie den Personalbedarf sowohl über das Internet als auch über traditionelle Printmedien kommunizieren. Eine Ausnahme stellt der DV- und Multimedia-Bereich dar, für den es schon eine ganze Reihe etablierter Jobbörsen gibt. Hier wird vorausgesetzt, daß sich die Zielgruppe bereits bestens mit den neuen Medien auskennt und diese auch intensiv nutzt. Für den Stellungssuchenden bietet die beschriebene Entwicklung den Vorteil, daß er überregional - auch im Ausland - und gezielt nach bestimmten Kriterien geeignete Angebote suchen kann. Eine Bewerbung unter Bezugnahme auf eine Stellenausschreibung im Internet bietet darüber hinaus den Vorteil, daß der Bewerber hiermit signalisiert, daß er mit den neuen Medien souverän umzugehen weiß.

Speziell für Hochschulabsolventen und Nachwuchskräfte wird derzeit der Internet-Dienst „perspektiven-online" aufgebaut. Neben ausführlichen Portraits von über 120 an Jungakademikern interessierten Arbeitgebern finden sich hier auch aktuelle Stellen- und Praktika-Angebote.

Perspektiven-online ergänzt damit die CD-ROM *„Perspektiven"*, die neben einer umfangreichen Unternehmensdatenbank ausführliche Informationen zur Berufsplanung und ein interaktives Bewerbungstraining umfaßt (siehe Literaturempfehlungen).

Right place
Right time
Wrong decision

Machen Sie den richtigen Zug?

Mensch gegen Maschine. Wer hätte gedacht, daß Garry Kasparow versuchen würde, einen Computer zu schlagen, indem er wie ein Computer spielte, statt menschliche Intelligenz einzusetzen. Zur richtigen Zeit am richtigen Ort zu sein, ist keine Garantie für Erfolg. Eine Karriere bei Andersen Consulting, einer der weltweit führenden Unternehmensberatungen für Management und Technologie, ermöglicht Ihnen, die richtigen Entscheidungen zu treffen – in jedem Spiel. Weil wir in Unternehmen die Schlüsselbereiche Strategie, Technologie, Prozesse und Menschen in Einklang bringen, erzielen wir die richtigen Ergebnisse für unsere Kunden – und bieten hervorragende Karrierechancen für Hochschulabsolventen. Sie denken, daß Sie bei Andersen Consulting am richtigen Platz sind, um die richtigen Entscheidungen zu treffen? Dann ist jetzt der richtige Zeitpunkt, uns zu kontaktieren.

Andersen Consulting, Graduate Recruiting Department, Otto-Volger-Straße 15, 65843 Sulzbach/Ts.

ANDERSEN CONSULTING

Andersen Consulting Karriere-Hotline: 06196/575757

ww.ac.com/careers/westeurope

Eine klassische Stellenanzeige gliedert sich in der Regel nach folgendem Schema und kann entsprechend analysiert werden.

1. Informationen zum Unternehmen

O Branche

O Größe/Marktstellung

O Produktionsprogramm/Dienstleistungsangebot

O Standort

2. Informationen zur Position und zum Aufgabengebiet

O Stellen-/Aufgabenbeschreibung

O Anfangs- und Zielposition/Aufstiegsmöglichkeiten

O Art, Umfang und Dauer von Einarbeitungsmaßnahmen

O gewünschter Eintrittstermin

O Vergütung und Zusatzleistungen (werden nur sehr selten offengelegt)

3. Anforderungen an den Bewerber

O Studienrichtung/Wahlfächer

O evtl. Berufserfahrung

O Sprachkenntnisse

O Fach- und Spezialkenntnisse

O Alter

O Mobilität/Reisebereitschaft

4. Informationen zum Bewerbungsverfahren

O Inhalt und Umfang der Bewerbungsunterlagen

O ggf. Hinweis, daß telefonische Vorabinformation möglich ist

O ggf. Informationen zum Auswahlverfahren, z.B. Einzelgespräch oder Gruppen- auswahlverfahren/Assessment Center

In der Regel finden sich Hinweise, ob Berufserfahrung gefordert wird. Bei Positionen mit den Stichworten „Leitung", wie z.B. Vertriebsleiter(in) oder Personalchef(in), oder bei Stellenange- boten mit klaren Hinweisen auf langjährige Berufserfahrungen ist die Sache eindeutig. Bei den Formulierungen „Der Bewerber sollte Berufserfahrung mitbringen" oder „möglichst mit Berufser- fahrung" können sich auch Berufsanfänger - sofern die anderen Voraussetzungen stimmen - bewerben und mitunter das Rennen machen.

! *Wenn ein telefonischer Vorabkontakt angeboten wird, sollte dieses Angebot genutzt werden. Der Bewerber kann hier zusätzliche Informationen erhalten und bereits abklären, ob eine schriftliche Bewerbung sinnvoll ist. Dies erspart unter Umständen Arbeit und vergebliche Hoffnungen. In jedem Falle sollte dieses Telefonat aber gut vorbereitet werden, da der Unternehmensvertreter hierbei – wie auch bei einer eventuellen Terminab- stimmung zum Vorstellungsgespräch – bereits einen ersten persönlichen Eindruck vom Bewerber erhält.*

Leistung ist der Weg.
Karriere das Ziel.

Zugegeben, es bieten sich interessante Perspektiven, die beruflichen Erfolg versprechen. Dabei entscheiden sich viele für den vermeintlich leichteren Weg. Aber es gibt auch Menschen, die andere Prioritäten setzen. Top-Hochschulabsolventen wie Sie, deren Ziel es ist, Karriere zu machen. Dafür ist nicht nur eine gezielte Förderung notwendig. Ebenso wichtig ist Ihre Bereitschaft, Besonderes zu leisten.

Bei der Deutschen Bank, einem der international führenden Finanzdienstleister, steht der Führungsnachwuchs im Zentrum des Interesses. Wir wissen, Ihr Erfolg ist auch unserer.

Mit unserer individuellen Traineeausbildung sprechen wir High-Potentials an, deren Leistungswille mit überdurchschnittlicher Leistungsfähigkeit übereinstimmt. Nachwuchsführungskräfte wie Sie, die bei ihrem Aufstieg auch beschwer-

liche Wege nicht scheuen. Eben Menschen mit Biß!

Persönlichkeit – insbesondere Loyalität und Integrität –, Weltoffenheit, Einfallsreichtum und gute Englischkenntnisse sind die Eckpunkte des Eignungsprofils für unser Traineeprogramm. Es wird auf Ihre Bedürfnisse ausgerichtet und folgt dem Motto: so kurz wie möglich, so lang wie nötig.

Wirtschaftswissenschaftler, -informatiker, -mathematiker und -ingenieure passen ebenso zu uns wie Juristen. Dabei zählt für uns jedoch weniger die Studienrichtung

als vielmehr die Art und Weise, wie Sie Ihr Studium gestaltet und welche praxisrelevanten Erfahrungen Sie darüber hinaus gesammelt haben. Auslandsaufenthalte, Praktika, studienbegleitende Aktivitäten, besondere Talente – alles das kann für Ihre Karriere und unsere Bank interessant sein. Flexibilität, Teamgeist und uneingeschränkte Mobilität sind ebenso unerläßlich wie die Fähigkeit, kundenorientiert zu handeln. Sofern Sie über Spezialkenntnisse, z. B. im Handels-, EDV-, Controllingbereich oder in Corporate Finance verfügen, steht Ihnen auch der Direkteinstieg offen.

Überzeugen Sie sich selbst: Um Erfolg zu haben, muß man aktiv etwas dafür tun:
Wir, indem wir Sie fördern.
Sie indem Sie unsere Herausforderungen annehmen – und bewältigen.

Deutsche Bank AG
KD Personal Eschborn
Susanne Eisert
60262 Frankfurt
Tel. 0 69 / 9 10 69 78 9

■ Reden wir darüber.

Deutsche Bank ◪

5.2. Eigenes Stellengesuch

Stellengesuche demonstrieren **Eigeninitiative** und geben so zu erkennen, daß der Bewerber seine Berufsplanung aktiv in die Hand nimmt. Deshalb werden die entsprechenden Rubriken in den überregionalen Tageszeitungen, in brancheninternen Mitteilungsblättern und anderen fachspezifischen Publikationen auch aufmerksam von Unternehmen und Personalberatern verfolgt. In einem ersten Schritt gilt es, das geeignete Medium auszuwählen. Sodann kommt es ganz entscheidend darauf an, die fachlichen und persönlichen Qualifikationen wie auch die eigenen Berufsziele präzise zu formulieren. Denn ein Stellengesuch ist eine Bewerbung in Kurzform. Zugleich ist jedoch zu berücksichtigen, daß jede Präzisierung der beruflichen Zielvorstellungen eine Einschränkung bedeutet und damit die Erfolgschancen auch wieder schmälern kann.

Im allgemeinen kommt dem Eigeninserat im Vergleich zu anderen Kontaktaufnahmemöglichkeiten eine geringere Bedeutung zu. Speziell für Hochschulabsolventen, die bereits über konkrete berufliche Zielvorstellungen oder regionale Präferenzen verfügen, kann es aber eine erfolgversprechende Ergänzung anderer Bewerbungsaktivitäten darstellen. Es kann zusätzliche Kontakte herstellen und Einsatzmöglichkeiten aufzeigen, auf die Sie von alleine gar nicht gekommen wären. Insofern kann das Schalten einer Anzeige Ihr Einsatzspektrum erweitern.

In den letzten Jahren sind als neues Instrument der Stellenvermittlung zahlreiche Absolventen-Kataloge bzw. Datenbanken entstanden. Diese werden als Printmedium, im off-line-Verfahren (Diskette, CD-ROM), online (in der Regel Internet) oder als Kombination der genannten Medien angeboten. Stellensuchende stellen hierbei ihre bewerbungsrelevanten Daten zur Verfügung, die nach einem meist standardisierten Raster strukturiert und interessierten Unternehmen in anonymisierter Form präsentiert werden. Sofern der Abgleich zwischen Anforderungs- und Qualifikationsprofil positiv ausfällt, werden nach vorheriger Abstimmung mit dem Bewerber dem potentiellen Arbeitgeber die vollständigen Bewerberdaten zur Verfügung gestellt, so daß dieser mit dem Kandidaten Kontakt aufnehmen kann. Dieser Service ist je nach Anbieter kostenlos oder wird mit bis zu DM 200,- berechnet.

5.3. Bundesanstalt für Arbeit

Nach Auflösung der „Fachvermittlungsdienste für besonders qualifizierte Fach- und Führungskräfte" im Oktober 1996 richtete die Bundesanstalt für Arbeit sogenannte Hochschulteams ein. Als hochschulnahe Zentren werden diese zukünftig mit ihrem Beratungs- und Vermittlungsangebot an Standorten mit mehr als 25.000 Studierenden, Absolventen und Akademikern in den ersten Berufsjahren zur Verfügung stehen. Die Einrichtung der Hochschulteams an Standorten mit geringeren Studentenzahlen ist in das Ermessen der örtlichen Arbeitsämter gestellt. Anders als in der Vergangenheit werden Berufsberatung und Arbeitsvermittlung nun aus einer Hand angeboten.

Die **Zentralstelle für Arbeitsvermittlung** befaßt sich mit der Beratung und Vermittlung von oberen Führungskräften. Die in die ZAV integrierte Auslandsabteilung wiederum ist für die internationale Arbeitsvermittlung zuständig. Im Rahmen des EURES-Projektes der EU-Kommission hat die Bundesanstalt für Arbeit darüber hinaus speziell ausgebildete Euro-Berater/innen bei zahlreichen Arbeitsämtern eingesetzt, die bei Fragen der Arbeitsaufnahme im europäischen Ausland wichtige Hilfestellungen geben können.

Leading into the Future

Natürlich zählt Ford schon lange zu den wirklich internationalen Firmen. Trotzdem stellt es einen völlig anderen Ansatz dar, wenn wir uns als *globales* Unternehmen verstehen.

Es bedeutet zum Beispiel, daß wichtige Unternehmensentscheidungen wie Produktplanungen, Fertigungskonzepte, Marketing- und Einkaufsstrategien weltweit ausgerichtet werden.

Daraus folgt, daß wir neben dem lokalen immer auch den globalen Blickwinkel benötigen.

Wir? – Sie! Denn wir stellen in jeder Hinsicht hohe Anforderungen an unsere künftigen Führungskräfte.

Wenn Sie sich durch Internationalität besonders herausgefordert fühlen und auch sonst gerne Grenzen überschreiten, sollten Sie mit uns Kontakt aufnehmen.

Ford-Werke AG
Personalabteilung
NM/IRN-14
z.H. Herrn W. Dohlen
50725 Köln

FORD. DIE TUN WAS.

Das Beratungsangebot der Bundesanstalt für Arbeit wird durch eine Reihe von Publikationen wie z.B. UNI oder spezielle Arbeitsmarkt-Informationen ergänzt. Darüber hinaus werden in der wöchentlich erscheinenden Zeitung „Markt und Chance" Stellengesuche veröffentlicht und an interessierte Arbeitgeber versandt.

Seit neuestem bietet die Bundesanstalt für Arbeit Stellenangebote für Hochschulabsolventen sowie weitere Informationen auch online an. Im Rahmen des Informationsdienstes „Arbeitsamt online" können über T-Online (*69100# oder *Arbeitsamt#) folgende Informationen abgefragt werden:

○   SIS = ein Stellen-Informations-Service

○   AIS = ein Arbeitgeber-Informations-Service

○   AIT= die Arbeitsamt-Info-Thek, die allgemeine Informationen enthält.

5.4. Personalberater und Arbeitsvermittler

Nicht nur für obere Führungskräfte, auch für Hochschulabsolventen stellen Personalberater oder Arbeitsvermittler einen wichtigen Ansatzpunkt für die Kontaktaufnahme zu Unternehmen dar. Grundsätzlich unterscheiden sich Personalberater und Arbeitsvermittler dahingehend, daß bei einem Personalberater stets das suchende Unternehmen der Auftraggeber ist, während im Falle der Arbeitsvermittlung auch der Bewerber als Auftraggeber auftreten kann. Allerdings dürfen dem Bewerber hierdurch keine Kosten entstehen.

In der Regel stellt die Zielgruppe der Hochschulabsolventen keinen Schwerpunkt des Beratungsgeschäftes dar. Zahlreiche Personalberater übernehmen jedoch Aufträge im Nachwuchsbereich, da sie einen guten Kunden vollständig, d.h. auf allen Hierarchieebenen, bedienen möchten. Für den Bewerber besteht die interessante Perspektive, daß, wenn der Kontakt im Rahmen des eigentlichen Projektes nicht zum gewünschten Erfolg führt, der Berater im allgemeinen über weitere Kontakte verfügt, aus denen sich berufliche Optionen für den Bewerber ergeben können. Ein seriöser Berater wird solche Kontakte erst dann in Betracht ziehen, wenn ein Kandidat für einen laufenden Auftrag sicher nicht mehr in Frage kommt. Entsprechend sollte auch der Bewerber seine Ambitionen bis zu diesem Zeitpunkt auf das betreffende Projekt konzentrieren.

Personalberater setzen unterschiedliche Such- und Auswahlmethoden ein und können den Kontakt zu Hochschulabsolventen sowohl über Anzeigen in Printmedien als auch unmittelbar auf dem Campus aufnehmen. Erfolgt die Kontaktaufnahme über Anzeigen in Printmedien, kann der Grad der Involvierung des Personalberaters sehr unterschiedlich sein. Teilweise ist er als Berater in den gesamten Auswahlprozeß einbezogen, teilweise fungiert er lediglich als „Briefkasten" oder Personal-Werbe-Service, wobei unter Berücksichtigung von Sperrvermerken die Bewerbungsunterlagen mit oder ohne Kommentar an den Auftraggeber weitergeleitet werden.

Auf dem Campus tritt der Personalberater über persönliche Kontakte zu Professoren, über Aushänge oder im Rahmen von Veranstaltungen in Kontakt zu examensnahen Studenten und Absolventen, wobei das suchende Unternehmen zum Teil genannt wird, zum Teil aber auf eigenen Wunsch auch anonym bleibt.

Vielfach bieten auch Personalberater einen telefonischen Vorabkontakt an, der vom Bewerber genutzt werden sollte. In diesen Informationstelefonaten werden im allgemeinen zahlreiche wertvolle Informationen zum Unternehmen und zur Position gegeben, die dem Kandidaten die Bewer-

Software für individuelle Informationssysteme

Unser Team braucht Verstärkung. Deshalb suchen wir

für München, Frankfurt, Düsseldorf und Hamburg

Software-Ingenieure

Unsere Kunden sind namhafte Unternehmen der verschiedensten Branchen. Wir entwickeln für sie individuelle Betriebliche Informationssysteme, mit denen sie ihr Kerngeschäft effizient organisieren, und wir beraten sie dabei.

Unsere Software ist maßgeschneidert und wird lange leben, zwei bis drei Jahrzehnte. Deshalb strukturieren wir sie sorgfältig – objektorientierte Methodik und Schichtenarchitektur sind dabei unsere wichtigsten Software-Engineering-Prinzipien. Wir entwickeln Software mit allen gängigen Programmiersprachen für unterschiedliche Systemplattformen, für zentrale und dezentrale Systeme für Client/ Server-Architekturen mit Middleware und modernen Benutzeroberflächen.

Unsere Projekte reichen von der Problemanalyse über die fachliche Spezifikation, die softwaretechnische Konstruktion, die Programmierung und den Test bis hin zur Einführung und Wartung. Die größeren Projekte erfordern einen Aufwand von einigen zig Bearbeiterjahren und dauern mehrere Jahre. Sie sind immer anspruchsvoll, oft anstrengend, manchmal schwierig und nur mit Teamgeist zu schaffen, meist in enger Kooperation mit dem Kunden.

Unser Team, das sind über 400 Menschen in München, Frankfurt, Düsseldorf und Hamburg, hochqualifizierte Software-Ingenieure mit einem (Fach-)Hochschulabschluß, vorwiegend in Informatik sowie in Mathematik, ingenieur-, natur- oder wirtschaftswissenschaftlichen Fächern, im Durchschnitt knapp über 30 Jahre jung, überzeugende Persönlichkeiten mit hohem fachlich-technischen Knowhow, leistungsfähig, motiviert und stets bestrebt, für ihren Kunden ein optimales Ergebnis zu erzielen.

Wir freuen uns auf neue Kolleginnen und Kollegen, die im Beruf die Herausforderung suchen.

Wenn Sie in unser Team passen… Wenn es Sie reizt, in anspruchsvollen Projekten gefordert zu werden… Wenn Sie Spaß haben, mit einem erfolgreichen Unternehmen weiter zu wachsen und sich den Anforderungen unserer Kunden zu stellen… …dann schreiben Sie uns unter Angabe des bevorzugten Einsatzortes und Ihrer Gehaltsvorstellung.

Hamburg
Düsseldorf
Frankfurt
München

s | d & | m
software | design & | management

sd&m
**software design & management
GmbH & Co. KG**
Thomas-Dehler-Straße 27
81737 München

http://www.sdm.de

bung erleichtern, auch wenn der Name des Unternehmens vielfach in dieser Phase noch nicht bekanntgegeben wird. Meist haben diese Telefonate zugleich den Zweck, einen ersten Eindruck vom Bewerber zu erhalten, der später mit dem Eindruck der schriftlichen Bewerbung verglichen wird. Entsprechend wichtig ist eine umfassende Vorbereitung des Telefonats.

Zumeist führt der Personalberater die Erstgespräche und empfiehlt dem suchenden Unternehmen mehrere Kandidaten zur Vorstellung. Spätestens in diesem Erstgespräch erfährt der Bewerber den Namen des Unternehmens. Im Rahmen des Vorstellungsgesprächs beim Auftraggeber, das teilweise mit, teilweise jedoch auch ohne Anwesenheit des Personalberaters stattfindet, entscheiden dann meist sehr persönliche Gesichtspunkte sowie die Integrationsfähigkeit des Kandidaten in die Unternehmenskultur über die endgültige Auswahl. Gelegentlich steht der Berater auf Top-Management-Ebene auch als „Coach" in der Einarbeitungsphase zur Verfügung.

5.5. Direktkontakte zu potentiellen Arbeitgebern

Im Unterschied zu den mediengestützten Kontaktwegen ermöglichen Direktkontakte den unmittelbaren, persönlichen Dialog zwischen potentiellem Arbeitgeber und Nachwuchskraft. Wichtige Kontaktmöglichkeiten sind u.a.:

❍ Hochschulmessen	❍ Praxisorientierte Diplomarbeiten
❍ Fachmessen	❍ Studienbegleitende Praxisphasen
❍ Firmenpräsentationen/Betriebsbesichtigungen	❍ Fachseminare/Workshops/Kongresse
❍ Exkursionen	

Hochschulmessen

Eine beliebte Möglichkeit der Kontaktaufnahme zu potentiellen Arbeitgebern sind Personalmessen, auch Kontakt- oder Karrierebörsen genannt. Ein- bis zweimal pro Jahr können hier Studenten mit Personalmanagern und Vertretern der Wirtschaft zusammentreffen. Die meist eintägigen Campusveranstaltungen bieten den Vorteil, daß man sich in zwangloser Atmosphäre über das Unternehmen (Unternehmenskultur, Führungsstil, Produktpalette etc.) sowie über Anforderungsprofile, Tätigkeitsfelder, Einstiegs- und Entwicklungsmöglichkeiten, Praktika oder praxisorientierte Diplomarbeiten informieren kann. Zugleich bieten diese Veranstaltungen die Gelegenheit, sich einen Überblick über den Arbeitsmarkt zu verschaffen. Frei zugängige Personalmessen sind häufig stark überlaufen. Eine wachsende Zahl von Veranstaltern bietet daher parallel oder auch im Anschluß an die Messe Raum für eine intensive Kommunikation in Form von Workshops und Einzelgesprächen. Sofern man dieses Angebot nutzt, sollte man sich bewußt machen, daß hier bereits ein erster Abgleich von Qualifikations- und Anforderungsprofil erfolgt. Entsprechend empfiehlt sich eine gute Vorbereitung.

Bei der Mehrzahl der Veranstalter von Hochschulmessen handelt es sich um studentische Organisationen, teilweise jedoch auch um professionelle Anbieter:

- ○ AEGEE
- ○ AIESEC
- ○ Arbeitskreis „Industrie Direkt"
- ○ Bonding e.V.
- ○ DSV-Studenten-Verlag
- ○ ECON Economy Contacts

- ○ EMDS Consulting GmbH
- ○ ESTIEM
- ○ IESTE
- ○ VDI-Hochschulgruppen
- ○ VWI-Hochschulgruppen

Fachmessen

Fachmessen und Ausstellungen sind ein gutes Medium, um sich einen Überblick über Branchen und dort tätige Unternehmen zu verschaffen. Gespräche mit Vertretern aus den Fachabteilungen der Unternehmen stellen eine Gelegenheit dar, Informationen über die Produktpalette sowie insbesondere auch über Tätigkeitsfelder und Laufbahnen zu gewinnen. Diese Kenntnisse und Kontakte können klare Vorteile im Hinblick auf eine spätere Bewerbung bringen.

Seit einigen Jahren werden Fachmessen darüber hinaus auch als Plattform für Aktivitäten der Personalwerbung genutzt. Firmenspezifische Broschüren und Computerterminals geben Auskunft über Einstiegs- und Entwicklungsmöglichkeiten, darüber hinaus stehen den Interessenten vielfach auch Personalverantwortliche als Gesprächspartner zur Verfügung. Teilweise besteht auch die Möglichkeit, intensivere Gespräche in eigens eingerichteten Besprechungsräumen zu führen. Sofern von dieser Möglichkeit Gebrauch gemacht wird, sollte man sich natürlich auch darüber im klaren sein, daß man sich dabei bereits in ein Vorstellungsgespräch, d.h. eine Testsituation, begibt. Die Mitnahme von kompletten Bewerbungsunterlagen zu solch einem Messebesuch ist ratsam, um diese im Bedarfsfall dem Gesprächspartner überlassen zu können. Auch wenn der Messegesprächspartner nicht direkt für die in Frage kommende Stellenbesetzung zuständig ist, wird er die Unterlagen mit einem entsprechenden Kommentar an den zuständigen Kollegen weitergeben. Über diesen persönlichen Kontakt lassen sich die Chancen der Bewerbung entscheidend verbessern.

Eine umfassende und aktuelle Übersicht über wichtige Fachmessen kann im Internet unter Staufenbiel.de in der Info-Börse abgerufen werden. Die Anschriften der wichtigsten Messegesellschaften sind darüber hinaus unter den Kontaktadressen in der vorliegenden Publikation aufgeführt.

Sonstige Veranstaltungen

Auch Firmenpräsentationen und Betriebsbesichtigungen stellen eine geeignete Gelegenheit dar, sich sehr detailliert über ein bestimmtes Unternehmen zu informieren. Sofern die Veranstaltung auf dem Firmengelände stattfindet, können aufgrund des direkteren Realitätsbezuges zum betrieblichen Alltag fundierte Informationen sowie zum Teil auch erste Eindrücke im Hinblick auf Betriebsklima und Firmenkultur gewonnen werden.

Auch im Rahmen von Fachseminaren, Workshops, Sommerakademien und Kongressen haben Studierende vielfach die Chance, sich über Einstiegsmöglichkeiten zu informieren und erste Kontakte zu knüpfen.

Studienbegleitende Praxisphasen

Praxiskontakte in Form von Werkstudententätigkeiten, Praktika, studienbegleitenden Trainee-Programmen, freier Mitarbeit oder auch praxisorientierten Diplomarbeiten bzw. Dissertationen erweisen sich bei späteren Bewerbungen häufig als ausgesprochen hilfreich. Die Gründe hierfür sind vielfältig: Zum einen bieten studienbegleitende Praxisphasen der Nachwuchskraft die Möglichkeit, berufliche Interessengebiete zu überprüfen oder neue zu entdecken und das Studium entsprechend auszurichten. Auf diese Weise können die persönliche Eignung überprüft und berufliche Fehlentscheidungen vermieden werden – ein klarer Vorteil für Bewerber und Unternehmen.

Zum anderen bieten die Praxiskontakte den Unternehmen die Möglichkeit, die potentielle Nachwuchskraft in der betrieblichen Realität über einen längeren Zeitraum durch mehrere Unternehmensvertreter beobachten zu lassen. Auf dieser Basis kann eine sehr viel höhere Entscheidungssicherheit im Hinblick auf eine etwaige Festanstellung erzielt werden. Hinterläßt die Nachwuchskraft einen guten Eindruck, wird das Unternehmen daher meist versuchen, den Kontakt in Form von regelmäßigen schriftlichen Informationen, persönlichen Gesprächen oder aber durch eine kontinuierliche Mitarbeit aufrecht zu erhalten. Nach Studienabschluß erübrigt sich in diesen Fällen meist eine aufwendige Einarbeitung, was sich - ebenso wie die auf den unterschiedlichsten Ebenen geknüpften Kontakte - bei dem Bemühen um eine Festanstellung nach dem Studium oft als großer Vorteil erweist.

Fazit

Zusammenfassend kann die Empfehlung ausgesprochen werden, die zahlreichen Möglichkeiten zum Praxiskontakt frühzeitig wahrzunehmen. Sie sind ein wichtiger Ansatzpunkt bei der konkreten Stellensuche nach dem Studium. Daß der so entstandene Kontakt zwischen Stellensuchendem und -anbieter unvergleichlich größere Erfolgschancen bietet als die anonyme Bewerbungsmappe zwischen 100 weiteren nach einer samstäglichen Stellenausschreibung, bedarf wohl keiner weiteren Erläuterung.

Gegenüber einem „passiven" Bewerbungsverhalten zeichnen sich die beschriebenen alternativen Kontaktmöglichkeiten zu potentiellen Arbeitgebern dadurch aus, daß der Bewerber selbst aktiv wird. Er analysiert die eigenen Stärken und Schwächen, sucht die passenden Branchen, Unternehmen und Tätigkeitsfelder, qualifiziert sich entsprechend und tritt letztlich selbst auf die verschiedensten Weisen an mögliche Arbeitgeber heran. Diese Vorgehensweise dokumentiert eine hohe Motivation und ein besonderes Engagement des Bewerbers, der sich auf diese Weise einen entscheidenden Wettbewerbsvorteil gegenüber den Mitbewerbern sichern kann.

6. Die schriftliche Bewerbung

Das richtige **Timing** ist bei Bewerbungen von zentraler Bedeutung. Reichte es früher aus, sich kurz vor Studienabschluß um eine Erstanstellung zu bemühen, ist dies heute nicht mehr zu empfehlen. Denn wenn das Studium erst ganz abgeschlossen und noch keine Stelle in Aussicht ist, nimmt der Druck unweigerlich zu und es entstehen Lücken im Lebenslauf. Zeiten der Beschäftigungslosigkeit sind dann in den Unterlagen zu dokumentieren und bei Vorstellungsgesprächen zu erklären. Um dies zu vermeiden, ist bereits während der letzten zwei bis drei Semester eine Orientierung auf dem Arbeitsmarkt sinnvoll. Die Bewerbung im engeren Sinne, also das

Eigener Kopf,
eigene Ideen, eigene Ziele?
Herzlich willkommen!

„Wenn man das Unternehmen Philips richtig begreift, wird man staunen, welche Freiräume man hat." Dieses Zitat einer zukünftigen Führungskraft zeigt, daß Sie bei uns bestimmt kein bequemes Leben erwartet, dafür aber ein Veränderungs-Potential, das seinesgleichen sucht. Darauf sind wir stolz, denn wo sonst finden Sie als Berufseinsteiger noch die sichere Chance, mit Eigensinn Karriere zu machen? Wir sagen Ihnen gerne mehr zu unserer Kultur: Philips Management Development, Herrn Söntke Visser, Steindamm 94, 20099 Hamburg, Tel. 0 40/28 99-21 69.   *http://www.philips.com*

Let's make things better.

PHILIPS

Versenden von Bewerbungsunterlagen, sollte – zeitlich konzentriert – etwa ein halbes Jahr vor Studienabschluß stattfinden. Dies bietet den Vorteil, daß man die verschiedenen Alternativen und Angebote zeitnah vergleichen und eine gewisse Routine und Professionalität als Bewerber entwickeln kann. Dabei ist zu bedenken, daß sich der Bewerbungsprozeß vom Einreichen der Unterlagen bis zu einer endgültigen Entscheidung über zwei bis drei Monate hinziehen kann.

Die schriftliche Bewerbung ist als „Hürde" vor dem Vorstellungsgespräch von zentraler Bedeutung. Sie muß dem Unternehmen die Entscheidung ermöglichen, ob der Bewerber grundsätzlich zu der Aufgabe (möglichen anderen freien/freiwerdenden Stellen) und zu dem Unternehmen paßt – und zwar besser als seine Mitbewerber.

> Die Kunst der Bewerbung liegt in der – an einer speziellen Position orientierten – gezielten Zusammenstellung von Informationen über die eigenen Qualifikationen und Voraussetzungen und deren ansprechender und vollständiger Darstellung. Dies gilt nicht allein für das Anschreiben, sondern auch für den Lebenslauf, der für jede Bewerbung (natürlich der Wahrheit entsprechend) individuell gestaltet werden sollte.

Stellt ein Bewerber inhaltlich wenig Bezug zum Unternehmen bzw. zu der Aufgabe her, könnte daraus abgeleitet werden, daß er sich nicht richtig für die Aufgabe interessiert bzw. sich nur oberflächlich mit dieser auseinandergesetzt hat. Tippfehler können als mangelnde Sorgfalt bzw. Arbeitsungenauigkeit interpretiert werden. Ebenso werden auch Fehler in Grammatik, Orthographie und Interpunktion besonders negativ bewertet. Besonders häufige Fehler sind zu lange Sätze und der ständige Gebrauch des erweiterten Infinitivs. Für den überaus wichtigen Schritt der ersten Kontaktaufnahme gilt: „Fehlerfrei, nicht fehlerarm!".

Zu einer vollständigen Bewerbung gehören folgende Unterlagen:

○ Individuelles Anschreiben (ca. 1 Seite, max. 1,5 einzeilig beschriebene Seiten)

○ Tabellarischer Lebenslauf

○ Arbeits-/Lehr-/Praktikantenzeugnisse soweit vorhanden

○ Diplomzeugnis bzw. Vordiplomzeugnis und Notenspiegel

○ Abitur- bzw. sonstige Schulzeugnisse

○ Foto

Aus fehlenden Unterlagen (Zeugnisse, Notenspiegel) wird häufig geschlossen, daß die entsprechenden Leistungen weniger gut sind. Im Vergleich zu Mitbewerbern können fehlende Unterlagen wegen des erhöhten Bearbeitungsaufwandes bereits das Aus bedeuten. Auf keinen Fall sollten Originalzeugnisse eingereicht werden. Bei Fotokopien ist eine Beglaubigung nicht notwendig.

Eine Bewerbung kann sich positiv abheben, wenn folgende „Grundregeln" beachtet werden:

1. Die Bewerbung sollte möglichst mit dem PC oder einer elektrischen Schreibmaschine mit sauberen Schrifttypen erstellt werden.

2. Die Regeln der Orthographie, Grammatik und Interpunktion müssen beachtet werden.

3. Das Anschreiben sollte zur Profilierung genutzt werden. Zentrale Fragen aus Sicht des Lesers sind: Warum bewirbt sich der Bewerber auf diese Stelle? Warum paßt er zu dem Unternehmen/zum Anforderungsprofil der Stelle? Hat er relevante Qualifikationen, die über das Anforderungsprofil hinausgehen („Zusatznutzen")?

4. Einzelne Fächer bzw. die Diplomarbeit sollten im Anschreiben nur hervorgehoben werden, wenn sie einen Bezug zur Position aufweisen (ansonsten: tabellarischer Lebenslauf).

5. Außergewöhnliche Leistungen und außeruniversitäre Aktivitäten, z.B. Praktika, Auslandsstudium, Minimalstudienzeit, sehr gute Examensnote, gesellschaftspolitisches Engagement sollten im tabellarischen Lebenslauf oder ggf. auch im Anschreiben unbedingt erwähnt werden. Auch wenn diese Aktivitäten/Leistungen nicht in direktem Bezug zur ausgeschriebenen Position stehen, sind sie doch für viele Personalleiter ein Indiz für z.B. Initiative, Interessenbreite, Selbständigkeit, Kontaktfähigkeit oder Leistungsfähigkeit.

6. Umstände, die der Leser als „Schwächen" interpretieren könnte (lange Studiendauer, Fachwechsel, schlechte Noten), sollten erläutert werden. Unterstützung der Familie, finanzielle Gründe, gesellschaftspolitisches Engagement können diese aufwiegen.

7. Auch den möglichen Eintrittstermin und die – sofern in der Anzeige gefordert – ungefähre Gehaltsvorstellung sind anzugeben (Orientierungshilfen siehe Sektion XI „Gehaltsspiegel" und Sektion XII „Firmen-Dokumentation").

8. Falsche Angaben oder Übertreibungen sind in jedem Falle zu vermeiden.

9. Nach Möglichkeit sollten keine Automatenfotos verwendet werden. Bewerber, die das Foto nicht festkleben, sollten auf die Rückseite ihren Namen notieren.

10. Alle Informationen sollten gut zugänglich, Unterlagen in Plastikhüllen ohne Entnahme sichtbar sein. In diesem Zusammenhang sei angemerkt, daß sich die Verwendung von Plastikhüllen aufgrund unerwünschter Lichtreflexe nur bedingt empfiehlt.

11. Unbedingt zu empfehlen ist auch die Angabe der eigenen Telefon-Nummer; dies erleichtert in vielen Fällen eine rasche und unkomplizierte Kontaktaufnahme. Durchaus üblich ist auch die Aufführung von zwei verschiedenen Telefon-Nummern mit Angabe der Zeit, zu der der Bewerber hierunter zu erreichen ist (tagsüber/abends ab ... Uhr). Bewerber, die in einer Wohngemeinschaft oder mit der Familie wohnen, sollten ihre Mitbewohner über mögliche Anrufe in Sachen „Bewerbung" informieren. Dies kann Mißverständnisse oder peinliche Situationen ersparen helfen.

„ Ich suche eine, die mir auf die Sprünge hilft. "

Willkommen in der TK

Im Studium zählt jeder Schein – im Berufsleben noch mehr. Damit auch nach der Uni die Kasse stimmt: Fragen Sie nach unserem Absolvententarif und dem TK-Startset für Berufseinsteiger. Mit Diskette, Bits, Tips, Checklisten und wichtigen Adressen. Gratis per Hotline! Oder direkt in einer unserer 28 Uni-Servicestellen.

→ HOTLINE 0180 - 230 18 18
→ FAX 040 - 69 09 22 58
→ WWW.TK-ONLINE.DE

Techniker Krankenkasse

anspruchsvoll versichert

Eine besondere Bedeutung kommt dem tabellarischen Lebenslauf zu, der vollständig und übersichtlich gestaltet werden sollte. Er muß alle zur Beurteilung einer Person relevanten Informationen über den Lebens-, Studien- und Berufsweg enthalten. Der Lebenslauf sollte eine konsequente Ausrichtung auf die angestrebte Position erkennen lassen; hierzu gehören insbesondere Qualifikationen und Erfahrungen (z.b. selbständiges Projektmanagement, Organisation von Firmenexkursionen, Schulsprecher etc.). Die folgende Checkliste soll bei der Zusammenstellung der Fakten und Daten helfen, wobei man vor allem darauf achten sollte, daß die einzelnen Zeitabschnitte lückenlos, möglichst mit genauen Monatsangaben aufgeführt werden, z.b. 10/95 bis 6/97.

Checkliste

Anschrift	Name (ggf. Geburtsname), Adresse, Telefon, ggf. E-Mail
Personaldaten	Geburtsdatum, Geburtsort, Familienstand, Staatsangehörigkeit
Bildungsgang	Schulzeit, Bundeswehr- bzw. Zivildienst, Hochschule, Studienrichtung, Studienschwerpunkte, Studienstand bzw. -abschluß, Diplomarbeit (sofern Thema Bezug zur angestrebten Stelle hat), Promotion, Studienfächer (evtl. mit Examensnoten), Studienaufenthalte im Ausland
Berufserfahrung	Lehre bzw. Abiturientenausbildung, Praktika, Werkstudententätigkeiten, angestellte oder selbständige Berufstätigkeit während des Studiums, eventuell Grund des Berufswechsels angeben
Zusatzqualifikationen	Außeruniversitäre Aus- und Weiterbildungsmaßnahmen; spezifizierte Angabe von PC-Kenntnissen etc.
Sprachkenntnisse	Sprachkenntnisse differenziert in die drei Kategorien: verhandlungssicher, fließend, Schul- bzw. Grundkenntnisse, eventuell unterteilt nach Wort und Schrift
Außeruniversitäre Aktivitäten/Interessen	Aktivitäten in der Studentenschaft oder studentischen Organisationen, gesellschaftliche Aktivitäten, z.B. in einem Sportverein, im politischen, sozialen oder kulturellen Bereich, Hobbies
Referenzen	Bei Berufsanfängern spielen Referenzen eine untergeordnete Rolle. Referenzpersonen sollten daher erst nach Aufforderung angegeben werden.
Datum und Unterschrift	Mit seiner Unterschrift bestätigt der Bewerber die Richtigkeit seiner Angaben.

Bewerbungsfoto	Ein Foto im Format eines Paßbildes oder etwas größer sollte am besten oben rechts neben den Angaben zu Namen und Anschrift plaziert werden. Alternativ kann für das Foto auch eine seperate Seite (Deckblatt) verwendet werden. Automaten-Schnellfotos sollten nicht vorgelegt werden.

Nach dem Anschreiben und dem tabellarischen Lebenslauf sollten die weiteren Unterlagen - ggf. nach den im Lebenslauf verwendeten Untergliederungen getrennt – chronologisch geordnet werden. Die aktuellsten Unterlagen liegen jeweils obenauf. Als Hochschulabsolvent ist die Bescheinigung des erfolgreichen Studienabschlusses sicher das zentrale Zeugnis. Sofern dieses bei der Bewerbung noch nicht vorliegt, sollte auf jeden Fall der letzte Zwischenabschluß (z.b. **Vordiplom**) beigefügt werden. Um über den aktuellen Leistungsstand zu informieren, empfiehlt es sich, einen **Notenspiegel** anzufertigen. Dies wirkt übersichtlicher als eine Ansammlung kopierter Einzelscheine. Ferner können Studienschwerpunkte deutlicher aufgezeigt werden. Verfügt ein Bewerber über zusätzliche Nachweise besonders erbrachter Leistungen, kann er diese den Bewerbungsunterlagen ebenfalls beifügen, insbesondere wenn sie in Zusammenhang mit der angestrebten Tätigkeit stehen (z.B. **Berufsausbildung** und andere **Praxiserfahrungen**, DV-Kenntnisse, **Sprachkenntnisse**, Teilnahme an relevanten Weiterbildungsveranstaltungen, Veröffentlichungen, etc.). Es kann des Guten jedoch auch zuviel getan werden, indem sämtliche Bescheinigungen beigefügt werden, die die Bewerbung immer voluminöser werden lassen, ohne ihren Informationsgehalt zu erhöhen.

7. Bewerbungen über neue Medien

Während in den USA Bewerbungen per CD-ROM, Video oder im Internet schon längst Standard sind, reagieren die Personalabteilungen hierzulande deutlich zurückhaltender. Kritisch wird hinterfragt, welchen Mehrwert die neuen Bewerbungsformen bieten. Als Nachteil erweist sich vielfach, daß der mit der Sichtung multimedialer Bewerbungen verbundene Aufwand ungleich höher ist als bei traditionellen Bewerbungen in Papierform. Auch sind noch nicht alle Personalabteilungen mit der zur Sichtung multimedialer Bewerbungen notwendigen Hardware ausgestattet. Für den Versand von Kurzbewerbungen scheinen sich Medien wie das Fax und E-Mail dagegen durchzusetzen. Mit einem für beide Seiten relativ geringen Aufwand kann auf diesem Wege geklärt werden, ob der Versand einer vollständigen Bewerbung sinnvoll ist. Für die Vollbewerbung selbst bietet sich allerdings immer noch eher die Papierform an, da hier viel weitreichendere Gestaltungsmöglichkeiten gegeben sind.

IHRE ZUKUNFT BEGINNT HEUTE.

o.tel.o bietet kreativen und engagierten Mitarbeitern die einmalige Chance, ein junges, innovatives Unternehmen von der Startphase an mitzugestalten. Als **Trainee** in den Bereichen

Marketing/Vertrieb
bzw. Technik/Netze
oder direkt in einem Fachbereich

können Sie bei uns einsteigen, wenn Sie Ihr Studium der Fachrichtungen

Wirtschaftsingenieurwesen
Nachrichtentechnik bzw. Elektrotechnik
Wirtschaftsinformatik bzw. Informatik

erfolgreich abgeschlossen und schon erste praktische Erfahrungen in den o. g. Bereichen (idealerweise in der Telekommunikation) erworben haben. Eine hohe Kundenorientierung, überdurchschnittliches Engagement, Teamgeist und gute Englischkenntnisse zeichnen Sie aus.

Sie werden in einem 12monatigen, individuell für Sie zusammengestellten Programm zielgerichtet auf Ihre spätere Aufgabe durch Training on the job und fachbezogene Schulungsmaßnahmen vorbereitet. Als Direkteinsteiger übernehmen Sie schon früh Verantwortung und eigene Projekte. Interessiert? Dann senden Sie bitte Ihre vollständigen Bewerbungsunterlagen an o.tel.o communications GmbH & Co., Personal, Am Bonneshof 35, 40474 Düsseldorf.

o.tel.o ist die Telekommunikationsgesellschaft von VEBA und RWE. Wir bieten heute schon mobile Kommunikation, Business-Anwendungen, Telefon- und Datennetze für Unternehmen, Mehrwertdienste und Kabel-/Digital-TV. Nach der vollständigen Liberalisierung des Telefonmarktes am 1. 1. 98 wird o.tel.o mit neuen Diensten die Telekommunikationsgesellschaft für jeden sein.

http://www.o-tel-o.de

8. Die Vorstellung im Unternehmen

8.1. Zum Ablauf

Auswahlentscheidungen sind immer risikoträchtige Entscheidungen. Dies gilt für den Bewerber und das Unternehmen gleichermaßen. Ausgangsbasis für das Handeln in der Vorstellungssituation ist:

O Der Bewerber strebt einen interessanten Arbeitsplatz mit Entfaltungs- und Entwicklungsmöglichkeiten im Unternehmen an.

O Das Unternehmen sucht einen Mitarbeiter, der den gestellten Anforderungen gerecht wird und in das Unternehmen paßt.

Beide Ziele lassen sich am besten durch Offenheit und Transparenz in der Vorstellungssituation erreichen. Eine realitätsnahe Selbstdarstellung beider Seiten ist im Hinblick auf eine spätere fruchtbare Zusammenarbeit unabdingbar. „Schönfärbereien" - gleich von welcher Seite - entlarven sich meist schon nach kurzer Zusammenarbeit und bedingen z.B. Unzufriedenheit oder hohe Fluktuation.

> Im Einstellungsinterview steht der Informationsaustausch im Vordergrund. Das Unternehmen versucht, aufgrund der Aussagen und des Verhaltens des Bewerbers einen Abgleich von Qualifikationsprofil des Bewerbers und Anforderungsprofil der zu besetzenden Stelle vorzunehmen. Der Bewerber wiederum erhält bei einem Vorstellungsgespräch sowohl weitere Sachinformationen zu der zu besetzenden Stelle als auch Einblick in die Unternehmenskultur. Ganz konkret erlebt er z.B. den vorherrschenden Umgangston, die Räumlichkeiten, die Kleiderordnung etc.

8.2. Die Vorbereitung auf das Vorstellungsgespräch

Zwischen dem Einreichen der Bewerbungsunterlagen und einer möglichen Einladung zu einem Vorstellungsgespräch können durchaus mehrere Wochen vergehen. Es empfiehlt sich, diese Zeit zielgerichtet zu nutzen und die im Vorfeld der Bewerbung über das Unternehmen eingeholten Informationen nochmals gründlich durchzuarbeiten. Je mehr Informationen dem Bewerber über einen möglichen zukünftigen Arbeitgeber vorliegen, desto glaubwürdiger kann er sein Interesse an dem speziellen Unternehmen dokumentieren.

Hinzu kommt, daß von seiten des Unternehmens sehr häufig mit Fragen zu rechnen ist, die das Unternehmen, seine Märkte und Produkte betreffen. So ist es z.B. wenig überzeugend, wenn man sich während des Gesprächs für Auslandseinsätze interessiert, aber nichts über die internationalen Aktivitäten des Unternehmens sagen kann. Wurde von Unternehmensseite vorab Informationsmaterial zur Verfügung gestellt, zählt die Lektüre dieser Unterlagen in jedem Fall zur Vorbereitung auf das Vorstellungsgespräch. Viele Personalverantwortliche ziehen aus der Art der Gesprächsvorbereitung eines Bewerbers Rückschlüsse auf dessen zukünftige Arbeitsweise.

Für den Bewerber ist eine solide Informationsbasis noch aus einem anderen Grund von Vorteil. Sie ermöglicht es, das Gespräch wesentlich selbstsicherer und entspannter zu führen. Auch können qualifizierte und weiterführende Fragen gestellt werden, ohne daß die knappe Zeit durch Verlegenheits- oder Verfahrensfragen wie z.B. „Wieviel Mitarbeiter beschäftigen Sie?" oder „Wann erhalte ich Bescheid über Ihre Entscheidung?" verstreicht.

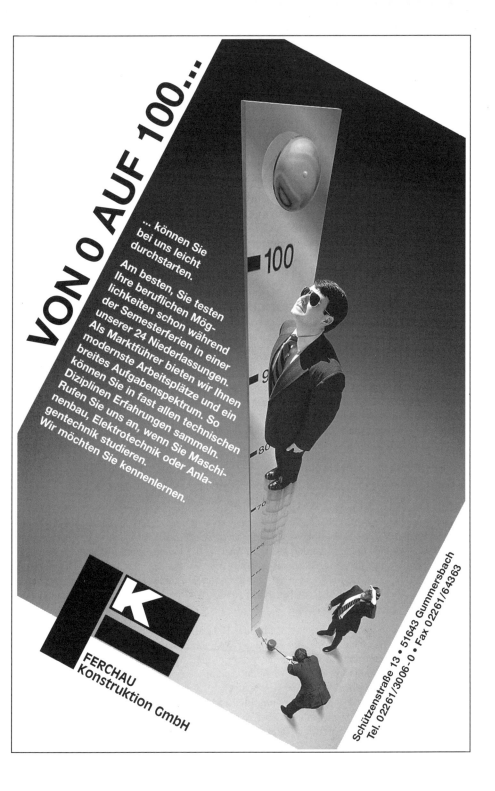

Geschäftsberichte, Firmen- und Produktbroschüren können über die Presseabteilung des Unternehmens angefordert werden. Wertvolle Informationen liefern auch Tages-, Wochen- und Fachpresse sowie Firmenhandbücher wie beispielsweise der „Hoppenstedt" (vgl. hierzu auch die Literaturempfehlungen im Anhang) oder die Firmen-Dokumentation der vorliegenden Publikation. Darüber hinaus erwartet man von dem Bewerber, daß er sich zumindest in groben Zügen über das Tätigkeitsfeld bzw. Berufsbild der ausgeschriebenen Position Gedanken gemacht und Vorstellungen darüber hat. Auch sollte man sich vergewissern, welche Unterlagen man zur Verfügung gestellt hat und sich nochmals die eigenen Zielvorstellungen vergegenwärtigen.

Bei der Anreise sollte unbedingt genügend Zeit eingeplant werden, denn es vergehen z.b. schnell 15 Minuten zwischen dem Abstellen des Pkw auf dem Firmenparkplatz und dem Eintreffen beim Besucherempfang. Es empfiehlt sich, zur vereinbarten Uhrzeit bereits bei dem eigentlichen Gesprächspartner, nicht erst beim Pförtner angelangt zu sein. Solche „Kleinigkeiten" können die Entscheidung manchmal mehr prägen als das Gespräch selbst. Hinzu kommt, daß Wartezeiten auch genutzt werden können, um erste Eindrücke vom „Innenleben" des Unternehmens zu sammeln.

Gravierend kann auch sein, wenn ein Bewerber ohne Rücksprache mit dem Unternehmen von den angebotenen Anreisemodalitäten abweicht. Benutzt er beispielsweise ein Taxi, wo problemlos öffentliche Verkehrsmittel zur Verfügung stehen, könnte daraus geschlossen werden, daß sein Kostenbewußtsein nicht besonders ausgeprägt ist.

Umgekehrt darf ein Bewerber erwarten, daß ihm sein Gesprächspartner zur vereinbarten Zeit zur Verfügung steht. Die Art und Weise, wie ein Unternehmen Bewerber empfängt, welche Atmosphäre im Gespräch geschaffen wird, wie die Aufwendungen der Bewerber ersetzt werden, wie die Gesprächspartner und andere Mitarbeiter des Unternehmens miteinander umgehen, sagt unter Umständen über das Unternehmen mehr aus als alle nach außen gesandten Signale.

8.3. Das Vorstellungsgespräch

Das Vorstellungsgespräch sollte als echter Dialog geführt werden. Überlange Monologe sind für die Gesprächspartner so ermüdend wie übermäßige Wortkargheit anstrengend ist.

Es gibt keine „Muster- oder Standardvorstellungsgespräche". Gelegentlich werden standardisierte Interviewleitfäden verwendet, überwiegend die Gespräche jedoch frei nach einem vorbereiteten Fragenraster geführt. Im Vordergrund steht die Analyse des Lebenslaufes. Es kann davon ausgegangen werden, daß den Unternehmensvertretern die Fakten des tabellarischen Lebenslaufes bekannt sind, so daß diese im Rahmen der Selbstpräsentation zumeist nur kurz wiederholt werden müssen. Dennoch will der Gesprächspartner an der Art der Schilderung erkennen, wie der Bewerber sein Anliegen präsentiert.

Im Zentrum des Gesprächs stehen die Motive des bisherigen Handelns und die Zielvorstellungen des Bewerbers, z.B. welche Motivation hinter der Wahl des Studiums oder der Fächerkombination stand, warum der Bewerber sich auf die ausgeschriebene Position beworben hat, welche Erwartungen und Vorstellungen er mit der Position verknüpft etc. Häufig werden Bewerber auch gebeten, ihre Diplomarbeit inhaltlich wiederzugeben. Sofern es sich hierbei um einen fachfremden Gesprächspartner aus der **Personalabteilung** handelt, kommt es darauf an, die Quintessenz der Arbeit kurz zu skizzieren und dabei zu demonstrieren, daß man anspruchsvolle Themen auch anderen verständlich vermitteln kann. Im Gespräch mit der Fachabteilung sollten Bewerber

PSM oder MBA ?

Managementkompetenz für Nicht-Kaufleute

Ohne bereichs- und funktionsübergreifendes Wissen sowie fundiertes Verständnis für wirtschaftliche Zusammenhänge sind Führungsaufgaben heute nicht mehr erfolgreich zu bewältigen.

Ingenieure, Naturwissenschaftler oder auch Kaufleute ohne betriebswirtschaftliches Studium stoßen daher bei ihrem Weg in Führungspositionen oft an Grenzen.

Die optimale Verbindung von Beruf und Studium

Um die für weiterführende Management-Aufgaben erforderlichen Schlüsselqualifikationen auszubauen, bieten wir Ihnen ab '98 am USW eine interessante Alternative. Über unseren neu konzipierten berufsbegleitenden Managementstudiengang „PSM/MBA" stehen Ihnen nach einem Basisstudium von

neun Monaten zwei Optionen offen:

Option 1: „PSM-Diplom"

Die Aufbaustufe für den Studiengang PSM Postgraduate Studies in Management läuft über 6 Monate.

Option 2: „Global Executive MBA"

Die Aufbaustufe zum Global Executive MBA erstreckt sich über 13 Monate und zielt auf die Anforderungen der globalen Märkte. Für diesen Weg sollten Sie sich entscheiden, wenn Sie Ihre Zukunft stärker im internationalen Management sehen und neben der fachlichen auch ihre soziale und interkulturelle Kompetenz ausbauen wollen.

Kooperationspartner und Programmfakultät

Partner des USW sind die University of Toronto, die City University of Hong Kong und die LIMAK an der Universität Linz. Die Fakultät setzt sich aus Professoren der Partnerinstitute zusammen. Das Basisstudium am USW wird überwiegend von deutschsprachigen Dozenten verantwortet, da in dieser Phase die spezifischen Anforderungen deutscher Unternehmen den wesentlichen Schwerpunkt bilden.

Zielgruppe

(Nachwuchs-)Führungskräfte ohne Wirtschaftsstudium mit Linien- oder Stabsaufgaben, Produkt- oder Projektverantwortung.

Bewerbungsschluß für das Basisstudium: 31. Mai 1998.

USW Universitätsseminar der Wirtschaft
Schloß Gracht · D-50374 Erftstadt · Ihr Ansprechpartner: Dipl.-Kfm. Gerold Rieder
Tel. 0 22 35/406-252 · Fax 0 22 35/406-244 · e-mail: rieder@usw.de

dagegen auf mehr in die Tiefe gehende fachliche Fragen vorbereitet sein. Darüber hinaus werden die Gesprächspartner bestrebt sein, Persönlichkeitsmerkmale wie Aktivität, Teamorientierung, Kontaktfähigkeit, Einsatzbereitschaft etc. sowie den sprachlichen Ausdruck, Differenzierungsvermögen und Konzentration einzuschätzen.

Folgende Themenbereiche werden bei der Bewerbung von Hochschulabsolventen sowie Fach- und Führungsnachwuchskräften besonders häufig angesprochen, so daß es sich empfiehlt, sich im Rahmen der Gesprächsvorbereitung hierzu entsprechende Gedanken zu machen:

- bisheriger Werdegang (Schule, Studium)
- Gründe für die Berufswahl
- Motive für die Bewerbung
- Aktivitäten im außeruniversitären Bereich
- praktische Tätigkeiten
- Einstellung zu Arbeit, Erfolg, Leistung
- Mobilität

- zwischenmenschliche Beziehungen
- Stärken - Schwächen
- private Situation, Familienverhältnisse
- fachliche Schwerpunkte
- Zukunftspläne, Weiterbildungswille
- Identifikation mit Aufgaben und Tätigkeiten

Für den Bewerber ist es wichtig, einen möglichst fundierten Eindruck von dem Unternehmen und der zu vergebenden Aufgabe zu gewinnen. Man sollte sich daher nicht scheuen, seine Fragen zu stellen – diese Informationen werden schließlich später die Hauptgrundlage der Entscheidung werden. Mit gut vorbereiteten Fragen können darüber hinaus weitere Punkte gesammelt werden. Mögliche Fragen könnten beispielsweise sein:

- Wie ist die Abteilung organisiert, in der die zu besetzende Position angesiedelt ist?
- Wie sieht das künftige Aufgabengebiet aus?
- Welche Verantwortung und welche Entscheidungsbefugnisse sind damit verbunden?
- Wie ist die künftige Position in die Führungsstruktur des Unternehmens eingebunden?
- Wie sehen die Arbeitsbedingungen und die Anforderungen des Arbeitsplatzes aus?
- Wird im Unternehmen Personalentwicklung betrieben?

Wird man von einem Unternehmen zu einer Vorstellung eingeladen, muß man im allgemeinen mit zwei Gesprächen (Personal- und Fachabteilung) rechnen. Bei dem Gespräch in der Personalabteilung geht es primär um die persönliche Qualifikation des Bewerbers, fachliche Fragen treten dagegen in den Hintergrund. Hier sollten Fragen zum Arbeitsvertrag, der Einstiegsposition bzw. dem Einarbeitungsprogramm sowie zu Gehalt und zur innerbetrieblichen Personalentwicklung gestellt werden.

In der Fachabteilung wird das Gespräch meistens vom späteren Vorgesetzten geführt. Dabei stehen die fachliche Qualifikation und die Integrationsfähigkeit in die Abteilung im Vordergrund. Man sollte hier auf Detailfragen, z.B. zur Diplomarbeit, vorbereitet sein. Alle fachlich orientierten Fragen sollten in diesem Gespräch geklärt werden. Da insbesondere mit den Mitarbeitern der Fachabteilung und dem Vorgesetzten später eng zusammengearbeitet wird, sollte sich der Bewerber hier einen Eindruck davon machen, wie gut man persönlich zueinander paßt.

Die Dauer der Gespräche kann zwischen 30 Minuten und mehreren Stunden variieren. Werden Testverfahren oder Assessment Center eingesetzt, erstreckt sich die Vorstellung auf ein bis zwei Tage.

 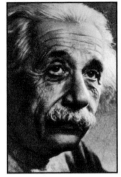  

Ein internationales Unternehmen braucht Köpfe, in denen es keine Grenzen gibt.

Man würde uns heute nicht zu den an der Spitze stehenden, international tätigen Unternehmensgruppen zählen, wenn bei uns eine einfache Wahrheit nicht täglich realisiert würde - nämlich, daß die für den Erfolg entscheidende Kraft als Idee im Kopf entsteht. Aus diesem Wissen heraus gestalten wir bei Henkel gemeinsam die Bedingungen für unsere Arbeit und damit unsere Zukunft. Sie als Hochschulabsolvent bekommen in diesem Sinne beste Möglichkeiten zur Entwicklung Ihrer Fähigkeiten, wie z.B. Direkteinstieg (Learning by doing) und systematische Job Rotation. Arbeiten in flachen Hierarchien und einem Klima für höchstmögliche Kreativität sowie Innovation, Dialog, Information, persönliche Wertschätzung und Zivilcourage gehören dazu. Durch ein rundherum abgestimmtes Training bzw. maßgerechte Förderung entwickeln Sie sich fachlich und persönlich und wachsen in Ihrem unternehmerischen Potential - für Leistung und frühe Verantwortungsübernahme. National und international.
Sprechen Sie mit uns über Ihren Einstieg.
Unsere Bedingungen sind zwar hart, aber extrem fair.
Der Platz dieser Anzeige reicht nicht aus, um Ihren persönlichen Info-Wünschen gerecht zu werden, deshalb - Kontakt und ausführliche, vertiefende Information bei:

Henkel KGaA
Personalmarketing
z. H. Claudia Pochadt
40191 Düsseldorf

Bei vielen Unternehmen werden die Gespräche mit der Personal- und der Fachabteilung am gleichen Tag hintereinander geführt, zum Teil finden auch Gespräche statt, an denen Vertreter aus beiden Abteilungen zugleich teilnehmen. Gelegentlich übernimmt auch eine der Abteilungen, zumeist die Personalabteilung, die Vorauswahl, so daß ein zweiter Gesprächstermin vereinbart wird. Werden Assessment Center durchgeführt, ist ein Vorgespräch üblich.

8.4. Auswahlverfahren/-methoden

Testverfahren kommen gerade für die Zielgruppe der Hochschulabsolventen sehr häufig zum Einsatz. Denn bei der Beurteilung hochqualifizierter Nachwuchskräfte stehen neben den fachlichen Fähigkeiten insbesondere Persönlichkeitsmerkmale im Vordergrund. Diese persönliche Eignung aber läßt sich am ehesten durch spezifische Testverfahren erfassen, die stärker auf kommunikativen und situativen Ansätzen beruhen. Die vor diesem Hintergrund entwickelten Tests werden meist in Verbindung mit anderen Auswahlinstrumenten durchgeführt und können diese sinnvoll ergänzen, indem sie beispielsweise den von einem Bewerber durch Bewerbungsunterlagen und Einzelgespräch gewonnenen Eindruck abrunden.

8.4.1. Das Assessment Center

Hinter dem Begriff „Assessment Center" verbirgt sich ein Bewertungs- und Beurteilungsverfahren, das aus einer Kombination verschiedener Verhaltens- und Arbeitsproben besteht. Diese Testverfahren finden nicht nur im Assessment Center Anwendung, sondern werden häufig auch in anderen Auswahlverfahren, so z.B. im Vorstellungsgespräch, eingesetzt.

Das Assessment Center unterscheidet sich von herkömmlichen Testverfahren und Vorstellungsgesprächen durch folgende Merkmale:

O   Die Übungen werden in Gruppen von sechs bis zwölf Teilnehmern bearbeitet.

O   Drei bis sechs Beobachter schätzen die Leistungen der Teilnehmer ein. Das Gefühl, ständig beobachtet zu werden, verliert sich bei einer aktiven Teilnahme sehr schnell.

O   Die Übungen sind zumeist praxisnah aus den Anforderungen der Zielposition abgeleitet.

O   Von den Teilnehmern wird echtes Problemlösen gefordert, d.h. es zählt, „was man tut", und nicht, „was man tun würde, wenn...".

O   Die Beobachter registrieren überwiegend Verhaltenshäufigkeiten. Wer sich zurückhält/ passiv ist, kann in diesem Verfahren nicht „punkten".

O   Die Kriterien sind überwiegend die gleichen wie bei Vorstellungsgesprächen.

O   Den Auftakt bilden häufig Firmenpräsentationen und Informationen über Anfangs- und Zielpositionen sowie die Einarbeitungsmaßnahmen (bzw. den Ablauf des Trainee-Programmmes).

Das Assessment Center setzt sich aus einzelnen Übungen, die 15 bis 90 Minuten dauern können, zusammen. Koordinationsübungen wie beispielsweise der „Postkorb", bei denen bis zu 20 Vorgänge aus der Zielaufgabe bearbeitet werden müssen, erfassen Arbeitssystematik/-ökonomie, Prioritätensetzung und sprachlichen Ausdruck. Fallstudien, z.B. zur Vermarktung neuer Produkte, prüfen Originalität, Kreativität, analytisches und systematisches Denken.

Business World

Viele liegen gern im Hafen –

Neben den genannten Einzelübungen, bei denen zunächst jeder Teilnehmer eine individuelle Lösung erstellt, können auch über Gruppenübungen wie z.B. Gruppendiskussionen, in denen eine Aufgabe gemeinsam zu lösen ist, Merkmale wie Durchsetzungsfähigkeit, Selbstbehauptung, Initiative, aber auch Team- und Kompromißfähigkeit sowie Argumentation, Strukturierung und Führungspotential bestimmt werden. Rollenspiele, z.B. zu Verkaufs- oder Führungssituationen, dienen zur Beurteilung von Verhandlungsgeschick, Überzeugungsvermögen, Flexibilität, Selbstbehauptung oder der Fähigkeit, auf andere Menschen einzugehen.

Präsentationen, die teilweise auf anderen Übungen wie beispielsweise den Fallstudien aufbauen, prüfen unter anderem sprachlichen Ausdruck, Einfühlungsvermögen und systematische Darstellungsweise. Gerade bei den Präsentationen wird sehr häufig „gesündigt", indem Präsentationsmaterial (Overheads, Metaplan, Flip Charts) überhaupt nicht oder nur wenig benutzt werden. Einzelgespräche, teilweise verbunden mit Feedbacks, sowie psychologische Testverfahren können die praktischen Übungen ergänzen.

Damit auch Rückschlüsse auf fachliche Fähigkeiten möglich sind, knüpfen die Planspiele und Präsentationen zunehmend an den späteren Arbeitsbereich an. Vertreter der Fachabteilungen werden als Beobachter hinzugezogen. Die relevanten Merkmale werden überwiegend mehrfach abgeprüft, so daß eine schwächere Teilleistung in einer Übung durchaus kompensiert werden kann. Nach Abschluß aller Übungen legen die Beobachter in der sogenannten Beobachterkonferenz die gemeinsame Einschätzung aller Merkmale jedes Teilnehmers fest. Für die Teilnehmer an einem Assessment Center hat das Verfahren im Vergleich zu Einzelgesprächen den großen Vorteil, daß man die eigene Leistung relativ zu vergleichbaren Mitbewerbern erleben und so auch seine Selbsteinschätzung verbessern kann. Im Regelfall wird den Teilnehmern ein Feedback gegeben. Da die Beobachterkonferenz häufig erst am Folgetag stattfinden kann, erfolgt dieses entweder telefonisch oder erfordert eine zweite Anreise.

Es gibt nicht das Assessment Center, das sich trainieren ließe. Denn kein Assessment Center gleicht dem anderen. Das Wissen um die verschiedenen zum Einsatz kommenden Testverfahren, deren Zielsetzung und die Bewertungsmaßstäbe helfen jedoch, mit Selbstvertrauen und der notwendigen Gelassenheit dem Testverfahren entgegenzusehen.

Erhält man eine Einladung zu einem Assessment Center, ohne daß Informationen zum Ablauf des Verfahrens, zu der Art der Übungen sowie zu der Zielsetzung der Aufgaben vorliegen, empfiehlt es sich, sich an die betreffende Personalabteilung mit der Bitte um Übersendung derartiger Informationen zu wenden. Oftmals wird dann ein entsprechendes Merkblatt zugesandt oder telefonisch eine Vorabinformation gegeben.

Auch eine genaue Analyse der zu besetzenden Position sowie der Unternehmensstruktur und -kultur sollte im Vorfeld vorgenommen werden:

O Welche Fähigkeiten und Stärken werden erwartet?

O Wie wird das zukünftige Arbeitsumfeld aussehen?

O Welche Organisationsstruktur und Firmenphilosophie prägen das Unternehmen?

Alle diese Informationen zusammengenommen zeigen, worauf es bei der angestrebten Position ankommen wird. Entsprechend wird die Zusammenstellung der einzelnen Übungen sowie deren Bewertung ausgerichtet sein.

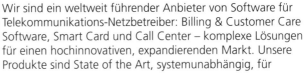

8.4.2. Psychologische Testverfahren

Viele Unternehmen und Personalberater verwenden im Rahmen der Auswahlverfahren auch psychologische Testverfahren. Am häufigsten werden Tests zur sprachlichen, rechnerischen und analytischen Begabung sowie zum räumlichen Vorstellungsvermögen eingesetzt. Diese Testverfahren, die im Regelfall von Diplom-Psychologen angewendet werden, haben meistens folgende gemeinsame Elemente:

○ Es ist kein spezielles Fachwissen notwendig.

○ Die einzelnen Aufgaben sind nach steigender Schwierigkeit geordnet.

○ Überwiegend handelt es sich um Multiple Choice-Aufgaben mit nur einer richtigen Lösung.

○ Die einzelnen Untertests haben ein Zeitlimit. Dieses ist abgestimmt auf die Testlänge und -schwierigkeit.

○ Die Tests werden an Beispielen erläutert. Man sollte unbedingt rückfragen, wenn man die Beispiele nicht vollkommen verstanden hat.

Der Einfluß von Übung und Tagesform auf die Testergebnisse wird allgemein unterschätzt. Sollten Sie sich nicht in Normalform befinden, z.B. bei einer Grippe, bitten Sie um Terminverschiebung. Dies ist meistens problemlos möglich. Schlechte Testergebnisse nachträglich mit „Formproblemen" zu erklären, wirkt dagegen in der Regel wenig glaubhaft.

Bei der Besetzung von Führungspositionen werden gelegentlich Persönlichkeitsfragebögen eingesetzt. Am verbreitetsten ist dabei der 16 PF-Persönlichkeitsfaktorentest. Mit diesen Fragebögen werden Merkmale wie Kontaktfähigkeit, Belastbarkeit, Kreativität, Selbständigkeit, Entschlußbereitschaft etc. überprüft.

Generell werden beide Testarten nur zur Abrundung der persönlichen Gespräche eingesetzt. Seriöse und wissenschaftlich entwickelte Verfahren können auch dem Bewerber wertvolle Hinweise über seine Eignung geben. Man sollte daher unbedingt darum bitten, eine Rückmeldung über die Ergebnisse zu bekommen.

9. Dauer des Bewerbungsverfahrens

Das gesamte Auswahlverfahren zieht sich in den Unternehmen im allgemeinen über mehrere Wochen hin. Vom Zeitpunkt der Anzeigenschaltung bis zur Einstellung sind drei Monate durchaus üblich. Nach dem Versand der Bewerbungsunterlagen muß sich der Bewerber zunächst einmal gedulden. Eine sofortige Bestätigung des Bewerbungseingangs ist bei vielen Unternehmen üblich, hat sich aber noch nicht überall durchgesetzt. Die ersten Gespräche werden je nach Zahl der eingegangenen Bewerbungen in der Regel drei bis sechs Wochen nach Erscheinen der Anzeige geführt. Dies mag dem Erstbewerber ungeheuer lange vorkommen. Er muß sich jedoch auch einmal in die Lage der Personalabteilung hineinversetzen, die häufig mit 100 und mehr Bewerbungen „konfrontiert" ist. Zudem gehen Bewerbungen erfahrungsgemäß bis zu drei Wochen nach der Insertion bei den Unternehmen ein. Wenn man nach sechs bis acht Wochen noch keine Reaktion oder einen Zwischenbescheid erhalten hat, sollte man bei der Personalabteilung nachfragen. Auch wer vor dem „Problem" steht, zwischenzeitlich von einem anderen Unternehmen ein

Was, in aller Welt, kann man bei Mannesmann werden?

Sie haben bei uns hervorragende Chancen, das zu werden, was Sie anstreben. Unsere weltweite Präsenz und die vielfältigen Aufgaben eröffnen buchstäblich grenzenlose Möglichkeiten in allen technischen Einsatzbereichen.

Wir offerieren diese Möglichkeiten qualifizierten **Hochschulabsolventinnen und Hochschulabsolventen** insbesondere folgender Fachrichtungen:

- Maschinenbau
- Elektrotechnik
- Wirtschaftsingenieurwesen
- Informatik

Mannesmann operiert als Konzern international mit nahezu 500 Gesellschaften in 190 Ländern. Mit rund 120.000 Mitarbeitern erzielen wir rund 35 Milliarden DM Umsatz. Unsere Geschäftsfelder liegen in den Bereichen Engineering, Automotive, Telecommunications und Tubes & Trading. Wir haben Erfolg mit dem Anspruch, unseren Kunden hochwertige Produkte und Dienstleistungen zu bieten.

Unser Unternehmen ist dezentral strukturiert. Mannesmann verknüpft damit die Vorzüge des Großkonzerns mit der Flexibilität eigenständiger, überschau-barer Einheiten: Die Ergebnisse werden dort verantwortet, wo sie erzielt werden.

Führungspositionen werden bei uns vornehmlich aus den eigenen Reihen besetzt. Daher suchen wir Nachwuchskräfte, die uns helfen, nicht nur unseren ökonomischen Erfolg, sondern auch unsere Wertvorstellungen weiterzuentwickeln – Persönlichkeiten, die die Unternehmensethik der nächsten Jahrzehnte prägen und ein Stück Firmengeschichte mitschreiben werden.

Ihre erste Initiative könnte sein, daß Sie uns schreiben. Sie erhalten dann unsere Broschüre „Berufsstart bei Mannesmann". Darin finden Sie eine konzentrierte Übersicht über Einsatzmöglichkeiten im Mannesmann-Konzern und die Ansprechpartner in unseren Unternehmensgruppen.

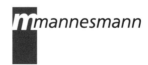

Mannesmann AG · Direktionsabteilung
Mannesmannufer 2 · 40213 Düsseldorf
Telefon (02 11) 8 20-24 42
Frau Senn/Frau Stadie

Vertragsangebot erhalten zu haben, sollte durchaus schriftlich oder telefonisch mit der Personalabteilung Kontakt aufnehmen, um sich über den Stand des Bewerbungsverfahrens und die generellen Chancen zu informieren.

10. Die Absage

Kommt es im Rahmen einer Bewerbung nicht zu einem Vorstellungsgespräch oder nach dem Gespräch zu einer Absage, ist die Enttäuschung sicherlich groß. Da bei den meisten Stellenausschreibungen nur ein Bewerber zum Zug kommt, ist jedoch schon rein statistisch gesehen die Chance einer Absage wesentlich größer als die einer Zusage. Häufen sich jedoch Absagen, sollte der Versuch unternommen werden, aus den abgelehnten Bewerbungen zu lernen.

Im Falle einer Ablehnung auf der Grundlage der Bewerbungsunterlagen ist es natürlich schwierig, konkrete Ansatzpunkte für spätere Bewerbungen zu bekommen. Denn allein aus Zeitgründen wird das Unternehmen nicht jede Absage individuell begründen, sondern eine etwas allgemein gehaltene Standard-Formulierung wählen. Bei einer Ablehnung nach einem persönlichen Gespräch sind die Chancen, die Gründe für die Ablehnung detailliert zu erfahren und damit analysieren zu können, wesentlich größer.

 Es empfiehlt sich, unmittelbar nach der Absage mit dem Gesprächspartner Kontakt aufzunehmen, um nähere Einzelheiten über die Gründe der Absage zu erhalten. Oftmals wird man die Antwort bekommen, daß einem Bewerber der Vorzug gegeben wurde, der die gestellten Anforderungen noch besser erfüllt hat. Hier kann der Versuch unternommen werden, durch Nachhaken Defizite aufgezeigt zu bekommen. Die Bereitschaft, auf Absagegründe detailliert einzugehen, ist im Rahmen eines Telefongesprächs wesentlich größer als in der meist standardisierten Schriftform.

11. Das Angebot

Genauso wie Unternehmen die Qual der Wahl zwischen mehreren Bewerbern haben, kann sich dieses Entscheidungsproblem mitunter auch für Berufsanfänger stellen. Nach welchen Kriterien soll der Bewerber entscheiden, wenn er zwischen zwei und mehr gleichwertig erscheinenden Angeboten auswählen kann? Auch hier bietet sich wieder eine Entscheidungsmatrix an, in der man verschiedene Kriterien nach individuellen Präferenzen gewichtet. Kriterien können z.B. sein: Identifikation mit dem Aufgabengebiet, dem Unternehmen und seiner Produkt- bzw. Dienstleistungspalette, Qualität der Einarbeitungsmaßnahmen, Entwicklungsmöglichkeiten, Personalpolitik/ Personalentwicklungsmaßnahmen, finanzielle Ausstattung, regionale Präferenzen, Professionalisierungsgrad des Unternehmens, Renommee und Image auf dem externen Arbeitsmarkt (wichtig für späteren Stellenwechsel), Sicherheit des Arbeitsplatzes, emotionale Ebene/ Sympathie zu Vorgesetzten etc. Je nach individuellen Präferenzen lassen sich diese Kriterien beliebig erweitern.

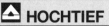

12. Der Arbeitsvertrag

Falls die Bewerbung erfolgreich war, wird man dem Kandidaten einen Arbeitsvertrag mit der Bitte zusenden, diesen innerhalb einer gewissen Frist zu unterschreiben. Die Bedenkzeit beträgt in der Regel ein bis maximal zwei Wochen. Rechtlich gesehen handelt es sich jedoch nur um ein Angebot, wenn der Arbeitgeber den Vertrag bereits unterzeichnet hat bzw. das Unternehmen eine befristete Bedenkzeit gewährt. Ein nicht unterzeichneter Arbeitsvertrag, der zudem keinen zeitlichen Entscheidungsraum vorgibt, ist somit kein Arbeitsangebot, aus dem im Streitfall Rechte abgeleitet werden können.

Bei einem Arbeitsvertrag handelt es sich nach den §§611 bis 630 BGB um einen Vertrag, bei dem sich beide Seiten, Arbeitgeber und Arbeitnehmer, über die Pflichten und Rechte einigen müssen.

Verschiedene Gesetze wie Arbeitszeitgesetz, Entgeldfortzahlungsgesetz, Mutterschutzgesetz, Kündigungsschutzgesetz oder Bundesurlaubsgesetz legen den Rahmen fest. Tarifverträge, ausgehandelt zwischen Arbeitgeber- und Arbeitnehmervertretern auf der Ebene eines Unternehmens, der Branche einer Region oder der Gesamtbranche regulieren in den meisten Fällen das Gehaltsgefüge. Manteltarifverträge behandeln Themen wie Arbeitszeit, Urlaub, Krankheit und Sonderleistungen. Noch gelten für die neuen Bundesländer vielfach eigene Tarifverträge, die stufenweise dem Westniveau angeglichen werden sollen. Bei tarifungebundenen Arbeitsverträgen dürfen die Leistungen nicht hinter die Gesetze zurückfallen; zum Beispiel hat jeder Beschäftigte in Deutschland ein Recht auf 24 Werktage (bezogen auf die Sechs-Tage-Woche) Erholungsurlaub im Jahr. Allerdings haben für den Arbeitnehmer günstigere Vereinbarungen mit dem Arbeitgeber Vorrang (sog. Günstigkeitsprinzip).

Grundsätzlich sind die folgenden Arbeitsvertrag-Varianten zu unterscheiden: Es handelt sich entweder um einen „Anstellungsvertrag auf Probe", einen „unbefristeten Arbeitsvertrag mit einer Probezeit" oder um einen „befristeten Arbeitsvertrag".

Der **„Anstellungsvertrag auf Probe"** endet nach der vereinbarten Probezeit von maximal sechs Monaten. Anschließend muß gegebenenfalls ein neuer unbefristeter Arbeitsvertrag abgeschlossen werden.

Der **„unbefristete Arbeitsvertrag"** beinhaltet meist eine Probezeit von drei oder sechs Monaten. Auch die Verlängerung der Probezeit von drei auf sechs Monate ist in der Regel möglich. Die Kündigungsfrist beträgt in der probeweisen Beschäftigung bzw. in der Probezeit erfahrungsgemäß vier Wochen zum Monatsende. Nach der neuesten Gesetzgebung beträgt die gesetzliche Kündigungsfrist während der Probezeit zwei Wochen. Die Kündigung ist innerhalb der Probezeit ohne Angabe von Gründen möglich, da der Arbeitnehmer in den ersten sechs Monaten seiner Beschäftigungszeit nicht unter den Schutz des Kündigungsschutzgesetzes (KSchG) fällt. Die Kündigung muß jedoch (von beiden Seiten) fristgerecht erfolgen. Falls der Arbeitsvertrag Formvorschriften für die Kündigung vorsieht, z.B. in schriftlicher Weise, sind diese Regelungen zu beachten.

Bei den **„befristeten Arbeitsverträgen"** unterscheidet man zwischen zeit- und zweckbefristeten Verträgen. Bei der **Zweckbefristung** ist die Dauer des Anstellungsverhältnisses nicht kalendermäßig bestimmt, sondern abhängig von dem Eintritt eines als gewiß angesehenen Ereignisses, wobei jedoch der Zeitpunkt des Eintritts des Ereignisses noch unbekannt ist (z.B. Vertretung eines langfristig erkrankten Mitarbeiters). Der zeitlich befristete Vertrag als die übliche Form eines

Es geht uns zwar nichts an, was Sie früher gemacht haben, aber es interessiert uns.

Bei Shell sind es die Menschen, die für Qualität in jeder Hinsicht sorgen. Diese Leistung entsteht nicht durch Zufall, sie ist Absicht und Resultat überdurchschnittlichen Einsatzes. Wir bieten Persönlichkeiten Freiräume für die Entfaltung von Engagement und Kreativität. Wir wollen die Besten sein und aus der Zukunft das Beste machen. Machen Sie mit.

Human Power

Ein hervorragender Hochschulabschluß ist selbstverständlich eine gute Voraussetzung für den Berufsstart. Aber uns interessiert auch, wer Sie sind und was Sie wollen. Also mit wem wir – auf innovativen Projekten genauso wie im Tagesgeschäft – zusammenarbeiten und in wen wir investieren.

Als **Ingenieur-Nachwuchs** wünschen wir uns Menschen, die Chancen in einem international erfolgreichen Unternehmen zu schätzen und vor allem zu nutzen wissen. Charaktere, die der besonderen Herausforderung und Verantwortung gegenüber einer großen Marke wie Shell gewachsen sind. Um ein Ressourcen-Management zu betreiben, das Energie, Umwelt und Mensch einschließt. Wir suchen Talente mit Ecken und Kanten: Die etwas aus ihren technischen Fähigkeiten und ihrem ökologischen Bewußtsein machen wollen. Die für sich persönlich wie für die globale Zukunft mit Leistung, Kreativität und Intellekt etwas in Bewegung bringen wollen. Denen eine Unternehmenskultur gefällt, die von Internationalität, multikultureller Zusammenarbeit und Spitzenqualität geprägt ist und die Wert darauf legt, daß für alle Mitarbeiter Karrierechancen bestehen.

Wir bieten den Direkteinstieg im internationalen Business. Oder die Möglichkeit des gegenseitigen Kennenlernens via Praktika, Diplomarbeit und Auslandspraktika. Wenn Sie sich ein genaueres Bild von Ihrer Zukunft bei Shell machen wollen, dann sprechen Sie uns an. Wir freuen uns, Sie kennenzulernen.

Deutsche Shell Aktiengesellschaft
Personalentwicklung
Stefan Saliger, Telefon 040/63 24 - 60 47
Überseering 35, 22297 Hamburg
E-Mail: Stefan.Saliger@MSMAIL.
dsagham-cyn.simis.com

befristeten Anstellungsvertrages wird auf einen genauen Endtermin abgeschlossen und endet zu diesem Termin ohne gesonderte Kündigung durch Zeitablauf.

Der „**befristete Arbeitsvertrag**", der eine über sechs Monate hinausgehende Laufzeit vorsieht, ist nur unter sehr engen Voraussetzungen (sachlicher Grund der Befristung) zugelassen. Mit der Verabschiedung des Beschäftigungsförderungsgesetzes 1985 ist jedoch nach §1 BeschFG in der Zeit vom 15.8.1985 bis 1.1.1990 (nochmals verlängert bis 31.12.2000) die einmalige Befristung von Arbeitsverträgen bis zur Höchstdauer von 18 Monaten zulässig - auch ohne einen die Befristung rechtfertigenden Grund - wenn

a) der befristete Arbeitsvertrag mit einem neu eingestellten Arbeitnehmer geschlossen wird oder

b) ein Auszubildender, für den kein Dauerarbeitsplatz vorhanden ist, im Anschluß an seine Berufsausbildung befristet weiterbeschäftigt wird.

Seit Oktober 1996 können alle Arbeitsverträge bis zur Dauer von zwei Jahren befristet und innerhalb dieser Zeit bis zu dreimal verlängert werden.

Von dieser Befristungsmöglichkeit machen relativ viele Unternehmen Gebrauch, und zwar nicht nur, wenn es sich um ausbildungsähnliche Arbeitsverhältnisse, wie z.B. Trainee-Programme, handelt. Nach Informationen des Instituts der Deutschen Wirtschaft (IW) in Köln wird in der Privatwirtschaft jede dritte Neueinstellung befristet abgeschlossen, im öffentlichen Dienst sogar jede zweite. Obwohl Hochschulabsolventen vielfach verunsichert sind, wenn ihnen ein zunächst befristetes Arbeitsverhältnis angeboten wird, sollte sich der Bewerber bewußt machen, daß kein Unternehmen ein Interesse daran hat, nach einer aufwendigen Einarbeitungs- und Vorbereitungszeit qualifizierte Mitarbeiter zu verlieren. In der jüngeren Vergangenheit hat sich neben den schon beschriebenen Beschäftigungsformen die Tätigkeit als freier Mitarbeiter etabliert.

Die freie Mitarbeit ist die selbständige unternehmerische Tätigkeit einer natürlichen Person für ein fremdes Unternehmen auf dienst- oder werkvertraglicher Grundlage. Eine Abgrenzung zur abhängigen Tätigkeit läßt sich oftmals nur schwer durchführen. Kennzeichnend für einen freien Mitarbeiter sind dessen freie Gestaltung seiner Tätigkeit und die fehlende Eingliederung in die Betriebsorganisation. Neben einer frei zu bestimmenden Arbeitszeit besteht für den freien Mitarbeiter insbesondere keine Weisungsgebundenheit. Der freie Mitarbeiter ist als eigenständiger Unternehmer von der Sozialversicherungspflicht befreit. Die Alters- oder Gesundheitsvorsorge muß er aus eigenen Mitteln bestreiten. Er hat für die ordnungsgemäße Abführung der Steuern zu sorgen. Als Vorteil verbleibt die Berechtigung zum Vorsteuerabzug.

Zur Beurteilung von Arbeitsverträgen folgt nachstehend eine Checkliste mit Bemerkungen und Empfehlungen.

Checkliste

1

Namen der Vertragspartner

Die Vertragspartner müssen eindeutig benannt sein, bei Auseinandersetzungen kann es sonst zu Schwierigkeiten kommen. Insbesondere bei Großunternehmen ist auf die genaue Firmenbezeichnung zu achten. Nach Möglichkeit sollte auch die vollständige Anschrift im Vertrag angegeben werden.

2

Tätigkeit und Aufgabengebiet

Hierbei handelt es sich um einen wesentlichen Bestandteil des Arbeitsvertrages. Es sollten die Tätigkeitsbezeichnung, die Stellung in der betrieblichen Hierarchie, Regelungen zur Handlungsvollmacht und Prokura aufgeführt sein, z.B. „Sachbearbeiter innerhalb der Verkaufsabteilung Inland". Je enger die Tätigkeitsbezeichnung gefaßt ist, desto weniger Spielraum hat das Unternehmen, dem Mitarbeiter auch eine andere Aufgabe zu übertragen. Dies wird z.B. durch folgende Formulierung eingeschränkt: „Wir behalten uns vor, Ihnen auch im Rahmen Ihrer Vorbildung und Ihrer Kenntnisse eine andere Tätigkeit zu übertragen und das Aufgabengebiet und die Unterstellung aus organisatorischen Gründen zu ändern." In jedem Fall unterliegt eine derartige Aufgabenänderung bzw. Versetzung der Mitbestimmung des Betriebsrates (BetrVG § 99), sofern es sich nicht um einen leitenden Angestellten handelt. Oftmals wird die oben genannte Standardformulierung noch durch den Zusatz: „Sollte mit der Änderung ein Wohnortwechsel verbunden sein, bedarf die Versetzung Ihrer Zustimmung." eingeschränkt. Im Zusammenhang mit der Stellenbeschreibung sollte auch der Dienstsitz festgelegt werden.

3

Eintrittstermin

Neben der konkreten Datumsnennung sind in Fällen, bei denen ein Eintrittstermin zum Zeitpunkt des Vertragsabschlusses noch nicht eindeutig festgelegt werden kann (Examensprüfungen, tatsächliches Ende vorangegangener Arbeitsverhältnisse u.ä.) die folgenden Formulierungen gebräuchlich: „Als Eintrittstermin wurde der 1.4. oder früher vereinbart" bzw. „Eintrittstermin ist der 1.4., spätestens jedoch am 1.7. nimmt Herr/Frau X seine/ihre Tätigkeit auf".

4

Bezüge und Arbeitszeit

Der Arbeitsvertrag legt sowohl die Höhe der Bezüge als auch den Auszahlungsmodus fest. Wenn das Unternehmen dem Arbeitgeberverband angeschlossen ist und der Arbeitnehmer Gewerkschaftsmitglied ist, gilt der Tarifvertrag für beide Parteien. Der Tarifvertrag beinhaltet z.B. Vereinbarungen zum Monatsgehalt, zum Urlaubs- und Weihnachtsgeld sowie zu den vermögenswirksamen Leistungen. Leistungen, die nicht tarifvertraglich geregelt sind, müssen selbstverständlich explizit aufgeführt werden. Falls die Vertragspartner nicht tariflich gebunden sind, kann die Gültigkeit des Tarifvertrages trotzdem vereinbart werden. In Wirtschaftszweigen, in denen kein Tarifvertrag besteht, sind individuelle Regelungen im Arbeitsvertrag festzulegen. Sofern Arbeitsverträge keine gesonderten Vereinbarungen vorsehen, beträgt die Gehaltsfortzahlung im Krankheitsfall sechs Wochen (gesetzliche Regelung). Bei außertariflicher Einstufung ist es üblich, ein Jahreseinkommen im Arbeitsvertrag festzuschreiben. „Herr A erhält ein Jahresgehalt von DM 108.000,-, welches in zwölf gleichen Teilbeträgen in Höhe von DM 9.000,- am Ende eines Monats ausgezahlt wird." Oftmals wird nach erfolgreich abgeschlossener Probezeit ein erhöhtes Entgelt in Aussicht gestellt. Sofern die Vereinbarung getroffen wurde, empfiehlt sich ein entsprechender Vermerk im Arbeitsvertrag, der nach Möglichkeit bereits den Erhöhungsbetrag beinhaltet. Enthält der Arbeitsvertrag die Regelung, ein Fixum in bestimmer Höhe und einen weiteren Betrag erfolgsabhängig (abhängig z.B. von den persönlichen Umsatzzahlen bzw. dem Gewinn des Unternehmens) zu bezahlen, handelt es sich um eine übliche Art der Gehaltsfestlegung, besonders in Vertriebsfunktionen bzw. Führungspositionen. Die wöchentliche Arbeitszeit richtet sich in der Regel nach den tarifvertraglichen Bestimmungen bzw. der Festschreibung im individuellen Arbeitsvertrag. Weiterhin sind auch die Regelungen für angeordnete Mehrarbeitszeiten (Überstunden) und deren Vergütung festzuhalten. Bei außertariflichen Mitarbeitern erfolgt in der Regel keine oder nur eine sehr eingeschränkte gesonderte Mehrarbeitsvergütung. Wird eine vom Tarifvertrag abweichende Arbeitszeit vereinbart, ist diese entsprechend im Vertrag festzuhalten. Die Grenzen der zulässigen Höchstarbeitszeit sind im Arbeitszeitgesetz geregelt.

5

Urlaub

Der Urlaubsanspruch ist meist tarifvertraglich geregelt, die Urlaubstage sollten in Arbeitstagen und nicht in Werktagen (einschließlich Sonnabend) angegeben werden. Je nach Alter und Tarifbereich/Branchenzugehörigkeit sind 25 bis 30 Arbeitstage üblich. Falls die Urlaubstage nicht tariflich festgelegt worden sind, sollten individuelle Regelungen im Arbeitsvertrag vereinbart werden.

6

Nebenleistungen

Unter Nebenleistungen versteht man Leistungen des Arbeitgebers wie z.B. Versicherungsschutz, Firmenwagen, die auch privat genutzt werden dürfen, Prämien, Vermögensbildung, betriebliche Altersversorgung, die ergänzend zu dem eigentlichen Gehalt gewährt werden. Das Bestehen einer betrieblichen Altersversorgungsregelung ist nicht zu unterschätzen. Die Höhe der Firmenrente ist meistens gehaltsabhängig und stellt einen Baustein der persönlichen Alterssicherung dar. In einigen Großunternehmen ist auch das sogenannte „Cafeteria-Prinzip" anzutreffen. Dies bedeutet, daß dem Arbeitnehmer ein bestimmtes Nebenleistungsbudget zur Verfügung gestellt wird, dessen einzelne Komponenten der Mitarbeiter selbst je nach individueller Gewichtung zusammenstellen kann.

7

Umzugs- und Reisekosten

Es ist üblich, daß sich der neue Arbeitgeber an den entstehenden Umzugskosten beteiligt und gegebenenfalls auch eine Entschädigung bei vorübergehender Trennung von der Familie bezahlt. Bei der Erstattung von Reisekosten gelten weitgehend firmeninterne Reisekostenordnungen.

8 Kündigungsfristen

Nach der Entscheidung des Bundesverfassungsgerichtes traten im Oktober 1993 neue Kündigungsfristen in Kraft. Gemäß § 622 Abs.1 BGB kann das Arbeitsverhältnis eines Arbeitnehmers mit einer Frist von vier Wochen zum Fünfzehnten oder zum Ende eines Kalendermonats gekündigt werden. Für die Kündigung durch den Arbeitgeber wurden, in Abhängigkeit von der Betriebszugehörigkeit des Arbeitnehmers, verlängerte Kündigungsfristen in § 622 Abs. 2 BGB festgelegt. Je nach Dauer des Arbeitsverhältnisses – von zwei bis 20 Jahren – beträgt die Kündigungsfrist zwei bis sieben Monate zum Ende des Kalendermonats. Während einer vereinbarten Probezeit, jedoch längstens für die Dauer von sechs Monaten, kann das Arbeitsverhältnis mit einer Frist von zwei Wochen gekündigt werden. Tarif- oder einzelvertragliche Regelungen, die für die Mitarbeiter günstiger sind, können jedoch nach wie vor vereinbart werden. So ist noch in einigen Tarifverträgen für Angestellte eine Kündigungsfrist von sechs Wochen zum Quartalsende festgeschrieben. Bei besonders qualifizierten Positionen sind auch drei oder sogar sechs Monate zum Quartalsende anzutreffen.

9 Nebentätigkeiten

Nebentätigkeiten werden häufig ausgeschlossen oder bedürfen zumindest der Zustimmung des Unternehmens. Hierunter fallen auch Veröffentlichungen und Vorträge. Das Unternehmen kann nach der allgemeinen Rechtsprechung die Zustimmung nur verweigern, wenn die Nebentätigkeit eine Einschränkung oder Leistungsminderung in bezug auf die Erfüllung der arbeitsvertraglich geregelten Leistungen bedeutet.

10 Geheimhaltung

Viele Verträge beinhalten eine Stillschweigepflicht bezüglich aller betrieblichen Geheimnisse auch nach dem Ausscheiden.

11 Nachvertragliches Wettbewerbsverbot

Eine gegebenenfalls enthaltene Wettbewerbsvereinbarung für die Zeit nach Beendigung des Arbeitsverhältnisses muß in bezug auf ihre Gültigkeitsdauer, den Anwendungsbereich und den Gegenstand beschränkt sein, da sie sonst ungültig ist. Ferner muß eine „Karenzentschädigung" in der Höhe von mindestens 50 % des Grundgehaltes für die Dauer des Wettbewerbverbotes weitergezahlt werden. Ein Wettbewerbsverbot ist für Berufsanfänger nicht üblich.

12 Schlußbestimmung

In der Schlußbestimmung wird normalerweise darauf hingewiesen, daß alle Vertragsänderungen oder - ergänzungen der Schriftform bedürfen.

13 Erfindungen

Sofern eine Tätigkeit in Forschung und Entwicklung angestrebt wird, sollte der Vertrag auch Regelungen über die Behandlung von Arbeitnehmererfindungen beinhalten.

Sektion XI: Gehaltsspiegel

1. Vorbemerkungen

Hochschulabsolventen starten heute am Berufsanfang oftmals mit einem Einkommen, das viele Arbeitnehmer nur selten bzw. zu einem sehr späten Zeitpunkt im Berufsleben erreichen werden. Nach einem starken Aufwärtstrend der Anfangsgehälter in den 80er Jahren ist es infolge der Konjunkturschwäche und der stark gewachsenen Absolventenzahlen in den letzten Jahren jedoch zu einer deutlichen Verlangsamung des Gehaltsanstiegs bzw. einer Stagnation der Einstiegsgehälter gekommen. Durch die Neigung vieler Ingenieure der neuen Bundesländer, eine Tätigkeit im Westen zu suchen, wird dieser Effekt noch verstärkt. Zugleich läßt sich beobachten, daß sich die Bandbreite der Anfangsgehälter immer mehr vergrößert; sie bewegt sich derzeit zwischen DM 51.000,- und DM 85.000,- p.a. für technische Nachwuchskräfte.

Bei der Beurteilung von Gehältern ist stets das gesamte „Vergütungspaket" zu berücksichtigen. Dabei sind insbesondere Zusatz- und Sozialleistungen, z.B. in Form eines Urlaubs- bzw. Weihnachtsgeldes, vermögenswirksame Leistungen, betriebliche Altersversorgung, Zusatzversicherungen, Firmen-PKW, Reisekostenvergütungen, preiswertes Mittagessen oder aber Arbeitszeitverkürzungen in bestimmten Bereichen zu berücksichtigen. Auch ist es wichtig zu wissen, ob die Gehälter zu regelmäßigen Terminen durch Tarifvereinbarungen oder freiwillig angepaßt bzw. real erhöht werden. Großunternehmen haben meist ein auf Stellenbeschreibungen basierendes Gehaltssystem, das auch für leitende Angestellte eine automatische Überprüfung und Erhöhung vorsieht. Bei mittleren Unternehmen muß über das Gehalt oft persönlich verhandelt werden.

Seit einiger Zeit ist ein Trend zu neuen, flexibleren Vergütungssystemen zu verzeichnen, die die persönliche Leistung des Einzelnen stärker berücksichtigen als bisher. Die neuen Gehaltsmodelle umfassen sowohl die Bewertung der einzelnen Stelle als auch die persönlichen Leistungen und Fähigkeiten des Stelleninhabers. Die persönlichen Zielvorgaben werden für einen gewissen Zeitraum individuell festgelegt und können ebenfalls als Steuerungs-, Feedback- und Informationssystem dienen. Somit wird die Gehaltsfindung insgesamt transparenter und ein Angestellter hat einen direkten Einfluß auf die Höhe seines Gehalts.

Wenn Bewerber im Vorstellungsgespräch auf ihre Gehaltsvorstellungen angesprochen werden, empfiehlt sich eine flexible Vorgehensweise. Einerseits sollte sich jeder Bewerber konkrete Gedanken über sein Einstiegsgehalt machen, entsprechende Informationen im Vorfeld recherchiert haben und diese dann auch mit den Gesprächspartnern diskutieren. Andererseits sollten Bewerber nicht starr an ihren Vorstellungen festhalten, sondern einen gewissen Verhandlungsspielraum mitbringen. Weiterhin muß berücksichtigt werden, daß auch Unternehmen durch Tarifverträge und interne Gehaltssysteme in ihrem Verhandlungsspielraum eingegrenzt sind. Wird ein Hochschulabsolvent als Tarifangestellter bezahlt, gibt es ggf. geringe Spielräume bei den Verhandlungen über Zulagen. Bei einer Einstufung als AT (außertariflicher)-Angestellter vergrößert sich die Bandbreite des Einstiegsgehalts. Es sollte jedoch berücksichtigt werden, daß auch hier die Tarifverträge einen mittelbaren Einfluß auf die Gehaltshöhe haben und auch die konjunkturelle und firmenspezifische Situation des Unternehmens eine Rolle spielt. Die vorhandenen Bandbreiten sollten jedoch vor dem Hintergrund von besonderen Qualifikationen genutzt

werden. „Pluspunkte" bei Gehaltsverhandlungen sind u.a. umfangreiche, qualifizierte Berufserfahrung, gute Examensnoten, kurze Studiendauer, praxisorientierte Fächerkombinationen, sehr gute Fremdsprachenkenntnisse in mindestens zwei Sprachen, spezifisches DV-Wissen und eine direkt mit der zu besetzenden Stelle in Verbindung stehende Diplomarbeit. Ein weiteres wichtiges Kriterium ist das Persönlichkeitsbild des Bewerbers. Durch sicheres Auftreten, Kommunikations- und Kontaktfähigkeit können vorhandene Spielräume ausgeschöpft werden.

Das Anfangsgehalt ist bei Bewerbern sicherlich ein interessanter Punkt, sollte jedoch nicht überbewertet, sondern als Ausgangspunkt für die Gehaltsentwicklung der weiteren Berufsjahre gesehen werden. Die Ausbildungsqualifikation, also ein akademisches Studium, ist keine Garantie für einen beruflichen Aufstieg, allerdings ist der Studienabschluß zunehmend eine notwendige Voraussetzung, um sich im Unternehmen weiterzuentwickeln und damit auch die entsprechenden Vergütungen zu erzielen.

Bei der Suche nach einer geeigneten Anfangsposition sollten allerdings primär die Beurteilung der Tätigkeit, das Unternehmen und seine Unternehmenskultur sowie die persönlichen Entwicklungsmöglichkeiten ausschlaggebend sein.

Nach Angaben des Instituts der Deutschen Wirtschaft in Köln bezieht jeder vierte westdeutsche Beschäftigte mit einem Hochschulstudium ein monatliches Nettoeinkommen von mehr als DM 5.000,-. Nach Berufsgruppen aufgeteilt liegen die Juristen und Mediziner auf den ersten beiden Plätzen, gefolgt von Wirtschaftswissenschaftlern, Ingenieuren und Naturwissenschaftlern. In verschiedenen Studien wird deutlich, daß Frauen mit einem Hochschulabschluß nach wie vor weniger verdienen als ihre männlichen Kollegen.

Bevor auf die Gehälter in der Privatwirtschaft eingegangen wird, folgt zunächst ein Überblick über Gehälter im öffentlichen Dienst. Weitere firmenspezifische Informationen über Anfangsgehälter finden Sie in Sektion XII (Firmen-Dokumentation).

2. Gehälter im öffentlichen Dienst

Das Vergütungssystem für Beamte und Angestellte im öffentlichen Dienst wich bislang erheblich von den Gehaltsstrukturen in der Privatwirtschaft ab. Im öffentlichen Dienst verlief die Karriere nach dem Laufbahnprinzip. Die grundsätzliche Einstufung erfolgte auf der Grundlage der Schul- bzw. Hochschulausbildung. Die weitere berufliche Entwicklung hing dann von der persönlichen Eignung für eine Position und von entsprechenden freien Planstellen ab. Mit dem am 1. Juli 1997 in Kraft getretenen „Gesetz zur Reform des Dienstrechts" zielt der Gesetzgeber auf eine Verstärkung des Leistungsgedankens im öffentlichen Dienst. Welche wesentlichen besoldungsrechtlichen Regelungen das Gesetz für Beamte vorsieht, wird auf Seite 367ff näher beschrieben. Zunächst soll jedoch auf Gemeinsamkeiten und Unterschiede zwischen Angestellten und Beamten im öffentlichen Dienst eingegangen werden.

Während die Besoldung der Beamten nach den Vorschriften des Bundesbesoldungsgesetzes (BBesG) geregelt ist, wird das Gehalt der Angestellten im öffentlichen Dienst nach den Vergütungsgruppen des Bundesangestelltentarifs (BAT) festgelegt. Sofern vergleichbare Tätigkeiten als Merkmale vorliegen, kann von einer weitgehenden Angleichung zwischen Vergütungs- und Besoldungsgruppen gesprochen werden. Zudem ist eine Übernahme in das Beamtenverhältnis bei Erfüllung der beamtenrechtlichen Voraussetzungen möglich.

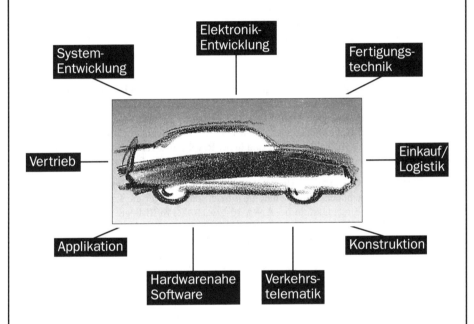

Für Beamte und Angestellte im öffentlichen Dienst setzt sich das Einkommen in der Regel wie folgt zusammen:

1. Grundgehalt bzw. Grundvergütung

2. Familienzuschlag bzw. Ortszuschlag

3. Zulagen

4. Urlaubsgeld, Weihnachtsgeld

5. Vermögenswirksame Leistungen

Zu den Gemeinsamkeiten gehören weiterhin Beihilfen im Krankheitsfall sowie eine Altersversorgung in Höhe von 75% des letzten Bruttogehalts nach 40 Dienstjahren. Da Angestellte im öffentlichen Dienst wie alle anderen Angestellten versicherungspflichtig sind, brauchen sie nur einen Teil der späteren Altersbezüge zu versteuern. Beamte müssen dagegen bis auf einen kleinen Freibetrag die gesamte Pension versteuern.

Während Beamte in der Regel nach erfolgreichem Studienabschluß sowie einer Übergangszeit als z.A. (zur Anstellung) in das Beamtenverhältnis übernommen werden und damit unkündbar sind, sind Angestellte erst nach 15 Jahren unkündbar. Beamte haben – derzeit noch – weiterhin den Vorteil, daß sie keine Beiträge zur Sozialversicherung zu zahlen brauchen. Auch unterliegen sie nicht der gesetzlichen Krankenversicherungspflicht, sondern sind in der Regel privat versichert. Angestellte im öffentlichen Dienst sind hingegen – wie alle anderen Angestellten – versicherungspflichtig.

Für Absolventen von Universitäten/Hochschulen ist die Eingangsstufe im höheren Dienst A 13 bzw. BAT IIa/b; der Fachhochschulabschluß qualifiziert dagegen für die Laufbahn des gehobenen Dienstes, bei dem die Eingangsstufe bei A 9/A 10 bzw. BAT IVa/III liegt. Referendare mit einem Universitätsabschluß erhielten 1997 Anwärterbezüge von DM 1.880,- (West)/DM 1.579,- (Ost) (bei Eintritt vor Vollendung des 26. Lebensjahrs) bzw. DM 2.097,- (West)/DM 1.761,- (Ost) (nach Vollendung des 26. Lebensjahrs). Bei Absolventen von Fachhochschulen liegen die Grundbeträge bei DM 1.595,- (West)/DM 1.340,- (Ost) bzw. DM 1.788,- (West)/DM 1.502,- (Ost). Neben diesen Grundbeträgen werden verschiedene Zuschläge gezahlt. So erhalten z.B. verheiratete Anwärter einen Zuschlag, der zwischen DM 456,- und 497,- (West) bzw. zwischen DM 383,- und 417,- (Ost) liegt. Im Hochschulbereich wird bundeseinheitlich nach der Besoldungsgruppe C besoldet.

Vergleichbarkeit der Besoldungs- und Vergütungsgruppen sowie Grund-/Eckämter für Beamte und Hochschullehrer

Besoldungsgruppe A	Besoldungsgruppe C	Vergütungsgruppe	Grund-/Eckämter für Beamte und Hochschullehrer
A 13	C 1	IIa u. IIb	Oberamtsrat, Rat, Realschullehrer, Realschuldirektor, wissenschaftlicher Assistent
A 14	C 2	Ib	Oberrat, Schulrat, Oberassistent, Oberarzt, Dozent, Außerplanmäßiger Professor
A 15	C 3	Ia	Direktor, Wissenschaftlicher Rat, Außerordentlicher Professor
A 16	C 4	I	Leitender Direktor, Ministerialrat (soweit nicht in B 3), Oberschulrat, Oberstudiendirektor

Quelle: BAT §11

Informationstechnologie:

The Future Is Wide Open.

Die Zukunft bietet unbegrenzte Möglichkeiten. Aber nur für den, der global denkt und handelt. So wie wir als Sponsor der Fußball-WM 1998 in Frankreich.

Sybase ist das weltweit sechstgrößte Software-unternehmen. Im letzten Jahr erwirtschafteten wir einen Umsatz von über einer Milliarde Dollar. Gemeinsam mit unseren Partnern bieten wir Anwendungslösungen in verteilten DV-Umgebungen auf der Basis von Client/Server- und/oder Internet/Intranet-Plattformen an. Das Produktportfolio setzt sich aus Entwicklungstools, Middleware und Datenbanken zusammen. Wir arbeiten für Unternehmen aus attraktiven Branchen wie Banken, Versicherungen und der Telekommunikation.

Eigenverantwortliches Arbeiten und vielfältige Entwicklungsmöglichkeiten stehen bei Sybase im Mittelpunkt der Unternehmensphilosophie. Ein dreiwöchiges Einarbeitungstraining sowie weiterführende Schulungen finden überwiegend in den USA statt. Sie erwartet ein junges, internationales Team.

Trainer
(Hochschulabsolventen) Frankfurt

Sie sind für die Durchführung und Gestaltung unserer Standardschulungen verantwortlich. Sie schulen und beraten unsere Kunden beim Einsatz unserer Produkte. Durch Ihre ausgeprägten pädagogischen Fähigkeiten stellen Sie anspruchsvolle Informatikinhalte dar. Kennz. TRAI/STB

Voraussetzung für Ihren Einstieg ist ein Informatikstudium oder eine vergleichbare Ausbildung sowie gute kommunikative Fähigkeiten (in Deutsch und Englisch).

Consultants
(Hochschulabsolventen) Frankfurt/Düsseldorf

Schwerpunkte Ihres Aufgabenspektrums sind die umfassende Unterstützung und Beratung der Sybase- und Powersoft-Anwender im Client/Server-Umfeld. Im Vordergrund stehen Systementwicklung und -optimierung, Beratung beim Einsatz unserer Produkte und das Sicherstellen von Wissenstransfer zu unserer innovativen Kundenbasis.

Wenn Sie bereits über Erfahrung in der Projektarbeit mit RDBMS-Analyse und -Design, 3/4 GL-Sprachen, mit heterogenen Systemumgebungen und Applikationsentwicklungen für RDBMS (vorzugsweise Sybase SQL-Server und PowerBuilder) verfügen - um so besser. Zusätzlich bereits erworbene Erfahrungen als Schulungsreferent wären ideal. Innerhalb Deutschlands reisen Sie gerne. Kennz. CONS/STB

Bitte senden Sie uns Ihre aussagefähigen Bewerbungsunterlagen. Wir freuen uns darauf, Sie kennenzulernen.

Sybase GmbH
Abteilung Human Resources
Am Seestern 8
40547 Düsseldorf
Tel: 02 11 / 59 76 - 0
http://www.sybase.com

OFFICIAL SOFTWARE SUPPLIER

FRANCE 98
WORLD CUP

© 1994 ISL TM

Gehaltsspiegel

Vergütungstarif für BAT-Angestellte

In den nachstehenden Tabellen werden die monatlichen Grundvergütungen und Ortszuschläge aufgeführt.

Tabelle der Grundvergütungen für die Angestellten der Vergütungsgruppen I bis VIa nach Vollendung des 21. bzw. 23. Lebensjahres (zu § 27 Abschn. A BAT)

Vergü-tungs-gruppe	Grundvergütung der Lebensaltersstufe nach vollendetem Lebensjahr (monatlich in DM)														
	21.	23.	25.	27.	29.	31.	33.	35.	37.	39.	41.	43.	45.	47.	49.
I	-	5159,08	5438,74	5718,48	5998,18	6277,91	6557,65	6837,30	7117,03	7396,72	7676,46	7956,18	8235,88	8515,56	-
Ia	-	4755,29	4972,68	5189,97	5407,33	5624,68	5842,05	6059,46	6276,75	6494,11	6711,47	6928,87	7146,18	7354,58	-
Ib	-	4227,50	4436,46	4645,42	4854,36	5063,31	5272,28	5481,22	5690,18	5899,14	6108,08	6317,02	6525,98	6734,44	-
IIa	-	3747,23	3939,15	4131,14	4323,02	4514,95	4706,90	4898,80	5090,75	5282,66	5474,65	5666,56	5858,39	-	-
IIb	-	3493,94	3668,86	3843,80	4018,78	4193,76	4368,72	4543,68	4718,65	4893,60	5068,60	5243,52	5319,97	-	-
III	3330,32	3493,94	3657,52	3821,13	3984,76	4148,37	4312,00	4475,59	4639,19	4802,82	4966,47	5130,08	5285,70	-	-
IVa	3018,88	3168,61	3318,31	3468,00	3617,71	3767,42	3917,12	4066,84	4216,57	4366,28	4515,98	4665,72	4813,35	-	-
IVb	2760,29	2879,08	2997,80	3116,58	3235,28	3354,06	3472,82	3591,59	3710,34	3829,08	3947,86	4066,60	4082,40	-	-
Va	2440,73	2534,81	2628,87	2730,51	2834,89	2939,31	3043,74	3148,14	3252,58	3356,98	3461,41	3565,81	3662,82	-	-
Vb	2440,73	2534,81	2628,87	2730,51	2834,89	2939,31	3034,74	3148,14	3252,58	3356,98	3461,41	3565,81	3573,05	-	-
Vc	2307,17	2391,97	2476,87	2565,90	2654,96	2747,76	2846,53	2945,41	3044,19	3143,00	3240,54	-	-	-	-
VIa	2184,85	2250,39	2315,88	2381,44	2446,91	2514,38	2583,19	2651,99	2722,00	2798,38	2874,71	2951,10	3027,43	3103,84	3169,31

Zu den Vergütungen werden noch Zulagen aufgrund der verschiedenen Zulageregelungen für Angestellte gezahlt. Die oben genannten Beiträge gelten für den Zeitraum 1.1.1997 bis 31.12.1997.

Quelle: Tarif 96/97; Vergütungen. Angestellte des Bundes und der Länder 1.1.97 - 31.12.97. Hrsg. Gewerkschaft öffentliche Dienste, Transport und Verkehr, Hauptvorstand

Das Weihnachtsgeld betrug 1997 93,78% der Urlaubsvergütung. Die Vergütungsgruppe Va und VIa erhielten 1997 DM 650,- Urlaubsgeld, die Vergütungsgruppen Vb bis I DM 500,-.

Ortszuschlagstabelle für die Angestellten (Monatsbeträge in DM)

Tarifklasse	Zu der Tarifklasse gehörende Vergütungsgruppen	Stufe 1 ledig	Stufe 2 verheiratet	Stufe 3 1 Kind	Stufe 4 2 Kinder
Ib	IIb bis I	968,32	1.151,42	1.306,58	1.461,74
Ic	Va/b bis III	860,58	1.043,68	1.198,84	1.354,06

Bei mehr als sechs Kindern erhöht sich der Ortszuschlag für jedes weitere zu berücksichtigende Kind um DM 155,16.

Quelle: Tarif 96/97; Vergütungen. Angestellte des Bundes und der Länder 1.1.97 - 31.12.97. Hrsg. Gewerkschaft Öffentliche Dienste, Transport und Verkehr, Hauptvorstand

Der BAT weicht für den Bereich der Vereinigung der kommunalen Arbeitgeberverbände (Gemeinden, Gemeindeverbände) in einigen Punkten von dem für Bund und Länder geltenden Vertrag ab. Die Grundvergütungen liegen im Bereich der Gemeinden zum Teil über den Sätzen der entsprechenden Vergütungsgruppen des Bundes und der Länder.

Besoldung der Beamten

Mit Wirkung vom 1. Juli 1997 trat das am 28. Februar 1997 verkündete "Gesetz zur Reform des öffentlichen Dienstrechts" in Kraft. Dies geschah mit der Zielsetzung, das Wettbewerbs- und Effizienzbewußtsein der öffentlichen Verwaltung zu steigern und den leistungsorientierten Personaleinsatz zu verbessern. Man erwartet eine Verstärkung des Leistungsgedankens und eine Verbesserung der Mobilität. Zugleich soll das Personalführungsinstrumentarium damit an moderne Maßstäbe angepaßt werden.

Das Dienstrechtsreformgesetz sieht eine Reihe von neuen Regelungen bezüglich des Status von Beamten (z.B. Versetzung, Abordnung, Führungspositionen auf Probe, Teilzeitbeschäftigung), ihrer Besoldung und Versorgung vor. An dieser Stelle kann jedoch nur auf die neuen besoldungsrechtlichen Regelungen für Beamte eingegangen werden. Kernelement ihrer Weiterentwicklung sind: die neue Struktur der Grundgehaltstabellen, die Umgestaltung des Ortszuschlages in einen Familienzuschlag sowie die Einführung leistungsbezogener Bezahlungselemente.

Neu für alle Besoldungsgruppen ist, daß in das **Grundgehalt** sowohl der bisherige Ortszuschlag der Stufe 1 als auch der Betrag oder Teilbetrag der allgemeinen Stellenzulage in Höhe von 73,66 DM eingebaut ist. Der Ortszuschlag wird durch den neuen **Familienzuschlag** ersetzt. Die Grundgehaltssätze der Besoldungsordnung A weisen sowohl eine neue Struktur als auch neue Beträge auf. Es existieren weniger Besoldungsstufen. Der bisher geltende 2-Jahresrhythmus wird durch einen 2-, 3- und 4-Jahresrhythmus ersetzt. Bis zur fünften Stufe steigt das Gehalt im Abstand von zwei Jahren, bis zur neunten Stufe im Abstand von drei Jahren und darüber hinaus im Abstand von vier Jahren. Steigerungen im Grundgehalt ergeben sich nicht wie bisher ausschließlich aus dem Besoldungsalter, sondern zukünftig auch durch eine Leistungskomponente **(Leistungsstufe)**. So kann, wer dauerhaft mehr und besser leistet, das Gehalt der nächsten Stufe früher erreichen und länger beziehen. Wer dauerhaft unzureichende Leistung erbringt, muß damit rechnen, nicht in die nächste Stufe aufzusteigen.

Neben den Leistungselementen im Grundgehalt, die für beständig herausragende Leistungen gedacht sind, sollen auch herausragende Einzelleistungen durch Leistungsprämien und -zulagen honoriert werden können. Die Leistungsprämie kann als Einmalzahlung bis zur Höhe des Anfangsgrundgehalts gewährt werden. Die Zahlung einer befristeten Leistungszulage ist verbunden mit einer positiven Leistungsprognose und kann monatlich in einer Höhe von bis zu 7% des Anfangsgrundgehalts gezahlt werden.

Bundesbesoldungsordnung A - West (Grundgehaltssätze: Monatsbeträge in DM)
gültig ab 1. März 1997

Besol-dungs gruppe	2-Jahres-Rhythmus				3-Jahres-Rhythmus					4-Jahres-Rhythmus		
	Stufe											
	1	2	3	4	5	6	7	8	9	10	11	12
A 9	3301,62	3390,43	3534,95	3679,48	3824,00	3968,53	4067,88	4167,24	4266,59	4365,95		
A 10	3557,50	3680,95	3866,11	4051,28	4236,44	4421,61	4545,06	4668,50	4791,94	4915,39		
A 11		4100,86	4290,60	4480,33	4670,07	4859,80	4986,30	5112,79	5239,28	5365,78	5492,27	
A 12		4410,29	4636,50	4862,71	5088,92	5315,14	5465,94	5616,75	5767,55	5918,36	6069,16	
A 13		4964,16	5208,44	5452,71	5696,99	5941,26	6104,11	6266,96	6429,81	6592,66	6755,51	
A 14		5166,54	5483,31	5800,07	6116,84	6433,60	6644,78	6855,96	7067,14	7278,32	7489,50	
A 15					6726,54	7074,82	7353,44	7632,05	7910,67	8189,28	8467,90	
A 16					7429,26	7832,05	8154,28	8476,52	8798,75	9120,99	9443,22	

Quelle: Informationen zur Dienstrechtsreform. Hrsg. vom Bundesministerium des Innern. 1997.

Bundesbesoldungsordnung A - Ost (Grundgehaltssätze: Monatsbeträge in DM)

Besol-dungs gruppe	2-Jahres-Rhythmus				3-Jahres-Rhythmus					4-Jahres-Rhythmus		
	Stufe											
	1	2	3	4	5	6	7	8	9	10	11	12
A 9	2773,36	2847,96	2969,36	3090,76	3212,16	3333,57	3417,02	3500,48	3583,94	3667,40		
A 10	2988,30	3092,00	3247,53	3403,08	3558,16	3714,15	3817,85	3921,54	4025,23	4128,93		
A 11		3444,72	3604,10	3763,48	3922,86	4082,23	4188,49	4294,74	4401,00	4507,26	4613,51	
A 12		3704,64	3894,66	4084,68	4274,69	4464,72	4591,39	4718,07	4844,74	4971,42	5098,09	
A 13		4169,89	4375,09	4580,28	4785,47	4990,66	5127,45	5264,25	5401,04	5537,83	5674,63	
A 14		4339,89	4605,98	4872,06	5138,15	5404,22	5581,62	5759,01	5936,40	6113,79	6291,18	
A 15					5650,29	5942,85	6176,89	6410,92	6644,96	6879,00	7113,04	
A 16					6240,58	6578,92	6849,60	7120,28	7390,95	7661,63	7932,30	

Quelle: Information zur Dienstrechtsreform. Hrsg. vom Bundesministeriums des Innern. 1997.

Anwärtergrundbetrag/Anwärterverheiratetenzuschlag (Monatsbeträge in DM)
West: gültig ab 1. April 1995, Ost: gültig ab 1. Oktober 1997

Eingangsamt, in das der Anwärter nach Abschluß des Vorberei-tungsdienstes unmit-telbar eintritt	Grundbetrag vor Vollendung des 26. Lebensjahrs		Grundbetrag nach Vollendung des 26. Lebenjahrs		Verheirateten-zuschlag nach § 62 Abs. 1		Verheirateten-zuschlag nach § 62 Abs. 2	
	West	Ost	West	Ost	West	Ost	West	Ost
A9 - A11	1.595	1.340	1.788	1.502	456	383	114	96
A12	1.828	1.536	2.034	1.709	481	401	114	96
A13	1.880	1.579	2.097	1.761	497	417	114	96

Quelle: Besoldungstabellen 1997. Für Beamte des Bundes und der Länder. Hrsg. von der Bundesleitung des Deutschen Beamtenbundes, Bonn

Familienzuschlag (Monatsbeträge in DM)

	West	Ost	West	Ost
	Stufe 1		Stufe 2	
Besoldungsgruppen A1 bis A8	172,68	145,06	327,84	275,39
Übrige Besoldungsgruppen	181,36	152,34	336,52	282,67

Bei mehr als einem Kind erhöht sich der Familienzuschlag für das zweite zu berücksichtigende Kind um DM 155,16 (Ost: DM 130,33), für das dritte und jedes weitere zu berücksichtigende Kind um DM 205,81 (Ost: DM 172,88).
Erhöhungsbeträge für die Besoldungsgruppen A1 bis A5 bleiben unverändert.

Der Familienzuschlag der Stufe 2 erhöht sich für das erste zu berücksichtigende Kind in den Besoldungsgruppen A1 bis A5 um je DM 10,- (Ost: DM 8,40), ab Stufe 3 für jedes weitere zu berücksichtigende Kind in den Besoldungsgruppen A1 bis A3 um je DM 50,- (Ost: DM 42,-), in Besoldungsgruppe A4 um je DM 40,- (Ost: DM 33,60) und in Besoldungsgruppe A5 um je DM 30,- (Ost: DM 25,20).

Soweit dadurch im Einzelfall die Besoldung hinter derjenigen aus einer niedrigen Besoldungsgruppe zurückbleibt, wird der Unterschiedsbetrag zusätzlich gewährt.

Quelle: Informationen zur Dienstrechtsreform. Hrsg. vom Bundesministerium des Innern. 1997.

3. Gehälter in der Privatwirtschaft

Im Unterschied zu den Gehältern im öffentlichen Dienst werden in der Privatwirtschaft die Gehälter weniger nach akademischem Grad und Lebensalter, sondern eher nach Leistungsgesichtspunkten festgelegt. Allerdings kann man auch in der Privatwirtschaft von einem gewissen Automatismus bei der Erhöhung von Gehältern sprechen, da sich die meisten Gehaltssysteme an den tariflich vereinbarten Erhöhungen orientieren.

Gegenwärtig bewegen sich die Startgehälter für Ingenieure zwischen DM 51.000,- p.a. und DM 85.000,- p.a. Dies ist das Ergebnis einer im Herbst 1997 für die vorliegende Publikation durchgeführten Firmenbefragung, an der sich 82 Unternehmen beteiligten. Nur 41 der befragten Firmen machten Angaben zu den Gehältern. Der häufige Hinweis „nach Vereinbarung", „je nach Qualifikation", fehlende Angaben oder die Angabe großer Bandbreiten sind ein Indiz dafür, daß das Startgehalt sowohl durch die Eingangsqualifikation (FH- oder Uni-Abschluß) als auch durch Zusatzqualifikationen, praktische Berufserfahrung und Persönlichkeitsmerkmale beeinflußt wird. Neben den genannten Faktoren kommen zahlreiche andere, wie z.B. Branche, Standort und Arbeitsmarktsituation hinzu, so daß es schwierig bzw. problematisch ist, Aussagen über das „Durchschnittsgehalt" zu machen.

Aussagekräftiger dürfte daher die Verteilungsstruktur der Anfangsgehälter sein. Hier ergab die Auswertung der Firmen-Dokumentation mit 74,1% einen deutlichen Schwerpunkt in den Gehaltsklassen von TDM 61 - 75 p.a.

Gehälter im Spiegel der Firmen-Dokumentation 1998

Gehaltsklassen *)		prozentuale Verteilung
51 - 55 TDM p. a.		1,1%
56 - 60 TDM p. a.		9,0%
61 - 65 TDM p. a.		22,5%
66 - 70 TDM p. a.	74,1%	30,3%
71 - 75 TDM p. a.		21,3%
76 - 80 TDM p. a.		12,4%
81 - 85 TDM p. a.		3,4%

*) Basis: 41 Firmenangaben; sofern die Gehälter in anderen oder größeren Bandbreiten genannt wurden, erfolgte eine Zuordnung in jede der dazugehörigen Gehaltsklassen.

Die folgenden zwei Graphiken schlüsseln die Gehaltsentwicklung für Diplom-Ingenieure Technischer Hochschulen/Universitäten und Diplom-Ingenieure der Fachhochschulen in den ersten fünf Berufsjahren auf. Basis sind die Angaben von angestellten Ingenieuren der Privatwirtschaft in den alten Bundesländern im Rahmen der VDI-Einkommensanalyse 1996. Eine Darstellung für die neuen Bundesländer war laut VDI aufgrund der geringen Beteiligung nicht sinnvoll. Die VDI-Einkommensanalyse 1997 lag bei Redaktionsschluß noch nicht vor.

Die Schaubilder zeigen die Jahresbezüge 1995 geteilt durch 13 Monatsgehälter. In Klammern ist das jeweils mittlere Alter für das erste bis fünfte Berufsjahr angegeben.

Monatsbruttoeinkommen* der an Technischen Hochschulen/Universitäten diplomierten Ingenieure in den ersten fünf Berufsjahren

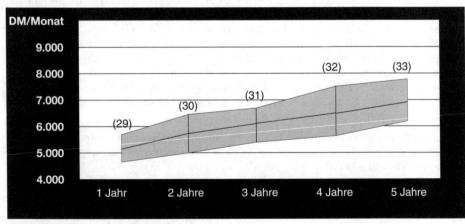

* Jahresbruttoeinkommen geteilt durch 13
Quelle: VDI report 24. Einkommensanalyse '96

Monatsbruttoeinkommen* der an Fachhochschulen diplomierten Ingenieure in den ersten fünf Berufsjahren

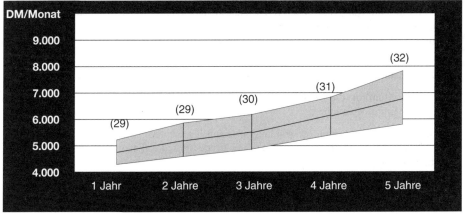

* Jahresbruttoeinkommen geteilt durch 13
Quelle: VDI report 24. Einkommensanalyse '96

Wenn auch das Gehalt zugunsten einer langfristigen Berufsentwicklung etwas in den Hintergrund treten sollte, so muß doch berücksichtigt werden, daß das jeweilige Istgehalt bei einem Firmenwechsel Ausgangspunkt für Gehaltsverhandlungen ist.

Während die Bandbreiten bei den Anfangsgehältern um mehr als DM 2.000,- p.m. differieren können, ergeben sich gemäß den Ergebnissen der VDI-Einkommensanalyse 1996 noch größere Unterschiede.

Auch die von der Kienbaum Vergütungsberatung Gummersbach jährlich durchgeführten Gehaltsstruktur-Untersuchungen ergaben große Einkommensunterschiede auf der mittleren und oberen Managementebene. Im Hinblick auf die Gruppe der Geschäftsführer sowie der Leitenden Angestellten kam die Studie 1997 zu folgenden Ergebnissen:

Die Gesamtbezüge (Grundgehälter + Erfolgsbeteiligungen) der deutschen Geschäftsführer sind im Jahre 1997 im Durchschnitt um 3,2% (Ost: 3,2%), die der leitenden Angestellten um 3,2% (Ost: 5,2%) gestiegen. Der „Durchschnitts"-Geschäftsführer in den alten Bundesländern verdiente 1997 TDM 371, wobei 1% der Geschäftsführer weniger als TDM 100 Jahresgesamtbezüge bekamen und noch immerhin 5% über TDM 800 erhielten. Über die Hälfte der Geschäftsführer verdiente unter 350 TDM. Der durchschnittliche Hauptabteilungsleiter kam 1997 auf TDM 194, der Abteilungsleiter auf TDM 147. Ein Geschäftsführer in Ostdeutschland erhielt durchschnittlich Gesamtbezüge in Höhe von TDM 242, während ein Hauptabteilungsleiter durchschnittlich TDM 143, ein Abteilungsleiter TDM 114 verdiente. Die variablen Vergütungselemente sind in diesen Zahlen enthalten, nicht jedoch Zusatzleistungen wie betriebliche Altersversorgung, Dienstwagen, Unfallversicherung etc. Der Anteil der variablen Vergütungselemente beträgt bei Geschäftsführern derzeit 24%, auf Hauptabteilungsleiterebene 14%; bei den Abteilungsleitern liegt er zur Zeit bei 11% der Gesamtbezüge. Die Einkommensspannen sind also beträchtlich. (Dazu wird hier auf den VDI-Report Nr. 24 verwiesen, der diese Aspekte noch ausführlicher darstellt.) Die im folgenden

371

aufgeführten Einflußfaktoren sind mitbestimmend dafür, daß in gleichartigen und gleichwertigen Positionen bei vergleichbarer Leistung Gehaltsunterschiede von über 100% auftreten können:

○ **Funktion und Rang** (abgesehen von den hochdotierten Positionen der Geschäftsführung sowie der kaufmännischen und technischen Gesamtleitung nehmen die Leiter Recht, Vertrieb, Marketing, Werksleitung sowie Forschung und Entwicklung die Spitzenpositionen in der Gehaltsskala ein)

○ **Unternehmensgröße** (große Unternehmen zahlen tendenziell besser als kleine)

○ **Ertragssituation** (die Höhe der Vergütung, insbesondere des Top-Managements, korreliert mit der Ertragssituation)

○ **Ausbildung** (der formale Ausbildungsabschluß hat insofern einen Einfluß auf die Vergütung, als daß eine höhere Ausbildung die Chance für den Aufstieg in die oberen Führungsränge erhöht)

○ **Qualifikation** der Gesamtbelegschaft (hochtechnologisierte und professionalisierte Unternehmen zahlen tendenziell höhere Gehälter)

○ **Branche** (während imTarifbereich die Branchenunterschiede relativ eindeutig sind, nehmen die Vergütungsdifferenzen im Bereich der Leitenden Angestellten deutlich ab und werden durch andere Einflußfaktoren, wie z.B. Unternehmensgröße und Ertragssituation, überlappt)

○ **Alter** (zwischen Alter und Vergütung besteht ein direkter Zusammenhang; auch in Führungspositionen wird Berufserfahrung honoriert)

○ **Produktqualität** (korreliert häufig mit der Ertragssituation sowie der Mitarbeiterqualifikation und hat insofern auch Einfluß auf die Gehaltsfestsetzung)

○ **Standort** (in Großstädten wird aufgrund der höheren Lebenshaltungskosten durchschnittlich mehr gezahlt als in kleinen bis mittleren Städten; das sogenannte Nord-Süd-Gefälle konnte die Kienbaum-Studie nicht belegen)

4. Einflußfaktoren auf das Gehaltsniveau

Bereits in den Sektionen I, II und III sind wesentliche Einflußfaktoren in bezug auf das Gehaltsniveau aufgeführt worden. Zur Abschätzung des „individuellen Marktwerts" werden im folgenden die wichtigsten Einflußfaktoren noch einmal zusammenhängend genannt:

Personenbezogene Einflußfaktoren

Studienrichtung und Diplomarbeit: Die spezielle Studienrichtung ist bei Diplom-Ingenieuren nur dann von Bedeutung, wenn etwa die Wahl der Diplomarbeit und spezieller Wahlfächer mit der ausgeschriebenen Funktion direkt übereinstimmt. Generell ist eine methoden- und tätigkeitsorientierte Spezialisierung einer produktorientierten Spezialisierung vorzuziehen.

NOKIA staff

Meet NOKIA!

NOKIA *is an international telecommunications group with net sales of nearly 7.26 billion US-Dollar in 1996 and over 34,000 employees worldwide. NOKIA Telecommunications supplies advanced telecommunications infrastructure systems and equipment for use in fixed and mobile networks in more than 45 countries.*

We are looking for the following areas for several:

Telecommunications Engineers

Research & Development

Your tasks will cover design, implementation and testing of equipment for telecommunication networks. You will work especially on the development of Transmission Systems and Network Management Systems. You will work closely together with our other R&D centers in different countries.

Furthermore, you will have contacts to our customers in cooperation with our Product Management.

Customer Services

As a Customer Service employee you will offer support to operators starting from the network planning, service consultancy, continuing through the implementation phase by providing training for operators staff as well as giving operation and maintenance services.

Product Competence Center

As a product or system specialist you will support our Account Managers in technical matters. You will gather and forward market information to our Product Lines and will coordinate product requests and decisions between the local customers and our product lines.

Account Manager Team

Our customers are fixed and mobile networks operators worldwide. You will be a member of our customer relations team, establishing customer relationships, making offers, holding and finally closing negotiations.

Also after signing the contract you will later on remain the contact person to our customer.

Are you interested?

Then please send your CV and free form application, including your salary request and your earliest possible date of entry, to the following address:

NOKIA Telecommunications GmbH
Human Resources department
Heltorfer Straße 22
D-40472 Düsseldorf

We look forward to hearing from you.

For further NOKIA information:
http://www.nokia.com

NOKIA
CONNECTING PEOPLE

Examensnoten: Die Examensnoten können die Bewerbungschancen verbessern, haben aber auf die Höhe der Vergütung in der Regel keinen oder nur geringen Einfluß. In jedem Fall sind die Examensnoten in ihrer Bedeutung stark von der Hochschule abhängig, an der sie vergeben werden.

Hochschule: Die Wahl der geeigneten Hochschule kann bei der Erstbewerbung entscheidende Vorteile bringen und wird in Zukunft aufgrund der zunehmenden Uneinheitlichkeit der Ingenieurausbildung in Deutschland weiter an Bedeutung gewinnen.

Promotion: Eine Promotion ist dann von Vorteil, wenn der Erwerb des Doktorgrades nicht zu einem zu hohen Eintrittsalter in die Industrie führt. Wenn Alter, Promotionsthema und Art der Tätigkeit während der Promotion „stimmen", führt die Promotion im allgemeinen zu einem Gehaltsaufschlag von DM 800.- bis 1.200,- p.m.

Zweitstudium und Aufbaustudium: Von einem Zweitstudium ist Diplom-Ingenieuren in der Regel abzuraten. Nur bei speziellen Berufszielen kann ein Aufbaustudium, z.B. Wirtschaftsingenieurwesen oder MBA (Master of Business Administration), von Nutzen sein und wird dann auch finanziell honoriert. Ausbildungslücken können häufig besser durch firmeninterne Programme oder Weiterbildungsmaßnahmen geschlossen werden.

Alter: Das Alter hat in der Privatwirtschaft auf die Höhe des Anfangsgehalts in den meisten Branchen keinen Einfluß. Im öffentlichen Dienst wird das Alter durch die Dienstaltersstufe berücksichtigt. Ein zu hohes Eintrittsalter kann hingegen die Bewerbungschancen erheblich reduzieren.

Berufspraxis/Praktika: Die Berufspraxis vor oder während des Studiums wird hoch bewertet. Auch Bundeswehrdienstzeiten und entsprechende Tätigkeiten im Zivildienst werden in der Regel positiv bewertet.

Sprachkenntnisse: Spezielle Sprachkenntnisse sind auch für Diplom-Ingenieure von großer Bedeutung. Englischkenntnisse werden dabei heute in der Regel vorausgesetzt.

Testergebnis: Gute persönliche und fachliche Eignungsnoten erhöhen lediglich die Einstellungschancen.

Persönlichkeit: Das Persönlichkeitsbild von Bewerbern hat in den letzten Jahren deutlich an Bedeutung gewonnen. Bei vergleichbaren Studienabschlüssen ist es häufig das entscheidende Kriterium zur Einstellung. Engagement, Kommunikationsfähigkeit, sicheres Auftreten und Teamgeist bringen Pluspunkte.

Sie.
Und wir.

RWE Energie

Wir

sind eines der größten europäischen
Energieversorgungsunternehmen.
Rund um die Versorgung mit Strom, Gas,
Wärme und Wasser nutzen unsere Kunden
ein breites Dienstleistungsangebot.
Unsere Mitarbeiter fordern wir durch
anspruchsvolle Aufgaben. Deshalb kommt es
uns von Anfang an gleichermaßen auf fachliche
wie persönliche Qualifikationen an.

Sie

finden bei uns eine gezielte Förderung Ihrer
beruflichen Zukunft, die Sie durch Initiative und
Leistungsbereitschaft mitgestalten. Das reicht vom
Trainee oder Direkteinsteiger bis hin zu spezifischer
Weiterbildung.
Sie haben es in der Hand, sich weiter über uns zu
informieren. Sprechen Sie uns an.

RWE Energie Aktiengesellschaft
Personal- und Sozialwesen
Kruppstraße 5, 45128 Essen

Firmenbezogene Einflußfaktoren

Firmengröße: Großunternehmen haben im allgemeinen eine festgefügte Gehaltsstruktur mit guten Sozial- und Nebenleistungen. Mittlere Unternehmen zahlen deshalb anfangs oft bessere Gehälter. Die Gehaltsvorteile gleichen sich jedoch meist schon nach wenigen Jahren aus. Von Einzelpositionen abgesehen zahlen Großunternehmen im Durchschnitt höhere Gehälter.

Firmensitz: In Ballungszentren werden leicht überdurchschnittliche Gehälter gezahlt, die einen Ausgleich für die höheren Lebenshaltungskosten darstellen.

Branche: Tendenziell werden in der Chemischen und Verfahrenstechnischen Industrie sowie in der Kraftfahrzeugindustrie bessere Gehälter gezahlt als in der Maschinenbau- und Elektrotechnischen Industrie. Die Gehälter für Diplom-Ingenieure des Bauwesens liegen in den ersten Berufsjahren teilweise unter denen der anderen Fachrichtungen.

Positionsbezogene Einflußfaktoren

Hierarchische Stellung: Je höher die Stelle in der Führungshierarchie angesiedelt ist, desto höhere Gehälter werden gezahlt.

Funktion: Häufig werden in den Bereichen Vertrieb, Forschung, Entwicklung und Datenverarbeitung etwas höhere Gehälter gezahlt als in den anderen Unternehmenszweigen.

Arbeitsmarktbezogene Einflußfaktoren

Konjunkturlage: In Boomzeiten ziehen auch die Gehälter an, während in wirtschaftlich schlechteren Zeiten die Steigerungsraten geringer sind.

Angebot und Nachfrage: In speziellen Engpaßbereichen werden überdurchschnittliche Gehälter gezahlt. Hier kann auch ein Wechsel des Unternehmens zu erheblichen Gehaltsverbesserungen führen.

Sektion XII: Firmen-Dokumentation START 1998

Diese Sektion ist Absolventen ingenieurwissenschaftlichr Disziplinen und angrenzender Bereiche bei der Suche nach einer geeigneten Startposition mit zahlreichen firmenbezogenen Informationen behilflich. Die Unternehmensportraits umfassen nicht nur Angaben zu Branche, Umsatz und Mitarbeiterzahl, sondern auch zu angebotenen Startprogrammen, dem aktuellen Bedarf an Hochschulabsolventen, Auswahlverfahren, Einstellungskriterien, Gehältern usw. Die Angaben in der Firmen-Dokumentation 1998 beruhen dabei auf einer vom Herausgeber im Herbst 1997 durchgeführten Umfrage, an der sich 85 Unternehmen beteiligten. Damit vermag die Firmen-Dokumentation zwar keinen vollständigen Überblick über den Arbeitsmarkt von Hochschulabsolventen zu bieten, jedoch dürfte die Mehrzahl der „einstellungsstärksten" Unternehmen vertreten sein.

Im folgenden möchten wir kurz auf die folgenden Punkte hinweisen:

○ Die Informationen der Unternehmen werden in einem einheitlichen Raster präsentiert, um den Überblick über die Angebote und etwaige Vergleiche zu erleichtern. Die Reihenfolge innerhalb des Rasters ist immer gleich. Sofern keine Informationen vorlagen, wurde der entsprechende Punkt nicht aufgenommen.

○ Der Punkt „Personalplanung" gibt Auskunft über die Zahl der gesuchten Hochschulabsolventen, in der Regel auch über die gewünschten Studienrichtungen der Bewerber.

○ Auslandsmodule im Rahmen der Einarbeitungsmaßnahmen sind im Punkt „Startprogramme", Auslandseinsätze zu einem späteren Zeitpunkt im Punkt „Personalentwicklung" aufgeführt.

○ „Vollständige Bewerbungsunterlagen" im Punkt „Auswahlverfahren" umfassen Anschreiben, Lebenslauf, Photo, Kopien der Schul- und Hochschulzeugnisse, evtl. Bescheinigungen über Praktika und sonstige Zusatzqualifikationen. „Vollständige Bewerbungsunterlagen" steht damit im Gegensatz zur selten anzutreffenden „Kurzbewerbung", die nur das Anschreiben, den Lebenslauf und ein Photo beinhaltet.

Akzo Nobel Faser AG

Postfach 10 01 49
42097 Wuppertal
Telefon: 0202/32-2250
Telefax: 0202/32-2475

Kontaktperson: Michael Würz, Telefon: 0202/32-2477, Telefax: 0202/32-2475

Branche: Chemie

Umsatz 96: weltweit DEM 20 Mrd., davon DEM 3 Mrd. in Deutschland

Beschäftigte 97: weltweit 70.000 Mitarbeiter, davon 11.700 in Deutschland

Personalplanung 98: Absolventen der Studienrichtung Verfahrenstechnik, Informatik/Wirtschaftsinformatik, Wirtschaftsingenieurwesen, Wirtschaftswissenschaften

Einsatzbereiche: Schwerpunktbedarf sind z.Z. Ingenieure der Fachrichtungen Verfahrenstechnik sowie Ingenieure der Chemietechnik und Meß- und Regeltechnik, Wirtschaftswissenschaftler

Startprogramme: Einarbeitungsprogramme, Training-on-the-job sowie ergänzende interne und externe Einführungs- und Fortbildungsseminare

Personalentwicklung: Persönlichkeitstraining, Sprachkurse, Förderkreis o.ä., Job Rotation, Auslandseinsatz

Angebote an Studierende: Praktika, Betreuung von Diplomarbeiten, Teilnahme an Hochschulmessen

Auswahlverfahren: vollständige Bewerbungsunterlagen, Bewerbergespräch mit der Personal- und Fachabteilung, strukturiertes Interview, intellektueller Leistungstest

Einstellungskriterien: Eigeninitiative, Teamfähigkeit, Mobilität, Studienschwerpunkte, Studiendauer, Studienergebnisse, Lehre, Sprachen, Auslandsaufenthalte, Nebenaktivitäten

Anfangsgehälter: TDM 76 - 80 p.a. (Uni-Diplom)

*

ANDERSEN CONSULTING Unternehmensberatung GmbH

Otto-Volger-Straße 15
65843 Sulzbach

Kontaktperson: Graduate Recruiting Department, Telefon: 06196/575757, Telefax: 061 96/576207, e-mail: asg.recruiting@ac.com, Internet: http://www.ac.com

Branche: Unternehmensberatung

Umsatz 96: weltweit 5,3 Mrd. US $, davon 1,8 Mrd. in Europa

Beschäftigte 97: weltweit ca. 49.000, davon ca. 16.000 in Europa

Personalplanung 98: ca. 500 - 600 Hochschulabsolventen der Fachrichtungen Wirtschaftswissenschaftler, Informatiker, Ingenieure, Mathematiker, Naturwissenschaftler, Sozialwissenschaftler

Einsatzbereiche: Direkteinstieg als Consultant

Startprogramme: individuelles Training on-the-job, systematisches und kontinuierliches, internationales Weiterbildungsprogramm

Personalentwicklung: Fachtraining, Persönlichkeitstraining, DV-Schulungen, Job Rotation bei Projektarbeit, Auslandseinsatz projektbezogen möglich

Angebote an Studierende: Praktika, Hochschultage

Auswahlverfahren: vollständige Bewerbungsunterlagen, Gruppenauswahlverfahren (AC), Bewerbertag

Einstellungskriterien: überdurchschnittlicher Hochschulabschluß, praktische Erfahrungen, außeruniversitäres Engagement, sehr gute, aktive Englischkenntnisse, Leistungsorientierung, ausgeprägte Teamfähigkeit, Mobilität, und hohe Belastbarkeit, Interessenschwerpunkt Informationstechnologie

Anfangsgehälter: je nach Qualifikation unterschiedlich, 75 - 80 TDM p.a.

Informationsmaterial: auf Anfrage erhältlich

*

A.T. Kearney GmbH
Jan-Wellem-Platz 3
D-40212 Düsseldorf
Telefon: 0211/1377-0
Telefax: 0211/1377-999

Kontaktperson: Martin Schubert, Recruiting Manager, Telefon: 0211/1377-697, Telefax: 0211/1377-658

Branche: Unternehmensberatung

Umsatz 96: weltweit 1,6 Mrd. DM, davon 140 Mio. DM in Deutschland

Beschäftigte 97: weltweit 2.500 Berater, davon 250 in Deutschland

Personalplanung 98: 70 - 100 Absolventen aller Studienrichtungen

Einsatzbereiche: Durchführung von Analysen, Konzepterstellung, Implementierung in Projektteams

Startprogramme: Intensive internationale Einführungsseminare, Training-on-the-job, große Anzahl internationaler Projekte mit internationalem Einsatz

Personalentwicklung: Modular aufgebaute Trainingsprogramme für Beratungstools

Angebote an Studierende: Praktika, Workshops/Seminare

Auswahlverfahren: vollständige Bewerbungsunterlagen, strukturiertes Interview mit integrierten Fallstudien, Gruppenauswahlverfahren (AC) für Praktika

Einstellungskriterien: Kreativität, Teamfähigkeit, analytisches Denkvermögen, sehr gute kommunikative Fähigkeiten, ausgezeichnete Noten in Abitur und Examen, kurze Studiendauer, Auslandssemester, gerne MBA und Promotion, Praktika während des Studiums, auch im Ausland, fließendes Englisch, eine weitere Fremdsprache

Informationsmaterial: auf Anfrage

*

AUDI AG

Audi-Standorte:
I/SP-2, Personalmarketing
D-85045 Ingolstadt
Telefon: 0841/89-1364
Infoline: Mo - Do, 14 - 16 Uhr
Telefax: 0841/89-8844

N/SN, Personalwesen
Postfach 1144, D-74148 Neckarsulm
Telefon: 07132/31-1044
Telefax: 07132/31-2294

Audi Hungaria Motor Kft.
Postfach 551, H-9002 Györ
Telefon: 0036/96/401000
Telefax: 0036/96/444110

Fertigungsstandorte im Ausland:
Kuala Lumpur (Malaysia), Jakarta (Indonesien),
Changchun (China), Uitenhage (Südafrika), Curitiba (Brasilien), Manila (Philippinen)

Vertriebsgesellschaften weltweit

Branche: Automobilbau

Umsatz 97: weltweit 21 Mrd. DM erwartet

Beschäftigte 97: weltweit: ca. 38.000 Mitarbeiter

Personalplanung 98: regelmäßiger Bedarf an High Potentials von Hoch- und Fachhochschulen im In- und Ausland (gesuchte Fachrichtungen: Maschinenbau, Elektrotechnik, Informatik, Wirtschaftsingenieurwesen, Betriebswirtschaftslehre, MBA, Master of Science)

Startprogramme: bereichsübergreifendes internationales Trainee-Programm, Personal Development Program for Marketing and Sales (bereichsspezifisches Trainingsprogramm), Training-on-the-job für jeden Geschäftsbereich

Personalentwicklung: jährliche Leistungsbeurteilung und Potentialentwicklungsgespräche; Laufbahnorientierte Personalentwicklungsmaß-nahmen on-the-job (Aufgabenerweiterung, Projektarbeit, zunehmende Übernahme von mehr Verantwortung, Job Rotation) sowie darauf abgestimmte systematische Qualifizierungsmaßnahmen off-the-job zur Verbesserung der Sozial-, Führungs- und Strategiekompetenz.

Angebote an Studierende: Erstpraktikum mit 6 Wochen Mindestdauer pro Organisationseinheit in allen Geschäftsbereichen im Inland. Aufnahme von herausragenden Praktikanten in die Nachbetreuung des Studentischen Laufbahnprogramms (SLP). Gezielte Nachbetreuung der Laufbahnstudenten mit der Möglichkeit von Auslandspraktika und Nachfolgepraktika im Inland unter Qualifizierungsgesichtspunkten. Vereinfachter Berufseinstieg für Studenten in der Audi-Nachbetreuung.

Auswahlverfahren: vollständige Bewerbungsunterlagen, Einzelgespräche in Personal- und Fachabteilungen, strukturiertes Interview, Gruppenauswahlverfahren.

Einstellungskriterien: sehr gute Studienleistungen (Abschluß unter den besten 20%), Interdisziplinarität, Industriepraktika und studienbegleitende ehrenamtliche Tätigkeiten o.ä., Auslandserfahrung ab 3 Monate Dauer durch Ferienjob, Praktikum oder Auslandsstudium.

Anfangsgehälter: abhängig von Qualifikation und Einstiegsprogramm

Informationsmaterial: Informationen zum Praktikum, zum studentischen Laufbahnprogramm zur Diplomarbeit und zum Berufseinstieg sowie Geschäftsberichte werden auf Anfrage versendet.

*

BAHLSEN KG

Postfach 1 05
30001 Hannover
Telefon: 05 11/9 60-0

Kontaktperson: Telefon: 05 11/9 60-23 08,
Frau Rebitzky

Branche: Dauerbackwaren

Umsatz 96: ca. 1,98 Mrd. DM gruppenweit

Beschäftigte 96: ca. 9.200 gruppenweit

Personalplanung 98: ca. 10 - 15 Nachwuchskräfte einschließlich Betriebswirtschaftslehre

Einsatzbereiche: Anlagenplanung, Qualitätssicherung, Produktentwicklung

Startprogramme: individuelles Einstiegsprogramm

Personalentwicklung: verschiedenartige Angebote zu Teamentwicklung, Rhetorik, Präsentation, DV-technische Anwendungen

Angebote an Studierende: Praktika bzw.
Diplomandenbetreuung möglich

Auswahlverfahren: vollständige Bewerbungsunterlagen, Assessment-Center, Interviews

Einstellungskriterien: Studienverlauf, Examensnoten, Praktika, Alter, Mobilität, Persönlichkeit

Anfangsgehälter: 63 - 65 TDM

Informationsmaterial: kann angefordert werden

*

BASF AG

Carl-Bosch-Straße 38
67056 Ludwigshafen
Telefon: 0621/60-0

Kontaktpersonen:
Ingenieure: Herr Dr.-Ing. Krei, ZE/A-L540
Telefon: 0621/60-55333 (TU), Herr Dr.-Ing. Lohe
Telefon: 0621/60-55575 (FH)
Wirtschaftswissenschaftler/Wirtschaftsingenieure:
Frau Dipl.-Kffr. Klemme, DPL/K-D219, Telefon:
0621/60-43879, Telefax: 0621/ 6020257
Naturwissenschaftler: Herr Dr. Funhoff, ZOH-
B1, Telefon: 0621/60-43113
Praktika:
Herr Lösch (technisch-naturwissenschaftlich)
DPB/BN-D107, Telefon: 0621/60-40897
Frau Lösch (kaufmännisch), DBP/BN-D107,
Telefon: 0621/60-40985

Branche: Chemie

Umsatz 96: 49 Mrd. DM weltweit

Beschäftigte: 103.000 (weltweit), 61.100 (in
Deutschland)

Personalplanung 98: ständiger Bedarf an
Ingenieuren (TU/TH und FH), speziell Verfahrenstechnik, Chemieingenieurwesen, Maschinenbau, Elektrotechnik, Meß- und Regelungstechnik sowie Wirtschaftswissenschaftlern und
Wirtschaftsingenieuren

Einsatzbereiche: Technische Entwicklung,
Anlagenbau, Werkstechnik, Anwendungstech-
nik u.a. Für Wirtschaftsingenieure: Marketing,
Vertrieb, Logistik u.a.

Startprogramme: Training-on-the-job, parallel dazu ein breites Fort- und Weiterbildungsprogramm. Für Wirtschaftsingenieure ggf.: International Training-on-the-job Marketing/Ver-
trieb/Einkauf

Auswahlverfahren: vollständige Bewerbungsunterlagen, Vorstellungsrunden, in denen Gespräche mit Fach- und Führungskräften geführt werden.

Einstellungskriterien: überdurchschnittliche fachliche Qualifikation, persönliche Qualifikation, Internationalität

Anfangsgehälter: je nach Qualifikation und Einsatzgebiet

Informationsmaterial: „Ingenieure bei der BASF", „Fachhochschulingenieure bei der BASF", „Hochschulabsolventen bei der BASF"

*

Bayer AG
Hauptstraße 119
51368 Leverkusen
Telefon: 02 14/30-8 10 00
Telefax: 02 14/30-6 49 73

Kontaktperson: Günter Ritter, Internationales Hochschulmarketing, Telefon: 02 14/30-6 12 55, Telefax: 02 14/ 30-6 49 73

Branche: Chemisch-pharmazeutisches Unternehmen

Umsatz 96: weltweit DM 48.608 Mio., davon DM 16.830 Mio. in Deutschland

Beschäftigte 96: weltweit 142.200 Mitarbeiter, davon 67.000 in Deutschland

Personalplanung 98: ca. 200 Absolventen der Studienrichtung Verfahrenstechnik, Informatik/Wirtschaftsinformatik, Wirtschaftswissenschaften

Einsatzbereiche: meist in Forschung und Entwicklung, Engineering, Ingenieur-Technik, Marketing, Vertrieb, Verwaltung

Startprogramme: Einarbeitungsprogramme, Trainee-Programme, Training-on-the-job, Direkteinstieg, im Einzelfall Auslandseinsatz

Personalentwicklung: Fachtraining, Persönlichkeitstraining, Sprachkurse, Produktschulungen, Förderkreis o.ä., DV-Schulungen, Job Rotation, Auslandseinsatz

Angebote an Studierende: Praktika, Betreuung von Diplomarbeiten und Dissertationen, Firmenbesichtigungen, Teilnahme an Hochschulmessen

Auswahlverfahren: vollständige Bewerbungsunterlagen, Bewerbergespräch mit der Personal- und Fachabteilung, strukturiertes Interview, Bewerbertag, Gruppenauswahlverfahren (AC)

Einstellungskriterien: Persönlichkeitsprofil, breites Grundlagenwissen, interdisziplinäre Kenntnisse, Auslandsaufenthalt, ggf. 2 Fremdsprachen

Anfangsgehälter: TDM 61 - 65 p.a. (FH-Diplom im Bereich Maschinenbau, Verfahrenstechnik, Informatik/Wirtschaftsinformatik, Wirtschaftsingenieurwesen, Wirtschaftsmathematik), TDM 76 - 80 p.a. (Uni-Diplom z.B. im Bereich Maschinenbau, Verfahrenstechnik, Informatik/Wirtschaftsinformatik, Wirtschaftsingenieurwesen, Wirtschaftsmathematik), mit Promotion ca. TDM 91 p.a.

Informationsmaterial: allgemeines Informationsmaterial für Hochschulabsolventen; individuelle Berufsinformationen auf Anfrage:
Silke Stolpmann, Personalmarketing, Telefon: 0214/30-8 10 00, Telefax: 0214/30-6 49 73

*

Beiersdorf AG

Unnastraße 48
20245 Hamburg
Telefon: 040/4909-0
Telefax: 040/4909-3434

Kontaktpersonen:
Direkteinstieg: Gerd Herbertz, Personalabteilung, 040/4909-2049, Axel Scholz, Personalabteilung, Telefon: 040/4909-3772
Traineeprogramme: Regine Siebe, Personalentwicklung, Telefon: 040/4909-3568

Branche: Markenartikelindustrie, Chemie

Umsatz 96: weltweit 5,778 Mrd. DM

Beschäftigte 97: 17.400 Mitarbeiter weltweit

Personalplanung 98: ca. 10 Ingenieure der Studienrichtungen Maschinenbau, Verfahrenstechnik, Wirtschaftsingenieurwesen, Chemieingenieurwesen

Einsatzbereiche: Produktion/Technik, Forschung/Entwicklung

Startprogramme: Direkteinstieg mit individueller Einarbeitung; Traineeprogramm: Materials Management

Personalentwicklung: Maßnahmen nach individuellem Bedarf

Angebote an Studierende: Praktika, Betreuung von Diplomarbeiten aus Themenkatalog

Auswahlverfahren: vollständige Bewerbungsunterlagen, Bewerbergespräch mit der Personal- und Fachabteilung, strukturiertes Interview

Einstellungskriterien: Teamfähigkeit, Flexibilität, Mobilität, Fächerkombination, Examensnoten, Praktika, Sprachkenntnisse, Auslandserfahrung, außeruniversitäres Engagement

Anfangsgehälter: 65 TDM p.a. (FH-Diplom), 71 - 75 TDM p.a. (Uni-Diplom)

Informationsmaterial: Firmenbroschüre „Einstieg nach Maß"

Roland Berger & Partner GmbH
International Management Consultants
Arabellastraße 33
81925 München
Telefon: 089/9223-0
Telefax: 089/9223-202
Internet: www.rolandberger.de

Kontaktperson: Viola Summer, Recruiting, Telefon: 089/9223-568, Telefax: 089/9223-400

Branche: Top-Management Beratung

Umsatz 96: weltweit 412,5 Mio. DM

Beschäftigte 97: weltweit ca. 1.000 Mitarbeiter

Personalplanung 98: ca. 110 Absolventen der Studienrichtungen Elektrotechnik/Elektronik, Maschinenbau, Verfahrenstechnik, Informatik/Wirtschaftsinformatik, Wirtschaftsingenieurwesen, Wirtschaftswissenschaften

Einsatzbereiche: Nationale und internationale Projektarbeit in unterschiedlichen Competence-Centern, branchen- und funktionsübergreifend

Startprogramme: Training-on-the-job, Direkteinstieg, Einführungsseminar

Personalentwicklung: Fachtraining, Persönlichkeitstraining, DV-Schulungen, Auslandseinsatz, wenn erforderlich Sprachkurse

Angebote an Studierende: Praktika, im Einzelfall Betreuung von Diplomarbeiten, Workshops/Seminare

Auswahlverfahren: vollständige Bewerbungsunterlagen, Recruitingtag mit folgenden Modulen: Fach- und Persönlichkeitsinterviews, Fallvorbereitung und -präsentation, Gruppendiskussionen und verschiedenen Tests

Einstellungskriterien: Teamfähigkeit, Kommunikationsverhalten, Social Fit, Kreativität, Prädikatsexamen, gute Abiturnote, Regelstudienzeit, 2-3 Praktika, Auslandsaufenthalt, Englisch, Zusatzqualifikation MBA oder Promotion

Anfangsgehälter: abhängig von der individuellen Qualifikation

Informationsmaterial: Recruitingbroschüre „Einladung zum Dialog"

*

BMW AG
Bayerische Motoren Werke
Aktiengesellschaft
80788 München

Kontaktpersonen:
Kaufm. Bewerbung und Praktika, Frau von Balluseck, Abteilung PM-10, Telefon: 089/382-22714

Techn. Bewerbung und Praktika, Frau Grafwallner, Abteilung PM-10, Telefon: 089/382-24310

Branche: Automobile und Motorräder

Umsatz 96: DM 52.265 Mio. (Konzern)

Beschäftigte 96: 116.112 Mitarbeiter (Konzern)

Personalbedarf 98: nach Bedarf Absolventen der Studienrichtung Elektrotechnik/Elektronik, Maschinenbau, Informatik/Wirtschaftsinformatik, Wirtschaftsingenieurwesen, Wirtschaftswissenschaften

Einsatzbereiche: Forschung und Entwicklung, Technische Zentralplanung und Produktion, Logistik und Einkauf, Vertrieb und Marketing, Finanzwesen und Controlling, Organisation und Informationsverarbeitung, Personal- und Sozialwesen, Presse- und Öffentlichkeitsarbeit

Startprogramme: Praktika, DRIVE (Einstiegs- und Entwicklungsprogramm für Hochschulabsolventen)

Personalentwicklung: Fachtraining, Persönlichkeitstraining, Sprachkurse, Produktschulungen, DV-Schulungen, Auslandseinsatz

Angebote an Studierende: Praktikum, Betreuung von Diplomarbeiten, Betreuung von Dissertationen, Workshops/Seminare, Firmenbesichtigungen, Teilnahme an Hochschulmessen

Auswahlverfahren: vollständige Bewerbungsunterlagen, Bewerbergespräch mit den Vertretern von Personal- und Fachabteilung

Einstellungskriterien: überdurchschnittlicher Abschluß eines Hoch-/Fachhochschulstudiums, praktische Erfahrungen (Praktika, Lehre), Persönlichkeitsprofil, Kenntnisse über das Studienfach hinaus, z.B. betriebswirtschaftliche Grundkenntnisse, sehr gute Kenntnisse der Konzernsprachen Deutsch und Englisch, außeruniversitäre oder studienbegleitende Aktivitäten

Anfangsgehälter: je nach Qualifikation

Informationsmaterial: Geschäftsbericht, Broschüren zu Einstiegsmöglichkeiten bei BMW (auch über Internet: http://www.bmw.de/einstieg)

Booz · Allen & Hamilton GmbH

Königsallee 106, 40215 Düsseldorf
Telefon: 0211/3890-0
Telefax: 0211/3890-306
Internet: http://www.bah.com

Kontaktperson: Michaela Götte

Branche: Unternehmensberatung

Umsatz 96: 1,2 Mrd. US $

Beschäftigte 97: weltweit 7.200 Mitarbeiter, davon 250 in Deutschland

Personalplanung 98: Absolventen der Studienrichtungen Wirtschaftsingenieurwesen und Wirtschaftswissenschaften

Einsatzbereich: Unternehmensberatung

Startprogramme: Training-on-the-job, Direkteinstieg, eventuell Auslandseinsatz (abhängig von Projekt)

Personalentwicklung: Fachtraining, Auslandseinsatz

Angebote an Studierende: Praktika, Workshops/Seminare

Auswahlverfahren: vollständige Bewerbungsunterlagen, strukturierte Interviews, Fallstudien

Einstellungskriterien: Top-Abschluß, internationales Studium/Praktika, Engagement, exzellentes Englisch, weitere Sprachen, analytisches Denken, Kreativität, Fähigkeit, zu strukturieren, Beurteilungsvermögen, Reife, Pragmatismus, Wissensdurst, Kommunikationsfreudigkeit, Teamwork, als Associate: zusätzlich MBA oder Promotion plus 2 - 3 Jahre Berufserfahrung

Anfangsgehälter: je nach Qualifikation

Informationsmaterial: Broschüre „Your Career Face to Face"

Robert Bosch GmbH

Postfach 10 60 50, 70049 Stuttgart
Telefon: 0711/811-0

Kontaktperson: Beate Mündl, ZM4, Telefon: 0711/811-6372, Telefax: 0711/811-7600

Umsatz 96: weltweit 41,1 Mrd. DM, davon 16,0 Mrd. DM in Deutschland

Beschäftigte 96: im Jahresmittel: weltweit 172.359 Mitarbeiter, davon 90.986 in Deutschland

Personalplanung 98: Absolventen der Studienrichtung Elektrotechnik/Elektronik, Maschinenbau, Verfahrenstechnik, Informatik/Wirtschaftsinformatik, Wirtschaftsingenieurwesen, Wirtschaftswissenschaften

Einsatzbereiche: Bedarf an Hochschulabsolventen (auch mit Promotion) für die Funktionsbereiche: Forschung, Entwicklung, Fertigung, Technischer Verkauf, Qualitätssicherung und Informationsverarbeitung

Startprogramme: Traineeprogramme, Direkteinstieg, Auslandseinsatz während des Traineeprogramms und danach möglich

Personalentwicklung: Fachtraining, Persönlichkeitstraining, Sprachkurse, Produktschulungen, Förderkreis o.ä., DV-Schulungen, Job Rotation, Auslandseinsatz

Angebote an Studierende: Praktika, Betreuung von Diplomarbeiten, Betreuung von Dissertationen, Workshops/Seminare, Firmenbesichtigungen, Teilnahme an Hochschulmessen

Auswahlverfahren: vollständige Bewerbungsunterlagen, Bewerbergespräch mit der Personal- und Fachabteilung, strukturiertes Interview, Fallstudien, Bewerbertag, Gruppenauswahlverfahren (AC)

Einstellungskriterien: Mobilität, Teamfähigkeit, Führungspotential, Einsatzbereitschaft, Noten, Studiendauer, Fremdsprachenkenntnisse,

Praktika, Auslandserfahrung, außeruniversitäres Engagement

Anfangsgehälter: entsprechend individuellen Voraussetzungen (Lehre, Promotion)

Informationsmaterial: Traineeprogramme für den technischen Führungsnachwuchs; Ihr Berufsstart in der Bosch-Gruppe; Bosch heute; Geschäftsbericht; Praktika und Diplomarbeiten für Studentinnen und Studenten an Standorten der Bosch-Gruppe

*

Bosch Telecom GmbH

Postfach, 60277 Frankfurt
Telefon: 069/7505-0
Internet: http://www.careernet.de/bosch-telecom

Kontaktperson: Herr Enaux, UC/PAA-Fr, Telefon: 069/7505-2094, Telefax: 069/7505-8161

Branche: Kommunikationstechnik

Umsatz 96: 5,4 Mrd. DM, davon 4,2 Mrd. DM in Deutschland

Beschäftigte 96: weltweit 20.400 Mitarbeiter, davon 18.100 in Deutschland

Personalplanung 97: Absolventen der Studienrichtung Elektrotechnik/Elektronik, Nachrichtentechnik, Informatik/Wirtschaftsinformatik, Wirtschaftsingenieurwesen, Wirtschaftswissenschaften

Einsatzbereiche: Vertrieb, Marketing, Technischer Vertrieb

Startprogramme: Trainee-Programm, Direkteinstieg, individuell gestaltete Führungsnachwuchsprogramme, 6-monatiger Auslandsaufent-

halt (im Rahmen des individuell gestalteten Führungsnachwuchsprogramms)

Personalentwicklung: Fachtraining, Persönlichkeitstraining, Sprachkurse, Produktschulungen, Förderkreis o.ä., DV-Schulungen, Job Rotation, Auslandseinsatz, systematische Mitarbeiterentwicklung über Förderkreise

Angebote an Studierende: Praktika, Betreuung von Diplomarbeiten

Auswahlverfahren: vollständige Bewerbungsunterlagen, Bewerbergespräch mit der Personal- und Fachabteilung, strukturiertes Interview, Bewerbertag, Gruppenauswahlverfahren (AC)

Einstellungskriterien: Flexibilität, Mobilität, Einsatzbereitschaft, Hochschulabschluß, Praktika, Fächerkombination, außeruniversitäre Aktivitäten, Führungspotential, zwei Fremdsprachen, Auslandserfahrung

Informationsmaterial:
Internet: http://www.careernet.de/bosch-telecom, „Auf der ganzen Linie Bosch", „Unternehmensbroschüre", „Ihr Berufsstart in der Bosch-Gruppe"

*

The Boston Consulting Group GmbH & Partner

Sendlinger Straße 7
80331 München
Telefon: 089/23174-361
Heinrich-Heine-Allee 1
40213 Düsseldorf
(ab März 1998: Lippestraße 25
40221 Düsseldorf)
Telefon: 0211/1383-183

Kontaktpersonen: München: Anette Moosmüller, Düsseldorf: Ingrid Samuel

Umsatz 97: DM 270 Mio. (Deutschland)

Beschäftigte 97: 370 Berater und Beraterinnen (Deutschland)

Personalplanung 98: mehr als 100 Absolventen aller Fachrichtungen

Startprogramme: Training-on-the-job, vierwöchiges Boot Camp Training, zusätzlich 2 Wochen BWL für Ingenieure und Naturwissenschaftler

Personalentwicklung: Fachtraining, Persönlichkeitstraining, Sprachkurse, Job Rotation, Auslandseinsatz frühestens nach einem Jahr im Rahmen des BCG Ambassador-Programms

Angebote an Studierende: Praktika, Workshops/Seminare

Auswahlverfahren: vollständige Bewerbungsunterlagen, Fallstudien

Einstellungskriterien: erstklassiger Studienabschluß, bewiesene Analysefähigkeit, Auslandserfahrung, intellektuelles Interesse, Bescheidenheit, Humor

Informationsmaterial: kann sowohl in Düsseldorf als auch in München bei Frau Samuel bzw. Frau Moosmüller gerne angefordert werden

Bundesamt für Wehrtechnik und Beschaffung

Postfach 7360
56057 Koblenz
Telefon: 0261/400-2125
Telefax: 0261/400-3020

Kontaktperson: Dipl.-Ing. Lipušček, ZA III 2, Telefon: 0261/400-2125, Telefax: 0261/400-30 20, Internet: http://www.bundeswehr.de

Branche: Oberbehörde

Beschäftigte 97: 14.400 Mitarbeiter

Personalplanung 98: 85 Dipl.-Ing. der Studienrichtung Elektrotechnik/Elektronik, Maschinenbau, Technische Informatik, Flugzeugbau, Flugbetriebwerkbau, Schiffbau, Schiffsmaschinenbau

Einsatzbereiche: Technisch komplexe Programme. Internationale Zusammenarbeit, u.a. auch als Manager in technischen Bereichen

Startprogramme: Einarbeitungsprogramme, Training-on-the-job, fachbezogene Laufbahnausbildung

Personalentwicklung: Fachtraining, Sprachkurse, DV-Schulungen, Auslandseinsatz

Angebote an Studierende: Praktika (bitte anfragen), Firmenbesichtigungen (nur in Gruppen)

Auswahlverfahren: vollständige Bewerbungsunterlagen, strukturiertes Interview, Kurzvortrag, Gespräche

Einstellungskriterien: Noten, Fächerkombination, Studiendauer, Zusatzqualifikationen (z.B. Fremdsprachen und praktische Erfahrung)

Anfangsgehälter: nach den Bestimmungen des Bundesbesoldungsgesetzes

Informationsmaterial: bitte anfordern

CERESTAR DEUTSCHLAND GMBH

Düsseldorfer Straße 191
47809 Krefeld
Telefax: 02151/575-315

Werke: Krefeld, Barby/Elbe, Zülpich

Kontaktperson: Herr Dieter Erban, Telefon: 02151/575-324

Branche: Herstellung von Stärke und Stärkederivaten

Umsatz: etwa 1 Mrd. DM

Beschäftigte 97: 900 Mitarbeiter

Personalplanung 98: nach Bedarf; Diplom-Ingenieure verschiedener Fachrichtungen (Schwerpunkte Verfahrenstechnik/Maschinenbau/Elektrotechnik/Chemietechnik)

Startprogramme: individuelle Einarbeitung, Training-on-the-job

Angebote an Studierende: Praktika, Betreuung von Diplomarbeiten

Auswahlverfahren: vollständige Bewerbungsunterlagen, eintägige Gruppenauswahlverfahren, anschließend Einzelgespräch mit Personal- und Fachabteilung

Einstellungskriterien: Examensergebnisse, Studienschwerpunkte, Studiendauer, Praktika bzw. Berufsausbildung, Sprachkenntnisse, außeruniversitäre Aktivitäten, Teamorientierung

Anfangsgehälter: 65 - 72 TDM p.a.

Informationsmaterial: Unternehmensinformationen auf Anfrage

*

Continental AG

Postfach 169, 30001 Hannover
Telefon: 0511/9381709
Telefax: 0511/9381950
Internet: http://www.conti.de/company/jobs

Branche: Kautschukverarbeitende Industrie

Umsatz 96: weltweit 10,4 Mrd. DM, davon 3,4 Mrd. DM in Deutschland

Beschäftigte 96: weltweit 45.000, davon 20.000 in Deutschland

Personalplanung 97: 30 - 50 Hochschulabsolventen der Studienrichtung Elektrotechnik/ Elektronik, Maschinenbau, Verfahrenstechnik, Wirtschaftsingenieurwesen, Wirtschaftswissenschaften

Einsatzbereiche: Forschung und Entwicklung, Fertigung, Vertrieb, Konstruktion

Startprogramme: Trainee-Programme, Training-on-the-job, Direkteinstieg

Personalentwicklung: Fachtraining, Persönlichkeitstraining, Sprachkurse, Produktschulungen, Förderkreis o.ä., DV-Schulungen, Job Rotation, Auslandseinsatz

Angebote an Studierende: Praktika, Betreuung von Diplomarbeiten, Teilnahme an Hochschulmessen

Auswahlverfahren: Vollständige Unterlagen, Bewerbergespräch mit der Personal- und Fachabteilung, strukturiertes Interview

Einstellungskriterien: Engagement, Kontaktfähigkeit, Teamfähigkeit, Studienschwerpunkte, Studienleistungen, Internationalität

Anfangsgehälter: je nach Qualifikation

Informationsmaterial: Berufsstart bei Continental, Praktikum und Diplomarbeit

DAIMLER-BENZ AG
PE/IP T100
D-70546 Stuttgart
Telefon: 07 11/17-5 60 92
Telefax: 07 11/17-2 21 52
Internet: www.daimler-benz.com

Kontaktperson: Personalmarketing-Team

Branche: Transport, Verkehr und Dienstleistungen

Umsatz 96: weltweit 106 Mrd. DM, davon 39 Mrd. DM in Deutschland

Beschäftigte 97: weltweit 291.000 Mitarbeiter, davon 69.000 im Ausland

Personalplanung 98: 1.100 Absolventen der Studienrichtungen Elektrotechnik/Elektronik, Maschinenbau, Verfahrenstechnik, Informatik/Wirtschaftsinformatik, Wirtschaftsingenieurwesen, Wirtschaftswissenschaften

Einsatzbereiche: alle Einsatzbereiche möglich

Startprogramme: Direkteinstieg, Trainee-Programme, mind. ein Auslandseinsatz (sofern Einstieg über die internationale Nachwuchsgruppe)

Personalentwicklung: Fachtraining, Persönlichkeitstraining, Sprachkurse, Produktschulungen, Förderkreis o.ä., DV-Schulungen, Job Rotation, Auslandseinsatz

Angebote an Studierende: Praktika, Betreuung von Diplomarbeiten und Dissertationen, Workshops/Seminare, Firmenbesichtigungen, Teilnahme an Hochschulmessen

Auswahlverfahren: vollständige Bewerbungsunterlagen, Bewerbergespräch mit der Personal- und Fachabteilung, strukturiertes Interview, Gruppenauswahlverfahren

Einstellungskriterien: Kommunikations- und Teamfähigkeit, Konflikt- und Problemlösefähigkeit, Initiative und Gestaltungswille, Studienleistung, Praxiserfahrung; für die Nachwuchsgruppen ist eine internationale Ausrichtung (Auslandserfahrung und Sprachkenntnisse) Voraussetzung

Anfangsgehälter: je nach Qualifikation

Informationsmaterial: ja

Daimler-Benz Aerospace AG
Postfach 80 11 09
81663 München
Telefon: 089/6 07-0
Telefax: 089/6 07-2 64 81
Internet: http://www.dasa.com

Kontaktperson:
Pablo Salame Fischer, Leiter Personalmarketing, Telefon: 089/607-34515, Telefax: 089/607-3 4630, E-Mail: YZP6643@DBMAIL.DEBIS.DE

Branche: Luft- und Raumfahrt

Umsatz 96: weltweit 13.053 Mio. DM, davon 4.152 Mio. DM in Deutschland

Beschäftigte 96: weltweit 44.936 Mitarbeiter, davon 41.267 in Deutschland

Personalplanung 98: 400 - 500 Absolventen der Studienrichtung Elektrotechnik/Elektronik, Maschinenbau, Informatik/Wirtschaftsinformatik, Wirtschaftsingenieurwesen, Wirtschaftswissenschaften, Luft- und Raumfahrt-Ing.

Einsatzbereiche: Konzeption, Entwicklung, Produktion und Betreuung von Luft- und Raumfahrtgeräten und -systemen. Qualitätsmanagement, Beschaffung, Vertrieb, Finanzen & Controlling, Informationsverarbeitung, Projekte.

Startprogramme: Trainee-Programm Zentrale Nachwuchsgruppe, Direkteinstieg

Personalentwicklung: Fachtraining, Persönlichkeitstraining, Sprachkurse, Produktschulungen, DV-Schulungen, Auslandseinsatz

Angebote an Studierende: Praktika, Betreuung von Diplomarbeiten und Dissertationen, Workshops/Seminare, Firmenbesichtigungen, Teilnahme an Hochschulmessen

Auswahlverfahren: vollständige Bewerbungsunterlagen, Bewerbergespräch mit der Personal- und Fachabteilung; die Auswahlmodalität variiert stark je nach Geschäftsbereich und Zielfunktion

Einstellungskriterien: soziale Kompetenz, Kreativität, Lernbereitschaft, Beweglichkeit, solide Qualifikation, angemessene Studiendauer, gute akademische Leistungen, Praktika, Auslandserfahrung, Sprachen, außeruniversitäres Engagement

Informationsmaterial: alle Broschüren über uns beziehbar, ausführliche Informationen im Internet

*

DEGUSSA AG

Weißfrauenstraße 9
60287 Frankfurt (Main)
Telefon: 069/218-0

Kontaktperson: Renate Molitor, Zentrale Personalleitung - Personalabteilung, Telefon: 069/218-2360, Telefax: 069/218-2255, e-mail: Renate. Molitor@Degussa.DE

Branche: Chemie, Edelmetall, Pharma

Umsatz 96: weltweit ca. 14 Mrd. DM

Beschäftigte 97: weltweit ca. 26.000 Mitarbeiter

Personalplanung 98: ca. 25 Hochschulingenieure der Studienrichtungen Verfahrenstechnik, Fertigungstechnik, Elektrotechnik/Meß- und Regeltechnik, Informatik/Wirtschaftsinformatik, Wirtschaftsingenieurwesen

Einsatzbereiche: Verfahrensentwicklung, Anlagenprojektierung, Prozeßautomatisierung, Anwendungsentwicklung (SAP R/3), Rechnungswesen, Controlling

Startprogramme: individuelle Ausbildung, Training-on-the-job, begleitende Entwicklungsprogramme

Personalentwicklung: Fachtraining, Persönlichkeitstraining, Sprachkurse, Produktschulungen, DV-Schulungen, Job Rotation, Auslandseinsatz

Angebote an Studierende: Praktika, Betreuung von Diplomarbeiten, Teilnahme an Hochschulmessen

Auswahlverfahren: vollständige Bewerbungsunterlagen, Bewerbergespräch mit der Personal- und Fachabteilung

Einstellungskriterien: Persönlicher Eindruck, Examensnoten, Studiendauer, Studienschwerpunkt, Praktika, Auslandsstudium

Anfangsgehälter: in Anlehnung an tarifliche Regelungen für Berufsanfänger mit akademischer Ausbildung

Informationsmaterial: ja (Broschüre für Hochschulabsolventen)

*

DERDATA Informations-
management GmbH

Emil-von Behring-Straße 6
60439 Frankfurt/Main
Telefon: 069/9588-04
Internet: http://www.derdata.de

Kontaktperson: Sabine von Hebel, Telefon: 069/9588-4105

Branche: Systemhaus der Reisebranche

Umsatz 96: 59 Mio. DM

Beschäftigte 97: 210 Mitarbeiter

Personalplanung 98: 5-10 Hochschulabsolventen der Studienrichtung Elektrotechnik/ Elektronik, Informatik/Wirtschaftsinformatik, Wirtschaftsingenieurwesen, Wirtschaftswissenschaften

Einsatzbereiche: Systemadministration, Softwareentwicklung, Orga-Betreuung/-Beratung, SAP

Startprogramme: Training-on-the-job

Personalentwicklung: fachspezifische und Persönlichkeitsseminare

Angebote an Studierende: Praktika, Betreuung von Diplomarbeiten

Auswahlverfahren: vollständige Bewerbungsunterlagen, Bewerbergespräch mit der Personal- und Fachabteilung, strukturiertes Interview

Einstellungskriterien: Belastbarkeit, Kundenorientierung, Teamfähigkeit, Diplomarbeitsthema, Studienschwerpunkt, Ausbildung, Praktika

Anfangsgehälter: ca. 60 TDM p.a. (Uni oder FH-Diplom)

Informationsmaterial: Unternehmensbroschüre, Geschäftsbericht, weitere auf Anfrage.

*

Deutsche Bahn AG

Holzmarktstraße 17
10880 Berlin
Telefon: 030/29761375

Kontaktperson: Petra Walter, Führungskräfteentwicklung, Telefon: 030/297-61375, Telefax: 030/297-61934

Branche: Verkehr/Dienstleistung

Umsatz 96: ca. 30.221 Mrd. DM

Beschäftigte 96: ca. 288.768 Mitarbeiter

Personalplanung 98: ca. 100-200 Absolventen

Einsatzbereiche: Finanzen, Controlling, Marketing, Vertrieb, Personalwesen, Unternehmensentwicklung, Instandhaltungsmanagement, Technische Betriebsführung und Planung, Forschung und Technologie

391

Startprogramme:
1. training-on-the-job, 12-monatiges DB-Ma-nagement-Nachwuchsprogramm, individu-ell abgestimmt auf Einstiegsfunktion, an-spruchsvolle Aufgabenstellungen in Praxis-stationen, Verantwortung für Einzel- und Teamprojekte; Trainings
2. im Einzelfall Direkteinstieg in Großprojekte

Personalentwicklung: Fachtraining, Persön-lichkeitstraining, Produktschulungen, DV-Schu-lungen, Job Rotation, im Einzelfall Auslandsein-satz

Angebote an Studenten: Praktika nach Vordiplom, Betreuung von Diplomarbeiten, Be-treuung von Dissertationen

Auswahlverfahren: vollständige Bewerbungs-unterlagen, Bewerbergespräch mit der Personal- und Fachabteilung, strukturiertes Interview, Gruppenauswahlverfahren (AC)

Einstellungskriterien: Examensnote, Studi-endauer, Studienschwerpunkte, analytische/ konzeptionelle Fähigkeiten, Eigeninitiative/ -verantwortung, Entscheidungsfreudigkeit, Ein-satzbereitschaft/Engagement, fachliche Flexibi-lität, Kommunikationsfähigkeit, Kontaktfreude, Kreativität/Innovationsfähigkeit, geographische Mobilität, Lernbereitschaft, Teamfähigkeit, Durchsetzungsvermögen, unternehmerisches Denken und Handeln, Belastbarkeit, Hand-lungsorientierung, Wissenschaftsorientierung, Auslandsaufenthalte/-erfahrung, außeruniver-sitären Aktivitäten, Praktika, Berufsausbildung/-erfahrung, DV-Kenntnisse, Promotion/ Postgra-duales Studium, gute Englischkenntnisse

Anfangsgehälter: nach Vereinbarung

Informationsmaterial: Geschäftsbericht 1996, Hochschulbroschüre (weitere auf Anfrage)

*

Deutsche Bank

Mainzer Landstraße 16
60325 Frankfurt
Telefon: 069/910-0
Internet: http://www.deutsche-bank.de

Kontaktperson: Kristina Flügel, KD Personal, Telefon: 069/910-34044, Telefax: 069/910-38790 Internet: http://www.deutsche-bank.de

Branche: Kreditgewerbe

Bilanzsumme 96: 886 Mrd. DM

Beschäftigte 97: weltweit 74.000 Mitarbeiter, davon 50.000 in Deutschland

Personalplanung 98: 400 - 500 Absolventen der Studienrichtungen Informatik/Wirtschaftsin-formatik, Wirtschaftsingenieurwesen, Wirt-schaftswissenschaften, Wirtschaftsmathematik

Einsatzbereiche: vielfältige Einsatz- und Ent-wicklungsmöglichkeiten, in allen Unterneh-mensbereichen, insbesondere in IT/Operations

Startprogramme: Direkteinstieg oder einjähri-ges Fachtraineeprogramm on- und off-the-job, ggf. Auslandseinsatz (2-3 Monate) im Rahmen einer Projektarbeit

Personalentwicklung: Fachtraining, Persön-lichkeitstraining, Sprachkurse, Job Rotation, Auslandseinsatz

Angebote an Studierende: Praktika, Betreu-ung von Diplomarbeiten, Workshops/Seminare, Teilnahme an Hochschulmessen

Auswahlverfahren: vollständige Bewer-bungsunterlagen, Bewerbergespräch mit der Personal- und Fachabteilung, strukturiertes In-terview, Gruppenauswahlverfahren

Einstellungskriterien: Teamplayer mit Pro-blemlösungskompetenz, Engagement, Lei-stungswille, Führungspotential, fundierte EDV-Kenntnisse, Interesse am Bankgeschäft, Auslandserfahrung, Englisch fließend, geographische und fachliche Mobilität

Anfangsgehälter: 68 - 80 TDM p.a.

Informationsmaterial: Geschäftsbericht, CD-ROM, Informationsbroschüre für Hochschulabsolventen

*

Deutsche Shell
Überseering 35
22297 Hamburg
Telefon: 040/6324-0

Kontaktperson: Stefan Saliger, Personalentwicklung, Telefon: 040/6324-6047, Telefax: 040/6324-6015

Branche: Mineralöl/Chemie/Erdgas

Umsatz 96: c/o Royal Dutch/Shell Gruppe 259 Mrd. DM, davon Deutsche Shell AG 24,2 Mrd. DM

Beschäftigte 96: Royal Dutch/Shell Gruppe ca. 100.000 Mitarbeiter, davon Deutsche Shell AG ca. 2.500 Mitarbeiter

Personalplanung 97: grundsätzliches Interesse an hochqualifizierten Absolventen der Studienrichtungen Verfahrenstechnik, Chemietechnik, Meß- und Regeltechnik, Wirtschaftsingenieurwesen, Chemie, Maschinenbau

Einsatzbereiche: breites Einsatzspektrum, abhängig von Studienrichtung und Berufswunsch z.B. Produktion, Anlagen-Neubau, Instandhaltung, Prozeßtechnologie und -wirtschaftlichkeit, Forschung und Entwicklung

Startprogramme: Training-on-the-job ergänzt durch nationale und internationale Trainingskurse, Direkteinstieg

Personalentwicklung: Fachtraining, Persönlichkeitstraining, Sprachkurse, Produktschulungen, DV-Schulungen, Job Rotation

Angebote an Studierende: Praktika, Betreuung von Diplomarbeiten und Dissertationen, Workshops/Seminare, Firmenbesichtigungen

Auswahlverfahren: vollständige Bewerbungsunterlagen, Bewerbergespräch mit der Personal- und Fachabteilung, strukturiertes Interview, Gruppenauswahlverfahren (AC)

Einstellungskriterien: überzeugende Persönlichkeit, Teamfähigkeit, Leistungsbereitschaft, Eigeninitiative, analytische Fähigkeiten, Mobilität, Examensnoten, Studiendauer, Studienschwerpunkte, Praktika, Auslandserfahrung, außeruniversitäres Engagement, EDV-Kenntnisse, Sprachkenntnisse (insbesondere Englisch)

Anfangsgehälter: ab TDM 70 p.a.

Informationsmaterial: auf Anforderung

*

Deutsche Telekom

Pascalstraße 10
10587 Berlin
Telefon: 030/3991-3511
Telefax: 030/3991-3530
e-mail: Trainee-Programm@t-online.de
Internet: www.telekom.de

Kontaktperson: Manfred Ertel, Dienstleistungszentrum Führungskräfte - Support, Telefon: 030/3991-3501, Telefax: 030/3991-3530, e-mail: Trainee-Programm@t-online.de, Internet: www. telekom.de

Branche: Telekommunikation

Umsatz 96: weltweit 63 Mrd. DM

Beschäftigte 96: weltweit 201.000 Mitarbeiter

Personalplanung 98: ca. 30 Trainees (Absolventen der Studienrichtungen Informatik/ Wirtschaftsinformatik, Wirtschaftsingenieurwesen, Wirtschaftswissenschaften, Physik, Mathematik, Wirtschaftsmathematik, Jura, Nachrichtentechnik)

Einsatzbereiche: Unternehmensstrategie, International, Personal und Recht, Privatkunden, Geschäftskunden, Technik/Netze, Technik/ Dienste, Finanzen/Controlling

Startprogramme: Trainee-Programm

Personalentwicklung: Fachtraining, Produktschulungen, DV-Schulungen, Auslandseinsatz

Angebote an Studierende: Praktika, Betreuung von Diplomarbeiten, Firmenbesichtigungen, Teilnahme an Hochschulmessen

Auswahlverfahren: vollständige Bewerbungsunterlagen, strukturiertes Interview, Gruppenauswahlverfahren (AC)

Einstellungskriterien: uneingeschränkte Mobilität, Flexibilität, Team-/Kooperationsfähigkeit, hohe soziale/fachliche/methodische Kompetenz, sicheres/souveränes Auftreten, sehr guter Studienabschluß, Studiendauer, Verhandlungssicherheit in einer Fremdsprache, Erfahrungen durch Seminare, Praktika, Auslandsaufenthalte

Anfangsgehälter: 60 - 70 TDM p.a. (sämtliche Trainees)

Informationsmaterial: Trainee-Broschüre, Image-Broschüre, Geschäftsbericht

*

Deutsche Unilever GmbH

Dammtorwall 15
20355 Hamburg
Telefon: 040/3490-3461
Telefax: 040/3490-3455
Internet: http://www.jobware.de

Kontaktperson: Susanne Lepper, Führungsnachwuchs, Telefon: 040/3490-3461, Telefax: 040/3490-3455, e-mail: recruitment.selection@ Unilever.com, Internet: http://www.jobware.de

Branche: Konsumgüter-Industrie (Nahrungsmittel, Körperpflege, Kosmetik, Wasch- und Reinigungsmittel)

Umsatz 96: weltweit 78 Mrd. DM, davon 9,2 Mrd. DM in Deutschland

Beschäftigte 96: weltweit 306.000 Mitarbeiter, davon 23.000 in Deutschland

Personalplanung 98: ca. 85 Hochschulabsolventen der Studienrichtungen Maschinenbau, Verfahrenstechnik, Informatik/Wirtschaftsinformatik, Wirtschaftsingenieurwesen, Wirtschaftswissenschaften, sonstige

Einsatzbereiche: Absatzmanagement, Kommerzielles Management, Technisches Management, Personalmanagement

Startprogramme: Zentral-Trainee, Company-Trainee (Training-on-the-job)

Personalentwicklung: Fachtraining, Persönlichkeitstraining, Sprachkurse, Produktschulungen, Förderkreis o.ä., DV-Schulungen, Job Rotation, Auslandseinsatz

Angebote an Studierende: Praktika, Betreuung von Diplomarbeiten, Teilnahme an Hochschulmessen

Auswahlverfahren: vollständige Bewerbungsunterlagen, Gruppenauswahlverfahren (AC)

Einstellungskriterien: Mobilität, Diplomnote, Studiendauer, Praktika, Auslandsaufenthalt, außeruniversitäre Aktivitäten

Anfangsgehälter: ab 73 TDM p.a. (Uni-Diplom)

Informationsmaterial: „Start in eine Karriere mit internationalen Perspektiven", „Perspektiven für Ingenieure und Naturwissenschaftler" (Broschüren)

*

Droege & Comp.
Internationale-Unternehmer-Beratung-GmbH
Poststraße 5-6
40213 Düsseldorf
Telefon: 0211/86731-0
Telefax: 0211/86731-111
E-Mail: personal@droege.de

Kontaktperson: Karin Kämpchen

Branche: Unternehmensberatung

Umsatz 96: 71,5 Mio. DM

Beschäftigte 97: 160 Mitarbeiter

Personalplanung 98: über 60 Absolventen der Studienrichtungen Elektrotechnk/Elektronik, Maschinenbau, Verfahrenstechnik, Informatik/Wirtschaftsinformatik, Wirtschaftsingenieurwesen, Wirtschaftswissenschaften, sonstige

Startprogramme: Einarbeitungsprogramme, Training-on-the-job

Personalentwicklung: Fachtraining, Persönlichkeitstraining, Sprachkurse, Produktschulungen, DV-Schulungen, Auslandseinsatz

Angebote an Studierende: Praktika, Betreuung von Dissertationen, Teilnahme an Hochschulmessen, Workshops/Seminare

Auswahlverfahren: Kurzbewerbung, Bewerbergespräch mit der Fachabteilung, strukturiertes Interview, Fallstudien, Präsentation des Bewerbers

Einstellungskriterien: Analytische Fähigkeiten, Kreativität, Kommunikationstalent, Einsatzbereitschaft, soziale Kompetenz, Teamfähigkeit, Mobilität, Examensnoten, Studiendauer, Fächerkombination, Promotion, Doppel-/Zweitstudium

Anfangsgehälter: je nach Qualifikation

Informationsmaterial: Firmenbroschüre

EDS Electronic Data Systems

Eisenstraße 56
65428 Rüsselsheim
Internet: http://www.eds.de

Kontaktperson: Anja Bast, Heike Scharf, Human Resources, Telefon: 06142/80-02, Fax: 06142/80-1814, E-Mail: personal@eds.de

Branche: Informationstechnologie

Umsatz 97: 14,4 Mrd. US $ weltweit; über 1 Mrd. DM in Deutschland

Beschäftigte 97: weltweit ca. 100.000 Mitarbeiter in 42 Ländern, davon ca. 3.000 in Deutschland an über 50 verschiedenen Standorten

Personalplanung 98: ca. 300 Absolventen

Einsatzbereiche: Systementwicklung, Systemintegration, Systemmanagement, Prozeßmanagement, IT-Consulting sowie verschiedene kaufmännische Bereiche

Startprogramme: Systems-Engineer-Development Program mit integriertem Auslandseinsatz oder Direkteinstieg

Personalentwicklung: Fachtraining, Persönlichkeitstraining, Auslandseinsatz, Leadership-Development-Program

Angebote an Studierende: Praktika, Diplomarbeiten, Mitarbeit in Projekten

Auswahlverfahren: vollständige Bewerbungsunterlagen, Gespräche mit Vertretern der Personal- und Fachabteilung

Einstellungskriterien: Team- und Kundenorientierung, selbständiger Arbeitsstil, Flexibilität, gutes Englisch, EDV-Kenntnisse, Mobilität, Bereitschaft zur kontinuierlichen Weiterentwicklung

Informationsmaterial: internationaler Geschäftsbericht, Bewerberbroschüre, Internet

*

ESG Elektroniksystem- und Logistik GmbH

Einsteinstraße 174
81675 München
Telefon: 089/9216-1
Telefax: 089/9216-2116

Kontaktperson: Frau Gerlach, Telefon: 089/9216-2572, Telefax: 089/9216-2116

Branche: Elektronik, System-/Softwareentwicklung, Dienstleistungen

Umsatz 96: 215 Mio. DM

Beschäftigte 96: ca. 800 Mitarbeiter

Personalplanung 98: 10 Mitarbeiter (Studienrichtungen Elektrotechnik/Elektronik, Maschinenbau, Informatik/Wirtschaftsinformatik, Wirtschaftsingenieurwesen

Einsatzbereiche: gesamter Unternehmensbereich

Startprogramme: Training-on-the-job

Personalentwicklung: bedingt Auslandseinsatz

Einstellungskriterien: Soft- und Hardwarekenntnisse, gute Englischkenntnisse, Studienschwerpunkte, Fach- und Vertiefungsrichtungen, industrielle Praktika, Diplom- und evtl. Dissertationsthema, Industrieerfahrung

Anfangsgehälter: ca. 71 bis 75 TDM p.a.

Informationsmaterial: Kurzinformation auf Anfrage

Ericsson Eurolab Deutschland GmbH

Human Resources
Ericsson Allee 1
D-52134 Herzogenrath
Telefon: 02407/575-0
Telefax: 02407/575-150

Human Resources
Nordostpark 12
D-90411 Nürnberg
Telefon: 0911/5217-0
Telfax: 0911/5217-950

Human Resources
Daimlerring 9
D-31135 Hildesheim
Telefon: 05121/707-0
Telefax: 05121/707-111

Branche: Telekommunikation

Umsatz 96: weltweit 18 Mrd. US-$, davon 1,2 Mrd. DM in Deutschland

Beschäftigte 97: weltweit 100.000 Mitarbeiter, davon 1.800 in Deutschland

Personalplanung 98: 50 - 100 Absolventen der Studienrichtungen Elektrotechnik/Elektronik/ Nachrichtentechnik, Informatik

Einsatzbereiche: Forschung & Entwicklung (Software-Design, Software-Test, Grundlagenforschung, Endgeräte-Entwicklung, Methodsand Tools-Development)

Startprogramme: 1- bis 3-monatiges Basistraining, Training-on-the-job, systematischees und kontinuierliches internationales Weiterbildungsprogramm, bedingt Auslandseinsatz

Personalentwicklung: Fachtraining, Persönlichkeitstraining, Sprachkurse, Job Rotation, Auslandseinsatz

Angebote an Studierende: Praktika, Betreuung von Diplomarbeiten, Firmenbesichtigungen, Teilnahme an Hochschulmessen

Auswahlverfahren: vollständige Bewerbungsunterlagen, Bewerbergespräch mit der Personal- und Fachabteilung, persönliches Gespräch

Einstellungskriterien: Offenheit, Freude an Teamarbeit, Flexibilität, Kommunikationsfähigkeit, erfolgreiches Studium

Anfangsgehälter: 65 - 70 TDM p.a.

Informationsmaterial: „Stelle? Vorstellen. Einstellen!" (Informationsbroschüre für Bewerber), „Informationsbroschüre für Hochschulabsolventen"

*

FERCHAU Konstruktion GmbH

Schützenstraße 13, 51643 Gummersbach
Telefon: 02261/3006-0
Telefax: 02261/64363

Kontaktperson: Joachim Lalla, Personalabteilung, Telefon: 02261/3006-0, Telefax: 02261/64363

Branche: Ingenieurbüro

Umsatz 97: 100 Mio. DM

Beschäftigte 97: 1.000 Mitarbeiter

Personalplanung 98: 150 Absolventen der Studienrichtungen Maschinenbau, Elektrotechnik/Elektronik, Verfahrenstechnik, Nachrichtentechnik, Feinwerktechnik, Fahrzeugtechnik, Versorgungstechnik, Automatisierungstechnik, Konstruktionstechnik, Kunststofftechnik, Luft- und Raumfahrt, Meß- und Regeltechnik

Einsatzbereiche: Planung, Entwicklung, Konstruktion, Projektierung, Dokumentation

Startprogramme: Einarbeitung: on-the-job, Direkteinstieg

Personalentwicklung: Fachtraining, Persönlichkeitstraining, interne und externe Fachseminare

Angebote an Studenten: Praktika und Betreuung von Diplomarbeiten (einzelfallbezogen möglich)

Auswahlverfahren: vollständige Bewerbungsunterlagen, Einstellungsgespräche

Einstellungskriterien: Mobilität, Flexibilität, Belastbarkeit, qualifizierter Abschluß, Praxisorientierung, Studienschwerpunkt, CAD, SPS

Anfangsgehälter: je nach Qualifikation

Informationsmaterial: Bewerberbroschüre auf Anfrage

FERRERO OHGmbH

Hainer Weg 120
60599 Frankfurt/Main
Postfach 70 03 10
60591 Frankfurt/Main

Kontaktperson:
Frau K. Fuxen (Personalleiterin)
Herr G. Gerlach (Personalreferent Produktionsbetrieb), Telefon: 069/68050

Branche: Nahrungs- und Genußmittel

Umsatz 97: über 2,5 Mrd. DM

Beschäftigte 97: ca. 3.500 Mitarbeiter

Personalplanung 98: jährlicher Bedarf an ca. 2-3 Ingenieuren, bevorzugt werden Hochschulabsolventen der Fachrichtungen Maschinenbau, Fertigungstechnik, Elektrotechnik und Verfahrenstechnik

Einsatzbereiche: Übernahme von Rationalisierungs- und Qualitätssicherungsmaßnahmen in bestehenden Anlagen oder Konstruktion, Planung, Montage und Inbetriebnahme von neuen Anlagen. Weiterentwicklung neuer Produkte hinsichtlich technologischer und qualitativer Aspekte.

Startprogramme: individuell zugeschnittenes projektbezogenes Training-on-the-job-Programm in den Bereichen Engineering, Produktion und Qualitätswesen. Die Dauer des Programms beträgt ca. 2 Jahre

Personalentwicklung: Mitarbeiterförderung im Hinblick auf die Übernahme von weiterreichenden Führungsaufgaben bzw. verantwortungsvollen Investitionsprojekten

Auswahlverfahren: Analyse der Bewerbungsunterlagen, Einzelgespräche der Bewerber mit Mitarbeitern aus der Personal- und Fachabteilung

Einstellungskriterien: Studienverlauf (Noten, Dauer), Persönlichkeitsprofil (Leistungsorientiertheit, analytische Fähigkeiten, Kreativität, Führungspotential), Italienischkenntnisse

Anfangsgehälter: je nach Qualifikation ab 65 TDM p.a.

Informationsmaterial: Kurzübersicht „Entwicklungsprogramm für Ingenieure und Techniker"

*

FORBO-RESOPAL GmbH
Hans-Böckler-Straße 4
64823 Groß-Umstadt
64823 Groß-Umstadt
Telefon: 06078/80-1

Kontaktperson: Martin Peußer, Personalleitung, Telefon: 06078/80-347, Telefax: 06078/80-358, E-Mail: 06078/80-7-347

Branche: kunststoffverarbeitende Industrie

Umsatz 96: 200 Mio. DM

Personalplanung 98: Absolventen der Studienrichtungen Elektrotechnik/Elektronik, Maschinenbau, Verfahrenstechnik, sonstige

Einsatzbereiche: Produktion, Entwicklung, Vertrieb

Startprogramme: Training-on-the-job

Personalentwicklung: Fachtraining, Sprachkurse, Produktschulungen, DV-Schulungen

Angebote an Studierende: Praktika, Betreuung von Diplomarbeiten, Firmenbesichtigungen

Auswahlverfahren: vollständige Bewerbungsunterlagen, Bewerbergespräch mit der

Personal- und Fachabteilugn, strukturiertes Interview, Bewerbertag

Einstellungskriterien: ehrgeizig, zielstrebig, belastbar, kommunikationsfreudig, teamfähig, Fremdsprachen (Englisch und evtl. 2. Fremdsprache)

Anfangsgehälter: nach Vereinbarung

Informationsmaterial: Firmenbroschüre

*

FORD-Werke Aktiengesellschaft
Henry-Ford-Straße 1
50725 Köln
Telefon: 0221/900
Telefax:0221/9012641

Kontaktperson: Anke Nixdorf, Personalmarketing und Graduate Programme, Telefon: 0221/9014923, Telefax: 0221/9018521

Branche: Automobilindustrie

Umsatz 96: weltweit 219 Mrd. DM, davon 26,4 Mrd. DM in Deutschland

Beschäftigte 97: weltweit 370.000 Mitarbeiter, davon 45.000 in Deutschland

Personalplanung 98: 200 - 250 Hochschulabsolventen der Studienrichtungen Maschinenbau, Verfahrenstechnik, Elektrotechnik, Wirtschaftsingenieurwesen, Wirtschaftswissenschaften, Informatik/Wirtschaftsinformatik

Einsatzbereiche: alle Unternehmensbereiche

Startprogramme: FORD-College Graduate-Programm, Training-on-the-job, Direkteinstieg

Personalentwicklung: Fachtraining, Graduate-Programm, Persönlichkeitstraining, Sprachkurse, Job Rotation, nach Einarbeitung 2 - 5jähriger Auslandseinsatz

Angebote an Studierende: Praktika, Betreuung von Diplomarbeiten und Dissertationen, Firmenbesichtigungen, Teilnahme an Hochschulmessen

Auswahlverfahren: vollständige Unterlagen, Bewerbergespräch mit der Personalabteilung, Bewerbergespräch mit der Fachabteilung, strukturiertes Interview, Fallstudien, Gruppenauswahlverfahren (AC), individuelles Interview; häufig sind mehrere Auswahlverfahren hintereinander geschaltet

Einstellungskriterien: Sozialkompetenz, Ergebnisorientierung, interdisziplinäre, globale Denkweise, multikulturelles Verständnis, Mobilität, überdurchschnittliche Examensnote, zielorientierte Praktika, zielorientierter Studienaufbau und Studienverlauf, sehr gute Englischkenntnisse, Auslandserfahrungen (Studium, Praktika, Schüleraustausch), außeruniversitäres Engagement

Anfangsgehälter: 66 - 70 TDM p.a. (Fachhochschuldiplom in den Studienrichtungen Elektrotechnik/Elektronik, Maschinenbau, Verfahrenstechnik, Informatik/Wirtschaftsinformatik, Wirtschaftsingenieurwesen, Wirtschaftsmathematik, sonstige), 81 - 85 TDM p.a. (Universitätsdiplom in den Studienrichtungen Elektrotechnik/Elektronik, Maschinenbau, Verfahrenstechnik, Informatik/Wirtschaftsinformatik, Wirtschaftsingenieurwesen, Wirtschaftsmathematik), 76 - 80 TDM p.a.a (Universitätsdiplom in sonstigen Studienrichtungen)

Informationsmaterial: Firmenbroschüre, Broschüre für Praktika/Diplomarbeiten, Broschüre für Hochschulabsolventen

Gemini Consulting
DuPontstr. 4
61352 Bad Homburg
Telefon: 06172/485-0
Telefax: 06172/485-423

Kontaktperson: Andrea Köhn, Recruiting, Telefon: 06172/485-431, Telefax: 06172/485-423

Branche: Unternehmensberatung

Umsatz 96: 201 Mio. DM in Central Europe (Deutschland, Österreich, Schweiz, Osteuropa)

Beschäftigte 96: 310 Berater in Central Europe, 1.200 Berater weltweit

Personalplanung 98: rund 20-30 Absolventen

Einsatzbereiche: Strategie, Value Chain/Operations, Information Management, Leadership Development/Mobilisation/Renewal

Startprogramme: Einarbeitungsprogramme, Training-on-the-job, evtl. Auslandseinsatz, 2 Wochen Gemini Skills Workshop in den USA

Personalentwicklung: Fachtraining, Persönlichkeitstraining, Internationale Gemini Trainings, Gemini University

Angebote an Studierende: Praktika, Betreuung von Diplomarbeiten nach Praktikum möglich, Workshops/Seminare, Teilnahme an Hochschulmessen

Auswahlverfahren: vollständige Bewerbungsunterlagen, Bewerbergespräch mit der Personal- und Fachabteilung, Gruppenauswahlverfahren (AC)

Einstellungskriterien: starke analytische Fähigkeiten, hohe Kompetenz im Umgang mit anderen Menschen, Teamgeist, Enthusiasmus, Eigeninitiative, überdurchschnittliche Studienleistungen, Promotion, MBA erwünscht

Anfangsgehälter: je nach Qualifikation

Informationsmaterial: Firmenbroschüren, Bewerberbroschüre

*

Hamburger Gaswerke
Heidenkampsweg 99
20097 Hamburg
Telefon: 040/2366-0
Telefax: 040/2366-3817

Kontaktperson: Herr Oppenheimer, P 1.1., Telefon: 040/2366-3209, Telefax: 040/2366-3817

Branche: Energiewirtschaft

Umsatz 96: DM 1,2 Mrd.

Beschäftigte: ca. 1.700 Mitarbeiter

Personalplanung 98: ca. 8 Absolventen der Studienrichtung Maschinenbau, Verfahrenstechnik, Wirtschaftsingenieurwesen, Wirtschaftswissenschaften

Einsatzbereiche: zunächst Trainee-Programm, dann individuelle Einsatzmöglichkeiten

Startprogramm: Trainee-Programm

Personalentwicklung: Fachtraining, Persönlichkeitstraining

Angebote an Studierende: Praktika und Betreuung von Diplomarbeiten (beides nach Absprache)

Auswahlverfahren: vollständige Bewerbungsunterlagen, Bewerbergespräch mit der Personal- und Fachabteilung, strukturiertes Interview

Einstellungskriterien: Persönlichkeitsprofil, außeruniversitäre Aktivitäten, Examensnote, Studienschwerpunkte/Studiengang, diverse Zusatzqualifikationen

Anfangsgehälter: ca. TDM 70 p.a.

Informationsmaterial: Steigen Sie mit Energie ein (Trainee-Broschüre)

*

Henkel KGaA
40191 Düsseldorf
Internet: henkel.com

Kontaktperson: Claudia Pochadt, Personalmarketing, Telefon: 0211/7977552, Telefax: 0211/7982313, e-mail: claudia.pochadt@henkel.de

Branche: Chemie und Markenartikel

Umsatz 96: weltweit 16,3 Mrd., davon 33% in Deutschland

Beschäftigte 97: weltweit 52.000 Mitarbeiter, davon 15.000 in Deutschland

Personalplanung 98: ca. 100 Absolventen der Studienrichtung Maschinenbau, Verfahrenstechnik, Informatik/Wirtschaftsinformatik, Wirtschaftsingenieurwesen, Wirtschaftswissenschaften

Startprogramme: Training-on-the-job, Direkteinstieg

Personalentwicklung: Fachtraining, Persönlichkeitstraining, Sprachkurse, Job Rotation, Auslandseinsatz

Angebote an Studierende: Praktika, Betreuung von Diplomarbeiten, Firmenbesichtigungen, Teilnahme an Hochschulmessen

Auswahlverfahren: vollständige Bewerbungsunterlagen, Bewerbergespräche mit der Personal- und Fachabteilung, strukturiertes Interview, Gruppenauswahlverfahren (AC), Vorstellung/Präsentation in Fachabteilung

Einstellungskriterien: Elan/Leistungsstreben, Entschlußkraft, Offenheit/Neugier, gute Analytik, Kontaktfreude/Teamorientierung, ideenreich und überzeugend, Leistungsbereitschaft, die sich auch in den Studienleistungen zeigt, betriebswirtschaftliches Verständnis, Logik und Konsistenz der ausgewählten Praktika, gleiches gilt für ein Auslandspraktikum

Anfangsgehälter: je nach Qualifikation

Informationsmaterial: über Internet henkel.de

*

HOCHTIEF
Opernplatz 2
45128 Essen
Telefon: 0201/824-2142
Telefax: 0201/824-2438
Internet: http://www.hochtief.de

Kontaktperson: Klaus Meerwald, Zentralabteilung Führungskräfte, Telefon: 069/7117-2623, Telefax: 069/7117-2882

Branche: Bauindustrie

Umsatz 96: 12.183 Mrd. DM weltweit, davon 7,222 Mrd. DM in Deutschland

Beschäftigte 96: 40.785 Mitarbeiter weltweit, davon 19.520 in Deutschland

Personalplanung 98: 110 Absolventen der Studienrichtung Wirtschaftsingenieurwesen, Wirtschaftswissenschaften, Bauingenieure, Architekten, TGA

Einsatzbereiche: Planung, Ausführung von Bauten und Bauprojekten

Startprogramme: Einarbeitungsprogramme, Training-on-the-job

Personalentwicklung: Fachtraining, Persönlichkeitstraining, DV-Schulungen, Job Rotation, Auslandseinsatz

Angebote an Studierende: Praktika, Betreuung von Diplomarbeiten, Baustellenbesichtigungen, Teilnahme an Hochschulmesen

Auswahlverfahren: vollständige Bewerbungsunterlagen, Bewerbergespräch mit der Personal- und Fachabteilung, strukturiertes Interview

Einstellungskriterien: Teamfähigkeit, Mobilität, Leistungsbereitschaft, guter Abschluß bei geringer Studiendauer, „Generalist", umfangreiches Grundlagenwissen, Praktika, Auslandsaufenthalte

Anfangsgehälter: nach Bautarif

Informationsmaterial: Geschäftsbericht, „Wir wollen Ihren Kopf - Studentenbroschüre"

*

IBM Deutschland GmbH
Informationssysteme GmbH
70548 Stuttgart

Kontaktperson: Personalmarketing & Support, Telefon: 07 11/7 85-26 13, E-Mail: IBMPersonal @de.ibm.com, Internet: www.ibm.de

Branche: Informationsverarbeitung/Informationssysteme, Hardware/Software/Services

Umsatz 96: weltweit: US$ 75,9 Mrd., davon DM 11,4 Mrd. in Deutschland

Beschäftigte 97: weltweit 270.000 Mitarbeiter, davon 19.800 in Deutschland

Personalplanung 98: Einstellungen je nach Bedarf, Absolventen der Studienrichtungen Informatik/Wirtschaftsinformatik, Wirtschaftswissenschaften, Ingenieurwesen

Einsatzbereiche: je nach aktuellem Bedarf, Global Services

Startprogramme: Training-on-the-job, bereichsspezifische Ausbildungsprogramme, Auslandseinsatz möglich und zwar befristet im Rahmen persönlicher und fachlicher Weiterentwicklung

Personalentwicklung: bereichsspezifische Ausbildungsprogramme und längerfristig angelegte Personal-Entwicklungsprogramme, s.a. Auslandseinsatz

Angebote an Studierende: Praktika, Diplomarbeitsprogramm, Werkstudentenprogramm, Firmenkontaktmessen an Hochschulen, Workshops/ Fallstudien bei Veranstaltungen diverser Studentenorganisationen

Auswahlverfahren: schriftliche, vollständige Bewerbungsunterlagen, Interview mit Personalabteilung/Fachabteilung

Einstellungskriterien: fachliche Qualifikation entsprechend Aufgabengebiet, Sozialkompetenz, Kundenorientierung, Teamfähigkeit, analytisch-konzeptionelle Fähigkeiten, Diplomnote, Studiendauer, Praktika, außeruniversitäre Aktivitäten, Fremdsprachen, Mobilität

Anfangsgehälter: FH/Uni TDM 68 - 77 p.a. je nach Anforderung und Qualifikation

Informationsmaterial: IBM Literaturservice, Telefon: 0 18 05/50 90

ifm electronic gmbh
Teichstraße 4
45127 Essen
Telefon: 0201/2422-0
Telefax: 0201/2422-200

Bechlingen 34
88069 Tettnang
Telefon: 07542/518-0
Telefax: 07542/518-290

Kontaktpersonen:
Frau U. Neuhaus, Hauptverwaltung, Telefon: 0201/2422-182, Telefax: 0201/2422-302

Herr W. Müller, Werk Tettnang, Telefon: 07542/518-511, Telefax: 07542/518-292

Branche: Elektronikindustrie/Automatisierungstechnik

Umsatz 96: weltweit ca. DM 300 Mio., davon ca. DM 126 Mio. in Deutschland

Beschäftigte 97: weltweit über 2.000 Mitarbeiter, davon ca. 1.300 in Deutschland

Personalplanung 98: Ingenieure für den Unternehmensbereich Markt und Produktion

Startprogramme: Traineeprogramme unterschiedlicher Dauer je nach Einsatz/Schulungen

Personalentwicklung: Fachtraining, Sprachkurse, Produktschulungen, DV-Schulungen

Angebote an Studierende: Betreuung von Diplomarbeiten im Werk Tettnang

Auswahlverfahren: vollständige Bewerbungsunterlagen, Bewerbergespräch mit der Personal- und Fachabteilung, strukturiertes Interview

Einstellungskriterien: vertriebsorientiertes Denken, Belastbarkeit, Überzeugungskraft, Teamfähigkeit, Initiative
Werdegang, technische Qualifikation, Englisch kommunikative Tätigkeiten, Software-Kenntnisse

Anfangsgehälter: TDM 54 - 64 p.a. (FH-, Uni-Diplom)

Informationsmaterial: Firmenbroschüre kann angefordert werden

*

Einsatzbereiche: Fertigung, Produktentwicklung, Technischer Vertrieb, Versuch, Qualitätssicherung, Konstruktion, Fertigungstechnische Entwicklung, Softwareentwicklung, IV-Projektabwicklung (Workflowsystem)

Startprogramme: Trainee-Programm (Fertigung), Training-on-the-job, Direkteinstieg

Personalentwicklung: Fachtraining, Persönlichkeitstraining, Sprachkurse, Produktschulungen, DV-Schulungen, Job Rotation

Angebote an Studierende: Praktika, Betreuung von Diplomarbeiten, Firmenbesichtigungen, Teilnahme an Hochschulmessen

Auswahlverfahren: vollständige Bewerbungsunterlagen, Bewerbergespräch mit der Personal- und Fachabteilung

Anfangsgehälter: 61-65 TDM p.a. (Fachhochschuldiplom); 66-70 TDM p.a. (Universitätsdiplom)

Informationsmaterial: Imagebroschüre, Broschüre (Hochschulabsolventen)

*

INA Wälzlager Schaeffler oHG
Industriestraße 1-3
91074 Herzogenaurach
Telefon: 09132/82-3152
Telefax: 09132/82-4901

Kontaktperson: Frau Rost, Personalabteilung, Telefon: 09132/82-3152, Telefax: 09132/82-4901

Beschäftigte 97: weltweit 19.000 Mitarbeiter, davon 12.000 in Deutschland

Personalplanung 98: 50 Absolventen der Studienrichtungen Maschinenbau und Informatik/Wirtschaftsinformatik

Johnson & Johnson
Rhöndorfer Straße 80
53604 Bad Honnef
Telefon: 02224/920-0

Kontaktperson: Human Resources, Telefon: 02224/920-315, Telefax: 02224/920-139

Branche: Textil

Beschäftigte 97: weltweit 89.300 Mitarbeiter, davon 1.000 in Deutschland

Personalplanung 97: nach Bedarf

Einsatzbereiche: Produktion, Logistik, EDV, F&E

Startprogramme: Direkteinstieg

Personalentwicklung: Fachtraining, Führungskräftetraining, DV-Schulungen, Job Rotation

Angebote an Studierende: Praktika, Betreuung von Diplomarbeiten

Auswahlverfahren: vollständige Bewerbungsunterlagen, Bewerbergespräch mit der Personal- und Fachabteilung, vereinzelt Gruppenauswahlverfahren (AC)

Einstellungskriterien: analytische Fähigkeiten, Teamfähigkeit, überdurchschnittliche Ergebnisse, sehr gute Englischkenntnisse, Auslandspraktika, außeruniversitäres Engagement

Anfangsgehälter: ca. 70 TDM

Informationsmaterial: auf Anfrage

*

JUNGHEINRICH AKTIENGESELLSCHAFT
Friedrich-Ebert-Damm 129
22047 Hamburg
Telefon: 040/6948-0
Telefax: 040/6948-1777
e-mail: webmaster@jungheinrich.de
Internet: http://www.jungheinrich.de

Kontaktperson: Martin Unterschemmann, PK-F (Personal Konzern Führungsnachwuchs), Telefon: 040/6948-1342, Telefax: 040/6948-1590

Umsatz 96: weltweit 2,4 Mrd. DM, davon 1 Mrd. DM in Deutschland

Beschäftigte 96: weltweit 8.600, davon in Deutschland 4.500

Personalplanung 98: ca. 10 Trainees, Direkteinstieg nach Bedarf, Absolventen der Studienrichtungen Elektrotechnik/Elektronik, Maschinenbau, Wirtschaftsingenieurwesen, Wirtschaftswissenschaften

Einsatzbereiche: Technik, Vertrieb, Kundendienst-Marketing, Personal, Zentrale Unternehmensplanung, Controlling/Finanzen

Startprogramme: Trainee-Programme (diverse spezielle Traineeprogramme in den oben genannten Unternehmensbereichen), Direkteinstieg, ein 3 - 6monatiger Auslandsaufenthalt im Rahmen der Traineeprogramme

Personalentwicklung: Fachtraining, Persönlichkeitstraining, Sprachkurse, Produktschulungen (im Vertrieb), Job Rotation, Auslandseinsatz

Angebote an Studierende: Praktika, Betreuung von Diplomarbeiten, Betreuung von Dissertationen, Firmenbesichtigungen

Auswahlverfahren: vollständige Bewerbungsunterlagen, Bewerbergespräch mit der Personal- und Fachabteilung, strukturiertes Interview für Direkteinsteiger, Gruppenauswahlverfahren (AC) für Traineeprogramme

Einstellungskriterien: Kommunikationsfähigkeit, Teamfähigkeit, Flexibilität, Lernbereitschaft, Studienschwerpunkte, Studiendauer, Diplomnote, Auslandsaufenthalte, Praktika, außeruniversitäres Engagement

Anfangsgehälter: ca. 69 TDM p.a.

Informationsmaterial: Broschüre für Berufseinsteiger

*

Fried. Krupp AG Hoesch-Krupp

Altendorfer Straße 103
45143 Essen
Telefon: 0201/188-1
Internet: http://www.krupp.com

Kontaktperson: Stefanie Röhm, Heiko Friedrichs, Zentralbereich Obere Führungskräfte, Telefon: 0201/1882648, -2646, Telefax: 0201/1883212

Branche: Industriegüterkonzern

Umsatz 96: weltweit 24 Mrd. DM Außenumsatz

Beschäftigte 97: weltweit 58.000 Mitarbeiter, davon ca. 60% in Deutschland

Personalplanung 98: 90 - 100 Trainees und Direkteinsteiger mit den Studienrichtungen Maschinenbau, Verfahrenstechnik, Wirtschaftsingenieurwesen, Wirtschaftswissenschaften, sonstige

Einsatzbereiche: Technischer Vertrieb, Kundenberatung, Materialwirtschaft, Logistik, Personal, Instandhaltung, Konstruktion, Projektierung, F & E, Produktion/Fertigung, Controlling

Startprogramme: 12monatiges Trainee-Programm, i.d.R. mit einem Auslandseinsatz (von ca. 2monatiger Dauer)

Personalentwicklung: Fachtraining, Seminare, Persönlichkeitstraining, Job Rotation, Auslandseinsatz, umfangreiches Begleitprogramm während des 12monatigen Trainee-Programms

Angebote an Studenten: Praktika, Betreuung von Diplomarbeiten, Teilnahme an Hochschulmessen

Auswahlverfahren: Bewerberauswahl auf der Grundlage vollständiger Bewerbungsunterlagen, danach Gruppenauswahlverfahren (AC)

Einstellungskriterien: zügiges Studium, gute Examensnoten, Praktika mit Industriebezug, Auslandserfahrungen, gute Kenntnisse in 2 Fremdsprachen, Kommunikationsfähigkeit, Mobilität, Flexibilität, Teamfähigkeit, Kreativität, Belastbarkeit

Anfangsgehälter: 63 - 73 TDM p.a.

Informationsmaterial: Broschüre zum Berufseinstieg, Broschüre über die Aktivitäten des Konzerns, Geschäftsbericht

*

LHS

Otto-Hahn-Straße 36
63303 Dreieich
Telefon: 06103/482-100
Telefax: 06103/482-170
Internet: http://www.lhsgroup.com

Kontaktperson:
Frank Oberbannscheidt
Telefon: 06103/482-300
Telefax: 06103/482-399
E-Mail: foberbannscheidt@de.lhsgroup.com

Branche: Software für Telekommunikations-Netzbetreiber: Billing & Customer Care Software, Smart Card, Call Center, Web Service Center

Umsatz 96: weltweit 57 Mio. $, davon 19 Mio. $ in Deutschland

Beschäftigte 97: weltweit 700 Mitarbeiter, davon 330 in Deutschland

Personalplanung 98: ca. 30 Hochschulabsolventen der Studienrichtungen Informatik/Wirtschaftsinformatik, Wirtschaftsingenieurwesen, Naturwissenschaften, Nachrichtentechnik

Einsatzbereiche: Project Consulting, Project Support, Development, IT-Support, Documentation, Sales

Startprogramme: Einarbeitungsprogramme, Training-on-the-job, Direkteinstieg, Auslandseinsatz (projektbezogen) nach individueller Vereinbarung

Personalentwicklung: Fachtraining, Sprachkurse, Produktschulungen, DV-Schulungen

Angebote an Studierende: Praktika und Betreuung von Diplomarbeiten nach individueller Vereinbarung, Teilnahme an Hochschulmessen

Auswahlverfahren: vollständige Bewerbungsunterlagen, Bewerbergespräch mit der Fachabteilung, strukturiertes Interview

Einstellungskriterien: je nach Einsatzbereich, aber auf jeden Fall: gute Englischkenntnisse

Telekommunikations-/IT-Kenntnisse sind wünschenswert bzw. erleichtern den Einstieg

Anfangsgehälter: marktgerecht/je nach Qualifikation

Informationsmaterial: wird auf Anfrage zugesandt

*

LEYBOLD SYSTEMS GmbH
Wilhelm-Rohn-Straße 25
63450 Hanau
Telefon: 06181/34-0

Kontaktperson: Christian Salge, Personal- und Sozialwesen, Telefon: 06181/34-1401

Branche: Anlagenbau

Umsatz 96: weltweit 360 Mio. DM, davon 70 Mio. DM in Deutschland

Beschäftigte 96: weltweit 900, davon 830 in Deutschland

Personalplanung 98: 10 Absolventen Zusatzbedarf und unplanbarer Ersatzbedarf (der Studienrichtungen Elektrotechnik/Elektronik, Maschinenbau, Verfahrenstechnik, Informatik/ Wirtschaftsinformatik, Wirtschaftsingenieurwesen)

Einsatzbereiche: (Software-)Entwicklung, Konstruktion, Inbetriebnahme

Startprogramme: Einarbeitungsprogramme, Direkteinstieg, weltweiter Inbetriebnahme-Einsatz

Personalentwicklung: umfangreiches, bedarfsorientiertes Weiterbildungsprogramm gewährleistet einen hohen Qualifikationsstand der Mitarbeiter; Fachtraining, Persönlichkeitstraining, Sprachkurse, Produktschulungen, DV-Schulungen

Angebote an Studierende: Praktika, Betreuung von Diplomarbeiten (auf Anfrage)

Auswahlverfahren: vollständige Bewerbungsunterlagen, Bewerbergespräch mit der Personal- und Fachabteilung

Einstellungskriterien: Fachliche Qualifikation und Persönlichkeit sind maßgebend; Sprachen als Zusatzqualifikation, sonst je nach Aufgabengebiet

Anfangsgehälter: 66 - 70 TDM p.a. (FH, alle angegebenen Studienrichtungen), 76 - 80 TDM p.a. (Uni, alle angegebenen Studienrichtungen)

Informationsmaterial: Geschäftsbericht, Firmenbroschüre

*

Auswahlverfahren: vollständige Bewerbungsunterlagen, Bewerbergespräch mit der Personal- und Fachabteilung, strukturiertes Interview, Gruppenauswahlverfahren

Einstellungskriterien: abgeschlossenes Studium, Examensnoten

Anfangsgehälter: TDM 67 - 70 p.a. (FH-Diplom), TDM 73 - 76 p.a.

Informationsmaterial: kann angefordert werden

*

MAHLE GmbH
Pragstraße 26 - 46
70376 Stuttgart

Kontaktperson: H. Hofmann, Telefon: 0711/ 501-2409, Telefax: 0711/501-2015

Branche: Metallindustrie, Kfz-Zulieferindustrie

Beschäftigte 97: weltweit über 19.000 Mitarbeiter, davon 8.600 in Deutschland

Personalplanung 98: in Abhängigkeit vakanter Stellen Absolventen der Studienrichtung Maschinenbau, Verfahrenstechnik, Informatik/ Wirtschaftsinformatik, Wirtschaftsingenieurwesen

Startprogramme: Einarbeitungsprogramme, Trainee-Programm, Training-on-the-job, Direkteinstieg, bedingt Auslandseinsatz

Personalentwicklung: Fachtraining, Persönlichkeitstraining, Sprachkurse, Produktschulungen, DV-Schulungen, bedingt Auslandseinsatz

Angebote an Studierende: Praktika, Diplomarbeiten, Teilnahme an Hochschulmessen

Mannesmann AG
Mannesmannufer 2
40213 Düsseldorf
Telefon: 0211/820-0

Kontaktpersonen: Frau Senn, Frau Stadie, Telefon: 0211/820-2442, Telefax: 0211/820-1709

Branche: Engineering, Automotive, Telecommunications, Tubes & Trading

Umsatz 96: weltweit ca. DM 35 Mrd., davon ca. DM 15 Mrd. in Deutschland

Beschäftigte 96: weltweit ca. 120.000 Mitarbeiter, davon ca. 78.000 in Deutschland

Personalplanung 98: Absolventen der Studienrichtung Allg. Maschinenbau, Hydraulik, Antriebstechnik, Fertigungs- und Produktionstechnik, Verfahrenstechnik, Informatik, Wirtschaftsingenieurwesen, Elektrotechnik/Elektronik, Nachrichtentechnik, Meß- und Regelungstechnik, Steuerungstechnik

Startprogramme: Direkteinstieg, in Ausnahmefällen individuelle Traineeprogramme

Personalentwicklung: bedarfsorientierte Weiterbildungs- und Fördermaßnahmen

Angebote an Studierende: Praktika und Betreuung von Diplomarbeiten auf Anfrage, Firmenbesichtigungen, Teilnahme an Hochschulmessen

Auswahlverfahren: vollständige Bewerbungsunterlagen, Bewerbergespräch mit der Personal- und Fachabteilung

Einstellungskriterien: abgeschlossenes Ingenieurstudium, Studienschwerpunkte, Examensergebnisse, Kommunikations- und Teamfähigkeit, Eigeninitiative, Mobilität, Zusatzqualifikationen wie z.B. Sprachkenntnisse, (Auslands-)Praktika, ggf. Berufsausbildung

Anfangsgehälter: abhängig von Position und Qualifikation

Informationsmaterial: Mannesmann auf einen Blick, Berufsstart bei Mannesmann

*   *

Mannesmann Mobilfunk

Am Seestern 1, 40547 Düsseldorf
Telefon: 0211/533-0 (Zentrale)

Kontaktpersonen: Bereich Informatik: Andrea Quick, Personalmarketing/-betreuung, Telefon: 0211/533-2673, Telefax: 0211/533-2664 Bereich Technik: Stefan Herbst, Personalmarketing/-betreuung, Telefon: 0211/533-2661, Telefax: 0211/533-2664

Branche: Telekommunikation

Beschäftigte 97: 5.300 Mitarbeiter

Personalplanung 98: Absolventen der Studienrichtung Elektrotechnik/Elektronik, Informatik/Wirtschaftsinformatik, Nachrichtentechnik

Einsatzbereiche: für Nachrichtentechniker: Funknetzplaner, Verkehrsplaner, Festnetzplaner, Software-Entwicklung, Netzbetrieb und -wartung, Qualitätssicherung und Standards für Informatiker: Systemrealisierung, Systembetrieb, DV-Technologien, Software-Wartung

Startprogramme: Training-on-the-job, Einführungs-Schulungsprogramme

Personalentwicklung: Fachtraining, Sprachkurse, Produktschulungen, DV-Schulungen, Persönlichkeitsschulungen

Angebote an Studierende: Info-Veranstaltung, Teilnahme an Hochschulmessen

Auswahlverfahren: vollständige Bewerbungsunterlagen, Bewerbergespräch mit der Personal- und Fachabteilung, strukturiertes Interview

Einstellungskriterien: Teamfähigkeit, Kommunikationsfähigkeit, Belastbarkeit, Studienschwerpunkt, Examensnoten, Englisch in Wort und Schrift

Anfangsgehälter: marktkonform

Informationsmaterial: kann über die Abteilung „Öffentlichkeitsarbeit" angefordert werden

*

Mannesmann VDO AG

Sodener Straße 9
65824 Schwalbach
Telefon: 06196/87-0
Telefax: 06196/86571
Internet: www.vdo.com

Kontaktperson: Herr Wohlleber, SR46LP, Telefon: 06196/87-2423, Telefax: 06196/87-3481

Branche: Automobilzulieferindustrie

Umsatz 96: weltweit 3,7 Mrd. DM weltweit, davon 2,5 Mrd. DM in Deutschland

Beschäftigte 96: weltweit 15.772, davon 9.710 in Deutschland

Personalplanung 97: Bedarf an Absolventen bestimmter Studienrichtungen (Elektrotechnik/Elektronik, Maschinenbau, Informatik/Wirtschaftsinformatik, Wirtschaftsingenieurwesen)

Einsatzbereiche: Entwicklung, Vertrieb, Produktion

Startprogramme: Direkteinstieg

Personalentwicklung: Fachtraining, Persönlichkeitstraining, Sprachkurse, Auslandseinsatz

Angebote an Studierende: Praktika, Betreuung von Diplomarbeiten, Teilnahme an Hochschulmessen

Auswahlverfahren: vollständige Bewerbungsunterlagen, Kurzbewerbung, Bewerbergespräch mit der Personal- und Fachabteilung

Einstellungskriterien: je nach Anforderung der konkreten Aufgabe unterschiedlich *

Anfangsgehälter: je nach Qualifikation

Informationsmaterial: VDO-Portrait, „Berufsstart als Führungsnachwuchs", „Jahresbericht"

*

MARS, INCORPORATED
in Deutschland vertreten durch:

MARS GmbH
Industriering 17
41751 Viersen

EFFEM GMBH
Eitzer Straße 215
27283 Verden (Aller)

FOUR SQUARE
Neue Schulstraße 1
27283 Verden (Aller)

Kontaktpersonen:
Mars: Claudia Neuss, Telefon: 021 62/50 00,
Telefax: 021 62/4 57 21
Effem: Willi Grunewald, Telefon: 04231/944203,
Telefax: 04231/944175
Four Square: Rüdiger Weiss, Telefon: 04231/7790,
Telefax: 04231/73540

Branche: Markenartikelindustrie, Süßwaren, Heimtiernahrung, Lebensmittel, Vending-Systeme, elektronische Zahlungssysteme

Umsatz 96: Mars 900 Mio. DM, Effem 2.050 Mio. DM (inkl. Four Square) in Deutschland; weltweit 13 Mrd. US-$

Beschäftigte 96: Mars 640, Effem 1.400 (inkl. Four Square) in Deutschland; weltweit ca. 28.000

Personalplanung 98: ca. 20 Hochschulabsolventen der Studienrichtung Elektrotechnik/ Elektronik, Maschinenbau, Verfahrenstechnik, Informatik/Wirtschaftsinformatik, Wirtschaftsingenieurwesen, Wirtschaftswissenschaften, sonstige

Einsatzbereiche: Marketing, Sales, Commercial, Finance, Personnel, Research und Development, Industrial Engineering, Manufacturing

Startprogramme: Individuelles Management-Trainee-Programm. Dauer 18-24 Monate, inkl.

Auslandseinsatz (mind. 6 Monate) in einer Schwesterfirma sowie Direkteinstieg

Personalentwicklung: Fachtraining, Persönlichkeitstraining, Sprachkurse, Produktschulungen, DV-Schulungen, Job Rotation, Auslandseinsatz

Angebote an Studierende: Praktika, Betreuung von Diplomarbeiten, Workshops/Seminare, Firmenbesichtigungen, Teilnahme an Hochschulmessen

Auswahlverfahren: vollständige Bewerbungsunterlagen, Bewerbergespräch mit der Personal- und Fachabteilung, Gruppenauswahlverfahren (AC), strukturiertes Interview

Einstellungskriterien: überdurchschnittliche Studienleistungen, internationale Erfahrungen/ Auslandsaufenthalte, einschlägige Praktika, außeruniversitäre Aktivitäten, Mobilität, analytisches Denkvermögen, kommunikative Fähigkeiten, Teamorientierung, sehr gute Englischkenntnisse

Anfangsgehälter: 76 - 80 TDM p.a.

Informationsmaterial: Firmenbroschüre auf Anfrage

*

McKinsey & Company, INC.

Königsallee 60c, 40027 Düsseldorf
Telefon: 0211/1364-0
Telefax: 0211/1364-700

Kontaktperson: Kerstin Ricken, Recruiting Department, Telefon: 0211/1364-331, Telefax: 0211/1364-726

Branche: Unternehmensberatung

Beschäftigte 97: weltweit ca. 8.000 Mitarbeiter

Startprogramme: Fellowship-Programm (Startprogramm für Hochschulabgänger), 3-Jahres-Programm, bestehend aus Arbeit in Projektteams sowie 12 Monate Freistellung zur Erlangung einer Zusatzqualifikation (MBA bzw. Promotion). Associate-Programm: Direkteinstieg als Berater (Voraussetzung: MBA, Promotion oder Praxiserfahrung)

Angebote an Studierende: Praktika, Workshops

Einstellungskriterien: hervorragender Universitätsabschluß, für Einstieg als Associate: Zusatzqualifikation (Promotion/MBA), Kreativität, Initiative, Teamfähigkeit, exzellente analytische und kommunikative Fähigkeiten, außeruniversitäre Aktivitäten

Informationsmaterial: wird auf Anfrage gerne zugesandt

*

Mercer Management Consulting GmbH

Stefan-George-Ring 2, 81929 München
Telefon: 089/93949-0
Telefax: 089/9303849

Kontaktperson: Sabine Pütz, Telefon: 089/
93949-475, Telefax: 089/9303849

Branche: Top-Management-Beratung

Beschäftigte: weltweit 1.500 Mitarbeiter, davon 110 in Deutschland

Personalplanung 98: 30 Nachwuchskräfte

Startprogramme: weltweites Introductory Trainingsprogramm, anschließend Direkteinstieg über Arbeit in (internationalen) Projektteams, Auslandseinsatz (abhängig von Projekten)

Personalentwicklung: Fachtraining, Persönlichkeitstraining, Auslandseinsatz, DV-Schulungen

Angebote an Studierende: Praktika, Betreuung von Diplomarbeiten

Auswahlverfahren: vollständige Bewerbungsunterlagen, strukturierte Interviews, 2 Bewerberrunden mit Einzelgesprächen und Fallstudien, kurze Präsentation, Bewerbergespräche mit der Personal- und der Fachabteilung

Einstellungskriterien: sehr gute Examensnoten, fachbezogene Praktika, EDV-Kenntnisse, Auslandserfahrung (Studium und/oder Praktikum), sehr gute Sprachkenntnisse, hervorragende analytische und kommunikative Fähigkeiten sowie Mobilität, Phantasie, Initiative, Teamfähigkeit und soziale Kompetenz

Anfangsgehälter: je nach Qualifikation

Informationsmaterial: wird auf Anfrage gerne zugesandt

Messer Griesheim GmbH

Industriegase Deutschland
Füttingsweg 34
47805 Krefeld
Unternehmensleitung
Frankfurt Airport Center 1,C9
60457 Frankfurt

Messer Griesheim Schweißtechnik GmbH + CO.

Otto-Hahn-Str. 2-4
64823 Groß-Umstadt

Kontaktpersonen:
Krefeld: Frau Drückes, Telefon: 02151/379-0
Internet: http://www.messer.de
Frankfurt: Frau Albert, Telefon: 069/69508-0,
e-mail: humanresources@messer.de
Groß-Umstadt: Frau Antoni-May,
Telefon: 06078/787-0

Branche:
Chemie: Industriegase und Anwendungstechnik
Metall: Maschinenbau, Schweiß- und Schneidtechnik, medizinischer Gerätebau

Umsatz 96: weltweit 2,5 Mrd. DM, davon 1,3 Mrd. DM in Deutschland

Beschäftigte 96: ca. 8.000 in 80 Beteiligungsgesellschaften weltweit

Personalplanung 97: Hochschulabsolventen im kaufmännischen/technischen Bereich nach Bedarf

Startprogramme: Direkteinstieg in Fachabteilung (Training-on-the-job), Nachwuchskräfteprogramm über 18 - 24 Monate

Personalentwicklung: Fachtraining, Persönlichkeitstraining, Sprachkurse, Produktschulungen, Förderkreis o.ä., DV-Schulungen, Job Rotation

*

Angebote an Studierende: Praktika, Betreuung von Diplomarbeiten, Workshops/Seminare, Teilnahme an Hochschulmessen

Auswahlverfahren: vollständige Bewerbungsunterlagen, Bewerbungsgespräch mit Fach- und Personalabteilung, Gruppenauswahlverfahren (AC)

Einstellungskriterien: Examensnoten, Sprachen, EDV-Kenntnisse

Anfangsgehälter: je nach Bewerberprofil, ca. 60 - 75 TDM p.a.

Informationsmaterial: CD-ROM/Geschäftsbericht auf Anfrage

*

MIS AG
Landwehrstraße 50
64293 Darmstadt
Telefon: 06151/866600
Telefax: 06151/866666
Internet: www.MIS-AG.DE

Kontaktperson: B. Dörr, E-Mail: bdörr@MIS-AG.DE

Branche: Softwareberatung und Systemhaus

Umsatz 96: weltweit 25 Mio., davon 21 Mio. in Deutschland

Beschäftigte 97: weltweit 160 Mitarbeiter, davon 140 in Deutschland

Personalplanung 98: 5 - 10 Absolventen der Studienrichtungen Elektrotechnik/Elektronik, Informatik/Wirtschaftsinformatik, Wirtschaftsingenieurwesen, Wirtschaftswissenschaften

Einsatzbereiche: Anwendungsentwickler, Systementwickler, Qualitätssicherung, Support, Juniorsystemberater, Technologieschwerpunkt: OLAP, EIS, MIS, Dokumentenmanagement, Workflow, Planungs- und Budgetierungssysteme

Startprogramme: Einarbeitungsprogramm, Training-on-the-job, Auslandseinsatz

Personalentwicklung: Fachtraining, Persönlichkeitstraining, Sprachkurse, Produktschulungen, DV-Schulungen, Auslandseinsatz

Angebote an Studierende: Praktika, Betreuung von Diplomarbeiten

Auswahlverfahren: vollständige Bewerbungsunterlagen, Bewerbergespräch mit der Personal- und Fachabteilung, strukturiertes Interview, Fallstudien

Einstellungskriterien: Mobilität, Teamfähigkeit, guter Examensabschluß, Praktika, Nebenbeschäftigung

Anfangsgehälter: je nach Qualifikation

Informationsmaterial: Firmenbroschüre

*

Mummert + Partner
Unternehmensberatung AG
Hans-Henny-Jahnn-Weg 9
D-22085 Hamburg
Telefon: 040/22703-125
Telefax: 040/22703-183
E-Mail: Stephanie.Meetz@mummert.de
Internet: http://www.mummert.de

Kontaktperson: Frau Stephanie Meetz, Personalleitung

Branche: Unternehmensberatung

Umsatz 96: 130 Mio. DM, davon 124 Mio. DM in Deutschland

Beschäftigte 97: weltweit ca. 650, davon 629 in Deutschland

Personalplanung 98: ca. 100 Nachwuchskräfte

Einsatzbereiche: als Junior-Berater

Startprogramme: Direkteinstieg, Auslandsaufenthalt möglich

Personalentwicklung: Fachtraining, Persönlichkeitstraining, Sprachkurse, Förderkreis o.ä., DV-Schulungen, Auslandseinsatz

Angebote an Studierende: Praktika, Betreuung von Diplomarbeiten, Teilnahme an Hochschulmessen

Auswahlverfahren: vollständige Bewerbungsunterlagen, Bewerbergespräch mit der Personal- und Fachabteilung, strukturiertes Interview

Einstellungskriterien: Flexibilität, Mobilität, Fremdsprachen, Praktika

Informationsmaterial: vorhanden

*

NCR GmbH

Ulmer Straße 160
86156 Augsburg

Kontaktperson: Gitte Müller, Personal, Telefon 0821/405-8574, Telefax: 0821/405-8917, e-mail: gitte.mueller@germany.ncr.com

Branche: Informationsverarbeitung

Umsatz 96: weltweit 7 Mrd. $, davon 500 Mio. DM in Deutschland

Beschäftigte 96: 38.000 Mitarbeiter, davon 1.300 in Deutschland

Personalplanung 97: 10-15 Absolventen der Studienrichtung Informatik/Wirtschaftsinformatik, Wirtschaftsingenieurwesen

Einsatzbereiche: Vertrieb, Professional Services

Startprogramme: Trainee-Programm, Training-on-the-job, Auslandseinsatz möglich

Personalentwicklung: Fachtraining, Persönlichkeitstraining, Sprachkurse, Produktschulungen, Förderkreis o.ä.

Angebote an Studierende: Praktika, Betreuung von Diplomarbeiten, Teilnahme an Hochschulmessen

Auswahlverfahren: vollständige Bewerbungsunterlagen, Bewerbergespräch mit der Personal- und Fachabteilung, Gruppenauswahlverfahren (AC)

Einstellungskriterien: Mobilität, Teamfähigkeit, Eigeninitiative, Reisebereitschaft, Kommunikationsfähigkeit, Lehre (Bank, Handel, Industrie), Praxiserfahrung, gute Englischkenntnisse, IT- und Software-Kenntnisse

Informationsmaterial: „Die neue NCR"

*

Nokia Telecommunications GmbH (NTG)

Heltorfer Straße 22
40472 Düsseldorf
Telefon: 0211/9412-0
Telefax: 0211/9412-1083
Internet: http://www.nokia.com

Kontaktperson: Beate Erbse, Personal, Telefon: 0211/9412-1071, Telefax: 0211/9412-1088

Branche: Telekommunikation

Umsatz 96: weltweit 13 Mrd. DEM (Nokia Corporation), davon 350 Mio. DEM in Deutschland (NTG)

Beschäftigte 97: weltweit 35.000 Mitarbeiter (Nokia Corporation), davon 530 in Deutschland (NTG)

Personalplanung 98: ca. 200 - 250 Absolventen der Studienrichtungen Elektrotechnik/ Elektronik, Informatik/Wirtschaftsinformatik, Wirtschaftsingenieurwesen

Einsatzbereiche: Forschung & Entwicklung, technische Projektierung (Customer Services), technisches Produktmarketing, technischer Vertrieb

Startprogramme: Trainee-Programm nach Bedarf und für kleinere Gruppen, Direkteinstieg, in vielen Fällen Auslandseinsatz, z.B. in F&E oder Customer Services, Dauer ca. von insg. 1 Woche bis 2 Monate

Personalentwicklung: Fachtraining, Persönlichkeitstraining, Sprachkurse, Produktschulungen, DV-Schulungen, Job Rotation, Auslandseinsatz

Angebote an Studierende: Praktika, Betreuung von Diplomarbeiten, Teilnahme an Hochschulmessen

Auswahlverfahren: vollständige Bewerbungsunterlagen, Bewerbergespräch mit der Personal- und Fachabteilung, strukturiertes Interview, Persönlichkeitstest

Einstellungskriterien: Teamfähigkeit, Selbständigkeit, Aufgeschlossenheit, z.T. Mobilität, Interesse in internationalen Teams zu arbeiten, absolviertes Studium der gewünschten Fachrichtung, gute Englischkenntnisse in Wort & Schrift, idealerweise Erfahrung in der Telekommunikation (Praktika, Diplomarbeit) und Auslandserfahrung

Anfangsgehälter: je nach Qualifikation

Informationsmaterial: auf Anfrage Firmenbroschüre

Adam Opel AG

65423 Rüsselsheim
Internet: http://www.opel.com

Kontaktperson: Monika Knapp, Zentrales Personal-Marketing & Development-Center, PKZ 39-07, e-mail: lo1be.mknapp01@gmeds.com

Branche: Automobil

Umsatz 96: 28,3 Mrd. DM

Beschäftigte 96: rund 44.695, davon 25.038 in Rüsselsheim

Personalplanung 97: regelmäßiger Bedarf an qualifizierten Absolventen/innen der Fachrichtungen: Wirtschaftsingenieurwesen, Maschinenbau, Elektrotechnik, Wirtschaftswissenschaften

Einsatzbereiche: Technisches Entwicklungszentrum, Fertigung, Stabs- und Servicebereiche (z.B. Vertrieb, Service, Finanz, Beschaffungswesen)

Startprogramme: Training-on-the-job

Personalentwicklung: Fachtraining, Persönlichkeitstraining, Sprachkurse, DV-Schulungen, Job Rotation, Auslandseinsatz nach entsprechender Berufserfahrung und Qualifikation innerhalb des GM-Konzerns

Angebote an Studierende: Praktika, Betreuung von Diplomarbeiten, Workshops/Seminare, Firmenbesichtigungen, Teilnahme an Hochschulmessen

Auswahlverfahren: vollständige Bewerbungsunterlagen, Bewerbergespräch mit der Personal- und Fachabteilung, strukturiertes Interview oder Assessement-Center

Einstellungskriterien: Studienverlauf (Schwerpunkte, Dauer, Noten), Engagement, praktische Erfahrung (Praktika/Ausbildung), Teamfähigkeit, Persönlichkeit, außeruniversitäre oder studienbegleitende Aktivitäten, Mobilität, sehr gute Kenntnisse der Sprachen Deutsch und Englisch

Anfangsgehälter: für Hochschulabsolventen zwischen 61 und 81 TDM p.a. je nach Qualifikation und Alter

Informationsmaterial: „Perspektiven bei Opel"

*

o.tel.o communications GmbH
Am Bonneshof 35, 40474 Düsseldorf
Telefon: 0211/474-8000
Telefax: 0211/474-8001
Internet: http://www.o-tel-o.de

Kontaktperson: Axel Münnich, Personal, 0211/474-8269, Telefax: 0211/474-8262, e-mail: axel_muennich@o.-tel-o.de

Branche: Telekommunikation

Beschäftigte 97: ca. 3.000 Mitarbeiter

Personalplanung 98: 80 (20 Trainees + 60 Direkteinstieg) Absolventen der Studienrichtungen Betriebswirtschaftslehre, Wirtschaftsinformatik, Wirtschaftsingenieurwesen, Wirtschaftswissenschaften, Elektrotechnik/Nachrichtentechnik

Einsatzbereiche: Vertrieb, Marketing, Customer Care, Produktmanagement, Controlling, Kommunikation, Einkauf, Netzplanung, Netzbetrieb, IT

Startprogramme: Trainee-Programm, Training-on-the-job, Direkteinstieg, Auslandsaufenthalt (mind. 1 Monat)

Personalentwicklung: Fachtraining, Persönlichkeitstraining, Produktschulungen, DV-Schulungen, Job Rotation, Training im Ausland

Angebote an Studierende: Praktika, Betreuung von Diplomarbeiten, Workshops/ Seminare, Teilnahme an Hochschulmessen

Auswahlverfahren: vollständige Bewerbungsunterlagen, Bewerbergespräch mit der Fach- und Personalabteilung, Fallstudien, Recruitingtag

Einstellungskriterien: hohe Kundenorientierung, Teamfähigkeit, Flexibilität, Pioniergeist, zügiges Studium, guter Abschluß, praktische Erfahrungen (möglichst Telekommunikationsbranche), gute Englischkenntnisse

Anfangsgehälter: 57 - 75 TDM p.a. je nach Vorbildung

Informationsmaterial: Unternehmensbroschüre, Berufschance: Telekommunikation

*

ParametricsTechnology
Edisonstraße 8
85716 Unterschleißheim
Telefon: 089/32106-210
Telefon: 089/32106-202
e-mail: www.ptc.com

Kontaktperson: Frau Diessl, Personal, Telefon: Telefon: 089/32106-210, Telefon: 089/321 06-202, e-mail: sdiessl@ptc.com

Branche: Softwarevertrieb

Umsatz 96: weltweit 600,1 Mio. US$

Beschäftigte 97: weltweit c.a 3.700 Mitarbeiter, davon ca. 350 in Deutschland

Personalplanung 98: 50-70 Absolventen der Studienrichtung Maschinenbau

Einsatzbereiche: Technischer Vertrieb, Support/Consulting

Startprogramme: Direkteinstieg sowie kontinuierliche Trainings (firmenintern), Auslandseinsatz

Personalentwicklung: Fachtraining, Produktschulung

Angebote an Studierende: Praktika, Betreuung von Diplomarbeiten, Teilnahme an Hochschulmessen

Auswahlverfahren: Bewerbergespräch mit der Fachabteilung, persönliches Interview

Einstellungskriterien: teamfähig, leistungsbereit, nicht älter als 30 Jahre, abgeschlossenes Maschinenbaustudium, Erfahrung mit CAD/CAM/CAE oder EDM Applikationen, Sprachkenntnisse in Englisch

Anfangsgehälter: TDM 60 - 70 p.a., zzgl. Dienstwagen im Außendienst

Informationsmaterial: Firmenzeitschrift Pro/ News

*

Pfleiderer Aktiengesellschaft
Ingolstädter Straße 51, 92318 Neumarkt
Telefon: 09181/28-0
Internet: http://www.pfleiderer.com

Kontaktperson: Frau Töfflinger, Herr Loeffler, Zentrales Personalwesen, Telefon: 09181/28-486, -775, Telefax: 09181/28-524

Branche: Holzwerkstoffe und Oberflächentechnik, Bauelemente, Dämmstoffe, Infrastrukturtechnik (Maste/Türme und Schwellen)

Umsatz 96: 2,0 Mrd. DM, davon 22% im Ausland

Beschäftigte 97: über 8.000 Mitarbeiter, davon über 6.000 in Deutschland

Personalplanung 98: 10 - 15 Absolventen der Studienrichtung Maschinenbau, Verfahrenstechnik, Wirtschaftsingenieurwesen, Wirtschaftswissenschaften, sonstige

Einsatzbereiche: Finanzen, Controlling, Materialwirtschaft, Personalwesen, Vertrieb, Marketing, Logistik, Produktion/Technik

417

Startprogramme: Nachwuchsförderprogramm, Auslandseinsatz in seltenen Fällen möglich

Personalentwicklung: individuell nach Bedarf

Angebote an Studierende: Praktika, Betreuung von Diplomarbeiten, Teilnahme an Hochschulmessen

Auswahlverfahren: vollständige Bewerbungsunterlagen, Bewerbergespräch mit der Personal- und Fachabteilung, Bewerbertag

Einstellungskriterien: Studienschwerpunkte, -dauer, -note, Praktika, evtl. Auslandserfahrung, persönlicher Eindruck, Mobilität

Informationsmaterial: Geschäftsbericht, Hauszeitschrift

*

Philips GmbH

Hauptniederlassung
Steindamm 94
20099 Hamburg
Telefon: 040/2899-0
Internet: http://www.philips.de

Kontaktperson: Söntke Visser, Management Development, Telefon: 040/2899-2169, Telefax: 040/2899-2826

Branche: Elektroindustrie

Umsatz 96: weltweit 69 Mrd. DM, davon 8,7 Mrd. DM in Deutschland

Beschäftigte 96: weltweit 263.000, davon 16.500 in Deutschland

Personalplanung 97: 150-200 Absolventen der Studienrichtung Elektrotechnik/Elektronik, Informatik/Wirtschaftsinformatik, Wirtschaftsingenieurwesen, Wirtschaftswissenschaften

Einsatzbereiche: Forschung, Entwicklung, Vertrieb, Marketing, Produktion, Organisation, Service, Einkauf, Logistik

Startprogramme: Einarbeitungsprogramme, Training-on-the-job, Direkteinstieg

Personalentwicklung: Fachtraining, Persönlichkeitstraining, Sprachkurse, Produktschulungen, Förderkreis o.ä., DV-Schulungen, Job Rotation, Auslandseinsatz

Angebote an Studierende: Praktika, Betreuung von Diplomarbeiten und Dissertationen, Firmenbesichtigungen, Teilnahme an Hochschulmessen

Auswahlverfahren: vollständige Bewerbungsunterlagen, Bewerbergespräch mit der Personal- und Fachabteilung, strukturiertes Interview, Persönlichkeitstest, Gruppenauswahlverfahren (AC)

Einstellungskriterien: Persönliches Potential, Leistungswille, Studienleistungen, außeruniversitäre Aktivitäten, Englisch in Wort und Schrift, 2. Fremdsprache erwünscht, Auslandsaufenthalte

Anfangsgehälter: TDM 56 - 65 p.a. (FH-Diplom), TDM 61 - 70 p.a. (Uni-Diplom)

Informationsmaterial: Philips Studententaschenbuch, Geschäftsbericht

*

PREUSSAG AG

Karl-Wiechert-Allee 4
30625 Hannover
Telefon: 0511/566-1626
Telefax: 0511/566-1095

Kontaktperson: B. Schooß, Personalentwicklung-Führungskräfte, Telefon: 0511/566-1626, Telefax: 0511/566-1095

Branche: internationaler Grundstoff- und Technologiekonzern

Umsatz 95/96: weltweit 25,3 Mrd. DM

Beschäftigte 95/96: weltweit 66.000 Mitarbeiter

Personalplanung 98: nach Bedarf Absolventen der Studienrichtungen Wirtschaftswissenschaften, Wirtschaftsingenieurwesen, Maschinenbau, Verfahrenstechnik

Einsatzbereiche: nach Qualifikation

Startprogramme: Trainee-Programm, Direkteinstieg, Auslandseinsatz möglich (im Rahmen des Trainee-Programms)

Personalentwicklung: Persönlichkeitstraining, individuell abgestimmte PE-Maßnahmen

Angebote an Studierende: Praktika, Firmenbesichtigungen auf Anfrage

Auswahlverfahren: vollständige Bewerbungsunterlagen, Bewerbergespräch mit der Personal- und Fachabteilung, Gruppenauswahlrunde und Einzelgespräche

Einstellungskriterien: Engagement, uneingeschränkte Mobilität, Flexibilität, Lernbereitschaft, gutes Examen, angemessene Studiendauer, Praktika, Fremdsprachenkenntnisse

Anfangsgehälter: rd. 67 TDM p.a. für das Trainee-Programm, Direkteinstieg und Qualifikation

Informationsmaterial: Broschüre „Ihr Start in die Zukunft"

*

Price Waterhouse GmbH
Unternehmensberatung

Gervinusstraße 17
60322 Frankfurt/Main
Telefon: 069/15204-0
Telefax: 069/15204-449

Kontaktperson: B. Sander, MCS, Telefon: 069/15204-184, Telefax: 069/15204-449

Umsatz 96: weltweit 1.159 Mio. US$, davon 58 Mio. DM in Deutschland

Beschäftigte 97: weltweit 10.000 Mitarbeiter, davon in Deutschland 230

Personalplanung 98: ca. 70 Absolventen der Studienrichtungen Maschinenbau (mit Aufbaustudium BWL), Informatik/Wirtschaftsinformatik, Wirtschaftsingenieurwesen, Wirtschaftswissenschaften, BWL

Einsatzbereiche: Beratungsprojekte

Startprogramme: Training-on-the-job

Personalentwicklung: Fachtraining, Persönlichkeitstraining

Angebote an Studierende: Praktika (projektbezogen)

Auswahlverfahren: vollständige Bewerbungsunterlagen, Gruppenauswahlverfahren (AC)

Einstellungskriterien: Mobilität, Flexibilität, Teamfähigkeit, Kreativität, max. 30 Jahre, sehr guter Studienabschluß, 2 Praktika, davon möglichst eins im Ausland

Anfangsgehälter: 71 - 75 TDM p.a.

Procter & Gamble GmbH
Corporate Recruiting
65823 Schwalbach am Taunus
Telefon: 06196/894843
Telefax: 06196/894802
Internet: http://www.pg.com/careers
e-mail: recgermany/im@pg.com

Kontaktperson: Corporate Recruiting

Branche: Konsumgüter

Umsatz 96/97: weltweit 35,8 Mrd. US$, 6,9 Mrd. DM in Deutschland (95/96)

Beschäftigte 97: weltweit ca. 103.000 Mitarbeiter, davon ca. 10.000 in Deutschland

Personalplanung 97/98: ca. 200 Hochschulabsolventen der Studienrichtung Elektrotechnik/ Elektronik, Maschinenbau, Verfahrenstechnik, Informatik/Wirtschaftsinformatik, Wirtschaftsingenieurwesen, Wirtschaftswissenschaften, sonstige; ca. 130 Praktikanten

Einsatzbereiche: Advertising, Finance, Product Supply, Management Systems, Market Research, Research & Development, Customer Business Development (Sales), Others

Startprogramme: Direkteinstieg, Training-on-the-job, in Einzelfällen Auslandseinsatz (Forschung und Entwicklung)

Personalentwicklung: Fachtraining, Persönlichkeitstraining, Sprachkurse, DV-Schulungen, Job Rotation, Auslandseinsatz, Beförderung aus eigenen Reihen, persönliche Arbeits- und Entwicklungspläne

Angebote an Studierende: Praktika, Betreuung von Diplomarbeiten, Workshops/Seminare, Teilnahme an Hochschulmessen

Auswahlverfahren: vollständige Bewerbungsunterlagen, Bewerbergespräch mit der Fachabteilung, strukturiertes Interview, Problemlösungstest

Einstellungskriterien: nachgewiesene Praktika, kurze Studiendauer, sehr gute Englischkenntnisse, überdurchschnittliche Studienergebnisse, EDV-Kenntnisse, außeruniversitäres Engagement, Initiative & Durchsetzungsvermögen, Führungseigenschaften, Prioritätensetzung, Kommunikationsfähigkeiten, Problemlösungsfähigkeiten, Teamfähigkeit, analytisches Denkvermögen, Flexibilität

Anfangsgehälter: ab TDM 76 p.a. (Universitätsdiplom)

Informationsmaterial: allgemeine und fachspezifische Broschüren, Geschäftsbericht, cd-rom, Internet

*

Rheinbraun AG
Stüttgenweg 2
50935 Köln
Telefon: 0221/480-0
Telefax: 0221/480-22034

Kontaktperson: Jens Haase, Personalbeschaffung (GA 2/12), Telefon: 0221/480-22987

Branche: Energiewirtschaft

Umsatz 97: 3,3 Mrd. DM

Beschäftigte 97: ca. 12.000 Mitarbeiter

Personalplanung 98: 5 - 10 Absolventen der Studienrichtung Elektrotechnik/Elektronik, Maschinenbau, Verfahrenstechnik, Wirtschaftswissenschaften, Bergbau

Einsatzbereiche: Veredelungsbetriebe, Tagebaue, Hauptverwaltung (konzeptionelle und koordinierende Funktionen)

Startprogramme: Trainee-Programme

Personalentwicklung: Förderkreis o.ä., DV-Schulungen, Job Rotation, umfassende Führungskräfteentwicklung; Potentialbeurteilung

Angebote an Studierende: Praktika, Betreuung von Diplomarbeiten, Betreuung von Dissertationen, Firmenbesichtigungen

Auswahlverfahren: vollständige Bewerbungsunterlagen, Bewerbergespräch mit der Personal- und Fachabteilung, strukturiertes Interview

Einstellungskriterien: Sozial-, Problem- und Selbstkompetenz, Studienschwerpunkte, Examensergebnis, Studiendauer, EDV, Fremdsprachen

Anfangsgehälter: keine Angaben

Informationsmaterial: Bewerberbroschüre, allg. Unternehmensbroschüre

*

RWE Energie
Kruppstraße 5
45128 Essen
Telefon: 0201/12-01

Kontaktperson: Herr Smikale, Personal- und Sozialwesen, Telefon: 0201/12-22097

Branche: Energieerzeugung, -verteilung, Energiedienstleistungen

Umsatz 96: 16,3 Mrd. DM

Beschäftigte 97: 20.500 Mitarbeiter

Personalplanung 98: Absolventen der Studienrichtungen Elektrotechnik, Maschinenbau, Verfahrenstechnik, Wirtschaftsingenieurwesen, Wirtschaftswissenschaften

Einsatzbereiche: Einsatz je nach Bedarf in allen Unternehmensbereichen

Startprogramme: Trainee-Programm

Personalentwicklung: Fachtraining, Persönlichkeitstraining, Sprachkurse, Produktschulungen, Förderkreis o.ä., DV-Schulungen, Job Rotation, Auslandseinsatz

Angebote an Studierende: Praktika, Betreuung von Diplomarbeiten, Firmenbesichtigungen

Auswahlverfahren: vollständige Bewerbungsunterlagen, Bewerbergespräch mit der Personal- und Fachabteilung

Einstellungskriterien: Engagement, Flexibilität, Mobilität, Teamfähigkeit, Studienausrichtung, Studiendauer, Examensnote, Praktika, Sprachkenntnisse, EDV-Kenntnisse, außeruniversitäre Aktivitäten

Anfangsgehälter: je nach Qualifikation

Informationsmaterial: Traineebroschüre, Geschäftsbericht

*

RWE-DEA Aktiengesellschaft für Mineraloel und Chemie
Personalentwicklung
Überseering 40
22297 Hamburg
Telefon: 040/6375-1
Telefax: 040/6375-3631

Kontaktperson: Frau Silke Babinsky, Personalentwicklung, Telefon: 040/6375-1303, Telefax: 040/6375-3631

Branche: Mineralöl/Chemie

Umsatz 96/97: weltweit 27,9 Mrd. DM, davon 21,7 Mrd. DM in Deutschland

Beschäftigte 96/97: weltweit 8.890 Mitarbeiter, davon 6.315 in Deutschland

Einsatzbereich: Einsatz je nach Bedarf in allen Unternehmensbereichen

Startprogramme: Training-on-the-job, Direkteinstieg

Personalentwicklung: Fachtraining, Persönlichkeitstraining, Sprachkurse, Produktschulungen, DV-Schulungen

Angebote an Studierende: Praktika, Betreuung von Diplomarbeiten

Auswahlverfahren: Bewerbungsunterlagen (Bewerbungsschreiben, tabellarischer Lebenslauf, Lichtbild, Zeugniskopien), Gespräche mit der Personal- und Fachabteilung

Einstellungskriterien: guter Abschluß des (Fach-)Hochschulstudiums, Studiendauer und -schwerpunkte, außeruniversitäre Aktivitäten, überzeugendes Profil im persönlichen Werdegang, Aufgeschlossenheit, Engagement, Eigeninitiative, Mobilität

Anfangsgehälter: je nach Qualifikation

Informationsmaterial: Unternehmensdarstellung, Geschäftsberichte

*

Ruhrgas AG
45117 Essen
Telefon: 0201/184-00
Telefax: 0201/3766

Kontaktpersonen:
Direkteinstieg:
- Wirtschaftswissenschaftler, Juristen, Wirtschaftsingenieure: Herr Nienburg-Umlauft, Herr Folwill, Telefon: 0201/184-3052, -4500
- Ingenieure, Naturwissenschaftler: Herr Lepping, Frau Wilhahn, Telefon: 0201/184-3629, -4679

Management-Entwicklungsprogramm:
Herr Dr. Hollmann, Telefon: 0201/184-4538

Praktikanten, Werkstudenten, Diplomanden:
Frau Fuhrmann, Telefon. 0201/184-4321

Umsatz 96: Konzern: ca 15 Mrd. DM, AG: ca. 13 Mrd. DM

Beschäftigte 97: Konzern: ca. 10.000, AG: ca. 2.800

Personalplanung 98: ca. 12 Absolventen der Studienrichtungen Maschinenbau, Verfahrenstechnik, Wirtschaftsingenieurwesen, Wirtschaftswissenschaften

Einsatzbereiche: Gaseinkauf, Gasverkauf, kaufmännisches Ressort, Unternehmensplanung/Organisation, Technik

Startprogramme: Direkteinstieg, Management-Entwicklungsprogramm: Einstieg-on-the-job mit begleitendem Info- und Weiterbildungsmaßnahmen zur Vorbereitung von Rotationen

Personalentwicklung: Fachtraining, Methodentraining, Förderkreis, Job Rotation

Angebote an Studierende: Praktika, Betreuung von Diplomarbeiten und Dissertationen, Teilnahme an Hochschulmessen

Auswahlverfahren: vollständige Bewerbungsunterlagen, Bewerbergespräch mit der Personal- und Fachabteilung, strukturiertes Interview, Gruppenauswahlverfahren

Einstellungskriterien: Teamfähigkeit, Eigeninitiative, Belastbarkeit, klare Entwicklungs- und Zielvorstellungen, zügiges Hochschulstudium, mit guten Noten, außeruniversitäres Engagement, Erfahrungen (Praktika, DA) in der Energiewirtschaft

Anfangsgehälter: einzelfallorientiert, 66 - 75 TDM p.a.

Informationsmaterial: Broschüre „Zukunft gestalten"

*

SAP AG
Postfach 1461
69185 Walldorf/Baden
Telefon: 06227/34-0
Internet: http://www.sap.com
E-Mail: jobs.germany@sap-ag.de

Kontaktperson:
Praktika/Diplomarbeit:
Regine Schleidt, Telefon: 06227/34-2911
Claudia Singer, Telefon: 06227/34-6369
Entwicklung/Informationsentwicklung:
Stefan Müller, Telefon: 06227/34-4662
Natalie Moch, Telefon: 06227/34-8585
Jochen Keller, Telefon: 06227/34-4462
Iris Schmitt: Telefon: 06227/34-5348
Service und Support/Schulung:
Jutta Englert, Telefon: 06227/34-8583
Gabriela Schüttpelz, Telefon: 06227/34-3653
Beratung:
Birgit Koch, Telefon: 06227/34-2250
Petra Gspandi: Telefon: 06227/34-2393
Vertrieb, Marketing, Verwaltung:
Astrid Lemmer, Telefon: 06227/34-4817
Bettina Beck, Telefon: 06227/34-8582

Branche: Software

Umsatz 96: weltweit 3,7 Mrd. DM

Beschäftigte 97: weltweit ca. 11.000 Mitarbeiter (SAP Gruppe), davon ca. 5.000 in Deutschland (SAP AG)

Personalplanung 98: ca. 800 Absolventen der Fachrichtungen (Wirtschafts-)Informatik, Wirtschaftswissenschaft, (Wirtschafts-)Ingenieurwesen, Mathematik, Physik

Einsatzbereiche: Software-Entwicklung, Beratung, Service + Support, Schulung, Vertrieb

Startprogramme: Qualifikationsbezogene Seminare, „Training on the job", Trainee-Programme

Personalentwicklung: Fachtraining, Persönlichkeitstraining, Sprachkurse, Produktschulungen, DV-Schulungen

Angebote an Studierende: Praktika, Betreuung von Diplomarbeiten, Firmenbesichtigungen, Teilnahme an Hochschulmessen

Auswahlverfahren: vollständige Bewerbungsunterlagen, Bewerbergespräch mit der Personal- und Fachabteilung, strukturiertes Interview, Bewerbertag

Einstellungskriterien: Zeugnisnoten, Studienverlauf, Zusatzqualifikationen, Auslandseinsätze/-aufenthalte, außeruniversitäre Aktivitäten, Sprachkenntnisse, Berufsausbildung

Anfangsgehälter: ca. 70 bis 85 TDM p.a.

Informationsmaterial: Firmenbroschüre, Broschüre für Hochschulabsolventen

*

423

Schindler Deutschland Holding GmbH

Ringstraße 46-66
12105 Berlin
Telefon: 030/7029-0

Kontaktperson: Frau G. Friemel, Personalentwicklung, Telefon: 030/70292692, Telefax: 030/70292833, e-mail: dew5pqup@ibmmail.com

Branche: Maschinenbau

Umsatz 96: 5.190.700 CHF, davon 756,2 Mio. DM in Deutschland

Beschäftigte 96: weltweit ca. 39.700 Mitarbeiter, davon ca. 3.500 in Deutschland

Personalplanung 98: 5 Absolventen der Studienrichtung Maschinenbau, Wirtschaftsingenieurwesen, Wirtschaftswissenschaften

Einsatzbereiche: Vertrieb, Kundendienst, Verwaltung

Startprogramme: Trainee-Programme

Personalentwicklung: Fachtraining, Persönlichkeitstraining, Sprachkurse, Produktschulungen, Job Rotation

Angebote an Studenten: Praktika, Betreuung von Diplomarbeiten

Auswahlverfahren: vollständige Bewerbungsunterlagen, Bewerbergespräch mit der Personal- und Fachabteilung, strukturiertes Interview, Persönlichkeitstest

Einstellungskriterien: richten sich nach der vakanten Position/Umfeld

Informationsmaterial: Firmenbroschüre, Trainee-Info

*

Schott Glaswerke

Hallenbergstr. 10, 55122 Mainz
Telefon: 06131/66-0, Telefax: 06131/66-2000

Kontaktperson: Herr Schäfer, POP 2, Telefon: 06131/66-1676, Telefax: 06131/66-2075

Branche: Glasindustrie

Umsatz 96: 2,6 Mrd. DM

Beschäftigte 96: weltweit 16.300, davon 10.400 in Deutschland

Personalplanung 98: Nachwuchskräfte (Betriebswirtschaftslehre, Wirtschaftsingenieurwesen, Wirtschaftsinformatik, Maschinenbau (der Einsatz gestaltet sich bedarfsorientiert in allen Unternehmensbereichen).

Startprogramme: Einarbeitungsprogramm/Trainee-Programm, Training on-the-job, Direkteinstieg

Personalentwicklung: Fachtraining, Persönlichkeitstraining, Sprachkurse, Produktschulungen, Job Rotation, Auslandseinsatz

Angebote an Studierende: Praktika, Betreuung von Diplomarbeiten, Betreuung von Dissertationen.

Auswahlverfahren: vollständige Bewerbungsunterlagen, Bewerbungsgespräch mit der Personal- und Fachabteilung, strukturiertes Interview, Fallstudien

Einstellungskriterien: Flexibel, durchsetzungsstark, engagiert, selbständig mit Führungspotential, in Abhängigkeit von der jeweiligen Aufgabenstellung sind die fachlichen Merkmale eine Grundvoraussetzung, Englisch in Wort u. Schrift

Anfangsgehälter: 65 - 70 TDM p.a., Zuschläge für Promotion > 5.000 DM p.a. , Zuschläge für Zweitstudium > 5.000 DM p.a.

sd&m software design & management GmbH & Co. KG

Thomas-Dehler-Straße 27
81737 München
Telefon: 089/63812-0
Telefax: 089/63812-150
e-mail: heusel@sdm.de
Internet: http://www.sdm.de

Kontaktperson: Antje Heusel, Personalwesen, Telefon: 089/63812-459, Telefax: 089/6 3812-150, e-mail: heusel@sdm.de, Internet: http://www.sdm.de

Branche: Software-Entwicklung, IT-Beratung

Umsatz 96: DM 100 Mio.

Beschäftigte 97: 500 Mitarbeiter

Personalplanung 97: ca. 100 Absolventen mit der Studienrichtung Informatik/Wirtschaftsinformatik, Naturwissenschaftler und Ingenieure mit starkem Informatikbezug; ca. 50 Software-Ingenieure, Berater und Projektleiter mit Berufserfahrung

Startprogramme: Direkteinstieg

Personalentwicklung: Fachtraining, Persönlichkeitstraining, Förderkreis o.ä., Job Rotation

Angebote für Studierende: Praktika, Firmenbesichtigungen, Teilnahme an Hochschulmessen

Auswahlverfahren: vollständige Bewerbungsunterlagen, Bewerbergespräch mit der Fachabteilung, strukturiertes Interview

Einstellungskriterien: Kommunikationsfähigkeit, Teamgeist, Mobilität, Loyalität, Offenheit, Kritikfähigkeit, guter Hochschulabschluß in Informatik, Mathematik, in einem ingenieur-, naturoder wirtschaftswissenschaftlichen Fach mit starker Software-Orientierung

Anfangsgehälter: TDM
plom   Elektrotechnik/Elektr
bau), TDM 61 - 75 p.a. (Uni- (Uni-Di-
Informatik/Wirtschaftsinformatik), hinen-
Physiker/Mathematiker)   plom

SEMA GROUP GmbH

Kaltenbornweg 3
50679 Köln
Telefon: 0221/8299-0
Telefax: 0221/8299-205
Internet: http://www.semagroup.com

Kontaktperson: Barbara Hiese, Personalabteilung, Telefon: 0221/8299-260, Telefax: 0221/ 8299-207

Branche: Software-Branche (Entwicklung)

Umsatz 96: weltweit £ 926.965.000, davon 96 Mio. DM in Deutschland

Beschäftigte 97: weltweit 14.000, davon 400 in Deutschland

Personalplanung 98: ca. 20 neue Stellen und Ersatzeinstellungen für Absolventen der Studienrichtungen Informatik/Wirtschaftsinformatik, Mathematik/Physik

Einsatzbereiche: Software-Entwicklung

Startprogramme: Einarbeitungsform ist abhängig von der vorgesehenen Aufgabe

Personalentwicklung: nach Bedarf und Tätigkeitsanforderung

Auswahlverfahren: vollständige Bewerbungsunterlagen

kriterien: Abschlußnote, Studi-
Einkte, Englischkenntnisse, ein-
en Erfahrungen

sgsgehälter: je nach Qualifikation

informationsmaterial: Firmenbroschüre
„Sema Group Deutschland" sowie spezielle
Zusatzinformation

*

SIEMENS AG
Bereich Halbleiter
Balanstraße 73
81541 München
Telefon: 089/636-22013
Telefax: 089/636-22090
Internet: www.siemens.de/Semiconductor

Kontaktperson: Thomas Dudenhöffer, Personalabteilung, Telefon: 089/636-22013, Telefax: 089/636-22090

Branche: Elektronik, Mikroelektronik

Umsatz 96: weltweit DM 5 Mrd., davon 36%
in Deutschland

Beschäftigte 97: weltweit 22.000 Mitarbeiter, davon 10.000 in Deutschland

Personalplanung 98: ca. 300 Absolventen der Studienrichtung Elektrotechnik/Elektronik (80%), Informatik/Wirtschaftsinformatik (10%), Wirtschaftsingenieurwesen (10%)

Einsatzbereiche: Entwicklung, Vertrieb, Marketing, Produktion

Startprogramme: Einarbeitungsprogramme, Trainee-Programme, Training-on-the-job, Direkteinstieg, Auslandseinsatz (falls für die Stelle notwendig)

Personalentwicklung: Fachtraining, Persönlichkeitstraining, Sprachkurse, Produktschulungen, Förderkreis o.ä., DV-Schulungen, Job Rotation, Auslandseinsatz

Angebote an Studierende: Praktika, Betreuung von Diplomarbeiten, Betreuung von Dissertationen, Firmenbesichtigungen, Teilnahme an Hochschulmessen

Auswahlverfahren: vollständige Bewerbungsunterlagen, Bewerbergespräch mit der Personal- und Fachabteilung, strukturiertes Interview

Einstellungskriterien: Teamfähigkeit, Mobilität, Weltoffenheit, Kreativität, Einsatzfreude, Leistungsbereitschaft, Internationale Einsatzfähigkeit, überdurchschnittliche Leistungen, kurze Studienzeit; Zusatzqualifikationen erwünscht, aber nicht Bedingung

Anfangsgehälter: TDM 56 - 68 p.a. (FH-Diplom), TDM 60 - 75 p.a. (Uni-Diplom)

Informationsmaterial: Firmenbroschüre (Geschäftsbericht), „Der richtige Weg zu Siemens", „Kopf-voller-Ideen-Broschüre"

*

L. & C. Steinmüller GmbH
Fabrikstraße 1
51643 Gummersbach
Telefon: 02261/85-0, Telefax: 02261/85-2999
e-mail: hweck@Steinmüller.de

Kontaktperson: Frau Honermann, Personalabteilung, Telefon: 02261/85-2534, Telefax: 02261/85-3759, e-mail: hweck@Steinmüller.de

Branche: Investitionsgüterindustrie, Energietechnik, Umwelttechnik

Umsatz 96: weltweit 1,4 Mrd. DM

Beschäftigte 97: weltweit 6.300, davon 3.000 in Deutschland

Personalplanung 98: offen, Absolventen der Studienrichtung Maschinenbau, Verfahrenstechnik

Einsatzbereiche: Vertrieb und Projektierung, Verfahrenstechnik, Inbetriebnahme, Forschung und Entwicklung

Startprogramme: flexibel auf die individuellen Verhältnisse abgestimmte Programme

Personalentwicklung: Fachtraining, Persönlichkeitstraining, Sprachkurse, DV-Schulungen

Angebote an Studenten: Praktika, Betreuung von Diplomarbeiten, Praxissemester

Auswahlverfahren: vollständige Bewerbungsunterlagen, Bewerbergespräch mit der Personal- und Fachabteilung, strukturiertes Interview

Einstellungskriterien: Teamfähigkeit, Einsatzbereitschaft, Selbständigkeit, Eigeninitiative, Examensnote, Studiendauer, Studienschwerpunkt, Auslandspraktika/-studium, anwendbare engl. Sprachkenntnisse

Anfangsgehälter: 56 - 60 TDM p.a. (FH - Maschinenbau), 71 - 75 TDM p.a. (Uni - Maschinenbau und Verfahrenstechnik)

Informationsmaterial: Firmenbroschüre

*

Sybase GmbH

Am Seestern 8
40547 Düsseldorf
Telefon: 0211/5976-0
Telefax: 0211/5976
E-Mail: HR_GER
Internet: http://www.sybase.de

Kontaktperson: Frau Alessandra Rhode, Leiterin, Human Resources

Branche: Software Branche/Hersteller von Client-Server Software, Produktbereiche: Datenbanken, Middleware, Tools

Umsatz 96: weltweit $ 1,0 Billion (1996)

Beschäftigte 97: weltweit 5.800 Mitarbeiter, davon 130 in Deutschland

Personalplanung 98: 10 - 20 Absolventen der Studienrichtungen Informatik/Wirtschaftsinformatik

Startprogramme: Training-on-the-job, Mentoring-Programm, Trainings in Deutschland, Europa und den USA

Personalentwicklung: Fachtraining, Persönlichkeitstraining, Produktschulungen, DV-Schulungen

Angebote an Studierende: Teilnahme an Hochschulmessen

Auswahlverfahren: vollständige Bewerbungsunterlagen, Bewerbergespräche mit der Personal- und Fachabteilung, strukturiertes Interview, Gruppenauswahlverfahren (AC)

Einstellungskriterien: gute Team- und Kommunikationsfähigkeit, Mobilität und hohe Belastbarkeit, Flexibilität, guter Informatikhintergrund, sehr gute Englischkenntnisse; Auslandsaufenthalte, außeruniversitäres Engagement

Informationsmaterial: verschiedene Firmenbroschüren

Thyssen AG

August-Thyssen-Straße 1
40211 Düsseldorf
Telefon: 0211/824-0
e-mail: thyssenag-kpw-pmpe@t-online.de
Internet: http://www.thyssen.com

Kontaktperson: Kerstin Ney, Personalmarketing/-entwicklung, Telefon: 0211/824-36919, Telefax: 0211/824-38260, Internet: http://www.thyssen.com

Branche: Maschinenbau, Investitionsgüter, Handel und Dienstleistungen, Eisen und Stahl

Umsatz 95/96: weltweit 38,67 Mrd. DM, davon 53% in Deutschland

Beschäftigte 31.8.97: weltweit 121.953, davon 89.294 in Deutschland

Personalplanung 98: 200 - 300 Absolventen der Studienrichtung Elektrotechnik, Maschinenbau, Informatik/Wirtschaftsinformatik, Wirtschaftsingenieurwesen, Wirtschaftswissenschaften

Startprogramme: Einarbeitungsprogramme, Trainee-Programme, Training-on-the-job, Direkteinstieg, im Einzelfall Auslandseinsatz (Dauer unterschiedlich)

Personalentwicklung: Fachtraining, Persönlichkeitstraining, Sprachkurse, Produktschulungen, Förderkreis o.ä., DV-Schulungen, Job Rotation, Auslandseinsatz

Angebote an Studierende: Praktika, Betreuung von Diplomarbeiten, Firmenbesichtigungen, Teilnahme an Hochschulmessen

Auswahlverfahren: vollständige Bewerbungsunterlagen, Bewerbergespräch mit der Personal- und Fachabteilung, strukturiertes Interview

Einstellungskriterien: Motivation und Flexibilität, Teamfähigkeit, Bereitschaft zum eigenverantwortlichen Arbeiten und zur Übernahme von Verantwortung, Studienleistungen und -ausrichtung, Praktika, ggf. berufliche Erfahrung, Engagement außerhalb des Studiums, EDV-Kenntnisse, Sprachkenntnisse

Anfangsgehälter: leistungsgerecht, entsprechend der Qualifikation und der Aufgabe

Informationsmaterial: Geschäftsbericht, Unternehmensbroschüre, Berufsstartbroschüre „Zukunft gestalten bei Thyssen"

THYSSEN INDUSTRIE AG

Am Thyssenhaus 1
45128 Essen
Telefon: 0201/106-0

Kontaktperson: Carmen Weidenhaupt, HA Führungskräfteentwicklung, Telefon: 0201/106-3369, Telefax: 0201/106-3797, Internet: http://www:jobware. de/thyssen-industrie

Branche: Maschinenbau/Investitionsgüter

Umsatz 96: weltweit 9.147 Mio. DM, davon 6.844 Mio. DM in Deutschland

Beschäftigte 97: weltweit ca. 42.000 Mitarbeiter, davon ca. 28.000 in Deutschland

Personalplanung 98: ca. 30 Absolventen für das zentrale Trainee-Programm, 80 - 100 Absolventen für den Einstieg on-the-job der Fachrichtungen Maschinenbau, Elektrotechnik, Metallurgie, Gießereitechnik, Werkstofftechnik, Schiffbau, Fördertechnik, Wirtschaftsingenieurwesen

Startprogramme: Einarbeitungsprogramm on-the-job oder individuelles Trainee-Programm, Dauer 12 Monate, zielgerichtetes Training-on-the-job in mehreren Werken und Abteilungen, Projektarbeit, begleitende fachspezifische und fachübergreifende Seminare, Erfahrungsaustausch mit Führungs- und Führungsnachwuchskräften, Auslandseinsatz

Personalentwicklung: individuelle Aus- und Weiterbildung u.ä., Persönlichkeitstraining, Sprachkurse

Angebote an Studierende: Praktika, Betreuung von Diplomarbeiten, Teilnahme an Hochschulmessen, Betriebsbesichtigungen sind in einzelnen Werken möglich

Auswahlverfahren: vollständige Bewerbungsunterlagen, mehrere Einzelgespräche im Personalbereich und mit künftigen Fachvorgesetzten

Einstellungskriterien: persönlicher Eindruck in Abhängigkeit von Anforderung und Einsatzziel, Studienschwerpunkte, Berufsausbildung, Studienleistungen, Praktika, Fremdsprachen EDV (PC, CAD), betriebswirtschaftliche Grundkenntnisse, Auslandserfahrung

Anfangsgehälter: je nach fachlichen und persönlichen Voraussetzungen und den jeweiligen Anforderungen

Informationsmaterial: Firmenbroschüre auf Anfrage

TUI GmbH & Co. KG

Karl-Wiechert-Allee 23
30625 Hannover
Telefon: 0511/567-0
Telefax: 0511/567-1301
E-Mail: internet.service@tui.com
Internet: www.tui.com

Kontaktperson: Martina Fuhrmann, Personal Konzern, Telefon: 0511/567-1212, Telefax: 0511/567-1508, E-Mail: Martina.Fuhrmann@tui.com, Internet: www.personal@tui.com

Branche: Touristik

Umsatz 96: weltweit 7,7 Mrd. DM, davon 4,9 Mrd. DM in Deutschland

Beschäftigte 96 (TUI-Konzern): weltweit 8.900 Mitarbeiter, davon ca. 2.000 in Deutschland

Personalplanung 98: 10 -15 (Fach-)Hochschulabsolventen mit Informatikschwerpunkt

Einsatzbereiche: TUI InfoTec (Systemhaus der TUI), Bereich Anwendungsentwicklung, Bereich Entwicklung technische Infrastruktur

Startprogramme: IT-Einstiegsprogramm (9 Monate), Direkteinstieg (Absolventen mit mind. 1 Jahr Berufserfahrung im IT-Bereich)

Personalentwicklung: Fachtraining, Persönlichkeitstraining, Sprachkurse, Produktschulungen, Förderkreis o.ä., DV-Schulungen, Job Rotation, teilweise Auslandseinsatz

Angebote an Studierende: Praktika, Betreuung von Diplomarbeiten, Workshops/Seminare, Firmenbesichtigungen, Teilnahme an Hochschulmessen

Auswahlkriterien: vollständige Bewerbungsunterlagen, strukturiertes Interview, Gruppenauswahlverfahren (AC)

Einstellungskriterien: Kommunikationsfähigkeit, Teamfähigkeit, analytisches Denkvermögen, Pragmatismus, DV-relevante Berufserfahrung (Praktika, Diplomarbeit, Jobs
während des Studiums)

Anfangsgehälter: 66 - 70 TDM p.a. (Teilnehmer Einstiegsprogramm), 71 - 75 TDM p.a.
(Direkteinsteiger)

Informationsmaterial: auf Anfrage, erste Informationen auf TUI-Homepage

*

Joh. Vaillant GmbH + Co.
Berghauser Straße 40
42859 Remscheid
Telefon: 02191/18-0
Telefax: 02191/18-2100

Kontaktperson: Herr Dr. Thomas Bartscher,
ZP-MB, Telefon: 02191/18-3385, Telefax:
02191/18-2100

Branche: Heiztechnik

Umsatz 96: weltweit 1,9 Mrd. DM, davon ca.
50% in Deutschland

Beschäftigte 96: weltweit 7.000 Beschäftigte, davon 6.000 in Deutschland

Personalplanung 98: ca. 60 Absolventen
der Studienrichtung Elektrotechnik/Elektronik,
Maschinenbau, Verfahrenstechnik, Wirtschaftsingenieurwesen, Wirtschaftswissenschaften

Einsatzbereiche: alle Einsatzbereiche denkbar

Startprogramme: Einarbeitungsprogramme,
Training-on-the-job, Direkteinstieg

Personalentwicklung: je nach Qualifikationsprofil, „best in class"-Trainingsmodule

Angebote an Studierende: Praktika, Betreuung von Diplomarbeiten, Teilnahme an
Hochschulmessen

Auswahlverfahren: vollständige Bewerbungsunterlagen, Bewerbergespräch mit der Personal-
und Fachabteilung, strukturiertes Interview, AC

Einstellungskriterien: je nach Einsatz

Anfangsgehälter: ca. 65 TDM p.a.

Informationsmaterial: Firmenbroschüre
„Daten und Fakten", Internet: http://vaillant.de

*

VEBA Aktiengesellschaft
Bennigsenplatz 1
40474 Düsseldorf
Telefon: 0211/4579-1
Telefax: 0211/4579-501

Kontaktperson:
Frau Maren von de Fenn, Personalentwicklung
Telefon: 0211/4579-329, Telefax: 0211/4579-626

Branche: Strom, Chemie, Öl, Handel/Verkehr/
Dienstleistungen, Telekommunikation

Umsatz 96: weltweit rd. 74 Mrd. DM, davon
ca. 51 Mrd. DM in Deutschland

Beschäftigte 97: weltweit rd. 122.000, davon
ca. 95.000 in Deutschland

Personalplanung 98: ca. 300 Nachwuchskräfte (Elektrotechnik/Elektronik, Maschinenbau,
Verfahrenstechnik, Informatik/Wirtschaftsinfor-

matik, Wirtschaftsingenieurwesen, Wirtschaftswissenschaften)

Einsatzbereiche: je nach Konzerngesellschaft unterschiedlich

Startprogramme: Trainee-Programm, Training-on-the-job, Direkteinstieg, Auslandsaufenthalt je nach Einsatzbereich

Personalentwicklung: Fachtraining, Persönlichkeitstraining, Sprachkurse, Produktschulungen, Förderkreis o.ä., DV-Schulungen, Job Rotation, Auslandseinsatz

Angebote an Studenten: Praktika, Betreuung von Diplomarbeiten, Betreuung von Dissertationen

Auswahlverfahren: vollständige Bewerbungsunterlagen, Bewerbergespräch mit der Personal- und Fachabteilung, z.T. AC

Einstellungskriterien: Teamfähigkeit, Mobilität, geistige Flexibilität, Verantwortungsbereitschaft, überdurchschnittliche Examensnoten, außeruniversitäres Engagement, praktische Erfahrungen, gute Englischkenntnisse

Anfangsgehälter: branchenspezifisch je nach Konzerngesellschaft i.d.R. ab TDM 65 p.a.

Informationsmaterial: Absolventenbroschüre: „Chancen und Herausforderungen", Geschäftsbericht

*

Weidmüller Interface GmbH & Co.

Postfach 30 30, 32720 Detmold
Telefon: 05231/14-0
Telefax: 05231/14-2050

Kontaktperson: Frau Karoline Horst, Telefon: 05231/14-1949

Branche: Elektrotechnik

Umsatz 96: weltweit 845 Mio. DM, davon 78% im internationalen Geschäft

Beschäftigte 96: weltweit 4.500 Mitarbeiter, davon 1.900 in Deutschland

Personalplanung 97: Absolventen der Studienrichtung Elektrotechnik/Elektronik, Wirtschaftsingenieurwesen, Wirtschaftswissenschaften, Maschinenbau

Einsatzbereiche: Entwicklung, Produktion, Vertrieb, Marketing, Controlling

Startprogramme: Trainee-Programm, Direkteinstieg, Auslandseinsatz (im Rahmen des Trainee-Programms)

Personalentwicklung: Fachtraining, Persönlichkeitstraining, Sprachkurse, Produktschulungen, DV-Schulungen, Job Rotation, Auslandseinsatz

Angebote an Studierende: Praktika, Betreuung von Diplomarbeiten, Betreuung von Dissertationen, Workshops/Seminare, Firmenbesichtigungen, Teilnahme an Hochschulmessen

Auswahlverfahren: vollständige Bewerbungsunterlagen, Bewerbergespräch mit der Personal- und Fachabteilung, strukturiertes Interview, Gruppenauswahlverfahren (AC)

Einstellungskriterien: je nach Stelle/Funktion

Anfangsgehälter: je nach Qualifikation/Funktion

Informationsmaterial: Firmenbroschüre, Broschüre für Hochschulabsolventen, web-site

*

WIBERA Wirtschaftsberatung AG
Achenbachstraße 43
40237 Düsseldorf
Postfach 10 54 44
40045 Düsseldorf
Telefon: 0211/962-0

Kontaktperson: Herr Detlef Duda, Personal, Telefon: 0211/962-1533, Telefax: 0211/962-1696, Internet: http://www.wibera.de

Branche: Wirtschaftsprüfung, Steuerberatung, Unternehmensberatung

Umsatz 96: 160 Mio. DM

Beschäftigte 97: rd. 1.000

Personalplanung 98: rd. 40 Absolventen der Studienrichtungen Elektrotechnik/Elektronik, Maschinenbau, Wirtschaftsingenieurwesen

Einsatzbereiche: Unternehmesberatung

Startprogramme: Training-on-the-job, Direkteinstieg

Personalentwicklung: Fachtraining, Persönlichkeitstraining, Sprachkurse, DV-Schulungen

Angebote an Studierende: Workshops/Seminare, Teilnahme an Hochschulmessen

Auswahlverfahren: vollständige Bewerbungsunterlagen, Bewerbergespräch mit der Personal- und Fachabteilung

Einstellungskriterien: Analytische und kommunikative Fähigkeiten, Belastbarkeit, Mobilitätsbereitschaft, Teamfähigkeit, kompeten-tes Auftreten, Examensnoten, erkennbares Berufsinteresse, Gesamteindruck, Praktika, ggf. Berufsausbildung

Anfangsgehälter: 61 - 65 TDM p.a. (je nach Qualifikation)

Informationsmaterial: „Wir über uns für Bewerber/-innen"

Sektion XIII: Versicherungs- und Geldtips

Spätestens beim Übergang ins Berufsleben ergeben sich eine Reihe von Fragen, die erstmalig oder neu überdacht werden müssen.

Dies betrifft besonders den Bereich der Sozialversicherung, denn einige Ausnahmen, die noch während des Studiums geltend gemacht werden konnten, werden nun hinfällig. Die Sozialversicherung umfaßt die gesetzliche Krankenversicherung, die gesetzliche Unfallversicherung, die gesetzliche Arbeitslosenversicherung, die gesetzliche Pflegeversicherung sowie die gesetzliche Rentenversicherung. Sie ist eine öffentlich-rechtlich organisierte Versicherung, da die meisten Mitglieder ohne freie Wahlmöglichkeiten kraft Gesetzes zum versicherten Personenkreis gehören („Zwangsversicherung"). In einem eigenen Kapitel wird im folgenden auf wichtige Aspekte der Sozialversicherung hingewiesen, insbesondere auf die Wahl der Krankenversicherung (gesetzlich oder privat) und die „drei Säulen der Alterssicherung".

In dieser Sektion werden ferner die Möglichkeiten staatlich geförderten Sparens aufgezeigt, sonstige freiwillige Versicherungen, denen große Bedeutung zukommt, vorgestellt sowie einige Steuerspartips gegeben, wie das erste Jahresnettoeinkommen maximiert werden kann.

1. Sozialversicherung

1.1. Gesetzliche oder private Krankenversicherung?

Mit Berufseintritt stellt sich erneut die Frage nach der richtigen Krankenversicherungsform. Entscheidend für die freie Wahl zwischen beiden Systemen ist der Status des Beitragszahlers sowie die Beitragsbemessungsgrenze in Höhe von DM 6.150,- monatlich in den alten Bundesländern und DM 5.325,- in den neuen Bundesländern. Privat versichern können sich deshalb nur Arbeiter und Angestellte oberhalb dieser Grenze sowie Selbständige, Freiberufler und Beamte. In der gesetzlichen Versicherung gestalten sich die Beiträge einkommensabhängig, das heißt je höher das Gehalt, um so größer die monatlichen Aufwendungen. Das gilt jedoch nur bis zur jeweils gültigen Beitragsbemessungsgrenze. Demgegenüber können Privatversicherte durch Selbstbeteiligungen sowie durch einen frühen Eintritt das Beitragsniveau individuell steuern. Spätere Einkommensentwicklungen haben keinen Einfluß auf die Beitragsgestaltung.

Die Entscheidung, „gesetzlich" oder „privat", muß gut überlegt werden, da ein Wechsel von der privaten zur gesetzlichen Krankenversicherung später nicht mehr möglich ist. Da die Beiträge, Leistungen und sonstigen Konditionen für Berufstätige zum Teil deutlich voneinander abweichen, empfiehlt sich in jedem Fall ein genauer Vergleich der Angebote. Leistungsfaktoren, die es zu vergleichen gilt, sind u.a.:

○ Ambulante Leistungen (Behandlung durch Ärzte und Heilpraktiker, Medikamente, Bäder, Massagen, Hilfsmittel, Brillen und Kontaktlinsen)

○ Mutterschutz

○ Zahnärztliche Leistungen

433

- Stationäre Leistungen
- Krankentagegeld
- Krankengeld bei Arbeitsunfähigkeit
- Leistungen bei Auslandsaufenthalten
- Vorsorgeuntersuchungen
- Kuren/Rehabilitationsmaßnahmen
- Krankenhaustagegeld

Generelle Aussagen, welche Versicherung die günstigste ist, sind schwierig, weil es sowohl bei den gesetzlichen Krankenkassen als auch innerhalb der privaten Krankenversicherung Beitragsunterschiede gibt. Bei den Beitragsvergleichen muß zum Beispiel berücksichtigt werden, daß die GKV bei stationärer Behandlung nur für die Kosten der Unterbringung und ärztlichen Betreuung im Mehrbettzimmer aufkommt. Zur Deckung der Kosten von Wahlleistungen - Unterbringung im Ein- oder Zweibettzimmer und Behandlung durch den leitenden Arzt - ist der Abschluß einer privaten Zusatzversicherung zu empfehlen. Bei ausschließlich Privatversicherten sind die Wahlleistungen im Krankenhaus meist durch den normalen Versicherungsvertrag abgedeckt. Bei einem Beitragsvergleich PKV/GKV muß also die PKV-Prämie dem Beitrag der GKV zuzüglich der Prämie der privaten Zusatzversicherung (z.B. Tagegeld-, Krankenhauszusatz-, Krankenhaustagegeld- und Auslandsreise-Versicherung) gegenübergestellt werden. Allerdings erfolgt keine Beteiligung des Arbeitgebers an möglichen privaten Zusatzversicherungen zur GKV, während der Arbeitgeber sich zur Hälfte an den Beiträgen zur PKV beteiligt. Dies gilt bis zur Hälfte des durchschnittlichen Beitragssatzes aller Krankenkassen (zur Zeit 13,3% in den alten bzw. 13,7% in den neuen Bundesländern). Umgekehrt gilt zu beachten, daß es im Rahmen der PKV keine kostenfreie Familienversicherung gibt. Es ist vielmehr für jeden einzelnen Familienangehörigen ein eigener Vertrag abzuschließen. Dagegen gibt es in der GKV für Familienangehörige die Möglichkeit einer beitragsfreien Mitversicherung. Leistungseinschränkungen existieren nicht, noch werden Risikozuschläge erhoben. Beitragsanpassungen schließlich sind sowohl in der PKV als auch in der GKV möglich.

1.2. Pflegeversicherung

Unmittelbar im Zusammenhang mit der Frage nach einer gesetzlichen oder privaten Krankenversicherung steht die Frage nach einer gesetzlichen oder privaten Pflegeversicherung, da beide in der Regel bei demselben Versicherungsunternehmen abgeschlossen werden. Das maximale Risiko einer Schwerstpflegebedürftigkeit ist jedoch mit den Zahlungen aus der Pflegepflichtversicherung (DM 2.800,-/Monat, in Ausnahmefällen DM 3.300,-/Monat) unter Umständen nicht ausreichend gedeckt, so daß sich der Abschluß einer privaten Zusatzversicherung empfehlen kann. Umgekehrt kann auch der private Versicherungsschutz Lücken aufweisen: So sind z.B. bei der gesetzlichen Pflegeversicherung Rehabilitationsmaßnahmen im Pflegefall über die Krankenkasse abgedeckt. Bei privatem Versicherungsschutz muß eine Abdeckung von Rehabilitationsmaßnahmen unter Umständen gesondert vereinbart werden. Darum empfiehlt sich bei der Entscheidung für eine gesetzliche oder private Krankenversicherung auch eine Berücksichtigung der Beiträge und Leistungen der Pflegeversicherung.

1.3. Unfallversicherung

Berufstätige im Angestelltenverhältnis sind in der gesetzlichen Unfallversicherung, der Berufsgenossenschaft, pflichtversichert. Die Beiträge werden vollständig vom Arbeitgeber getragen. Leistungen bei Arbeits- und Wegeunfällen sind Heilbehandlung, Übergangsgeld bei Krankheit, Verletzten- und Hinterbliebenenrente.

1.4. Die drei Säulen der Alterssicherung

Die „drei Säulen der Alterssicherung" sind die gesetzliche Rentenversicherung, die betriebliche Altersversorgung und die Eigenvorsorge. Auf diese soll im folgenden näher eingegangen werden.

1.4.1. Gesetzliche Rentenversicherung

Das Rentenrecht kennt im wesentlichen drei Arten von Renten: Die Altersrenten, die Renten wegen verminderter Erwerbsfähigkeit und die Hinterbliebenenrenten. In der Gesetzlichen Rentenversicherung sind nahezu alle Arbeitnehmer pflichtversichert (Ausnahme: Es besteht ein berufsständisches Versorgungswerk wie z.b. bei Rechtsanwälten oder Architekten). Der Beitrag bemißt sich prozentual vom monatlichen Bruttogehalt und beträgt derzeit 20,3%. Der Arbeitgeber übernimmt die Hälfte dieser Kosten. Die Beitragsbemessungsgrenze liegt 1997 bei DM 8.200,- monatlich (alte Bundesländer) bzw. DM 7.100,- (neue Bundesländer).

Die bisherige Versicherungsfreiheit von Studenten für den Bereich der Rentenversicherung ist zum 1. Oktober 1996 entfallen. Seitdem sind alle Studenten versicherungspflichtig, wenn sie eine mehr als geringfügige Beschäftigung ausüben. Eine geringfügige Beschäftigung liegt vor, wenn die wöchentliche Arbeitszeit weniger als 15 Stunden beträgt und das Entgelt in den alten Bundesländern 1997 monatlich DM 610,- in den neuen Bundesländern DM 520,- nicht übersteigt. Wenn die Beschäftigung von vornherein auf höchstens zwei Monate oder 50 Arbeitstage innerhalb eines Jahres begrenzt ist (weitere Beschäftigungsverhältnisse werden zusammengerechnet), besteht ebenfalls Rentenversicherungspflicht.

Auch die Anrechnung von Ausbildungszeiten auf die Rentenversicherung ist neu geregelt worden. Ausfallzeiten werden nur noch frühestens vom vollendeten 17. Lebensjahr an und bis zu einer Höchstdauer von drei Jahren angerechnet. Es können allerdings Beiträge freiwillig nachgezahlt werden. Wer sein Studium vorzeitig beendet, verliert seine Anrechnungszeit nicht mehr. Hierdurch sollen insbesondere Härtefälle, wie beim krankheitsbedingten Studienabbruch, vermieden werden.

Das Rentensystem basiert auf dem sogenannten Generationenvertrag, der eine direkte Verwendung der Beiträge für die Rentenleistungen vorsieht. Bedingt durch die hohe Arbeitslosigkeit und die ungünstige demographische Entwicklung in der Bundesrepublik Deutschland stößt jedoch das umlagenfinanzierte gesetzliche Rentensystem an seine Grenzen. Der Gesetzgeber hat versucht, mit dem Rentenreformgesetz 1992 der finanziellen Krise des deutschen Rentensystems zu begegnen. Die Lage ist aber dennoch ernst. Schon vom Jahr 2035 an wird voraussichtlich jeder Beitragszahler einen Rentner finanzieren. Es ist daher sicherlich empfehlenswert, eine zusätzliche Altersvorsorge in Erwägung zu ziehen.

435

1.4.2. Betriebliche Altersversorgung

Die Einrichtung der betrieblichen Altersversorgung ist eine freiwillige Arbeitgeberleistung, die entweder im Arbeitsvertrag oder über Tarifverträge geregelt wird. Insgesamt jedoch ist die Bereitschaft der Unternehmen, Zusagen über eine betriebliche Altersversorgung zu machen, in den letzten Jahren sehr stark zurückgegangen. Hiervon sind insbesondere neue Mitarbeiter und damit auch die Berufsstarter betroffen. Die Gründe für die Zurückhaltung der Unternehmen dürften sowohl in dem gestiegenen Kostendruck als auch in einer unklaren Zukunft der rechtlichen Rahmenbedingungen vor dem Hintergrund der Anpassungen an den EU-Binnenmarkt liegen.

Von den vier Möglichkeiten der betrieblichen Altersversorgung, nämlich Direktzusage, Direktversicherung, Pensionskasse oder Unterstützungskasse könnte daher allenfalls in Einzelfällen die Direktversicherung relevant sein: Das Unternehmen sagt eine bestimmte Versorgung zu und schließt hierzu eine Lebensversicherung ab. Die Versicherungsbeiträge werden vom Gehalt abgezogen, ermöglichen aber eine Steuerersparnis. Zwar sind die Beiträge lohnsteuerpflichtig, doch werden sie bis DM 3.408,-/Jahr bzw. DM 284,-/Monat pauschal mit nur 20% (zzgl. Kirchensteuer und Solidarzuschlag) besteuert; darüber liegende Beiträge werden dagegen mit dem tatsächlichen Lohnsteuersatz des Mitarbeiters besteuert. Außerdem ist es möglich, daß das Unternehmen den Beitrag und den Lohnsteuersatz ganz oder teilweise übernimmt.

Sind in einem Versicherungsvertrag mehrere Arbeitnehmer versichert, können für den einzelnen Arbeitnehmer mehr als DM 3.408,- im Kalenderjahr pauschal versteuert werden, höchstens aber DM 4.200,-, sofern der durchschnittliche Betrag pro Arbeitnehmer DM 3.408,- im Kalenderjahr nicht übersteigt.

1.4.3. Eigenvorsorge

Die private Altersvorsorge kann über verschiedene Wege erfolgen. So kann beispielsweise vorgesorgt werden mit einer Kapitallebensversicherung, privaten Rentenversicherung, mit Investmentfonds, Immobilieneigentum, Aktien oder festverzinslichen Wertpapieren. Da für Berufsanfänger die Eigenvorsorge wohl am häufigsten über die kapitalbildenden Lebensversicherung, möglicherweise noch über eine private Rentenversicherung erfolgt, sollen diese nachfolgend genauer vorgestellt werden.

Die **kapitalbildende** („gemischte") **Lebensversicherung** deckt nicht nur das Todesfallrisiko ab, sondern baut auch ein gut verzinstes Vorsorgevermögen auf. Der Vorteil einer solchen Versicherung liegt damit neben der Abdeckung des Todesfallrisikos in der Ausschüttung einer vergleichsweise großen Summe zum Fälligkeitstermin bei langsamem Ansparen mit relativ geringen regelmäßigen Zahlungen. Außerdem ist die Überschußbeteiligung bei einer Laufzeit von mindestens zwölf Jahren (derzeitiger Stand der Gesetzgebung) steuerfrei. Für die möglichst frühzeitige Vorsorge schon beim Berufseinstieg sprechen die niedrigeren Beiträge aufgrund der zu erwartenden längeren Lebensdauer und der längeren Laufzeit des Vertrages. Derzeit wird über eine Änderung der steuerlichen Rahmenbedingungen für die Lebensversicherung diskutiert.

Das neue Versicherungsaufsichtsgesetz (VAG), das die Vorgaben der EU-Richtlinien berücksichtigt, sieht keine vorherige Genehmigung von Tarifen und Bedingungen durch das Bundesaufsichtsamt für das Versicherungswesen (BAV) mehr vor. Die Unternehmen entscheiden frei, welche Produkte sie zu welchen Tarifen anbieten wollen. Die neue Freiheit hat allerdings auch gewisse Grenzen durch Rahmenbedingungen, die durch Gesetz und Verordnungen determiniert und von den Unternehmen einzuhalten sind. So hat der Gesetzgeber zum Ausgleich für die wegfallende Vorabkontrolle durch die Aufsichtsbehörde einem Mathematiker im Versicherungsunternehmen, dem „Verantwortlichen Aktuar", eine besondere Verantwortung übertragen. Er hat darauf zu achten, daß die Prämien ausreichend sicher kalkuliert sind und genügend Rückstellungen für die Erfüllung der eingegangenen Verpflichtungen gebildet werden. Dennoch dürften weitgehend einheitliche Beiträge – wie in der Vergangenheit üblich – nicht mehr die Regel sein.

Wesentliches Kriterium zur Beurteilung der Leistungsfähigkeit eines Lebensversicherungsunternehmens bleibt aber die Höhe der Gewinnbeteiligung, denn die erwirtschafteten Überschüsse werden im Durchschnitt zu 97% an die Kunden ausgeschüttet. Die von den Lebensversicherungsunternehmen verwendeten Beispielsrechnungen sind allerdings lediglich unverbindliche Prognosen. Es ist daher empfehlenswert, sich Information darüber zu beschaffen, ob die Finanzierung der in Aussicht gestellten Gewinnbeteiligung auch tatsächlich gewährleistet ist. Neben den Gewinnprognosen sind auch das Alter und die Solidität eines Unternehmens, die heute bei laufenden Verträgen tatsächlich erbrachten Leistungen sowie die Kennzahlen aus den Geschäftsberichten zur Beurteilung heranzuziehen.

Dynamische Formen der Lebensversicherung haben sich inzwischen weitgehend durchgesetzt. „Dynamisch" steht für eine regelmäßige Erhöhung der Beiträge und der Versicherungsleistungen. Mit diesen Vertragsformen wird nicht nur die Kaufkraft der vereinbarten Versicherungsleistung erhalten, sondern auch von vornherein sichergestellt, daß der Versicherungsschutz und der Anspruch auf Altersversorgung mit dem persönlichen Einkommen wachsen. Zur laufenden Erhöhung des Versicherungsschutzes bedarf es bei diesen Tarifen keiner erneuten Gesundheitsprüfung des Versicherten. Maßstab für die Anpassung ist die Steigerung des Höchstbeitrages zur gesetzlichen Rentenversicherung für Angestellte bzw. ein fester Prozentsatz (in der Regel 5%). Beide Anpassungsformen können auch miteinander verbunden werden. Das ist gerade in Zeiten einer verlangsamten allgemeinen Einkommensentwicklung von Vorteil. Rücksicht auf das oft geringe verfügbare Einkommen junger Leute nehmen spezielle dynamische Systeme, die den finanziell schwierigen Start späterer Führungskräfte schon jetzt einkalkulieren. Die Anfangsbeiträge liegen dabei besonders niedrig. Je nach dem gewählten Anpassungsmodus wird der Versicherungsschutz später ausgebaut.

Wenngleich jüngeren Leuten in der Regel der Abschluß einer Kapitalversicherung anzuraten ist, durch die eine Leistung im Todes- oder Erlebensfall sichergestellt wird, gibt es auch Fälle, in denen eine Hinterbliebenenabsicherung nicht erforderlich ist. Das gilt für die große Zahl der Einpersonen-Haushalte, der sogenannten Singles. Deren Zahl ist in den vergangenen Jahren kräftig gestiegen. Mittlerweile lebt fast jeder dritte Bundesbürger allein. Für diese Gruppe empfiehlt sich vor allem der Abschluß einer privaten Rentenversicherung, gegebenenfalls in Verbindung mit einer Berufsunfähigkeitszusatzversicherung.

Bei der **privaten Rentenversicherung** entfällt die garantierte Leistung beim Tod des Versicherungsnehmers. Wie ihr Name schon sagt, ist die private Rente also ausschließlich ein Instrument der privaten Altersvorsorge. Im Unterschied zur herkömmlichen Kapitallebensversicherung, bei der die Ablaufleistung einmalig als größere Summe gezahlt wird, hat der Beitragzahler bei der privaten Rentenversicherung ferner die Wahl zwischen einer Kapitalabfindung (einmalige Zahlung) und einer monatlichen Rente.

Allerdings sind auch bei privaten Rentenversicherungen Diskrepanzen zwischen der unverbindlich zugesagten und der dann tatsächlich ausgezahlten Rente möglich, denn auch die Versicherungsunternehmen werden die weiterhin steigende Lebenserwartung kompensieren müssen. Ein
Vergleich der Versicherungsunternehmen im Hinblick auf die o.a. Kriterien ist daher auch bei der
privaten Rentenversicherung anzuraten.

2. Staatlich gefördertes Sparen

2.1. Vermögenswirksame Leistungen

Das „936-DM-Gesetz" hat die Bildung von Vermögen in Arbeitnehmerhand zum Ziel. Bei der
Anlage vermögenswirksamer Leistungen erhalten Arbeitnehmer für einen Sparbetrag von bis zu
DM 936,- pro Jahr eine „Arbeitnehmer-Sparzulage" in Höhe von 10%. Voraussetzung ist, daß das
zu versteuernde Einkommen im Jahr der Sparleistung DM 27.000,- bei Ledigen und DM 54.000,-
bei Verheirateten nicht übersteigt.

Doch auch ohne die staatliche Förderung lohnt sich eine Anlage nach dem 936-DM-Gesetz: In
fast allen Branchen übernimmt nämlich der Arbeitgeber (häufig sogar tariflich) einen Großteil der
Beiträge, oft sogar den vollen Betrag. Die Zuschüsse des Arbeitgebers sind unabhängig von der
Sparform. Mögliche Anlageformen sind u.a. Ratensparvertrag, Bausparvertrag, Lebensversicherung und Kapitalbeteiligungen, wobei allerdings nur noch Bausparverträge und Kapitalbeteiligungen
durch eine Arbeitnehmersparzulage gefördert werden. Ratensparverträge und Lebensversicherungs-
verträge werden seit 1990 – bis auf Verträge, die durch eine Übergangsregelung begünstigt sind –
nicht mehr gefördert.

2.2. Bausparen

„Bausparen" als Kombination aus „Sparen" und „Finanzieren" bietet die Möglichkeit, den Erwerb
einer eigenen Immobilie durch staatlich gefördertes Sparen vorzubereiten. Bausparen bedeutet
also Zwecksparen. Der Bausparvertrag wird in zwei Abschnitten abgewickelt: Zunächst spart man
in der Sparphase zur Erlangung des Bauspardarlehens das erforderliche Guthaben an. In der
Darlehensphase wird das gewährte Bauspardarlehen wieder zurückgezahlt. Das Bindeglied
zwischen Spar- und Darlehensphase ist die Zuteilung des Bausparvertrages. Dabei ist die Zutei-
lungsfrist von verschiedenen Variablen – wie beispielsweise Anzahl und Sparleistung der Alt- und
Neusparer – abhängig. Die vertraglich festgelegte Bausparsumme muß je nach Tarifwahl zu
mindestens 40% oder 50% angespart werden, damit man einen Anspruch auf Zuteilung eines
zinsgünstigen Bauspardarlehens mit einem Festzins von wahlweise z.B. 4,5% oder 5% erwerben
kann. In diesem Zusammenhang gilt es zu berücksichtigen, daß der niedrige Hypothekenzins
durch einen gleichfalls niedrigen Zins in der Ansparphase relativiert wird. Das Bauspardarlehen
hilft, die Finanzierungslücke zwischen der ersten Hypothek der Bank oder Sparkasse und dem
vorhandenen Eigenkapital zu schließen, wobei die Tilgungspflicht mit normalerweise zwölf
Jahren relativ kurz ist.

Ein Bausparvertrag kann als Finanzierungsinstrument prämienunschädlich nicht nur für den Erwerb neuer oder gebrauchter Wohnhäuser und Eigentumswohnungen eingesetzt werden, sondern bietet zugleich die Möglichkeit, als Mieter die Wohnung zu modernisieren, ältere Häuser zu modernisieren, an-, um- oder auszubauen sowie zu sanieren, sich über Baukostenzuschüsse oder Mietervorauszahlungen am Bau oder Erwerb eines Wohngebäudes zu beteiligen, Bauland zu erwerben, sofern darauf ein Wohngebäude errichtet werden soll, Erschließungskosten zu begleichen, im Rahmen von Erbauseinandersetzungen um ein Wohngebäude die übrigen Erbberechtigten abzufinden oder auf einem Grundstück oder Gebäude ruhende Schulden abzulösen.

Im Gegensatz zum Bauspardarlehen muß das Bausparguthaben nicht wohnwirtschaftlich verwendet werden. In diesem Fall ist jedoch zu beachten, daß die staatliche Förderung einer Sperrfrist von sieben Jahren unterliegt.

Bausparer, deren zu versteuerndes Jahreseinkommen für Alleinstehende DM 50.000,- und für Verheiratete DM 100.000,- unterschreitet, haben für eine Sparleistung bis zu DM 1.000,- bzw. DM 2.000,- (Alleinstehende bzw. Verheiratete) pro Jahr Anspruch auf Wohnungsbauprämie in Höhe von 10%.

3. Sonstige Versicherungen

3.1. Berufsunfähigkeits- und Erwerbsunfähigkeitsversicherung

Der Abschluß einer privaten Berufsunfähigkeitsversicherung kann besonders in jüngeren Jahren sinnvoll sein. Denn während die gesetzliche Unfallversicherung ausschließlich bei Arbeits- und Wegeunfällen oder Berufskrankheiten entschädigt, kommt diese auch dann zum Tragen, wenn dauerhaft oder aber zumindest für einen über sechs Monate hinausgehenden Zeitraum aus Gesundheitsgründen (Krankheit, Körperverletzung, Kräfteverfall) eine 50%ige Berufsunfähigkeit gegeben ist. Dabei wird die Berufsunfähigkeit auf die Ausübung einer der bisherigen Ausbildung, Erfahrung und Lebensstellung entsprechenden Tätigkeit bezogen. Die gesetzliche Erwerbsunfähigkeitsversicherung deckt dagegen nur den Fall der generellen Erwerbsunfähigkeit, unabhängig von der Ausbildung, ab. In der Regel setzt in solchen Fällen zugleich die staatliche Versorgung (Rentenversicherung) und ggf. eine betriebliche Altersversorgung ein, doch stellen diese Leistungen oft nur eine Grundabsicherung dar, die gerade den im Laufe der Berufsjahre steigenden Ansprüchen nicht mehr gerecht wird. Für Leistungen aus der gesetzlichen Rentenversicherung ist in der Regel eine Sozialversicherungsdauer von mindestens 60 Monaten erforderlich, so daß Berufsanfänger bei Berufsunfähigkeit keine Ansprüche geltend machen können und unter Umständen eine sogenannte „Versorgungslücke" entsteht.

3.2. Private Haftpflichtversicherung

Eine private Haftpflichtversicherung weist absolut gesehen sehr niedrige Beiträge auf und stellt eine unbedingt notwendige Absicherung gegenüber Rechtsansprüchen Dritter dar, z.B. im Hinblick auf mögliche Schadensersatzansprüche eines bei einem Unfall schwerstbehinderten Unfallgegners. Studierende sind noch bei ihren Eltern mitversichert. Nach dem Examen (Erstes Staatsexamen bei Juristen) stellt sich daher die Notwendigkeit einer eigenen Haftpflichtversicherung, bei der dann ebenfalls Ehepartner und Kinder mitversichert sind.

3.3. Hausratversicherung

Auch die Hausratversicherung weist ein günstiges Verhältnis aus niedrigen Beiträgen und hohen Deckungssummen auf. Beim Abschluß einer Hausratversicherung ist darauf zu achten, daß die „Unterversicherungsklausel" ausgeschlossen wird. Dies empfiehlt sich, da die Versicherung ansonsten im Schadensfall eine eventuell gegebene Unterversicherung prüfen kann. Ist zum Beispiel die Gesamtdeckungssumme mit DM 50.000,- angesetzt und bei einem Rohrbruch entsteht ein Schaden von DM 20.000,-, so werden nur 50 %, also DM 10.000,-, der Schadenssumme ausgezahlt, wenn die Prüfung der Versicherung ergibt, daß der gesamte Hausrat einen Neuanschaffungswert von DM 100.000,- repräsentiert und damit nur zu 50 % versichert gewesen ist. Der grundsätzliche Ausschluß einer Unterversicherungsprüfung ist durch die Festsetzung der Deckungssumme auf mindestens DM 1.200,- pro Quadratmeter Wohnfläche möglich.

3.4. Rechtsschutzversicherung

Die steigenden Rechtsanwaltshonorare sowie die Gerichtskosten mögen unter Umständen das Risiko eines Prozesses als zu hoch erscheinen lassen und den Abschluß einer Rechtsschutzversicherung nahelegen. Doch muß man sich vergegenwärtigen, daß es keine einzelne umfassende Rechtsschutzversicherung gibt, sondern jeweils nur für einzelne Bereiche des Lebens. So gibt es zum Beispiel Privat- bzw. Familienrechtsschutzversicherungen, Mietrechtsschutzversicherungen, Verkehrsrechtsschutzversicherungen etc. Hier müssen die einzelnen Leistungen miteinander verglichen und genau abgegrenzt werden. Nur so kann sichergestellt werden, daß es nicht zu einer überflüssigen Mehrfachversicherung kommt oder aber ein persönlich relevanter Bereich gar nicht abgedeckt ist. Auch hier ist eine Mitversicherung von Ehepartnern und Kindern eingeschlossen, allerdings ist ggf. zu klären, ob auch nicht verheiratete Lebensgefährten und uneheliche Kinder mitversichert sind oder werden können.

4. Einkommensteuerrecht

4.1. Einführung

Mit der ersten Gehaltsabrechnung wird die Lohnsteuer einbehalten. Das Lohnsteuerverfahren ist in den §§ 38 bis 42 f EStG geregelt. Ergänzungen hierzu enthält die Lohnsteuerdurchführungsverordnung LStDV.

Für Arbeitnehmer gilt, daß bei Einkünften aus nichtselbständiger Arbeit Einkommensteuer durch Abzug vom Arbeitslohn (sogenannte Lohnsteuer) erhoben wird. Arbeitslohn sind alle Einnahmen, die dem Arbeitnehmer aus dem jeweiligen Dienstverhältnis zufließen. Als Arbeitnehmer werden nach § 1 LStDV alle Personen bezeichnet, die im öffentlichen oder privaten Dienst angestellt sind und aus diesem Dienstverhältnis Arbeitslohn bzw. ein Gehalt beziehen. Dagegen sind Stipendien aus öffentlichen Mitteln oder aus Mitteln einer öffentlichen Stiftung steuerfrei, wenn sie zur Förderung der wissenschaftlichen oder künstlerischen Ausbildungen dienen. Dies gilt auch für Stipendien, die neben einem ordentlichen Gehalt gezahlt werden.

Die zu entrichtende Lohnsteuer wird nach den im Veranlagungszeitraum erzielten Einkünften errechnet. Zur Herabsetzung des Steuersatzes und der zu entrichtenden Steuer ist es im Interesse der Arbeitnehmer, sämtliche berufsbedingten Aufwendungen, die Werbungskosten, in Abzug zu bringen.

Als Werbungskosten gem. § 9 EStG werden die Aufwendungen bezeichnet, die der Erwerbung, Sicherung oder Erhaltung des Arbeitslohnes dienen. Dazu gehören alle Aufwendungen, die durch den Beruf veranlaßt sind. Eine berufliche Veranlassung setzt voraus, daß ein objektiver Zusammenhang mit dem Beruf besteht und subjektiv die Aufwendungen gerade zur Förderung des Berufes getätigt werden. Von den Werbungskosten sind mithin die allgemeinen Lebenshaltungskosten zu unterscheiden, die nach § 12 EStG nicht abzugsfähig sind. Besonders bei Studien- oder Sprachreisen in attraktive Feriengebiete bereitet diese Unterscheidung größere Schwierigkeiten. Von den Finanzbehörden wird der allgemeine Arbeitnehmer-Pauschbetrag gem. § 9a EStG in Höhe von DM 2.000,- automatisch berücksichtigt. Dies gilt auch für die übrigen Pauschalbeträge, wie z.B. Vorsorgeaufwendungen (Krankenversicherung). Erst wenn diese Beträge überschritten werden, kommt es darauf an jede Ausgabe festzuhalten, um eine höchstmögliche steuerliche Absetzung zu erreichen. Im folgenden findet sich eine Auswahl abzugsfähiger Aufwendungen.

4.2. ABC der Werbungskosten

Absetzungen für Abnutzung stellen Werbungskosten dar, wenn ein Wirtschaftsgut aus beruflichen Gründen angeschafft wird. Bei der Höhe der Absetzung sind die Anschaffungskosten auf die gewöhnliche Nutzungsdauer des Wirtschaftsgutes zu verteilen. Als Beispiel dient hier der Kauf eines Computers (ohne Bildschirm und Software) für DM 3.000,-. Liegt die Nutzungsdauer bei zwei Jahren, kann der Steuerpflichtige für jedes Jahr eine Abnutzung in Höhe von DM 1.500,- als Werbungskosten absetzen. Aus Vereinfachungsgründen können die Anschaffungskosten im Jahr der Verausgabung voll abgesetzt werden, wenn es sich lediglich um geringwertige Wirtschaftsgüter handelt. Geringwertig sind Wirtschaftsgüter, wenn jeweils ein Betrag von DM 800,- (ausschließlich der Umsatz- bzw. Mehrwertsteuer) nicht überschritten wird.

Aufwendungen für **Arbeitsmittel** sind immer Werbungskosten. Zu beachten ist jedoch, daß Aufwendungen für Wirtschaftsgüter, die auch privat genutzt werden können, nur dann Werbungskosten darstellen, wenn die private Nutzung durch den Steuerpflichtigen ausgeschlossen werden kann oder nur ganz geringfügig ist. Der Steuerpflichtige hat darzulegen, inwieweit er die beispielsweise angeschaffte Computer nur seiner Erwerbstätigkeit dient. Dabei hat er darauf zu achten, daß seine Argumentation schlüssig ist.

Fachbücher und Fachzeitschriften sind Arbeitsmittel und damit abzugsfähig. Aufwendungen für die Tageszeitung oder allgemeinbildende Werke wie Brockhaus oder Duden unterfallen den Kosten der Lebenshaltung. Die Zeitung Handelsblatt ist keine Tageszeitung in diesem Sinne, so daß eine Abzugsfähigkeit unter Umständen gegeben sein kann. Etwas anderes gilt jedoch weiterhin für F.A.Z., DIE ZEIT sowie Der Spiegel, bei denen die private Mitveranlassung überwiegt und eine Abzugsfähigkeit ausgeschlossen ist.

Die steuerliche Behandlung des häuslichen **Arbeitszimmers** hat im Veranlagungszeitraum 1996 umfassende Änderungen erfahren. Ein Werbungskostenabzug kommt u.a. in Frage, wenn die berufliche Nutzung des Arbeitszimmers mehr als 50 % der gesamten Berufstätigkeit beträgt. In diesem Fall gibt es einen beschränkten Werbungskostenabzug in Höhe von jährlich DM 2.400,-

der verauslagten Kosten. Dieser Abzug wird ebenfalls gewährt, wenn der Arbeitgeber dem Arbeitnehmer keinen anderen Arbeitsplatz für die zu verrichtende berufliche Tätigkeiten zur Verfügung stellt (in der Regel Lehrer oder Handlungsreisende). Allein der Heimarbeiter kann die auf das häusliche Arbeitszimmer entfallenden Aufwendungen unbegrenzt absetzen, da in diesem Fall das häusliche Arbeitszimmer den Mittelpunkt der beruflichen Tätigkeit bildet.

Ausbildungskosten sind keine Werbungskosten. Seit 1996 sind diese bis zu DM 1.800,- im Kalenderjahr als Sonderausgaben abzugsfähig. Zur Ausbildung wird stets die erstmalige Ausbildung für einen Beruf - also ein erstmaliges Hochschul- oder Fachhochschulstudium - gerechnet. Eine Promotion bildet den Abschluß der Hochschulausbildung. Die dort anfallenden Kosten zählen damit nur zu den begrenzt absetzbaren Sonderausgaben. Etwas anderes gilt für **Fortbildungskosten**, die wiederum als Werbungskosten absetzbar sind. Unter Aufgabe seiner bisherigen Rechtsprechung behandelt der Bundesfinanzhof BFH nunmehr Kosten eines Zweitstudiums dann als Werbungskosten, wenn es sich um ein sogenanntes Aufbaustudium handelt, welches das abgeschlossene Erststudium ergänzt, und wenn hierdurch kein Wechsel in eine andere Berufsart angestrebt wird (z.B. Aufbaustudium Wirtschaftsingenieur oder MBA).

Die steuerlich relevante **doppelte Haushaltsführung** liegt vor, wenn ein Arbeitnehmer außerhalb des Ortes beschäftigt ist, an dem er seinen eigenen Hausstand unterhält, er am Beschäftigungsort wohnt und nicht täglich an den Ort des eigenen Hausstandes zurückkehrt. Der Arbeitnehmer hat eine fest angemietete Unterkunft vorzuweisen. Notwendig ist dagegen nicht, daß er die Mehrzahl der Wochentage in dieser Wohnung anwesend ist und dort übernachtet. Der zweite Haushalt darf nicht aus rein privatem Anlaß gegründet worden sein. Eine doppelte Haushaltsführung ist auch dann noch beruflich veranlaßt, wenn die Wohnung am Beschäftigungsort erst ein Jahr nach Antritt der auswärtigen Tätigkeit angemietet wird. Die Voraussetzung des eigenen Hausstandes ist erfüllt, wenn der Arbeitnehmer eine Wohnung mit eigener oder selbstbeschaffter Möbelausstattung besitzt. Das Unterhalten eines eigenen Hausstandes setzt voraus, daß der eigene Hausstand auch tatsächlich zur Lebensführung genutzt wird und der Arbeitnehmer sich an der gemeinsamen Haushaltsführung maßgebend persönlich und finanziell beteiligt. Im Fall der doppelten Haushaltsführung werden als notwendige Mehraufwendungen anerkannt: Verpflegungsmehraufwendungen, Kosten der Unterkunft, tatsächliche Anfahrts- und Rückfahrtskosten und sogar Telefongebühren.

Das steuerrechtliche **Reisekostenrecht** wurde 1996 neu geregelt. So ist ab 1996 ein Abzug von Verpflegungsmehraufwendungen als Werbungskosten in den Fällen der Dienstreise nur in Höhe der gesetzlichen Pauschalen zulässig. Für die Höhe der Verpflegungsmehraufwendungen ist allein die Dauer der Auswärtstätigkeit maßgebend. Die Entfernungsverhältnisse sind mithin für die Berechnung nicht mehr ausschlaggebend. Eine Auswärtstätigkeit liegt, vor, wenn der Arbeitnehmer außerhalb seiner Wohnung und seiner regelmäßigen Arbeitsstätte beruflich tätig ist. Ab 1996 werden einheitlich bei einer Abwesenheit von 24 Stunden DM 46,-, bei einer Abwesenheit zwischen 14 und 24 Stunden DM 20,- und bei einer Abwesenheit von weniger als 14 und mehr als 10 Stunden DM 10,- angerechnet. Bei der Benutzung eines eigenen Kraftfahrzeuges werden für die gefahrenen Kilometer DM 0,52 und mit dem Motorrad DM 0,23 als Pauschsätze anerkannt. Bei höheren Aufwendungen hat der Steuerpflichtige diese durch Einzelnachweise zu belegen.

Aufwendungen für **Studienreisen** sind nur dann Fortbildungs- bzw. Werbungskosten, wenn die Reise der Berufsfortbildung dient und lehrgangsmäßig organisiert ist. Insbesondere bei Auslandsreisen sollten schon im voraus erste Erkundigungen beim Veranstalter bzw. beim Finanzamt eingeholt werden. Es kommt darauf an, daß aus dem Veranstaltungsprogramm der Charakter einer straff organisierten Fachtagung hervorgeht. Bei einer Auslandsreise zur Auswahl einer geeigneten Universität für das gewünschte Aufbaustudium ist darauf zu achten, daß sich der Steuerpflichtige seine Besuche vor Ort bescheinigen läßt.

4.3. Sonderausgaben und außergewöhnliche Belastungen

Zusätzlich zu den Werbungskosten können noch Sonderausgaben nach den §§ 10, 10b EStG, außergewöhnliche Belastungen gem. §§ 33, 33a EStG und Vorsorgeaufwendungen in Abzug gebracht werden. Wichtigste Sonderausgaben sind Ausbildungskosten, Spenden zur Förderung mildtätiger, kirchlicher, religiöser und wissenschaftlicher Zwecke und die im Kalenderjahr gezahlte Kirchensteuer. Für eine außergewöhnliche Belastung gem. §§ 33, 33a EStG ist Voraussetzung, daß die Belastung zwangsläufig ist. Hierzu zählen ärztlich verordnete Arzneien, Krankheitskosten, Aufwendungen für Heilmittel wie Brillen und Unterhaltsaufwendungen. Allerdings müssen die Jahresaufwendungen die Grenzen der zumutbaren Belastung übersteigen. Beträge unterhalb dieser Grenze werden steuerlich nicht berücksichtigt. Körperbehinderte erhalten über § 33b EStG zusätzliche steuerfreie Pauschbeträge.

Die Vorsorgeaufwendungen sind Teil der Sonderausgaben. Der Steuerpflichtige kann Beiträge zur Kranken-, Unfall-, Haftpflichtversicherung und zur gesetzlichen Rentenversicherung bis zu einem Höchstbetrag gem. § 10 Abs. 3 EStG im Rahmen der Vorsorgeaufwendungen als Sonderausgaben absetzen.

Sektion XIV:
Berufsständische Vereinigungen/
Technisch-wissenschaftliche Vereinigungen

1. VDI - Verein Deutscher Ingenieure

Mit rund 130.000 persönlichen Mitgliedern (Ingenieure und Naturwissenschaftler) aller Fach-, Ausbildungs- und Berufsrichtungen sowie Studenten der Technik- und Naturwissenschaften aus dem gesamten Hochschulbereich ist der VDI die größte technisch-wissenschaftlich und berufspolitisch tätige Ingenieurorganisation in Europa.

Regionale VDI-Gliederungen:

Region Berlin:	BV Berlin-Brandenburg (Berlin)
Region Nord:	Schleswig-Holsteinischer BV (Kiel), Hamburger BV, Lübecker BV, Bremer BV, Ostfriesischer BV (Wilhelmshaven), Unterweser BV (Bremerhaven), BV Mecklenburg-Vorpommern (Rostock)
Region Hannover:	Hannoverscher BV, Braunschweiger BV, Teutoburger BV (Bielefeld), Osnabrücker BV, Münsterländer BV
Region Ruhrgebiet:	Ruhr BV (Essen), Bochumer BV, Bergischer BV (Wuppertal), Lenne BV (Hagen), Westfälischer BV (Dortmund), Emscher-Lippe BV (Marl)
Region West:	Aachener BV, Niederrheinischer BV (Düsseldorf), Kölner BV, Mittelrheinischer BV (Koblenz), Mosel BV (Trier), Siegener BV (Wilnsdorf)
Region Hessen:	Rheingau BV (Mainz), Nordhessischer BV (Kassel), BV Frankfurt/Darmstadt, BV Lahn-Dill (Wetzlar), Thüringer BV (Weimar)
Region Südwest:	Württembergischer IV (Stuttgart), Bodensee BV (Friedrichshafen), BV Schwarzwald (Freiburg), Karlsruher BV, Nordbadisch-Pfälzischer BV (Mannheim), BV Saar (Saarbrücken)
Region Bayern:	Unterfränkischer BV (Schweinfurt), Nürnberger BV, BV München, Ober- und Niederbayern, Augsburger BV
Region Mitte:	Dresdner BV, Hallescher BV, BV Leipzig, Magdeburger BV, Westsächsischer BV Chemnitz

(BV = Bezirksvereine, IV = Ingenieurverein; alle Bezirksvereine unterhalten VDI-Hochschulgruppen)

Jedes VDI-Mitglied ist Mitglied des seinem Wohn- oder Arbeitsort am nächsten gelegenen Bezirksvereins. Die Bezirksvereine bieten neben den Möglichkeiten des persönlichen Kennenlernens und Erfahrungsaustauschs ein auch für Studenten interessantes, vielseitiges Programm an Veranstaltungen (jährlich über 5.000 mit rund 200.000 Teilnehmern) und Gelegenheit zur aktiven Mitgestaltung der Vereinsarbeit.

VDI-Hochschulgruppen

Die Aktivitäten der „VDI-Hochschulgruppen" (Arbeitskreise „Studenten und Jungingenieure")
umfassen Vorträge und Seminare, Besichtigungen, Exkursionen, regelmäßige Gesprächsrunden
etc. Die Programmgestaltung ist den einzelnen Gruppen selbst überlassen, also zugeschnitten auf
das individuelle Interesse ihrer Mitglieder an

○   Erweiterung des eigenen fachlichen und fachübergreifenden Wissens;

○   Hinweisen und Beratung zum eigenen Berufsstart (Bewerbung, Berufsprofile,
Laufbahnmöglichkeiten etc.);

○   Kontakt zu Kommilitonen anderer Fachbereiche und Fakultäten, berufserfahrenen
Ingenieuren und Vertretern anderer Wissenschaftsbereiche;

○   Training der eigenen Fähigkeiten in Diskussion, freier Rede, Teamarbeit etc.;

○   übergeordneten Fragestellungen (Problemkreis „Mensch – Technik – Umwelt –
Gesellschaft");

○   Kultur und Geschichte unter Einbezug technischer Entwicklungen.

Die VDI-Hochschulgruppen bieten die Möglichkeit zur aktiven Mitwirkung an der Gemein-
schaftsarbeit der Ingenieure im VDI – regional und überregional – in sämtlichen Bereichen der
Technik und zu allen berufs- und gesellschaftspolitisch wichtigen Fragen – ein gutes Training für
die spätere Berufspraxis.

Adressen und Kontaktpartner Ihrer nächsten „VDI-Hochschulgruppe" erfahren Sie über den örtlichen Bezirksverein oder den VDI-Bereich „Studenten und Jungingenieure", Postfach 10 11 39,
40002 Düsseldorf, Telefon: 0211/6214-272, -455, Internet: http://www.vdi.de.

Überregionale VDI-Gliederungen

VDI-Fachgliederungen (technisch-wissenschaftliche VDI-Gesellschaften)

Die technisch-wissenschaftliche Arbeit bildet den Schwerpunkt der VDI-Tätigkeit. Sie wird in 18
Fachgliederungen mit über 800 Ausschüssen geleistet. Dabei sichert eine fachübergreifende
Zusammenarbeit von Experten aus Wissenschaft, Industrie und öffentlicher Verwaltung fachkom-
petente und allgemeingültige Arbeitsergebnisse (z.B. die „VDI-Richtlinien" als anerkannte
Regeln zum Stand der Technik). Jährlich besuchen 20.000 Experten die 120 nationalen und inter-
nationalen Tagungen und Kongresse der VDI-Fachgliederungen.

Technisch-wissenschaftlich:

VDI-Gesellschaften

VDI-Gesellschaft . . . . .Bautechnik
VDI-Gesellschaft . . . . .Energietechnik
VDI-Gesellschaft . . . . .Entwicklung Konstruktion Vertrieb
VDI-Gesellschaft . . . . .Fahrzeug- und Verkehrstechnik
VDE/VDI-Gesellschaft . . . . .Mikroelektronik, Mikro- und Feinwerktechnik
VDI-Gesellschaft . . . . .Kunststofftechnik

VDI-Gesellschaft . . . . .Fördertechnik Materialfluß Logistik
VDI/VDE-Gesellschaft . . . . .Meß- und Automatisierungstechnik
VDI-Gesellschaft . . . . .Produktionstechnik
VDI-Gesellschaft . . . . .Technische Gebäudeausrüstung
VDI-Gesellschaft . . . . .Verfahrenstechnik und Chemieingenieurwesen
VDI-Gesellschaft . . . . .Werkstofftechnik
Max-Eyth-Gesellschaft . . . . .für Agrartechnik im VDI
VDI-Gesellschaft . . . . .Textil und Bekleidung

Kommission .Reinhaltung der Luft im VDI und DIN
Normenausschuß . . . . .Akustik, Lärmminderung und Schwingungstechnik im
                                             DIN und VDI (NALS)

Interdisziplinäre Gremien

VDI-Gesellschaft . . . . .Systementwicklung und Projektgestaltung
VDI-Koordinierungsstelle . . . . .Umwelttechnik

Direkte Zuordnungsmöglichkeiten für VDI-Mitglieder bestehen bei VDI-Gesellschaften und interdisziplinären Gremien. Vorteile: regelmäßige Informationen über Veranstaltungen und Arbeitsergebnisse, Fachauskünfte, Vermittlung von Gesprächspartnern.

VDI-Hauptgruppe „Der Ingenieur in Beruf und Gesellschaft"

Die VDI-Hauptgruppe „Der Ingenieur in Beruf und Gesellschaft" befaßt sich in neun Bereichen
mit den Zusammenhängen zwischen technischer und gesellschaftlicher Entwicklung und fördert
die Aus- und Weiterbildung sowie die Berufschancen von Ingenieuren.

Berufspolitisch:

VDI-Hauptgruppe „Der Ingenieur in Beruf und Gesellschaft"

Einzelbereiche: Berufs- und Standesfragen
                      Ingenieuraus- und -weiterbildung
                      Mensch und Technik
                      Studenten und Jungingenieure
                      Technikbewertung
                      Technikgeschichte
                      Technik und Recht
                      Technik und Bildung
                      Frauen im Ingenieurberuf

Alle VDI-Mitglieder sind automatisch auch der VDI-Hauptgruppe zugeordnet.

Zur Unterstützung der Vereinsaufgaben:

○   **VDI-Bildungswerk GmbH:** ca. 380 Lehrgänge und Seminare (10.000 Teilnehmer p.a.)

○   **VDI-Projekt und Service GmbH:** Fachbegleitende Ausstellungen

446

○　**VDI-Versicherungsdienst GmbH:** Günstige Versicherungen für VDI-Mitglieder

○　**VDI-Ingenieurhilfe e.V.:** unverschuldet in Not geratener Ingenieure oder deren Hinterbliebene; Finanzierung von Stellensuchanzeigen für arbeitslose Ingenieure/ Innen bzw. Absolventen in den VDI nachrichten

○　**VDI-Technologiezentren:**
In Zusammenarbeit mit dem Bundesministerium für Bildung, Wissenschaft, Forschung und Technologie unterstützen die Technologiezentren bundesweit kleine und mittlere Unternehmen bei der Einführung und Anwendung neuer Technologien, geben Starthilfen bei Neugründungen und sind „Schaltstellen" im Know-how-Transfer zwischen Wissenschaft und Praxis.

○　**VDI-Technologiezentrum Physikalische Technologien,** Graf-Recke-Straße 84, 40239 Düsseldorf, Postfach 101139, 40002 Düsseldorf, Telefon: 0211/6214-401, Telefax: 0211/ 6214-484 oder -168, Internet: http://www.vdi.de, E-Mail: vditz@vdi.de

○　**VDI/VDE-Technologiezentrum Informationstechnik GmbH,** Rheinstraße 10B, 14513 Teltow, Telefon: 03328/435-0, Telefax: 03328/435-141, Internet: http://www.vdivde-it.de, E-Mail: vdivde-it@vdievde-it.de

○　**VDI Verlag GmbH,** Heinrichstraße 24, 40239 Düsseldorf, Postfach 10 10 54, 40001 Düsseldorf, Telefon: 0211/6188-0, Telefax: 0211/6188-112
VDI nachrichten (Wochenzeitung für Technik, Wirtschaft, Gesellschaft (Auflage 170.000), ca. 2.000 Forschungs- und Tagungsberichte

○　**Springer-VDI-Verlag GmbH & Co. KG** Verlag für Technische Fachzeitschriften, Heinrichstraße 24, 40239 Düsseldorf, Postfach 101054, 40001 Düsseldorf, Telefon: 0211/6103-0, Telefax: 0211/6103-414
13 Fachzeitschriften und Magazine

Anschrift: VDI Verein Deutscher Ingenieure, Graf-Recke-Straße 84, 40239 Düsseldorf, Postfach 101139, 40002 Düsseldorf, Telefon: 0211/6214-0, Telefax: 0211/6214-565, Internet: http://www.vdi.de, E-Mail: vdi@vdi.de

2. VDE – Verband Deutscher Elektrotechniker e.V.

Zum VDE gehören 36.000 Mitglieder – Ingenieure, Naturwissenschaftler und Techniker, die in den Bereichen Elektrotechnik, Elektronik, Informationstechnik und darauf aufbauenden Technologien tätig sind – darunter 6.000 Studenten.

Der VDE bietet Studenten ein „junges" Forum. Hier engagieren sich Studenten gemeinsam mit jungen Ingenieuren, Professoren und Industrievertretern. Aber er ist kein „Herrenverein", denn immer mehr Frauen engagieren sich im VDE.

Der VDE

- fördert die Schlüsseltechnologien Elektrotechnik/Elektronik/Informationstechnik
- bietet Technikwissenstransfer durch Experten
- begleitet die öffentliche Diskussion um die Technikfolgenabschätzung
- veranstaltet Kongresse, Fachtagungen, Seminare, Vorträge und Exkursionen
- bietet Weiterbildung und berufliche Profilierung
- informiert über Ausbildungs- und Karrierefragen
- macht Arbeitsmarktanalysen und Bewerbungstraining
- bietet Informationen und Tips rund ums Studium
- sorgt für offene Gespräche mit Studenten, Jungingenieuren, Professoren, Industrievertretern
- nimmt Einfluß auf bildungspolitische Entscheidungen

Vier Fachgesellschaften sorgen für technisch-wissenschaftlichen Erfahrungsaustausch:

- ITG Informationstechnische Gesellschaft im VDE
- ETG Energietechnische Gesellschaft im VDE
- GMM VDE/VDI-Gesellschaft Mikroelektronik, Mikro- und Feinwerktechnik
- GMA VDI/VDE-Gesellschaft Meß- und Automatisierungstechnik

Der VDE bietet insbesondere jungen Mitgliedern ein umfangreiches Angebot, das bereits studienbegleitend genutzt werden kann. Informationen über die Branche werden dabei ebenso regelmäßig vermittelt wie Seminarangebote zur persönlichen Weiterbildung und ein umfassendes Serviceangebot.

Der VDE befaßt sich mit folgenden wesentlichen Aufgaben:

- Erarbeitung von Normen und Sicherheitsbestimmungen der gesamten Elektrotechnik durch die Elektrotechnische Kommission im DIN VDE (DKE)

- Prüfung von elektrotechnischen und elektronischen Geräten, Komponenten und Systemen im VDE Prüf- und Zertifizierungsinstitut

- Herausgabe technisch-wissenschaftlicher Publikationen durch den VDE-Verlag

- Koordination des Auf- und Ausbaus von Technologie- und Gründerzentren in den neuen Ländern durch das VDI/VDE-Technologiezentrum Informationstechnik GmbH in Teltow bei Berlin. Dadurch soll besonders jungen Unternehmen der Start erleichtert werden.

- Engagement für Medizinische Technik. Der VDE ist Gründungsmitglied des Dachverbandes Medizinische Technik (DVT) und betreut auch die Geschäftsstelle.

Der VDE ist international engagiert:

- als Ausrichter internationaler wissenschaftlicher Tagungen

- durch die Zusammenarbeit der VDE-Fachgesellschaften mit internationalen Vereinigungen, z.B. IFIP, CEPIS, CIGRE, CIRED, UIE, EPE, IMEKO, IFAC

- als Gründungsmitglied in der Föderation elektrotechnischer Vereinigungen Europas EUREL

O als deutsches Sekretariat des amerikanischen IEEE (The Institute of Electrical and Electronics Engineers), das beim VDE geführt wird

O durch Kooperationsabkommen mit elektrotechnischen Vereinigungen in Ungarn, Polen und Rußland

O in der Normung und Produktprüfung

Hauptausschüsse des VDE:

O Jungmitglieder
O Ingenieurinnen
O Beruf, Gesellschaft und Technik
O Ingenieurausbildung

O Sicherheits- und Unfallforschung
O Blitzschutz und Forschung
O Geschichte der Elektrotechnik

Anschrift: VDE, Stresemannallee 15, 60596 Frankfurt/Main, Telefon: 069/6308-0, Telefax: 069/631 2925, E-Mail: VDE_Service@compuserve.com, Internet: http://www.vde.de

3. Arbeitskreis Ingenieure und Naturwissenschaftler in der Industrie (AIN)

Der AIN ist Teil der Bundesberufsgruppe Technische Angestellte und Beamte in der Deutschen Angestellten-Gewerkschaft (DAG). Von den ca. 50.000 Mitgliedern dieser Berufsgruppe der DAG sind ca. 20.000 Ingenieure und Naturwissenschaftler. Der Anteil der Studenten liegt zwischen 2.500 und 3.000. Der AIN versteht sich als Interessenvertreter der abhängig beschäftigten Ingenieure. Der AIN ist sowohl tarifpolitisch als auch allgemein gesellschaftspolitisch tätig. So gibt er u.a. Informationen und Diskussionspapiere heraus, z.B. „Gehaltsumfrage: Einkommenssituation in der Metall- und Elektroindustrie", „Computer-Intelligenz contra menschliche Intelligenz", „Ingenieure und Naturwissenschaftler in Beruf und Gesellschaft", „Ingenieurdenken heute" sowie „Der Ingenieur im Jahr 2000".

Anschrift: AIN, c/o Bundesvorstand der DAG, Johannes-Brahms-Platz 1, 20355 Hamburg, Telefon: 040/349 15-233, Telefax: 040/34915-281.

4. Bundesarchitektenkammer (BAK)

Die Architektenkammern der insgesamt 15 deutschen Bundesländer – Körperschaften des öffentlichen Rechts – sind in der BAK in Bonn zusammengeschlossen.

Auf europäischer Ebene ist die BAK aktives Mitglied im Architects Council of Europe (ACE), dem Zusammenschluß der Architektenorganisationen in den Staaten der Europäischen Union mit Sitz in Brüssel.

Satzungsgemäß hat die BAK insbesondere folgende Aufgaben:

O Sie bringt die gemeinsamen Belange der Architekten national und international zur Geltung, setzt sich also für den Schutz der Berufsordnung und -ausübung ein.

◯ Sie fördert die Zusammenarbeit und den regelmäßigen Erfahrungsaustausch ihrer Mitglieder, den Landesarchitektenkammern.

◯ Sie vertritt gegenüber der Allgemeinheit in Fragen der Architektur und des Bauwesens den Berufsstand des Architekten und informiert die Öffentlichkeit über wichtige berufspolitische Anliegen.

Mitteilungsorgan der BAK ist das monatlich erscheinende Deutsche Architektenblatt, das jedem Architekten in Deutschland zugestellt wird.

Von den rund 95.000 deutschen Architekten sind etwa die Hälfte freischaffend, die andere Hälfte als angestellte oder beamtete Architekten tätig. In Deutschland gibt es etwa 36.000 Architekturbüros mit durchschnittlich vier Beschäftigten.

Aufgrund der EU-Architektenrichtlinie, die die Anerkennung der Architektur-Diplome innerhalb der EU regelt, können auch Architekten dieser europäischen Länder unter bestimmten Voraussetzungen in die Architektenlisten der Länderkammern in Deutschland eingetragen werden.

Anschrift: Bundesarchitektenkammer, Bundesgemeinschaft der Architektenkammern, Körperschaften des öffentlichen Rechts, Postfach 32 01 68, 53204 Bonn, Telefon: 0228/97 08 20, Telefax: 0228/44 27 60.

5. Bundesingenieurkammer (BIngK)

Die Ingenieurkammern der Bundesländer haben sich in der BIngK zusammengeschlossen. Ziel des Zusammenschlusses ist es, die Zusammenarbeit und den Erfahrungsaustausch der Ingenieurkammern zu fördern und deren gemeinsame, über die Ländergrenzen hinausgehende Belange innerhalb von Deutschland sowie auf internationaler Ebene zu vertreten und zur Geltung zu bringen.

Die Ingenieurkammern selbst sind öffentlich-rechtliche Einrichtungen, die durch ihre Ingenieurmitglieder selbst verwaltet werden.

Die Ingenieurkammergesetze der Länder unterscheiden zwischen Pflichtmitgliedern und freiwilligen Mitgliedern. Pflichtmitglieder sind die Ingenieure, die die Berufsbezeichnung „Beratender Ingenieur" führen. Der Beratende Ingenieur führt seinen Beruf eigenverantwortlich unabhängig aus. Diese Kriterien erfüllt grundsätzlich der Ingenieur nicht, der bei der Ausübung seines Berufs Produktions-, Handels-, Lieferinteressen oder fremde Interessen dieser Art vertritt oder zu vertreten verpflichtet ist. Dies bedeutet, daß nur derjenige Beratender Ingenieur sein kann, der für seinen Auftraggeber dessen Interessen allein wahrnimmt und nicht unmittelbar oder mittelbar Dritten verpflichtet ist. Vereinfacht gesprochen ist der Beratende Ingenieur der freiberufliche Ingenieur. Angestellte, beamtete und unternehmerisch tätige Ingenieure können freiwillig Mitglied einer Ingenieurkammer werden, ohne die Berufsbezeichnung „Beratender Ingenieur" zu führen.

Die Ingenieurkammern fördern die berufliche Aus-, Fort- und Weiterbildung der Ingenieure durch eigene Bildungseinrichtungen.

Alle Mitglieder der Ingenieurkammern erhalten das „Deutsche Ingenieurblatt". Herausgeberin ist die BIngK.

Mit Abschluß der Aufnahmeverfahren kann innerhalb der Bundesrepublik mit einer Zahl von etwa 35.000 Beratenden Ingenieuren gerechnet werden, die überwiegend im Bauwesen tätig sind. Das Verhältnis von Pflichtmitgliedern, den Beratenden Ingenieuren, zu den freiwilligen Mitgliedern in den Kammern kann mit etwa 1 : 1 für die Zukunft angegeben werden.

Anschrift: BIngK, Habsburger Straße 2, 53173 Bonn, Telefon: 0228/957460, Telefax: 0228/9574616

6. Bund Deutscher Baumeister, Architekten und Ingenieure e.V. (BDB)

Im BDB sind insgesamt 24.000 Architekten und Bauingenieure organisiert, darunter ca. 5.000 Studenten. Der BDB ist der einzige Berufsverband, in dem freiberuflich tätige, angestellte und beamtete Architekten/Ingenieure und Unternehmer zusammengeschlossen sind. In allen Bundesländern existieren Landesstudentengruppen. Darüber hinaus gibt es ca. 245 Bezirksgruppen und Studentengruppen an einzelnen Hochschulen.

Der BDB nimmt die Belange der Architekten und Ingenieure auf europäischer und nationaler Ebene wahr und unterhält ständige Kontakte mit den verschiedenen Bundes- und Landesministerien. Er setzt sich für die Wahrung angemessener Rahmenbedingungen für die Berufsausübung ebenso ein, wie für die Förderung des studentischen Nachwuchses. Die jungen Mitglieder sollen durch ihre tätige Mitwirkung im BDB im Verband neue Impulse geben, haben aber gleichzeitig die Chance, frühzeitig über berufspolitische Fragen informiert zu werden und bereits während des Studiums Kontakte zur Praxis zu knüpfen.

Das BDB-Bildungswerk e.V., die Landesverbände und die Bezirksgruppen veranstalten Informations- und Diskussionsabende zu aktuellen Themen; BDB-Mitglieder mit Berufserfahrung berichten von ihrer Arbeit und stehen Studenten und Berufsanfängern mit Rat und Tat zur Seite. Die fachliche Arbeit wird in sieben Bundesfachreferaten geleistet, darunter in dem Bundesfachreferat Hochschule, und dem Bundesfachreferat Studenten. Darüber hinaus hat der BDB eine Informationsbroschüre mit dem Thema „Selbständig im Planungsbüro" erarbeitet, die eine gute Starthilfe für den Berufsanfänger darstellt. Außerdem schreibt der BDB auf Bundes- und Landesebene Ideenwettbewerbe für Studenten der Fachbereiche Architektur und Bauwesen aus, auch zusammen mit der Industrie. Die Ausbildungs- und Fortbildungsarbeit wird außerdem durch das BDB-Bildungswerk e.V. wahrgenommen, welches ständig Tagungen und Seminare zu aktuellen Themen durchführt wie z.B. Organisation im Planungsbüro, Erfahrungen mit den Bauordnungen und Probleme zur Honorar-Ordnung für Architekten und Ingenieure (HOAI).

Anschrift: BDB, Kennedyallee 11, 53175 Bonn, Telefon: 0228/37 67 84, Telefax: 0228/37 60 57.

7. Verein Deutscher Eisenhüttenleute (VDEh)

Der VDEh wurde bereits 1860 gegründet. Zweck des VDEh ist die Förderung der technischen, technisch-wirtschaftlichen und wissenschaftlichen Arbeit auf dem Gebiet von Eisen, Stahl und verwandten Werkstoffen. Der VDEh zählt rund 10.000 Mitglieder sowie 100 Firmenmitglieder. Aufgabenschwerpunkt des VDEh ist es, die technische und technisch-wissenschafliche Arbeit in den Bereichen von Eisen, Stahl und verwandten Werkstoffen in Zusammenarbeit mit der Stahlindustrie und Forschungsinstituten voranzutreiben durch

- ○ fachlichen Erfahrungsaustausch
- ○ Gemeinschaftsforschung
- ○ Förderung des hüttenmännischen Nachwuchses
- ○ Herausgabe von Fachzeitschriften und Büchern
- ○ Dokumentation und Information

Der VDEh wirkt an der praxisorientierten Weiterentwicklung der Studiengänge und der Gestaltung des Praktikums angehender Hüttenleute mit. Zur Förderung des technisch-naturwissenschaftlichen Nachwuchses auf dem Gebiet des Eisenhüttenwesens stellt der VDEh Mittel für die Studienförderung durch Vergabe von Stipendien an Studierende bereit. Für Studenten der Metallurgie und Werkstofftechnik sowie für Berufsanfänger dürften darüber hinaus insbesondere die Berufsinformationen des VDEh (z.B. Studium der Metallurgie und Werkstofftechnik, Berufsbild des Ingenieurs in der Stahlindustrie) sowie das Weiterbildungsprogramm von Interesse sein.

Anschrift: Verein Deutscher Eisenhüttenleute, Postfach 10 51 45, 40042 Düsseldorf, Telefon: 0211/67 07-0, Telefax: 0211/67 07-310.

8. Verband angestellter Akademiker und leitender Angestellter der chemischen Industrie e.V. (VAA)

Der VAA zählt insgesamt über 27.000 Mitglieder, darunter ca. 6.000 Ingenieure. Er nimmt zum einen tarifpolitische Aufgaben für Führungskräfte in der chemischen Industrie wahr, zum anderen sieht er seinen Schwerpunkt in der Information und Beratung der Mitglieder vor allem in beruflichen Fragen. Im Rahmen der vom VAA veröffentlichten Schriften dürften für Ingenieure insbesondere die Broschüren „Anstellungsverträge für Führungskräfte in der chemischen Industrie", „Erfinderrecht", „Ingenieuraufgaben in der chemischen Industrie" (für Ingenieure von TH's/TU's), „Auslandstätigkeiten" und nicht zuletzt der jeweils gültige „Gehaltstarifvertrag über Mindestjahresbezüge für akademisch gebildete Angestellte der chemischen Industrie" von Interesse sein.

Anschrift: VAA, Kattenbug 2, 50667 Köln, Telefon: 0221/13 40 28, Telefax: 0221/13 72 81.

9. Gesellschaft für Informatik e.V. (GI)

Die GI wurde 1969 in Bonn mit dem Ziel gegründet, die Informatik zu fördern. Die GI hat 20.000 persönliche und 300 korporative Mitglieder, die aus der Informatikforschung, der Informatikausbildung, der Informatikindustrie, der Informatikanwendung und der Studentenschaft kommen. Träger der wissenschaftlichen Arbeit innerhalb der GI sind die mehr als 200 Fachausschüsse, Fachgruppen und die in neun Fachbereichen zusammengeschlossenen Arbeitskreise: Grundlagen der Informatik, Künstliche Intelligenz, Softwaretechnologie und Informationssysteme, Technische Informatik und Architektur von Rechensystemen, Informationstechnik und Technische Nutzung der Informatik, Wirtschaftsinformatik, Informatik in Recht und öffentlicher Verwaltung, Ausbildung und Beruf, Informatik und Gesellschaft. Die 27 Regionalgruppen betreuen Mitglieder wie Interessenten fachlich und regional in ganz Deutschland.

Die Deutsche Informatik-Akademie GmbH (DIA) in Bonn, initiiert und mehrheitlich getragen von der GI, bietet ein anspruchsvolles Weiterbildungsprogramm in Informatik an. Die GI ist zusammen mit sieben Universitäten Träger des vom Saarland und vom Land Rheinland-Pfalz geförderten „Internationalen Begegnungs- und Forschungszentrums für Informatik (IBFI)" in Schloß Dagstuhl, 66687 Wadern-Dagstuhl.

Die GI und die Gesellschaft für Mathematik und Datenverarbeitung mbH (GMD) sind die Träger des vom Bundesministerium für Bildung, Wissenschaft, Forschung und Technologie geförderten und von der Kultusministerkonferenz der Länder (KMK) anerkannten Bundeswettbewerbs Informatik.

Zusammen mit dem Bund, den Bundesländern und anderen wissenschaftlichen Gesellschaften ist die GI Gesellschafter des Fachinformationszentrums Karlsruhe. Die GI hat einen Sitz im Stiftungsrat der Stiftung Werner-von-Siemens-Ring, ist Mitglied im Deutschen Verband Technisch-Wissenschaftlicher Vereine (DVT), im Council of European Professional Informatics Societies (CEPIS) und in der International Federation for Information Processing (IFIP). Für hervorragende wissenschaftliche Leistungen verleiht die GI alle zwei Jahre die „Konrad-Zuse-Medaille für Informatik".

Die Mitglieder der GI erhalten alle zwei Monate entweder die wissenschaftliche Zeitschrift „Informatik-Spektrum", das Organ der GI, oder die Zeitschrift „LOG IN".

Die Aktivitäten von Studierenden in der GI konzentrieren sich derzeit auf die Gestaltung von Veranstaltungen im Rahmen der jährlich stattfindenden GI-Jahrestagungen (1997 in Aachen) und der flächendeckend vertretenen Regionalgruppen (Adressen in der GI-Geschäftsstelle vorrätig).

Die Mitarbeit in der GI hilft dabei, einen Überblick über die Informatik außerhalb der eigenen Hochschule zu gewinnen. Für Studierende sind daneben vor allem die folgenden Punkte von Interesse:

❍ Studierenden werden trotz des stark ermäßigten Mitgliedsbeitrags (zur Zeit jährlich DM 30,-) die vollen Mitgliedsrechte gewährt, u.a. der kostenlose Bezug der Zeitschrift „Informatik-Spektrum", Preisermäßigung bei vielen weiteren Fachzeitschriften und sowohl passives als auch aktives Wahlrecht zu allen Gremien der GI.

❍ Der Besuch der vielen von der GI veranstalteten Fachtagungen ist für Studierende besonders günstig.

❍ Die GI pflegt – besonders im Rahmen der Regionalgruppen – den Kontakt zwischen Wissenschaft und Berufspraxis.

Anschrift: Gesellschaft für Informatik e.V., Wissenschaftszentrum, Ahrstraße 45, 53175 Bonn, Telefon: 0228/30 21 45, Telefax: 0228/30 21 67.

10. Verband Deutscher Wirtschaftsingenieure e.V. (VWI)

Der VWI wurde 1932 mit Sitz in Berlin gegründet und ist die Organistion der deutschen Wirtschaftsingenieure im In- und Ausland. Er hatte am 1.1.1997 insgesamt 3.588 Mitglieder, von denen etwa die Hälfte Studenten des Wirtschaftingenieurwesens sind.

Die spezifischen Berufsaufgaben des Wirtschaftsingenieurs werden durch den VWI regelmäßig erforscht, analysiert und im „Berufsbild des Wirtschaftsingenieurs" dargestellt. Der VWI fördert die Ausbildung der Studenten des Wirtschaftsingenieurwesens und engagiert sich in der beruflichen Weiterbildung seiner Mitglieder, wobei fachlich-interdisziplinäre Themen im Vordergrund stehen. Die vom VWI herausgegebene Zeitschrift „technologie & management" beschäftigt sich thematisch mit dem Interaktionsgebiet zwischen Ingenieurwissenschaft und Management.

Der VWI veranstaltet jährlich zwei Fachtagungen. Im Herbst jeden ungeraden Kalenderjahres wird diese Fachtagung als „Deutscher Wirtschaftsingenieurtag" (DWIT) durchgeführt. Im Mittelpunkt dieser Kongresse stehen aktuelle Themen aus Wirtschaft und Gesellschaft. Einen hohen Stellenwert hat dabei der Erfahrungsaustausch zwischen den Teilnehmern – unter ihnen regelmäßig auch viele Wirtschaftsingenieure.

Die Förderung der Studenten des Wirtschaftsingenieurwesens erfolgt vorrangig durch Aktivitäten der zur Zeit 18 VWI-Hochschulgruppen. Den regionalen Zusammenhalt der berufstätigen VWI-Mitglieder fördern die sieben Regionalgruppen des VWI. Dem überregionalen, fachlichen Erfahrungsaustausch und der Kontaktpflege dienen die sechs VWI-Arbeitskreise. Ihre Teilnehmer treffen sich etwa vierteljährlich zu Fachvorträgen, Seminaren oder Exkursionen in den Fachgebieten Controlling, F&E-Management, Information und Organisation, Investitionsgüter-Marketing, Produktion und Logistik sowie Risikomanagement.

Der VWI hat sich dem europäischen Gedanken verpflichtet. Er hat die Gründung von ESTIEM (European Students of Industrial Engineering and Management) aktiv gefördert und die Gründung von EEMA, einem europäischen Dachverband nationaler Wirtschaftsingenieurvereinigungen, initiiert.

Anschrift: Geschäftsstelle des VWI, c/o Institut für Unternehmensplanung, Hardenbergstraße 4-5, 10623 Berlin, Telefon: 030/3150-5777, Telefax: 030/3150-5888, E-Mail: vwi@aol.com

Sektion XV: Kontaktadressen

1. Ministerien und Behörden

Bundesanstalt für Arbeit (BA)
90327 Nürnberg
Telefon: 0911/179-0
Telefax: 0911/179-2129

**Bundesanstalt für Materialforschung
und -prüfung (BAM)**
Unter den Eichen 87
12205 Berlin
Telefon: 030/8104-0
Telefax: 030/811 2029

**Bundesanstalt für
Straßenwesen**
Brüderstraße 53
51427 Bergisch Gladbach
Postfach 100150
51401 Bergisch Gladbach
Telefon: 02204/43-0
Telefax: 02204/43-673

**Bundesanstalt Technisches Hilfswerk
(THW)**
Deutschherrenstraße 93, 53177 Bonn
Postfach 20 03 51, 53133 Bonn
Telefon: 0228/940-0
Telefax: 0228/940-1424

**Bundesforschungsanstalt
für Landeskunde und
Raumordnung**
Am Michaelshof 8
53177 Bonn
Postfach 20 01 30
53131 Bonn
Telefon: 0228/826-0
Telefax: 0228/826-266

**Bundesinstitut für Berufsbildung
(BIBB)**
Fehrbelliner Platz 3
10707 Berlin
Telefon: 030/8643-0
Friesdorfer Str. 151-153
53175 Bonn
Telefon: 0228/388-0

**Bundesministerium der
Verteidigung**
Hardthöhe, 53125 Bonn
Postfach 13 28, 53003 Bonn
Telefon: 0228/12-1
Telefax: 0228/12-5357, -5358

**Bundesministerium
für Bildung, Wissenschaft,
Forschung und Technologie**
53170 Bonn
Telefon: 0228/57-0
Telefax: 0228/57-3601

**Bundesministerium für
Post- und Telekommunikation**
Heinrich-von-Stephan-Straße 1
53175 Bonn
Postfach 8001, 53105 Bonn
Telefon: 0228/14-0
Telefax: 0228/14-8872

**Bundesministerium für
Raumordnung, Bauwesen
und Städtebau**
Deichmanns Aue 31-37, 53179 Bonn
Telefon: 0228/337-0
Telefax: 0228/337-3060

Bundesministerium für Verkehr
Robert-Schuman-Platz 1
53175 Bonn
Telefon: 0228/300-0
Telefax: 0228/300-3428/9

**Bundesministerium für
Wirtschaft**
53107 Bonn
Telefon: 0228/615-0
Telefax: 0228/615-446/7

**Bundesministerium für
wirtschaftliche Zusammenarbeit
und Entwicklung**
Friedrich-Ebert-Allee, 53113 Bonn
Postfach 120322
53045 Bonn
Telefon: 0228/535-0
Telefax: 0228/535-3500

Deutsche Flugsicherung GmbH
Kaiserleistraße 29-35
63067 Offenbach am Main
Telefon: 069/8054-0
Telefax: 069/8054-1396

Deutsches Patentamt
80297 München
Telefon: 089/2195-0
Telefax: 089/2195-2221

**Hochschul-Informationssystem
HIS**
Goseriede 9, 30159 Hannover
Postfach 29 20, 30029 Hannover
Telefon: 0511/1220-0
Telefax: 0511/1220-250

**Hochschulrektorenkonferenz
HRK**
Ahrstraße 39
53175 Bonn
Telefon: 0228/887-0
Telefax: 0228/887-110

**Physikalisch-Technische
Bundesanstalt Braunschweig
und Berlin (PTB)**
Bundesallee 100, 38116 Braunschweig
Postfach 33 45, 38023 Braunschweig
Telefon: 0531/592-0
Telefax: 0531/592-9292
Internet: http://www.ptb.de
Fürstenwalder Damm 388
12587 Berlin
Telefon: 030/6441-0
Telefax: 030/6441-348

**Umweltbundesamt
(UBA)**
Bismarckplatz 1, 14193 Berlin
Telefon: 030/8903-0
Telefax: 030/8903 1830

Wissenschaftsrat WR
Brohler Straße 11
50968 Köln
Telefon: 0221/3776-0
Telefax: 0221/388440

**Zentralstelle für Arbeitsvermittlung
(ZAV)**
Feuerbachstraße 42-46
60325 Frankfurt/Main
Postfach 1705 45
60079 Frankfurt/Main
Telefon: 069/71 11-0
Telefax: 069/71 11-5 55, -5 40

**Zentralstelle für die Vergabe von
Studienplätzen (ZVS)**
Sonnenstraße 171
44137 Dortmund
Telefon: 0231/10 81-0
Telefax: 0231/1081-227
(Bewerbungstermine: SS: bis 15.
Januar, WS: bis 15. Juli)

**2. Institutionen der
Studienförderung**

Konrad-Adenauer-Stiftung e.V.
Rathausallee 12
53754 St. Augustin
Telefon: 02241/246-0
Telefax: 02241/246-591

Hans-Böckler-Stiftung
Bertha-von-Suttner-Platz 3
40227 Düsseldorf
Telefon: 02 11/7778-0
Telefax: 02 11/7778-1 20, -2 10

Heinrich-Böll-Stiftung e.V.
Brückenstraße 5-11, 50667 Köln
Telefon: 0221/2071 10
Telefax: 0221/2071-51
Hackesche Höfe
Rosenthaler Straße 40/41
10178 Berlin
Telefon: 030/285 34-0
Telefax: 030/341 09

**Bundesverband der Frau im freien
Beruf und Management
(BFBM)**
Weinsbergstr. 190, 50825 Köln
Telefon: 0221/54 16 44
Telefax: 0221/546 2007

Cusanuswerk
Baumschulallee 5
53115 Bonn
Telefon: 0228/63 1407 oder 63 1237
Telefax: 0228/65 1912

**Deutsche Forschungsgemeinschaft
(DFG)**
Kennedyallee 40
53175 Bonn
Telefon: 0228/885-0
Telefax: 0228/885-2777

**Deutscher Akademischer
Austauschdienst
(DAAD)**
Kennedyallee 50
53175 Bonn
Telefon: 0228/882-0
Telefax: 0228/882-5 50

Deutsches Studentenwerk e.V.
Weberstraße 55, 53113 Bonn
Telefon: 0228/26906-0
Telefax: 0228/26906-30

Carl-Duisberg-Gesellschaft e.V.
Weyerstraße 79-83
50676 Köln
Telefon: 0221/2098-0
Telefax: 0221/2098-1 11

Friedrich-Ebert-Stiftung
53170 Bonn
Godesberger Allee 149
53175 Bonn
Telefon: 0228/883-0 oder
0228/95 92 80
Telefax: 0228/883-396

**Europa-Kolleg Brügge
(Collège d'Europe)**
Dyver 11
B - 8000 Brügge
Telefon: 0032/50/34 75 33

**Evangelisches Studienwerk
Villigst e.V.**
Iserlohner Straße 25
58239 Schwerte
Postfach 50 20
58239 Schwerte
Telefon: 02304/75 50
Telefax: 02304/75 5250

Fulbright-Kommission
Theaterplatz 1, 53177 Bonn
Postfach 20 05 55, 53135 Bonn
Telefon: 0228/93 5690
Telefax: 0228/363130

Dr. Jost-Henkel-Stiftung
40191 Düsseldorf
Telefon: 0211/797-0
Telefax: 0211/798 40 08

**Dr. Ing. eh. Fritz-Honsel-Stiftung
Fa. Honsel Werke AG**
Fritz-Honsel-Straße
59872 Meschede
Telefon: 0291/291-0
Telefax: 0291/291-366

**Alfried Krupp von Bohlen
und Halbach-Stiftung**
Hügel 15, 45133 Essen
Postfach 23 02 45, 45070 Essen
Telefon: 0201/1881
Telefax: 0201/412587

**Professor Dr. Hermann-Louis-
Brill-Stipendium**
Vergabe durch:
Hessischer Kultusminister
Luisenplatz 10
65185 Wiesbaden
Telefon: 0611/368-0
Telefax: 0611/368-2099

Friedrich-Naumann-Stiftung e.V.
Margarethenhof
Königswinterer Straße 409
53639 Königswinter
Telefon: 02223/701-0
Telefax: 02223/701-188

Hanns-Seidel-Stiftung e.V.
Lazarettstraße 33
80636 München
Telefon: 089/125 80
Telefax: 089/125 8439

**Stifterverband für die Deutsche
Wissenschaft e.V. (Stifterverband)
Die Gemeinschaftsaktion der
Wirtschaft**
Barkhovenallee 1, 45239 Essen
Telefon: 0201/84 01-0
Telefax: 0201/84 01-301

Stiftungsverband Regenbogen
Studienwerk
Hackesche Höfe
Rosenthaler Straße 40/41
10178 Berlin
Telefon: 030/285 34-0
Telefax: 030/341 09

Studienstiftung des deutschen Volkes
Mirbachstraße 7, 53173 Bonn
Telefon: 0228/8209 60
Telefax: 0228/8209667

Volkswagen-Stiftung
Kastanienallee 35
30519 Hannover
Postfach 81 05 09
30505 Hannover
Telefon: 0511/8381-0
Telefax: 0511/8381-344

---

3. Veranstalter technischer Fachmessen

Messe Berlin GmbH
Messedamm 22, 14055 Berlin
Telefon: 030/3038-0
Telefax: 030/3038-2325
Internet: http://www.messe-berlin.de
E-Mail: marketing@messe-berlin.de

Deutsche Messe AG
Messegelände, 30521 Hannover
Telefon: 0511/890
Telefax: 0511/8932626
Internet: http://www.messe.de
E-Mail: info@devicen.de

Düsseldorfer
Messegesellschaft mbH
NOWEA
Stockumer Kirchstraße 61
40474 Düsseldorf
Postfach 10 10 06
40001 Düsseldorf
Telefon: 0211/456001
Telefax: 0211/4560-668
Internet: http://www.tradefair.de
t-online: *55700#

Messe Essen GmbH
Postfach 10 01 65, 45001 Essen
Telefon: 0201/72 44-0
Telefax: 0201/7244-248

Forschungsland Nordrhein-
Westfalen
Rochusstraße 2-14, 52062 Aachen
Telefon: 0241/405037
Telefax: 0241/402589

Messe Frankfurt GmbH
Ludwig-Erhart-Anlage 1
60327 Frankfurt/Main
Postfach 15 02 10
60062 Frankfurt/Main
Telefon: 069/7575-0
Telefax: 069/7575-6433
Internet: http://www.messefrankfurt.de/

Hamburg Messe und
Congress GmbH
Sankt-Petersburgerstraße 1
Messehaus
20355 Hamburg
Telefon: 040/3569-0
Telefax: 040/3569-2180
Internet: http://www.hhmesse.de
E-Mail: info@hhmesse.de

Köln Messe
Messe - und Ausstellungs-
gesellschaft mbH
Messeplatz 1, 50679 Köln
Postfach 21 07 60, 50532 Köln
Telefon: 0221/821-0
Telefax: 0221/821-2574
Internet: http://www.koelnmesse.de
E-Mail: info@koelnmesse.de

Leipziger Messe GmbH
Messe-Allee 1
04356 Leipzig
Telefon: 0341/678-0
Telefax: 0341/678-8762
Internet: http://www.leipzigermesse.de
E-Mail: info@leipzigermesse.de

Messe München GmbH
Messegelände, 80325 München
Telefon: 089/5107-0
Telefax: 089/5107-506
Internet: http://www.messe-muenchen.de
E-Mail: info@messe-muenchen.de

Nürnberg Messe GmbH
Messezentrum
Karl-Schönleben-Straße 65
90471 Nürnberg
Telefon: 0911/8606-0
Telefax: 0911/8606-228
Internet: http://www.nuernbergmesse.de
E-Mail: info@nuernbergmesse.de

---

4. Berufsständische Ver-
einigungen, Verbände
und Institutionen

Berufsverband Agrar, Ernährung,
Umwelt e.V. (VDL)
Kasernenstraße 14
53111 Bonn
Telefon: 0228/96305-0
Telefax: 0228/96305-11
Internet: http://www.zadi.de/VDL/
VDL.htm
E-Mail: VDLBV.Bonn@t-online.de

Bund der Ingenieure des
Gartenbaues und der
Landespflege e.V. (BIG)
Geschäftsstelle:
Godesberger Allee 142-148,
53175 Bonn
Telefon: 0228/8100231
Telefax: 0228/8100248
E-Mail: ZVG-Bonn.Freimuth@
T-Online.de

Bund der Ingenieure für Wasser-
wirtschaft, Abfallwirtschaft und
Kulturbau e.V. (BWK)
Bundesverband:
Pappelweg 31, 40489 Düsseldorf
Telefon: 0211/590212
Telefax: 0211/74 2521

Bund Deutscher Architekten
(BDA)
Bundessekretariat:
Ippendorfer Allee 14b
53127 Bonn
Telefon: 0228/285011
Telefax: 0228/285465
E-Mail: bda.bs.bn@baunetz.de

Bundessekretariat Berlin:
Köpenicker Straße 48/49
10179 Berlin
Telefon: 030/2787990
Telefax: 030/278799815
E-Mail: bda.bs.b@baunetz.de

**Bund Deutscher Landschafts-
Architekten e.V. (BDLA)**
Bundesgeschäftsstelle:
Köpenicker Straße 48/49
10179 Berlin
Telefon: 030/278715-0
Telefax: 030/278715-55

**Bundesverband der
Agraringenieure e.V. (BAI)**
Frauentorstraße 49
86152 Augsburg

**Bundesverband der
Freien Berufe (BFB)**
Godesberger Allee 54, 53175 Bonn
Postfach 260161, 53135 Bonn
Telefon: 0228/376635/37
Telefax: 0228/374374

**Bundesverband Deutscher
Unternehmensberater e.V. (BDU)**
Friedrich-Wilhelm-Straße 2
53113 Bonn
Telefon: 0228/9161-0
Telefax: 0228/9661-26
Internet: http://www.bdu.de
E-Mail: 0228/bdu-bonn@t-online.de

**Bundesverband Junger
Unternehmer der Arbeits-
gemeinschaft Selbständiger
Unternehmer e.V. (BJU)**
Mainzer Straße 238, 53179 Bonn
Postfach 20 01 54, 53131 Bonn
Telefon: 0228/9545-90
Telefax: 0228/9545-993
Internet: http://www.bju.de
E-Mail: bju.web@t-online.de

**Bundesvereinigung der
Prüfingenieure für Baustatik e.V.
(VPI)**
Jungfernstieg 49
20354 Hamburg
Telefon: 040/35009-350
Telefax: 040/353565

**Bundesvereinigung der Straßen- und
Verkehrs-Ingenieure e.V. (BSVI)**
Geschäftsstelle:
Eichstraße 1
30161 Hannover
Telefon: 0511/312604
Telefax: 0511/3885142

**Deutscher Ingenieurinnenbund e.V.
(dib)**
Postfach 11 03 05
64218 Darmstadt

**Deutscher Verband der Patent-
ingenieure und Patentassessoren
e.V. (VPP)**
c/o BASF AG
Abt. Patente, Marken u. Lizenzen
ZDX-C6
67056 Ludwigshafen
Telefon: 0621/6049009
Telefax: 0621/6046491

**INGEWA Ingenieurverband
Wasser- und Abfallwirtschaft e.V.**
Walramstraße 9
53175 Bonn
Telefon: 0228/373097
Telefax: 0228/373090

**Ring Deutscher Bergingenieure e.V.
(RDB)**
Juliusstraße 9
45128 Essen
Telefon: 0201/232238
Telefax: 0201/234578

**Union Beratender Ingenieure e.V. -
Bundesverband der freiberuflichen
Ingenieure (U.B.I.-D.)**
Bundesgeschäftsstelle:
Edelsbergstraße 8
80686 München
Telefon: 089/57007-0
Telefax: 089/57007-260

**Union der Leitenden Angestellten
(ULA)**
Alfredstraße 77-79
45130 Essen
Postfach 34 02 48
45074 Essen
Telefon: 0201/782036
Telefax: 0201/787208

**Verband angestellter Führungskräfte
e.V. (VAF)**
Hohenstaufenring 43, 50674 Köln
Telefon: 0221/921829-0
Telefax: 0221/921829-6

**Verband Beratender Ingenieure e.V.
Interessenvertretung der unab-
hängigen Ingenieurunternehmen
(VBI)**
Bundesgeschäftsstelle:
Am Fronhof 10, 53177 Bonn
Telefon: 0228/95718-0
Telefax: 0228/95718-40
Internet: http://www.vbi.de
E-Mail: vbi@vbi.de

**Verband der Betriebsbeauftragten
für Umweltschutz e.V.**
Alfredstraße 77-79, 45130 Essen
Telefon: 0201/772013
Telefax: 0201/772014

**Verband der deutschen
Ingenieurwissenschaftler e.V.
(VddI)**
c/o Dipl.-Ing. Herrmann Arnold
Gartenstraße 76
53721 Siegburg
Telefon/Telefax: 02241/61667

**Verband der Ingenieure für
Kommunikation e.V.**
An der Windmühle 2, 53111 Bonn
Telefon: 0228/98358-0
Telefax: 0228/98358-74
Internet: http://www.vdpi.de
E-Mail: vdpiev@t-online.de

**Verband Deutscher Architekten e.V.
(VDA)**
Bundesgeschäftsstelle:
Edelsbergstraße 8
80686 München
Telefon: 089/570070
Telefax: 089/57007260

**DAI- Verband Deutscher
Architekten- und
Ingenieurvereine e.V.**
Adenauer Allee 58, 53113 Bonn
Telefon: 0228/211453
Telefax: 0228/213213

Verband Deutscher Eisenbahn-Ingenieure e.v. (VDEI)
Kaiserstraße 61
60329 Frankfurt/Main
Telefon: 069/23 61 71
Telefax: 069/23 12 19

Verband deutscher Sicherheitsingenieure e.v. (VDSI)
Albert-Schweitzer-Allee 33
65203 Wiesbaden
Telefon: 06 11/60 04 00
Telefax: 06 11/6 78 07

Verband deutscher Unternehmerinnen e.v. (VdU)
Gustav-Heinemann-Ufer 94
50968 Köln
Postfach 51 10 30, 50946 Köln
Telefon: 02 21/37 50 74/75
Telefax: 02 21/34 31 71

Verband Deutscher Vermessungsingenieure e.v. (VDV)
Weyerbuschweg 23, 42115 Wuppertal
Telefon: 02 02/5 63 54 31
Internet: http://www.fh-oldenburg-de/
        vdv/
E-Mail: grunau@fh-oldenburg.de

Verband Deutscher Wirtschaftsingenieure e.v. (VWI)
c/o Institut für Unternehmensplanung
Hardenbergstr. 4-5, 10623Berlin
Telefon: 0 30/3 13 94 44
Telefax: 0 30/3 13 94 44

Verband Selbständiger Ingenieure (VSI)
Bundesgeschäftsstelle
Schinkelstraße 7
45138 Essen
Telefon: 02 01/27 43 35
Telefax: 02 01/27 46 00

Verband unabhängig beratender Ingenieurfirmen e.v. (VUBI)
Winston-Churchill-Straße 1
53113 Bonn
Postfach 12 04 64
53046 Bonn
Telefon: 02 28/2 01 55-0
Telefax: 02 28/2 01 55-55
Internet: http://www.vubi.com

Am Köllnischen Park 1
10179 Berlin
Telefon: 030/27 87 32-0
Telefax: 030/27 87 32-20

Vereinigung der Stadt-, Regional- und Landesplaner e.v. (SRL)
Köpenicker Straße 48-49
10179 Berlin
Telefon: 0 30/30 86 20 60
Telefax: 0 30/30 86 20 62

Vereinigung Freischaffender Architekten Deutschlands e.v. (VFA)
Bundesgeschäftsstelle:
Oxfordstraße 20-22
53111 Bonn
Telefon: 02 28/63 15 68
Telefax: 02 28/63 46 16

Zentralverband der Ingenieurvereine e.v. (ZBI)
Wachsbleiche 26
53111Bonn
Telefon: 02 28/69 56 56
Telefax: 02 28/69 56 50

5. Technische und wissenschaftliche Institute und Vereinigungen

Abwassertechnische Vereinigung e.v. (ATV)
Theodor-Heuss-Allee 17
53773 Hennef
Postfach 1165, 53758 Hennef
Telefon: 02 42/8 72-0
Telefax: 02 42/8 72-1 35
Internet: http:/www.atv.de
E-Mail: 101623.1624@compuserve.com

Arbeitsgemeinschaft Industrieller Forschungsvereinigungen „Otto von Guericke" e.v. (AIF)
Bayenthalgürtel 23
50968 Köln
Telefon: 02 21/3 76 80 14
Telefax: 02 21/3 76 80 27

Arbeitsgemeinschaft Ökologischer Forschungsinstitute e.v. (AGÖF)
Geschäftsstelle
Im Energie- und Umweltzentrum
31882 Springe
Telefon: 0 50 44/9 75 75
Telefax: 0 50 44/9 75 77

Arbeitsgemeinschaft Wärmebehandlung und Werkstoff-Technik
An den Quellen 1
65183 Wiesbaden
Telefon: 06 11/37 44 69
Telefax: 06 11/37 82 35

AWF - Ausschuß für Wirtschaftliche Fertigung
Ackerstraße 76
13355 Berlin

Deutsche Forschungsanstalt für Luft- und Raumfahrt e.v. (DLR)
Linder Höhe, 51147 Köln
Telefon: 0 22 03/60 10
Telefax: 0 22 03/67 31 0

Deutsche Forschungsgemeinschaft (DFG)
Kennedyallee 40
53175 Bonn
Telefon: 02 28/8 85-1
Telefax: 02 28/8 85-27 77

Deutsche Gesellschaft für Biomedizinische Technik e.V.
Geschäftsstelle
Markgrafenstraße 11
10969 Berlin
Telefon: 0 30/2 53 75 20
Telefax: 0 30/2 51 72 48

Deutsche Gesellschaft für Chemisches Apparatewesen, Chemische Technik und Biotechnologie e.V. (DECHEMA)
Theodor-Heuss-Allee 25
60468 Frankfurt/Main
Postfach 150104
60061 Frankfurt/Main
Telefon: 069/75 64-0
Telefax: 069/75 64-201
Internet: http://dechema.de

459

**Deutsche Gesellschaft
für Galvano- und
Oberflächentechnik e.V. (DGO)**
Horionplatz 6
40213 Düsseldorf
Telefon: 02 11/13 23 81
Telefax: 02 11/32 71 99

**Deutsche Gesellschaft für
Luft- und Raumfahrt
Lilienthal - Oberth e.V.
(DGLR)**
Godesberger Allee 70
53175 Bonn
Postfach 26 01 09
53153 Bonn
Telefon: 02 28/3 08 05-0
Telefax: 02 28/3 08 05-24

**Deutsche Gesellschaft für
Materialkunde e.V.**
Hamburger Allee 26
60486 Frankfurt/Main
Telefon: 069/7 91 77 50
Telefax: 069/7 91 77 33

**Deutsche Gesellschaft für
Wehrtechnik e.V. (DWT)**
Bertha-von-Suttner-Platz 1-7
53111 Bonn
Telefon: 02 28/7 66 82 82
Telefax: 02 28/65 63 66

**Deutsche Glastechnische
Gesellschaft e.V. (DGG)**
Mendelssohnstraße 75-77
60325 Frankfurt/Main
Telefon: 069/975861-0
Telefax: 069/975861-99

**Deutsche Keramische
Gesellschaft e.V. (DKG)**
Am Grott 7
51147 Köln
Telefon: 0 22 03/6 90 69
Telefax: 0 22 03/6 93 01

**Deutsche Physikalische
Gesellschaft e.V. (DPG)**
Geschäftsstelle:
Hauptstraße 5
53604 Bad Honnef
Telefon: 0 22 24/92 32-0
Telefax: 0 22 24/92 32-50

**Deutsche Verkehrswissenschaftliche
Gesellschaft (DVWG)**
Brüderstraße 53
51427 Bergisch Gladbach
Telefon: 0 22 04/6 00 27/28
Telefax: 0 22 04/6 77 43
E-Mail: dvwghgs@t-online. de

**Deutsche Wissenschaftliche
Gesellschaft für Erdöl, Erdgas und
Kohle e.V. (DGMK)**
Kapstadtring 2, 22297 Hamburg
Postfach 60 05 49
22205 Hamburg
Telefon: 0 40/6 39 00 40
Telefax: 0 40/6 30 07 36

**Deutscher Kälte- und
Klimatechnischer Verein (DVK)**
Universität Stuttgart
Pfaffenwaldring 10
70569 Stuttgart
Telefon: 07 11/6 85 32 00
Telefax: 07 11/6 85 32 42

**Deutscher Verband für Material-
forschung und -prüfung eV. (DVM)**
Unter den Eichen 87
12205 Berlin
Telefon: 0 30/8 11 30 66
Telefax: 0 30/8 11 93 59

**Deutscher Verband für
Schweißtechnik e.V. (DVS)**
Aachener Straße 172
40223 Düsseldorf
Telefon: 02 11/1 59 10
Telefax: 02 11/1 59 12 00

**Deutscher Verband für Wasser-
wirtschaft und Kulturbau e.V.
(DVWK)**
Gluckstraße 2, 53115 Bonn
Telefon: 02 28/98 38 7-0
Telefax: 02 28/98 38 7-33

**Deutscher Verband technisch-
wissenschaftlicher Vereine (DVT)**
Graf-Recke-Straße 84
40239 Düsseldorf
Postfach 10 11 39
40002 Düsseldorf
Telefon: 02 11/6 21 44 98
Telefax: 02 11/6 21 41 72

**DIN Deutsches Institut für
Normung e.V.**
Burggrafenstraße 6
10787 Berlin
Telefon: 0 30/2601-0
Telefax: 0 30/2601-1231
Internet: http://www.din.de

**Max-Eyth-Gesellschaft für
Agrartechnik im VDI**
Graf-Recke-Straße 84
40239 Düsseldorf
Postfach 10 11 39
40002 Düsseldorf
Telefon: 02 11/62 14-264
Telefax: 02 11/62 14-163
Internet: http://www.vdi.de/agrar/
agrar.htm

**Forschungsgemeinschaft
für Hochspannungs- und
Hochstromtechnik e.V.
(FGH)**
Hallenweg 40
68219 Mannheim
Postfach 81 01 69
68201 Mannheim
Telefon: 06 21/8047-0
Telefax: 0621/8047-112
E-Mail: FGA.MA@t-online.de

**Forschungsgesellschaft für
Straßen- und Verkehrswesen**
Konrad-Adenauer-Str. 13
50996 Köln
Postfach 50 13 30
50973 Köln
Telefon: 02 21/39 70 35
Telefax: 0221/39 37 47

**Forschungszentrum Jülich GmbH
(KFA)**
52425 Jülich
Leo-Brandt-Straße
52428 Jülich
Telefon: 0 24 61/6 10
Telefax: 0 24 61/6 15 3 27

**Forschungszentrum Karlsruhe
Technik und Umwelt GmbH**
Postfach 36 40
76021 Karlsruhe
Telefon: 0 72 47/82-0
Telefax: 0 72 47/82-50 70

Frauen in Naturwissenschaft und
Technik e.V. (NUT)
Haus der Demokratie
Friedrich-Straße 165
10117 Berlin
Telefon: 030/22 17 92

Fraunhofer-Gesellschaft zur
Förderung der angewandten
Forschung e.V. (FhG)
- Zentralverwaltung -
Leonrodstr. 54
80636 München
Telefon: 089/12 05-01
Telefax: 089/12 05-3 17

Gesellschaft des Bauwesens e.V.
(GdB)
Düsseldorfer Straße 40
65760 Eschborn
Telefon: 061 96/4 31 43

Gesellschaft für Biotechnologische
Forschung mbH (GBF)
Mascheroder Weg 1
38124 Braunschweig
Telefon: 05 31/61 81-0
Telefax: 05 31/61 81-5 15

Gesellschaft für Datenschutz und
Datensicherung e.V. (GDD)
Irmintrudisstraße 1b
53111 Bonn
Telefon: 02 28/69 43 13
Telefax: 02 28/69 56 38

GKSS Forschungszentrum
Geesthacht GmbH
Max-Planck-Straße
21502 Geesthacht
Postfach 11 60
21494 Geesthacht
Telefon: 041 52/87-0
Telefax: 041 52/87-16 18

GMD
Gesellschaft für Mathematik und
Datenverarbeitung mbH
Schloß Birlinghoven
53754 St. Augustin
Telefon: 02241/14-0
Telefax: 02241/14-26 18, -28 89
Internet: http://www.gmd.de
E-Mail: info@gmd.de

Gesellschaft für technische
Kommunikation e.V. (tekom)
Markelstraße 34
70193 Stuttgart
Telefon: 07 11/65 704-0
Telefax: 07 11/65 704-99

GSF-Forschungszentrum für
Umwelt und Gesundheit GmbH
Ingolstädter Landstraße 1
OT Neuherberg
85764 Oberschleißheim
Postfach 1129
85758 Oberschleißheim
Telefon: 089/31 87-0
Telefax: 089/31 87-33 22

Herrmann von Helmholtz-
Gemeinschaft Deutscher
Forschungszentren
Ahrstraße 45 (Wissenschaftszentrum)
53175 Bonn
Telefon: 02 28/3 76 74-1
Telefax: 02 28/3 76 74-4

HMI - Hahn-Meitner-Institut
Berlin GmbH
Glienicker Straße 100
14109 Berlin
Telefon: 030/80 62-0
Telefax: 030/80 62-21 81
Internet: http://www.hmi.de

Ingenieure der Versorgungs-
technik e.V. (IDV)
Fachhochschule München
Lothstraße 34
80335 München
Telefon: 089/12 65-15 01
Telefax: 089/12 65-15 02

Kerntechnische Gesellschaft e.V.
(KTG)
Heussallee 10, 53113 Bonn
Telefon: 02 28/50 72 59
Telefax: 02 28/50 72 58

Max-Planck-Gesellschaft zur
Förderung der Wissenschaften e.V.
- Generalverwaltung -
Hofgartenstraße 2 , 80539 München
Postfach 10 10 62 , 80084 München
Telefon: 089/2 108-0
Telefax: 089/2 108-11 11

Rationalisierungs-Kuratorium der
Deutschen Wirtschaft e.V. (RKW)
Düsseldorfer Straße 40
65760 Eschborn
Postfach 58 67, 65733 Eschborn
Telefon: 061 96/4 95-1
Telefax: 061 96/4 95-3 04

6. Verbände, Interessen-
vertretungen und Orga-
nisationen der Wirtschaft

Arbeitsgemeinschaft der Eisen
und Metall verarbeitenden
Industrie (AVI)
Kaiserswerther Straße 135
40474 Düsseldorf
Telefon: 02 11/4 54 93 54
Telefax: 02 11/4 54 93 69

BME Bundesverband Material-
wirtschaft, Einkauf und Logistik e.V.
Waidmannstraße 25
60596 Frankfurt/Main
Telefon: 069/96 31 58-0
Telefax: 069/96 31 19 89

Bundesarbeitgeberverband
Chemie e.V.
Abraham-Lincoln-Straße 24
65189 Wiesbaden
Postfach 12 80
65002 Wiesbaden
Telefon: 06 11/77 88 10
Telefax: 06 11/71 90 10

Bundesverband der deutschen
Entsorgungswirtschaft (BDE)
Schönhauser Straße 3, 50968 Köln
Telefon: 02 21/93 47 00-0
Telefax: 02 21/93 47 00-90
E-Mail: UNICE-BDE

Bundesverband der Deutschen
Industrie e.V. (BDI)
Gustav-Heinemann-Ufer 84-88
50968 Köln
Postfach 51 05 48, 50941 Köln
Telefon: 02 21/37 08-00
Telefax: 02 21/37 08-7 30

461

**Bundesverband der Deutschen
Luftfahrt-, Raumfahrt- und
Ausrüstungsindustrie e.V. (BDLI)**
Konstantinstraße 90
53179 Bonn
Telefon: 0228/849070
Telefax: 0228/330778

**Bundesverband der
Pharmazeutischen Industrie e.V.**
Karlstraße 21
60329 Frankfurt/Main
Telefon: 069/2556-0
Telefax: 069/237813

**Bundesverband Glasindustrie und
Mineralfaserindustrie e.V.**
Stresemannstraße 26
40210 Düsseldorf
Postfach 10 17 53
40008 Düsseldorf
Telefon: 0211/168 94-0
Telefax: 0211/168 94-27

**Bundesverband Spedition und
Logistik e.V. (BSL)**
Weberstraße 77, 53113 Bonn
Postfach 13 60, 53003 Bonn
Telefon: 0228/914400
Telefax: 0228/9144099

Bundesverband Steine und Erden e.V.
Friedrich-Ebert-Anlage 38
60325 Frankfurt/Main
Postfach 15 01 62
60061 Frankfurt/Main
Telefon: 069/756082-0
Telefax: 069/756082-12

**Bundesvereinigung der Deutschen
Arbeitgeberverbände e.V.**
Gustav-Heinemann-Ufer 72
50968 Köln
Postfach 510508
50941 Köln
Telefon: 0221/3795-0
Telefax: 0221/3795-235
E-Mail: UNICE.BDA

**Bundesvereinigung der Deutschen
Ernährungsindustrie e.V. (BVE)**
Winkelsweg 2, 53175 Bonn
Telefon: 0228/30829-0
Telefax: 0228/308 29-99

**DAI-Verband Deutscher Architekten-
und Ingenieurvereine e.V.**
Adenauerallee 58, 53113 Bonn
Telefon: 0228/211453
Telefax: 0228/213213

**Deutsche Angestellten-Gewerkschaft
(DAG)**
- Bundesvorstand -
Johannes-Brahms-Platz 1
20355 Hamburg
Postfach 3012 30, 20305 Hamburg
Telefon: 040/349 15-01
Telefax: 040/349 15-400

Deutscher Beamtenbund (DBB)
Peter-Hensen-Straße 5-7, 53175 Bonn
Telefon: 0228/811-101
Telefax: 0228/811-171, -108

**Deutscher Gewerk-
schaftsbund (DGB)**
- Bundesvorstand -
Hans-Böckler-Haus
Hans-Böckler-Straße 39
40476 Düsseldorf
Telefon: 0211/4301-0
Telefax: 0211/4301-471

**Deutscher Gießereiverband e.V.
(DGV)**
Hauptgeschäftsstelle
Sohnstaße 70
40237 Düsseldorf
Postfach 10 19 61
40010 Düsseldorf
Telefon: 0211/68710
Telefax: 0211/6871-333

**Deutscher Industrie- und
Handelstag (DIHT)**
Adenauerallee 148, 53113 Bonn
Postfach 14 46, 53004 Bonn
Telefon: 0228/104-0
Telefax: 0228/104-158

**Gesamtverband der deutschen
Steinkohle**
Friedrichstraße 1 (Glückaufhaus)
45128 Essen
Postfach 10 36 63
45036 Essen
Telefon: 0201/1805-0
Telefax: 0201/1805-444, -437

**Gesamtverband der metall-
industriellen Arbeitgeberverbände
e.V. (Gesamtmetall)**
Volksgartenstraße 54 A
50677 Köln
Postfach 25 01 25
50517 Köln
Telefon: 0221/3399-0
Telefax: 0221/3399-233

**Gesamtverband der Textilindustrie
in der Bundesrepublik Deutschland
- Gesamttextil- e.V.**
Frankfurter Straße 10-14
65760 Eschborn
Postfach 5340
65728 Eschborn
Telefon: 06196/966-0
Telefax: 06196/42170

**Gesamtverband kunststoff-
verarbeitende Industrie e.V. (GKV)**
Am Hauptbahnhof 12
60329 Frankfurt/Main
Telefon: 069/271050
Telefax: 069/232799

**Hauptverband der Deutschen
Bauindustrie e.V.**
Abraham-Lincoln-Straße 30
65189 Wiesbaden
Postfach 2966
65019 Wiesbaden
Telefon: 0611/772-0
Telefax: 0611/772-240

**Hauptverband der Deutschen Holz
und Kunststoffe verarbeitenden
Industrie und verwandter
Industriezweige e.V. (HDH)**
Flutgraben 2
53604 Bad Honnef
Postfach 1380
53583 Bad Honnef
Telefon: 02224/93770
Telefax: 02224/937777

**Hauptverband der Papier, Pappe
und Kunststoffe verarbeitenden
Industrie e.V. (HPV)**
Arndtstraße 47
60325 Frankfurt/Main
Telefon: 069/975735-0
Telefax: 069/975735-30

**Verband der Automobil-
industrie e.V. (VDA)**
Westendstraße 61
60325 Frankfurt/Main
Postfach 17 05 63
60079 Frankfurt/Main
Telefon: 069/75 70-0
Telefax: 069/75 70-2 61

**Verband der Chemischen
Industrie e.V.**
Karlstraße 21, 60329 Frankfurt/Main
Postfach 11 19 43
60054 Frankfurt/Main
Telefon: 069/25 56-0
Telefax: 069/25 56-14 71

**Verband der deutschen feinmecha-
nischen und optischen Industrie e.V.**
Kirchweg 2, 50858 Köln
Telefon: 02 21/9 48 62 80
Telefax: 02 21/48 34 28

**Verband der Fahrrad- und
Motorradindustrie e.V. (VFM)**
Taunus-Büro-Zentrum, Gebäude I
Otto-Vogler-Straße 19, 65843 Sulzbach
Telefon: 061 96/50 77-0
Telefax: 061 96/50 77-20

**Verband der Industriellen Energie-
und Kraftwirtschaft e.V. (VIK)**
Hauptgeschäftsstelle
Richard-Wagner-Straße 41
45128 Essen
Telefon: 02 01/8 10 84-0
Telefax: 02 01/8 10 84-30

**Verband der technischen
Überwachungsvereine e.V. (VdTÜV)**
Kurfürstenstraße 56, 45138 Essen
Postfach 10 38 34, 45038 Essen
Telefon: 02 01/89 87-0
Telefax: 02 01/89 87-1 20
E-Mail: vdtuev.essen@t-online.de

**Verband Deutscher Maschinen- und
Anlagenbau e.V. (VDMA)**
Lyoner Str. 18
60528 Frankfurt/Main
Postfach 71 08 64
60498 Frankfurt/Main
Telefon: 069/66 03-0
Telefax: 069/66 03-5 11

**Verband für Schiffbau und
Meerestechnik e.V. (VSM)**
An der Alster 1, 20099 Hamburg
Telefon: 040/24 62 05
Telefax: 040/24 62 87
Internet: http://www.vsm.de
E-Mail: vsm.e.v.@t-online.de

**Verein deutscher Gießereifachleute
(VDG)**
Sohnstraße 70, 40237 Düsseldorf
Telefon: 02 11/68 71-0
Telefax: 02 11/68 71-3 33

**Vereinigung Deutscher
Elektrizitätswerke e.V.
(VDEW)**
Stresemannallee 23
60596 Frankfurt/Main
Telefon: 069/63 04-1
Telefax: 069/63 04-2 89

**Wirtschaftsvereinigung
Bergbau e.V.**
Zitelmannstraße 9-11, 53113 Bonn
Postfach 12 02 80, 53044 Bonn
Telefon: 02 28/5 40 02-0
Telefax: 02 28/5 40 02-35

Wirtschaftsvereinigung Stahl
Breite Straße 69, 40213 Düsseldorf
Postfach 10 54 64, 40045 Düsseldorf
Telefon: 02 11/8 29-0
Telefax: 02 11/8 29-2 31

**Zentralverband des Deutschen
Handwerks (ZDH)**
Haus des deutschen Handwerks
Johanniterstraße 1
53113 Bonn
Telefon: 02 28/5 45-0
Telefax: 02 28/5 45-2 05
Internet: http://www.zdh.de
E-Mail: info@zdh.handwerk.de

**Zentralverband Elektrotechnik- und
Elektronikindustrie e.V. (ZVEI)**
Stresemannallee 19
60596 Frankfurt/Main
Postfach 70 12 61
60591 Frankfurt/Main
Telefon: 069/6 30 20
Telefax: 069/6 30 3 17
E-Mail: zvei@zvei.org

**7. Institutionen der
Weiterbildung**

Akademie für Organisation (AfürO)
Kaiserstraße 3, 53113 Bonn
Telefon: 02 28/21 00-22
Telefax: 02 28/21 88 58

**Akademikergesellschaft für
Erwachsenenfortbildung (AKAD)**
Maybachstraße 18
70469 Stuttgart
Postfach, 70466 Stuttgart
Telefon: 07 11/81 49 50
Telefax: 07 11/8 17 97 50

**Arbeitsgemeinschaft Norddeutscher
Bildungswerke der Wirtschaft e.V.**
Postfach 13 01 31
20101 Hamburg
Telefon: 040/4 10 27 71
Telefax: 040/41 80 04

**ASB Management-Zentrum
Heidelberg e.V.**
Gaisbergstr. 11-13, 69115 Heidelberg
Postfach 10 11 08, 69001 Heidelberg
Telefon: 062 21/98 88
Telefax: 062 21/98 86 82

Berlitz-School of languages
- Hauptverwaltung -
Petersstraße 39-41
Stentzlers Hof
04109 Leipzig
Telefon: 03 41/2 11 48 17
Telefax: 03 41/2 11 48 37

**Berufsfortbildungswerk
Gemeinnützige Bildungseinrichtung
des DGB GmbH**
Hauptverwaltung
Kleemannstraße 8
70372 Stuttgart
Telefon: 07 11/53 38 80

**Betriebswirtschaftliches Institut der
Bauindustrie GmbH - BWI**
Schillerstraße 33
40237 Düsseldorf
Postfach 10 15 54
40006 Düsseldorf
Telefon: 02 11/67 03-276
Telefax: 02 11/67 03-2 82

Kontaktadressen

**Bildungszentrum für informations-
verarbeitende Berufe e.V. (b.i.b.)**
Hauptstraße 2
51465 Bergisch-Gladbach
Telefon: 02202/9527-01
Telefax: 02202/9527-100
Fürstenallee 3-5
33102 Paderborn
Telefon: 05251/301-01
Telefax: 05251/301-114
Freundallee 15, 30173 Hannover
Telefon: 0511/28483-0
Telefax: 0511/28483-14

**Council on International
Educational Exchange**
Thomas-Mann-Straße 33
53111 Bonn
Telefon: 0228/983600
Telefax: 0228/659564

**Deutsche Angestellten-
Akademie e.V. (DAA)**
Gemeinnützige Einrichtung der DAG
- Bildungswerk -
Holstenwall 5, 20355 Hamburg
Telefon: 040/350940
Telefax: 040/35094199

**Deutsche Gesellschaft für
Personalführung e.V. (DGFP)**
Niederkasseler Lohweg 16
40547 Düsseldorf
Postfach 110347, 40503 Düsseldorf
Telefon: 0211/5978-0
Telefax: 0211/5978-199

**Deutscher Akademischer
Austauschdienst, Deutsches
Komitee der IAESTE**
Kennedyallee 50, 53175 Bonn
Postfach 20 04 04
53134 Bonn
Telefon: 0228/882-0
Telefax: 0228/882444
E-Mail: postmaster@daad.de

Deutsches GRID Institut
Herzogswall 8
45657 Recklinghausen
Postfach 10 06 17
45606 Recklinghausen
Telefon: 02361/9278-0
Telefax: 02361/9278-78

**Carl Duisberg Gesellschaft e.V.
(CDG)**
Weyerstraße 79-82
50676 Köln
Postfach 260120
50514 Köln
Telefon: 0221/2098-0
Telefax: 0221/2098-111
Internet: http://www.cdg.de

**CDG - Carl Duisberg-Centren
GmbH**
Hansaring 49-51
50670 Köln
Telefon: 0221/1626-0
Telefax: 0221/1626-222
Internet: http://www.cdc.de

**Fernuniversität-
Gesamthochschule Hagen**
58084 Hagen
Telefon: 02331/987-01

Fresenius Akademie
Limburger Str. 2, 65510 Idstein
Telefon: 06126/935212
Telefax: 06126/935210

**Gesellschaft für Technik und
Wirtschaft e.V. (GTW)**
Märkische Straße 120
44141 Dortmund
Telefon: 0231/5417-410, -411

**Gesellschaft für
Unternehmensplanung e.V.**
Licher Straße 62
35394 Gießen
Telefon: 0641/47640
Telefax: 0641/493507
E-Mail: iup@wirtschaft.uni-giessen.de

**Gesellschaft zur Förderung der
Weiterbildung (gfw)**
Universität der Bundeswehr München
Werner-Heisenberg-Weg 39
85579 Neubiberg
Telefon: 089/6004-1
Telefax: 089/6004-3560

Haus der Technik e.V. (HDT)
45117 Essen
Telefon: 0201/1803-1

inlingua Sprachschule Köln
Große Sandkaul 19
50667 Köln
Telefon: 0221/257579-0/1

**Institut für Management &
Technologie - IMT Berlin**
Ehrenbergstraße 29
14195 Berlin
Telefon: 030/8318061

**Kölner Akademie für
Betriebswirtschaft**
Gleueler Straße 277
50935 Köln
Telefon: 0221/94389090
Telefax: 0221/94389099

**Kontaktstudium Management der
Universität Augsburg**
Universitätsstraße 16
86135 Augsburg
Telefon: 0821/598-4019
Telefax: 0821/598-4213

**Management Akademie München im
Bildungswerk der Bayerischen
Wirtschaft e.V.**
Brienner Str. 7
80333 München
Telefon: 089/290026-36
Telefax: 089/290026-55

Ruhr-Universität Bochum
Weiterbildungszentrum
Sektion Weiterbildendes Studium
Gebäude LOTA
44721 Bochum
Telefon: 0234/700-6466

**Schule der Manager
RKW Nordrhein-Westfalen**
Sohnstraße 70
40237 Düsseldorf
Telefon: 0211/68001-0
Telefax: 0211/68001-68

**Staatliche Zentralstelle für
Fernunterricht (ZFU)**
Peter-Welter-Platz 2
50676 Köln
Telefon: 0221/921207-0
Telefax: 0221/921207-20

TÜV-Akademie Rheinland GmbH
Zentralbereich Weiterbildung
Am Grauen Stein
51105 Köln
Postfach 91 09 51
51101 Köln
Telefon: 02 21/8 06-30 00
Telefax: 02 21/8 06-30 52

Universitätsseminar der Wirtschaft
(USW)
Schoß Gracht
50374 Erftstadt
Telefon: 0 22 35/4 06-204
Telefax: 0 22 35/4 06-2 35

Wuppertaler Kreis e.V.
Deutsche Vereinigung zur
Förderung der Weiterbildung
von Führungskräften
Gustav-Heinemann-Ufer 84-88,
50968 Köln
Postfach 51 10 28
50946 Köln
Telefon: 02 21/37 20 18
Telefax: 02 21/38 59 52

8. Internationale Einrichtungen der Weiterbildung

Aston Business School
Aston University
Aston Triangle
GB-Birmingham B4 7ET
Telefon: 00 44/21/3 59 36 11
Telefax: 00 44/21/3 33 47 31

Carnegie-Mellon University
Pittsburgh, PA 15213, USA
Telefon: 00 1/4 12/2 68-22 72
Telefax: 00 1/4 12/2 68-68 37

Columbia-University
Columbia Business School
Admissions Office
105 Uris Hal. New York
NY 10027, USA
Telefon: 00 1/2 12/8 54-61 31
Telefax: 00 1/2 12/6 62-67 54

Europa-Kolleg Brügge
(Collège d'Europe)
Dyver 11, B-8000 Brügge
Telefon: 00 32/50/33 53 34
Telefax: 00 32/50/34 75 33

Europäisches Institut für
Managementlehre und -forschung
Rue d'Egmont 13, B-1000 Brüssel
Telefon: 00 322/511 91 16 (u.a.
Management-Kurse für Doktoranden)

Harvard University
Graduate School of Business
Administration
MBA Admissions Office
Soldiers Field Road
Boston, MA 02163, USA
Telefon: 00 1/6 17/4 95-61 27
Telefax: 00 1/6 17/4 96-92 72

HEC Ecole des Hautes Etudes
Commerciales
Université de Lausanne
CH-1015 Lausanne Dorigny
Telefon: 00 41/21/6 92 33 99
Telefax: 00 41/21/6 92 33 95

IACES International Association of
Civil Engineering Students
Local Committee Stuttgart e.V.
c/o Fachschaft Bau
Pfaffenwaldring 9, 70569 Stuttgart
Telefon: 07 11/6 85 61 16
Telefax: 07 11/6 85 62 35

IMD International Institute for
Management Development
23, Chemin de Bellerive
CH-1001 Lausanne
Telefon: 00 41/21/6 18 02 14

Institut Supérieur des Affaires (ISA)
Groupe HEC
F-78351 Jouy-en-Josas Cedex
Telefon: 00 33/1/39 67 73 76
Telefax: 00 33/1/39 67 74 65

INSEAD European Institute of
Business Administration
Boulevard de Constance
F-77305 Fontainebleau Cedex
Telefon: 00 33/1/60 72 42 00
Telefax: 00 33/1/60 74 55 30

Massachusetts Institute of
Technology (MIT)
Sloan School of Management
50 Memorial Drive, Cambridge
MA 02142-1347, USA
Telefon: 00 1/6 17/2 53-37 30
Telefax: 00 1/6 17/2 53-64 05
(u.a. MBA- und
Doktorandenprogramme)

MDI Managementinstitut der
Industrie
Schwarzenbergplatz 4
A-1031 Wien
Telefon: 00 43/1/7 15 25 82-0
Telefax: 00 43/1/7 13 52 07

MZSG
Management Zentrum St. Gallen
Seminare & Conventions
Rittmeyerstraße 13
CH-9014 St. Gallen
Telefon: 00 41/71/2 74 35 00

NDU - HSG Nachdiplom in
Unternehmensführung
Hochschule St. Gallen
Holzweid, CH-9010 St. Gallen
Telefon: 00 41/71/30 27 02/03

Purdue University
1310 Krannert Building
West Lafayette, IN 47907-1310
Telefon: 00 1/3 17/4 94-43 65
Telefax: 00 1/3 17/4 94-98 41

Stanford University
Graduate School of Business
MBA Admission Office
Stanford CA 94305-5015, USA
Telefon: 00 1/4 15/7 23-27 66
Telefax: 00 1/4 15/7 25-78 31

Strathclyde Graduate Business
School
199 Cathedral Street
GB-Glasgow G4 OGE
Telefon: 00 44/1 41/5 53-61 18
Telefax: 00 44/1 41/5 53-25 01

Twente School of Management
P.O. Box 217, NL-7500 AE Enschede
Telefon: 00 31/53 89 80 09
Telefax: 00 31/53 33 91 47

9. Internationale Organisationen und Entwicklungshilfe

Arbeitskreis „Lernen und Helfen in Übersee" e.v.
Thomas-Mann-Straße 52
53111 Bonn
Telefon: 0228/634424
Telefax: 0228/650414

BFIO- Büro für Führungskräfte zu internationalen Organisationen in der ZAV
Postfach 17 05 45
60079 Frankfurt/Main
Telefon: 069/7111-0
Telefax: 069/7111-555
T-Online: 069/*69100#

Deutsche Gesellschaft für Technische Zusammenarbeit (GTZ) GmbH
Dag-Hammarskjöld-Weg 1-5
65726 Eschborn
Telefon: 06196/79-3236
Telefax: 06196/79-3237
Internet: http://www.gtz.de
E-Mail: Personal.Werbung@gtz.de

DEG - Deutsche Investitions- und Entwicklungsgesellschaft mbH
Belvederestraße 40, 50933 Köln
Postfach 45 03 40, 50878 Köln
Telefon: 0221/4986-0
Telefax: 0221/4986-290

Deutsche Stiftung für Internationale Entwicklung (DSE)
Hans-Böckler-Straße 5, 53225 Bonn
Telefon: 0228/4001-0
Telefax: 0228/4001-111
Internet: http://www.dse.de

Deutscher Entwicklungsdienst Gemeinnützige Gesellschaft mbH (DED)
Postfach 22 00 35
14061 Berlin
Kladower Damm 299
14089 Berlin
Telefon: 030/36881-0
Telefax: 030/36881-271
E-Mail: ded@berlin.snape.de

Deutsches Institut für Entwicklungspolitik - Gemeinnützige Gesellschaft mbH (DIE)
Hallerstraße 3, 10587 Berlin
Telefon: 030/390 73-0
Telefax: 030/39073-130

Die Vereinten Nationen (The United Nations - UN)
United Nations Plaza
New York, N.Y. 10017, USA
Telefon: 001/212/9631234

Entwicklungsprogramm der UN (United Nations Development Progamme UNDP)
United Nations Plaza
New York, N.Y. 10017, USA
Telefon: 001/212/9631234

Ernährungs- und Landwirtschaftsorganisation der Vereinten Nationen (Food and Agriculture Organization of the United Nations - FAO)
Viale delle Terme di Caracalla,
I - 00100 Roma
Telefon: 0039/6/52251
Telefax: 0039/6/52253152

Europäische Kommission(EU)
Wetstraat 200, B-1049 Brüssel
Telefon: 0032/2/2991111
Internet: http://europa.eu.int

Europäische Weltraumorganisation
8-10, rue Mario Nikis
F-75738 Paris Cedex 15
Telefon: 0033/1/5369-7654
Telefax: 00 33/1/5369-7560/1/2
Internet: http://www.esrin.esa.it

Europäisches Patentamt (EPA)
Erhardtstraße 27
80331 München
Telefon: 089/2399-0
Telefax: 089/2399-4560

Internationale Arbeitsorganisation (IAO) (International Labour Organization - ILO)
4, route des Morillons
CH - 1211 Genf 22
Telefon: 0041/22/799611
Telefax: 0041/22/7988685

(Zweigamt: Hohenzollernstraße 21
53173 Bonn, Telefon: 0228/362322
oder 363988, Telefax: 0228/352186

Internationale Atomenergie Organisation (International Atomic Energy Agency - IAEA)
Wagramerstraße 5, A-1400 Wien
Postfach 100
A-1400 Wien
Telefon: 00431/2060-0
Telefax: 00431/2060-7
Internet: http://www.iaea.or.at/wortatom
E-Mail: iaea@iaea1.iaea.or.at

Organisation der UN für Bildung, Wissenschaft und Kultur (United Nations Educational, Scientific and Cultural Organization - UNESCO)
UNESCO-House
7, Place de Fontenoy
F-75352 Paris 07 SP
Telefon: 0033/1/45681000
Telefax: 0033/1/45671690

Organisation der UN für Industrielle Entwicklung (United Nations Industrial Development Organization - UNIDO)
Unter Sachsenhausen 10-26
50667 Köln
Postfach 10 37 45
50477 Köln
Telefon: 0221/120451
Telefax: 0221/120456

Organisation für wirtschaftliche Zusammenarbeit und Entwicklung (Organization for Economic Cooperation and Development - OECD)
2, rue André Pascal
F - 75775 Paris Cedex 16
Telefon: 0033/1/45248200
Telefax: 0033/1/45248500

Sektion XVI: Literaturempfehlungen

1. Firmenhandbücher

Für den Bewerbungsprozeß müssen Firmen identifiziert werden, die in der gewünschten Branche tätig sind, und Informationen über ihre Struktur, ihre Produkte bzw. Dienstleistungen sowie ihre Entwicklung eingeholt werden. Hilfreich bei dieser Recherche kann ein Blick in die nachfolgend aufgeführten Publikationen sein, die in der Regel in jeder Universitätsbibliothek eingesehen werden können. Sie werden größtenteils jährlich aktualisiert und liegen teilweise auch als CD-ROM vor. Diese Zusammenstellung kann nur der ersten Orientierung dienen und sollte nicht das Anfordern von Informationen bei den Firmen selbst ersetzen. Ein weiterer Tip: auch Messekataloge und Einkaufsführer können für die Bewerbung ausgewertet werden.

- ○ ABC der deutschen Wirtschaft, Industrie. Hrsg. von Selka, Ed., 6 Bände, ABC der Deutschen Wirtschaft Verlagsgesellschaft.

- ○ Die Großen 500 auf einen Blick. Deutschlands Top-Unternehmen mit Anschriften, Umsätzen und Management. Von E. Schmacke, R. Jaeckel, Luchterhand Verlag.

- ○ Hoppenstedt: Handbuch der Großunternehmen; Handbuch der mittelständischen Unternehmen; Handbuch der Verbände, Behörden, Organisationen der Wirtschaft; Adressbuch Wirtschaft; SEIBT Industriekatalog, Banken-Jahrbuch; Versicherungs-Jahrbuch. Hrsg. vom Hoppenstedt Verlag.

- ○ ISIS Firmenreport. Die Unternehmen der Informationsindustrie. Hrsg. von der Nomina Gesellschaft für Wirtschafts- und Verwaltungsregister.

- ○ Wegweiser durch deutsche Unternehmen. Hrsg. von der Bayerischen Hypotheken- und Wechsel-Bank.

- ○ Wem gehört die Republik? Die Konzerne und ihre Verflechtungen. Namen, Zahlen, Fakten. Von R. Liedtke, Eichborn Verlag.

- ○ Wem gehört was in Europa? Die 100 größten Konzerne. Firmenprofile, Branchenprofile. Namen, Daten, Fakten. Von M. Bonder, T. Student, Metropolitan Verlag.

- ○ Wer gehört zu wem? Hrsg. von der Commerzbank

Zur regelmäßigen Lektüre empfehlenswert sind ferner neben den Tages- bzw. Wochenzeitungen VDI-Nachrichten, F.A.Z., SÜDDEUTSCHE ZEITUNG, WELT, WELT AM SONNTAG, DIE ZEIT die Wirtschaftsmagazine CAPITAL, MANAGER MAGAZIN und WIRTSCHAFTS-WOCHE. All diesen Publikationen können gezielt Hintergrundinformationen zu einzelnen Branchen und Firmen entnommen werden.

2. Arbeitsmarkt und Berufseinstieg

O Arbeitsmarktbeobachtungen. Veröffentlicht in den Amtlichen Nachrichten der Bundesanstalt für Arbeit (ANBA), erscheint jährlich als kostenloser Sonderdruck.

O AIS-Information. Der Arbeitsmarkt für Ingenieure. Von H. Herritsch. Hrsg. von der Zentralstelle für Arbeitsvermittlung (ZAV), Frankfurt/Main (kostenlos).

O Arbeitsmarkt-Information der Zentralstelle für Arbeitsvermittlung (ZAV) der Bundesanstalt für Arbeit. Verfaßt von Gleiser, S.Hrsg von der ZAV, Frankfurt, alle kostenlos:
- Elektroingenieure und Elektroingenieurinnen
- Maschinenbauingenieure und Maschinenbauingenieurinnen
- Bauingenieure und Bauingenieurinnen
- Wirtschaftsingenieurinnen und Wirtschaftsingenieure
- Studium und Arbeitsmarkt. Hochschulabsolventen an der Schwelle zu neuen Arbeitsformen.

O Arbeitsmarkt Elektroingenieure. Von Prof. Dipl.-Ing. Jürgen Grüneberg/Dr. rer. nat. Ingo-G. Wenke. Hrsg. vom VDE-Verlag, Berlin, 5. Auflage 1996, erscheint jährlich (nur über den VDE in Frankfurt/Main oder die VDE-Bezirksvereine zu beziehen).

O Arbeitswelt Datenverarbeitung. Zukunft und berufliche Orientierung in der DV. Berufsbilder, Chancen, Perspektiven. Von Rohr, Stefan Hrsg. vom Computerwoche Verlag, München, 1996, ISBN 3-930377-43-8, DM 49,-.

O Berufsbild des Wirtschaftsingenieurs. Von H. Baumgarten, K. Feilhauer. Hrsg. vom Verband Deutscher Wirtschaftsingenieure, Berlin, 9. Auflage 1995, DM 20,- (inkl. Versand).

O Berufswahl für Abiturienten, Ausbildungs- und Studienwege in Deutschland mit Berufe-Lexikon. Hrsg. vom Lexika-Verlag, München, 12. Auflage 1995 (DM 29,80).

O Chancen im Ingenieurberuf. Hrsg. von der VDI-Hauptgruppe Der Ingenieur in Beruf und Gesellschaft, Düsseldorf, erscheint jährlich neu (Buch mit CD-ROM, DM 20,-).

O Eine Frau, die Maschinenbau studiert, ist kein Wesen vom Mars - Studentinnen motivieren Schülerinnen. Von Angela Paul-Kohlhoff, Christel Walter, Fit-Verlag, Darmstadt 1996 (DM 38,-).

O Führungstechniken für Frauen. Von Manning. Hrsg. vom Wirtschaftsverlag Ueberreuter, 1. Auflage 1991, DM 19,80. ISBN 3800034093.

O Individuell bewerben. Mit praktischen Übungen zum Assessment Center. Von D. und F. Brenner, B. Giesen. Hrsg. vom Staufenbiel Institut für Studien- und Berufsplanung, Köln, 3. Auflage 1997, ISBN 3-922132-13-8, DM 29,80.

O Neue Berufe in den Neuen Medien. Von Inge Behrens, Econ Verlag, Düsseldorf, 2. Auflage 1997, ISBN 3-430-11216-8, DM 38,-.

O Karriereberatung. Leser fragen - VDI-Nachrichten antworten. Hrsg. vom VDI-Verlag, Düsseldorf, 10. Auflage, 1995. Internet: http://www.vdi.de

O   Karriere in der Finanzwelt. Strategien und Empfehlungen von Top-Managern. Von Stephan, Andreas H. Hrsg. vom Betriebswirtschaftlicher Verlag Gabler, Wiesbaden 1994, ISBN 3-409-14143-X, DM 36,-.

O   Leitfaden für Studien-, Bewerbungs- und Karrierestrategie. Hrsg. vom VDI-Verlag, 6. Auflage 1996.

O   CD-ROM *Perspektiven*. Interaktive Berufsplanung für den Fach- und Führungsnachwuchs. Hrsg. vom Staufenbiel Institut für Studien- und Berufsplanung und der Frankfurter Allgemeine Zeitung, Köln, ISBN 3-922132-16-2, DM 69,-. Internet: http://www.perspektiven-online.de

O   TECHNA. Handbuch Frauen in Technik, Natur- und Ingenieurwissenschaften, FIT (Frauen in der Technik)-Verlag, Darmstadt, 1996 (DM 18,- zzgl. Versandkosten)

O   The Doom Loop System. Von D. Hollander, Viking Peguin, New York, 1991, ISBN 0-14-012660-0, $ 8.95

O   UNI Perspektiven für Beruf und Arbeitsmarkt. Hrsg. von der Bundesanstalt für Arbeit, Nürnberg, erscheint monatlich, kostenlos.

O   VDI Report - Einkommensanalyse „Selbständige und Angestellte". Hrsg. vom VDI-Verlag, Düsseldorf, erscheint jährlich neu (DM 30,-).

3. Aus- und Weiterbildung in Deutschland

O   Abiturientenausbildung in der Wirtschaft. Die praxisnahe Alternative zur Hochschule. Von Kramer, Wolfgang. Hrsg. vom Institut der deutschen Wirtschaft, Deutscher Instituts-Verlag, Köln, 9. Auflage 1996, ISBN 3-602-14404-6, DM 18,-.

O   BAföG 1996/97. Gesetze und Beispiele. Hrsg. vom Bundesministerium für Bildung, Wissenschaft, Forschung und Technologie, Bonn, kostenlos.

O   Das Ingenieurstudium. Studiengänge und Berufsfelder für Diplom-Ingenieure. Von Klaus Henning/Joerg E. Staufenbiel. Hrsg. vom Staufenbiel Institut für Studien- und Berufsplanung GmbH, Köln, 5. Auflage 1993. Neuauflage für Herbst 1998 in Vorbereitung.

O   Das MBA-Studium. Mit Portraits von Business Schools in den USA und Europa. Von T. Berner, B. Giesen, K. Rappmund-Gerwers. Hrsg. vom Staufenbiel Institut für Studien- und Berufsplanung, Köln, 1. Auflage 1996, ISBN 3-922132-15-4 (z. Zt. vergriffen, Neuauflage für Frühjahr 1998 in Vorbereitung), DM 29,80.

O   Fernunterricht - Fernstudium. Katalog der Fernlehrangebote in der Bundesrepublik Deutschland. Hrsg. vom Bundesinstitut für Berufsbildung (BIBB), Staatliche Zentralstelle für Fernunterricht (ZFU), Verlag W. Bertelsmann, Bielefeld, ISBN 3-7639-0662-2, DM 29,50.

O   Karriereführer Hochschulen. Von G. v. Landsberg, Schirmer Verlag, Köln, erscheint zweimal jährlich, DM 16,80.

○ Ratgeber für Fernunterricht - mit amtlichem Verzeichnis aller zugelassenen Fernlehrgänge. Hrsg. von der Staatlichen Zentralstelle für Fernunterricht (ZFU), Köln, erscheint jährlich neu (kostenlos).

○ Studienführer - Duale Studiengänge. Chr. Konegen-Grenier, W. Kramer. Hrsg. vom Institut der deutschen Wirtschaft, Deutscher Instituts-Verlag, Köln, 1995, ISBN 3-602-14391-0, DM 24,-.

○ Studienführer Ingenieurwissenschaften. Von Rolf Mahler. Hrsg. vom Lexika Verlag, München, 3. Auflage 1993, DM 26,80.

○ Studien- und Forschungsführer Informatik. Von W. Brauer, Springer-Verlag, Berlin/Heidelberg, 3. Auflage 1996, 28,- DM. ISBN 3-540-60417-0.

○ Studieren für Europa. Internationale Studienangebote an deutschen Hochschulen. Von B. Giesen, K. Rappmund-Gerwers, M. Stephan. Hrsg. vom Staufenbiel Institut für Studien- und Berufsplanung GmbH, Köln, 1. Auflage 1997, ISBN 3-922132-17-0, DM 29,80.

○ Studieren nach dem Studium. Weiterführende Studiengänge staatlicher Hochschulen und privater Anbieter. Von T. Berner, B. Giesen, G. Lückel, M. Stephan. Hrsg. vom Staufenbiel Institut für Studien- und Berufsplanung, Köln, 3. Auflage 1997, ISBN 3-922132-11-1, DM 29,80.

4. Wege ins Ausland

○ Berufliche Aus- und Weiterbildung für Deutsche im Ausland - Angebote deutscher Austauschorganisationen. Hrsg. von der Carl Duisberg-Gesellschaft e.V., Köln, erscheint jährlich neu, kostenlos.

○ Berufliche Weiterbildung im Ausland. Hrsg. von der Carl Duisberg-Gesellschaft e.V., Köln, erscheint jährlich neu, kostenlos.

○ Business international. Worauf Sie sich einstellen müssen, wenn Sie im Ausland Erfolg haben wollen. Von Reynolds Ass., Inc., Russell, Metropolitan Verlag, Düsseldorf/München, 1996, ISBN 3-89623-086-7, DM 49,80.

○ DAAD-Länderstudienführer (Studienführer für die europäischen Länder, die USA und Kanada, Japan und China) und diverse Informationsmaterialien zu den EG-Programmen (ERASMUS, LINGUA, COMETT, TEMPUS). Hrsg. vom DAAD, Bonn, kostenlos.

○ Das MBA-Studium. Mit Portraits von Business Schools in den USA und Europa. Von Berner, T./Giesen, B./Rappmund-Gerwers, K. Hrsg. Staufenbiel Institut für Studien- und Berufsplanung, Köln, 1. Auflage 1996, ISBN 3-922132-15-4, DM 29,80.

○ EURO-Challenge. International Career Guide for Students and Graduates. Von Berner, T./Giesen, B./Schreiterer, Ph./Wolf, C./Zünkeler, M. Hrsg. vom Staufenbiel Institut für Studien- und Berufsplanung, Köln, 3. Auflage 1998, ISBN 3-922132-12-X, DM 29,80.

○ Internationale Begegnungen: Faltblätter für Programme und Adressen zu Workcamps, Sprachkursen, Studienreisen, Au Pair, Austausch in Europa und Übersee. Hrsg. vom Bundesministerium für Familien, Senioren, Frauen und Jugend, Bonn, kostenlos

○ Jobs und Praktika im Ausland. Hrsg. von der Auslandsabteilung der ZAV, Frankfurt, erscheint jährlich neu, kostenlos.

○ Sommersprachkurse an Hochschulen. Hrsg. vom Deutschen Akademischen Austauschdienst (DAAD), Bonn, jährlich neu erhältlich für alle europäischen Länder, kostenlos.

○ Studium im Ausland. Hinweise für Studenten. Hrsg. vom Bundesministerium für Bildung, Wissenschaft, Forschung und Technologie, Bonn erscheint jährlich neu (kostenlos).

○ Studium, Forschung, Lehre im Ausland - Förderungsmöglichkeiten im Ausland für Deutsche. Hrsg. vom Deutschen Akademischen Austauschdienst (DAAD), Bonn, erscheint jährlich neu, kostenlos.

○ Study abroad (internationale Stipendienprogramme). Hrsg. von der United Nations Education, Scientific and Cultural Organisation (UNESCO), Paris, erscheint alle drei Jahre.

5. Existenzgründung

○ Chancen und Risiken der Existenzgründung. Dokumentation und Materialsammlung zum Fachkongreß „Existenzgründungsberatung" des Bundesministeriums für Wirtschaft am 13. September 1995 in Dresden, hrsg. vom Bundesministerium für Wirtschaft, Bonn, kostenlos.

○ Checkliste für Existenzgründer, 8. Auflage 1996, Art.-Nr. 310 063 000, DM 4,80 (erhältlich bei allen Sparkassen).

○ Existenzgründung und -sicherung. Leitfaden, Heft 3, hrsg. von den Wirtschaftsjunioren Deutschland, Bonn, DM 2,- (eine neue Auflage soll im Herbst 1997 erscheinen).

○ Finanzierungsbausteine für Unternehmen mit Zukunft (Kurzfassung). DtA-Förderprogramme für Existenzgründer und mittelständische Betriebe im Überblick. Hrsg. von der Deutschen Ausgleichsbank (DtA), Bonn, kostenlos.

○ Gründerbeispiele. Hrsg. vom Bundesministerium für Wirtschaft, Bonn, kostenlos.

○ Gründungsberatung durch den Steuerberater. Hrsg. von der Bundessteuerberaterkammer, Bonn, kostenlos.

○ Hochschulabsolventen als Existenzgründer. Auftragsstudie der Deutschen Ausgleichsbank für das Bundesministerium für Bildung und Wissenschaft, hrsg. von der Deutschen Ausgleichsbank (DtA), Bonn, kostenlos.

○ Informationsbroschüre Existenzgründung. Hrsg. vom Deutschen Industrie- und Handelstag (DIHT), Bonn, ca. DM 22,- (erscheint im September 1997).

○ Infosatz für jüngere Unternehmensberater. Hrsg. vom Bundesverband Deutscher Unternehmensberater BDU e.V., Bonn, DM 34,50.

○ Öffentliche Finanzierungshilfen für Unternehmen, 3. Auflage 1995, Art.-Nr. 310 162 000, DM 13,80 (erhältlich bei allen Sparkassen).

○ PC-Lernprogramm „Der Existenzgründungsberater". Hrsg. vom Bundesministerium für Wirtschaft, Bonn, kostenlos.

○ Selbständig und erfolgreich sein. Ein Leitfaden für Existenzgründer, 7. Auflage 1996, Art.-Nr. 310 082 000, DM 9,90 (erhältlich bei allen Sparkassen).

○ Sie wollen sich selbständig machen? Fragen zu Ihrem Konzept. 50 kritische Fragen auf dem Weg zur Selbständigkeit. Hrsg. vom Bundesverband Junger Unternehmer e.V., Bonn, kostenlos.

○ Starthilfe. Der erfolgreiche Weg in die Selbständigkeit. Hrsg. vom Bundesministerium für Wirtschaft, Bonn, kostenlos.

○ Wirtschaftliche Förderung in den alten/neuen Bundesländern (2 Broschüren). Hrsg. vom Bundesministerium für Wirtschaft, Bonn, kostenlos.

Sektion XVII: Stichwortverzeichnis

U

V

T

W

Z